赵晶 主编

中国古代法律文献研究

中国政法大学法律古籍整理研究所 编

第十三辑

社会科学文献出版社

SOCIAL SCIENCES ACADEMIC PRESS (CHINA)

庆　祝
中国政法大学法律古籍整理研究所建所三十五周年
暨
《中国古代法律文献研究》创刊二十周年

编辑委员会

目 录

《中国古代法律文献研究》第十三辑
2019 年，第 001～076 页

睡虎地秦简法律文书集释（八）：
《法律答问》61～110 简

中国政法大学中国法制史基础史料研读会*

摘　要： 本文对睡虎地秦墓竹简《法律答问》的 61～110 简予以集释，就一些字句提出理解：61 简"奸事"之"奸"，可限定理解为性犯罪，此符合律令的罪刑表现方式。62 简"其妻先自告当包"的缘由，在于法律已有规定，一是妻子对丈夫的犯罪行为知情不告，将被收或以同罪论；二是妻子先行告发丈夫犯罪可以避免处罚。但以本简所见，"先自告"的优待效力尚未及于因迁而涉及的"包"。65 简的"内（纳）奸"，似可解作具体罪名，即在通奸行为实施完成后，引介人构成犯罪。"内（纳）奸"罪的认定以通奸实现与否为基准。联系 77 简看 68 简，知人死后、葬前应履行告官手续，由官府对死亡做出确认。其意义在于，经官方确认后的死者，法律主体地位不再存在，与其相关的犯罪责任追究以及收孥都不再成立，故诉讼亦无效。71 简可与 69 简对

---

*　本文研读的主持人为徐世虹教授。初稿由参加读书会轮读的成员撰写、讨论、修改。统稿人，一稿：闫振宇、黄巍、舒哲岚、陈玉婷；二、三稿：徐世虹、支强、朱潇、王安宇、齐伟玲、闫振宇、黄巍、舒哲岚、陈玉婷；四稿：徐世虹、朱潇、齐伟玲、黄巍。又，本文所引张家山汉简皆出自张家山汉墓竹简整理小组《张家山汉墓竹简〔二四七号墓〕》（文物出版社，2001）；所引龙岗秦简皆出自中国文物研究所等编《龙岗秦简》（中华书局，2001）；为避文烦，文中不再逐一出注。

照理解，体现了量刑轻重受血亲关系影响，即血亲近则相对轻，血亲远则相对重。72 简的"谳"有奏报之义，理由一是律文已有相关规定，此无须再规定"定罪"；二是"后子"的爵位或户主继承权经官方认可，一旦被擅自伤害乃至剥夺生命，即非单纯的"擅杀子"，故需要奏报。73 简的"城旦黥之"与国家刑罚"黥城旦"的表述差异，一方面要强调国家对刑罚的掌握，对性质相同的"擅杀子"行为不改变刑罚方式；另一方面强调主人对人奴具有支配权，人奴即便犯城旦罪也不可能改变身份变为刑徒。74 简的"胏"，本字或可为"辜"，伤义，汉律中既有"伤二旬中死"，也有"辜二旬中死"，语义当同；所谓"辜期"，本质上也是加害人对受害人的伤情加以保养看护的"伤期"，"保辜"正是在此意义上形成的制度术语。同简的"交论"指"各自分别论罪"，其理据是需要承担的法律责任会因主体、情节、对象而不同。76 简的"牧杀"，是一种位卑者意图杀害位尊者，但未能达成杀害结果的犯罪行为。81 简中的"缚"与"尽拔其须麋（眉）"，参照《二年律令·贼律》27~28 简所载规定，可理解为将斗殴中的缚人行为视同"以刃及金铁锐、锤、椎"相斗，而造成他人毛发损伤则视同法律意义上的"伤"，故量刑为完城旦。82 简的"提"应作为量词存在。85 简在于确认拔出有鞘兵刃斗殴的法律适用，参照 90 简斗殴手段的区分，推测有鞘的钹、戟、矛未拔出时类似于殳梃，拔出即为兵刃，比照用剑斗殴论处。89 简的"各以其律论之"推测有三种情况：一是被打者以斗殴论处，二是打人者适用斗殴无痕痏，三是"顾折齿"以斗殴折齿论处。在第三种情况下，由谁承担折齿的法律责任也存有三种可能：一是由打人者承担，以斗殴折人齿论处；二是由被打者承担；三是双方均不承担，只以斗殴论处。92 简可参汉"无故入人室"律文，但同样的"入人室"情节，牲畜与人有根本不同。法律虽然并非一概禁止"伐杀"小牲畜，但如果杀死的小牲畜的价值达到了法定数额，杀死者也需要承担一定责任。93 简的"不直"与"直"作为一组相对的概念，有时也见于伤害人身犯罪的后缀用语。此种区分未见于律文，也许意味着在司法实务中决狱者会以某种伦理道德标准而对犯罪动机与行为进行评价。94 简之意是，史不同意啬夫"不直"的判决意见，但由于他与啬夫之间的职务连带关系，故也需要为此而承担一定的责任。100 简的"州"字，可取"殊"义，即异、不同；"州告"指首次告不审后，又以不同的事由再次告诉。101 简中的"百步"，或指某种不法侵害案件发生后，衡量其他人是否承担救援义务的距离标准。107 简的"皆如家罪"，指处理方式同 106 简中的"家罪"，即本罪不再追究，其家属因本罪而发生的"收孥"也相应消失。108～110 简中的"耤"有"假借"之义，"耤葆子之谓殴（也）"，可理解为凭借、依靠葆子的身份而获得刑罚的减轻。又，"有收当耐未断……是谓当刑隶臣"句的回答要点，在于解释什么是应当判处刑隶臣，即对于"有收当耐未断"者，如果他又犯了诬告他人当处刑隶臣之罪，就应当适用刑隶臣。108～110 简的排序方案，整理小组与陶安先生各有理据。将原 108 简中"有收当耐未断……是谓'当刑隶臣'"一句移到 109 简中，可从陶安先生，其余或可不做调整。

关键词： 譧　城旦黥之　交论　入人室　不直　当刑隶臣

【简文】

啬夫不以官爲事以奸爲事論可殴當薯＝者妻當包不＝當＝包 61

【释文】

啬夫不以官爲事，以奸爲事，[1] 論可（何）殴（也）？當薯（遷）。薯（遷）者妻當包不當？不當包 61。[2]

【集释】

[1] 不以官为事，以奸为事

整理小组：不以官职为事，而专干坏事。（译）

何四维：不尽本职而为奸邪之事。（译）①

---

① A. F. P. Hulsewé, *Remnants of Ch'in Law*, Leiden E. J. Brill, 1985, p. 137.

【按】对"以奸为事"中的"奸"有两种认识：一是如整理小组与何四维先生，将"奸"作宽泛理解，"奸"指一般意义上的"奸邪"，包括多种不法行为。这样也可以使"以奸为事"对应于前文的"以官为事"。但是这样理解，又使"当迁"这种明确具体的处置方式难与泛指的多种不法行为相匹配。二是将"奸"作限定理解，"奸"指性犯罪。这种理解与目前所见秦汉律令简中绝大多数"奸"的内涵相合，也符合律令的罪刑表现方式。只是迁是否啬夫犯奸罪的该当刑罚，还不好确定。以《二年律令·杂律》192简推测，"诸与人妻和奸，及其所与皆完为城旦舂。其吏也，以强奸论之"，吏犯奸罪的处罚较常人为重。两种理解都不妨碍文意，故下文译文分别译出。

［2］辠（迁）者妻当包不当？不当包。

整理小组：本条妻不随往，可能是由于罪人原来是啬夫的身份，与下条泛指一般人不同。

陈乃华：如果具备一定级别的官吏被判处迁刑，则不连及家属。①

徐富昌：秦代对主持县政和事务的啬夫在法律上有特别的优待。事实上，这也是秦律的刑罚原则之一。也就是说，犯罪人的身份是秦律定刑判罪的重要标准。②

崔永东：有官职者的家属可在一定范围内免受株连之苦，而无官职者的家属却无此优待。③

于振波：妻子如果能享有某些法定特权（如减、免刑罚）的话，那也是由丈夫的官秩与爵位所决定的。④

【按】本简的设问点，在于啬夫当迁时，妻子是否应当依法随迁，回答是"不当包"。从上述对"奸"的限定理解出发，其理据也许是丈夫的奸罪犯行侵害了妻子的利益。《二年律令·收律》175简"坐奸、略妻及伤其妻以收，毋收其妻"，明确规定丈夫犯奸罪，妻子可以避免被收。里

① 陈乃华：《关于秦汉刑事连坐的若干问题》，《山东师大学报》（社会科学版）1987年第6期，第4页。
② 徐富昌：《睡虎地秦简研究》，文史哲出版社，1993，第302页。
③ 崔永东：《儒家刑法思想对秦律影响之管见》，《中国法学》1997年第5期，第103页。
④ 于振波：《秦汉法律与社会》，湖南人民出版社，2000，第82页。

耶秦简 9 - 719 简 "☑□罢（迁），罢（迁）者包非是"，① 或可参读。

【译文】

啬夫不尽责于官职，而做奸邪之事，如何论处？应迁，被迁者的妻子应不应当随迁？不应随迁。

啬夫不尽责于官职，而犯奸罪，如何论处？应迁，被迁者的妻子应不应当随迁？不应随迁。

【简文】

当罢其妻先自告当包 62

【释文】

当罢（遷），其妻先自告，当包 62。[1]

【集释】

[1] 当罢（迁），其妻先自告，当包。

栗劲：丈夫被处以迁刑，尽管妻先 "自告"，也必须随同丈夫一块迁到流放地点。②

何四维：一个人被处以迁刑，虽然他的妻子先行告发他，仍然被视为 "当包"。（译）③

籾山明：其罪相当于迁徙刑，其妻于发觉前自告，仍应包（随行）。④

【按】推测本简的情况是，丈夫犯了 "当迁" 之罪，在尚未进入司法程序之前，妻子就丈夫的犯罪行为进行 "自告"。妻子之所以 "先自告"，应有以下两方面的原因：一是妻子对丈夫的犯罪行为知情而不告发，将被收或论为同罪。《法律答问》15 简 "夫盗三百钱，告妻，妻与共饮食之，可（何）以论妻？非前谋殹（也），当为收；其前谋，同罪"，妻子作为丈夫盗钱的知情者，若事先同谋，与同罪；若非事先同谋，则收。二是妻子先行告发丈夫犯罪可以避免处罚。如《法律答问》170 简 "夫有罪，妻先告，不收"，又《二年律令·收律》176 简 "夫有罪，妻告之，除于收及

---

① 陈伟主编《里耶秦简牍校释》第 2 卷，武汉大学出版社，2018，第 190 页。
② 栗劲：《秦律通论》，山东人民出版社，1985，第 285 页。
③ A. F. P. Hulsewé, *Remnants of Ch'in Law*, p. 137.
④ 〔日〕籾山明：《秦代审判制度的复原》，徐世虹译，载刘俊文主编《日本中青年学者论中国史（上古秦汉卷）》，上海古籍出版社，1995，第 251 页。

论"，即为此类规定。但以本简所见，这种"先自告"的优待效力尚不及于因迁而涉及的"包"。

【译文】

（丈夫）犯了当迁的罪，妻子先行自告，应当随迁。

【简文】

将上不仁邑里者而縱之可論當戮作如其所縱以須其得有爵作官府 63

【释文】

将上不仁邑里［1］者而縱之，可（何）論？當戮（繫）作如其所縱，以須其得；有爵，作官府［2］63。

【集释】

［1］将上不仁邑里

整理小组：将上，向上级押送。押送在乡里作恶的人。（译）

何四维：将上，带到上级官府那里。① 押送在乡里作恶的人到上级。（译）②

陶安あんど：将本条答问设问中出现的不仁者"将上"，视为对这些被强制劳动者的护送，应该不会有大的错误。③

【按】将上，送往上级。《秦律十八种·司空》145 简"毋令居赀赎责（债）将城旦舂。城旦司寇不足以将，令隶臣妾将"，将，带领。《岳麓书院藏秦简（肆）》1978（024）、1996（025）简"亡不仁邑里、官，毋以智（知）何人殹（也），中县道官詣咸阳，郡〖县〗道詣其郡都县，皆戮（系）城旦舂"，简文中的"詣"即前往、到之义。本条规定应将捕得的"不仁邑里、官"的亡人向咸阳、郡都县押送，即向上级机构送交。

"不仁邑里"又见岳麓书院藏秦简。"仁"，岳麓秦简整理者读为"认"，"不仁"即不清楚、不知道。"亡不仁邑里、官，毋以智（知）何人殹（也）"，就是指不知其原籍县乡里和所属官署，不能通过原籍地的户

---

① A. F. P. Hulsewé, *Remnants of Ch'in Law*, p. 137, D51 note3.

② A. F. P. Hulsewé, *Remnants of Ch'in Law*, p. 137.

③ 〔德〕陶安あんど：《秦汉刑罚体系の研究》，東京外国語大学アジア・アフリカ言語文化研究所，2009，第 480 页，注释 27。

籍资料和官署记录确认其姓名等情况的逃亡者。① 《秦律十八种·金布律》 95 简 "亡，不仁其主及官" 中的 "仁"，据此也应理解为 "认"。

[2] 有爵，作官府

整理小组：如果是有爵的人，可在官府服役。（译）

堀毅：这是对有爵者科以轻微劳役 "作" 的实例。②

早大秦简研究会：关于作官府，由于简无明文而不详其具体内容，但如果是限于在府等官府劳作，恐怕就不是像土木工程这样的重劳作；如果具有官吏身份，也有可能从事收藏金钱、文书的劳作。这可能是有爵者特权待遇的结果。③

【按】本简所见，是对放纵 "不仁邑里" 者行为的处罚规定。相关责任人向上级押送 "不仁邑里" 者却放纵其逃脱，其法律后果是以逃脱者应获处罚反坐责任人，直至逃脱者被捕。这是一般规定，"有爵，作官府" 则是对一般规定的补充规定。即有爵者可以通过 "作官府"——在官府机构劳作的方式执行处罚。《二年律令·亡律》157 简："吏民亡，盈卒岁，耐；不盈卒岁，毄（系）城旦舂；公士、公士妻以上作官府，皆偿亡日。" 从律文规定看，同样属于逃亡未满一年的情形，一般吏民以 "系城旦舂" 的方式抵偿亡日，而有公士以上爵者及其妻子则可通过 "作官府" 抵偿亡日，可见法律通过改变劳作场所与内容以体现对有爵者的优待。

【译文】

（向上）押送不知其原籍乡里的人而将其放走，如何论处？押送者应拘系起来，服像他放走的人一样的劳役，直到亡人被捕获为止；如果押送者有爵位，就在官府机构劳作。

【简文】

盗徙封赎耐可如爲封＝即田千佰頃半封殹且非是而盗徙之赎耐可重也

是不重64

---

① 陈松长主编《岳麓书院藏秦简（肆）》，上海辞书出版社，2015，第 46、75 页。

② 〔日〕堀毅：《秦汉法制史论考》，萧红燕等译，法律出版社，1988，第 171 页。

③ 〔日〕早稻田大學秦簡研究會：《雲夢睡虎地秦墓竹簡〈法律答問〉譯注初稿（二）》，《史滴》第 21 号，1999 年 12 月，第 70 页。

【释文】

"盗徙封[1]，赎耐。"可（何）如爲"封"？"封"即田千佰。顷半（畔）"封"殹（也），且非是？而盗徙之，赎耐，可（何）重也？是，不重64。[2]

【集释】

[1] 盗徙封

整理小组：封，地界。私自移封。（译）

中央大秦简讲读会：盗徙即非法使其移动。这里指非法移动作为田面区划的土封。①

于豪亮：封是田界的标志。②

黄盛璋：封筑在阡、陌与顷之边缘上，但并不是阡陌。③

何四维："封"是地面上以小土丘形式存在的田地之间的界标。④ 盗徙封，偷偷移动界标。（译）⑤

魏天安："封"是作为地界的"陌"与阡道相交处的土堆……它成了确定不同土地所有者的阡、陌长短和土地四至的坐标点，是封疆画界最重要的标记。……偷偷移动了阡与陌相交处的"封"。⑥

张建国：封不是阡陌，而是约长四尺的立方体土台……应当解释为田界界标。……"盗徙封"的罪名，不是因为侵犯了他人土地，而是侵犯了国家道路，或者说是一种带有妨害交通性质的犯罪行为。⑦

南玉泉：从可能性来讲，应当如黄盛璋所推测的那样，设置在与田亩相邻的阡陌道下面的某一角落，上面种树或置石以便标识。⑧

① 〔日〕中央大学秦简講読会：《〈雲夢睡虎地秦墓竹簡〉釋註初稿　承前4　法律答問（上）》，中央大学大学院《論究》（文学研究科篇）第13卷第1号，1981年3月，第87页。

② 于豪亮：《释青川秦墓木牍》，《文物》1982年第1期，第23页。

③ 黄盛璋：《青川新出秦律木牍及其相关问题》，《文物》1982年第9期，第73页。

④ A. F. P. Hulsewé, *Remnants of Ch'in Law*, p. 164, D64 note1.

⑤ A. F. P. Hulsewé, *Remnants of Ch'in Law*, p. 164.

⑥ 魏天安：《"阡陌"与"顷畔"释义辨析》，《河南大学学报》（哲学社会科学版）1989年第4期，第66~67页。

⑦ 张建国：《盗徙封罪侵犯的是土地私有权吗？》，《北京大学学报》（哲学社会科学版）1995年第1期，第119页。

⑧ 南玉泉：《青川秦牍〈为田律〉释义及战国秦土地性质检讨》，载中国政法大学法律古籍整理研究所编《中国古代法律文献研究》第9辑，社会科学文献出版社，2015，第123页。

【按】"封"，田界的界标，用以表示田地四至。"盗徙封"，私下挪动"封"的位置。在秦汉律中，盗通常具有以下两层含义：一是采用隐蔽的手段非法占有他人财物，二是不以占据他人财物为目的的私下非法侵害。前者如《二年律令·盗律》55～56 简所载各种"凡盗"之例。后者则可见《秦律十八种·徭律》119 简"盗陕（决）道出入"，《二年律令·杂律》182 简"盗启门户"。这两种犯罪行为都与直接盗取钱财无关，而是暗中非法行事。

［2］"封"即田千佰……可（何）重也？是，不重。

中央大秦简讲读会："封即田千、佰、顷、半（畔）之封殿。且（若）非是，而盗徙之赎耐。""千佰顷半"通"阡陌畛畔"。或者是说每一千亩、百亩、十亩、一亩各自之封。"是"，正当的理由。①

杨宽："田阡陌"就是秦牍所说的阡道和陌道，"顷畔封"就是秦牍所说的"百亩为顷"的"封"和"埒"。②

李学勤：简文把"封"解释为阡陌，并举出"顷畔"为百亩之田的田界。③

张金光：国设"阡陌顷畔"之"封"具有不可侵犯的神圣性，因而也就把私人对土地的占有，强力束缚在固定封域内，这正是国家意志渗透并控制地权的标志，是土地国有制的法律表现。④

李零：从语气上看，"田阡陌"与"顷畔封"应当连读（案：《睡虎地秦墓竹简》释文作分读）。简文"阡陌"就是"顷畔"（顷以阡道、陌道为界畔），"阡陌顷畔封"是说在阡陌顷畔的内侧各起一道封埒。⑤

王占通："徙封"或者是侵犯国家土地所有权，或是侵犯他人土地占有、使用权，都属严重犯罪。……有人提问"赎耐是否太重了"，说明

---

① 〔日〕中央大学秦简讲读会：《〈雲夢睡虎地秦墓竹简〉釋註初稿　承前4　法律答問（上）》，第 87～88 页。

② 杨宽：《释青川秦牍的田亩制度》，《文物》1982 年第 7 期，第 84 页。

③ 李学勤：《青川郝家坪木牍研究》，《文物》1982 年第 10 期，第 72 页。

④ 张金光：《试论秦自商鞅变法后的土地制度》，《中国史研究》1983 年第 2 期，第 33 页。

⑤ 李零：《论秦田阡陌制度的复原及其形成线索——郝家坪秦牍〈为田律〉研究述评》，《中华文史论丛》1987 年第 1 期，第 30 页。

"盗徙封"之罪除"赎耐"之外，尚有其他刑罚，这就是徒刑。①

张建国：在阡陌之后不应断句，简文的意思是说：封就是田地里阡陌之畔，顷之畔作为田界界标的封……"盗徙封"……侵犯了国家道路，或者说是一种带有妨害交通性质的犯罪行为……盗徙封罪的设立与维护土地所有权的问题无关。②

角谷常子：田地是被登录在土地籍帐上的，仅靠"徙封"是不能将土地据为己有的。问答中提出感到判"赎耐"太重，或许〔文字有误〕是不应该判"赎黥"，而要判比它轻一档的"赎耐"吧！③

夏利亚：句读疑为：顷半（畔），"封"殹（也）？④

南玉泉：此句"'封'即田千佰"后面不应断开，应连读。顷畔，顷田之边界。《说文》："畔，田界也。从田半声。"《法律答问》这一段译成今文则是："'封'是田亩按阡陌规划之顷界旁侧的界标。"⑤

【按】本简主旨是对"封"进行解释，限定"盗徙封"之封的范畴。关于句读目前存在两种意见：其一，将"千佰顷半（畔）"断开，"千佰"即"阡陌"；其二，读为"'封'即田千佰顷半（畔）'封'殹（也），且非是"。整理小组最开始采取后一种句读，⑥ 后又按照前一种断句。⑦ 对于"阡陌"和"封"的形态，青川秦牍《为田律》中已有较明确界定，所谓"亩二畛，一百（陌）道。百亩为顷，一千（阡）道。道广三步。封高四尺，大称其高。"该律明确了"阡陌"与"封"的不同之处：前者为田地之间纵横交错的道路，其宽度为三步；而后者则是一种用于标识田界的高四尺见方的封土堆。据此考虑，如在"'封'即田仟佰"处断句，则似乎是将封与阡陌等同起来，与《为田律》中对二者的外观描述和功能不合，此已为学者所指出。

---

① 王占通：《秦代肉刑耐刑可作主刑辨》，《吉林大学社会科学学报》1991 年第 3 期，第 88 页。

② 张建国：《盗徙封罪侵犯的是土地私有权吗？》，第 119～120 页。

③ 〔日〕角谷常子：《秦汉时代的赎刑》，陈青、胡平生译，载李学勤、谢桂华主编《简帛研究二〇〇一》，广西师范大学出版社，2001，第 591 页。

④ 夏利亚：《秦简文字集释》，博士学位论文，华东师范大学，2011，第 311 页。

⑤ 南玉泉：《青川秦牍〈为田律〉释义及战国秦土地性质检讨》，第 124 页。

⑥ 云梦秦墓竹简整理小组：《云梦秦简释文（三）》，《文物》1976 年第 8 期，第 32 页。

⑦ 睡虎地秦墓竹简整理小组：《睡虎地秦墓竹简（五）》，文物出版社，1977，第 111 页。

简文中的"千佰顷半（畔）'封'"，可从黄盛璋先生之释理解为阡之封、陌之封与顷畔之封。即标记出"阡""陌""顷畔"边界的封土堆。就其功能而言，大致同于当代公路、铁路等设施适用的界桩。此处"顷畔"，或指顷之间的边界线。从与睡虎地秦简时代更为接近的《二年律令·田律》246 简"亩二畛，一佰（陌）道；百亩为顷，十顷一千（阡）道"的规定可知，一亩田的边界设立一陌道，这与《为田律》一致；十顷田的边界设置一阡道，与《为田律》略有不同，这表明至少在汉初，阡已经从一顷的边界变为十顷边界。一顷田地的边界，无专门的术语命名，这或许是仅能称之为"顷畔"的原因。

本简是对"盗徙封"中的"封"做限定性解释，"封"即是设置在阡道、陌道以及顷之畔边侧，用以标明其界限的封土堆。"盗徙封"的规定又见于龙岗秦简 121 简"盗徙封，侵食冢庐，赎耐"，与之形成对比的是 120 简"侵食道、千（阡）、邰（陌），及斩人畴企（畦），赀一甲"。其中"侵食道、千（阡）、邰（陌）"与本简"盗徙封"在侵害对象方面都涉及阡陌，但相关处罚却有轻重之别，移动作为阡陌界标的"封"，比私自垦殖阡陌所得之罪更重，这也是答者回答"不重"的理据。其原因或如学者研究所指出的，"盗徙封"所侵害的客体并非土地所有权关系，而是国家对土地的控制权力。"封"作为一种界限标志，一旦被私自挪动，有可能使得官府在实施土地管理过程中失去标准，其所带来的危害在当时人看来或许比一般的侵占土地更为严重，因此处罚更重。

【译文】

"私自移封，赎耐。"什么属于"封"？"封"就是田地阡陌（上的封）、一顷田边界上的封，是不是？如果私自移动它，（处罚）赎耐，是否太重？是（封），（处罚）不重。

【简文】

内奸赎耐今内人 = 未餂奸而得可論除 65

【释文】

"内（纳）奸 [1]，赎耐。"今内（纳）人，人未蚀 [2] 奸而得，可（何）論？除 65。

【集释】

[1] 内（纳）奸

整理小组：纳奸，当指容使坏人进入。一说，奸仍指性关系方面犯罪。①

栗劲："内"不必作"纳"……"内"就是引入，"内奸"就是引入奸人的行为，依律当处"赎耐"的刑罚。②

何四维：整理小组认为其意为"容使坏人进入"，但这看上去不大可能，因为处罚相对较轻。"奸"除了作为一个普通的术语表示"邪恶"之外，还有"通奸"的意思。③

陶安あんど：64 简"盗徙封，赎耐"、65 简"内（纳）奸，赎耐"，有关土地界限的欺诈行为、不法侵入（或私通）的帮助等罪，也被科以赎耐。④

【按】 对本简中的"奸"，整理小组提出了坏人与性犯罪两种理解。以"内奸，赎耐"的律文来看，如果采纳前一含义，"容使坏人进入"具体罪名所指不明，显得笼统。而且如何四维先生所言，对这样的行为处以"赎耐"，刑罚相对较轻。如果将"内奸"作为一个具体罪名，罪刑相应就比较好理解。即据律意，"内奸"是指在通奸行为实施完成后，引介人构成犯罪。本条简文设问的原因是，引介他人通奸，但通奸未遂，这种情况与已有的法律规定不合，因此产生认定疑问。从"除"即不予处罚的回答推测，"内奸"罪的认定以通奸实现与否为基准。

[2] 未蚀

整理小组：疑读为食，《汉书·谷永传》注："犹受纳也。"

【按】 "蚀"应写作"餎"，简文据图版补正。《岳麓书院藏秦简（叁）》"魋盗杀安、宜等案"0419（164）简"未餎（蚀）而得"，"得之强与弃妻奸案"1846（171）简"不（？）强（？）与（？）弃（？）妻（？）变奸，未餎（蚀）"，见"未蚀"文例。整理者指出其意为未遂，不

---

① 睡虎地秦墓竹简整理小组：《睡虎地秦墓竹简》"后记"，文物出版社，1990。
② 栗劲：《〈睡虎地秦墓竹简〉译注斠补》，《吉林大学社会科学学报》1984 年第 5 期，第 94 页。
③ A. F. P. Hulsewé, *Remnants of Ch'in Law*, p. 138, D52 note1.
④ 〔德〕陶安あんど：《秦汉刑罚体系の研究》，第 476 页，注释 5。

限于奸罪使用，但"蚀"读为何字仍待考。①

【译文】

"引介通奸者，赎耐。"现在引介某人，某人行奸未遂被捕获，（引介人）如何论处？不予处罚。

【简文】

求盗追捕皋＝人＝挌殺求盗問殺人者爲賊殺人且斷＝殺＝人廷行事爲
　　賊 66

【释文】

求盗追捕罪人，罪人挌（格）殺求盗，問殺人者爲賊殺人，且斷（鬥）殺？斷（鬥）殺人，廷行事爲賊 66。[1]

【集释】

[1] 求盗追捕罪人……廷行事为贼。

整理小组：斗杀，在斗殴中杀人，其罪应比贼杀人轻。

何四维：求盗追捕罪人，罪人击打并杀了他。问：杀人者被认定是带有恶意预谋（意图）的杀人还是在打斗中杀人？（译)②

陶安あんど："贼伤""贼杀""斗伤""斗杀"中的"贼""斗"字，均相对于"伤"或"杀"这一动词，起到状语的作用，"斗"表示相斗的状况，"贼"表示像盗贼一样"害"人的状态……"如贼一样"意味着行为从最初就有杀伤的意图，但将其翻译为"故意"，易产生误解……"斗"绝非是"无故意，偶发的"……秦汉的"贼杀"与"贼伤"概念，是以像盗贼那样行动的外观作为判断基准的。③

【按】本简设问的缘由是，在求盗追捕罪人的过程中，罪人与求盗打斗又杀死了求盗，不知应按贼杀人还是斗杀人定罪。廷行事认定属于贼杀人。推测其理据是：如果单纯从"格杀"的情节与后果论，也许符合一般斗杀人的要件。然而本案情况特殊，即杀人者本身是罪人，被杀者身份是求盗，而且格杀发生于求盗追捕罪人这一特定情境中，已不是一般的斗杀人，故被认定具有贼的特性，以贼杀人定罪。

---

① 朱汉民、陈松长主编《岳麓书院藏秦简（叁）》，上海辞书出版社，2013，第 194 页。

② A. F. P. Hulsewé, *Remnants of Ch'in Law*, p. 138.

③ 〔德〕陶安あんど：《秦汉刑罚体系の研究》，第 399～402 页，注释 48。

【译文】

求盗追捕罪人，罪人与求盗打斗而致其死亡，问杀人者（的行为）属于贼杀人，还是斗杀人？属于斗杀人，（但是）廷行事认定为贼杀人。

【简文】

甲謀遣乙盜殺人受分十錢問乙高未盈六尺甲可論當磔 67

【释文】

甲謀遣乙盜殺人［1］，受分十錢，問［2］乙高未盈六尺，甲可（何）論？當磔 67。［3］

【集释】

［1］盜杀人

整理小组：盗劫杀人。（译）

【按】"盗杀人"，在本简中指为非法占有他人财物而杀人的犯罪。在秦汉律中，"盗杀人"为重罪。《岳麓书院藏秦简（叁）》所载案例八"譊、妘刑杀人等案"、案例九"同、显盗杀人案"、案例十"魏盗杀安、宜等案"，犯盗杀人罪者均被处以磔刑。①《二年律令·盗律》65～66 简："群盗及亡从群盗……盗杀伤人，盗发冢（塚），略卖人若已略未卖，桥（矫）相以为吏，自以为吏以盗，皆磔。"

［2］问

早大秦简研究会：问，虽然可以解释为"讯问"，但是《法律答问》简文像本条一样以"案例→问→答"顺序构成的条文很多，其中的"问"用为对案例的提问之语，因而这里应该指提问之意。②

【按】《法律答问》中的"问"有两种含义，其一为秦汉行政司法实践中常见的案件调查程序之问，其二即法律答问提问者的提问。《法律答问》42 简："甲告乙盗直（值）百一十，③问乙盗卅，甲诬驾（加）乙五十，其卅不审，问甲当论不当？廷行事赀二甲。"其中"问乙盗卅"之

---

① 朱汉民、陈松长主编《岳麓书院藏秦简（叁）》，第 176、180、190 页。
② 〔日〕早稻田大學秦簡研究會：《雲夢睡虎地秦墓竹簡〈法律答問〉譯注初稿（一）》，《史滴》第 20 号，1998 年 12 月，第 45 页。
③ 整理小组释文为"甲告乙盗直（值）□□"，《秦简牍合集》整理者据红外线图版将"□□"释读为"百一十"。参见陈伟主编，彭浩、刘乐贤撰著《秦简牍合集》（释文注释修订本壹），第 198 页。

"问"即为讯问，"问甲当论不当"之"问"即为提问。

［3］甲谋遣乙盗杀人……当磔。

【按】关于本条设问的原因，石冈浩先生认为，本来对教唆者与实行犯应科以相同的刑罚，但在实行犯因未成年而成为免罪或者减刑对象的情况下，就需要确认教唆者是否也要减刑。回答中的"磔"，是应适用盗杀人的刑罚"磔"，这表明对教唆者不减刑。① 由此可知，在教唆犯罪的情况下，未成年人实行犯的责任减免不涉及教唆犯。不仅如此，如果以前引《二年律令·盗律》条文推论，教唆者教唆未成年人盗杀人，所获刑罚与群盗盗杀伤人同。

【译文】

甲与乙谋划并派乙盗杀人，分到十钱，问乙身高不满六尺，甲应如何论处？应当磔。

【简文】

甲殺人不覺今甲病死已葬人乃後告甲＝殺人審問甲當論及收不當告不

聽68

【释文】

甲殺人，不覺，今甲病死已葬，人乃後告甲，甲殺人審，問甲當論及收不當？告不聽68。［1］

【集释】

［1］甲杀人，不觉……告不听。

整理小组：本条应与下"家人之论"条参看。

栗劲：秦律对已死亡的犯罪，不追究本人的刑事责任，也不适用连坐法，即不收孥。②

冨谷至：依告发进行裁定，是以被告者有生命为前提的，对死亡后的告发本身不予受理，对缘坐及主犯也不做论断。③

---

① 〔日〕石冈浩：《張家山漢簡〈二年律令〉盗律にみる磔刑の役割——諸侯王国を視野におく厳罰の適用》，《史學雜誌》第 114 編第 11 号，2005 年 11 月，第 68 页。

② 栗劲：《〈睡虎地秦墓竹简〉译注斠补》，第 95 页。

③ 〔日〕冨谷至：《秦汉刑罚制度研究》，柴生芳、朱恒晔译，广西师范大学出版社，2006，第 159 页。

陶安あんど：追加了"不觉"的要件，与"家罪"的逻辑相异，旨在防止以消灭家庭（通过收制）为目的的乱诉，限制死后不确的告发行为。①

于振波：对于普通人而言，如果其所犯的罪生前未被发现，死后才有人告发，不论其所侵害的对象是否为家庭内部成员，官府都同样不再追究其法律责任。②

刘欣宁：此例之杀人者甲不仅已死，且"已葬"。造成告诉无效的究竟是死亡事实抑或埋葬事实，仍有深究空间。邢义田曾举"夫死未葬，法无许嫁"之例，指出人际关系以下葬为终止之可能性……"已葬"恐亦非无意义之赘词，主犯埋葬后，其妻子才能免于被收之命运。③

【按】据《法律答问》77 简"或自杀，其室人弗言吏，即葬狸（薶）之，问死者有妻、子当收，弗言而葬，当赀一甲"，可知人死后、葬之前应履行告官手续，由官方对死亡做出确认。其意义在于，死者经官方确认死亡后埋葬，表明死者的法律主体地位不再存在，与其相关的犯罪责任追究以及收孥都不再成立，因此诉讼无效。

【译文】

甲杀人，未被察觉，如甲病死亡，已经埋葬，有人在甲葬后告发甲，甲杀人属实，问应不应当对甲论罪并收其家属？告发不受理。

【简文】

擅殺子黥爲城旦舂其子新生而有怪物其身及不全而殺之勿辠今生子＝

　身全殹毋怪物直以多子故不欲其生即弗 69

爰而殺之可論爲殺子 70

【释文】

"擅殺子，黥爲城旦舂。其子新生而有怪物其身及不全而殺之，勿辠。"今生子，子身全殹（也），毋（無）怪物，直以多子故，不欲其生，即弗 69 爰 [1] 而殺之，可（何）論？爲殺子 70。

---

① 〔德〕陶安あんど：《秦漢刑罰体系の研究》，第 391 页，注释 30。
② 于振波：《简牍与秦汉社会》，湖南大学出版社，2012，第 274 页，注释 1。
③ 刘欣宁：《秦汉律令中的同居连坐》，载王沛主编《出土文献与法律史研究》第 1 辑，上海人民出版社，2012，第 145 页。

【集释】

[1] 举

整理小组：养育。

陶安あんど：指对新生儿洗浴与初次哺乳。①

【译文】

"擅自杀子，黥为城旦舂。孩子出生时身上长有异物或其肢体不全，因而杀死，不治罪。"现有新生儿，肢体健全，没有异物，只是由于孩子多，不想让他存活，于是不养育而将他杀害，如何论处？属于（擅）杀子。

【简文】

士五甲毋子其弟子以爲後與同居而擅殺之當棄市 71

【释文】

士五（伍）甲毋（無）子，其弟子以爲後 [1]，與同居，而擅殺之，當棄市 71。[2]

【集释】

[1] 后

整理小组：后嗣。（译）

何四维：后，意为甲收养儿子，（该子）最终将为他的养父来履行对祖先的祭祀。②

【按】"后"，继承人。《国语·周语上》"其君必无后"韦昭注："后嗣也。"③ 里耶秦简 9-705 + 9-1111 + 9-1426 简"【廿】七年十二月丁丑朔朔日，迁陵拔敢言……□迁陵兴、尉瞯将吏☑丞阴吏卒在郭中死，当置后，上诊牒……"如校释者所言，"置后"指"设置继承人"。④ 继承人涉及爵位、财产、户主继承诸事，因而设置继承人专有法律规定。《二年律令》有《置后律》篇，其中诸条规定的内容包括：不同等级的有爵者病死后，其继承人可以承袭何等爵位及其继承顺序；因公殉职者的继承人袭爵

---

① 〔德〕陶安あんど：《秦漢刑罰体系の研究》，第 429 页，注释 71。

② A. F. P. Hulsewé, *Remnants of Ch'in Law*, p.139, D57 note1.

③ 徐元诰：《国语集解》，王树民、沈长云点校，中华书局，2002，第 32 页。

④ 陈伟主编《里耶秦简牍校释》第 2 卷，第 181~182 页。

顺序；女性可以享有丈夫爵位的权益；自贼杀者不得设置继承人；遗腹子的继承权；在法定丧假期结束后返回官府报告；兄弟姐妹的继承顺序；户的继承顺序；前妻之子的继承权；在无继承人的情况下，奴婢身份的改变及其继承权；女子为户的相关规定；服侍主人并为其生子的婢在主人死后免为庶人；寡妇继承户后给予田宅以及此后继承户的规定；对官吏拖延为人办理继承手续行为的处罚；有耐罪以上者不得作为爵位继承人，爵位继承人的手续担保等诸多方面。

〔2〕士五（伍）甲毋（无）子……而擅杀之，当弃市。

何四维：69 简表明擅杀子（无论年龄）黥为城旦舂，此处被要求处以死刑无疑是因为受害者不是他养父的亲生孩子。①

冨谷至：在秦代对一般的杀人罪所处刑罚就是弃市，四四一简②未经许可的父杀子行为，是作为一般杀人罪处理的。③

陈公柔：对所犯虽然有类似家罪范围，但与家主无血缘关系，而其罪行又足以危害社会治安者，一律从严治罪。④

【按】《法律答问》69 简"擅杀子，黥为城旦舂"，这是一般规定，对擅杀子的处罚是黥城旦舂。本简与此有别。所处罚的犯罪行为虽然也是擅杀人，但被擅杀的并非亲子，而是作为杀者继承人且与其同居的弟弟之子，其所获之刑也是重于黥城旦舂的弃市。就 69 简与本简而言，其原因即在于亲子与继子的差异，继子非亲子，即使继子有一定的血亲关系，也会影响到量刑的轻重，即血亲关系近则量刑轻，血亲关系远则量刑重。冨谷至先生据本简推论，秦代对一般杀人罪处弃市之刑。陈公柔先生指出家主与所犯无血缘关系则从严治罪。后世《唐律疏议·斗讼》"殴詈祖父母父母"条规定："若子孙违犯教令，而祖父母、父母殴杀者，徒一年半；以刃杀者，徒二年；故杀者，各加一等。即嫡、继、慈、养杀者，又加一等。过失杀者，各勿论。"⑤ 在同是子孙违犯教令的情况下，祖父母、父母

---

① A. F. P. Hulsewé, *Remnants of Ch'in Law*, p. 139, D57 note3.

② 指本简，即《法律答问》71 简。

③ 〔日〕冨谷至：《秦汉刑罚制度研究》，柴生芳、朱恒晔译，第 160 页。

④ 陈公柔：《云梦秦墓出土〈法律答问〉简册考述》，收入氏著《先秦两汉考古学论丛》，文物出版社，2005，第 169 页。

⑤ 〔唐〕长孙无忌：《唐律疏议》，刘俊文点校，中华书局，1983，第 529 页。

杀子孙起刑徒一年半，又依刃杀、故杀各加等；而嫡母、继母、慈母、养母杀子，较祖父母、父母杀子孙各加一等。与秦律的处罚原则有相同之处。

【译文】

士伍甲无子，以他弟弟的儿子为继承人，和他一起居住，而擅自将他杀害，应当弃市。

【简文】

擅殺刑髡其後子瀬之·可謂後子·官其男爲爵后及臣邦君長所置爲後大子皆爲後子72

【释文】

"擅殺、刑、髡其後子，瀬之。"[1]·可（何）謂"後子"？·官其男爲爵後，及臣邦君長所置爲後大（太）子，皆爲"後子"72。

【集释】

[1]擅杀、刑、髡其后子，瀬之。

（1）后子

整理小组：后子，《荀子·正论》注："嗣子。"杨树达《积微居金文余说》卷一认为后子即作为嫡嗣的长子。

【按】"后子"，具有爵位继承权的儿子。后与后子当有所区分。张家山汉简《奏谳书》180简："故律曰：死夫（？）以男为后，毋男以父母，毋父母以妻，毋妻以子女为后。"张建国先生认为，"后"的含义要超过"后子"，"后子"仅是"后"概念中的一个分概念。"后子"指"嗣子"，"后"则是"继承人"，不限于嗣子，至少包括死者最亲近的直系亲属[1]。依据本简的回答，"后子"包括：向官方申报并得到认可的作为爵位继承人的儿子，臣邦君长立为继承人的儿子。

（2）擅杀、刑、髡其后子，瀬之。

整理小组：擅自杀死、刑伤或髡剃其后子的，均应定罪。（译）

【按】瀬即瀬，整理小组译为"定罪"。在本简中，瀬有"呈报"之

---

① 张建国：《谈秦汉时一条珍贵的有关继承权的律文》，《法学杂志》1996年第5期，第41页。

意。《秦律十八种·徭律》121~122简:"县毋敢擅坏更公舍官府及廷,其有欲坏更殴(也),必瀙之。欲以城旦舂益为公舍官府及补缮之,为之,勿瀙。"瀙(讈)如整理小组所译,为呈报之义。此取呈报之义的理由是:其一,律文已有"擅杀子,黥为城旦舂"、擅杀作为继承人的弟弟之子弃市的规定,此无需再规定"定罪"。其二,需要呈报的原因,即见于下文"官其男为爵后"。整理小组将"官"解释为曾经官府认可,可从。另据《二年律令·捕律》142简"死事者,置后如律",可知确立继承人应依律进行,其具体规定可参考《二年律令·置后律》369~371简:"□□□□为县官有为也,以其故死若伤二旬中死,皆为死事者,令子男袭其爵。毋爵者,其后为公士。毋子男以女,毋女以父,毋父以母,毋母以男同产,毋男同产以女同产,毋女同产以妻。诸死事当置后,毋父母、妻子、同产者,以大夫,毋大父以大母与同居数者。"正因为"后子"是经官方认可的具有爵位继承或户主继承权的继承人,因而若擅自伤害乃至剥夺其生命,就已不单纯是"擅杀子"的问题,故需呈报。

【译文】

"擅自杀害、伤害、髡剃其后子的,均应呈报。"什么叫"后子"?官府认定的具有爵位继承权的儿子,以及臣邦君长立为继承人的太子,都是后子。

【简文】

人奴擅殺子城旦黥之畀主73

【释文】

人奴擅殺子,城旦黥之,畀主73。

【按】相较于常人"擅杀子"处以黥城旦,人奴"擅杀子"则"城旦黥之,畀主",即以黥城旦的方式施加刑罚后交还主人。之所以在表述上有"黥城旦"与"城旦黥之"的差异,是因为在对"人奴擅杀子"进行法律适用时,一方面要强调国家对刑罚的掌握,对性质相同的"擅杀子"行为不改变刑罚方式;另一方面要强调主人对人奴具有支配权,人奴即便犯城旦罪,也不可能改变身份变为刑徒。

本简及69简、71简、72简均与"擅杀子/继承人"相关,现将各条内容分"擅杀主体"、"擅杀对象"和"法律后果"等方面加以比较,列表1如下:

表1　《法律答问》所见"擅杀"主体、对象与法律后果对照

擅杀主体	擅杀对象	法律后果	简号
常人	子	黥为城旦舂	69
常人	具有继承权的弟弟之子	弃市	71
常人	具有爵位继承权之子	上报	72
人奴	子	城旦黥之,畀主	73

【译文】

私家男奴擅自杀害（自己）儿子的，以黥城旦的方式施刑，交还主人。

【简文】

人奴妾治子＝以肯死黥顔頯畀主■相與鬪交傷皆論不殹交論 74

【释文】

人奴妾治（笞）子，子以胏[1] 死，黥顔頯，畀主。｜相與鬪，交傷，皆論不殹（也）？交論 74。[2]

【集释】

[1] 胏

整理小组：胏（音枯），读为枯，《淮南子·原道》注："犹病也。"

陈振裕、刘信芳：读为"痼"，久病。[1]

朱湘蓉：本字当为"辜"，义指鞭笞之裂伤。[2]

李力：在此亦可以用作"嫭"，即"保辜"。[3]

【按】秦汉律令简中常见"以辜死"与"以某辜死"，如《二年律令·贼律》24 简"斗伤人，而以伤辜二旬中死，为杀人"，39 简"父母殴笞子及奴婢，子及奴婢以殴笞辜死，令赎死"，48 简"诸吏以县官事笞城旦舂、鬼薪白粲，以辜死，令赎死"，《奏谳书》49 简"公大夫昌苔（笞）奴相如，以辜死"等等，应属于用法比较固定的法律用语。结合律意来

---

① 陈振裕、刘信芳编著《睡虎地秦简文字编》，湖北人民出版社，1993，第 144 页。
② 朱湘蓉：《〈睡虎地秦墓竹简〉词语札记十则》，《古籍整理研究学刊》2006 年第 5 期，第 89 页。
③ 李力：《评朱红林〈张家山汉简《二年律令》集释〉》，《新史学》2007 年第 4 期，第 245 页。

看，学界将"辜"与"保辜"制度联系起来的认识是可采纳的。若追究
"辜"字具体字义，则朱湘蓉先生提出的"伤"义是一个可取的方向。如
《二年律令·置后律》369 简有"以其故死若伤二旬中死"，"伤二旬中死"
也有表现为"辜二旬中死"的，如居延新简 EPS4T2：100"以兵刃、索绳、
它物可以自杀者予囚，囚以自杀、杀人，若自伤、伤人，而以辜二旬中
死，予者髡为城旦舂"，① "辜二旬"与"伤二旬"具有类似的含义。所谓
"辜期"，本质上也是加害人对受害人的伤情加以保养看护的"伤期"，"保
辜"正是在此意义上形成的制度术语。

[2] 相与斗，交伤，皆论不殴（也）？交论。

整理小组：交，俱，见《孟子·梁惠王上》注。

【按】"交"在文献中的确有"俱"义，但在具体的行文语境中，或
许还应加上一层"各自"的语义。如《法律答问》173 简"甲、乙交与女
子丙奸"，其中的"交"除了表明甲乙二人"都"与丙有不正当关系外，
还表明甲乙与丙的这种关系是以"各自分别"的状态存续的，否则后文的
"甲、乙以其故相刺伤，丙弗智（知）"就显得有些费解。本条简文中的
"交论"也应该有此含义，即相互斗殴的双方不仅"都"论罪，而且"各
自分别"论罪，从而可能因为主体、情节、对象等要素的不同而承担不同
的法律责任。《唐律疏议·斗讼》"两相殴伤论如律"条有"诸斗两相殴伤
者，各随轻重，两论如律"。② 疏议又举甲乙二人两相殴伤，因各自身份良
贱有别，伤情轻重有别而科刑有别之例，以说明"两论如律"的内涵。对
于理解本条简文的"交论"或有帮助。

【译文】

私家奴婢笞打（自己的）儿子，儿子（在法定期限内）因伤死亡，
黥颜额，交还主人。｜相互斗殴，各自受伤，是否共同论处？各自论
处。

【简文】

臣强與主奸可論比殴主■鬭折脊項骨可論比折支 75

---

① 张德芳：《居延新简集释（七）》，甘肃文化出版社，2016，第705页。
② （唐）长孙无忌等：《唐律疏议》，刘俊文点校，第393页。

【释文】

臣强與主奸，可（何）論？比毆主［1］。｜鬬折脊項骨，可（何）

論？比折支（肢）［2］ 75。

【集释】

［1］比毆主

何四维：奴隶殴打主人的处罚未知。对于一般人而言，殴打自己祖父
母的处罚是黥为城旦舂，奴隶肯定会被处以死刑。①

"三国时代出土文字资料研究"班：关于"殴主"，在睡虎地与二年律
令中均未见其科刑规定。但是，奴婢与主人之间发生的犯罪，比照子女殴
打父母的犯罪被处以弃市。②

【按】本条简文说明"臣强与主奸"比照"臣殴主"论处，但臣殴
主应如何论处目前未详。京大人文研"三国时代出土文字资料研究"班
先将"奴与主"之间的犯罪行为比照为"子与父母"之间的犯罪行为，
又根据《二年律令·贼律》35 简"子牧杀父母，殴詈泰父母、父
母……皆弃市"的规定，认为"奴殴主"应处以弃市。倘若换一个比照
的角度，从《二年律令·杂律》190 简"奴取（娶）主、主之母及主
妻、子以为妻，若与奸，弃市"的规定出发，可见奴与主相奸尚且处以
弃市，若奴强与主奸则获刑当更在弃市之上，也能得出与之类似的结
论。至于为何要将"臣强与主奸"比照"臣殴主"论处，原因可能在于
此种行为还不能对受害人造成足够的伤害，使其达到法律所规定的"贼
伤"的必要程度。倘若在司法实践中，"强与主奸"的犯罪行为已经造
成了主的严重伤害，则或可以直接按照《二年律令·贼律》34 简的规
定"奴婢贼杀伤主、主父母妻子，皆枭其首市"进行处理，处罚较"弃
市"更重。

［2］比折支（肢）

何四维：79 简表明丈夫殴打妻子造成其折支的，当处耐刑；对于那些

---

① A. F. P. Hulsewé, *Remnants of Ch'in Law*, p. 169, D153 note2.
② 〔日〕冨谷至编《江陵張家山二四七號墓出土漢律令の研究 譯注篇》，朋友書店，2006，第 123 页。

相互间不具备类似"夫—妻"这样层级关系的人而言，处罚将更重。①

【按】秦律对"折支（肢）"的论处，或可以参考《二年律令·贼律》27、28 简所见对斗殴伤人的规定："斗而以釦及金铁锐、锤、椎伤人，皆完为城旦舂。其非用此物而盯人，折枳、齿、指，胅体，断胅（决）鼻、耳者，耐。其毋伤也，下爵殴上爵，罚金四两。殴同死〈列〉以下，罚金二两；其有痍痏及□，罚金四两。"至于为何要将"折脊项骨"比照"折支（肢）"论处，原因可能在于脊椎、颈椎伤害的后果比"痍痏"更重，伤情更接近于四肢的骨折损伤。

【译文】

男奴强奸主人，如何论处？比照殴打主人论处。｜斗殴折断了脊椎、颈椎，如何论处？比照折断四肢论处。

【简文】

臣妾牧殺主·可謂牧·欲賊殺主未殺而得爲牧 76

【释文】

"臣妾牧殺 [1] 主。"·可（何）謂牧？·欲賊殺主，未殺而得，爲牧 76。

【集释】

[1] 牧杀

整理小组：牧，读为谋。

何四维：很显然，在此文本中，"牧"（高本汉《汉文典》，第 270 页，第 1037a，＊miôk）是"谋"（高本汉《汉文典》，第 250 页，第 948f，＊mịug）的借字，虽然这种假借关系尚未被证实。②

水间大辅：牧杀并非在加害者与被加害者是任何身份关系的场合都适用，而只适用于臣妾、子加害主、父母，即加害者与被害者之间有特殊身份的场合。……"牧"与"谋"的适用对象不同……从其起点看，"谋"是否比"牧"更早些呢？臣妾"欲"贼杀主、子"欲"贼杀父母，则以牧杀问罪，这也许就是立法者的旨趣所在，即：将这样重大的犯罪作为比

---

① A. F. P. Hulsewé, *Remnants of Ch'in Law*, p. 169, D153 note 4.

② A. F. P. Hulsewé, *Remnants of Ch'in Law*, p. 140, D60 note1.

谋早的阶段的处罚对象。①

何有祖:"牧杀"与"贼杀""谋杀"皆有别……其一、行为人存在差别。"牧杀"发生在"臣妾"和"主"、"子"和"父母"这类特殊身份之间……其二、行为实施完成与否。"牧杀"一定是行为未遂,即没有造成实际的损害……"牧杀"与特殊身份主体之间的"贼杀"或"谋杀"未遂基本相同。②

彭浩:简文对"牧"的解释,未涉及是否有预谋,故不当解作"谋"。"牧"当理解为臣妾蓄意杀主未遂而被抓获。③

【按】"牧杀"还见于《二年律令·贼律》35 简"子牧杀父母",38 简"贼杀伤父母,牧杀父母,欧〈殴〉詈父母",结合本条简文的规定,可以总结出"牧杀"的三方面特征。一、从犯罪主体和对象看,"牧杀"是一种以卑犯尊的行为,水间大辅先生和何有祖先生已根据《二年律令》律文中存在"子—父母"和"臣妾—主"两组关系加以指出。二、从犯罪的主观方面看,"牧杀"表明了犯罪存在谋杀的意图,本条简文明言"欲贼杀主"即是证明。《后汉书·独行列传》有"诸奴婢私共计议,欲谋杀(李)续,分其财产"的记叙。五一广场简 CWJ1③:135 有"又子斗配酌曾予邯永阽等十三人倍奴谋杀主"。④《唐律疏议·贼盗》"部曲奴婢谋杀主"条有"诸部曲、奴婢谋杀主者,皆斩",⑤刘俊文先生认为根据现存史料,奴婢谋杀主人之罪最早见于秦律,⑥"简文中'牧'即谋,'臣妾牧杀主'即奴婢谋杀主。"⑦由以上律文可见,"牧杀"与"谋杀"在表示犯罪主体"欲"的杀害意图方面具有类似的作用。三、从犯罪形态的方面看,

① 〔日〕水间大辅:《秦律、汉律关于未遂、预备、阴谋罪的处罚——以张家山汉简〈二年律令〉为中心》,载卜宪群、杨振红主编《简帛研究二〇〇五》,广西师范大学出版社,2008,第 287 页。

② 何有祖:《张家山汉简〈二年律令〉之〈贼律〉、〈盗律〉、〈告律〉、〈捕律〉、〈复律〉、〈兴律〉、〈徭律〉诸章集释》,硕士学位论文,武汉大学,2005,第 17 页。

③ 陈伟主编,彭浩、刘乐贤等撰著《秦简牍合集》(释文注释修订本壹),武汉大学出版社,2016,第 213 页。

④ 长沙市文物考古研究所等编《长沙五一广场东汉简牍(壹)》,中西书局,2018,第 232 页。

⑤ (唐)长孙无忌等:《唐律疏议》,刘俊文点校,第 328 页。

⑥ 即指本条简文。

⑦ 刘俊文:《唐律疏议笺解》,中华书局,1996,第 1269 页。

"牧杀"表明了犯罪并未实现事先所谋划的效果，本条简文明言"未杀而得"即是证明。"未杀"多见于秦汉律文，对此的处置可以参考《二年律令·贼律》22 简"谋贼杀、伤人，未杀，黥为城旦舂"和 23 简"贼杀人……未杀，黥为城旦舂"的法律规定。"三国时代出土文字资料研究"班虽然针对 22 简有不同的断句方案，即："谋贼杀，伤人未杀，黥为城旦舂"，① 但对于"未杀"是没有达到犯罪人预期中的致害程度的认识与《二年律令》整理小组是一致的。另外，《二年律令·贼律》34 简有"子贼杀伤父母，奴婢贼杀伤主、主父母妻子，皆枭其首市"的规定，对比 35 简的"子牧杀父母……皆弃市"，可见子贼杀父母的犯罪行为若已遂，较之"牧杀"的量刑要更重。这也从侧面说明"牧杀"的犯罪行为要更轻，正是犯罪人未能实现其预期目标的体现。总之，"牧杀"是一种位卑者意图杀害位尊者，但未能达成杀害结果的犯罪行为。

【译文】

"奴婢牧杀主人。"什么叫"牧"？意图贼杀主人，未造成死亡后果就被抓获，叫作"牧"。

【简文】

或自杀其室人弗言吏即葬貍之問死者有妻子當收弗言而葬當貲一甲 77

【释文】

或自杀，其室人 [1] 弗言吏，即葬貍（薶）之，問死者有妻、子當收，[2] 弗言而葬，當貲一甲 77。

【集释】

[1] 室人

整理小组：家属。（译）

何四维：他家的同住者。（译）②

陈玉璟："家属"或"家中之人"。③

冨谷至：秦简中散见的"室人"是指包括家族、奴婢及其他人在内，

---

① 〔日〕冨谷至编《江陵張家山二四七號墓出土漢律令の研究 譯注篇》，第 15～16 页。

② A. F. P. Hulsewé, *Remnants of Ch'in Law*, p. 140.

③ 陈玉璟：《秦简词语札记》，《安徽师大学报》（哲学社会科学版）1985 年第 1 期，第 83 页。

是在同一个家中居住的人的意思。①

高恒：此"室人"是自杀者亲属，有责任向官府报告自杀者的情况。不报告而受罚，是因本人违法，而不是连坐。②

铃木直美：这里自杀者有室人，从后文妻子的收孥作为问题这点来看，无疑室人最低限度上包含妻子。③

刘欣宁：室人的范围显然较妻子更为广泛……室人与其说是家人，某室（建筑物）之人的语意似乎更为强烈。因此，室人应指居住于同一家屋之人。④

【按】对于秦律所见"室人"的指涉对象范围，学界存在很多不同的看法，至今无法定谳。大致可以将对"室人"的解读分为两大类。其一，说明室人是居住于一室之内的人；其二，具体探讨"室人"的构成。⑤ 京大人文研"秦代出土文字史料研究"班将《岳麓书院藏秦简（肆）》1 简简文中所见"室人"解释为："室"是以血缘者为中心家庭生活的"住居""居宅"的意思。所谓"室人"，是同在"室"中生活的构成人员，但不包括隶属者，指的是同一家庭中的血缘家属。⑥ 《岳麓书院藏秦简（伍）》1603－1 + 1603－3（230）～1146（232）简有"叚（假）貣钱金它物其所治、所治之室人、室〖人〗父母妻子同产，虽 毋 枉 殹（也），以 所 叚（假）赁费貣钱金它物其息之数，与盗〖同〗法"的规定，⑦可见"室人父母妻子同产"的表述应该是偏正结构而非并列结构，表示"室人的父母、妻子、同产"。周海锋先生据此在"血缘"的基础上推论，

---

① 〔日〕冨谷至：《秦汉刑罚制度研究》，柴生芳、朱恒晔译，第 153 页。

② 高恒：《读秦汉简牍札记》，载李学勤主编《简帛研究》第 1 辑，法律出版社，1993，第 41 页。

③ 〔日〕铃木直美：《里耶秦简にみる秦の戸口把握——同居・室人再考》，《東洋学報》第 89 卷第 4 号，2008 年 3 月，第 20～21 页。

④ 刘欣宁：《秦汉律令中的同居连坐》，第 148、161～162 页。

⑤ 除上引诸家之说外，有关"室人"的研究成果还可参见文霞《试论秦汉简牍中的"室"和"室人"——以秦汉奴婢为中心》，《史学集刊》2013 年第 3 期，第 35～36 页。〔韩〕尹在硕：《睡虎地秦简〈日书〉所见"室"的结构与战国末期秦的家族类型》，《中国史研究》1995 年第 3 期，第 141 页。

⑥ 〔日〕"秦代出土文字史料の研究"班：《嶽麓書院所藏簡〈秦律令（壹）〉譯注稿 その（一）》，《東方學報》京都第 92 册，2017 年 12 月，第 137 页。

⑦ 陈松长主编《岳麓书院藏秦简（伍）》，上海辞书出版社，2017，第 145 页。

对"室人"的内涵进行了进一步的限定，认为"室人"与涉案者关系密切，不可能仅仅指在空间上同居一室之人，"室人"指异户的兄、弟、侄、孙。①

[2] 问死者有妻、子当收

整理小组：收，此处指收尸。一说，指收孥。②

中央大秦简讲读会：前条"收"是"收孥"，此条也应是"收孥"吧。③

何四维：问：死者有妻、子，他们应当被逮捕吗？（译）④

刘欣宁："收"无疑应解释为刑罚中的收制，"死者有妻子当收"，指死者之妻子应当遭到没收，与埋葬一事毫无关联。既然"埋葬之"的主词是室人，则惩罚对象"弗言而葬"者亦应为室人。⑤

【按】学者对本条简文中的"收"，存在"收尸"和"收孥"两种理解。若按"收尸"理解，则指自杀者应由其妻、子来收尸，而室人"即葬埋之"的过错就不仅在于未向官吏报告，还应包括取代妻、子收尸。若按"收孥"理解，则指自杀者生前应犯有将导致其妻、子被收孥的罪过。参考《法律答问》68 简，可知死者在经官方确认死亡并埋葬后，法律主体地位消灭，由死者原犯罪行为引发的收孥也不再成立。因此在本条简文中，室人未向官吏报告就埋葬死者的行为（甚至先前死者自杀的行为），不排除以"已葬"的事实来使死者的妻、子免于收孥的意图。如此理解，可使"收"义符合秦汉律令中常见的"收"制。

【译文】

有人自杀，他的室人没有报告官吏，就埋葬了死者。经调查，死者有妻子、儿子应当收尸（收孥），（室人）没有报告就埋葬，应当赀一甲。

【简文】

毆大父母黥爲城旦舂∟今毆高大父母可論比大父母 78

---

① 周海锋：《岳麓秦简所见惩治官员受贿令文试析》，载李学勤主编《出土文献》第 14 辑，中西书局，2019，第 280 页。

② 睡虎地秦墓竹简整理小组：《睡虎地秦墓竹简》"后记"。

③ 〔日〕中央大学秦简講读会：《〈雲夢睡虎地秦墓竹简〉釋註初稿　承前 4　法律答問（上）》，第 89 页。

④ A. F. P. Hulsewé, *Remnants of Ch'in Law*, p. 140.

⑤ 刘欣宁：《秦汉律令中的同居连坐》，第 145 ~ 146 页。

【释文】

"殹大父母，黥爲城旦舂。"[1]今殹高大父母，可（何）論？比大父母78。

【集释】

[1] 殴大父母，黥为城旦舂

整理小组：大父母，祖父母。大父见《史记·留侯世家》，大母见《汉书·文三王传》。

【按】本简所见，殴打祖父母黥为城旦舂。《岳麓书院藏秦简（伍）》1604（203）简"【自】 今 以來，殹泰父母，弃市，臬诟罾之，黥为城旦舂"，① 可见规定刑已有改变，故 1604（203）简令文应是修律的结果，对殴打祖父母的处罚由黥城旦舂加重到"弃市"，罾辱则黥为城旦舂。汉初律对殴罾祖父母的行为亦规定为弃市刑。《二年律令·贼律》35 简："子牧杀父母，殴罾泰父母、父母、叚（假）大母、主母、后母，及父母告子不孝，皆弃市。"《唐律疏议·斗讼》"殴罾祖父母父母"条规定"诸罾祖父母、父母者，绞；殴者，斩"，② 律文将殴、罾分开论罪，罾绞殴斩，虽然都是死刑，但有轻重之别。

【译文】

"殴打祖父母，黥为城旦舂。"如殴打曾祖父母，如何论处？比照殴打祖父母论处。

【简文】

妻悍夫殹治之夬其耳若折支指胅膿問夫可論當耐79

【释文】

妻悍 [1]，夫殹治 [2] 之，夬（决）其耳，若折支（肢）指、胅膿（體），問夫可（何）論？當耐79。[3]

【集释】

[1] 悍

整理小组：凶悍。（译）

何四维：不服约束。（译）③

---

① 陈松长主编《岳麓书院藏秦简（伍）》，第 135 页。

② （唐）长孙无忌等：《唐律疏议》，刘俊文点校，第 414 页。

③ A. F. P. Hulsewé, *Remnants of Ch'in Law*, p. 141.

【按】《二年律令·贼律》32 简"妻悍而夫殴笞之",学者指出,在秦汉律中,"悍"常用于表述妻对夫,或奴婢对主人的不恭。① 《奏谳书》187~188 简"致次不孝、劈(敖)悍之律二章",张家界古人堤简牍 29 简亦有"奴婢悍"的律目。② 贾丽英先生认为,"悍罪"是先秦至秦汉时期扰乱社会秩序和家族关系的犯罪,"犯罪主体主要是'悍妻'与'悍虏'"。③ 关于悍的行为,邢义田先生在分析《奏谳书》"杜泸女子甲和奸案"时指出,"敖悍"从字面解,或许指倨傲、游敖、凶悍,应和秦汉律中"妻悍"的"悍","敖童"的"敖"字同义……就法律言,傲悍或敖悍或许就是今天所说的行为不检、言语不逊,例如媳妇对婆婆不驯顺,或如"夫死,不悲哀",严重程度应还算不上不孝。④ 池田雄一等先生认为"劈(敖)悍"的要件有,在主从关系上反抗主人,在夫妻关系上不顺从丈夫,应服丧而不服,等等。⑤

对于奴婢悍,主人有送交官府惩处的权利。《封诊式·黥妾》42~43 简"乙使甲曰:丙悍,谒黥劓丙",《二年律令·贼律》44 简"……其悍主而谒杀之,亦弃市;谒斩若刑,为斩、刑之",即是主人请求官府对悍主的奴婢执行死刑或肉刑。对于悍妻,丈夫如何进行诉讼尚不明确。据《奏谳书》案例 21 记载,杜泸女子甲在为病死丈夫守灵期间与人和奸,于是被婆婆告到官府。据引述的"劈(敖)悍,完为城旦舂,铁鍱其足,输巴县盐"及"不孝弃市;不孝之次,当黥为城旦舂;劈(敖)悍,完之"等规定来看,对敖悍罪的规定刑是完城旦舂。

[2] 殴治

整理小组:加以责打。(译)

---

① 彭浩、陈伟、〔日〕工藤元男主编《二年律令与奏谳书——张家山二四七号汉墓出土法律文献释读》,上海古籍出版社,2007,第 103 页。

② 湖南省文物考古研究所、中国文物研究所:《湖南张家界古人堤简牍释文与简注》,《中国历史文物》2003 年第 2 期,第 79 页。

③ 贾丽英:《秦汉时期"悍罪"论说》,《石家庄学院学报》2006 年第 1 期,第 101 页。

④ 邢义田:《秦或西汉初和奸案中所见的亲属伦理关系——江陵张家山二四七号墓〈奏谳书〉简 180~196 考论》,载柳立言主编《传统中国法律的理念与实践》,"中央研究院"历史语言研究所,2008,第 111~112 页。

⑤ 〔日〕池田雄一编《漢代を遡る奏讞——中国古代の裁判記録——》,汲古書院,2015,第 118 页。

何四维：此处简文为"殴治（治，笞）"，然而在其他文例中，如 78 简只写为"殴"。因此我将"治/笞"分开来翻译。① 殴治，"打和棒打"。（译）②

【按】睡虎地秦简可见"治 + 数字"的用法，如《法律答问》132 简"隶臣妾觳（系）城旦舂，去亡，已奔，未论而自出，当治（笞）五十，备觳（系）日"，整理小组将简文中的"治"读为"笞"。又《二年律令·贼律》32 简"妻悍而夫殴笞之"，39 简"父母殴笞子及奴婢"，均为"殴笞"连用，也许汉初已将"殴治"直接写作"殴笞"。本简中的"治"也可直接读为本字。京大人文研"三国时代出土文字资料研究"班在注释《二年律令·贼律》32 简"殴笞"时指出，"笞"可取"治"义，殴笞可以解释为"殴打惩戒"。③ 睡虎地秦简整理小组所说的"加以责打"或许也是此意。

［3］问夫可（何）论？当耐。

【按】本简设问的原因，在于丈夫殴打悍妻，造成了"夬（决）其耳""折支（肢）指""胅膿（体）"的后果，不知如何论处。"问夫可（何）论"隐含有两点原因，一是"妻悍"在先，二是双方具有夫妻关系，因而不知是否可以适用对一般人的法律。回答"当耐"的理据，可见《法律答问》80 简"律曰：斗夬（决）人耳，耐"，可知其处刑与普通人"斗夬（决）人耳"的处罚方式一致。

【译文】

妻子凶悍，丈夫责打，致使她的耳朵开裂，或打折了她的四肢、手指，或造成骨骼错位，问丈夫如何论处？应当耐。

【简文】

律曰鬬夬人耳耐今夬耳ㄴ故不穿所夬非珥所入殴可論律所謂非必珥所

　　入乃爲夬﹦裂男若女耳皆當耐80

【释文】

律曰："鬬夬（决）人耳，耐。"今夬（决）耳故不穿，［1］所夬

---

① A. F. P. Hulsewé, *Remnants of Ch'in Law*, p. 141, D64 note1.

② A. F. P. Hulsewé, *Remnants of Ch'in Law*, p. 141.

③ 〔日〕冨谷至编《江陵張家山二四七號墓出土漢律令の研究 譯注篇》，第 22 页。

（決）非珥所入殹（也），可（何）論？律所謂，非必珥所入乃爲夬
（決），夬（決）裂男若女耳，皆當耐80。

【集释】

［1］今夬（決）耳故不穿

整理小组：如撕裂的耳朵本来没有穿过戴珥的孔。（译）

何四维：故，照旧，因此"故不"指从未。穿，即为戴珥而穿孔。①
"故不穿"，从未有戴珥之孔。（译）②

【按】据图版"耳"与"故"之间有"乚"，今补，释文应作"今夬
（決）耳，故不穿，所夬（決）非珥所入殹（也）"。简文表明决耳存在两
种情况，一是"故不穿"，即撕裂的耳朵原本就未穿孔；二是"所夬（決）
非珥所入殹（也）"，即所撕裂处并非佩戴耳饰之处。本条之所以设问，可
能是因为在提问者的经验中，佩戴耳饰会使得决耳更加容易。因此当出现
被害人的耳朵从没有耳孔处撕裂时，应如何处置即成为疑问。对此疑问的
回答是，律文的本意并非指从耳孔撕裂才算决耳，即无论从哪个部位，无
论男女，只要决耳即处以耐。

【译文】

律曰："斗殴致使他人耳朵开裂，耐。"如开裂的耳朵原来就没有穿
孔，开裂的不是戴珥的部位，如何论处？律文的意思是：未必是从戴珥部
位开裂才算是开裂，撕裂男子或女子耳朵，都应耐。

【简文】

或與人鬬縛而盡拔其須麋論可殹當完城旦81

【释文】

或與人鬬，縛而盡拔其須麋（眉），論可（何）殹（也）？當完城旦
81。［1］

【集释】

［1］或与人斗……当完城旦。

堀毅：犯罪事实是由下述两种行为构成的。①甲乙两人斗殴，甲将乙

---

① A. F. P. Hulsewé, *Remnants of Ch'in Law*, p. 141, D65 note1 - 2.

② A. F. P. Hulsewé, *Remnants of Ch'in Law*, p. 141.

捆绑起来，使其失去人身自由。②拔光其胡须眉毛。……①与"诸以威力制缚人者，各以斗殴论。因而殴伤者，各加斗殴伤二等"（斗讼律八条）是一致的。而②则如"其有拔鬘，亦准发为坐"（《斗讼律》）所示。①

闫晓君：由于用暴力使他人失去自卫反抗的能力，虽不使用兵刃，故也加重为完为城旦。②

曹旅宁：当时人认为发须靡（眉）是人身体内的精华所在或者就是人体的替代物，伤人发须就是伤人身体，因此必须严惩。③

【按】秦律对于"斗"的处罚，或可参考《二年律令·贼律》27～28 简："斗而以釰及金铁锐、锤、椎伤人，皆完为城旦春。其非用此物而盯人，折枳、齿、指、胅体、断肤（决）鼻、耳者，耐。其毋伤也，下爵殴上爵，罚金四两。殴同死〈列〉以下，罚金二两；其有痜痏及□，罚金四两。"从该条规定来看，对斗殴犯罪量刑时，既需要考虑犯罪行为的后果，即伤害程度，也需要考虑犯罪所采取的手段，如是否使用律文涉及的器物。当使用律文涉及的器物并致人伤害时，量刑为完为城旦春。从本条的答问来看，可能是将斗殴中绑缚人的行为，视同"以釰及金铁锐、锤、椎"相斗；而造成他人的毛发损伤，则视同法律意义上的"伤"，故量刑为完城旦。

【译文】

有人与人斗殴，捆绑（对方）并拔光他的胡须眉毛，如何论处？应当完城旦。

【简文】

拔人髪大可如爲提智以上爲提 82

【释文】

拔人髪，大 [1] 可（何）如爲"提" [2]？智（知） [3] 以上爲"提" 82。

① 〔日〕堀毅：《秦汉法制史论考》，萧红燕译，第 312、313 页。
② 阎（闫）晓君：《汉简〈贼律〉沿革考》，《华南师范大学学报》（社会科学版）2006 年第 1 期，第 95 页。
③ 曹旅宁：《释秦律"拔其须眉"及"斩人发结"兼论秦汉的髡刑》，《中国史研究》2001 年第 1 期，第 168 页。

【集释】

[1] 大

整理小组：多少。（译）

何四维：大小。（译）①

彭浩：指范围大小。②

【按】《法律答问》88简："或斗，啮人頯若颜，其大方一寸，深半寸，可（何）论？比疻痏。"其中"大方一寸"和"深半寸"显然是对斗殴伤口的描述，"大"应表示面积。《法律答问》81简、84简也有斗殴过程中损伤他人须眉和头发的内容，与之不同的是，本条简文未见其他可能影响量刑的情节（如81简的"缚"，84简的"拔剑"），故推测当时对"拔人发"的论处以拔发的面积为准。《唐律疏议·斗讼》"斗殴以手足他物伤"条规定："伤及拔发方寸以上，杖八十。"针对"方寸以上"这一量刑标准，疏议进一步说明司法鉴定的具体方式："方寸者，谓量拔发无毛之所，纵横径各满一寸者。若方斜不等，围绕四寸为方寸。……其拔发不满方寸者，止从殴法。"③

[2] 提

整理小组：提，《礼记·少仪》注："犹绝也。"意思是把头发拔脱。推测秦律有关于"提"发应如何惩处的规定，所以本条就"提"专门作出说明。

何四维：数量。④

【按】若将"提"理解为"绝"，则本条简文的问语可直译为"面积多大才是'绝'？"，语义上存在窒碍。"绝"更偏重于对相对静止状态的描写，不具备在数量和程度上的可变性。"提"在本条简文中应该作为一种量词存在。古汉语中的量词常由名词发展而来，但动词也往往发生"转指"而名词化，即转而指称该动词所关涉的对象，其中一些动词从而临时发展出了量词的功能，并逐渐被语言使用固定下来。典型的例子如"把"

---

① A. F. P. Hulsewé, *Remnants of Ch'in Law*, p. 142.
② 陈伟主编，彭浩、刘乐贤等撰著《秦简牍合集》（释文注释修订本壹），第214页。
③ （唐）长孙无忌等：《唐律疏议》，刘俊文点校，第384页。
④ A. F. P. Hulsewé, *Remnants of Ch'in Law*, p. 142, D67 note1.

"握""撮""捧""掬""挑""担""捆"等。本条简文中的"提"可能也有类似的量词作用，只因为这种量词具有明显的临时性，不能形成固定的统一标准，才有了"大何如"的设问。

[3] 智（知）

整理小组：被拔者有所感觉。（译）

何四维："提""智"……明显是指两个数量。①

彭浩：似指他人可察觉。②

【按】若以"被拔者有所感觉"为标准，可能会使定罪量刑失于主观；若以"智"为量词，也许有用已知的"智"来说明设问的"提"的作用，此或为一解。相较而言，彭浩先生的说法较为合理。其合理性在于，排除了当事人的主观判断，而以第三人的判断为客观标准。

【译文】

拔人头发，面积多大是"提"？（他人）能察觉以上是"提"。

【简文】

或鬭齧斷人鼻若耳若指若脣論各可殹議皆當耐83

【释文】

或鬭，齧斷人鼻若耳若指若脣，論各可（何）殹（也）？議［1］皆當耐83。

【集释】

[1] 议

整理小组：议处。（译）

何四维：据我所知，早期中国典籍中"议"字从无"处断"之意，而总是"提议、建议"或"商讨"之意。③ 议，建议。（译）④

籾山明：围绕所上谳案件的处断……讨论的过程是通过"吏议""或曰""廷报"这样的词语来表示的。其分别与《法律答问》的"议""或曰""廷行事"相对应，这恐怕是很清楚的。所谓"议皆当耐"可以解释

---

① A. F. P. Hulsewé, *Remnants of Ch'in Law*, p. 142, D67 note1.
② 陈伟主编，彭浩、刘乐贤等撰著《秦简牍合集》（释文注释修订本壹），第215页。
③ A. F. P. Hulsewé, *Remnants of Ch'in Law*, p. 142, D68 note1.
④ A. F. P. Hulsewé, *Remnants of Ch'in Law*, p. 142.

为"在吏讨论的过程中，未曾就应处耐刑的意见提出过异议"。①

欧扬：这一条出现了术语"议"，是原始的案例文书中"吏议"部分的残存。②

【按】"议"字本身泛指商讨，或商讨后提出建议，或作为名词表示上述行为的结果。本简简文未见"议"的主体，同样用法又见《法律答问》29 简："士五（伍）甲盗一羊，羊颈有索，索直（值）一钱，问可（何）论？甲意所盗羊殴（也），而索系羊，甲即牵羊去，议不为过羊。""议"用于秦汉立法、司法之中，在立法时有议→请→制可的程序，《汉书·刑法志》载文帝废肉刑，即有"臣谨议""请定律""制曰可"之文。又，《岳麓书院藏秦简（肆）》0639（341）～1520（343）简"嚣园宣深有斗食啬夫、史各一人，毋与相襫稍廪月食者卖□息子。所以为耗□物及它当卖买者∟，令相监，毋（无）律令。议：令嚣园宣深啬夫若史相襫监，坐，如监令史，它有等比。丨内史二千石官共令□"，③《二年律令·津关令》506～508 简"☑议，禁民毋得私买马以出扞〈扜〉关、郧关、函谷【关】、武关及诸河塞津关……御史以闻，请许……制曰：可"，皆为此例。"议"用于司法中，表示对案件的讨论、议罪，在司法实践中也有程序的含义，籾山明先生所言《法律答问》中"议 + 某处置结果"产生于"吏议"程序，即是如此。

【译文】

有人斗殴，咬断对方的鼻子，或耳朵，或手指，或嘴唇，分别如何论处？议：都应当耐。

【简文】

士五甲鬬拔劍伐斬人髮結可論當完爲城旦 84

【释文】

士五（伍）甲鬬，拔劍伐，斬人髮結，可（何）论？當完爲城旦 84。

---

① 〔日〕籾山明：《中国古代诉讼制度研究》，李力译，上海古籍出版社，2009，第 242 页。

② 欧扬：《秦到汉初定罪程序称谓的演变——取"当"为视角比较〈岳麓书院藏秦简〉（叁）与〈奏谳书〉》，载王沛主编《出土文献与法律史研究》第 3 辑，上海人民出版社，2014，第 107 页。

③ 陈松长主编《岳麓书院藏秦简（肆）》，第 208 页。

【译文】

士伍甲斗殴，拔出剑砍斫，砍断对方的发结，如何论处？应当完为城旦。

【简文】

鈹戟矛有室者拔以鬭未有傷殿論比劍85

【释文】

鈹、戟［1］、矛有室者，拔以鬭，未有傷殿（也），論比劍85。［2］

【集释】

［1］戟

【按】根据图版，"戟"当写作"戟"，《说文解字·戈部》"戟，有枝兵也"，同"戟"。

［2］鈹、戟、矛有室者……论比剑。

【按】本条的核心，在于确认拔出有鞘的兵刃斗殴应如何论处。《法律答问》90 简可见斗的三种手段，分别为以"兵刃、投（殳）梃、拳指"，这里区分了锐器、钝器与徒手。就本简而言，有鞘的鈹、戟、矛未拔出时，类似于殳梃，拔出即为兵刃。以此斗殴，比照用剑斗论处。这说明，用剑斗在当时有专条律文规定。

【译文】

鈹、戟、矛有鞘的，拔出打斗，没有致伤，比照拔剑相斗论处。

【简文】

鬭以箴鈦錐若箴鈦錐傷人各可論鬭當貲二甲賊當黥爲城旦86

【释文】

鬭以箴（針）、鈦、錐，若箴（針）、鈦、錐傷人，各可（何）論？鬭，當貲二甲；賊，當黥爲城旦86。［1］

【集释】

［1］斗以箴（针）、鈦、锥……当黥为城旦。

【按】本简是对用针、鈦、锥斗殴并致人受伤行为的处罚规定。在伤人的前提下，回答区分了"斗"和"贼"两种情况。这里的"斗"和"贼"当为"斗伤人"和"贼伤人"的略语。《二年律令·贼律》25 简"贼伤人，及自贼伤以避事者，皆黥为城旦春"，与本简中对"贼"的处罚相同。因此，赀二甲是对用针、钵、锥斗伤人的处罚。

【译文】

用针、钵、锥斗殴，如果针、钵、锥致人受伤，分别如何论处？斗（伤人），应当赀二甲；贼（伤人），应当黥为城旦。

【简文】

或與人鬭夬人脣論可殹比疻痏 87

【释文】

或與人鬭，夬（决）人脣，論可（何）殹（也）？比疻痏［1］87。

【集释】

［1］疻痏

整理小组：疻（音只）痏（音委），《急就篇》注："殴人皮肤肿起曰疻，殴伤曰痏。"

何四维：擦伤或瘀伤。（译）①

闫晓君：泛指一切因殴斗而引起的人体皮肤的病理变化，如有皮肤的创伤如皮破血出，就只能称"痏"。②

张功：……师古认为疻痏区分轻重，疻不为伤而痏为伤，伤与不伤以创瘢之有无为区分标准，而创瘢为皮破血流。……"疻痏"是有创瘢的，并非仅为皮肤肿起。③

夏利亚：殴伤。轻伤为疻，重伤为痏。④

【按】据图版，"疻痏"，字形为"疻痏"。

《汉书·薛宣传》应劭注："以杖手殴击人，剥其皮肤，肿起青黑而无创瘢者，律谓疻痏。"《说文解字·疒部》"疻，殴伤也"，"痏，疻痏也"。段玉裁认为应劭注"'律谓疻'下夺去六字，当作'其有创瘢者谓痏'"。⑤所以段氏认为，"痏"较"疻"有创瘢，受伤程度更重。沈家本认为段氏补字应劭注以证"痏""疻"有别并无佐证，且"唐律见血为伤，并有拔

① A. F. P. Hulsewé, *Remnants of Ch'in Law*, p. 143.
② 闫晓君：《出土文献与古代司法检验史研究》，文物出版社，2005，第36页。
③ 张功：《秦汉犯罪控制研究》，湖北人民出版社，2007，第108页。
④ 夏利亚：《秦简文字集释》，第323页。
⑤ （清）段玉裁：《说文解字注》，中华书局，2013，第1402页。

发、内损、折伤种种差等，而不及创瘢，恐段说亦未确也"。①"疕瘨"所描述的是一种伤害情形还是两种不同的伤害情形，传世文献所见材料已难考辨清楚。在睡虎地秦简中又见单独用"瘨"的记载，《封诊式·□□》35简"·诊首□髺发，其右角瘨一所，袤五寸，深到骨，类剑迹"，《封诊式·贼死》56～58简"某头左角刃瘨一所，北（背）二所，……其襦北（背）直瘨者，以刃夬（决）二所，瘛（应）瘨"。两处记载的"瘨"皆是由兵刃所致的创伤，明显存有伤口而非一般的皮肤青肿。可见，"疕瘨"是一般性斗殴所致的皮肤伤害，而"瘨"则是有伤口的伤害。张丽君先生以《五十二病方》为研究对象，指出"瘨"既可指殴伤创口，又可指金枪利器刺中、射中的伤口。②

本条设问的目的，在于询问对"决人唇"行为的处罚标准，由此涉及勘验"决人唇"的标准。答曰"比疕瘨"，说明律文中没有"决人唇"的具体规定，而在案件判罚中将其视为与"疕瘨"同等的伤害。

【译文】

有人与他人斗殴，致使对方嘴唇开裂，如何论处？比照疕瘨。

【简文】

或鬬齧人額若顏其大方一寸澡半寸可論比疕瘨88

【释文】

或鬬，齧人額若顏，其大方一寸，深［1］半寸，可（何）論？比疕瘨88。

【集释】

［1］深

【按】今据图版，此处"深"字形为"澡"。

【译文】

有人斗殴，咬伤对方的颧部或额头，伤口的大小方一寸，深半寸，如何论处？比照疕瘨。

【简文】

鬬爲人毆毆毋疕瘨毆者顧折齒可論各以其律論之89

---

① 中国政法大学法律古籍整理研究所、中国社会科学院法学研究所法制史研究室整理《沈家本全集》第4卷，中国政法大学出版社，2010，第229页。

② 张丽君：《针灸量词"瘨"、"壮"考释》，《古汉语研究》1993年第1期，第40页。

【释文】

鬬，爲人殹殴（也），毋（無）疕痏，殴者顧折齒［1］，可（何）論？各以其律論之［2］89。

【集释】

［1］顾折齿

整理小组：反而折断了牙齿。（译）

【按】《秦律十八种·仓律》47 简："驾传马，一食禾，其顾来有（又）一食禾，皆八马共。"整理小组解释"顾来"为"返回"。"顾折齿"表示反而折断牙齿。

［2］各以其律论之

整理小组：应各自依有关法律论处。（译）

何四维：秦简中没有指出折断牙齿的处罚。①

【按】本简内容是针对在斗殴中，打人一方反而给自己造成伤害结果，应如何处理的问答。据文意可知斗殴情形是：双方斗殴，被打一方无疕痏，打人一方反而自己折断了牙齿。回答"各以其律论之"涉及的论处包括，被打者以斗殴论处，打人者适用斗殴无疕痏，"顾折齿"以斗殴折齿论处。但由谁承担折齿的法律责任，有三种猜测：第一是由打人者自己承担，以斗殴折人齿论处；第二是由被打者承担；第三是双方均不需要对折齿承担责任，只需以斗殴论处。

《法律答问》虽未见关于斗殴折齿、斗殴无疕痏的处罚规定，但在75～89 简中可见对斗殴情节、后果、刑罚的有关规定，现总结如表2。关于79 简中夫殴悍妻造成决耳、折肢指、胅体等后果的规定，虽与依据斗殴所致的伤害后果确定刑罚的原则具有一致性，但因不符合斗的要件，故未列入。

【译文】

斗殴，被人殴打者没有疕痏，打人者反而折断了牙齿，如何论处？分别按照相关的律条论处。

---

① A. F. P. Hulsewé, *Remnants of Ch'in Law*, p. 143, D74 note3.

表 2　《法律答问》75～89 简所见与"斗"相关情节、后果、量刑一览

主　体	犯　行	受伤部位		处罚方式	简　号
一般主体	斗夬（决）	耳		耐	80
		唇		比疻痏	87
	啮断	鼻、耳、指、唇		耐	83
	啮	頯、颜		比疻痏	88
	斗折	脊项骨		比折支（肢）	75
	缚＋尽拔	须麋（眉）		完城旦	81
	拔剑伐	斩人发结		完城旦	84
	拔铍戟矛以斗	无伤		比剑	85
	以箴（针）铢锥斗	伤人		赀二甲	86
	斗	无疻痏；（自折）齿		各以律论	89

【简文】

邦客與主人鬭以兵刃投梃拳指傷人擎以布可謂擎＝布入公如貲布入齎
錢如律 90

【释文】

"邦客與主人鬭，以兵刃、投（殳）梃、拳指傷人，[1] 擎以布 [2]。"
可（何）謂"擎"？擎布入公，如貲布，入齎錢如律 90。[3]

【集释】

[1] 以兵刃、投（殳）梃、拳指伤人

整理小组：殳（音书），用竹束成的长棒形武器。① 梃，棍棒。

何四维：我赞同整理小组关于"投"是"殳"的误写的观点。②

马贤达、马明达："拳指"二字泛指一切徒手伤人的手段……"拳指"
就是"拳掌"。③

陶安あんど："兵刃、殳梃、拳指"，不是偶然的罗列，而是记述了将
伤害罪区分为三种基本类型的构成要件。即"兵刃"是锐利的武器，"殳
梃"是钝器，"拳指"是不使用武器徒手打伤对方。……"梃"是指用以

---

① 整理小组注参见《效律》45 简"殳、戟、弩"条注（一）。
② A. F. P. Hulsewé, *Remnants of Ch'in Law*, p. 143, D75 note5.
③ 马贤达、马明达：《"手搏"探隐》，载人民体育出版社编《中华武术论丛》第 1 辑，人民体育出版社，1987，第 118 页。

杀伤人的木棒，与刃物对置。"殳"通常指杖戈，即无刃的竹制或木制细长武器，在战车战斗中，为进攻拉开对手战车而使用。睡虎地秦简有作为武器名称而使用"殳"的本字的用例，像本答问这样，与"梃"固定连用才作"投"形。武器的"殳"与"投梃"的"投"有可能是区分使用的。……"投梃"的"投"未必限定于杖戈，可以认为其义是广义上棒状的器物。"投（殳）梃"是与刃物对置的棒状钝器之总称。①

［2］挈以布

整理小组：挈，应即揙（音珉），《说文》："抚也。"这里有抚慰的意思。挈以布，用作为货币的布来抚慰。

何四维：通过（罚）布拭除。（译）②

刘海年：所谓挈以布就是类似罚缴纳布匹。按秦律，一般以器械伤人者，处耐刑、完城旦刑或赀二甲。外国人犯这种罪只规定"挈以布"，而不施加耐刑或徒刑，这显然是在处理上更慎重。③

［3］挈布入公，如赀布，入赀钱如律。

整理小组：将作为抚慰的布缴官，也就是和罚布一样，依法缴钱。（译）

中央大秦简讲读会：挈布入公，如赀布。入赀钱如律。④

王宗维："挈布入公，如赀布，入赀钱，如律"……就是按照律令文交纳赀布入官，或交钱。⑤

松崎つね子：所谓挈，与罚布同样将布缴纳入官，但（实际上）按照律（换算成）缴纳钱。（译）⑥

彭浩："如赀布，入赀钱如律"，"赀布"是罚缴纳"布"，"如律"指《金布律》"钱十一当一布"，"入赀钱"指按"布"的价值纳钱。⑦

---

① 〔德〕陶安あんど：《秦漢刑罰体系の研究》，第494～495页。

② A. F. P. Hulsewé, *Remnants of Ch'in Law*, p. 143.

③ 刘海年：《秦的诉讼制度（上）》，《中国法学》1985年第1期，第161页。

④ 〔日〕中央大学秦简講読会：《〈雲夢睡虎地秦墓竹簡〉釋註初稿　承前4　法律答問（上）》，第90页。

⑤ 王宗维：《汉代属国制度探源》，载王宗维、周伟洲编《马长寿纪念文集》，西北大学出版社，1993，第247页。

⑥ 〔日〕松崎つね子：《睡虎地秦簡》，明德出版社，2000，第130页。

⑦ 彭浩：《睡虎地秦简"王室祠"与〈赀律〉考辨》，载武汉大学简帛研究中心编《简帛》第1辑，上海古籍出版社，2006，第245页。

陶安あんど："……擊（揎），布入公，如赀布，入赀钱如律。"……此段简文，如整理小组所示，应顺接而读，正确地解释为"像赀布一样，按照法律规定缴纳钱"。①

【按】学者对本简有三种句读，一是整理小组读作"擊布入公，如赀布，入赀钱如律"，二是松崎つね子先生读作"擊，布入公如赀布，入赀钱如律"，三是陶安先生读作"擊，布入公，如赀布，入赀钱如律（之谓也）"。整理小组将"擊布"连读，如陶安先生所言，不是对前文提问"何谓擊"的正确回答形式，而成为关于"擊布"的一般记述。不过他同时也认为，这种程度的偏差亦可见他处，应该没有超过《法律答问》通常的容许范围。② 松崎つね子先生与陶安先生均将"擊布"断读，与前文"何谓擊"的提问对应。只是松崎先生将"如赀布"上读，陶安先生将"如赀布"顺接下文。他认为这是赀罪常换算为金钱实施的旁证。

《法律答问》中围绕字义的问答，有的直接进行说明，如 99 简 "可（何）谓'四邻'？'四邻'即伍人谓殹（也）"；有的不正面回答，而以描述性文字加以说明，如 1～2 简 "……可（何）谓'驾（加）罪'？五人盗……"因此，整理小组的理解亦无不可。以上三种句读均可通读文意。本简所引律文规定了邦客与主人斗殴的处罚。在用兵刃、棍棒、拳指伤人的情况下，对邦客的处罚为"擊以布"，这与 89 简按语总结的《法律答问》一般主体斗殴处以赀、耐、完城旦刑不同。

【译文】

"邦客与主人斗殴，用兵刃、棍棒、拳指致人受伤，用布擊。"什么是"擊"？缴纳布入官，像赀布一样，按照法律规定折钱缴纳。

【简文】

以梃贼傷人・可謂梃木可以伐者爲梃91

【释文】

"以梃［1］贼傷人。"・可（何）謂"梃"？木可以伐者爲"梃"91。

---

① 〔德〕陶安あんど：《秦漢刑罰体系の研究》，第 150、496 页，注释 20。
② 〔德〕陶安あんど：《秦漢刑罰体系の研究》，第 495～496 页，注释 19。

【集释】

[1] 梃

【按】《墨子·备蛾傅》所见的梃"长二尺，大六寸"，[1]《银雀山汉墓竹简〔壹〕·库法》中的梃"长七尺，大十二寸"，[2] 都是长条形木棍。这与简文对梃的解释一致，能攻击人的木棍都可视为梃，无尺寸限制。

【译文】

"用梃贼伤人。"·什么是"梃"？可以用来打人的木棍称为"梃"。

【简文】

小畜生入人室＝人以投梃伐殺之所殺直二百五十錢可論當貲二甲92

【释文】

小畜生入人室，室人以投（殳）梃伐殺之，所殺直（值）二百五十錢，可（何）論？當貲二甲92。[1]

【集释】

[1] 小畜生入人室……当赀二甲。

【按】本条规制的是杀害进入他人宅室的小牲畜的行为。后世汉律有禁止无故闯入私人宅室的规定，《周礼·秋官·朝士》"凡盗贼军乡邑及家人，杀之无罪"。郑司农云："若今时无故入人室宅庐舍，上人车船，牵引人欲犯法者，其时格杀之，无罪。"[3] 又居延汉简395.11 简："·捕律：禁吏毋夜入人庐舍捕人，犯者，其室殴伤之，以毋故入人室律从事。"[4] 秦律是否有如此规定，尚不明。但是从常理考虑，同样的"入人室"情节，牲畜与人存在根本不同。牲畜入人宅室并无主观故意，所造成的潜在危害也相对较小。对宅室主人而言，在对闯入宅室的牲畜可采取驱离、捆

---

① （清）孙诒让：《墨子间诂》卷一四《备蛾傅》，孙启治点校，中华书局，2001，第568页。

② 银雀山汉简整理者疑简文抄写有误，原文本应作"连棰长七尺……梃长尺八寸，大十二寸"。银雀山汉墓竹简整理小组编《银雀山汉墓竹简〔壹〕》，文物出版社，1985，释文注释第135页，注释〔七〕。

③ （汉）郑玄注，（唐）贾公彦疏《周礼注疏》卷三五，（清）阮元校刻《十三经注疏》，中华书局，1980，第878页下栏。

④ 简牍整理小组编《居延汉简（肆）》，"中央研究院"历史语言研究所，2017，第67页。

缚等手段维护自身利益的情况下，就不一定非要采取"伐杀"的手段。当然，法律也并非一概禁止"伐杀"，但是如果杀死的小牲畜的价值达到了法定数额，宅室主人就需要承担一定的责任，亦即答复的"赀二甲"。

【译文】

小牲畜进入他人家中，家里的人用棍棒将它打死，被打死的小牲畜值二百五十钱，如何论处？应当赀二甲。

【简文】

論獄可謂不直可謂縱囚皋當重而端輕之當輕而端重之是謂不直當論而
　　端弗論及傷其獄端令不致論出之是謂縱囚 93

【释文】

論獄【何謂】"不直"［1］？可（何）謂"縱囚"？罪當重而端輕之，當輕而端重之，是謂"不直"。當論而端弗論，及傷［2］其獄，端令不致，論出之，是謂"縱囚"93。

【集释】

［1］不直

【按】"不直"，既是官吏职务犯罪的罪名之一，也是对"恶吏"以及不公正行为的评价用语。① 另可注意到，"直"与"不直"作为一组相对的概念，有时也见于伤害人身犯罪的后缀用语。《汉书·薛宣传》"（杨）明当以贼伤人不直"，这是廷尉对薛况贿客杨明砍伤申咸案的意见。颜师古注"以其受赇也"，即指杨明接受钱财而实施犯罪。廷尉在提出对杨明的处置意见前，还言及对"不直"的理解，即"传曰：'遇人不以义而见疻者，与痏人之罪钧，恶不直也'"。应劭注："遇人不以义为不直。"又，悬泉汉简 T0215·③·42 简"髡钳城旦大男曹道得　坐共贼伤人直　故效谷定汉里"，② 五一广场东汉简 2010CWJ1①：100 简"夜强略人以为妻，贼

---

① 中国政法大学中国法制史基础史料研读会：《睡虎地秦简法律文书集释（七）：〈法律答问〉1～60 简》，载中国政法大学法律古籍整理研究所编《中国古代法律文献研究》第 12 辑，社会科学文献出版社，2018，第 92～93 页。
② 陈玲、张红岩：《汉代髡钳城旦刑考略》，《青海民族大学学报》（社会科学版）2010 年第 3 期，第 86 页。

伤尼不直",① 也可见在贼伤人后缀以"直"与"不直"的用法。此种区分未见于律文,也许意味着在司法实务中会以某种伦理道德标准对犯罪动机进行评价。

[2]伤

整理小组:伤(音易),《说文》:"轻也。"

陶安あんど:改换其狱。(译)②

【按】本字应写作"傷",今据图版补正。"傷"为"荡"之古字,若代入本简语境,语义略显窒碍。秦简中的"易"有时写作"昜",如《效律》45 简"鬃冹相昜殴"之"易"就写作"昜",根据文意仍应读为"改易"之"易"。又如《日书乙种》195 简"赐某大冨"之"赐"字写作"賜",根据文意仍应读为"赐予"之"赐"。故本条简文中的"傷"仍可读为"傷"。陶安先生认为"傷"通"易",释文为"傷(易)其狱",并翻译为"改换其狱"。《法律答问》202 简"节亡玉若人貿傷之"之"傷"字,简文亦写作"傷",整理小组仍将其读为"傷"而释作"易",表示"更换",符合简文语意。与之类似,本简中"傷其狱"之"傷"也应表示"更换""替换"。"当论而端弗论"指治狱者"故意不论罪",而"傷其狱,端令不致,论出之",指治狱者"改换案情,故意令当事人达不到论罪标准,使之被判无罪",二者正可对举,共同表示论狱"不直"的情形。

【译文】

判决案件什么是"不直"?什么是"纵囚"?罪应重而故意定轻,应轻而故意定重,这是"不直"。应当论罪而故意不论,以及改变案情,故意让(犯人)不致罪,判决他们无罪,这是"纵囚"。

【简文】

贖皋不直史不與嗇夫和問史可論當貲一盾94

【释文】

贖罪[1]不直,史不與嗇夫和,問史可(何)論?當貲一盾94。[2]

【集释】

---

① 长沙市文物考古研究所等编《长沙五一广场东汉简牍(壹)》,中西书局,2018,第 201 页。

② 〔德〕陶安あんど:《秦漢刑罰体系の研究》,第 393 页。

［1］ 赎罪

整理小组：应指赎耐、赎黥一类可缴纳钱财赎免的罪。

【按】富谷至先生认为"罪"当"刑"，秦简中的"罪（辠）"有两种含义，即"犯罪"和"刑罚"。① 本简的"赎罪"即"赎刑"，"赎罪不直"即在判处赎刑时存在不直的情形。

［2］ 赎罪不直……当赀一盾。

高敏：在判处犯人以赎罪不公正时，如果史没有与啬夫合谋，则只罚史而不罚啬夫。……"令史"之类的官吏，是可以参与对罪犯的调查与审讯的。②

刘海年：令史在执行职务时必须和其直接上司密切配合，否则出现差错要受惩罚。……这里说的史就是指县司法机构的令史，而啬夫则是指有权处理案件的县令、丞。③

巩富文："史"为从事司法文书事务的官吏，因为其未与啬夫合谋，故判罪较轻。……这则答问，对于主要责任者——啬夫应判什么刑未说，只说对未参与合谋的史"当赀一盾"。啬夫显然会更重一些。它说明，如果断狱"不直"，那么同一官府中的所有官吏均要被判处相应的刑罚。④

高恒：对于"赎罪"之类的轻罪案件，令史也有责任提出如何判决的意见。因此，当令、丞等主审官判处"赎罪"案不公正时，令史没有参与意见，要受"赀一盾"的处罚。⑤

邹水杰：而作为属吏，即使没有与主吏合谋，但在有决狱不直的情况下，还是要受牵连而遭处罚，这与秦鼓励监督、告发他人的精神是一致的。⑥

邹勘：啬夫是基层官署的令、长。论赎罪不直，史不与令、长和而被

---

① 〔日〕富谷至：《秦汉刑罚制度研究》，柴生芳、朱恒晔译，第 18～19 页。

② 高敏：《云梦秦简初探》（增订本），河南人民出版社，1981，第 177 页。

③ 刘海年：《秦的法官法吏体系考略》，《学习与探索》1982 年第 2 期，第 65 页。

④ 巩富文：《中国古代法官责任制度研究》，西北大学出版社，2002，第 121 页。

⑤ 高恒：《秦汉简牍中法制文书辑考》，社会科学文献出版社，2008，第 18 页。

⑥ 邹水杰：《两汉县行政研究》，湖南人民出版社，2008，第 227～228 页。

赀一盾，不直的令长所受的处罚应当更重。①

朱红林：史在断案时本应与啬夫"合谋"，也就是说共同协商，但是他没有这样做，导致案件判决不当，所以被处以"赀一盾"的处罚。②

【按】秦汉简牍常见史参与司法审判的记录，如《岳麓书院藏秦简（叁）》1221（13）简"五月甲辰，州陵守绾、丞越、史获论令癸、琐等各赎黥"；③张家山汉简《奏谳书》106 简"二月癸亥，丞昭、史敢、铫、赐论，黥讲为城旦"。本条答问涉及的情形，为史与啬夫共同参与案件审理，原则上二者需要对错判结果共同承担责任。

简文中的"和"，整理小组译为"合谋"。何四维先生更直接指出本句应理解为"史不同意啬夫的意见"。④本条设问的原因，在于出现了"赎罪不直"的判决，而史不同意负责人啬夫的判决意见，在这种情况下不知对史应如何处理，故有此问。回答为"赀一盾"，原因在于，即使史正确地履行了职责，但由于他与啬夫存在职务连带关系，故也需要为啬夫的错误判决承担一定的责任。至于对啬夫的处罚，按照《二年律令·具律》93 简"鞠（鞫）狱故纵、不直，及诊、报、辟故弗穷审者，死罪，斩左止（趾）为城旦，它各以其罪论之"的规定，可知对于司法审判中不公正的判决，除死罪外均以反坐原则论处。以此推论，本简中的赎罪不直，则应反坐赎刑。

【译文】

判处赎刑不直，史不同意啬夫的判决，问：史如何论处？应当赀一盾。

【简文】

辟者辟廷·今郡守爲廷不爲＝殹▇辟者不先辟官長啬夫▇可謂官長可
　　謂啬夫命都官曰長縣曰啬夫 95

---

① 邹勰：《〈岳麓简（三）〉"癸、琐相移谋购案"中的法律适用》，《华东政法大学学报》2014 年第 2 期，第 30 页。

② 朱红林：《史与秦汉时期的决狱制度》，《社会科学辑刊》2017 年第 1 期，第 150 页。

③ 朱汉民、陈松长主编《岳麓书院藏秦简（叁）》，第 99 页。

④ 何四维先生认为"不和"可理解为"不一致"，并将本简翻译为"史不同意啬夫的意见"。参见 A. F. P. Hulsewé, *Remnants of Ch'in Law*, p. 144，D78 note3。

【释文】

"辭者辭廷。" · 今郡守爲廷不爲？爲殹（也）。[1] ┃ "辭者不先辭
官長、嗇夫。"[2] ┃ [3] 可（何）謂"官長"？可（何）謂"嗇夫"？
命都官曰"長"，縣曰"嗇夫"95。

【集释】

[1] "辞者辞廷。" · 今郡守为廷不为？为殹（也）。

裘锡圭：秦汉时代所谓"廷"，一般指县廷。①

黄贤俊：此句意谓当事人可向郡守法庭提出控诉，有的当事人可先向
县都官县嗇夫提出控诉。②

田昌五、臧知非：廷即诉讼机关，指县政府。③

南玉泉：廷，原意是廷尉，为中央掌管司法审判的机关……后来郡
府、县府也称为"廷"。④

程维荣：所谓廷，就是郡守、县令等及其官府。⑤

蔡万进：战国及秦汉时代所谓的"廷"，一般指县廷。⑥

郭洪伯：郡守府和廷尉府级别相同，适用相同的诉讼规则，此处的
"廷"应理解为廷尉府。⑦

【按】"廷"作县廷和中央廷尉的含义，在秦汉出土文献及传世文献中
习见。此处的"辞者辞廷"是对某段律文的摘抄，具体语境已难考察。郭
洪伯先生补全简文作"辞者辞廷，勿听"，指出律文意图为禁止越过基层
的县道或都官而擅自向廷尉府或郡守府提起越级诉讼，郡守府和廷尉府是
平级的二千石司法机构，所以此处的"廷"应理解为廷尉府。⑧ 不过，文

---

① 裘锡圭：《嗇夫初探》，载中华书局编辑部编《云梦秦简研究》，中华书局，1981，第
231 页。

② 黄贤俊：《对云梦秦简中诉讼制度的探索》，《法学研究》1981 年第 5 期，第 54 页。

③ 田昌五、臧知非：《周秦社会结构研究》，西北大学出版社，1996，第 232 页。

④ 张晋藩总主编，徐世虹分卷主编《中国法制通史》第 2 卷《战国秦汉》，法律出版社，
1999，第 174 页。

⑤ 程维荣：《中国审判制度史》，上海教育出版社，2001，第 41 页。

⑥ 蔡万进：《秦国粮食经济研究》（增订本），大象出版社，2009，第 30 页，注释 1。

⑦ 郭洪伯：《"郡守为廷"——秦汉时期的司法体系》，载《第八届北京大学史学论坛论文
集》，2012，第 15 页。

⑧ 郭洪伯：《"郡守为廷"——秦汉时期的司法体系》，载《第八届北京大学史学论坛论文
集》，第 15 页。

献中多见向县廷提起诉讼的记载，如《二年律令·具律》101 简"诸欲告罪人及有罪先自告而远其县廷者，皆得告所在乡，乡官谨听，书其告，上县道官。廷士吏亦得听告"，116 简"气（乞）鞫者各辞在所县道，县道官令、长、丞谨听"。上述两简皆反映县廷是承担诉讼的一般机构，故此处无须增补"勿听"亦符合当时的诉讼制度。本条答问的设问意图在于，晚于县出现的郡职能日益丰富，开始具备类似于县的司法职能，从而需要设问解释。所以，"辞者辞廷"即诉讼者到县廷提起诉讼，而郡职能丰富后，郡也可作为直接受理诉讼的机构。

［2］辞者不先辞官长、啬夫

整理小组：诉讼者不先向官长、啬夫诉讼。（译）

高敏：提出起诉的人，不得先向都官及县啬夫提出控告。①

裘锡圭：秦律规定"辞者"应辞廷，而不应先辞官长、啬夫。②

中央大秦简讲读会：辞者，不能将其辞先于官长、啬夫（辞于郡廷）。③

籾山明：供述首先应在"廷"即县廷或对郡守进行，而不应不循程序，对都官和县令长等行政长官进行。④

郭洪伯：秦律规定诉讼必须先向县道或都官提出（否则不予受理）。⑤

肖洪泳：既然辞者不先辞官长、啬夫，而是辞廷，那么这里的"辞者"应该不是初次提起诉讼的当事人，而是提起上诉的被告人或其家人。……只有进入一审程式后，才会将当事人的供述称为"辞"，也才会将作为上诉人的被告人或其家人称为"辞者"。⑥

【按】如陶安先生指出，"'辞'指广泛的、各种各样的主体对官吏进行的诸种供述"，⑦ 原告、被告、证人的言辞陈述皆可称为"辞"。又，学

① 高敏：《云梦秦简初探》（增订本），第 307 页。
② 裘锡圭：《啬夫初探》，第 231 页。
③ 〔日〕中央大学秦簡講読会：《〈雲夢睡虎地秦墓竹簡〉釋註初稿　承前 4　法律答問（上）》，第 91 页。
④ 〔日〕籾山明：《秦代审判制度的复原》，徐世虹译，第 254 页。
⑤ 郭洪伯：《"郡守为廷"——秦汉时期的司法体系》，第 3 页。
⑥ 肖洪泳：《秦代刑事诉讼程式新探——以岳麓秦简所见司法案例为中心的分析》，载中国文化遗产研究院编《出土文献研究》第 14 辑，中西书局，2015，第 215～216 页。
⑦ 〔德〕陶安あんど：《秦漢刑罰体系の研究》，第 547 页，注释 87。

者在理解此句时，多有补足律文。此以《岳麓书院藏秦简（肆）》简文亦可佐证。据1269（149）、1408（150）简"不先悉县官车牛徒，而兴黔首及其车牛以发繇（徭），力足以均而弗均，论之"，①可知"不先"句的内容是要求执行的规定，"而"后之文是法律禁止的行为，如果实施法律禁止的行为，则要受到处罚。故在本简中，在"辞者不先辞官长、啬夫"后补充"而……勿听"，存在这种可能性，即在"官长、啬夫"与"勿听"之间，是法律禁止的越过官长啬夫而提起诉讼的行为。

［3］ ▎

【按】"▎"，简文为长方形墨块，下文以"■"表示。关于《法律答问》中"■"的使用方法，徐富昌先生认为"《秦律杂抄》的中圆点是用来当作章句号和尾题用的"，"'■'符的用法和'·'的用法，并没有什么不同"，"若整条答问过长……也会以中圆点隔开"。②从句读功能而言，认为两者用途相同是有道理的，但具体到《法律答问》中，两者的使用存在区别，本简中同时出现了"·"和"■"两种符号即是例证。中国政法大学中国法制史基础史料研读会在《法律答问》47简集释中已经说明，"■"强调隔开的是"相对独立"的语言层次，而《法律答问》中以"·"隔开的语言层次独立性相对较低。③本简中第一个"■"分隔的两部分内容可以独立分开，而此处第二个"■"分隔的前后内容是律文与问答之间的关系，两者关联性较强，并不能独立分开，所以此处第二个"■"或与本简中的"·"功能相似。

【译文】

"陈述者向官廷陈述。"·现在郡守是不是"廷"？是"廷"。▎"陈述者不先向官长、啬夫陈述。"▎什么是"官长"？什么是"啬夫"？称都官（的长官）为"长"，县（的长官）为"啬夫"。

【简文】

伍人相告且以辟罪不审以所辟罪＝之有曰不能定罪人而告它人爲告不

---

① 陈松长主编《岳麓书院藏秦简（肆）》，第117页。
② 徐富昌：《睡虎地秦简研究》，第195、199、196页。
③ 中国政法大学中国法制史基础史料研读会：《睡虎地秦简法律文书集释（七）：〈法律答问〉1～60简》，第104页。

审今甲曰伍人乙贼殺人即執乙問不 96

殺人甲言不審當以告不審論且以 = 所 = 辟 = 論當殹 97

【释文】

"伍人相告，且以辟罪〔1〕，不審，以所辟罪罪之。"有（又）曰："不能定罪人，而告它人，爲告不審。"今甲曰伍人乙贼殺人，即執乙，問不 96 殺人，甲言不審，當以告不審論，且以所辟？以所辟論當殹（也）97。〔2〕

【集释】

〔1〕辟罪

整理小组：辟，《尔雅·释诂》："罪也。"一说，辟应读为避。

何四维：避免惩罚。（译）①

蔡镜浩："辟罪"当指凭空捏造罪名，犹今所谓诬告。"辟"训为不符事实。②

冨谷至：文中的"罪"是刑罚的意思，"辟"与"避"通，应作"回避"解。……应作"避免刑罚"来解释。③

朱红林：妄加罪名，所谓"以所辟罪罪之"，就是用诬告他人的罪名判处诬告者本人。④

吴雪飞：告发人按照法律对被告发的犯罪嫌疑人处罪。⑤

【按】"伍人相告"，即什伍组织内部的告发。《岳麓书院藏秦简（肆）》中有多条典伍不告舍匿亡者应处赀甲盾的规定，如"主匿亡收、隶臣妾，……，典、田典、伍不告，赀一盾"，⑥《二年律令·户律》305 简"自五大夫以下，比地为伍，以辨 券 为信，居处相察，出入相司。有为盗贼及亡者，辄谒吏、典"，《二年律令·钱律》201 简亦见对于盗铸钱"正

---

① A. F. P. Hulsewé, *Remnants of Ch'in Law*, p. 145.

② 蔡镜浩：《〈睡虎地秦墓竹简〉注释补正（二）》，《文史》第 29 辑，中华书局，1988，第 142 页。

③ 〔日〕冨谷至：《秦汉刑罚制度研究》，柴生芳、朱恒晔译，第 144 页。

④ 朱红林：《张家山汉简〈二年律令〉研究》，黑龙江人民出版社，2008，第 124 页。

⑤ 吴雪飞：《先秦秦汉司法术语中的"辟"》，《南都学坛》（人文社会科学学报）2014 年第 1 期，第 19 页。

⑥ 陈松长主编《岳麓书院藏秦简（肆）》，第 39～40 页。

典、田典、伍人不告，罚金四两。或颇告，皆相除"，都说明伍人对于同伍之人犯罪有告发的义务，不告则受连坐。又《二年律令·贼律》15 简"以所避罪罪之"，与本简句法相同，意思是用他所逃避的罪来处罚他，因而本简"辟罪"可作"避罪"理解。冨谷至先生认为，"什伍组织内的告不审，则不是减刑一等，而是适用于本来为什伍连坐刑设置的告发者因此想回避的刑罚，即'所辟罪'"。①

［2］伍人相告……以所辟论当殹（也）。

【按】本简所引第一条律文是对"伍人相告不审"的规定，其中"伍人相告，且以辟罪"的意思是伍人告发同伍之人犯罪，是为避免因不告发而导致的连坐之罪；"不审，以所辟罪罪之"的意思是若告发不实，则用他想回避的罪来处罚他。所引第二条律文"不能定罪人，而告它人，为告不审"，是对一般主体告不审的规定。正是由于律文存在两种针对不同主体告不审的规定，才引发了问者的提问，即是适用一般主体告不审，还是适用伍人告不审。回答为"以所辟论当殹（也）"，即对伍人告不审的行为以他想要回避的罪予以处罚。刘欣宁先生认为，对伍人告不审以所避罪而非一般告不审论罪的原因，是"其行动的出发点并非为了陷人于罪，而是为求自我保全，正因如此，对于伍人之告发不确法律也有较宽容之规定"。②

【译文】

"伍人控告（同伍的人），以此避免处罚，（但是控告）不实，用他意图避免的刑罚处罚他。"（律文）又说："不能确定罪人，就控告他人，是告不实。"现在甲说伍人乙贼杀人，于是将乙拘捕，经审讯乙未杀人，甲言不实，应当以告不实论处还是以他意图避免的刑罚论处？以他意图避免的刑罚论处是适当的。

【简文】

贼入甲室贼伤甲＝号寇其四邻典老皆出不存不闻号寇问当论不当审不
　　存不当论典老雖不存当论 98

---

① 〔日〕冨谷至：《秦汉刑罚制度研究》，柴生芳、朱恒晔译，第 145 页。
② 刘欣宁：《秦汉律令中的同居连坐》，第 153 页。

【释文】

贼入甲室，贼伤甲，甲號寇，其四鄰、典、老皆出不存，不聞號寇，问当論不當？審不存，不當論；典、老雖不存，當論98。

【译文】

贼进入甲家，贼伤甲，甲呼喊有贼，他的四邻、里典、伍老都外出不在家，没有听到呼喊有贼，问：应不应当论处？（四邻）确实不在家，不应当论处；里典、伍老即使不在家，应当论处。

【简文】

可謂四 = 鄰 = 即伍人謂殹99

【释文】

可（何）謂"四鄰"[1]？"四鄰"即伍人謂殹（也）99。

【集释】

[1] 四邻

【按】何四维先生认为，四邻就是四个家户，它们与 A 户一起组成伍这一组织。① 就本简而言，"四邻"应是指以五个家庭为一"伍"而形成的邻居关系。以 98 简所见，如果伍当中的一个家庭涉事，其他四户需要承担相应的责任。

【译文】

什么是"四邻"？"四邻"就是伍人。

【简文】

可謂州 = 告 = 者告皋人其所告且不審有以它事告之勿聽而論其不審100

【释文】

可（何）謂"州告"[1]？"州告"者，告罪人，其所告且不審，有（又）以它事告之。勿聽，而論其不審100。

【集释】

[1] 州告

整理小组：州，读为周，循环重复。

中央大秦简讲读会：州告，指控告罪人。注释将"州"解释为"循环

---

① A. F. P. Hulsewé, *Remnants of Ch'in Law*, p. 146, D81 note 3.

重复"，不如说或为控诉已在服役者。①

高敏：所谓"州告"，就是原告一方反复地、一而再地以不实之辞告发他人。②

籾山明：告言者若为逃避"不审"罪而又以他事控告，此称"州告"。③

【按】整理小组认为"州"同"周"，表示循环重复之意，可从。"州"，《广雅·释言》："州，殊也"，故亦可取"殊"义，为"异""不同"之义，"州告"指首次告不审后，又以不同的事由再次告诉，律文中的"它事"表示"不同的事"。由本条答问的回答可知，对"州告"的处置是，首次"告不审"依律论罪，再次以其他事由控告，则不受理。

【译文】

什么是"州告"？"州告"，就是控告罪人，控告尚且不实，又用其他事控告。不受理，并且论处告不实之罪。

【简文】

盗賊殺傷人衝術偕旁人不援百步中比壄當貲二甲 101

【释文】

有〔1〕賊殺傷人衝〔2〕術，偕旁人〔3〕不援，百步中比壄（野），當貲二甲 101。〔4〕

【集释】

〔1〕有

彭浩：盗，整理者释为"有"，今据红外影像改释。④

【按】本条简文据《秦简牍合集》释为"盗贼杀伤人冲术，偕旁人不援，百步中比壄（野），当赀二甲"。⑤

〔2〕衝

---

① 〔日〕中央大学秦简讲读会：《〈云梦睡虎地秦墓竹简〉释注初稿 承前 4 法律答问（上）》，第 91～92 页。

② 高敏：《〈秦律〉所反映的诉讼、审讯和量刑制度》，《郑州大学学报》（哲学社会科学版）1981 年第 3 期，第 55 页。

③ 〔日〕籾山明：《秦代审判制度的复原》，徐世虹译，第 252 页。

④ 陈伟主编，彭浩、刘乐贤等撰著《秦简牍合集》（释文注释修订本壹），第 220 页。

⑤ 陈伟主编，彭浩、刘乐贤等撰著《秦简牍合集》（释文注释修订本壹），第 220 页。

整理小组：衝术，见《墨子·备城门》，意为大道。

何四维："衝術"二字都是道路的意思……指城市中的主要道路。①

【按】"衝術"又见《岳麓书院藏秦简（壹）》78 简"田道衝術不除"，②复旦大学出土文献与古文字研究中心研究生读书会认为，"術"上一字当释作"衝"。《说文解字·行部》："𧗧，通道也。从行、童声。"简文所书正与《说文》合。③比照图版可见，本简中的"衝"亦写作"衝"，如何四维先生所言，为"道路"之义。

［3］偕旁人

整理小组：在旁边的人。（译）

何四维："旁人"本意为"旁观者"，偶尔意为"目击者"。……"偕"的意思是"同伴"。因此也可译为"（他的）同伴和旁观者"。④

［4］盗贼杀伤人冲术……当赀二甲。

【按】本条是对受害人的同伴及旁观者见危不救行为的法律规制。规定"偕旁人"在道路的百步之内不救遇险之人，比照在野外不救的相关规定赀二甲。简文的"百步中"，可能是某种不法侵害案件发生后，衡量其他人是否承担救援义务的距离标准。《封诊式·贼死》60～62 简："男子死（尸）所到某亭百步，到某里士五（伍）丙田舍二百步。……讯甲亭人及丙，智（知）男子可（何）日死，闻謷（号）寇者不殹（也）？"在贼杀人案件发生后，案发现场一百步与二百步以内的人都要接受询问，询问是否听到"号寇"。袁克勃先生据该简文认为，丙的田舍距离案发地有二百步，但依然受到讯问，听到求救声没有，明显百步的规定只是一个虚数，实际执行中对一定距离范围内都是适用的。⑤《唐律疏议·捕亡》"被殴击奸盗捕法"条："诸被人殴击折伤以上，若盗及强奸，虽旁人皆得捕

---

① A. F. P. Hulsewé, *Remnants of Ch'in Law*, p. 146.

② 朱汉民、陈松长主编《岳麓书院藏秦简（壹）》，上海辞书出版社，2010，第 144 页。

③ 复旦大学出土文献与古文字研究中心研究生读书会：《读〈岳麓书院藏秦简（壹）〉》，载复旦大学出土文献与古文字研究中心网站 http://www.gwz.fudan.edu.cn/Web/Show/1416，发布时间：2011 年 2 月 28 日。

④ A. F. P. Hulsewé, *Remnants of Ch'in Law*, p. 146.

⑤ 袁克勃：《试论中国古代见危不救罪与邻伍连坐制度》，硕士学位论文，复旦大学，2008，第 7 页。

系，以送官司。"“道路行人不助捕罪人"条：“诸追捕罪人而力不能制，告道路行人，其行人力能助之而不助者，杖八十；势不得助者，勿论。"“邻里被强盗不救助"条：“诸邻里被强盗及杀人，告而不救助者，杖一百；闻而不救助者，减一等；力势不能赴救者，速告随近官司，若不告者，亦以不救助论。其官司不即救助者，徒一年。窃盗者，各减二等。"①或可参考。

【译文】

盗在道路上贼杀、贼伤人，（受害人的）同伴以及旁边的人不援救，（距离在）百步以内的，比照野外，应当赀二甲。

【简文】

免老告人以爲不孝謁殺當三環之不 = 當環毆執勿失 102

【释文】

免老告人以爲不孝，謁殺，當三環［1］之不？不當環，毆執勿失 102。

【集释】

［1］三环

整理小组：环，读为原，宽宥从轻。古时判处死刑有“三宥"的程序，见《周礼·司刺》。《三国志·张鲁传》有“犯法者，三原然后乃行刑"，可参考。

黄展岳：秦律还规定，在一般情况下，判处死刑实行“三审终审制"，但属于“免老告人以为不孝"者例外。②

中央大秦简讲读会：周礼夏官环人条注有“环犹却也"，应该是三次却而不听告吧。③

钱大群：秦简中的“三环"，就是“三还"，是起诉阶段中司法机关对某些告诉所作的一种令告诉者三次返还的制度。“三环"也就是“三次令告诉者返还慎思所告"。④

---

① （唐）长孙无忌等：《唐律疏议》，刘俊文点校，第 528～531 页。

② 黄展岳：《云梦秦律简论》，《考古学报》1980 年第 1 期，第 3 页。

③ 〔日〕中央大学秦简講读会：《〈雲夢睡虎地秦墓竹簡〉釋註初稿　承前 4　法律答問（上）》，第 92 页。

④ 钱大群：《秦律“三环"论考》，载杨一凡总主编，马小红分卷主编《中国法制史考证》甲编第 2 卷《历代法制考·战国秦汉法制考》，中国社会科学出版社，2003，第 112 页。

徐世虹：受理机关必须反复调查了解实情。①

朱红林：连续三次劝其返还，如果原告人坚持诉讼，法官才予以受理。②

【按】"三环"之语又见于《二年律令·贼律》36 简"年七十以上告子不孝，必三环之。三环之各不同日而尚告，乃听之"，整理小组注释为："环，读如'还'，《说文》：'复也。'三环，年龄在七十岁以上的人告其子不孝，必须经反复告三次，司法部门才予受理。"③ 现将两处所见的"三环"制度作一对比，列表 3 如下。

表 3　秦及汉初"三环"规定对照

时代	内　容	简　号
秦	免老告人以为不孝，谒杀，当三环之不？不当环，亟执勿失	《法律答问》102 简
汉	年七十以上告子不孝，必三环之。三环之各不同日而尚告，乃听之	《二年律令·贼律》36 简

汉律规定年过七十者告子不孝必须要经过"三环"，而本简所见免老控告不孝罪不需要经过"三环"。简文中既然有"当三环之不"的问语，可以推测秦代也存在"三环"的制度。其适用对象或有相应的律文规定。

【译文】

免老控告人，认为他不孝，请求（官府）处死，应不应当"三环"？不应当"三环"，立即拘捕，勿令逃走。

【简文】

公室告殴非公室告可殴贼殺傷盗它人爲公室子盗父＝母＝擅殺刑髡子

---

① 徐世虹：《"三环之"、"刑复城旦舂"、"系城旦舂某岁"解——读〈二年律令〉札记》，载中国文物研究所编《出土文献研究》第 6 辑，上海古籍出版社，2004，第 81 页。

② 朱红林：《再论竹简秦汉律中的"三环"——简牍中所反映的秦汉司法程序研究之一》，《当代法学》2007 年第 1 期，第 140 页。

③ 张家山二四七号汉墓竹简整理小组：《张家山汉墓竹简〔二四七号墓〕》（释文修订本），文物出版社，2006，第 14 页。

及奴妾不爲公室告 103

子告父母臣妾告主非公室告勿聽·可謂非公室告·主擅殺刑髡其子臣

　妾是謂非公室告勿聽而行告＝者辠＝已行它人有 104

襲其告＝之亦不當聽 105

【释文】

"公室告"〔1〕【何】① 殹（也）？ "非公室告"〔2〕可（何）殹

（也）？賊殺傷、盜它人爲"公室"；子盜父母，父母擅殺、刑、髡子及奴

妾，不爲"公室告" 103。

"子告父母，臣妾告主，非公室告，勿聽。"〔3〕·可（何）謂"非

公室告"？·主擅殺、刑、髡其子、臣妾，是謂"非公室告"，勿聽。而行

告，告者罪。告【者】罪已行，〔4〕它人有（又）104 襲其告之，亦不當

聽 105。〔5〕

【集释】

〔1〕公室告

刘海年：所谓"公室告"是指侵犯自己子女、奴隶以外的人的生命、

人身和财产的犯罪行为……凡属"公室告"，不但任何人都可以提出诉讼，

而且必须向官府告发，否则就要论罪处刑。②

何四维：公室的意思是政府或官方……这里理解为不是官方提出控

告，而是私人向官方控告罪犯或嫌疑人。③

华东政法学院《简明法制史词典》编写组：秦汉时准许当事人向官府

告诉的案件。如杀伤、盗窃等犯罪。④

王彦辉：侵犯家庭以外其他社会成员的人身安全和财产的行为，是

"公室犯罪"，或称"公罪"。⑤

陈公柔：公室告、公罪，指家庭成员以外的人，遭盗杀伤、贼杀伤，

---

① 图版中没有"可（何）"字，且上下字间并无空隙，该字为整理小组补出。

② 刘海年：《秦的诉讼制度（上）》，《中国法学》1985 年第 1 期，第 165 页。

③ A. F. P. Hulsewè, *Remnants of Ch'in Law*, p. 148, D86 note2.

④ 华东政法学院《简明法制史词典》编写组：《简明法制史词典》，河南人民出版社，1988，

　第 162 页。

⑤ 王彦辉：《从张家山汉简看西汉时期私奴婢的社会地位》，《东北师大学报》（哲学社会科

　学版）2003 年第 2 期，第 16 页。

其犯罪行为足以或构成危害社会的公罪，鼓励告官、举报。①

于振波："公室告"包括非家庭成员之间的侵害行为，以及家庭成员中晚辈对长辈的"不孝"罪和夫妻之间的侵害行为，这类行为任何人都可以向官府检举告发。②

籾山明：……某些犯罪是否为"公室告"，是以对非家之成员的外部之人的犯罪（①）或者家之成员相互间的犯罪（②③）为基准来决定的。③

陶安あんど："公室告"与"非公室告"，是从告发权的限制视角将犯罪分为两个类型……"公室"并不是秦称王以前的君主之家即"公的室"，而是与作为私的空间的"家"对置的"公的室"。"室"以"家室"为单位，无疑是表示告发主体的名称。"公室"，一般告发主体……"公室告"指受理的由一般人（一般的家室）广泛告发的犯罪类型。……"非公室告"则在各种形式上，限制告发行为。④

彭浩："公室告"似指官府按规定可受理的告诉。⑤

水间大辅：此处所说的"它人"应是指家庭外部的人，即无血缘关系或主从关系的他人、第三者。既然属于公室告，对"它人"的侵害行为就是必须向国家做告的犯罪。但是，秦国法律中规定的犯罪行为，当然不仅有对"它人"的侵害行为，而且应有对国家或社会的侵害行为。⑥

【按】因103简与104～105简两条答问均涉及"非公室告"，与理解"公室告"关系密切，故将103、104、105三简的简文、释文合并列出，以下亦合并解说。"公室"，《春秋左传》记载鲁三桓"三分公室"，"公室"是国君所在的大家族，它是一个亲族的、经济的、军事的集合体。⑦

---

① 陈公柔：《云梦秦墓出土〈法律答问〉简册考述》，第169页。

② 于振波：《从"公室告"与"家罪"看秦律的立法精神》，《湖南大学学报》（社会科学版）2005年第5期，第41页。

③ 文中的①指"贼杀伤盗它人"，②指"子盗父母"，③指"父母擅杀、刑、髡子及奴妾"。参见〔日〕籾山明《中国古代诉讼制度研究》，李力译，第56页。

④ 〔德〕陶安あんど：《秦汉刑罚体系の研究》，第391页，注释30。

⑤ 陈伟主编，彭浩、刘乐贤等撰著《秦简牍合集》（释文注释修订本壹），第222页。

⑥ 〔日〕水间大辅：《睡虎地秦简"非公室告"新考》，载王捷主编《出土文献与法律史研究》第6辑，法律出版社，2017，第156～157页。

⑦ 朱凤瀚：《关于春秋鲁三桓分公室的几个问题》，《历史教学》1984年第1期，第18页。

降至秦代，里耶秦简 8 - 461 简 "公室曰县官"，① 彭浩先生据此指出，其中的 "县官" 或指县级政府，或指各级政府。"公室告" 似指官府按规定可受理的告诉。② 学者关于 "公室告" 的讨论，一般也认为 "公室告" 是官府可以受理的诉讼。关于 "公室告" "非公室告" 所涉及的犯罪，学界主要有四种观点：其一，对家外成员的犯罪行为；其二，对子女、奴隶以外人的犯罪行为；其三，对子女、奴隶以外人以及国家、社会的犯罪；其四，对家外成员和国家、社会的犯罪。

［2］非公室告

张铭新："非公室告" 仅指 "子告父母，臣妾告主"，它只是在程序上对某些人诉讼权利的限制……并不绝对排除子女，臣妾以外的 "它人" 对这些犯罪行为加以举发。③

刘海年：前一条主擅杀、刑、髡其子要有 "子盗父母" 的前提条件；后一条则没有这一规定……凡 "非公室告"，不仅不允许儿子告父母和奴隶告主人，如果坚持上告，还被认为有罪。④

华东政法学院《简明法制史词典》编写组：秦汉时不准向官府告诉的案件。如儿女控告父母、奴妾控告主人，以及父母控告儿女盗窃自己财产等。⑤

陈公柔：非公室告指家罪……凡非公室告者，官府一律不接受此类辞讼。⑥

王彦辉：家庭成员之间的财产侵犯和 "主擅杀、刑、髡其子、臣妾"，是 "非公室犯罪"，或称 "家罪"。对 "公室犯罪" 和 "非公室犯罪" 在诉讼程序上的不同规定，等于剥夺了子、臣妾的自诉权，目的是保证家长在家庭中的绝对权威，即家长拥有告子、奴婢的诉讼权，子、奴婢没有控

---

① 陈伟主编《里耶秦简牍校释》第 1 卷，武汉大学出版社，2012，第 156 页。
② 陈伟主编，彭浩、刘乐贤等撰著《秦简牍合集》（释文注释修订本壹），第 222 页。
③ 张铭新：《秦代奴隶的法律地位》，《法学评论》1983 年 Z1 期，第 92 页。
④ "前一条" 指《法律答问》103 简，"后一条" 指《法律答问》104 简。参见刘海年《秦的诉讼制度（上）》，第 165 页。
⑤ 华东政法学院《简明法制史词典》编写组：《简明法制史词典》，第 162 页。
⑥ 陈公柔：《云梦秦墓出土〈法律答问〉简册考述》，第 169 页。

告家长、主人的诉讼权。①

于振波："非公室告"包括子女盗窃父母的财物，以及父母擅自对子女和奴婢施以杀、刑、髡等刑罚的行为。②

宋大琦："非公室告"应是指与国家公共利益关系不大的私人之间的纠纷。③

彭浩："非公室告"指官府按规定不可受理的告诉，即法律规定不予接受的告诉。④

王安宇："非公室告"不但是指子女、奴婢告父母、主人不予受理，而且包括不经官府仲裁而擅自刑罚自己的子女、奴婢。秦律对"公室告""非公室告"的界定虽然存在，但随着历史发展，秦律逐渐收紧了"非公室告"的标准。"家门"之事，逐渐纳入"公室告"的轨道。⑤

【按】关于"公室告""非公室告"的内涵，学界存在较多讨论。现据 103 简、104～105 简制作表 4，对"公室告""非公室告"的犯罪主体、行为、对象进行总结与比较：

表 4 公室告与非公室告犯罪主体、行为、对象对照

	犯罪主体	行 为	对 象	简 号
公室告	家庭成员	贼杀、贼伤、盗	家庭成员以外的人	103
非公室告	父母、主人	擅杀、擅刑、擅髡	子女、奴妾	103、104
	子	盗	父母财产	104

需要说明的是，"公室告"与"非公室告"是适用于家庭成员犯罪控告的概念，一般主体犯罪控告并不涉及"公室告""非公室告"。

［3］子告父母，臣妾告主，非公室告，勿听。

高恒：对于擅杀、刑、髡私人奴隶者，许多情况下，法律并不予追

---

① 王彦辉：《从张家山汉简看西汉时期私奴婢的社会地位》，第 16 页。
② 于振波：《从"公室告"与"家罪"看秦律的立法精神》，第 40 页。
③ 宋大琦：《亲属容隐制度非出秦律说》，《内蒙古大学学报》（人文社会科学版）2005 年第 6 期，第 82 页。
④ 陈伟主编，彭浩、刘乐贤等撰著《秦简牍合集》（释文注释修订本壹），第 222 页。
⑤ 王安宇：《秦汉诉讼程序研究》，博士学位论文，中国社会科学院，2016，第 60、64 页。

究……对于主人擅杀、刑、髡奴隶的行为，臣妾本人无权告发。即使臣妾告发，官府也不受理，即所谓"勿听"。①

高敏：法律规定对"公室告"与"非公室告"的处理是不大相同的。凡"非公室告"，都是告而"勿听""勿治"，即根本不予受理，也不作处理，可见法律对于"非公室告"的犯者是保护的。②

何四维：孩子控告他们的父母（以及）男女奴婢控告他们的主人是非公室告，不被受理。（译）③

施伟青：家主擅杀、刑伤、髡剃其子或奴隶，其子或奴隶提出控告，官府不予受理。这一规定，显然与禁止擅杀子女、奴隶的有关律文是矛盾的。④

张世超：简文不是说子告父母、臣妾告主本身即是"非公室告"，而是说明在家罪的范围内，对子女或臣妾的限制……故简文之意为：子告父母，臣妾告主，如是家罪（不是公室告），则不受理。⑤

范忠信：其时父主无权擅杀、刑子女奴婢。既无权擅杀刑而又不准子女臣妾告发，则只能鼓励外人告发。此法之旨显在于责令子女奴婢依"容隐"伦理隐匿父主犯罪。⑥

张松：《法律答问》七〇简首句引用一法律条文为"擅杀子，黥为城旦舂"。这便与"父母擅杀、刑、髡子及奴妾，不为'公室告'"矛盾，解决方法只能是给"父母擅杀、刑、髡子及奴妾"加上一个特殊条件，即"子盗父母"。也就是将"子盗父母"与"父母擅杀、刑、髡子及奴妾"理解为因果关系方能讲通。⑦

---

① 高恒：《秦简中的私人奴婢问题》，载中华书局编辑部编《云梦秦简研究》，中华书局，1981，第144页。

② 高敏：《关于〈秦律〉中的"隶臣妾"问题质疑——读〈云梦秦简〉札记兼与高恒同志商榷》，收入氏著《云梦秦简初探》（增订本），第104页。

③ A. F. P. Hulsewè, *Remnants of Ch'in Law*, pp. 148 – 149.

④ 施伟青：《从秦简看战国时期秦国保护"人力"的措施》，《中国社会经济史研究》1985年第3期，第3页。

⑤ 张世超：《秦简中的"同居"与有关法律》，《东北师大学报》（哲学社会科学版）1989年第3期，第91页。

⑥ 范忠信：《亲亲相为隐：中外法律的共同传统——兼论其根源及其与法治的关系》，《比较法研究》1997年第2期，第114页，注释7。

⑦ 张松：《睡虎地秦简与张家山汉简反映的秦汉亲亲相隐制度》，《南都学坛》2005年第6期，第22～23页。

于振波：并非"子告父母，臣妾告主"的行为都是"非公室告"……律文中的"非公室告"与"子告父母，臣妾告主"是并列关系，二者互为条件，互相补充，两个条件同时具备，才会导致官府不予受理（"勿听"）的结果。①

宋大琦："非公室告勿听"是国家对属于"私事"的纠纷和诉讼采取的不予理睬态度，是对当事人诉权的一种限制……"非公室告勿听"规定的是在某些情况下国家对亲属相犯、以主犯奴的不干涉，对亲属相讼、以奴诉主的不受理，而不是国家对亲属主婢之间的互相包庇、隐瞒犯罪的不追究。②

陶安あんど：……关于"非公室告"告发的限制，以对象与内容划分可以概括如下：即以父母或主人对子、臣妾的侵害行为为对象，限制了子、臣妾的告发权利；以子对父母的侵害行为为对象，父（母?）死后，禁止所有主体提出的告发。③

水间大辅："子告父母""臣妾告主""非公室告"是并列关系，这三者全都是"勿听"的对象……"子告父母，臣妾告主，勿听"与"非公室告，勿听"之间有如下差异。前者禁止子女、臣妾告父母、主人，不问所告侵害行为的内容……后者禁止告属于非公室告的行为，不问告的主体。④

【按】关于"子告父母，臣妾告主，非公室告，勿听"的理解，学界存在三种意见：其一如何四维先生认为，"子告父母，臣妾告主"就是"非公室告"（以下概括为"判断说"）。其二如张世超、于振波先生认为，"子告父母，臣妾告主"的行为并非都是非公室告，当子与臣妾所告满足"非公室告"的条件时，才不受理（以下概括为"条件说"）。其三如水间大辅先生认为，"子告父母，臣妾告主"与"非公室告"属并列关系，都是"勿听"的对象（以下概括为"并列说"）。以上三种观点涉及对非公室告的行为性质、诉讼效力的理解，可归纳为表5。

---

① 于振波：《从"公室告"与"家罪"看秦律的立法精神》，第40页。
② 宋大琦：《亲属容隐制度非出秦律说》，第82页。
③ 〔德〕陶安あんど：《秦漢刑罰体系的研究》，第389~390页，注释30。
④ 〔日〕水间大辅：《睡虎地秦简"非公室告"新考》，第156~162页。

表 5 "非公室告"行为、性质、诉讼效力对比

	行 为	性 质	诉讼效力
判断说	子告父母，臣妾告主	均为"非公室告"	勿听
条件说	子告父母，臣妾告主	属于"非公室告"的	勿听
并列说	子告父母，臣妾告主	卑告尊	勿听
	非公室告	非公室告	勿听

若依据"判断说"与"条件说"，则"子告父母""臣妾告主"为"非公室告"，或其所告的某些事项属于"非公室告"，故"非公室告"是对"子告父母""臣妾告主"的性质判断。这里的子与臣妾是被父母擅杀、刑、髡的对象。告诉即属于卑告尊，故"勿听"。汉初的规定如《二年律令·告律》33 简所见"子告父母，妇告威公，奴婢告主、主父母妻子，勿听而弃告者市"，卑告尊处以弃市。若依据"并列说"，勿听的对象是"子告父母""臣妾告主""非公室告"，其中"子告父母""臣妾告主"行为具体，而"非公室告"相对抽象，需要解释，因而提出疑问。

[4] 而行告，告者罪。告【者】罪已行

整理小组（1977）：而行告，告者辠（罪）。辠（罪）已行……①

【按】据红外线图版，《秦简牍合集》撰著者赞同整理小组（1977）的释文，将本句释为"而行告，告者辠（罪）。辠（罪）已行"。②

[5] 它人有（又）袭其告之，亦不当听。

（1）告

【按】据红外线图版，《秦简牍合集》撰著者在"告"字下补出重文符号。释文当作：它人有（又）袭其告告之，亦不当听。③

（2）它人有（又）袭其告之，亦不当听。

整理小组：又有别人接替控告，也不应受理。（译）

张铭新："非公室告"仅指"子告父母，臣妾告主"……秦简中有非公室告"告者罪已行，它人又袭其告之，亦不当听"的律文解释，固然是

---

① 睡虎地秦墓竹简整理小组：《睡虎地秦墓竹简》，文物出版社，1977，第 120 页。
② 陈伟主编，彭浩、刘乐贤等撰著《秦简牍合集》（释文注释修订本壹），第 222 页。
③ 陈伟主编，彭浩、刘乐贤等撰著《秦简牍合集》（释文注释修订本壹），第 222 页。

说已经构成"非公室告"的，即使它人再提出控告也不予受理，但从另一角度看，不正证明在尚未形成"非公室告"时，允许"它人"控告吗?①

何四维：如果这些"它人"是完全的外人，则剩下的唯一可能控告罪犯的人，就是罪犯家庭的年长者。②

尹在硕：秦律中非公室告和家罪适用时期，家长对家室内的子或臣妾的绝对权力是受法律保护的……但是随着国家权力的强化，法律对家长绝对权力的制约是不可避免的……结果家长对家族成员的擅杀权被纳入国家权力之中，家室内的犯罪行为只能通过家长的控告与请刑，最终由国家判决。③

籾山明："袭其告之，亦不当听"之规定，从另一方面说，也许暗示着这样的原理：受理在内部出现控告以前的来自外部的告发。如果是这样的话，就存在如下的可能性：发生在"家"内部的犯罪行为，可以根据里正与里老、伍人等的告发来探知。④

于振波：这里的"告者"及"它人"，当指律文中所提到的"子"及"臣妾"，即家庭中的卑幼，而不是指家庭以外的人。⑤

水间大辅："而行告，告者罪"以下仅就非公室告的情况而言……对于属于非公室告的行为，任何人不得告之。因此，"它人"亦当然不得继承其告而再告之。此前一般认为"而行告"的主语及"告者"皆是指子女、臣妾，而现在应该认为还包括父母及家庭外部的第三者、他人。⑥

【按】由本简可知，主擅杀、刑、髡其子、臣妾属于"非公室告"，法律规定不予受理，如行告，告者有罪。这似与《法律答问》69 简"擅杀子，黥为城旦舂"以及《封诊式》"黥妾""告臣"所见内容存在矛盾。对此，学者从两个角度予以解释。第一，着眼于"它人又袭其告之，亦不当听"而提出三种理解：一是将"它人"限制解释为子及臣妾，这意味着

---

① 张铭新：《秦代奴隶的法律地位》，第 92 页。

② A. F. P. Hulsewè, *Remnants of Ch'in Law*, p. 148, D86 note6.

③ 〔韩〕尹在硕：《秦律所反映的秦国家族政策》，载中国社会科学院简帛研究中心编《简帛研究译丛》第 1 辑，湖南出版社，1996，第 75 页。

④ 〔日〕籾山明：《中国古代诉讼制度研究》，李力译，第 57 页。

⑤ 于振波：《从"公室告"与"家罪"看秦律的立法精神》，第 40 页。

⑥ 〔日〕水间大辅：《睡虎地秦简"非公室告"新考》，第 160~161 页。

家庭以外的人可以控告；二是将"它人"理解为外人，这时虽然子、臣妾及外人告发不受理，但家中的长者可以控告；三是注意到"又袭其告"，认为他人在子、臣妾控告后接着控告不予受理，但在子、臣妾控告前可以告发。第二，从律文的不同时代加以解说，认为从非公室告及家罪规定看，家长在家室内拥有绝对权力，但随着国家权力的强化，这样的家长权受到法律上的制约，结果出现了限制家长"擅杀刑髡子及臣妾"的规定。①

【译文】

"公室告"是什么？"非公室告"是什么？贼杀人、贼伤人、盗窃他人，是"公室（告）"；子盗窃父母，父母擅杀、擅刑、擅髡子及奴婢，不是"公室告"。

"子控告父母，奴婢控告主人，非公室告，不受理。"·什么叫"非公室告"？·家主擅杀、擅刑、擅髡子或奴婢，这叫"非公室告"，不受理。如行控告，控告者有罪。（控告者）已经处罪，别人又接着他的控告控告，也不应当受理。

【简文】

家人之論父時家皋殹父死而誧告之勿聽可謂家＝皋＝者父殺傷人及奴
　　妾父死而告之勿治 106

【释文】

"家人之論，父時家罪殹（也），[1] 父死而誧（甫）告之，勿聽。"可（何）謂"家罪"？"家罪"者，父殺傷人及奴妾，[2] 父死而告之，勿治 106。[3]

【集释】

[1] 家人之论，父时家罪殹（也）

（1）论

整理小组：对家属的论处，如系父在世时的家罪。（译）

于振波："论"表示"对……而言"。我们用这一含义来解释"家人之论"，就是"对家人而言"或"对家庭成员而言"。②

① 具体可参〔韩〕尹在硕《秦律所反映的秦国家族政策》，载中国社会科学院简帛研究中心编《简帛研究译丛》第 1 辑，湖南出版社，1996，第 70～75 页。
② 于振波：《从"公室告"与"家罪"看秦律的立法精神》，第 41 页。

陶安："家人之论父时家罪殹（也）"……措辞与结构颇像法律条文，可以推测是秦律的条文。"论父时家罪殹（也）"的意思是：以家人于家父在世时所犯的家罪论罪。"家人"是指家父之外的家庭成员，应该以子女为中心。①

铃木直美：家人被论断的，是父亲在世时的家罪。②

【按】从简文来看，"家人之论"论罪对象应是家人，"父时家罪"是指父亲在世时发生的家罪。此句意为，因父时发生的家罪而对家人进行处置，所以"论"是论罪之义。

（2）家罪

何四维：由于涉及奴隶，似乎将"家罪"翻译为"家内犯罪（household crimes）"比"家庭犯罪（family crimes）"更为合适。③

栗劲：所谓"家罪"包括以下两个方面的内容：一是父母与子女之间在财产上的互相侵犯，即所谓"子盗父母"和"父盗子女"。二是"父母擅杀、刑、髡子及奴妾"。法律明文规定"家罪"仅限于有血统关系的父母与子女之间的上述犯罪行为和主人对奴婢的侵犯行为。因此，并不是一切发生在家庭中的犯罪，都可以称之为"家罪"……儿子"杀伤父臣妾、畜产及盗之"，只有在"父子同居"及"父已死"的条件下，才可以构成所谓"家罪"。④

张世超：父子同居，经济上是同一的，政治上是紧密联结在一起的。在这样的情况下的彼此侵犯，称为"家罪"。"家罪"包括两种情况：（1）子伤害父之奴隶、牲畜，及盗窃父之财产。奴隶也是主人的财产，故总而言之，是子侵犯父之财产。（2）父伤害子本人及其奴隶。⑤

高恒：该条律文规定，父在世，子犯的"家罪"，父死后有人对其子

---

① 〔德〕陶安：《睡虎地秦简〈法律答问〉108 简为校补简小考》，载武汉大学简帛研究中心主编《简帛》第 6 辑，上海古籍出版社，2011，第 14 页。
② 〔日〕铃木直美：《中国古代家族史研究——秦律·汉律にみる家族形態と家族観》，刀水书房，2012，第 163 ~ 165 页。
③ A. F. P. Hulsewé, *Remnants of Ch'in Law*, p. 149, D88 note1.
④ 栗劲：《秦律通论》，第 315 ~ 316 页。
⑤ 张世超：《秦简中的"同居"与有关法律》，《东北师大学报》（哲学社会科学版）1989年第 3 期，第 90 页。

提出控告，官府不予受理，不治罪。所谓"家罪"，即父杀伤他人，子应连坐的罪责，以及与父同居时，子杀伤、盗窃父的奴婢、牲畜应承担的罪责。①

金烨：非公室告与家罪在其内容上非常近似，不易把握其概念，诚为事实。非公室告系依据国家机关控告之有关规定；而家罪系有关家族犯罪之规定。……原本可能以个别的概念独立存在，非公室告不得不说明有不控告之理由的家罪；家罪亦不得不在说明不控告程序之必要时，添附非公室告之内容。②

魏德胜：家罪，是说父作为一家之主，他活着的时候家庭内部发生的犯罪事实，无论父亲是实施者，还是受害者，在父死后才有人控告，官府不予受理。例（27）③ 说"勿收"，如果是"家罪"，家属也不连坐。④

陶安あんど："家罪"这个概念，除了子的侵害行为，也包含父对子的侵害行为。"家罪"的规制对象显示出了与"非公室告"极高的近似性。⑤

[2] 父杀伤人及奴妾

整理小组：父杀伤了人以及奴婢。（译）

何四维："人"的通常含义是"别人"，在这里很可能是指不是罪犯家成员的人，然而奴隶则属于他的家庭。⑥

栗劲："父杀伤人及奴妾"，即杀伤他人及他人的奴妾。⑦

张世超：与上引一简比较，⑧ 这段话有个前提未说出来，即"父子同居"。"父杀伤"之"人"应指其子，"奴妾"指自己或其子之奴妾。⑨

---

① 高恒：《读秦汉简牍札记》，载李学勤主编《简帛研究》第 1 辑，法律出版社，1993，第 40 页。

② 〔韩〕金烨：《〈秦简〉所见之"非公室告"与"家罪"》，《中国史研究》1994 年第 1 期，第 139 页。

③ 例（27）指《法律答问》107 简。

④ 魏德胜：《〈睡虎地秦墓竹简〉词汇研究》，华夏出版社，2003，第 160 页。

⑤ 〔德〕陶安あんど：《秦漢刑罰系の研究》，第 391 页。

⑥ A. F. P. Hulsewé, *Remnants of Ch'in Law*, p. 149, D88 note4.

⑦ 栗劲：《秦律通论》，第 316 页。

⑧ 指第 108 简。

⑨ 张世超：《秦简中的"同居"与有关法律》，第 90 页。

于振波："家罪"只涉及家庭内部……其中父所杀伤的"人及奴妾"可能也仅限于家庭内部。①

陶安："父杀伤【家】人及奴妾"。②

[3] 家人之论，父时家罪殹（也）……父死而告之，勿治。

【按】本简和《法律答问》108 简均涉及"家罪"，具体内容可见表6：

表 6　《法律答问》106 简与 108 简所见"家罪"及其诉讼效力

主　体	条　件	行　为	对　象	时　效	处　置	简　号
父		杀伤	人、奴妾	父死而告	勿治	106
子	父子同居	杀伤	父臣妾	父死或告	勿听	108
			父畜产			
		盗	父财产			

据表6可知，106 简所述是父犯杀伤罪，108 简所述是子犯侵害父亲财产罪，其共同点是父已死，处理结果均为不受理。即"家罪"无论犯罪主体是父还是子，在父已死的情况下，国家法律对所告发的犯罪行为均不予追究。

【译文】

"对家人以父在世时的家罪予以处置，父亲死后才（有人）控告家罪，不受理。"什么叫"家罪"？所谓家罪，就是父杀伤了人及奴婢，父亲死后才（有人）控告，不处置。

【简文】

葆子以上未狱而死若已葬而捕告之亦不当聽治勿收皆如家辠107

【释文】

葆子以上，未狱而死若已葬，而誧（甫）[1] 告之，亦不当聽治，勿收，皆如家罪 [2] 107。

【集释】

[1] 誧

【按】据方勇先生《秦简牍文字编》，此字形为"捕"，通"甫"。③

---

① 于振波：《从"公室告"与"家罪"看秦律的立法精神》，第 41 页。
② 〔德〕陶安：《睡虎地秦简〈法律答问〉108 简为校补简小考》，载武汉大学简帛研究中心编《简帛》第 6 辑，第 14 页。
③ 方勇：《秦简牍文字编》，福建人民出版社，2012，第 345 页。

[2] 皆如家罪

彭浩：秦律对已死亡的罪犯不再追究罪责，也不累及妻、子。[1]

陶安：简文中"亦"字以及"皆如家罪"都有描写叙述的色彩，再加上其所提出的法律效果"不当听治，勿收"，语言不太严谨，与简 106 简明扼要的"勿听"有别，以此可以推测，葆子案件不受理、不审判的原则非来自秦律条文，而是一种"廷行事"，即判案成例。其中"亦"字与结尾所云"皆如家罪"，似乎系《法律答问》的作者所加，表示本简文是上承简 106 前文而写成。[2]

【按】所谓"皆如家罪"，是指处理方式与 106 简中的"家罪"相同，即本罪不再追究，其家属因本罪而发生的"收孥"也相应消失。

【译文】

葆子以上（有罪），尚未审理而死或已埋葬，才（有人）控告，也不应当受理处置，不收孥，都和家罪（的处理方式）相同。

【简文】

可謂家辠·父子同居殺傷父臣妾畜產及盜之父已死或告勿聽是胃家辠
　　∟有收當耐未斷以當刑隸臣辠誣告人是謂當刑隸臣 108

葆子獄未斷而誣告人其辠當刑爲隸臣勿刑行其耐有毄城旦六歲·可謂
　　當刑爲隸臣·葆子有辠未斷而 109

誣告人其辠當刑城旦耐以爲鬼薪而鋈足耤葆子之謂殹 110

【释文】

可（何）謂"家罪"？父子同居，殺傷父臣妾、畜產及盜之，父已死，或告，勿聽，是胃（謂）"家罪"。有收當耐未斷，以當刑隸臣罪誣告人，是謂"當刑隸臣"108。【·"葆子□□[1] 未斷而誣告人，其罪當刑城旦，耐以爲鬼薪鋈足[2]。"耤[3]葆子之謂殹（也）。】

"葆子獄未斷而誣告人，其罪當刑爲隸臣，勿刑，行其耐，有（又）毄（繫）城旦六歲。"·可（何）謂"當刑爲隸臣"？·"葆子□□未斷而 109

① 彭浩：《秦〈户律〉和〈具律〉考》，载李学勤主编《简帛研究》第 1 辑，法律出版社，1993，第 52 页。
② 〔德〕陶安：《睡虎地秦简〈法律答问〉108 简为校补简小考》，载武汉大学简帛研究中心编《简帛》第 6 辑，第 17 页。

誣告人，其罪當刑城旦，耐以爲鬼薪而鋈足。"耤葆子之謂殹（也）110。

【有收當耐未斷，以當刑隸臣［4］罪誣告人，是謂當刑隸臣。】［5］

【集释】

［1］□□

【按】据《秦简牍合集》释文，二字为"有臯"。①

［2］鋈足

整理小组：鋈（音沃），读为夭，《广雅·释诂一》："折也。"鋈足，意为刖足。一说，鋈足应为在足部施加刑械，与釱足、锗足类似。

张政烺：鋈足为一般鬼薪所无，是加刑，但比钳罪轻……釱这种刑具是套在小腿（脚腕子）上的，后代叫作脚镣，可能就是秦律的鋈。②

刘海年：秦律中的鋈足，应是釱刑的一种。按照法律规定，在某些情况下，对于某种人，它可以取代刖刑。③

于豪亮：鋈从夭声，可以假借为夭。《广雅·释诂一》："拐、夭，折也。"拐即刖字，故刖与夭同义，均训为折断，因此鋈足即刖足。秦律在具体地提到砍去某只脚时，称为"斩左止"或"斩右止"，在笼统地提到砍脚时，称之为"鋈足"。④

栗劲：鋈足不是斩左趾的执行，而是斩左趾的代用刑，即在足部施加刑械，与釱足、镣足类似。因此，原注另说是正确的，既符合简文的原意，又符合秦的刑事政策。⑤

何四维：整理小组又指出另一种可能性，即鋈应为在足部施加刑械……毫无疑问这更为准确。⑥

堀毅：鋈足，相当于后世的釱左右趾，可以认为是对本应受肉刑的人

---

① 陈伟主编，彭浩、刘乐贤等撰著《秦简牍合集》（释文注释修订本壹），第224页。

② 张政烺：《秦律"葆子"释义》，《文史》第9辑，中华书局，1980，第4~5页。

③ 刘海年：《秦律刑罚考析》，载中华书局编辑部编《云梦秦简研究》，中华书局，1981，第179页。

④ 于豪亮：《秦王朝关于少数民族的法律及其历史作用》，载中华书局编辑部编《云梦秦简研究》，中华书局，1981，第318页。

⑤ 栗劲：《〈睡虎地秦墓竹简〉译注斠补》，第95页。

⑥ A. F. P. Hulsewé, *Remnants of Ch'in Law*, p.150，D89 note7.

适用的代用刑。①

黄文杰："鋈"是"镣"的假借字。"镣"即是套在脚腕上的刑具……古代用"釱"表示……"鋈足"即"釱足"，也就是"镣足"。②

【按】"耐以为鬼薪鋈足"，释文失"而"字。对于"鋈足"的含义，目前存在两种不同的看法。一种认为其为肉刑的一种，或为刖足，或为斩左（右）趾；另一种则认为其非肉刑，相当于釱左右趾，指在足部施加刑械。何四维先生指出，根据诬告"反其罪"的处理，葆子本应处刑城旦，但实际上他被处以更轻的鬼薪。这意味着他将不会被处以肉刑，由此刖足是不可能的。③ 葆子身份特殊，不适用肉刑，据 109 与 111 简，其罪当刑鬼薪及刑隶臣时，最终判罚为"勿刑，行其耐，有（又）毄（系）城旦六岁"。本简其罪当刑城旦时，最终判罚为"耐以为鬼薪而鋈足"。这里的"鋈足"应该也不是肉刑。另根据《二年律令·具律》82 简"上造、上造妻以上，及内公孙、外公孙、内公耳玄孙有罪，其当刑及当为城旦舂者，耐以为鬼薪白粲"，可知上造以上爵及宗室外戚等特殊身份者可免受肉刑，其代刑即为鬼薪白粲。鬼薪白粲不与肉刑结合，因此"耐以为鬼薪而鋈足"的"鋈足"也不属于肉刑。此外，根据《法律答问》115 简"失鋈足，论可（何）殹（也）？如失刑罪"，可知"失鋈足"并不等于"失刑罪"，即不等于失肉刑，亦可佐证鋈足非肉刑。故"鋈足"非肉刑，其执行方式或为在足部施加刑械。

［3］耤

整理小组：耤（音借），读为斮（音琢），砍断。古时断足之刑称为斮。

张政烺：耤读为借，即假借，有宽贷之意，葆子是国家保护的人，故行优待。④

中央大秦简讲读会：耤，《广雅·释诂二》作税，可解为催征。对葆子处以劳役刑。⑤

① 〔日〕堀毅：《秦汉法制史论考》，萧红燕译，第 158 页。
② 黄文杰：《睡虎地秦简牍词语考释四则》，载中国古文字研究会、吉林大学古文字研究室编《古文字研究》第 27 辑，中华书局，2008，第 521 页。
③ A. F. P. Hulsewé, *Remnants of Ch'in Law*, p. 150, D89 note7.
④ 张政烺：《秦律"葆子"释义》，《文史》第 9 辑，中华书局，1980，第 68 页。
⑤ 〔日〕中央大学秦简講読会：《〈雲夢睡虎地秦墓竹簡〉釋註初稿　承前5　灋律答問（下）》，中央大学大学院《論究》（文学研究科編）第 14 卷第 1 号，1982 年 3 月，第 119 页。

栗劲：耤不必借为斲。《说文》："帝耤千亩也，古者使民如借，故谓之藉。"藉，借助，凭借。凭借葆子的法律特权。[1]

何四维：我只能提议可能是"给……上脚镣"的意思，例如"鍺"，脚镣被称为"鈦"。[2]

【按】"耤"，有"假借"之义，《汉书·游侠传·郭解》"以躯耤友报仇"，颜师古注："耤，古藉字也。藉谓借助也。""耤"通"藉"，有凭借、依靠之义。"耤葆子之谓殹（也）"，可理解为凭借、依靠葆子的身份而获得刑罚的减轻。

［4］当刑隶臣

中央大秦简讲读会："当刑隶臣"，罪名。相当于刑隶臣之刑的罪。后面的"当刑隶臣"是刑名。[3]

【按】陶安先生认为，此条律文陷入了以"刑隶臣"来说明"刑隶臣"的循环论证，其中的"刑"或"隶臣"可能是衍字。[4] 本简"有收当耐未断……是谓'当刑隶臣'"一句，意思是以"当刑隶臣"之罪来诬告他人，适用诬告反坐原则，诬告者反坐为"刑隶臣"。即此句的回答要点，在于解释什么是应当判处刑隶臣，即对于"有收当耐未断"者，如果他又犯了诬告他人当处刑隶臣之罪，就应当适用刑隶臣。

［5］可（何）谓"家罪"……是谓当刑隶臣。

【按】以下是对 108～110 三简释文的排序讨论。

关于 108 简后半段简文"有收当耐未断，……是谓'当刑隶臣'"一句的位置调换，涉及 108～110 三简简文排序问题，学者有不同见解。

整理小组认为，108 简自"有收当耐未断"以下与 109 简中的"葆子□□未断"以下互错。以下是整理小组对 108～110 简的释文调整排序：

可（何）谓"家罪"？父子同居，杀伤父臣妾、畜产及盗之，父

① 栗劲：《〈睡虎地秦墓竹简〉译注斠补》，第 95 页。
② A. F. P. Hulsewé, *Remnants of Ch'in Law*, p. 150, D89 note8.
③ 〔日〕中央大学秦简講読会：《〈雲夢睡虎地秦墓竹簡〉釋註初稿　承前 5　灋律答問（下）》，中央大学大学院《論究》（文学研究科篇）第 14 卷第 1 号，1982 年 3 月，第 119 页。
④ 〔德〕陶安あんど：《秦漢刑罰体系の研究》，第 101～102 页。

已死，或告，勿听，是胃（谓）"家罪"。【·"葆子□□未断而诬告人，其罪当刑城旦，耐以为鬼薪鋈足。"耤葆子之谓殹（也）。】

"葆子狱未断而诬告人，其罪当刑为隶臣，勿刑，行其耐，有（又）毄（系）城旦六岁。"·可（何）谓"当刑为隶臣"?【有收当耐未断，以当刑隶臣罪诬告人，是谓当刑隶臣。】

陶安先生由 106～110 各简的字数、形制与文意，指出应"将以家人罪行为中心的定义（简 108）移到简 106 有关家人罪行的律条之下，将以家长罪行为中心的定义（简 106）移到简 107 有关葆子的记载之下"，并"将简 108 关于葆子的文句插在简 109'可（何）谓当刑为隶臣'之下"。① 根据陶安先生的观点，可将 106～110 简释文排序如下（"[ ]"表示抄错的衍文，"【 】"表示依据此衍文以及文例所补之处）:

家人之论父时家罪殹（也），父死而誧（甫）告之，勿听。【可（何）谓家罪。父子同居，杀伤父臣妾、畜产及盗之，父已死，或告勿听，是胃（谓）家罪。】[可（何）谓家罪。家罪者，父杀伤人及奴妾，父死而告之，勿治。] 106

葆子以上，未狱而死，若已葬而誧（甫）告之，亦不当听治，勿收，皆如家罪。【可（何）谓家罪。家罪者，父杀伤人及奴妾，父死而告之，勿治。】107

葆子狱未断而诬告人，其皋（罪）当刑为隶臣，勿刑，行其耐，有（又）毄（系）城旦六岁。·可（何）谓当刑为隶臣。【有收、当耐未断，以当刑罪诬告人，是谓当刑隶臣。】·葆子□□未断而 109

诬告人，其皋（罪）当刑城旦，耐以为鬼薪而鋈足。耤（藉）葆子之谓殹（也）。110②

---

① 〔德〕陶安:《睡虎地秦简〈法律答问〉108 简"校补简"小考》，收入徐世虹等著《秦律研究》，武汉大学出版社，2017，第 49、51 页。
② 陶安先生整理恢复的简文，参见〔德〕陶安《睡虎地秦简〈法律答问〉108 简"校补简"小考》，收入徐世虹等著《秦律研究》，第 49、51～52 页;关于 108 简，他认为从内容上来看，似乎是对简 106～107 和简 109～110 的校补。同文，第 53 页。

　　整理小组和陶安先生对简文重新排序，排序方案各有理据。陶安先生指出的原 108 简中"有收当耐未断……是谓'当刑隶臣'"一句移到 109 简中，此说可从。但对其他简文，或可不做调整。故释文可恢复如下（【】内文字移自 108 简，译文亦以此为序译出）：

　　　　可（何）谓"家罪"？父子同居，杀伤父臣妾、畜产及盗之，父巳死，或告，勿听，是胃（谓）"家罪"108。

　　　　"葆子狱未断而诬告人，其罪当刑为隶臣，勿刑，行其耐，有（又）毄（系）城旦六岁。"·可（何）谓"当刑为隶臣"？【∟有收当耐未断，以当刑隶臣罪诬告人，是谓"当刑隶臣"。】·"葆子□□未断而 109

　　　　诬告人，其罪当刑城旦，耐以为鬼薪而鋈足。"耤葆子之谓殹（也）110。

【译文】

什么是"家罪"？父子居住在一起，（子）杀伤父亲的奴婢、畜产以及盗窃父亲的财产，父亲死后，有人控告，不受理，这就是"家罪"。"葆子犯案尚未判决，又诬告人，应获刑刑为隶臣，不要执行肉刑，执行耐刑，又系城旦六年。"·什么是"应当刑为隶臣"？∟应被收孥或判处耐刑的，（案件）尚未判决时，以应处刑为隶臣的罪名诬告人，这就是应当刑隶臣。·"葆子有罪尚未判决，又诬告人，他应获刑刑为城旦，（将他）耐为鬼薪并鋈足。"正是凭借葆子的身份。

《中国古代法律文献研究》第十三辑

2019 年，第 077~096 页

岳麓书院所藏《亡律》题解

〔日〕宫宅潔 著　陈鸣 译*

摘　要：在《东方学报》杂志开始连载《岳麓书院所藏简〈秦律令（壹）〉译注稿》之际，本文简介岳麓简的内涵与特质，并对《亡律》（第 4 册第 1 组）的排列复原、逃亡罪和隐匿罪的原理以及书写年代，提出了若干意见。

关键词：岳麓书院所藏简秦律令　亡律　逃亡　隐匿罪

一　引言——集体研读岳麓简

从 2016 年 4 月开始的“秦代出土文字史料研究”研究班，对里耶秦简及岳麓书院所藏简进行集体研读。在本杂志刊载的《岳麓书院所藏简〈秦律令（壹）〉译注稿》即是其成果的一部分，预定今后也将陆续发表岳麓简的译注。在连载开始之际，在简单介绍这些史料的同时，也拟对本期所刊载的《亡律》部分加以概述。小文若能与译注一道，对理解这一珍贵的史料有所助益的话，则非常荣幸。

众所周知，岳麓简是盗掘简。2007 年 4 月，它已在香港古董市场出现，

---

* 宫宅潔，日本京都大学人文科学研究所教授；陈鸣，华南农业大学人文与法学学院讲师。

据说要价达 300 万元。① 至同年 12 月，这批简入藏湖南大学岳麓书院。在购入的时候，简已经被分为 8 捆与若干残简。在其中一捆竹简的外侧，据说还粘附着原来包裹这些简的竹笼的一部分。② 尽管完全不清楚出土状况如何，但作为岳麓简可能是被放在竹笼中、埋藏于墓中的随葬品（而非废弃于井中的简）的线索，这个情况应当受到重视。

这 8 捆并不是笼中所放之简的全部。香港收藏家购入了同时被盗掘的一部分简，于 2008 年 8 月捐赠给岳麓书院。除此之外也可能存在其他的购入者，因此从遗址中盗掘出来的简的总数，根本无法知晓。

岳麓书院所藏的盗掘简，包括捐赠的部分共计约 2200 枚，其中比较完整的简有 1330 余枚。③ 已经出版了四册报告书，公布了约 1150 枚简的简牍图版。四册报告书及其内容如下：

朱汉民、陈松长主编《岳麓书院秦简（壹）》，上海辞书出版社 2010 年版［以下《岳麓（壹）》］

内容：《☐七年质日》、《卅四年质日》、《卅五年质日》、《为吏治官及黔首》、《占梦书》同《岳麓书院藏秦简（贰）》，上海辞书出版社 2012 年版［以下《岳麓（贰）》］

内容：《数》（数学书）

同《岳麓书院藏秦简（叁）》，上海辞书出版社 2013 年版［以下《岳麓（叁）》］

内容：《为狱等状四种》（裁判案例集）

陈松长主编《岳麓书院藏秦简（肆）》，上海世纪出版股份有限公司、上海辞书出版社 2015 年版，［以下《岳麓（肆）》］，

内容：律令（一——三组）

---

① 参见胡平生著《简帛の辨偽と流出簡牘の救出について》，宫島和也譯，《出土文獻と秦楚文化》第 8 號，2015。

② 参见陈松长《岳麓书院所藏秦简综述》，《文物》2009 年第 3 期，第 75 页。岳麓简本来是墓中的随葬品，虽然感觉早已被当作半公开的事实，但能够客观地证明此点的论据，严格说来并不存在。

③ 根据陈松长《岳麓书院所藏秦简综述》，从 8 捆简中揭取比较完整的简有 1300 余枚，而在收藏家捐赠的部分中，比较完整的简有 30 余枚。

律令、审判案例集、数学书、官箴书，还有记载个人活动记录的日历（《质日》），这样的构成当然与睡虎地 11 号秦墓、张家山二四七号汉墓出土的简牍群相似，这也支持了岳麓简是盗掘自墓葬之物的认识。① 质日通常被视为秦始皇时期的物品，② 还出现了江陵、当阳、安陆这些南郡所属的县名，暗示着被盗掘的遗址的年代以及大致的所在地。进一步来说，从"江陵公归"（三十四年质日 25）这一记载来看，可以推测"墓主"的地位为江陵县的下级官吏。

虽说如此，这些都不过是间接证据，由于出土状况、同时出土的遗物的具体情况不明，所以很难得出比上述假定更可靠的结论。说起来，这一正式的报告书将岳麓简称为秦简，本身多少有些问题。从质日开始，岳麓简含有大量明显是秦始皇时代记录的内容，这一点本身并无问题。但是这并非综合分析所有伴出文物后得出的结论。是否也能从遗址或伴出文物的外形判断为秦代的遗物，是否没有从后代遗址出土秦代文书的可能性，对岳麓简而言，像这样的检讨从一开始就处于不可能的状态。所以，除引用书名、论文名之外，小文及译注并不采用"岳麓秦简"这一称呼。③

岳麓简是盗掘简，作为已经存在的争议点，最令人担心的是其真伪问题。目前已有不少盗掘简被中国的大学、博物馆购入，公布了图版、释文，成为学术研究的对象。虽然存在着那些经过科学的分析鉴定、内容检讨而被判定为真品的简牍，理应与古董市场上出现的数量庞大的伪造品划

---

① 但是，睡虎地、张家山出土竹简总数合计 1000 余枚，岳麓简的数量要多得多。

② "☐七年质日"虽然被认为是秦始皇二十七年，但八月朔这一干支与里耶秦简 8～133 简不一致。这是质日的误记，关于误记产生的背景，参见李忠林《岳麓书院所藏秦简〈质日〉历朔检讨——兼论竹简日志类记事簿册与历谱之区别》，《历史研究》2012 年第 1 期。

③ 另一方面，"秦简""楚简"这些称呼，它的命名标准本身也是逐渐变化的。比如陈伟将"楚简"定义为"战国时期楚国支配地区出土的竹简"，陈伟著《竹简学入门　楚简册为中心として》，湯淺邦弘等译，東方书店，2016，第 3 页。与此相对，冯胜军指出：（1）即使是楚地出土的遗物，也存在着制成地点是他国的情形。（2）即使用楚文字书写，也很可能是楚人抄写的他国文献。相比于"楚简"，不如称为"具有某系文字特征的抄本"更为妥当（冯胜军：《郭店楚简与上博简对比研究》，线装书局，2007，第 255 页）。整体而言，相比于出土文字史料的遗址的年代，他倾向于以文字史料本身的年代、书写者的出身地为根据。以上的变化，虽然是由于文字学知识的丰富，使得对文献本身书写年代的讨论成为可能，但也不能否定盗掘简的增加也是其背景之一。

清界限，但还存在着真伪存疑的简牍群。① 如果对研究方法的严密性有所期待的话，出现所有盗掘简都不应使用的意见，也绝不是没有道理的。②

但是岳麓简是真品，这点是确定无疑的，因为由岳麓简而得的新知，与此后公布的里耶秦简的内容相一致。最容易明白的例子，是作为财产刑之一的"赀一甲"，换算为钱的话，相当于1344钱这一新事实。

> 赀一甲，直钱千三百卌四，直金二两一垂。一盾直金二垂。赎耐，马甲四，钱一（？）千六百八十（岳麓《数》82）。

在《数》公布之前，这点因于振波的论文而广为人知。③ 以下里耶秦简的内容，证明这确实是秦代的制度：

> 少内朏言冗佐公士棼道西里亭赀三甲，为钱四千卅二（里耶秦简8－60＋656＋748）。

如果"三甲"是4032钱的话，"一甲"就是1344钱。在《里耶秦简（壹）》出版、上述简为人所知的2012年以前，不可能有作假者知道"甲"与钱的换算率而伪造了《数》。另外，也已有人指出，《数》中也包含了有关符契（"券"）的刻齿形状的说明（《数》118简），这与从里耶秦简的实例解中解读出来的刻齿法则相一致。④

大量盗掘简记载了古代典籍的内容，因此真假的判定不得不依赖于字体、用字法等判定标准，⑤ 与此相对，由于岳麓简含有审判记录、法律条文，存在如上文所述的可靠证据，因而被证明是真品。如果今后新史料出

---

① 参见大西克也《"非发掘简"を扱うために》，《出土文献と秦楚文化》第8號，2015。
② 参见冨谷至《"骨董簡"とよばれるモノ》，中國出土資料學會編《地下からの贈り物 新出土資料が語るいにしえの中國》，東方書店，2014。
③ 参见于振波《秦律中的甲盾比价及相关问题》，《史学集刊》2010年第5期。
④ 参见大川俊隆、籾山明、张春龙《里耶秦簡中の刻齒簡と〈數〉中の未解讀簡》，《大阪產業大學論集》（人文、社會科學編）第18號，2013。
⑤ 通过对材料的科学分析来比定年代也很重要，但近年出现了利用被盗墓葬的木材制作的赝品。参见胡平生著，宫島和也譯《简帛の辨偽と流出簡牘の救出について》，《出土文獻と秦楚文化》第8號，2015。

土，关于中国古代制度的知识变得充实，那么也可期待获得更多的证据。以研究班的形式集体研读岳麓简，是因为它被毫无疑问地判断为"真实的盗掘品"。

尽管如此，与通常的出土简不同，在处理方法上也有令人苦恼的地方。就作为集体研读对象的法律条文集来说，这个法律条文集为何而写、如何书写，即抄写的目的、抄写的原委经过，虽然想对此进行深入讨论，但存在一定局限。就睡虎地秦墓、张家山汉墓而言，在出土的文本中存在墓主是官员的明证，从墓葬规模推测出的墓主地位也与这一设想相一致。另外，即使是墓主的卒年，也能理出大致头绪。但是在岳麓简中，像睡虎地的编年记、尹湾汉简的名谒一样明确体现墓主地位的文字史料目前尚未找到，即使想要根据墓葬的规模以及伴出文物加以补充，但这样的线索从一开始就不存在。就像反复申说的那样，"从墓葬出土"这一前提本身，就是根据间接证据所做的推测，而非确定的事实。即使对《亡律》的内容进行分析，对文本的性质、抄写的过程予以充分想象，其结果都会因存在根本的缺陷而回到讨论的起点，想象在任何时候都无法超越想象的空间。不得不说盗掘简"作为出土文字史料丧失了最关键的文脉语境"。[①]

但是由于它是"真实的盗掘简"，里面无疑保存着古代人记录的法条片段。确实也存在着被疑为误字、脱文之处，它绝非制作精良的写本。是否传达了条文的正确内容，作为陪葬用的明器，其内容是否是胡说八道等，这样的疑问层出不穷。但是对其他从墓葬出土的法律条文集而言，这些问题也同样存在。总之，目前只能通过观察眼前的竹简、依循所记录的文字、分析文本的内容，来对上述问题做出一定的解答。

即便如此，仍然有这样的疑惑：研究者的此种态度会不会助长盗掘？盗掘问题有很深的根源，我们的研究活动也不能说与这一问题毫无关系。[②]虽然根绝盗掘并非易事，期望今后采取适当的对策，使研究者对这一问题再无烦恼的必要。

---

① 参见籾山明《秦漢出土文字史料の研究》，創文社，2016。
② Renfrew, A. C., *Loot, Legitimacy and Ownership: The Ethical Crisis in Archaeolgoy*, London: Duckworth, 2000.

二 岳麓简的整理与《秦律令（壹）》

岳麓简在购入时被分为八捆（以下作捆1～捆8）和一小束残简。① 这些简原本是两大团。② 运到长沙以后，从这些团上揭取一枚一枚的简，并对各简进行编号、脱色处理、拍摄照片等工作。虽然最初标注的原简序号（报告书中的"原始编号"）是"0001"到"2198"，但其中0201～300是空缺的。空缺的理由不大清楚，③ 捆1（0001～0200）与捆2（0301～0495）之间的原简编号是断开的。

具有各个原简编号的简，是从哪一捆的哪一部分揭取的，都由报告书各册末尾的《揭取位置示意图》等向读者说明。但由于捆8的最后是"2171"简，示意图所见仅限于2071枚简的出土位置，剩下的27枚从何处出土就不知道了。④

残简是另外整理的。除一小束残简外，还有从捆1～8剥落的残简，合计达109片。将这些残简并列，共拍得照片15张。在岳麓简（壹）（贰）中，由连续的数字显示是第几张照片的第几根简，这就成为残简的编号。例如岳麓简（贰）的"100302"，表示在残简（C）中，照片10从上数第3段、从左数第2枚简。⑤ 这种做法从岳麓简（叁）开始改变，采用对709

---

① 朱汉民、陈松长编《岳麓书院藏秦简（壹）》，上海辞书出版社，2000，第213页。

② 朱汉民、陈松长编《岳麓书院藏秦简（叁）》，第318页。

③ 根据岳麓（壹）《附录》，"当时因为……没有简号牌，所以这一百个号是空缺的。后来在红外线扫描时新揭取出来的两枚简和在编号中都重叠的三枚简都编入201～300号简之中"。

④ 这27枚（下称"出土位置不明简"）并非完整的简，最多是约10厘米长的断简而已。虽然其中16枚简的照片已见于报告书，8枚可与其他断简直接连接（2179与2198是出土位置不明简之间的连接）。2173＋0137（数115，捆1）、2174＋1840（为狱212，捆7）、2176＋1501（为吏59，捆6）、2179＋2198《数208》、2182＋1646/1648（为狱229，捆7），接下来的3枚，虽然没有可以直接连接的断简，但能与其他断简构成一枚简[2177＋1117（三十五年质日3，捆4）、2184＋1088（为狱213，捆4）、2197＋0799（数207，捆4）]，由此种情形可以推测，或许是一些残简在被编之后破损，又被标注了其他编号。如果存在作业结束后增加的简，那么可以想象的是，在工作中剥取而损坏的简也包含在出土位置不明的简中。

⑤ 朱汉民、陈松长主编《岳麓书院藏秦简（贰）》，上海辞书出版社，2012，第171～172页。

枚残简进行从头至尾连续编号的方式。①

在此之外，后来捐赠的简被标为 J01～J76 这样的编号。它们是以怎样的状态被捐赠、如何被整理，详细的情况无从知晓。

在岳麓简中，据悉属于律令、决事比类的简达 1200 余枚。② 由于无法根据内容进行明确的区分，所以首先按照简的长度与编缀方法进行大致的分类，其中三组、392 枚③作为《秦律令（壹）》收入岳麓（肆）中。听说今后预定还有三册报告书要出版，收录的都是法律史料。岳麓（肆）所收的各组简的长度、编缀方法等特征如下。

第一组（简编号 1～105）：共计 105 枚。简长 29～30 厘米，有三道编痕。5 简背面有《亡律》篇题。

第二组（简编号 106～283）：共计 178 枚。简长 27.5 厘米，有两道编痕。虽然没有篇题，但各个条文开头都冠以"某律曰"。由此判明的全部律名共 19 种。从前往后的排列顺序大致如下。

田律、金布律、尉卒律、徭律、傅律、仓律、司空律、内史杂律、奔警律、戍律、行书律、置吏律、贼律、具律、狱校律、兴律、杂律、关市律、索律

第三组（简编号 284～391）：共计 108 枚。简长 27.5 厘米，有两道编痕。字体特征明显，接近《睡虎地秦简》。

这次作为译注对象的《亡律》，就是以上第一组竹简群。

三　第一组《亡律》的排列复原：整理小组方案

被视为组成《亡律》的 105 枚简，主要是从捆 8（1930～2171）剥取

---

① 以上残简整理的经过与编号的改订，参见陶安《岳麓秦简复原研究》，上海古籍出版社，2016，第 61～64 页。

② 陈松长主编《岳麓书院藏秦简（肆）》前言，上海世纪出版股份有限公司、上海辞书出版社，2015。

③ 由于这其中包含了由复数的残片组成一枚简的情形，若将残片也视为一枚简，则共计 401 枚。

而来，也加入了捆1（9枚）、捆4（4枚）、捆6（1枚）的若干枚简。结合《卅五年私质日》（共计46枚）大致由捆1（31枚）与捆8（11枚）的简构成来看，捆1、捆8可能是直接捆在一起的一团。

岳麓（肆）对这105枚简如何排列、编连，如何收卷进行了复原，并按照复原的顺序标记了整理编号。这样的复原工作，以前是以出土位置与书写内容为线索进行的，但是近年来得到了两项新标准，即简背面的反印文与划线。虽然已为专门的研究者所周知，在此还是对两者作简单的说明。

被编缀、收卷的简牍被埋于地中，经过漫长的年月，在被卷于内侧的简的背面会印写上其外侧之简的墨迹，形成镜像文字，这就是反印文。反印文的存在因红外线技术的发达与对简背面的关注而为人所知，作为了解各简原来位置的线索，在复原工作中被有效应用。

另一方面，所谓"划线"，是指在简的背面用墨画出或者用锐利的刃物刻出的斜线。例如，将北京大学所藏简《老子》依照现行本进行排列的话，16～19枚简汇集在一起，背面出现了14条从左上向右下笔直延伸的刻线。这些线是在劈开竹子、做成竹简之前，在竹简表面刻出的螺旋状划线，因此被认为是为了防止书写、编连后发生错简而采取的措施。[1] 对复原简的排列顺序而言，这无疑是非常重要的线索。岳麓（叁）（肆）收录了简背面的红外线照片，整理小组复原方案的依据基本上为大家所共享。

在复原《亡律》时，这些标准也得到了有效利用，在整理小组理解的基础上，收卷状况的复原方案也在卷末附录中作为《第一组卷册复原示意图》（以下作《示意图》）而被采录。[2] 以此为据，整理小组认为书写《亡

---

[1] 此前已有研究指出，简的背面刻有斜线，其排列顺序与刻线存在对应的关系（例如湖北省荆沙铁路考古队《包山楚简》，文物出版社，1991，第4页），但对此加以全面讨论、进行深究的是孙沛阳的论文（《简册背划线初探》，《出土文献与古文字研究》第4辑，2011）。韩巍又以北大简《老子》为材料讨论刻线，证明这是竹简做成之前所刻［韩巍：《西汉竹书〈老子〉简背划痕的初步分析》，《北京大学藏西汉竹书（贰）》，上海古籍出版社，2012］。导致简断裂的较深的刻线暂且不论，李天虹指出，在作为墨线的情况下，虽然存在着在竹子的切割、整形、杀青的过程中最终消失这一朴素的疑念，未对竹简背面加以整形的情况也不少［李天虹：《湖北出土楚简（五种）格式初探》，《江汉考古》2011年第4期］。

[2] 陈松长主编《岳麓书院藏秦简（肆）》附录五，上海世纪出版股份有限公司、上海辞书出版社，2015，第317页。

律》的那面是内侧,以末尾简为轴进行收卷,而篇题写在离外侧第一枚简并不太远的第 5 简的背面,这与上述理解并不矛盾。但是这一复原方案存在若干问题也是事实。

首先是示意图所见简的顺序与简的编号之间存在龃龉。在示意图中,原简编号显示了各简的位置,而将它替换为简编号的话,接在 64(1979)简后面的是 71 简(1931),其后紧接着的是 72～74 简,在 74 简之后又回到 65～70 简,于是挨着 70 简的就成了 75 简。65～70 简与 71～74 简的位置错排,虽然可能是简单的错误,但 70 简应置于何处,则与接下来要论述的问题存在关联。

第二,更为严重的问题是围绕反印文所出现的信息混乱与矛盾。在示意图中,有反印文的简与能见到原文的简的位置关系,通过将两者涂为青色来表示。另一方面,《正背面反印文对照图》(以下作《对照图》)作为《附录四》存在,印有反印文的简的照片与写有原文的简的照片并列呈现。所谓"信息的混乱",是指示意图中涂为青色的简与对照图中的组合并不一致的问题。具体来说,虽然示意图中 18 简与 33 简、19 简与 34 简、21 简与 35 简之间都被写明存在反印关系,但对照图中并无照片。虽然可能只是忘记在示意图中举出,但根据图版所见 18、19、21 简的背面照片,很难断定上面有明显的反印文,这仅仅是公布时的遗漏,还是反印关系的存在本身就值得怀疑,作为没有持有实物的人,笔者无法做出判断。

与此相反,在对照图中,12 简与 44 简、70 简与 86 简之间存在反印关系,这的确可以从照片得出这样的判断,但在示意图中这 4 枚简却并非青色。围绕反印文的"矛盾",与这 4 枚简有关。首先,在对照图中 44 简印在了 12 简的背面,但示意图中 12 简位于卷轴最外侧的一层,在其内侧的 44 简的文字是不可能印在 12 简的背面的。可以说,70 简与 86 简的组合也有同样的问题,被认为在 70 简内侧的 86 简是不可能印在其背面的。①

---

① 对照图中还存在着其他问题,首先所列举的简有较多重复,明显的误字、公布多余的图版也不少。另外,《第一组正背反印文对照图》共 4 页(第 303～306 页),实际上属于第一组的简仅在最初一页,余下 3 页列举的都是第二、第三组的简。

大概是意识到了这样的问题，有人提出了与整理小组不同的亡律排列复原方案，即纪婷婷、张驰提出的方案（以下作"纪、张方案"）。①

四　另一种排列复原：纪、张方案

纪、张方案对十一种反印关系进行了新的补充，② 并以此为线索，试着对排列进行了再探讨。与此同时，他们着眼于整理小组方案中没有的两个点，推测这一文本的抄写过程，来确保自身复原方案的妥当性。

新的着眼点之一是对笔迹的重视。在将构成亡律的简的笔迹区分为四种的基础上，他们将用最常见的笔迹书写的简定位为 A 组，与此不同的简则分为 B－D 组。B 组 8 枚，C 组 5 枚，D 组 11 枚，此外全部被认定为 A 组。对笔迹的重视则涉及细节，他们指出属于 A 组的简存在以 D 组笔迹进行修改的部分。

另一种新尝试是，假设亡律的诸条文在内容上可以被细分为四种，并把它们分别集中起来进行排列。他们将这四部分称为《亡律》《匿律》《占律》《迁律》。的确，在亡律包含的各个条文中，对藏匿逃亡者的人的科罚规定，有关申报户口信息（"占"）时的不正行为、未到官府报道等情形的规定等，都与逃亡罪没有直接联系。作为一种假设，其着眼点颇有意思。

他们结合这两点来推测亡律的抄写过程。根据他们的说法，在最早的阶段，亡律的文本全部出自 A 之手，条文以《亡律》《匿律》《占律》的顺序排列。在文本中，A 自己在《占律》之后继续补加了《亡律》的关联条文，并加抄了《迁律》。此后，以 B、C 笔迹抄写的《亡律》被追加、插入 A 抄写的《亡律》中间，同样地，D 的《迁律》也被追加、插入 A 抄写的《迁律》中间。这一抄写过程如下图所示：

　　最初的文本：《亡律 A》《匿律 A》《占律 A》

　　A 本人的加笔：《亡律 A》《匿律 A》《占律 A》《亡律补加部分》

---

① 参见纪婷婷、张驰《〈岳麓肆·亡律〉编联刍议（精简版）》，简帛网，2016 年 9 月 2 日。

② 在这些反印关系之中，包含着笔者无法用肉眼在图版中加以确认的情形。

《迁律A》

其他加笔：《亡律A》《亡律B》《亡律C》《匿律A》《占律A》《亡律补加部分》《迁律A》《迁律D》《迁律A》

背面的划线与这一复原方案不存在矛盾，B、C、D插入部分的划线可以连在一起，另一方面，位于插入部分前后的简的划线，在拿掉插入部分后也正好是连续的。

于是，在该论文的末尾推导出的新复原方案，与整理小组的排列完全不同。详细内容可参考原文。根据这一方案，位于册书开头附近的是24～28简，它们位于卷子的最外侧。纪、张以24～28简背面留有捆绳痕迹来补强自己的观点。另一方面，背面写有"亡律"的第5简位于接近册书末尾的地方，在收卷状态下就处于卷子的中心附近。在整理小组方案中，第5简被置于册书的开头，因而在卷子的最外层写有"亡律"，如果将之视为标题的话，整理小组的做法是妥当的。在纪、张方案中，对于在背面书写"亡律"的动机、收卷的原委，有必要假设不同寻常的缘由，这个复原方案在其他方面具有充分的说服力，但这是一个争议点。

如此，两个复原方案有很大的不同。但事实上，从每个条文层面来看，差异并没有那么大。对于被认为是由多枚简构成的条文而言，构成该条文的诸简之间的接续关系变更有限，不过是条文本身前后关系的变换。准确地说，整理小组并未明言一个条文从哪一简开始到哪一简结束，纪、张方案也同样如此。但是由排列顺序、是否假定存在缺简，可以大体估计哪些部分存在接续关系。对于一个条文，两者所设想的接续关系有如下不同。

● 整理小组所设想的接续关系，被纪、张方案否定之处：

1简→2简、4简→5简、8简→9简、45简→46简、66简→67简、78简→79简、82简→83简、86简→87简、92简→93简

● 纪、张方案所设想的新接续关系：

2简→1简、78简→65简、74简→83简、94简→5简

本译注已认识到两种排列方案的不同点与各自存在的问题，但为了避免混乱，还是基本依从正式报告书中公布的整理小组的复原方案。然而，对整理小组设想的接续存在疑问的，本译注加以注释，并根据情况将它作为其他条文译出。还有两个地方，本译注按照纪、张的复原方案移动了释文（阴影部分）。① 虽然态度略为消极，但在排列复原的方法取得飞跃性进步的今天，对排列顺序的全面研究，不能不委诸拥有实物或高准确度的红外线图版的机构之手。

但是，最后请允许我补充几句也许是画蛇添足的话。不要忘记的是对背面的关注，也可能对正确理解正面书写的语句造成障碍。划线与简的排列顺序不一致的情况早已有人指出，就《亡律》而言，从53简到57简这部分内容来判断，简的排列顺序与划线之间存在矛盾，如果以完全相反的57→56→55→54→53简的顺序来排列的话，划线就变得连续了。② 若加以想象，对于划线连续且背面朝上并列放置的几枚简，应该从左边开始依序拿来书写，由于错误地从右边开始取简，于是就产生了这种现象。因为划线是在抄写之前就已刻好，随着这样的失误、误写而将简丢弃，由此产生的划线与简的排列之间的矛盾一定不在少数。本译注虽然大体上尊重划线连续的事实，但也不完全排除前后简无法连续的可能性。

五　逃亡罪的原理

纪、张方案将第一组条文区分为亡律、匿律、占律、迁律四种。虽然这只是权宜性的称呼，但作为大致的分类是可以赞同的。其中，占第一组大半的是亡律与匿律，即关于逃亡罪与隐匿罪的规定。这里将对两者的原则加以整理。首先是逃亡罪。

影响逃亡罪科罚的要素是以下四项：

（1）逃亡期间的长度

（2）逃亡的场所

---

① 不仅同一条文内简的排列，各个条文的排列中也有应当依从纪、张方案的地方。可参考宫宅洁《岳麓书院藏简〈亡律〉の"廿年後九月戊戌以来"條をめぐって》，"秦代出土文字史料の研究"班，http://www.shindai.zinbun.kyoto-u.ac.jp/index.html，2017。

② 参见纪婷婷、张驰《〈岳麓肆·亡律〉编联刍议（精简版）》第3章（4）。

（3）逃亡者的身份、境遇

（4）逃亡给官府造成损害的多寡

在张家山汉简《二年律令》中可见这样的规定：

> 吏民亡，盈卒岁，耐；不盈卒岁，戮（繫）城旦舂；公士、公士妻以上作官府，皆偿亡日。其自出殹（也），笞五十，给逋事。皆籍亡日。觋数盈卒岁而得，亦耐之。157

此条规定体现了第（1）项原则：逃亡一年以上的，除耐刑，未满一年则系城旦舂（服刑期间与逃亡日数相同）。岳麓简《亡律》也有与它类似的规定：

> 阑亡盈十二月而得，耐。不盈十二月为将阳，戮（系）城旦舂。91

此处也是一年以上处耐，未满一年则系城旦舂，第（1）项要素在秦律中也是存在的。

除逃亡期间的长短之外，（2）逃亡至何处也影响科罚。最严重的是逃亡至国外，睡虎地秦简的"邦亡""出徼阑亡"（法律答问48简）与此相当，刑罚为黥城旦舂。而在秦统一后不久，对曾经的国境线（"故塞""故徼"）或者关中与关外的分界，仍有较强的意识，从关外逃亡至"中县道"，似与其他逃亡罪有所区别（54、93简）。另外，在"故徼"之内，是逃亡至其他县道，还是在"蛮夷"的居住地被捕，其处罚也不相同（101简）。这也可以包含于第（2）项要素中。

现在来看第（3）项要素，如果逃亡者不是一般人，而是刑徒、复作、① 奴婢，那么处罚会因此发生变化。

> 城旦舂：黥复为城旦。自首者笞百。（47简）

---

① 所谓"复作"，是指由于恩赦等从刑徒的身份中获得解放，但此后仍在同一服役地从事劳役的人。参见宫宅洁《中國古代刑制史の研究》第四章，京都大學學術出版會，2011。

从事牧马的城旦：斩左止。（49 简）

从事监视工作的城旦舂：黥城旦。自首者笞五十。（50 简）

隶臣妾：？＋科以（逃亡日数×6 钱）的盗窃罪的刑罚。（17 简）

司寇：？＋科以（应当工作的日数×6 钱）的盗窃罪的刑罚。（17 简～18 简）

复作：三个月以上的耐隶臣妾。未满者笞五十。（33～36、84～86 简）

奴婢：黥眉间与面颊，交还所有人。（89、98 简）

奴婢系城旦舂者：按照系城旦舂的刑期施以肉刑，交还所有人（37～39 简）

奴婢逃亡故徼外的情形：城旦黥之，交还所有人（100 简）

以上诸事例中，对隶臣妾与司寇的处罚存在不明确之处。二年律令中可见如下规定：

> 隶臣妾、收人亡，盈卒岁，毂（系）城旦舂六岁；不盈卒岁，毂（系）三岁。自出殹，笞百。其去毂（系）三岁亡，毂（系）六岁。去毂（系）六岁亡，完为城旦舂。165

这些逃亡日数的长短即第（1）项要素决定了对隶臣妾的科罚。我们也不能否定秦代已经存在这样的规定，但至少在现有的岳麓简中没有出现。另一方面，则见以下规定：

> 及诸当隶臣妾者亡，以日六钱计之，及司寇冗作及当践更者亡，皆以其当冗作及当践更日，日六钱计之，皆与盗同法。（17～18 简）

隶臣妾与司寇逃亡，被视为盗窃了逃亡日数（就司寇而言，准确地说应指逃亡期间应当服役的日数）乘以六钱的财物，科以与这一赃额相对应的刑罚。这应当是将官府因可以利用的劳动力逃亡而遭受的损失，视为从官府中偷盗出与这一劳动力相当的财物，从而加以刑罚。这是以第（4）项要

素为依据的科罚原则。对于隶臣妾、司寇的逃亡，目前并不清楚究竟是仅
以此原则为依据进行处罚，还是在第（1）项原则中加入第（4）项。无论
如何，第（4）项原则也适用于因财产刑或债务而须向官府缴纳财物、但
未能偿清的逃亡者（23、66～67 简）。

从同样的观点来看，对于因逃亡而未服徭役的一般人，也被认为采用
了比照窃盗罪加以处罚的做法。这可从睡虎地秦简记录的"将阳"的成年
男子在逃亡期间应服徭役的日数而得到确认：

> 亡自出 乡某爰书：男子甲自诣，辞曰：士五，居某里，以迺二
> 月不识日去亡，毋它坐，今来自出。●问之□名事定，以二月丙子将
> 阳亡，三月中遹筑宫廿日，四年三月丁未籍一亡五月十日，毋它坐，
> 莫覆问。以甲献典乙相诊，今令乙将之诣论，敢言之（封诊式 96～
> 98A）。

但是，这种一般人逃避徭役的行为被视为"给逋事"（前述二年律令 157
简），并未采用日数乘以六钱的科罚方法。

以上关注了科罚原则并将逃亡罪的诸事例加以整理。但是也留下了一
些课题，如多种要素竞合时，最终该如何科罚等。

六 隐匿罪的原理

对于犯罪者、逃亡者的隐匿罪，根据行为人是在已知情的情形下的藏
匿，还是在不知情的情况下的收留，会予以截然不同的科罚。如是知晓事
实而隐匿，行为人基本上与犯罪者、逃亡者同罪：

> 匿罪人，死罪，黥为城旦舂，它各与同罪（二年律令 167 简）。

虽然这是汉初的规定，但从岳麓［肆］的 3～5、16、45 简推测，这一原
则秦代已经存在。准确地说，被处同罪的是对隐匿行为负主要责任的人
（"主匿"3～5 简），比如在个人家中隐匿的，家长即相当于主匿者。除此

之外的家人则稍微减轻科罚，而且家中的奴婢不包含在连带责任的范围之内（1 简）。

另一方面，在不知情的情况下，科罚止于财产刑，根据被收留者的罪名，可以处以赎耐到赀一盾的刑罚（60~64 简，但是相当于死刑的犯罪者的情况未详）。不知情而将人收留的行为被表达为"舍"，"舍"也存在着"主舍"者与主舍之外者的科罚差异。

如 60~64 简的译注"解说"部分所述，将此条文与 1 简进行比较的话，可知"匿"与"舍"是有区别的。相对于"舍"逃亡中的隶臣妾、收人的行为人被处赀一盾，即使其他条件相同，"匿"犯较轻财产刑者的行为人也将被科以较重的赀一甲。"匿"是比"舍"更重的犯罪，两者的区别在于是否知情。

但是"匿"与"舍"之间并不存在"知情←→不知情"这样的二律背反关系。在 54~59 简中，出现了"舍"某人，且这家的"主舍者""知其情"的文句。"舍"具有不问"知"与"不知"，收留某人这种较宽泛的含义，其中知情而收留的行为，被特别称为"匿"。与"舍"相对照，未见"匿……知其情……"这样的说法，这是由于对"匿"而言，"知情"是无须说明的。

以上对《亡律》的主要内容、原则作了简单的整理。更为详细的解说请见译注的各个部分。

七　《亡律》的书写年代与抄写背景

根据纪、张方案，《亡律》是多位抄写者花了一定的时间逐渐完成的文本。它所收入的各个规定存在着成立年代的先后之别。虽然很难正确地加以比定，但是在此介绍几项体现《亡律》年代的线索。

首先，《亡律》中存在纪年的规定有五条。这些纪年是始皇十四年（前 233）七月（66 简），二十年（前 227）闰九月（40、70、76 简），二十五年（前 222）五月（45 简）三种，因此《亡律》中包含统一以前制定的条文。与睡虎地秦简（法律答问 163 简）大体一致的条文（43 简），也可以追溯到统一以前。

　　另一方面，如果注意用语、用字的话，可以大体上归纳为统一以后的用法，比如"故徼"（81、100、103 简）。里耶秦简的《更名扁书》（8～461 简）载：

　　　　边塞曰故塞。毋塞者曰故徼。

"故徼"指的是统一以前的国境线上没有城塞的地方，这显然是统一后的用语。又如，作为秦始皇以前的用语而见于睡虎地秦简的"同牲（生）"（秦律十八种 151 简），在《亡律》中也被改为"同产"（6 简）。同样《更名扁书》载：

　　　　曰产，曰族。

这与将"生"改为"产"的指示一致。另外，私有奴隶被专门写为"奴婢"。此前已知，与睡虎地秦简将私有奴隶写作"臣妾"相对，汉初的张家山汉简中改作"奴婢"。陈伟以里耶秦简探求"臣妾→奴婢"的用语变化时间，认为"臣妾"使用下限为始皇二十八年（前 219）八月，而初次见到"奴婢"的确切时间是三十二年六月。[①]
　　在用字特色上颇有意思的是，《亡律》并见"皋"（82 简）与"罪"（1 简等许多简）两者。睡虎地秦简专门使用"皋"字，而龙岗秦简变为"罪"，《说文解字》的以下说法作为实例确认了这一点：

　　　　秦以皋似皇字，改为罪（一四篇下）。

　　同样根据陈伟的意见，"罪"最早见于始皇三十四年六月，从始皇三十年五月前后到这一年为止的某个时间点，发生了用字变化。[②] 在《亡律》这一文本中新旧用字是混用的。

---

① 参见陈伟《从"臣妾""奴妾"到"奴婢"》，简帛网，2017 年 1 月 27 日。
② 参见陈伟《秦简牍中的"皋"与"罪"》，简帛网，2016 年 11 月 27 日。

综合这些线索，《亡律》最终的书写年代是被推测为开始使用"罪"字的始皇三十年以后。虽然条文本身成立的年代可以追溯到统一以前，但具有二十年、二十五年纪年的条文也将"辠"写为"罪"（46、76 简），可以认为这是在三十年以后，斟酌用字与内容，加以必要校订的文本。另一方面，虽然书写年代的下限无法确定，但未见出现于二年律令中的的罚金刑"罚金……两"，可以说其内容是秦代的。

关于文字校订，已如前述，纪、张的论文列举了多处改订的地方，进而指出了校订部分与其前后笔迹的不同，即存在某人书写的文句被他人校订的可能性。在校订之处中，引人注意的是，一个字被削去，然后插入"田典"（1、4、61、63 简）二字，以及"县□"改为"县道官"（27、73 简）或者"县道者"（93 简）的例子。关于前者，因为《亡律》所见的所有"田典"都是改写而来，所以不会只是对误记的修正，而似乎是由于用语规则的变化，将特定用语全部改为"田典"所留下的痕迹。在一字之宽的地方插入"故徼"二字的例子（100 简），也可能是与"徼→故徼"的变化相对应的校订。

另外，在 44 简的"尽论之如律"中，"如"与"律"之间有一字之宽的空白。欧扬认为原来写作"尽论之如亡律"，在收入《亡律》之时被校订。① 按他的理解，《亡律》是不言自明的，所以"亡"字被削去。如果接受这一主张的话，那么这又是另一种校订的环节。

但是"亡律"并未全部被改为"律"。就"故徼"而言，仍用"徼"的例子也很多。不得不说用语校订并不彻底。"辠"字的残留，也可说是校订遗漏的一个例子。本题解开头所述"绝非制作精良的写本"这一印象，就是从这一点上得来的。

也存在这样一种认识：这一文本本来就不是完成品，而是在制作正本的过程中，用于工作的文件。改写为"故徼"的 100 简中，还有一处将一个字改为"从诱"，虽然订正之处甚多，但还存在与此简后半部分文句完全相同的简（103 简）。103 简在相同的间隔处并无文字校订的痕迹，与

① 参见欧扬《岳麓秦简〈亡律〉日期起首律条文初探》，《第六届"出土文献与法律史研究"暨庆祝华东政法大学法律古籍整理研究所成立二十周年学术研讨会论文集》，2016。

100 简一样，通常写作"畀其主"的短语被写作"畀主"。这或许是包括多处改订的 100 简在内的条文整体在其他简上被重写，而其末尾部分即为103 简。如果以上推测正确的话，这一册书似可视为编辑条文集所用的工作笔记。

这样的编辑工作也可能不止于文字校订。例如 71～74 简虽然规定了被处迁刑者逃亡、犯罪的相关内容，但在其后段中，同时记载了被处迁刑者被再次送往迁刑地时，懈怠其责的官吏所应受到的处罚，以及懈怠于罪人一般移送的官吏所应受到的处罚。该一条文似乎就变成了这样的结构：以被处迁刑者为焦点，将其他类似的情况加写进来。虽然原来的诏敕可能就是这样的，但似乎还是综合多种原始史料而成的看法更为自然。

根据广濑薰雄的观点，秦汉时代君主颁下的诏敕由各个官署保存、整理，进而将其规定部分加以摘抄，作为履行职务的准则，这就是我们所见的出土律文、令文。① 上文所指的编辑工作的痕迹，或可暂时认为如广濑所言，是"个人自由地剪贴几种皇帝的诏（王命）"② 所留下的。

但是，由于被认为存在多种笔迹，所以"剪贴"的主体并非一人。恐怕是拥有相应地位者命令多人进行的工作。可以进一步设想，这并非私人性质的工作，也可能属于公务。在里耶秦简中可以看到，县所属一个机构派遣属吏到县廷校订现有法律集的记录。

　　卅一年六月壬午朔庚戌，库武敢言之。廷书曰，令史操律令诣廷雠。署书到、吏起时。有追。●今以庚戌遣佐处雠。敢言之。（正）
　　七月壬子日中佐处以来。／端发。处手。（背）（8－173）

如果考虑到此种校订所产生的法条集的更新，或许也可把《亡律》想象为经数次校订，追加了新条文、改写了旧用语的文本。

我们可以提出好几种假设，但这些都未超出想象的范畴。如开头所述，岳麓简无法从竹简的出土状况来验证这些推测。即使说到"拥有相应

① 参见廣瀬薫雄《秦漢律令研究》，汲古書院，2010。
② 廣瀬薫雄：《秦漢律令研究》，第 172 页。

地位的人"等，也无法从随葬品来推测墓主的地位，而且究竟是否是墓葬出土简，也无从知晓。这是岳麓简研究中存在的根本问题。今后只有继续精读，从文本中寻求若干旁证。

　　附记：本稿是在"秦代出土文字史料研究"班讨论的基础上执笔而成。对研究班成员们给予的宝贵意见再次表示感谢。同时本稿为日本学术振兴会科学研究费补助金（基础 B"中国古代的军事与民族——多民族社会的军事统治"，课题编号：25284133）以及京都大学研究合作基础、新一代研究者支援事业资助的研究成果的一部分。

原载《东方学报》第 92 册，2017 年 12 月

中译文由赵晶校订

《中国古代法律文献研究》第十三辑

2019 年，第 097～118 页

里耶秦简 10－15 补论[*]

——兼论睡虎地 77 号汉墓功次文书

张忠炜[**]

摘　要：本文围绕里耶秦简所见 10－15 展开补充讨论。先对残牍释文进行疏证，并结合汉简所见资料，考察功劳制的源与流，指出积功劳而升迁的仕宦之途可能具有普遍意义；接着，考察功劳制中的岁、月、日之特定所指，从而再审视汉帝刑罚改革中的刑期问题；最后，阐发睡虎地 77 号汉墓功次文书的潜在价值，亦即，是证实"一功可抵四岁劳"论断的新证据。

关键词：功劳制　功令　功次文书

2013 年 6 月，岳麓书社出版的《湖南出土简牍选编》一书中，首次公布里耶秦简 10－15 残牍的图版及释文。[①] 2014 年 9 月，何有祖依据该书图版，延续《里耶秦简牍校释（第一卷）》的体例，对之进行校释：改释一字、补

　＊　本文是国家社科基金重大项目"秦统一及其历史意义再研究"（14ZDB028）的阶段性成果。

＊＊　中国人民大学历史系副教授。

　①　郑曙斌、张春龙、宋少华、黄朴华编著《湖南出土简牍选编》，岳麓书社，2013，第 115 页。按，简称《选编》。若无特别标注，本文所引均非同名的"湖湘文库本"。"湖湘文库本"的作者与本书同，但排名次序有别，排版方面两书也略有差异。又，本文所引里耶秦简均为出土登记号，下同。

释三字。① 图版拍摄、印刷效果一般，加之墨迹又比较清淡；较之《选编》所载，《校释》改动不大。2016 年 6 月，《里耶秦简博物馆藏秦简》一书出版。"以高新设备采集图像，又汇聚群贤保证释文"，才使得学界得以首次发掘这枚残牍的潜在意义。② 虽如此，该残牍仍有发掘的余地，今赓续之而补论于下；并就新发表的睡虎地 77 号汉墓功次文书，略述拙见，以就正于方家。

一　残牍释文疏证及其他

根据实测，此枚残牍残长 18.7 厘米，宽 2.7 厘米，厚 0.3 厘米。③ 在重新采集的红外、彩色图版公布前，这枚残牍的释读存在不少问题。现以列表形式（表 1），将三种释文罗列于下，以便直观观察彼此之良窳。

表 1　残牍 10 – 15 的三种释文

栏　序	释文一（《选编》）	释文二（《选校一》）	释文三（《馆藏秦简》）
第二栏	凡作……	同释文一	凡□□□
	令	官	官
	十一	同释文一	五
	□□	同释文一	乘车
	十三	同释文一	三
	□	丞	丞
	……	同释文一	月廿七日
	□	五	【十】五
	……	同释文一	廿五日【凡】功三〆三岁九月廿五日
第三栏	劳	同释文一	劳〈功〉
	（未释）	同释文一	【岁】
	（未释）	同释文一	廿五【日】
	□	六	六
	……迁陵六月……廿一	同释文一	□□迁陵六月廿七日定□□八月廿
	……洞庭	同释文一	□□可□属洞庭
	……	同释文一	□五十岁居内史七岁□□

① 里耶秦简牍校释小组（何有祖执笔）：《新见里耶秦简牍资料选校（一）》，[简称《选校（一）》]，简帛网，2014 年 9 月 1 日，http://www.bsm.org.cn/show_article.php?id=2068，最后访问时间：2019 年 10 月 8 日。

② 里耶秦简博物馆、出土文献与中国古代文明研究协同创新中心中国人民大学中心编著《里耶秦简博物馆藏秦简》（简称《馆藏秦简》），中西书局，2016，"序一"第 1 页，图版第 54、128 页，释文第 196 页。

③ 按，或在文中说残牍长 27.7 厘米，宽 3.7 ~ 4.1 厘米，不知依据何在。

按，根据《馆藏秦简》的"凡例"可知，"□"表示未释读文字，一个"□"表示一字；"【】"表示可据残笔、辞例等补释之字；"〖〗"表示脱文；"〈〉"表示错字的正字；"……"表示原简字迹漫漶，不能确定字数的。表格所见三种释文的16处差异，即《馆藏秦简》所出的16条"校订"。除沿用《选校一》的4处外，"校订"增订释文近40字（不含脱文、根据辞例补释之字及改正错字的正字），改动不可谓不大，但这也可以说是完全拜红外线图版之所赐。从这个事例看，拍摄并印制清晰的图版，对简牍整理而言，是首要进行的基础工作之一，它直接关系到文字隶定、文意疏通、意义阐发等后续工作，故不可不万分留意。

"校订"既已发表，自然要接受检验。现将此枚残牍图版（图1）及释文（表1）称引于此，以示说明。

此外，游逸飞、陈弘音根据馆藏实物及陈列释文，也对此枚残牍进行"校释"。不得不说，对馆藏实物的肉眼观察，似远逊色于红外释读；以"推算方式"补释文字，说服力似亦有限，不取。①

图1　里耶秦简 10 - 15　残牍图版

---

① 游逸飞、陈弘音：《里耶秦简博物馆藏第十至十六层简牍校释》，载周东平、朱腾主编《法律史译评》第4卷，中西书局，2017，第3~4页。按，第二栏第六列"守迁陵丞六月廿七日"一句，游、陈据"推算"改释为"守迁陵丞六［岁五月十七日］"；第二栏第七列"凡十五岁九月廿五日凡功三乙三岁九月廿五日"一句，游、陈又据"推算"改释为"凡［卅一岁］九月十五日"。之所以如此，是他们认为已知的任官时间已达到二十四岁十四月五十八日，《选校（一）》又将《选编》的"凡□岁九月"改释为"凡五岁九月"，误；并认为这一任官时间，"与'守迁陵丞'的时间'六'（单位不明），总共任官时间在某岁后尚有'九月十五日'等三项数据，可以推知'守迁陵丞'的时间不会仅有'六月'，否则与总数不合，故'守迁陵丞'的时间'六'必为'六岁'。循此再推算出'守迁陵丞'的时间是'六岁五月十七日'，总共任官时间是'三十以岁九月十五日'"。不过，假若他们的"校释"存在问题，"推算"会引起一系列的连锁错误，事实恐即如此。

残牍似是数人功劳记录的汇总，其中第二栏所见信息尤为完整，尝试疏证如下。

第二栏第一列的"凡□□□□"一句，可能是前一人功劳的总结话语，文字无法释读，暂不讨论。

第二栏第二列至第七列，记载的是某人的宦历。"官佐""县令佐""斗食"，地位与"史"相近，均属于低级职员，正如《汉书·百官公卿表》"县令长"条所载，"百石以下有斗食、佐、史之秩，是为少吏"。① "官佐"，睡虎地秦简《置吏律》中记载，"官啬夫節（即）不存，令君子毋（无）害者若令史守官，毋令官佐、史守"（简161）。当时，不仅县官设置有官佐，都官乃至实官（仓官），均置有为数不等之佐。此类记载多见，不赘。② 迁陵吏志记载迁陵县有官佐员额五十三人，实有二十四人，二十二人繇使，缺七人。③ 此处所言"官佐"，是泛指担任"佐"的职务，并不局限于某一机关的佐员。④ 从尹湾汉墓简牍资料看，西汉晚期，县邑、侯国常置官佐之职，盐铁官则常置"佐"；官佐员额有限，三至九人不等。⑤ "县令佐"，似是县令长（县啬夫或大啬夫）之佐，襄助县令长（县啬夫或大啬夫）处理日常事务。"斗食"之官亦属少吏，但较之"官佐""县令佐"，地位略高。前后相计，此人担任少吏达十一年之久。

"司空有秩乘车。""司空"，从里耶秦简及汉简看，其重要职掌之一是

---

① 《汉书》卷一九上《百官公卿表上》，中华书局，1962，第742页。
② 睡虎地秦墓竹简整理小组：《睡虎地秦墓竹简》，文物出版社，1990，第56~57、60页。
③ 里耶秦简博物馆、出土文献与中国古代文明研究协同创新中心中国人民大学中心编著《里耶秦简博物馆藏秦简》，第163~164页。
④ 按，如学界梳理的那样，里耶秦简所见迁陵县组织机构有列曹与诸官之分，田官、畜官等均在诸官序列，其佐吏因此会出现"田官佐""畜官佐"的记载，但恐难据此推论"官佐"为特定职称。从单印飞的统计表看，除"田官佐""畜官佐"等外，不见"官佐"之称，正可说明问题。参见单印飞《〈里耶秦简牍校释〉（第一卷）人名统计表》，载杨振红、邬文玲主编《简帛研究二〇一四》，广西师范大学出版社，2014，第59~117页；关于列曹与诸官的研究，研究较多而分歧明显，或主张列曹实体化，或以为是名称模拟，参见孙闻博《秦县的列曹与诸官（增订稿）》，载《里耶秦简博物馆藏秦简》，第244~261页；土口史记《秦代的令史与曹》（2015），载《中国中古史研究》编委会编《中国中古史研究》第6卷，石洋译，中西书局，2018，第3~35页。
⑤ 连云港市博物馆、东海县博物馆等编《尹湾汉墓简牍》，中华书局，1997，第79~84页。

负责刑徒的调拨、役使。① 司空负责人的正式称谓是"官啬夫",亦即"司空啬夫"。"啬夫"的品秩大体分有秩、斗食两等,② 此处所见为"司空有秩"。③ 从汉初的资料看,"乘车"是待遇的标志,也是不同品秩的区分。张家山汉简《二年律令·秩律》有如下规定。

> [1] 都官之稗官及马苑有乘车者,秩各百六十石;有秩毋乘车者,各百廿石。(简470)
>
> [2] 县、道司马、候、厩有乘车者,秩各百六十石;毋乘车者,及仓、库、少内、校长、髳长、发弩、衡〈衞〉将军、衡〈衞〉尉士吏,都市亭厨有秩者及毋乘车之乡部,秩各百廿石。(简471 - 472)④

按,简[1][2]以"乘车"与否为据,区分出不同的秩禄等级。与"有秩毋乘车者"相对,大概当是"有秩乘车"。与之相应的是传食待遇,"诸吏乘车以上及宦皇帝,归休若罢官而有传者,县舍食人、马如令"(简237)。⑤ 从"斗食"至"有秩",是其职位升迁的重要标志。

"守迁陵丞",指代行迁陵县丞之职。县令长佐官有丞、尉,地位仅次于令长,均属"长吏"。由《汉书·百官公卿表》可知,丞、尉秩在四百石至二百石,⑥ 正与张家山汉简《二年律令·秩律》所见同。⑦ "官啬夫節

---

① 宫宅洁:《中国古代刑制史研究》,杨振红等译,广西师范大学出版社,2016(2011年初版),第188~243页。

② 裘锡圭:《啬夫初探》(1981),载氏著《裘锡圭学术文集》第5卷《古代历史、思想、民俗卷》,复旦大学出版社,2012,第57页。

③ 邹水杰:《秦简"有秩"新证》,《中国史研究》2017年第3期,第43~60页。

④ 张家山二四七号汉墓竹简整理小组编著《张家山汉墓竹简〔二四七号墓〕:释文修订本》,文物出版社,2006,第80页;彭浩、陈伟、工藤元男主编《二年律令与奏谳书:张家山二四七号墓出土法律文献释读》,上海古籍出版社,2008,第292~293页。

⑤ 张家山二四七号汉墓竹简整理小组编著《张家山汉墓竹简〔二四七号墓〕:释文修订本》,第40页;彭浩、陈伟、工藤元男主编《二年律令与奏谳书:张家山二四七号墓出土法律文献释读》,第184页。

⑥ 《汉书》卷一九上《百官公卿表上》,第742页。

⑦ 周振鹤:《〈二年律令·秩律〉的历史地理意义》,《学术月刊》2003年第1期,第45~47页。

（即）不存，君子毋（无）害者若令史守官"，能出任"守丞"则是"诸官官长或它官守"。① 尽管是"守迁陵丞"而非"迁陵丞"，从某种情况而言，具备了跻身于"长吏"群体的资格。与睡虎地秦简所见墓主"喜"的宦历不同，即由史→安陆【某乡】乡史→安陆令史→鄢县令史→鄢县狱史→南郡郡属；② 也与里耶秦简 8－266 所见"资中令史阳里釦伐阅"有别，即（隃为）史→乡史→田部史→令史，③ 喜、釦先任职于乡里、后升任郡县职，疏证部分所见仕宦均在县官，显现出基层官吏出仕、升迁的另一种途径。

第二栏第七列一句，多涉及功劳折算，下文将有梳理，不赘。

第三栏部分文字未能释出，影响到对简文意思的理解。私意仍以为，此栏文字与第二栏无关，可能是另一人的功劳记载。此栏第一至四列文字，亦为功劳折算的记载，仕宦履历仅见于第一列。第五至七栏文字，似与前四列关联，亦即，根据其既有功劳，建议其可能升任的职务，此人的年龄及任职内史的情况。

总之，结合残牍第二、三栏的现存文字，可直观窥见基层小吏的仕宦之路。通过积功劳而升迁的仕宦之路，可能具有普遍意义，以至于在汉代的"式"类文书中，也有与此相类的"范本"存在。

[3] 敦煌县斗食令史万乘里大夫王甲自占书功劳

为敦煌少内啬夫十【月】

为敦煌斗食令史一岁

凡为吏一岁十月　　应令

大凡劳一岁十月

今为敦煌县斗食令史一岁十月（第一栏）

能书会计治官民颇知律令文

年若干岁

---

① 孙闻博：《秦县的列曹与县官（增订稿）》，载《里耶秦简博物馆藏秦简》，第 253 页。

② 陈侃理：《睡虎地秦简〈编年记〉中"喜"的宦历》，《国学学刊》2015 年第 4 期，第 47～50 页。

③ 里耶秦简博物馆、出土文献与中国古代文明研究协同创新中心中国人民大学中心编著《里耶秦简博物馆藏秦简》，第 167 页。

长若干　　用二尺牍

敦煌万乘里（第二栏）

不告归　　某年

某年某日以修行书次除为某官佐若干岁月日

某月某日以功次迁为少内啬夫十月某年某月

某日令甲以能换为令史·产某郡某县

列上各案

占本始四年功劳讫十月晦某日①（第三栏）

I T0309③:49A

按，发掘者虽公布木牍［3］的图版（图2），但效果不佳，释文的准确性也有待核实。第一栏的内容与残牍 10~15 第二栏相近，是敦煌县斗食令史"王甲"的宦历，也是其累积劳日的具体反映，自署为"自占书功劳"。第二、三栏的内容，与第一栏内容有别。邢义田指出，以"甲、乙、丙、丁……"或"某"代替特定个人和以"若干"代替数字的简牍，或以"东、西、南、北"代替特定方位的简牍，最少有一部分是文书范本。② 以此为衡量标准，将第二、三栏视为"式"，大概是没有问题的，令人生疑处在第一栏。

图 2　悬泉"王甲自书功劳书"简图版

① 张俊民：《敦煌悬泉置探方 T0309 出土简牍概述》（2005），载氏著《简牍学论稿——聚沙篇》，甘肃教育出版社，2014，第 170~171 页。按，第一栏"【月】"字，初发表本径写作"月"，收入文集时又不载此字；从辞例及上下文意看，补释"月"字可从；"用二尺牍"四字，文集中作"用二尺质"，文意不明，今从初发表本（亦即，自占功劳文书需使用二尺牍材）；"讫十月晦日"五字，即便是释文无误，"十"极可能是"九"之误，理由详下。此文最初收录于长沙市文物考古研究所编《长沙三国吴简暨百年来简帛发现与研究国际学术研讨会论文集》，中华书局，2005，第 394~406 页。又，关于该木牍的图版，参见张俊民《悬泉汉简所见文书格式简》（2011），载氏著《敦煌悬泉置出土文书研究》，甘肃教育出版社，2015，第 411 页。此外，第三栏"不告归"一句后，张氏行文中尚有"某年"二字，图版中不可见，故删。
② 邢义田：《从简牍看汉代的行政文书范本——"式"》（1998），载氏著《治国安邦：法制、行政与军事》，中华书局，2011，第 450~472 页。

笔者倾向于认定第一栏亦为"式"。这主要是基于"王甲"之名。王甲，一如王乙、王丙，屡屡见诸汉简，上引邢义田文中已多有称引，不赘。当然，这条证据并不坚实——毕竟，姓名可以重复，不必少见多怪。问题是，当后续二、三栏均为"式"时，书写于同一枚木牍的文书属性，不应差异如此之大吧。而且，同一探方出土的其他两枚简牍与木牍［3］内容接近，或许彼此间本存在关联，当事人亦为"王甲"。释文或作"敦煌县万乘里家去大守府若干里"，或作"为吏一岁十月，产某郡某县",①似亦可旁证木牍［3］的属性——是边境之吏（下一级官吏）或学吏之人基于自占功令文书格式而练习书写的习字简。②

分析完木牍［3］的属性后，现聚焦于第三栏，来看此"式"的制度史意义。

"某年某日，以修行、书次除为某官佐，若干岁月日"，是说以品行节操（修行）、书写技能（书次）为官吏的任用标准,③ 初入仕途之人从低级属吏做起（官佐）。"某月某日，以功次迁为少内啬夫十月"，是说任职一定时间的"官佐"，累积功劳，就可按"功次"升迁某职务（少内啬夫，是否为掖庭令属官，尚无法断言），并任职一定时间（十月）。按，关于以"功次"迁之事例，大庭脩很早就有梳理（详下），与此"式"所见契合。"某年某月某日，令甲以能换为令史"，是说以功次升迁担任某职一定时间后，可以根据"令甲"的相关规定，换（升）为令史。此处所见的"令甲"，是实指"干支令"中的"令甲"，抑或是用以指代律令的虚拟泛称，尚无法断定，尽管笔者更倾向于前者。

就汉代而言，以功劳升迁的制度性保障或依据，除去学界期待已久而

---

① 张俊民：《敦煌悬泉置探方 T0309 出土简牍概述》（2005），载《简牍学论稿——聚沙篇》，第 171 页；张俊民：《悬泉汉简所见文书格式简》（2011），载《敦煌悬泉置出土文书研究》，第 413 页。按，这两枚残简的出土编号是 IT0309③：120、IT0309③：256。
② 邢义田：《汉代〈苍颉〉、〈急就〉、八体——再论秦汉官吏如何学习文字》，载氏著《治国安邦：法制、行政与军事》，第 628～634 页。
③ 按，关于"脩行"，或以为与"无行"相对，是身份头衔，参见邢义田《从居延简看汉代军队的若干人事制度——读〈居延新简〉札记之一》，载氏著《治国安邦：法制、行政与军事》，第 543～545 页。

迟迟未公布的"功令"外,① "令甲"中也存在类似的条文——以能换为令史——这无疑是此前所不知道的。文献所见"以能迁",或可作为旁证。东汉时,第五伦曾孙第五种任职高密侯相。当时,徐州、兖州动荡,第五种广蓄粮、勤励吏士,高密因此不受骚乱,不少流民纷纷归家,第五种"以能换为卫相"。② 又如,西汉张苍迁为"计相",文颖注曰"以能计";出身于律学世家的郭祯,"以能法律"而至廷尉;东汉后期的张升,仕郡为纲纪,"以能出守外黄令"。③ 顾名思义,"以能换"或"以廉迁",等等,强调某些方面的特长,与功劳制度有所不同。

假如说里耶秦残牍 10 - 15 揭示的是基层小吏升迁途径之一斑,④ 那么,悬泉简〔3〕"式"揭示的则是此仕宦之途所具有的普遍性,与下文所引大庭脩——汉代官吏的晋升多通过积劳功次——的论断契合。尹湾汉墓简牍中以功迁者所占比重如此之大,⑤ 也就可以理解了。秦汉时代,以功次升迁的源与流,至此也可大致明晰了。不过,察举制兴起并逐渐成为仕宦正途后,对功劳制所带来的冲击,⑥ 以及如何影响官吏分途,仍有待进一步地深入探讨。

---

① 荆州地区博物馆(院文清执笔):《江陵张家山两座汉墓出土大批竹简》,《文物》1992年第9期,第4页;彭浩:《湖北江陵出土西汉简牍概说》,大庭脩编辑《漢簡研究の現狀と展望》,关西大学出版部,1993,第171~172页;又,对张家山336号墓"功令"的初步分析,参见张忠炜《秦汉律令法系研究初编》,社会科学文献出版社,2012,第45~49页。
② 《后汉书》卷四一《第五伦传》,中华书局,1965,第1403页。
③ 《汉书》卷四二《张苍传》,及"文颖曰",第2094页;《后汉书》卷四六《郭躬传》,第1545页;《后汉书》卷七〇《文苑传》,第2627页。
④ 按,可与此例相印证的,是秦简所见的规定,"·敢深益其劳数者,赀一甲,弃劳。·中劳律"(简15-16),参见睡虎地秦墓竹简整理小组《睡虎地秦墓竹简·秦律杂抄》,文物出版社,1990,第83页。
⑤ 按,在可供有效统计的101条资料中,以功迁者凡44条(含军吏2条),约占43.56%。参见廖伯源《汉代仕进制度新考》(1998),载氏著《简牍与制度:尹湾汉墓简牍官文书考证(增订版)》,广西师范大学出版社,2005(1998年初版),第32、45页。
⑥ 按,结合尹湾汉简及批评者的论说,纸屋正和一方面认为,"就百石以下属吏及布衣是否能录用为比二百石以上命官这一点来看,也可以说所谓的二百石关口并不存在";但另一方面仍认为"只有通过察举及任子正途录用为比二百石以上官的人物才有可能升迁中央、郡、国的二千石及公卿,并有可能涉及国政的中枢,而因功次升迁为县、道的长吏的人,就无法再升至二千石等高官,如果导入这个观点的话,可以说所谓的二百石关口有其相应的意义,并继续存在下去"。参见氏著《汉代郡县制的展开》,朱海滨译,复旦大学出版社,2016(2009年初版),第409~410页。

二 功劳制中的岁、月、日

从现代学术视角审视秦汉功劳制度的，日本学者大庭脩无疑是导夫先路之人。他以传世典籍散见的记载为前提，又充分结合居延汉简所见功劳记录，论证"因功次晋升"之制，从而揭橥其在汉代仕进制度中的重大意义。[①] 此后，朱绍侯、李振宏、蒋非非继续这方面的探讨，[②] 研究也日趋细致。继大庭脩之后具有突破意义的研究之一，是胡平生据居延新简"徐谭功将简"而论证"功"与"劳"的递进换算关系（EPT50∶10），提出"凡积四岁劳，即进为一功"的观点。问题是，徐谭的劳日为"五年九月十五日"，即便按一功折算为四岁劳计算，尚存有"二月十五日的'误差'"；胡氏以为，"可能是第一栏左侧残去的文字中，还有其他的劳绩数字"，故在增、夺相抵后仍有二月十五日的净增。[③] 依据"劳"没有超过四岁的事例、且缺乏积极证据而进行的"假想"，在邢义田看来，"在说服力上不无欠缺"。[④] 时至今日，学界多遵从胡氏的说法，[⑤] 对邢氏的批评置若罔闻。实际上，即便是认同胡氏的提法，也未必认同他的具体论证。譬如，佐藤达郎就认为残简之说未必成立，夺劳等记载等亦无明确证据，且

---

① 大庭脩：《秦汉法制史研究》，徐世虹等译，中西书局，2017（1982年初版），第386~399页。

② 朱绍侯：《西汉的功劳阀阅制度》，《史学月刊》1984年第3期，第15~24页；李振宏：《居延汉简中的劳绩制度》，《中国史研究》1988年第2期，第57~70页；蒋非非：《汉代功次制度初探》，《中国史研究》1997年第1期，第62~72页。按，李文后收录于《居延汉简与汉代社会》，下文称引时以文集所载为据。

③ 胡平生：《居延汉简中的"功"与"劳"》（1995），载氏著《胡平生简牍文物论稿》，中西书局，2012，第164~170页。按，为避免文繁，下文引及李振宏文时，不另出注。

④ 邢义田：《读居延汉简札记——物故、小家子、寺廷里、都试、治园条、功劳、休假》（1997），载氏著《地不爱宝：汉代的简牍》，中华书局，2011，第112~114页。按，蒋非非亦不认可胡氏，参上引文。

⑤ 李解民：《〈东海郡下辖长吏名籍〉研究》，载连云港博物馆、中国文物研究所编《尹湾汉墓简牍综论》，科学出版社，1999，第57~60页；佐藤达郎：《功次による昇進制度の形成》，《東洋史研究》58-4（2003年3月），第673~696页；冨谷至编《汉简语汇考证》，"功·劳·功劳墨将"条（佐藤达郎执笔），张西艳译，中西书局，2018（2015年初版），第125~127页。按，为避免文繁，下文引及佐藤文时，若无特别情况，不另出注。

从"书式"看亦显得"不自然"。按，从近来公布的红外图版看（图3），此简左侧极可能略有残损；从文物库房调阅的实物看，大体可以判定为完简。从这个角度看，佐藤虽从都尉、候官的任职时限立论（亦即，尽管有五年以上的工作时间，但劳的记载均不超过四年），再次夯实功劳之间存在某种关系的转换，亦无法直接证明四岁劳可抵一功。

从某种情况而言，里耶秦简 10－15 残牍是验证这一"假想"的直接证据。

残牍第二栏第七列的文字，即"凡【十】五岁九月廿五日。【凡】功三∠，三岁九月廿五日"一句，论者曾有如下叙述：

> 末列总计的文字中，"十"、"凡"功诸字隐约可见；"凡功三，三岁九月廿五"之"廿"字，字迹存泰半；"九月廿五"之"九"字，或疑为"四"字，但与"四"字有别，故此处疑为"九"字，只是墨迹保留不全。将任职时间相加，是十四年十九月八十五日，若三十日为一月，累积十二个月为一年，亦即十五年九月廿五日；从现存"功三"看，一功可折算为四岁劳当无异议；"三岁九月廿五日"，是折算后余下之"劳"。[①]

也就是说，"凡【十】五岁九月廿五日"，是对此前累日数的统计，涉及月、年的计时问题；经此统计，方才得出一功可折算为四岁劳的论断。

有人在漠视"凡【十】五岁九月廿五日"是如何统计的前提下，径直写道：

图3 居延"徐谭功将"简图版

---

① 张忠炜：《里耶秦简博物馆藏秦简概说》，载《里耶秦简博物馆藏秦简》，第8页。按，"'凡'功"原文中写作"凡功"，误，今改。

"从凡〔十〕五岁九月十五日〔凡功三〕∠三岁九月廿五日"可以清晰地看出，任职四年可以换算为功一。

按，在其文末尾又再次重复这一提法，"'劳四'可转化为'功一'"。① 坦白地说，没有上述的相关统计，是无法"清晰地看出，任职四年可以换算为功一"。在这一系列统计的背后，亦即功劳制的岁、月、日问题，是有必要展开补充讨论的。

一般认为，昼夜交替的周期为一日，月相变化的周期为一月；平年十二个月，大月、小月数量不等，前者三十天，后者二十九天；② 有时，还要置闰。由此引申出的问题是，功劳制中的岁、月，是如何计算的呢？比如，是否区分大小月，是否要考虑闰月，等等，是无法忽略的。尽管李解民很早就提出，"日是最基本的计算单位，30 日为一月，12 月为一岁"；③尽管笔者私下向程少轩、陈侃理请教，以"三十日为一月，累积十二个月为一年"为准；不得不说，依据并不明确。

律令典章中的年/岁、月、日，是否具有特别的含义呢？

作为参照，不妨先来看一下《唐律疏议》中的相关规定：

> 诸称日者，以百刻。计功庸者，从朝至暮。役庸多者，虽不满百，皆并时率之。
>
> 【疏】议曰：《职制律》，官人无故不上，一日笞二十。须通昼夜百刻为坐。计功庸者，《职制律》，监临之官，私役使所监临者，各计庸以受所监临财物论。从朝至暮，即是一日，不须准百刻计之。
>
> 注：役庸多者，虽不满百，皆并时率之。
>
> 【疏】议曰：计庸多者，假若役二人，从朝至午，为一日功；或役六人，经一辰，亦为一日功。纵使一时役多人，或役一人多日，皆

---

① 按，有人在引用残牍释文时，或是将不同意义的符号改为"〔〕"，或是将"校订"中已改正处略去，不妥；为避免误解，此处不改正，一仍其旧。

② 按，汉简"日迹簿"所见"凡迹（积）廿九日"、"凡迹（积）卅日"等，当是依据大小月而言。此类资料常见，不赘举，参见李均明《秦汉简牍文书分类辑解》，文物出版社，2009，第 337~341 页。

③ 李解民：《〈东海郡下辖长吏名籍〉研究》，载《尹湾汉墓简牍综论》，第 59~60 页。

须并时率之。称年者，以三百六十日。

【疏】议曰：在律称年，多据徒役。此既计日，不以十二月称年。①

按，司空见惯的语汇，在特定的语境下，会具有特别的意义。一如张斐对诸如故、失、谩、诈等核心术语的界定，②《疏议》此条意在解释日、年作为法律术语的含义。从律文及《疏议》看，"诸称日者，以百刻"所规范的对象，既包括在官府供职之人（内外百司有品官之人，以及"虽无品官，但在官分番者"），③也包括滥用职权的强取豪夺者。④"称年者，以三百六十日"所规范的对象，多是针对"徒役"——徒刑及劳役——之人而言，是按日而非按十二月来界定年。

《宋刑统》对日、年的叙述，与上引《疏议》几乎无别；不过，细微处存在的差异，恰恰是比较关键的：

> 议：谓功庸准律科罪者，若私家雇赁，自依私断契。
> 议：称年，闰月亦计为日。称载，不论闰，须经正月以后，始是壹载。⑤

按，"自依私断契"一条，规定的是民间取庸。"称年，闰月亦计为日"是说，一年为三百六十日，不必考虑是否闰月；即便是置闰，亦只按日计算。由此便引出了另一个问题，"一年"未必等同于"一载"，而后者是可以包含闰月在内的。这并不是无所谓的区分，在除免官当者叙官时，界定的意义将显现出来。《疏议》或《刑统》在"六载之后听叙，依出身法"下，有如此记载：

---

① 刘俊文：《唐律疏议笺解》卷六《名例》，中华书局，1996，第515～516页。
② 房玄龄等撰《晋书》卷三〇《刑法志》，中华书局，1974，第928页。
③ 刘俊文：《唐律疏议笺解》卷九《职制》，第717～721页。按，此即《疏议》所引《职制律》之"官人无故不上"章，主要指无故缺勤或旷工。
④ 刘俊文：《唐律疏议笺解》卷一一《职制》，第884～891页。按，此即《疏议》所引《职制律》之"役使所监临"章。是利用职务之便，在律令规定范围外，擅自役使所部之人，或借使所部之人、公物等行为。如刘氏所言："此类行为属于强取豪夺，乃变相贪赃，故视同赃罪。"
⑤ 窦仪等详定《宋刑统校证》卷六《名例律》，岳纯之校证，北京大学出版社，2015，第95页。

【疏】议曰：称六载听叙者，年之与载，异代别名。假有元年犯罪，至六年之后，七年正月始有叙法，其间虽有闰月，但据载言之，不以称年要以三百六十日为限。①

此外，在"免官者，三载之后，降先品二等叙"、"免所居官及官当者，期年之后，降先品一等叙"下，也有类似说明：

【疏】议曰：称载者，理与六载义同，亦止取三载之后，入四年听叙。

【疏】议曰：称年者，以三百六十日。称载者，取其三载、六载之后，不计日月。②

明乎此，方知年、载、日乃至月的界定，意义重大。不过，秦汉时代的官品尚未出现，③ 与除免官当者叙官之法相关的"载"，可以忽略不计。

以唐宋时代的界定为参照，再来审视本节提到的问题，可知并非无中生有之问。就里耶秦简 10 - 15 来说，岁、月所指是很明确的：岁是三百六十日；不区分大小月，每月是三十日。

作为对此结论的验证，不妨来看一下汉简资料：

[4] 玉门千秋隧长敦煌武安里吕安汉，年卅七岁，长七尺六寸。

神爵四年六月辛酉除功一、劳三岁九月二日。其卅日，　　　　1186A

父不幸死宁，定功一、劳三岁八月二日，讫九月晦庚戌。故不

史，今史④　　　　1186B

---

① 刘俊文：《唐律疏议笺解》卷三《名例》，第227页；窦仪等详定《宋刑统校证》卷二《名例律》，第39页。

② 刘俊文：《唐律疏议笺解》卷三《名例》，第228页；窦仪等详定《宋刑统校证》卷二《名例律》，第40页。

③ 阎步克：《品位与职位：秦汉魏晋南北朝官阶制度研究》，中华书局，2002，第160~225页。按，汉代禄秩附丽于职位，无职位便无等级。对于病免或服丧之后官员的再任，除朝廷给予个别官僚的特恩外，一般需要重新拜郎中、重新察举，或接受三府或州郡辟召，或被直接征举任命，官资似可忽略不计；至于官当，出现年代更晚，亦可不计。

④ 吴礽骧、李永良、马建华释校《敦煌汉简释文》，甘肃人民出版社，1991，第122页；张德芳：《敦煌马圈湾汉简集释》，甘肃文化出版社，2013，第668页。

按，简［4］是汉宣帝神爵四年（前58年）玉门千秋隧长吕安汉的功劳文书。释文中的"宁"字，原释为"宪"，误。① 从汉初的资料看，父母或妻子去世，法定丧假是三十日，② 与此处的"卅"日相合。吕安汉所除功劳是功一、劳三岁九月二日，扣除三十日的丧假，被认定的功劳是功一、劳三岁八月二日。

再来看如下例证：

> ［5］敦德步广尉平望塞有秩候长敦德亭闲田东武里五士王参，秩庶士，新始建国地皇上戊元年十月乙未迹尽二年九月晦积三百六十日，除月小五日，定三百五十五。以令二日当三日，增劳百泰十泰日半日，为五月二十泰日半日。③　　　　　　　　　1854

按，简［5］是新莽始建国地皇元年（公元20年）敦煌平望塞候长王参的日迹赐劳簿。④ 从元年十月乙未（朔日）至二年九月晦日，⑤ 每月三十日、按十二个月计算，故有"积三百六十日"之说。扣除五个"月小"（亦即二十九天的月份），⑥ 亦即减去五日，实际劳数为三百五十五日。王参为

---

① 邢义田：《汉代边塞军队的给假、休沐与功劳制——读〈居延新简〉札记之二》（1994），载氏著《治国安邦：法制、行政与军事》，第571页；佐藤达郎：《功次による昇進制度の形成》，《東洋史研究》58－4（2003年3月），第37页。

② 张家山二四七号汉墓竹简整理小组编著《张家山汉墓竹简〔二四七号墓〕：释文修订本》，第60、108页。按，《二年律令·置后律》中规定："父母及妻不幸死者已葬卅日，子、同产、大父母、父母之同产十五日之官。"（简377）《奏谳书》中也有类似文字，"律曰：诸有县官事而父母若妻死者，归宁卅日，大父母、同产十五日"（简180~181）。

③ 吴礽骧、李永良、马建华释校《敦煌汉简释文》，第195页。按，"闲田"原简化为"间田"，不妥。在新莽时代，"闲田"是有特别含义的；如若简化，"闲田"恐更合适。

④ 饶宗颐、李均明：《敦煌汉简编年考证》，台北，新文丰出版公司，1995，第129~130页。按，行文所引"北边挈令第四"，亦为常见资料，此书俱引，不另出注。

⑤ 按，若据陈垣《二十时朔闰表》，地皇元年十月乙丑朔，故李振宏以为"十月"当为"十一月"，认为统计始于十一月二日（乙未日）。他写道："此简中把十一月误记为十月，而且把十一月当整月计，而候长的日迹是从当月的第二日算起，多计了一日。"参见李振宏《居延汉简与汉代社会》，中华书局，2003，第8页。不过，若据徐锡祺《西周（共和）至西汉历谱》，可知此简朔日并无问题。从始于十月朔日、终于九月晦日的功劳统计时段看（详下），此简所载亦无问题，倒是改读有悖此制，不取。参见徐锡祺《西周（共和）至西汉历谱》，北京科学技术出版社，1997，第1722页。又，本文若涉及闰月、月小者，以及若无特殊情况，亦依据徐书，不另出注。

⑥ 按，《汉简语汇：中国古代木简辞典》失收"月小"一词。

"有秩候长",根据"北边絜令第四:北边候长、候史迹二日当三日"的规定(562.19),在既有的劳日数外,又增劳一百七十七日半日(劳日数除二所得,即为增劳数);按月三十日进行换算,即"五月二十日桼日半日"。

从王参的例子看,虽说地皇二年闰九月,但并未计入劳日数。若据此便匆忙得出是否置闰不影响劳日数的结论,则有失武断:

> [6](上略)建昭元年十月旦日迹尽二年九月晦日,积三百八十
> 三日,以令赐劳六月十一日半日(下略)①   145.30 + 145.37

按,简[6]是汉元帝建昭二年(前37年)甲渠候长郑敖的日迹赐劳簿。关于此简所积劳日,李振宏很早就有分析,可从。②不过,此处意在考察闰月对劳日的影响,故不避重复。建昭二年闰八月,从元年十月朔日至二年九月晦日,比照简[5]的理解,当为三百九十日,减去七日(月小),故累积劳日为"三百八十三日"。显然,闰月是被算入劳日之内的。

例行的法定节假日,如夏至、冬至乃至伏日,③ 以及日常工作中的休假日,④ 是否计入功劳尚难断言。就简[5]、简[6]所见,即便是在法定的节假日,官吏不听事、商旅不行、休兵,⑤ 但诸如巡视天田等日常事务恐亦仍正常进行,故劳日计算时仍是亦包含在内的;否则的话,这两个满勤之例,也就无法解释了。丧假、病假,不计入劳日,不赘。

---

① 简牍整理小组编《居延汉简(贰)》,历史语言研究所,2015,第111页。按,整理小组将此简缀合。本文略去郑敖的身份信息,以及秋射赐劳的记载(具体内容亦不详)。
② 李振宏:《居延汉简与汉代社会》,第7页,注释①。
③ 廖伯源:《汉官休假杂考》(1994),载氏著《秦汉史论丛(增订本)》,中华书局,2008(2003年初版),第285~287页。
④ 邢义田:《汉代边塞军队的给假、休沐与功劳制——读〈居延新简〉札记之二》(1994),载氏著《治国安邦:法制、行政与军事》,第572~584页。按,邢氏据居延新简所见,即"省卒作十日辄休一日"(E. P. T59:357),揣测边塞士卒每工作十天有一天休假,并认为可将休假日凑成若干天的长假,可从。
⑤ 刘增贵:《禁忌——秦汉信仰的一个侧面》,《新史学》第18卷第4期(2007年12月),第13~14页。

结合简［5］、简［6］看，闰月是否影响劳日积累，取决于劳日的统计时限，也取决于闰月安插的具体位置。① 在简［5］、简［6］中，功劳统计的时段为一年，即，从上年十月初一日开始计，到本年九月最后一日截止。② 始建国地皇二年闰九月，劳日不计入在内；汉元帝建昭二年闰八月，劳日需计入在内。隐隐透漏出的信息，大概仍是"汉承秦制"：亦即，秦及汉初以来，以十月为岁首，"计文书断于九月"。从某种情况而言，"文书"并不局限于郑玄所谓的"计文书"，这其中也包含着考绩之类的功劳文书，毕竟，郑玄在注"秋献功"时写道："功，考绩之功也。秋献功，若今计文书断于九月，其旧法。"③ 既如此，若闰月置于九月之后，功劳顺延至下一年度计算；若置闰于九月之前，功劳仍计入本年度之内，故有简［6］"积三百八十三日"之说。

从上年度的十月初一日至本年度的九月晦日，固然可视为一个完整的功劳考核时段，但这恐怕多适用于为吏有一定年限的群体。对于初入职者，或有其他事故等情形，功劳申报另有规定：

［7］功令：诸自占功劳，皆讫其岁，与计偕。初视事若有物故，后其等，不上功；来岁，并数上。④　　　　　　　　　3EJT31：163

按，"后其等"的语意不明，其余令文大意是说：自行申报功劳时，以岁为统计时限（亦即，每年申报一次），在上计时（与上计吏）一并呈

---

① 按，以太初改历为界限（前104），秦及西汉前期，岁末置闰；改历后，闰月置于岁中。改历后，闰月的计算法是清楚的；改历前闰九月的劳日，是计入下一年度，抑或是本一年度，尚不得而知。根据太初改历后的例子看，闰九月时，极可能计入下一年度。

② 大庭脩：《秦汉法制史研究》，第395~396页。

③ 参见《周礼》卷三七，秋官司寇"小行人"条，十三经古注本，中华书局，2014，第578页。又，太初改历后，若干制度仍因袭秦及汉初之制，参见陈梦家《汉简年历表叙》（1965），载氏著《汉简缀述》，中华书局，1980，第231~232页；张荣强《从计断九月到岁终为断——汉唐间财政年度的演变》，《北京师范大学学报》（社会科学版）2005年第1期，第80~93页。

④ 甘肃省简牍博物馆等编《肩水金关汉简（叁）》，中西书局，2013，（红外图版）第231页；对此条令文的校订，参见张俊民《金关汉简73EJT31：163解读》，简帛网，2014年12月3日，http：//www. bsm. org. cn/show_ article. php? id = 2105，最后访问时间：2019年10月8日。又，对"物故"的理解，参见王伟《里耶秦简"付计"文书义解》，《鲁东大学学报》（哲学社会科学版）2015年第6期，第60~61页。

上；初入职者或有其他事故之人，"后其等"，不申报（功劳）；第二年时，合并（上一年度及本年度的功劳）申报。

秦汉时代的"日"，通常是指一个昼夜；以漏刻而言，秦及汉初的情形尚不确定，① 但两汉通行百刻制，② 一如唐宋"称日者，以百刻"。秦汉律令中与"日"相关的条文，如"行传书、受书，必书其起及到日月凤莫（暮），以辄相报殹（也）"（简184），③ 又如"当戍，已受令而逋不行盈七日，若戍盗去署及亡署一日到七日"（简398），④ 等等，大概均指"百刻"。京师地区遵循百刻之制似无问题，西北、西南等偏远之地是否如此呢？反观唐代尚有"在外既无漏刻，但取日周晬时为限"之语，⑤ 亦即未必遵循百刻之制而以日再出或再落为一日，那么，秦汉时代偏远之地是否存在或使用严格、精确的计时之制，不妨存疑。

与"日"的通行含义有别，基于不同的使用场合，极可能还存在其他情况。

其一，作为计劳单位。汉代西北边塞士卒的"日迹簿"，各级属吏在规定时间内"上下班"，履行职务的时间即其"劳日"。夜间轮值之人，似乎效法白昼，按同样的劳日计算。作为计时单位的劳日，未必全是任职或为吏时间之累积，部分源于"赐劳"。⑥ 劳日所见多为整数，但也可见到

---

① 陈侃理：《出土文献与秦汉帝国的时间秩序》，待刊稿；陈侃理：《里耶秦简牍所见的时刻记录与计时法》，载武汉大学简帛研究中心主办《简帛》第16辑，上海古籍出版社，2018，第179~190页。按，从陈氏研究看，里耶秦简牍中时称计时法与漏刻计时法并用，均比较粗略。

② 陈梦家：《汉简年历表叙》（1965），载《汉简缀述》，第239~240页；并参见富谷至编《汉简语汇考证》，"汉代的时制"（吉村昌之执笔），第82~94页。

③ 睡虎地秦墓竹简整理小组《睡虎地秦墓竹简》，第61页。按，此条规定既与文书传递相关，不同文书的传递速度有别，传递速度需"中程"，"不中程"则有惩戒；也与文书的及时开启、处理有关，稽留文书亦以律论之，尽管所论之律不详。

④ 张家山二四七号汉墓竹简整理小组编著《张家山汉墓竹简〔二四七号墓〕：释文修订本》，第62页；彭浩、陈伟、工藤元男主编《二年律令与奏谳书：张家山二四七号墓出土法律文献释读》，第243页。

⑤ 刘俊文：《唐律疏议笺解》卷三〇《断狱》，"死囚覆奏报决"条，第2106页。

⑥ 按，如邢义田所言，汉代的"功"并不全是"以日月为功"，还有其他的方式累计功劳，包括战功。如此一来，居延简中的穷虏隧长单年仅三十，却拥有"中功五，劳三月"的功劳，也就可以解释清楚了。参见邢义田《读居延汉简札记——物故、小家子、寺廷里、都试、治园条、功劳、休假》（1997），载《地不爱宝：汉代的简牍》，第113~114页；又参见佐藤达郎《功次による昇進制度の形成》，《東洋史研究》58-4（2003年3月），第678~679页。

"半日",如"中功一劳一岁三月一日半日"(198.20)。① 私意以为,这可能是"北边候长、候史迹二日当三日"所致,而不是说存在着"半日"的计劳制。其二,"从朝至暮"为日。官府或百姓间的取庸等经济活动,似如唐宋时代法律的规定,从朝至暮。比如,东汉初"寇恩册"所见的庸值,"市庸平贾(价)大男日二斗"(E. P. F22:26)。② 按古人的作息习惯,极可能是针对白日而言;夜作肯定也存在,如何定庸价,目前仍不得而知。可能一如私人间发生的雇佣等经济活动,彼此间的约定恐是执行的依据,一如王褒戏笔之作《僮约》所见。③

假若功劳制的岁、月、日为特定所指,那么,我们不得不重新思考劳役刑的刑期,尤其是汉文帝刑罚改革后的刑期问题。现将张建国订正后的《汉书·刑法志》文字,称引如下,以便申说:

> 罪人狱已决,完为城旦舂满三岁,为鬼薪白粲。鬼薪白粲一岁,为隶臣妾。隶臣妾一岁,免为庶人。<u>鬼薪白粲满三岁,为隶臣。隶臣一岁,免为庶人。</u>隶妾亦然也。隶臣妾满二岁,为司寇。司寇一岁,及作如司寇二岁,皆免为庶人。④

按,此处暂不论这段文字在刑期改革中的重要意义,⑤ 笔者的兴趣点在于刑期中的"岁"之所指。关于刑期的讨论已经很多了,只是论者似均未措意此点。若揣测无误,似可以断言:西汉刑期改革的"岁",恐一如唐宋时代的"年",或者是功劳制中的"岁",均为三百六十日,且不必考虑是否闰月(即,不以十二月称"岁")。试想:同样的罪名,一样的刑期,若因大小月或闰月问题,导致实际刑期的长短有别,是否便利于执行且毋论,

① 简牍整理小组:《居延汉简(贰)》,历史语言研究所,2015,第234页。
② 甘肃省文物考古研究所、甘肃省博物馆等编《居延新简:甲渠候官与第四燧》,文物出版社,1990,第477页。
③ 宇都宫清吉:《漢代社會經濟史研究》,弘文堂,1955,第256~374页。
④ 《汉书》卷二三《刑法志》,第1099~1100页;张建国:《西汉刑制改革新探》,《历史研究》1996年第6期,第12~24页。按,增加下划线部分的文字,是张氏认为衍为注文的正文。
⑤ 籾山明:《中国古代诉讼制度研究》,李力译,上海古籍出版社,2009(2006年初版),第201~238页。

又怎会不招致时政批评？尽管没有明确的文献记载，袭用既有的“称岁”之法，大概会是比较通行的做法吧。实际上，当以劳作抵偿债务（居赀赎债），而涉及与不同刑罚间的折算时，对岁、月、日的界定一如功劳制所见。[①] 如此一来，本节讨论的岁、月、日问题，恐怕也会因此而重要起来。

三 睡虎地77号汉墓功次文书中的功劳折算问题

新公布的睡虎地 77 号汉墓功次文书是汉文帝时的材料。整理者陈伟、熊北生一方面延续“同样未曾出现劳四岁的记述”的论说，一方面认为“在前后三年的功次文书中，被连续记载者既有劳的增长，也有功的提升，可以看作是劳四岁折合一功的新证据”。[②] 按，陈、熊所说的新证据，是指三份功次文书列表。现将修订后的表 2 称引于下，以便继续展开讨论：

表 2 睡虎地汉简功次

名 字	十五年功次	二年官佐功次	三年功次	二年、三年增劳日
救婴/嬰	功一劳一岁七月二日	功二劳二月	功二劳一岁一月廿日	十一月廿日
定邑	功一劳一岁六月廿八日	功二劳三月一日		
越人	功【一劳一岁】☐		功二劳一岁廿二日	
申	功【一劳一岁】☐	功二劳十一日	功二劳十一月廿七日	十一月十七日
霸	功【一劳一岁】☐		功二劳十七日	
任成		功二劳三月	功二劳一岁二月十日	十一月十日
亡臣		功二劳一月六日	功二劳一岁廿六日	十一月廿日
何成		功二劳七日	功二劳一岁十日	十二月三日
最		功一劳三岁七月十八日	功二劳六月廿八日	十一月十日
邓豖/豕		功一劳三岁四月十五日	功二劳五月十日	十二月二十五日

注：“表 2”是陈、熊列表的修订本——以一功可折算四岁劳为据，增补后元二年、三年间所增劳日一栏。表中所见十五年、二年、三年，对应的似是本年度的功次；可能始于本年的十月朔日，终于本年的九月晦日；以终止时间论，分别对应于公元前 165 年、162 年、161 年。又，救婴/嬰、邓豖/豕之名，书写略存在差异，此处从整理者的意见，视同为一人。

① 参见戴奕纯《秦代赎迁金额考》，简帛网，2019 年 1 月 8 日，http：//www. bsm. org. cn/show_ article. php? id = 3296，最后访问时间：2019 年 10 月 8 日。

② 陈伟、熊北生：《睡虎地汉简中的功次文书》，《文物》2018 年第 3 期，第 70 页。

从修订的"睡虎地汉简功次表"看（表2），真的可以看出"劳四岁可折合一功"吗？恕笔者直言，是无法直接观察到的；不过，二年、三年的功次文书中，最、邓豕/豕两人之功均由一升进为二，无疑为考察功的升进问题提供了新的例证。

此时，我们仍以胡氏的"假设"为准，亦即假定功劳的折算比率为 X，即 1 功 = X 岁劳（岁为 360 日、月为 30 日），来简单分析"最"与"邓豕/豕"的功劳。"最"在"二年"的功劳是"功一劳三岁七月十八日"，若以"日"为基本单位而进行换算表示，是"360X + 360 × 3 + 7 × 30 + 18"，亦即"360（X + 3）+ 228"；依此类推，"最"在"三年"的劳日是"360 × 2X + 208"。三年的劳日减去二年的劳日，是"最"在一年中所增加的劳日，即"360 ×（X － 3）－ 20"。同理，"邓豕/豕"在一年中增加的劳日是"360 ×（X － 3）+ 25"。

通常，每年累积的劳日相对固定，如简［5］全勤所见为 355 日；考虑到闰月的问题，每年可累积的劳日，如简［6］所见约为 383 日；即便是按"二日当三日"的标准计算（赐劳），劳日亦不过一岁半左右（按 355 日赐劳计算，当为 532.5 日；按 383 日赐劳计算，当为 580.5 日）。显然，折算比率 X 的最大整数值不会超过 4。折算比率 X 的最小整数值也不会小于 3：否则，"最"或"邓豕/豕"的劳日均为负增长。实际上，肩水金关汉简有"中功一劳三岁十一月二日"的记载（73EJT30：30A），[①] 地湾汉简也有"劳三岁十一月十八日"等记载（86EDT7：7），[②] 则一功的具体值肯定要大于"三岁十一月二日"或"三岁十一月十八日"。

结合胡平生"如果积'劳'为'功'得以递进的话，显然必是整数，不可能带上多少月、多少日等尾数"之语，功劳折算的比率整数值也只能锁定为 4 了。在笔者看来，被整理者忽略的这一点，才是解读功劳折算问题的关键。后元三年（前 161），"邓豕/豕"的劳日较去年增加达 385 日，什么原因并不清楚。睡虎地汉简功次文书的背面，"还都有与功次有关的

---

① 甘肃简牍博物馆等编《肩水金关汉简（叁）》，中册，中西书局，2013，（红外线图版）第 173 页。

② 甘肃简牍博物馆等编《地湾汉简》，中西书局，2017，（红外线图版）第 110 页。

一些记录",^① 尽管尚未公布,或许是解读这批文书的线索。

即将总结本文主旨前,先补记一件陈年旧事。2003 年下半年,"张家山汉简研读班"继续在中国文物研究所举行,笔者有幸参与其中。至今仍清楚记得,在欢迎台湾学者到访读书班的晚宴上,谢桂华先生提及:在张家山 336 号《功令》简中,有关于一功可折算四岁劳的记载,只是具体内容不详。问题是,即便是律令中有如此规定,并不意味着此规定一定被执行;结合现有的材料验证其可信性,也是必要的。

里耶秦简 10 - 15 使我们首次得以窥见秦时的功劳制;结合汉代的资料,我们又可以将这一制度在汉代的流变,大致梳理清楚。与之同时,以功劳制中的岁、月、日含义的梳理为基础,明确它们的特别含义,不仅为厘清功劳之间的递进关系提供了便利,也为准确理解汉代的刑期等问题提供了有益参照。在各类资料的相互参照下,残篇断简所生发的意义,或许会超乎我们的想象。

附记: 2016 年 8 月,翻看某年会会议论文集时,读到与里耶秦简 10 - 15 相关的论文,有些震惊。此文所提出的释文改动,多数源自《里耶秦简博物馆藏秦简》一书;所提出的观点,即四岁劳可折算为一功,亦源自《里耶秦简博物馆藏秦简概说》一文。故而,从 2016 年 8 月始,写作此文,断断续续,于 2018 年 3 月 6 日完成初稿;此后,根据睡虎地 77 号墓所见功令文书,增补第三节内容,于 2018 年 4 月 24 日完成修订稿。写作中,徐世虹、张俊民先生给予不少帮助,肖从礼先生代为核验"徐谭功将简"实物,学棣刘自稳对第三节出力尤多,于此一并致谢。文中一切问题,笔者文责自负,特此说明。

---

① 陈伟、熊北生:《睡虎地汉简中的功次文书》,《文物》2018 年第 3 期,第 65 页。

《中国古代法律文献研究》第十三辑

2019 年，第 119～137 页

秦 "偫乏不鬬律" 与汉代的两种军法

——附谈 "㑴" 字的理解

郭永秉[*]

摘　要：张家山汉简《奏谳书》中《南郡卒史盖庐、挚、朔、假卒史鸼復攸庳等狱簿》所涉及的"偫乏不鬬律"，是秦朝针对击反盗过程中乏军兴行为制定的一条律文。它与古书及秦汉出土文献中的"逗留畏耎律"并不是一回事，与汉代"逗桡律"的性质与所针对的犯罪行为较为接近，但这条律文不能证明部分清代学者对"逗桡"的"逗"字的校改与理解是正确的，"偫乏"的"偫"应从《说文》本义理解为"待"，与表示住止观望义的"逗"是一个意思。关于秦汉简牍数见的"㑴"的含义，似可结合金文"粦"的语义加以考索，它可能表示的是古书中失传的一个有关狱讼或犯罪的词。出土秦汉法律文献的不少内容，与传世文献所记载的内容并不能简单比附认同，细致深描出土文献提供的信息特征，也许比用二重证据法为出土文献简单定位来得更为重要。

关键词：偫乏不鬬律　逗留畏耎律　逗桡律　㑴　粦

---

* 复旦大学出土文献与古文字研究中心教授。

我十多年前初习秦汉文字，覆核张家山汉简《二年律令》《奏谳书》的释文，对秦汉法律文献逐渐开始有一些接触和了解，虽然体会不深，但仍感到秦汉律令方面的不少问题十分复杂，字词、文句的准确释读理解，对相关问题的研究是一个基础性的出发点，如何与传世秦汉文献比对研究，把握好趋同或立异的尺度界限，则又是另一个难点。此文想以张家山汉简《奏谳书》中《南郡卒史盖庐、挚、朔、假卒史鸸覆攸庫等狱簿》所涉及的"僮乏不鬪律"的若干问题加以讨论辨析，不妥之处，敬请业内专家教正。

这一覆狱簿，一般都认为是南郡卒史到苍梧覆审案件的记录，虽然性质、内容还有少量争议，但文义基本上是明白的，其核心是围绕对攸县惩治参与击反盗战败的新黔首的案件被拖延耽搁之事（狱留）的审理判决，焦点是对攸县令庫是否纵囚及应如何论罪的覆审。为便观览，先把覆狱簿中的有关内容引录于下方（相关文字已吸收此前学者合理意见进行释读，为免烦琐不一一注明）。

御史书以廿七年二月壬辰到南郡守府……●御史下书别居它筍。●今復之：庫曰：初视事，苍梧守竈、尉徒唯谓庫：利乡反，新黔首往击，去北当捕治者多，皆未得，其事甚害难，恐为败。庫视狱留，以问狱史氏，氏曰：苍梧县反者，御史恒令南郡復。义等战死，新黔首恐，操其假兵匿山中，诱召稍来，皆摇（摇）恐，畏其大不安。有（又）须南郡復者，即未捕。义等将吏卒击反盗，弗先候视，为惊败，义等罪也，上书言财（裁）新黔首罪，它如书。●竈、徒唯曰：教谓庫新黔首当捕者不得，勉力善（缮）备，弗谓害难恐为败。唯谓庫久矣，忘弗识，它如庫。●氏曰：劾下与修（攸）守媱、丞魁治，令史鬂与义发新黔首往，候视反盗多，益发与战。义死，修（攸）有（又）益发新黔首往击，破，凡三輩，鬂并主籍。其二輩战北，当捕名籍副并居一筍中，鬂亡不得，未有以别智（知）当捕者。及屯卒、奔敬（警）卒已罢去移徙，遝之，皆未来，好畤辟鬂有鞠。氏以为南郡且来復治，庫问，氏以告庫，不智（知）庫上书，它如庫。媱、魁言如氏。●诘氏：氏告庫曰：义等战死，新黔首恐，操其假兵匿山中，诱召稍来，皆摇（摇）恐，畏其大不安，有（又）须南郡复者即未捕。吏讯氏，氏曰：鬐主新黔首籍，三辈战北皆并居一笥中，未有以别智（知）当捕者，遝鬐未来，未捕。前后不同，皆何解？氏曰：新黔首战北当捕者，与后所发新黔首籍并，未有以别智（知）。鬐主，遝未来，狱留须鬐。庳为攸令，先闻庳别异，不与它令等。义死，黔首当坐者多，皆摇（摇）恐吏罪之，有（又）别离居山谷中，民心畏恶，恐弗能尽偕捕，而令为败，幸南郡来复治。庳视事掾狱，问氏，氏即以告庳，恐其怒，以自解于庳，实须鬐来别籍，以偕捕之，请（情）也。毋它解。

●诘庳：击反群盗，儋乏不鬭，论之有法。庳挌（格）掾狱，见罪人，不以法论之，而上书言独财（裁）新黔首罪，是庳欲绎（释）纵罪人也。何解？庳曰：闻等，上论夺爵令戍。今新黔首实不安辑，上书以闻，欲陛下幸诏庳以抚定之，不敢择（释）纵罪人，毋它解。

●诘庳：等虽论夺爵令或〈戍〉，而毋法令，人臣当谨奏〈奉〉法以治。今庳绎（释）法而上书言独财（裁）新黔首罪，是庳欲绎（释）纵罪人明矣。吏以论庳，庳何以解之？庳曰：毋以解之，罪。

问：南郡复吏到攸，攸遝鬐未来，未有新黔首当捕者名籍。鬐来会建〈逮〉曰：义死，自以有罪，弃籍去亡，得，㑥。视氏所言籍居一笥中者，不署前后发，毋章朵不智（知）。

南郡复吏乃以智巧令修（攸）诱召取（聚）城中，谮（潜）讯傅先后以别，捕系战北者。狱留盈卒岁，不具断。苍梧守已劾论□蟠、魁各□□，氏一甲，鬐及吏卒不救援义等去北者颇不具，别奏。它如辞。

●鞫之：义等将吏卒新黔首击反盗，反盗杀义等，吏、新黔首皆弗救援，去北。当遝鬐，传诣修（攸），须来以别黔首当捕者。当捕者多别离相去远，其事难，未有以捕章捕论。庳上书言独财（裁）新黔首罪，欲纵勿论，得，审。●令：所取荆新地，多群盗，吏所兴与群盗遇，去北，以《儋乏不鬭律》论。律："儋乏不鬭，斩。""篡遂纵囚：死罪囚，黥为城旦，上造以上耐为鬼薪。"以此当庳。●当之：庳当耐为鬼薪。庳系。

讯者七人，其一人系，六人不系。不存皆不讯。

下面根据释文，概括一下覆狱过程中几位涉案人员的表述。

案件最核心的涉事人员攸令庹供词的大致内容如下：苍梧郡守、尉在庹初任攸令时告知其利乡叛乱事，担心（新黔首）会引致祸乱。在审视狱留时询问氏，氏强调对于苍梧郡的叛乱，御史一般都是请南郡复狱；而带领新黔首作战的义已经战死，新黔首持有从官府借来的武器躲在山中，经诱召之后渐出山中，他们内心恐惧，官民也害怕这些人构成危险；因为等待南郡覆狱，所以没有进行抓捕。庹认为义率领新黔首击反盗，是没有事先候望观察敌情，致使惊败，这是义等人罪行所在，所以上书请求裁减新黔首的罪行。再次覆问庹时，他交代因为听说有夺爵令戍的情况，且新黔首不能安宁，希望皇帝下诏安抚这些人，并不是要为有罪人开脱纵宥；最后承认没有奉法而行，自己是有罪的。

苍梧郡守、尉的供词的大致情况是：他们曾经告诫庹，应该要抓捕的新黔首还没抓到，要努力做好抓捕的准备，没有跟庹说过惧怕新黔首为祸难恐生祸败之类的话；但跟庹说话时间久远，也记不清楚了。对媱、魁、氏等人赀甲，鬐等不救援并败逃的人的问罪情况另奏。

狱史氏的供词的主要内容是：郡劾书下发时是与攸守令媱、丞魁一起治事，令史鬐和义征发新黔首前往击盗，候望反盗为数众多，故增发新黔首参与战斗。义等人战死，攸县又增发新黔首前往，终于打败，一共发兵三次，鬐都主管名籍。其中两拨人败逃，当抓捕的人的名籍副本都放在一笥之中，鬐逃亡后一直没找到，没办法区别应当抓捕的人。一直到屯卒、奔警卒都已结束军役离去，鬐都没有被抓捕来。此时好時召鬐进行查问。氏以为南郡将要来攸覆案治事。因庹问起，氏就如此告知庹，不知庹上书之事。其它与庹所交代的相同。至于跟庹说没有抓捕新黔首的原因是害怕新黔首不安、为祸败，希望等待南郡来覆狱，跟南郡覆狱吏说的则是因为鬐没有抓到，未能区别当捕名籍，前后表述的不同，氏表示确实是等待鬐到来之后区别名籍进行抓捕，跟庹所说的内容，则是怕他发怒，因为听说庹跟别的县令有所不同，想自我作解释，所以说了新黔首恐惧官方治罪，又不能全部抓捕，怕他们生出祸乱之类的话。

　　这一案件最终判决的依据是秦的 "918乏不斸律"，此律原被释作 "儋乏不斸律"，我于 2008 年所作《张家山汉简〈二年律令〉和〈奏谳书〉释文校读记》改释作 "918" 字，并读为 "佴乏不斸"，认为 "佴" 是怠惰一类意思。[1] 这一观点此后引起了一些法律史学者的注意和认可，例如广濑薰雄《秦汉律令研究》"律名索引" 部分，已据张家山汉简《奏谳书》此条，列出 "佴乏不斸律"，并在正文中对此律有较详细的论述。[2] 但是旧释 "儋" 说影响仍然不小，近年有些学者在讨论时仍从此说加以发挥。[3]

　　本文将讨论的问题主要有两个，第一是 "918乏不斸律" 和汉代 "逗留畏愞（或懦）律" 的关系；第二是 "918乏不斸" 和汉代所谓 "逗桡" 的关系。

　　先谈第一个问题。彭浩在《奏谳书》内容公布之初，即已认为：

　　　　此条律文不完整。汉律有 "行逗留畏懦者要（腰）斩"（《汉书·武帝纪》如淳注引军法）。上令所云 "儋乏不斸律"，即为本律。[4]

朱潇认为：

　　　　从《奏谳书》"狱簿" 案记载推测，它表示在战斗中胆怯犹豫，不能悍不畏死。如此 "儋乏不斸" 与 "畏愞逗留" 在行为性质上就比较相似，均能为指向战斗中畏惧不前或逃跑的行为……"儋乏不斸" 及 "逗留畏愞弗敢就" 均属出现在战斗中的犯罪，造成的后果多为战斗失利。秦律规定对 "儋乏不斸" 罪处以 "斩" 刑；汉律所记载的 "逗留畏愞" 罪也处 "斩刑"。据此推测，"儋乏不斸律"

---

① 郭永秉：《张家山汉简〈二年律令〉和〈奏谳书〉释文校读记》，氏著《古文字与古文献论集》，上海古籍出版社，2011，第 240～242 页。

② 〔日〕廣瀨薰雄：《秦漢律令研究》，汲古书院，2010，索引第 17 页、第 85 页。

③ 例如杨振红《"南郡卒史复攸庫等狱簿" 再解读》，徐世虹主编《中国古代法律文献研究》第 8 辑，社会科学文献出版社，2014。下引杨说皆出此文，不复加注。

④ 彭浩：《谈〈奏谳书〉中秦代和东周时期的案例》，《文物》1995 年第 3 期，第 46 页。

以及"畏愞律"之间似乎存在着某种联系，而与"儋乏不鬭"、"畏愞逗留"均有关联的"畏愞还走"（引者按，"畏愞还走"见岳麓秦简《为狱等状》"绾等畏愞还走案"），其刑罚或许也是"斩刑"。[①]

杨振红全面讨论此覆狱簿时，对这条律文与传世典籍和出土文献中记录的相关法律规定进行了比较分析，她的观点与彭浩、朱潇等学者不完全一致，大致可以归纳为四点。

第一，"儋乏"相当于"乏军兴"，与"不鬭"是两项并列的罪名。

第二，"不鬭"与如淳注《汉书》"军法，行逗留畏愞者要斩"意相近。

第三，《奏谳书》提到的"论夺爵令戍"与《二年律令》"与盗贼遇而去北，及力足以追逮捕之而官□□□□□逗留畏愞（愞）弗敢就，夺其将爵一络〈级〉，免之，毋爵者戍边二岁；而罚其所将吏徒以卒戍边各一岁。兴吏徒追盗贼，已受令而逋，以畏愞论之"有关。[②] 秦时应已有此律。而秦始皇关于新占领的荆楚地专门下达了平定反乱的诏令，即《奏谳书》157 号简所引之"令"，当时无论何种情况，吏所兴与群盗相遇，战败均要以"儋乏不鬭律"论，不能以"畏愞律"论。正因如此，复吏说"等虽论夺爵令或〈戍〉，而毋法令"。

第四，"畏愞"与"不鬭"性质大致相同，但秦对两者的刑罚悬殊，这其中就有了舞文弄法的空间。传世文献中秦汉时代没有关于"不鬭"的律条，传世典籍中记载"逗留畏愞"的刑罚与《二年律令》的规定有所不同，或"弃市"（《武帝纪》）或"斩"（《功臣表》等），允许赎（《功臣表》），西汉时偶尔有官吏不顾法律，对"逗留畏愞"者宽大处理，因而被免官的（《元后传》）。东汉以后处罚较轻，甚至不追究其罪。

---

① 朱潇：《〈为狱等状四种〉"绾等畏愞还走案"与秦代军事犯罪问题》，王沛主编《出土文献与法律史研究》第 3 辑，上海人民出版社，2014，第 135～136 页。

② 按：这一点彭浩、陈伟、〔日〕工藤元男主编《〈二年律令〉与〈奏谳书〉》注释〔三五〕（上海古籍出版社，2007，第 369 页）已经指出。

这些学者的具体解释虽然不尽相同，但都将"僭乏不鬬"与"逗留畏愞"联系起来，认为两者是有直接联系的犯罪行为。我对此看法有所不同。

我认为直接将《汉书》如淳注所引的"军法"等同为"僭乏不鬬律"，或者把"不鬬"与"逗留畏愞"等同，可能都不很确切。虽然两者从军法角度而言有一些相类的地方，但仍应认识到《奏谳书》这一条律文产生的时代和地域针对性。

按照我此前的理解，"僭乏不鬬"是乏军兴、不战斗，是彻底违抗军令的一种行为。从《奏谳书》记录的库的供词看，义征发新黔首击盗的败因是"弗先候视，为惊败"，氏的供词"令史䯄与义发新黔首往，候视反盗多，益发与战。义死，修（攸）有（又）益发新黔首往击，破，凡三輩"，这一表述也是相对偏袒新黔首的，也就是说，无论攸令库还是狱史氏，都在强调义等征发的新黔首都曾是进行了战斗的，败军并非出于主观的不战；而在判决中，最终认定的事实为：

> 义等将吏卒新黔首击反盗，反盗杀义等，吏、新黔首皆弗救援，去北。

这里采用的显然是不利于新黔首的、苍梧郡守此前的举劾（所谓"劾论□媱、魁各□□，氏一甲，䯄及吏卒不救援义等去北者颇不具"），这就意味着这些认定吏与新黔首乏军兴、不战斗，致逃亡而败（去北），也就是没有采纳库、氏等人的口供。这种犯罪行为，从主观角度与所谓"逗留畏愞"有性质上的差异，"逗留畏愞"的前提应是先执行了军令，而在作战过程中止步不前乃至畏惧退缩（这类情况，可以岳麓秦简《为狱等状》"绾等畏愞还走案"的犯罪行为为代表），与不战及违抗军令而致败亡并不是一回事。杨振红认为当时无论何种情况，吏所兴与群盗相遇，战败均要以"僭乏不鬬"律论，而不以"畏愞"律论，也就是一种针对新黔首击反盗战败的一种特殊加重处罚的记录。若单从《奏谳书》所引令文的文字本身看，这是可以说通的，但如果结合上面对供词与判决的分析来看，此案可谓罪刑相应（復吏诘问库时已明言："击反群盗，僭乏不鬬，论之有法"），似乎并不涉及加重处罚的问题。①

至于"僵乏"与"不斗"，究竟是否如杨振红所言为并列的两项罪名，亦可商榷。"僵乏"与"不斗"恐仍以大多数学者意见为是，应是联合起来构成的一种犯罪行为。此犹"逗留畏懦律"，沈家本《汉律撼疑》据《霍去病传》和《功臣表》指出汉代或引作"行留（即逗留）"，或引作"畏懦"，二条为一事，随事引用，② 不能仅就字面认为"逗留"与"畏懦"是两个并列的、有区别的罪名。

如淳注所引"军法"的"逗留畏懦"（此据《汉书·韩安国传》注，《史记索隐》引作"行而逗留畏桡者，要斩"）的"畏懦""畏懦"能否与"不斗"等同？从秦汉简看，"僵乏不斗律"显然比"逗留畏懦律"的刑罚要重（岳麓秦简记载"绾等畏愞还走案"的罪犯"皆致法焉"，意即都根据律令进行处罚，③ 最后根据畏愞还走的先后，分别接受完为城旦、鬼薪或耐等刑罚），二者所对应的犯罪事实及性质，自然也应该不是完全相同的。

从岳麓秦简《为狱等状》来看，秦时已有处罚逗留畏愞行为的专门律条的可能性很大。但是，像《二年律令》"与盗贼遇而去北，及力足以追逮捕之而官□□□□逗留畏愞（懦）弗敢就，夺其将爵一络〈级〉，免之，毋爵者戍边二岁；而罚其所将吏徒以卒戍边各一岁"，这种对将官及所将吏徒畏愞行为给予较为宽松的夺爵、免职、戍边等处罚的令文，在秦时却应该并无成文，否则复吏针对攸令庳"闻等，上论夺爵令戍"的解

---

① 蔡万进也认为："从此案的处理依稀可以看出秦帝国灭亡和强盛的原因，即参加击反盗战斗的人只有勇往直前，后退是没有出路的，依靠这种严法，使秦能够战胜其他各国，但也有其弊端，一旦失利，官员和征派的新黔首将面对一条严酷的法令，即不管青红皂白，不分责任大小，败北者均按僵乏不斗处斩，这样只剩下逃亡一途。这种既严厉又毫无弹性的法律，只能促使更多的吏卒和百姓转而成为反盗，受命收拾这一局面的官吏也处于两难境地。"（蔡万进：《〈奏谳书〉与秦汉法律实际应用》，《南都学坛》编辑部编《汉代文化研究论文集》第 1 辑，大象出版社，2013，第 177 页）杨振红的理解与蔡氏类似，也许代表了许多研究者的看法，但正如此处所分析的，这类解释恐皆对《奏谳书》内容的理解略有偏差。

② （清）沈家本：《历代刑法考（附寄簃文存）》，中华书局，1985，第 1754 页。

③ "皆致法焉"句，岳麓简整理者理解为"皆以法处死"，恐非，参看欧扬《秦到汉初定罪程序称谓的演变——取"当"为视角比较〈岳麓书院藏秦简〉（叁）与〈奏谳书〉》，《出土文献与法律史研究》第 3 辑，第 109～110 页。

辩，显然就无法以"等虽论夺爵令或〈戍〉，而毋法令"加以反驳了。《奏谳书》此句中的"等"字颇难确解，我对此没有确定意见，杨振红解释为"同样情况"，即承认是与上所论之案相类同。不过比照皇帝对同样情况的判决来上书请求行事，即使没有律令的明文依据，也无论如何不能裁定其"纵囚"，这也是杨说的一个疑问，似可进一步研究。①

总之，我认为"僭乏不鬭律"是针对击反盗过程中乏军兴行为制定的一条律文，与古书及秦汉出土文献中的"逗留畏愞律"并不是一回事。《九朝律考·汉律考》有"擅弃兵"条，② 它与"僭乏不鬭"的内涵及性质恐怕更为接近才是，只是"擅弃兵"是一个带有普遍性的律文，与"僭乏不鬭律"也不完全一样。

下面再谈一谈"僭乏不鬭"和"逗桡"的关系。

《史记·韩长孺传》记载王恢率军与匈奴作战引兵罢去之事：

> 塞下传言单于已引去，汉兵追至塞，度弗及，即罢。王恢等兵三万，闻单于不与汉合，度往击辎重，必与单于精兵战，汉兵势必败，则以便宜罢兵，皆无功。天子怒王恢不出击单于辎重，擅引兵罢也。恢曰："始约虏入马邑城，兵与单于接，而臣击其辎重，可得利。今单于闻，不至而还，臣以三万人众不敌，祗取辱耳。臣固知还而斩，然得完陛下士三万人。"于是下恢廷尉。廷尉当恢逗桡，当斩。

① "等"似不能理解成"同等"的意思，"等虽论夺爵令戍"也不通顺。池田雄一认为"等"是朋辈的意思，指应夺爵令戍的新黔首（《奏谳书——中国古代的裁判记录》注52，刀水书房，2002）。这也不好从训诂上落实，且究竟应夺爵令戍的新黔首是什么人，也不清楚。关于"闻等……""等虽论……"，我有些怀疑这里的"等"是一种类型的法律文书，即在"等"这一类记载了案件及上级部门甚至皇帝的判决的文书中，记录有相关的判例。容易联想到，包山简中有所谓"廷等"竹签（440-1），李家浩、刘国胜等先后指出就是法庭文书的意思，"等"读为"志"，竹签当是系在装司法文书简丝囊上的标题签，"廷等"二字无疑是司法文书简的大题（参看复旦大学出土文献与古文字研究中心编《出土文献与古文字研究》第1辑，复旦大学出版社，2006，第30~32页）。《奏谳书》这两个"等"很可能就是这一类"廷志"文书，内中有始皇对相关案件判决夺爵令戍的记录。库所据以上书始皇的就是这类记录。但此假设能否成立，尚无把握，不过我认为，在始皇二十八年前应当没有夺爵令戍这一类有关畏愞减罪的立法似可肯定。此条文在汉初的律令已有，很可能是秦末汉初根据始皇时的一些实际判决案例，为体现政治上的宽松政策而将其法律化的结果。

② 程树德：《九朝律考》，中华书局，2003，第124页。

关于其中"逗桡"一语，司马贞《索隐》：

> 案：（应）劭云"逗，曲行而避敌，音豆"。又音住，住谓留止
> 也。桡，屈弱也，女孝反。一云：桡，顾望也。

事亦载《汉书·韩安国传》，颜师古注引服虔曰："逗，音企。"引应劭曰："逗，曲行避敌也；桡，顾望也。军法语也。"引苏林曰："逗，音豆。"引如淳曰："军法，行而逗留畏懦者要斩。"颜师古曰："服、应二说皆非也。逗，谓留止也。桡，屈弱也。逗，又音住。"即否定了服虔、应劭对"逗"字的音注和释义。

直至清代，王念孙和段玉裁对服虔、应劭的说法又加重视，二人皆以"逗"为"迟"之形近误字，论证基本一致，立论的基础都是《说文》："迟，曲行也。从辵只声。"以及《说文》："乚（读若隐），匿也。象迟曲隐蔽形。"力图证明服虔、应劭所见《史记》《汉书》作"迟"，才能与"音企"和"曲行避敌"义相合。① 段玉裁认为：

> 军法有"逗留"，有"迟桡"。《光武纪》"不拘以逗留法"，如淳曰"军法：行而逗留畏懦者，要斩"，此谓止而不进者。《史》《汉》《韩安国传》"廷尉当恢迟桡，当斩"，服虔曰"迟音企"，应劭曰"迟，曲行避敌也。桡，顾望也。军法语也"，此谓有意回远迟误者。《淮南书》云"两军相当，屈桡者要斩"是也。

这是在解释"逗留畏懦"与所谓"迟桡"的区别：前者是住止不进，后者是有意回远迟误。

陈剑近来撰文肯定王、段的校改，他认为：

> 他们的说法，无疑是正确的。但翻检今人多种《史》《汉》注本、

---

① （清）王念孙：《读书杂志》，江苏古籍出版社，2000，第313页；（清）段玉裁：《说文解字注》，上海古籍出版社，1988，第72~73页。

译本及辞典，皆尚据"逗"字作解，解为"逗留"等。《汉语大词典》亦设"逗桡""逗挠"两词目。这大概跟影响最大的中华书局《汉书》和《史记》点校本（后者包括修订本）皆未作校改有关。

并欲据《奏谳书》"儃乏不斷律"的记载，证成王、段之说云：

> 按"儃"当读为亦从"只"声之"迟"；"乏"应即"乏兴""乏徭"等所谓"乏事"之"乏"（故其后言"不斷"）。简文言"法"言"律"，正与应劭所谓"军法语"相合。简文谓"去北"，其义也跟"逗留"不合，而近于"曲行避敌"。《奏谳书》"儃（迟）"字用例，可以说在很大程度上印证了《史》《汉》之当作"迟桡"。《史》《汉》之"逗"字当校改为"迟"，现在完全可以肯定下来了。①

段、王的意见经过陈剑的补充论证，已经受到一些人的重新重视，例如有研究《说文》字形说解与出土文字资料关系的学位论文即曾引用陈氏的意见。② 然仔细推敲，可知段、王的校改恐根据不足，陈的意见则几乎更难成立，下面略为检讨。

第一，"逗桡"一词在从古至于晚近的古书里，只有这一种写法，从无其他通假书写形式。仅凭服虔的一个注音就认定"逗"字是错字，很难说是证据确凿的，颜师古对"逗桡"的读法与理解，完全不取服、应之说，即是明证。"逗""迟"二字于《说文》前后相次，形颇近似，确实容易讹混，所以当然也完全存在服虔等人所见史书的本子错成了形近的"迟"，又被服、应等人误读、误解的可能性，故不足以在毫无版本依据的情况下，据此径改《史》《汉》，这应是校勘学上应守之戒律。如要大胆推测，"豆"与"企"字在《玉篇》中的异体"㐰"行草书形体颇为接近，何不考虑"逗音企"的"企"是"豆"字误传讹抄呢？

---

① 陈剑：《结合出土文献校读古书举隅》，贾晋华、陈伟、王小林、来国龙编《新语文学与早期中国研究》，上海人民出版社，2018，第301～302页。

② 李豪：《〈说文解字〉与出土战国秦汉文献互证》，硕士学位论文，复旦大学，2016，第84～85页。

第二，"逗桡"一词，如取颜师古的解释，是否如王、段所言不可通呢？"桡（挠）"字的词义理解方向比较多，可选择的范围比较大，王、段解释为"曲"并不是没有训诂学的根据，但这却完全是配合了他们要把"逗"视作"迟"之误字的解释，是有选择性的、循环论证式的理解。我以为这个"桡"仍应从颜师古说理解为"屈服"义，而不是"曲行""曲折"的意思。

我们知道，古书中有"桡败""桡（挠）北""北桡"等复合词。例如《左传》成公二年："畏君之震，师徒桡败。"《吕氏春秋·忠廉》："若此人也，有势则必不自私矣，处官则必不为污矣，将众则必不挠北矣。"《墨子·非攻下》："死命为上，多杀次之，身伤者为下，又况失列北桡乎哉！"毕沅云："北谓奔北也，北之言背驰；桡之言曲行，谓逗桡。"① 吴毓江《墨子校注》指出"北桡"即《吕氏春秋》的"挠北"。② 毕氏对"桡/挠"的理解似是与王、段之说一样解释为"曲行"的，其实这种理解不能成立。因为古书里既说"挠北"，也说"北桡（挠）"，正可说明"挠"和"北"、"败"的意思应该是接近的，是同义或者近义词连用的关系，否则"北挠"的语义结构变成奔北而挠（曲行），于理难合，这一点孙诒让《间诂》引用的《国语》韦昭注"军败奔走曰北"及古书"桡败"的辞例已经完全可以说明问题了。比较晚一点的古书，还有"挠沮""挠屈"一类的讲法，都是指屈服的意思，与之可以参照。《周易·说卦》"桡万物者，莫疾乎风"，李道平《纂疏》指出"桡"有"摧""散"义。③《淮南子·兵略》"心诚则支体亲刃，心疑则支体挠北"，"挠北"即离散、不从之义。④ 胡三省《资治通鉴音注》注"桡败"一词，多次指出"势屈为桡"。⑤ 洪亮吉《春秋左传诂》引服虔《汉书》注训"师徒桡败"的"桡"为"弱也"，批评杜预注训"桡"为"曲"的做法"迂远"。⑥ 如果我们把"桡/挠"解释为屈服、屈弱、离散、败北这一类意思，那么"逗

---

① （清）孙诒让：《墨子间诂》，中华书局，2001，第 141 页。

② 吴毓江：《墨子校注》，中华书局，2006，第 226 页。

③ （清）李道平：《周易集解纂疏》，中华书局，1994，第 698 页。

④ 何宁：《淮南子集释》，中华书局，1998，第 1017 页。

⑤ 例如《资治通鉴》卷二七〇"晋军桡败"胡注，中华书局，1956，第 8841 页。

⑥ （清）洪亮吉：《春秋左传诂》，中华书局，1987，第 442 页。

桡"也就根本不会存在王念孙所批评的"各为一义,不得连文"的问题了。把"逗"解释为住止不前,与屈服、桡北的意思正好相承,是很合适的。

我们再回到王恢的故事里看一下。王恢是在马邑诱敌之计被识破后,料无胜算,为了保存军队,径自引兵罢去,不曾"曲行",也非"回远迟误",王、段的解释从律条与犯罪行为的对应角度不合。王恢的行为反倒确实更接近于前面所说的"僇乏不鬭"和"擅弃兵"。"逗桡"的意思与《奏谳书》简文所言"皆弗救援,去北"是密合的。从这一点来看,王、段校改之后的《史记》《汉书》,语意反与历史事实龃龉难合。

第三,还需特别注意的一点是,旧注对"迟"字给出的"曲行而避敌"义中的"避敌",完全是随文释义,"迟"这个词本身并不包含避敌的意思。对于《奏谳书》的案例而言,"僇乏不鬭"的"僇"如从陈剑释读为"迟"、解作"曲行",与"乏"的废事、乏兴义决然无法贯通。何况前面已经说过,南郡復吏认定的新黔首对战死的义等人都不加救援、败逃,与"曲行"一词亦毫无干涉。因此简文的"僇"字可以肯定不能读为"迟",更无法旁证王、段的校改是正确的。陈所举出的《奏谳书》例,对王、段的结论可说是一条没有证据效力的无关材料。

第四,语言有继承性,"逗桡"一词,在历史文献中后来作为成词,有了更多的用法,且从某些上下语境能看出汉以后的人对这个词的理解,不应是文字的误袭。

顾望避敌,逗桡有刑(《文选·奏弹曹景宗》)。
王师之讨高季兴,襄帅刘训逗挠军期(《旧五代史·安元信传》)。

凡此可见逗桡的本义,显然是与观望不前而致败军有关的,与所谓"曲行"无关。尤其细味任昉《奏弹曹景宗》的上下文字,似可发现,"顾望"与"逗"相对,"避敌"与"桡"(即屈弱离散义)照应(司马贞《史记索隐》引一说谓"桡,顾望也",恐是误引,"桡"字不大可能有顾望之义),由此益可知应劭所谓"逗,曲行而避敌"的"避敌"该就是受了"桡"之"桡败"义的感染影响而随文说解的结果,不能作为训诂和校正文字的根据。由此可见,"逗桡"一词自有源流,历史文献中的用例也绝非相沿成讹、习非成是,"今人多种《史》《汉》注本、译本及辞典,皆尚据'逗'字作解,解为'逗留'等。《汉语大词典》亦设'逗桡''逗挠'两词目""大概跟影响最大的中华书局《汉书》和《史记》点校本(后者包括修订本)皆未作校改"并无什么必然关联,而主要是因为"逗桡"确实没有非改不可的必要。

对于"逗桡"的含义和它与"偫乏不鬬"的关系,我的初步看法如下:"逗桡"罪重于"逗留畏愞","逗桡"特别强调"桡北"即败军逃跑,与作战时畏首畏尾、逗留不进的犯罪程度轻重可能有所不同。"逗桡"的"逗"不能视为"迟"的误字,"逗"就是观望住止不前。《奏谳书》的"偫乏不鬬"的"偫"不能读为"迟","偫乏"的罪名与"曲行"无关。从犯罪性质言,"偫乏不鬬"与"逗桡"是接近的。

由此,我想特别修正一下我过去对"偫"字的意见。考虑到"偫乏不鬬"与"逗桡"的关联,"偫"跟"逗"的字义应当是接近的,所以"偫"就应读如本字,从《说文》训释为"待",而非如我此前所说读为"佽"或"誓"。"待"的意思相当于逗桡之"逗",正是住止观望不前的意思。

虽然"偫"在古书中没有实际用例,但徐锴《说文系传》卷五指出:"此亦与徯字义相通也。"[1]《说文》"徯,待也。"桂馥《说文解字义证》卷六:

> "待也"者,《释诂》文。《书·益稷》"惟动丕应徯志"《传》云:"徯,待也。"《汤誓》"徯予后"《传》云:"待我君来。"《五子之歌》"徯于洛之汭"《传》云:"待太康。"[2]

《尔雅·释诂》下:"曋、竢、替、戾、厎、止、徯,待也。"可见"徯"是竢待的意思(参看《经义述闻·尔雅上·释诂》)。《广韵·齐韵》

---

① (南唐)徐锴:《说文解字系传》,中华书局,1987,第46页。
② (清)桂馥:《说文解字义证》,中华书局,1987,第164页。

奚小韵："傒，有所望也"，则傒字的等待义中也包含了期望某人或某事物出现之意。因此"傒"字正与"逗桡"之逗的住止、顾望义相合，"僭（傒）"也就自然可以跟"乏"及"不鬪"相连言，表示因为观望等待不出兵而造成的乏军兴的结果，可谓文从字顺。①

综上所述，秦"僭乏不鬪律"应该是在秦政权统一前后，各地反秦势力大起时所制定的对打击反盗事观望、不力严厉惩处的一条律文，具有十分鲜明的时代地域特征，它与西汉的"逗留畏惈律""逗桡律"虽有一些直观上的相类之处，但皆非直接相关（从性质而言可能与"逗桡律"的关系密切一些），不宜简单比附。

最后附带谈一谈覆狱簿中"僯"字的理解。这个字也是我在 2008 年的同一篇文章里改释的，当时曾认为：

> "僯视氏所言籍"的"僯"字表示的可能是修饰"视"这个动作的词，此字应读为何词，目前我还没有确定的意见。下面提出一种供参考的说法。我认为上举睡虎地秦简《秦律杂抄》10 号简"乃僯从军者"这句话，对于理解《奏谳书》"僯视氏所言籍"是很有帮助的。秦简整理者认为该句的所谓"粦"字，"应读为遴，选择。此句意思是在从军者中选取骑士"。上面已说，整理者所谓"粦"字可能应释为"僯"，据《说文》，"僯"就是"遴"的或体（《二下·辵部》），这使得读为"遴"的意见显得更为合理。将"遴"的"选取"之义放到《奏谳书》"僯视氏所言籍"一句中，似乎也可以讲通。"僯（遴）视"就是挑选着看。从简文上下文看，"氏"所说的名籍，数量大概很多且都放在一笥之中，只能选择性地挑一些察看。问题在于，"遴"有"遴选"之义从文献的实际用例看是相当晚的事情，秦汉时代的"遴（僯）"有没有这个意思，还有待进一步研究。

---

① 前面我们否定了王、段对《韩安国传》"逗桡"的校改，认为"逗桡"自可通，退一步说，即使真像王氏所推测的那样"逗"字是"迟"的误字的话，这个"迟"也决不应理解为"曲行"，而反应读为"僭"或"傒"，即解释为观望等待。"傒""蹊"又有邪径的意思，这跟"曲行"义的"迟"似有语源上的关系，不知应劭等人误解为"曲行"义的"迟"，是否与此有关。

此次引文中的标点，我已经改作"髧来会建〈逮〉曰：义死，自以有罪，弃籍去亡，得，僯"，这是对"僯"字的理解发生了变化的缘故。下面略述理由。

睡虎地秦简《仓律》：

> 隶臣欲以人丁粦者二人赎，许之。其老当免、小高五尺以下为隶妾欲以丁粦者一人赎，许之。赎者皆以男子，以其赎为隶臣。女子操敊（文）红及服者，不得赎。

所谓"粦"字就是我们前面提到的"僯"，字形写法一致。睡虎地秦简的整理者读为"龄"，丁龄就是成年男子。张金光认为就是"丁年"。[1] 但是仔细推敲这种表述很奇怪，秦简有"丁壮"，"丁"本身就指壮年（比如"长乐无极老复丁"的常语，张家山汉简"丁女子"皆是），为什么不说"隶臣欲以丁二人赎"呢？"粦"读为"龄"本身从用字习惯上也有问题。高敏《云梦秦简初探》解释为成年的亲邻，[2] 当然也不可从。裘锡圭则对此有一个比较谨慎而异于一般看法的判断，他认为：

> 秦律还允许用"丁粦"（丁壮之意？）男子赎取隶臣妾，一般隶臣用两人赎取，达到"免老"年龄的老隶臣和高五尺以下的小隶臣以及隶妾，用一人赎取。用来赎取的人则成为隶臣。估计一般被用来赎取隶臣妾的人都是私家奴隶。[3]

一般的壮年平民男子，不可能被用来去赎取隶臣妾，裘锡圭的意见很有道理。"丁僯"男子的"僯"应当是与其身份有关的一个修饰语。但"丁僯"是否一定是私家奴隶的身份，则未可断言。里耶秦简第八层和第九层中屡见"僯"字：

---

① 张金光：《论秦自商鞅变法后的租赋徭役制度》，《文史哲》1983 年第 1 期。
② 高敏：《云梦秦简初探》，河南人民出版社，1979，第 94 页。
③ 裘锡圭：《奴隶》，氏著《裘锡圭学术文集·杂著卷》，复旦大学出版社，2012，第 264 页。

发傛（8:260）

守丞酉傛（8:2059）

廿九年四月甲子朔辛巳，库守悍敢言之：御史令曰：各第官徒丁【傛】……勵者为甲，次为乙，次为丙，各以其勵（剧）易次之。·令曰各以……上。·今牒书当令者三牒，署第上。敢言之。（8:1514正）①

□□廿人傛，卅九人不傛（9：2133）②

都乡月傛筍（9：2313）

……举傛迁（9：2467）

这些例子已经不少，虽然不能肯定所有的“傛”字都应解释为同一义，但总体上似乎可以认为大部分的“傛”是有关联的，且基本上都无法理解为“遴选”义。“丁傛”既然可能是一种特殊的丁，那么“傛”应该是限定其身份特征的一个关键术语。从“廿人傛，卅九人不傛”似可看出，“傛”也可以用作动词，应该是对相关人所施加的，使其“傛”的意思。都乡月傛筍应是都乡记录每月所傛之人名籍的筍。“发傛”可能是征发已傛之人的意思。然而“傛”究竟是一种什么性质的动作，所施加的对象如何，则是问题的关键。

讨论至此，似很容易联想西周金文讲到刑狱诉讼的部分，往往有“讯庶又（有）粦”“讯小大又（有）粦”“敕讯庶有粦”一类的话，这些“粦/粦”字应当怎么解释，也是一个疑难问题，迄今没有得到解决，甚至李学勤在清华简《摄命》相关字形的启发下，怀疑这个字并不是“粦”。③此后不少学者赞同李说，但对此字字形具体分析和破读又莫衷一是，今不具引。不过大家对此字的取义范围与“狱讼”有关则基本取得共识。沈培告诉我他仍主张此字是“粦”，应读为“陵（或凌）”，“讯庶又（有）粦”

---

① “傛”字《里耶秦简校释》释“粦”，此书注：“第，品第、评定；官徒：官府的徒隶；剧，难，与‘易’相对”，并同意“丁粦”读“丁龄”，即丁年之义的旧说（武汉大学出版社，2012，第342页）。

② 里耶秦简校释整理小组：“这里与‘遴’通作，有挑选义”［《里耶秦简（贰）》校读（一），武汉大学简帛网2018年5月17日发布］。

③ 李学勤：《清华简〈摄命〉篇“粦”字质疑》，《文物》2018年第9期。

表示对诸多有侵凌之事进行审讯。

我认为以金文及楚简此字为"舜"仍是正确的。马楠已经指出金文及清华简此字与马王堆帛书《春秋事语·吴伐越章》"刑不睿"的"睿"的联系，[①] 很值得重视。我过去在做《春秋事语》释文时没有透彻理解字形，将此字从表面上硬性析定为从"火"从"去"，是错误的，其实"去"上的"大"形就是"火"旁讹变的，看《摄命》的"睿"字写法即明。裘锡圭"疑'不睿'即指所俘越人而言"，这一理解方向很正确，我在裘说基础上曾怀疑此字从"去"声，读为"辜"，不过拙见既于字形无征，也与同篇中曾出现"辜"字矛盾，显然不可从。帛书此字确定应从原整理者释读为"舜"，也就把金文、战国简的字形贯通联系起来了，结合秦汉简的"僯"，辞例的理解方向也再次得到了印证，"刑不舜"应该就是对未经"舜"（或者无"舜"、不"舜"）的人施以肉刑，正和金文"庶有舜"、里耶简"僯"的用法可以互参。这说明过去把"舜"的语义范围框定在狱讼一类意思内，是有一定道理的。

《奏谳书》说髳"得，僯"，应该与上述秦简"僯"的用法类似，是髳逃亡之后被好畤找到并（由好畤）对（或使）他"僯"。这一句话，与狱史氏的供词里"好畤辟（《二年律令》与《奏谳书》注：'辟，召。'《二年律令》276 号简有'诸狱辟书'）髳有鞫""髳来会逮"的"有鞫""会逮"等应当有直接关联，是理解"僯"的确切含义的重要线索。

但金文和战国简及西汉帛书的"舜"与秦汉简的"僯"，究竟应该读成哪一个词？是否存在这是一个传世古书中未曾记录的一个有关狱讼或犯罪的词的可能性？这都还有待深入研究。唯需指出，"僯"字在秦汉法律文献中，也许与狱讼义的"舜"有不太一样的语义引申，例如《秦律杂抄》有：

> 先赋蕈马，马备，乃僯从军者到军课之，马殿，令丞二甲，司马赀二甲，法（废）。

---

① 马楠：《释"舜明"与"有睿"》，《古文字研究》第 32 辑，中华书局，2018。

可能也是动词用法的 "僯"，自然也不能解释为遴选，但为何要对从军者 "僯" 了才能到军课之？所以这个 "僯" 的意思恐怕并非鞫狱定罪，而应该是别的意思，我对此尚无确定意见，待考。

基于以上讨论，以及阅读其他类型的出土文献的感受，我深觉出土文献中的内容，未必都在传世文献的自身逻辑脉络中可以找到合适位置，它们更可能是溢出已有知识范围、被历史记录所滤汰的那一部分东西，简单地使用 "二重证据法" 作比附研究，可能会让研究在某个方面得到一个比较明确的结果，但同时也可能减损甚至消弭了事实本身的复杂性和鲜活特征。事实上，秦汉律令的实际情况极为复杂，要充分考虑其中各种可能性，依照秦汉法律文献本身的脉络，准确地描写事实，可能比在传世文献中给出土资料 "准确定位" 来得更为重要。

附识： 承蒙徐世虹、孙家洲、邬文玲、张忠炜、孙闻博、遊逸飞、赵晶、张传玺、王安宇、刘自稳等先生对本文思考和写作提出宝贵意见，徐世虹教授并惠示池田雄一的研究成果。多年前在与广濑薰雄兄讨论汉简 "僯" 的问题时，他曾提醒我注意发表在《里耶发掘报告》中的 "都乡月僯筒" 签牌，可以说本文关于 "僯" 的讨论，是在受到了广濑兄的启发后完成的。谨此一并致以衷心感谢。

《中国古代法律文献研究》 第十三辑

2019 年，第 138～156 页

《江都集礼》 与隋代的制礼

〔日〕白石将人 *

摘　要：《江都集礼》是隋炀帝让学者编纂的书籍。虽然是佚书，但从《隋书·文学传·潘徽条》所收开皇二十年潘徽撰写的序文中仍可窥见一斑。潘徽是从陈入隋的儒臣，他应该主导了编纂工作。通过对历代书目的分类与序文的分析，可以推测《集礼》主要收录南朝的礼学议论，而不是承载具体仪节的礼典。开皇三年隋文帝下令编纂《开皇礼》，基本上参照的是北齐的仪礼。仁寿二年，又下令编纂《仁寿礼》。虽然此时隋已灭陈，但《仁寿礼》似乎仍以北学为主。炀帝登基之后，在大业年间创始新制，其礼制依据则改宗南学。《江都集礼》为大业制礼提供了参考。又，唐贞观礼制模仿大业制度，因此可以说《江都集礼》有将南朝的礼学传承到唐代的历史意义。

关键词：《江都集礼》　礼学　隋炀帝　潘徽　牛弘

一　引言

由隋炀帝下令编纂的《江都集礼》，早在 20 世纪 60 年代就受到了日

---

* 中山大学历史学系特聘副研究员。

本学者泷川政次郎的关注，并曾撰专文《江都集礼与日本的仪式》进行讨论。① 在该文中，泷川氏推测了《江都集礼》的编纂经过及其内容，也讨论了在炀帝大业年间，隋朝的国家仪礼是以该书为依据的问题，并指出了该书对日本仪礼的影响。虽然这一研究具有先驱性意义，但现在看来，泷川氏的看法存在不少问题。此外，田岛公也著有承袭泷川氏看法的专论，② 榎本淳一的"比较仪礼论"③ 则指出，日本迎接中国外交使节的仪礼可能与《江都集礼》有关。本文旨在修正泷川氏以来诸家研究的问题点，并确认《江都集礼》的基本情况，其不足之处，尚请方家指正。

笔者将本文投给日本东方学会之后，榎本氏在举办于 2018 年 5 月 19 日的第 63 届国际东方学者会议④ 上做了题为"《江都集礼》的编纂及其意义与影响"的报告。笔者无缘列席此次盛会，只能通过当天榎本氏的会议摘要知道其报告的大致梗概。总体而言，榎本氏的报告与本文之间在立论目的以及评论等方面均有所差异，而且部分重复之处的论证也不完全一致，所以笔者认为发表本文仍有意义，故斗胆不撤回本文，而是在涉及与榎本氏报告有关的地方，逐一指出，加以增补修订，再行发表。对于榎本氏允许本文参考其报告摘要，笔者在此深表感谢。

二 成书时期与成书时的卷数

泷川氏认为《江都集礼》成书于仁寿、大业年间。不过近来高明士主张成书于时间更早的开皇二十年（600）的看法被认为更有说服力。⑤ 高氏

---

① 〔日〕泷川政次郎：《江都集礼と日本の仪式》，《岩井博士古稀记念典籍论集》，岩井博士古稀记念事业会，1963，第 342～347 页。

② 〔日〕田岛公：《日本の古代七　まつりごとの展开》，中央公论社，1986，第 223～285 页。

③ 〔日〕榎本淳一：《外交と仪礼》，《日本の对外关系二　律令国家と东アジア》，吉川弘文馆，2011，第 172～197 页。

④ 会议的召开地点是在东京一桥的日本教育会馆。

⑤ 高明士：《隋代之制礼作乐——隋代立国政策研究之二》，《隋唐史论集》，香港大学亚洲研究中心，1993，第 15～35 页。又，高明士《中国中古礼律综论——法文化的定型》（商务印书馆，2017）第八章"隋炀帝时代的制礼作乐"亦提到《江都集礼》。以下所引均据后者。

依据《隋书》卷七六《文学传》潘徽条所载《江都集礼·序》所云"凡十二帙，一百二十卷"，认为在开皇二十年潘徽作序时已经成书。①

《旧唐书》卷二一《礼仪志一》：

> 炀帝在广陵，亦聚学徒，修《江都集礼》。由是周汉之制，仅有遗风。②

《资治通鉴》卷一八二大业十一年（615）春正月条：

> 帝好读书著述，自为扬州总管，置王府学士至百人，常令修撰，以至为帝，前后近二十载，修撰未尝暂停。自经术、文章、兵、农、地理、医、卜、释、道乃至蒲博、鹰狗，皆为新书，无不精洽，共成三十一部，万七千余卷。③

可知杨广任扬州总管之后，一直令学者在扬州编纂书籍。

开皇九年（589）改吴州为扬州。开皇十年（590）十一月发生高智慧叛乱事件之后，隋文帝令杨广驻扬州，为扬州总管。④ 其后，《隋书》卷三《炀帝纪上》记载：

> 高祖之祠太山也，领武候大将军。明年，归藩。后数载，突厥寇

---

① 榎本氏在东方学者会议的摘要主张一百二十六卷是原来的卷数，而一百二十卷是残缺以后的卷数。但按照此看法，不得不认为后人删去潘徽《序》"一百二十六卷"的"六"字，而使之符合残缺以后的卷数。眼下笔者不能同意这一看法。又，高明士《中国中古礼律综论——法文化的定型》指出："撰述《集礼》之时间，当在是年六月至十一月之间。前后不到半年，完成十二帙，一百二十卷，可谓仓促成章。"（第272页）仓促成章应该无误，但仍不能断定撰写序之后没有续修工作。

② 《旧唐书》卷二一《礼仪志一》，中华书局，2014，第816页。

③ 《资治通鉴》卷一八二，中华书局，2013，第5694页。中村裕一指出此记载来自《大业杂记》（《大业杂记の研究》，汲古书院，2005，第468页）。

④ 《隋书》卷三《炀帝纪上》云："江南高智慧等相聚作乱，徙上为扬州总管，镇江都，每岁一朝。"（中华书局，2015，第60页）《资治通鉴》卷一七七"开皇十年条"云："以并州总管晋王广为扬州总管。"（第5532页）

边，复为行军元帅，出灵武，无虏而还。①

文帝至泰山是开皇十五年（595），由此可知杨广归藩应该是在开皇十六年，之后曾参加对突厥的军事行动。从《隋书》与《通鉴》来看，杨广离开扬州之后，并未发现任命继任扬州总管的相关记载。直到开皇二十年十一月杨广被立为太子的第二年，即仁寿元年（601）三月，始有任命豫章王杨暕为扬州总管的记述。由此可以推测，虽然杨广没有常驻扬州，但他一直带扬州总管之职，直到他被立为太子。

据《文献通考》卷一八七《经籍考一四·经·仪注》"《江都集礼》"条引《崇文总目》记载：

> 隋诸儒撰。初，炀帝以晋王为扬州总管，镇江都，令诸儒集周汉以来礼制因袭，下逮江左先儒论议。命潘徽为之序。

如果根据《崇文总目》与前述《资治通鉴》以及《旧唐书》的记载来看，编纂工作应该是在江都，即扬州进行的，所以似乎也可以认为《江都集礼》是以其编纂地而进行命名的。虽然还不能确定扬州改名为江都郡的具体时期，但《资治通鉴》卷一八〇"大业三年（607）四月"条云"壬辰，改州为郡"，②或是这一时间改扬州为江都郡亦未可知。如果真是这样的话，那么在潘徽作序之时，尚未有江都郡之名，所以《江都集礼》这一书名也有可能是根据扬州的江都县之名而来。③

虽然《江都集礼》在开皇二十年已大致成书，但之后仍存在续修的可能性。如果从下文所述的历代著录来看，《江都集礼》存在一百二十卷本和一百二十六卷本两种。假设潘徽《序》中所说的"一百二十卷"是当时原文的话，那么很有可能后来又进行了续修，并形成了一百二十六卷本。

---

① 《隋书》卷三《炀帝纪上》，第 60 页。
② 《资治通鉴》卷一八〇，第 5629 页。
③ 《隋书》卷三一《地理志下》云："江都。自梁及隋，或废或置。"（第 873 页）然则不能断定开皇二十年扬州有江都县。假如潘徽作序时未有江都县，则或以编纂地的旧名为书名。

《通典》卷七〇《读时令》条载武周圣历元年（698）王方庆奏议云："隋大业中，炀帝令学士撰《江都集礼》。"① 假如这不是误记，则编纂工作在大业年间似仍在进行。又，《新唐书》卷五八《艺文志二》："牛弘、潘徽 隋《江都集礼》一百二十卷。"② 由于牛弘在文帝死后才仕于炀帝，所以如果他参与编纂工作，那就应该是在大业年间。可以认为，续修工作很可能是由牛弘主导进行的。③

三　流传

关于《江都集礼》的收录，高明士认为不见于《隋书·经籍志》，泷川氏认为《隋志》与《新唐书·艺文志》未收，但其实两《志》均有著录。④ 迄北宋为止，对《江都集礼》的主要收录情况如下：

> 《隋书》卷三二《经籍志一》："《江都集礼》一百二十六卷。"
> 《日本国见在书目录》："《江都集礼》百二十六卷。"⑤
> 《旧唐书》卷四六《经籍志上》："《江都集礼》一百二十卷　潘徽等撰。"

---

① 《通典》卷七〇，中华书局，2015，第1926页。《旧唐书》卷二二《礼仪志二》所引略同。高明士《中国中古礼律综论——法文化的定型》与杜志强《牛弘姓氏、著述考》（《中国典籍与文化》2010年第4期，第21~25页）俱认为此"大业中"系误衍。虽然不能否定其可能性，但亦不能否定大业年间有续修工作的可能性。
② 《新唐书》卷五八《艺文志二》，中华书局，2015，第1489页。
③ 根据《隋书》本传，大业六年（610）牛弘去世于江都郡。又，《隋书·文学传》云："炀帝嗣位，诏（潘）徽与著作佐郎陆从典、太常博士褚亮、欧阳询等助越公杨素撰《魏书》，会素薨而止。授京兆郡博士……徽以玄感故人，为帝所不悦，有司希旨，出徽为西海郡威定县主簿。意甚不平，行至陇西，发病卒。"（第1747页）大业年间潘徽似未参与《江都集礼》的续修工作。杨素死于大业二年（606），杨玄感死于大业九年（613）。又，虽然《新唐书·艺文志》云"牛弘、潘徽 隋《江都集礼》一百二十卷"，但潘徽作序时既然云"一百二十卷"，或可推测牛弘参与之后的卷数是一百二十六卷。
④ 高明士《中国中古礼律综论——法文化的定型》认为："或许《隋志》的脱漏。"（第271页）榎本氏的摘要已指出《隋志》《新唐志》均收载《江都集礼》。
⑤ 泷川氏依据《隋书·文学传》"一百二十卷"，认为《日本国见在书目录》"百二十六卷"的"六"是衍字，但《隋书》已云"一百二十六卷"，故恐非如此。

《新唐书》卷五八《艺文志二》："牛弘、潘徽 隋《江都集礼》一百二十卷。"

《崇文总目》："《江都集礼》一百四卷 隋诸儒撰……凡一百二十卷，今亡阙。仅存一百四卷。"（《文献通考》卷一八七所引）

又，《玉海》卷三九《艺文·三礼》所引《中兴馆阁续书目》以《江都集礼》为"五十卷"。① 尤袤《遂初堂书目·礼类》亦有《江都集礼》之名。②《文献通考》卷一八七《经籍考一四·经部·仪注》载"《江都集礼》一百四卷"，疑为残本。《宋史》卷二〇四《艺文志三·史部·仪注类》亦云："潘徽《江都集礼》一百四卷。本百二十卷，今残阙。"③ 似在南宋已难见完本。另，《宋史》卷二〇一《艺文志一·经部·礼类》云"《江都集礼图》五十卷"。④ 关于《江都集礼图》，史籍中没有其他记载，详细的情况不得而知。此外，《日本国见在书目录》也收录了《江都集礼》，还有被认为成书于日本镰仓时代的《通宪入道藏书目录》⑤ 也著录有"《江都集礼》下"，可知《江都集礼》也流传到了日本。

除书目著录之外，《朱子语类》也为今人提供了《江都集礼》流传情况的线索。其卷六三云：

孙毓云："外为都宫，太祖在北，二昭二穆，以次而南。"出《江都集礼》。向作《或问》时，未见此书，只以意料。后来始见，乃知学不可以不博也。⑥

又，卷八七云：

① 《玉海》卷三九《艺文·三礼》，广陵书社，2003，第735页。
② 今依《宋元明清书目题跋丛刊》（中华书局，2006）第1册所收。
③ 《宋史》卷二〇四《艺文志三》，中华书局，2017，第5134页。
④ 《宋史》卷二〇一《艺文志一》，第5052页。
⑤ 顾名思义，此书可以被认为是信西入道，即藤原通宪（1106~1160）的藏书目录。藤原通宪是平安时代末期的著名学者、政治家。
⑥ 《朱子语类》卷六三，中华书局，1986，第1558页。

一庙者得祭祖、祢。《古今祭礼》中,《江都集礼》内有说。①

可知朱熹曾亲眼看到过《江都集礼》。

又,叶纯芳与桥本秀美《杨复再修仪礼经传通解续卷祭礼》② 指出,朱熹的弟子杨复也曾亲眼见过《江都集礼》。同时叶氏与桥本氏根据陈宓给杨复的书信,还指出《江都集礼》在当时已经处于难以得手的状况。③

四 《江都集礼》的性质

(一) 从书目分类与引用内容来考察

泷川氏认为《江都集礼》是类似《唐开元礼》之类的书籍。由于《隋书·经籍志》未将《江都集礼》置于《史部·仪注类》,而是置于《经部·论语类》之末,泷川氏或因此而误以为《隋志》未载《江都集礼》。《隋志·论语类》之下收录了许慎《五经异义》等后世所谓的五经总义的书。而另一方面,《史部·仪注类》则收录"《隋朝仪礼》一百卷"。④ 总体来看,《隋志》的编纂者认为《江都集礼》是带有经学性质的书,而《隋朝仪礼》则与之不同。

《旧唐书·经籍志》将《甲部经录·礼类》分为"《周礼》十三家,《仪礼》、丧服二十八家,礼论答问三十五家",而将《江都集礼》收录于"礼论答问"之中。⑤《江都集礼》之下有"《大唐新礼》一百卷 房玄龄撰"与"《紫宸礼要》十卷 大圣天后撰"。《礼类》是以《紫宸礼要》结束。又,《旧唐书》卷二七《礼仪志七》云:"臣等按:《大唐新礼》'亲

---

① 《朱子语类》卷八七,第 2257 页。吾妻重二、秋冈英行、白井顺、桥本昭典、藤井伦明 译注《朱子语类译注 卷八十七》(汲古书院,2015,第 251 页)认为,"古今祭礼"是 指朱熹撰写的《古今家祭礼》。

② 中研院中国文哲研究所,2011。

③ 榎本氏的摘要云:"确知《江都集礼》存在的时代是以北宋为界限。"但界限似是南宋。

④ 《隋书》三三《经籍志二》,第 970 页。

⑤ 《旧唐书》四六《经籍志上》,第 1975 页。点校本《旧唐书》校勘记〔七〕指出此处有 误脱,此说无误。虽然如此,《江都集礼》属于"礼论答问"亦应该无误。

舅加至小功，与从母同服'。"① 可知《大唐新礼》收录关于丧服的一般规定，或许是因为这样的特征，《旧唐志》的编纂者将《大唐新礼》判定成了带有经学性质的书籍。

《新唐志》《宋史·艺文志》俱将《江都集礼》收载于《史部·仪注类》。《新唐志》亦将《大唐新礼》②与《紫宸礼要》加入于《仪注类》。又，《文献通考》将《江都集礼》收载于《经部·仪注类》，其原因不过是由于《通考》将仪注类全部从史部移动到经部的缘故。可知宋代以后的学者认为关于具体仪节的详细议论不属于经学主流，而属于与此有别的另一种专业领域。

上文引用的《通典》卷七〇所载王方庆奏议"隋大业中，炀帝令学士撰《江都集礼》"之后，有"只钞撮《礼论》，更无异文"之语。③《江都集礼》以何承天《礼论》④为蓝本，可以充分认为，它很可能与仪注不同，而是收录经学议论的书。上文引用的《朱子语类》所引孙毓所云庙制，《通典》卷四七注有更详细的记载。⑤ 可以明确的是，这不是现实的制度，而是根据经书所做的理论构想。《旧唐书》卷五二《后妃传下》云："礼院奏议曰：'……《江都集礼》引《白虎通》曰"皇后何所谥之，以为于庙"，又曰"皇后无外事，无为于郊"。'"⑥ 这也是作为理论参照的依据而引用《江都集礼》的例证。⑦

但根据《旧唐书》卷二四《礼仪志四》云："今据《江都集礼》及《开元礼》，蜡祭之日，大明、夜明二座及朝日、夕月，皇帝致祝，皆率称臣。"⑧ 可以知道该书也收录具体的仪节。但如下所述，虽有开皇五年

---

① 《旧唐书》卷二七《礼仪志七》，第 1036 页。
② 但书名变为《大唐仪礼》，同为房玄龄所撰，应该是同一书。《新唐志》云："《大唐仪礼》一百卷。长孙无忌、房玄龄、魏征、李百药、颜师古、令狐德棻、孔颖达、于志宁等撰。……总一百三十篇。贞观十一年上。"（第 1491 页）
③ 《通典》卷七〇，1926 页。
④ 《隋志》将《礼论》列于《经部·礼类》。《旧唐志》亦将《礼论》列于《甲部经录·礼类》，应在"礼论答问三十五家"之中，但实际却在倒数第三十六，这并不符合"三十五家"之数。上述校勘记［七］指出有误字，应该是合理的。
⑤ 《通典》卷四七，第 1306 页。
⑥ 《旧唐书》卷五二《后妃传下》，第 2195 页。
⑦ 管见所及，《江都集礼》的佚文只有关于礼学的文章。
⑧ 《旧唐书》卷二四《礼仪志四》，第 933 页。

（585）施行《开皇礼》的记载，但史书里却没有施行《江都集礼》的记载。

总之，可以推测《江都集礼》收录各朝代的礼学议论。与我们现在利用《通典》与《五礼通考》一样，《江都集礼》只是便于当时之人参考的资料集而已。理所当然，它应该不是用于施行的书籍。①

（二）从潘徽的学统与序文来考察

编纂《江都集礼》是一项众多学者参与的大型事业，在编纂百二十卷本之时，撰写序文的潘徽应该是工作的主导者。下文即对潘徽的学术背景略做讨论。

陈灭亡之后，潘徽入隋，先仕秦王杨俊，杨俊死后再仕杨广。史睿指出，潘徽师从郑灼，郑灼又师从皇侃。② 根据《梁书》卷四八《儒林传》皇侃条，可知皇侃"师事贺玚"，③ 且著有《礼记讲疏》五十卷。关于贺玚，《梁书》卷四八《儒林传》云：

> 贺玚悉礼旧事，时高祖方创定礼乐，玚所建议，多见施行。……所著《礼》、《易》、《老》、《庄》讲疏，《朝廷博议》数百篇，《宾礼仪注》一百四十五卷。玚于礼尤精。④

从此可以窥知，潘徽继承了梁以来南朝后期礼学的传统。

又，潘徽在序文中回顾了礼学的历史，接下来将尝试据此对学术史的认识进行探索。《序》云：

> （杨广）以为质文递改，损益不同，明堂、曲台之记，南宫、东观之说，郑、王、徐、贺之答，崔、谯、何、庾之论，简牒虽盈，菁

---

① 榎本氏摘要亦云："《江都集礼》不是仪注！"但上列高氏书（第273页）云"在政策上，初沿用《仁寿礼》（相近于《开皇礼》）以外，当再参用《江都集礼》"，似认为是仪注。

② 史睿：《北周后期至唐初礼制的变迁与学术文化的统一》，荣新江主编《唐研究》第3卷，北京大学出版社，1997，第165～184页。

③ 《梁书》卷四八《儒林传》，中华书局，2015，第680页。

④ 《梁书》卷四八《儒林传》，第672页。

华盖鲜。乃……总括油素，躬披绀缥，荑芜刘楚，振领提纲，去其繁杂，撮其指要，勒成一家，名曰"《江都集礼》"。①

在序文中，为了凸显《江都集礼》，潘徽以否定性态度叙述、回顾了礼学的历史。由于"明堂、曲台、南宫、东观"是西晋崩溃而中国分裂为南北朝以前的事情，今且不论。文中罗列出了"郑、王、徐、贺"等人，"郑"指郑玄，"王"指王肃，"徐、贺"似指晋徐邈与贺循。此四人的名字频见于《通典》等书中。贺循是贺玚的祖先，《晋书》本传称他"博览众书，尤精礼传"。②"崔、谯、何、庾"的"崔"是从北魏迁移到梁的崔灵恩（著有《三礼义宗》），"谯"是三国蜀谯周（著有《五经然否论》），"何"是宋何承天（著有《礼论》），"庾"是宋庾蔚之（著有《丧服要记》《丧服世要》《礼论钞》《礼答问》）。谯周的礼学议论见于《通典》卷五二引用《礼论》所引其著《祭志》。总之，谯周与贺循是南北分裂以前的人物，故今不论。就对于南北分裂以后而言，潘徽所列举的学者皆是南朝的人物。

又，若从《序》所言"总括油素，躬披绀缥，荑芜刘楚，振领提纲，去其繁杂，撮其指要，勒成一家"来看，正如史睿所言，《江都集礼》可能是取舍南朝历代的礼学议论编纂而成的。③北魏统一华北之后，逐渐开始吸收南朝学问的北朝也连绵不绝地传承了礼学。虽说如此，但对南朝人士而言，他们仍然拥有文化优越感，或以为北朝的学问并不足取。潘徽既然继承的是南朝礼学，则其序文中仅瞩目南朝历代学问，而不提北朝礼学，似也不足为怪。《崇文总目》云"下逮江左先儒论议"，应该无误。

通过上文对潘徽学统和序文的分析，可以推知《江都集礼》在南朝礼学传承中所处的重要位置。不过，若《江都集礼》果真曾由牛弘重修，则也很有可能采用了北齐的仪注与牛弘自身所继承的来自河西的礼学，遗憾的是现在无法知道其详细情况。

---

① 《隋书》卷七五《儒林传》，第 1746 页。
② 《晋书》卷六八《贺循传》，中华书局，2015，第 1830 页。榎本氏的摘要认为"贺"指贺玚，但考虑到礼学的历史，似当作贺循更为妥当。
③ 史睿：《北周后期至唐初礼制的变迁与学术文化的统一》，荣新江主编《唐研究》第 3 卷，第 171 页。

五　隋代的制礼

陈寅恪《隋唐制度渊源略论稿》①曾将北朝礼制概括如下：北魏是鲜卑的王朝，开国之初仪礼等制度不周。孝文帝采用汉化政策之后，始参考南齐王肃等带来的南朝前期礼学，从而整备制度。南朝前期礼学由南齐王俭而得大成。另外，从中原避难河西的中原知识分子也在河西继续传承曹魏以来的学术，北魏即采用其礼学，北齐又继承了北魏的礼制。同时，关中亦有礼学传统。北周曾依据其学说，制定了基于胡族传统与《周礼》的独有仪礼。隋是继承北周的王朝，唐又是继承隋的王朝。但从礼制而言，隋未继承北周，却综合了北齐的礼制与河西、关中、南朝后期的礼制，而建立起新时代的礼制。

不过，若按照史睿的看法，北周武帝曾从北齐聘请熊安生，所以北周后期似已在一定程度上采用了北魏、北齐的礼制。②另，宋德熹批评陈寅恪的学术方法，认为他过于重视出身地与学问的关系。虽说如此，宋氏仍言："尽管《渊源稿》礼仪章所代表的史观和史法有得有失，但瑕不掩瑜，陈先生中古史学的诸多创见和学术典范，不管赞成抑或批判，后辈学者都势必在其开风气之先的'蓝图'笼罩下，不能不受其学说和学风的巨大影响。"③笔者认为《渊源考》的方法与结论在此依然有效。以下即依据陈寅恪分类的学派，④讨论隋代的制礼情况。⑤

（一）开皇三年的礼书编纂

有隋一代，早在开皇三年（583）即行编纂礼书。按照高明士的说法，

---

① 今依《隋唐制度渊源略论稿　唐代政治史述论稿》（《中华现代学术名著丛书》，商务印书馆，2011）所收。

② 史睿：《北周后期至唐初礼制的变迁与学术文化的统一》，荣新江主编《唐研究》第 3 卷，第 166 页。

③ 宋德熹：《陈寅恪中古史学探研——以"隋唐制度渊源略论稿"为例》，台北，稻乡出版社，1999，第 39 页。

④ 山崎宏亦用北齐、北周、南朝（梁、陈）的类别描述隋代学术情况。参见山崎氏著《隋代の学界の研究》，《立正大学文学部论丛》37，1970，第 29 ~ 78 页。

⑤ 但陈寅恪还没明确地区分开皇的礼书编纂与仁寿的礼书编纂。高氏已经指出此事。

以下暂称之为《开皇礼》。

《隋书》卷八《礼仪志三》：

> 开皇初，高祖思定典礼。太常卿①牛弘奏曰："……制礼作乐，事归元首，江南王俭，偏隅一臣，私撰仪注，多违古法……两萧累代，举国遵行。后魏及齐，风牛本隔，殊不寻究，遥相师祖，故山东之人，浸以成俗。西魏已降，师旅弗遑，宾嘉之礼，尽未详定……请据前经，革兹俗弊。"诏曰："可。"弘因奏征学者，撰《仪礼》百卷。悉用东齐仪注以为准，亦微采王俭礼。修毕，上之。诏遂班天下，咸使遵用焉。②

又，《隋书》卷四九《牛弘传》云：

> （开皇）三年，拜礼部尚书，奉敕修撰五礼，勒成百卷，行于当世。③

又，《隋书》卷七五《儒林传》辛彦之条云：

> 高祖受禅……拜礼部尚书，与秘书监牛弘撰《新礼》。④

可以认为，《新礼》即指《开皇礼》。《儒林传》所云牛弘的官职是秘书监，与《牛弘传》所云礼部尚书有异。今检《牛弘传》，开皇初年牛弘任秘书监，《儒林传》记录的似是其即将修撰《开皇礼》之前的官职。

又，《隋书》卷六《礼仪志一》云：

---

① 《隋书·牛弘传》云："（开皇）六年，除太常卿。"（第1305页）按照《礼仪志》，开皇三年修撰五礼时牛弘似任太常卿，与《牛弘传》有异。高明士已经注意此事，而主张宜将"太常卿"改为"秘书监"。牛弘官名肯定有误，但今还不知如何修改才好。
② 《隋书》卷八《礼仪志三》，第156页。
③ 《隋书》卷四九《牛弘传》，第1300页。
④ 《隋书》卷七五《儒林传》，第1422页。

> 高祖命牛弘、辛彦之等采梁及北齐仪注，以为五礼云。①

开皇三年，隋尚未灭陈朝，梁陈的南朝后期学问还没有流传到隋朝。《礼仪志》所云"采梁及北齐仪注"，应该是与明克让有关。《隋书》卷五八《明克让传》云：

> 梁灭，归于长安，周明帝引为麟趾殿学士……高祖受禅，拜太子内舍人……诏与太常牛弘等修礼议乐，当朝典故多所裁正。开皇十四年，以疾去官。②

《开皇礼》之外，隋朝还有仁寿二年（602）制定的所谓《仁寿礼》。明克让在开皇十四年（594）去官，史书既然称"与太常牛弘等修礼"，则可推测明克让与牛弘、辛彦之俱参与了《开皇礼》的编纂事业。明克让是由梁入隋的，因而可以推测《隋书·礼仪志》所云之梁朝仪注应该是明克让带的。③

又，《旧唐书》卷七二《李百药传》云：

> 诏令修五礼，定律令，撰阴阳书……时炀帝出镇扬州，尝召之，百药辞疾不赴，炀帝大怒。④

据此可知杨广任扬州总管以前李百药参与了五礼的修撰，既然如此，他应当也参与了《开皇礼》的编纂。李百药是定州安平人，来自北齐。

《隋书》卷一《文帝纪上》云：

> 五年春正月戊辰，诏行新礼。⑤

---

① 《隋书》卷六《礼仪志一》，第107页。
② 《隋书》卷五八《明克让传》，第1415~1416页。
③ 高明士云"论其实际，仍然本于王俭礼书"（《中国中古礼律综论——法文化的定型》，第273页），认为《开皇礼》没用引进北齐仪注，但不能忽视《礼仪志》云"悉用东齐仪注以为准"。
④ 《旧唐书》卷七二《李百药传》，第2571页。
⑤ 《隋书》卷一《文帝纪上》，第22页。

可知开皇五年（585）牛弘、辛彦之等编纂的《开皇礼》作为实际的礼制而得以施行。

下文拟尝试讨论《开皇礼》编纂者的出身地，并推测其学问倾向。牛弘的籍贯是安定鹑觚，辛彦之的籍贯是陇西狄道，都是陈寅恪所谓"河西、陇右"的人物。西晋崩溃，中原陷入混乱之后，部分避难者转移到了河西、陇右。中原的学术传统断绝之后，这些学者仍以家学形式传承着这些学问。可以认为，出身河西、陇右的牛弘与辛彦之在《开皇礼》的撰述中，既依据了李百药带来的北齐仪注，也参考了明克让带来的梁仪注。

（二）仁寿二年的礼书编纂

《江都集礼》一百二十卷本完成之后，仁寿二年（602）隋文帝再命编纂礼书。在此也按照高氏的说法，称之为《仁寿礼》。

《旧唐书》卷二一《礼仪志一》云：

> 隋氏平陈，寰区一统，文帝命太常卿牛弘集南北仪注，定五礼一百三十篇。①

又，《隋书·牛弘传》在仁寿二年献皇后去世的记述之前②曾云：

> 时高祖又令弘与杨素、苏威、薛道衡、许善心、虞世基、崔子发

---

① 《旧唐书》卷二一《礼仪志一》，第816页。《隋书·经籍志·仪注类》云"《隋朝仪礼》一百卷 牛弘撰"。《旧唐书·礼仪志》仅云"一百三十篇"，却没记录《仁寿礼》的卷数。泷川氏认为《隋朝仪礼》指《仁寿礼》，对此，高氏认为《隋朝仪礼》指《开皇礼》。牛弘先后参加了《开皇礼》与《仁寿礼》的编纂工作。又，《开皇礼》是"一百卷"，《仁寿礼》是"一百三十篇"。《隋朝仪礼》的卷数符合《开皇礼》，但也无法排除《仁寿礼》一百三十篇、一百卷的可能性。高氏认为"隋氏平陈、寰区一统"与"太常卿牛弘"等语句系误行。开皇十九年（599）九月牛弘任吏部尚书（据《资治通鉴》，第5568页），此云"太常卿"，应该有误。不过即使"太常卿"有误，但因为《旧唐志》的记载很具体，仍然可看作是可靠的，因此笔者认为《旧唐志》所云《隋朝仪礼》指的是《仁寿礼》。但这只是暂定的看法，不敢以为定论。

② 高明士在《中国中古礼律综论——法文化的定型》（第242页注一）中指出，献皇后去世与"论新礼降杀轻重"的先后关系不清楚，但仍不妨认为此事是在仁寿二年。

等并召诸儒，论新礼降杀轻重。弘所立议，众咸推服之。①

此条亦指《仁寿礼》的编纂。又，《隋书》卷二《文帝纪下》云：

> （仁寿二年）闰月……己丑，诏曰："……尚书左仆射越国公杨素、尚书右仆射邳国公苏威、吏部尚书奇章公牛弘、内史侍郎薛道衡、秘书丞许善心、内史舍人虞世基、著作郎王劭，或任居端揆，博达古今，或器推令望，学综经史。委以裁缉，实允佥议。可并修定五礼。"②

以下，据《牛弘传》与《文帝纪》所见《仁寿礼》编纂者的籍贯，来尝试推测其学术倾向。

关于杨素，陈寅恪云："素之得与此役，不过以尚书左仆射首辅之资位，监领此大典而已。"③ 杨素不过是总纂官，虽然是关中人物，但可以置而不论。苏威的籍贯是武功，世居关中，承袭家学。薛道衡的籍贯是河东汾阴，曾在北齐编纂五礼。陈寅恪云："道衡家世本出北齐，其本身于北齐又修定五礼，参预政事，及齐亡历周入隋，复久当枢要。隋文命其修定隋礼，自为适宜，而道衡依其旧习，效力新朝……"④ 薛道衡似将北齐的礼仪传授于隋朝。许善心的籍贯是高阳北新城，本仕于陈，因在出使隋期间陈朝灭亡，结果又仕于隋。虞世基的籍贯是会稽余姚，陈灭亡之后入隋。仅见于《文帝纪》之王劭是太原晋阳人，自北齐历北周入隋。仅见于《牛弘传》的崔子发，《北齐书》卷四四《儒林传》云："胄子以通经仕者，唯博陵崔子发、广平宋游卿而已。"⑤ 可知是北齐之人。

又，《隋书·儒林传》刘焯条云："（蜀）王以罪废，焯又与诸儒修定礼律，除云骑尉。"⑥《文帝纪下》云："（仁寿二年）十二月癸巳，上柱

---

① 《隋书》卷四九《牛弘传》，第1309页。
② 《隋书》卷二《文帝纪下》，第48页。
③ 《隋唐制度渊源略论稿　唐代政治史述论稿》，第18~19页。
④ 《隋唐制度渊源略论稿　唐代政治史述论稿》，第50页。
⑤ 《北齐书》卷四四《儒林传》，中华书局，2016，第582页。
⑥ 《隋书》卷七五《儒林传》，第1719页。

国、益州总管蜀王秀废为庶人。"① 可知"焯又与诸儒修定礼律"之事当在仁寿年间。

又,《隋书·儒林传》刘炫条云:"及蜀王废,与诸儒修定五礼,授旅骑尉。"② 可知刘焯与刘炫俱参与了《仁寿礼》的编纂工作。刘焯的籍贯是信都昌亭,刘炫的籍贯是河间景城,俱是北齐地区的人物。③

《开皇礼》的编纂工作以北齐的仪注为中心,亦参考了梁的礼仪。对此,可以推测,陈的降臣参与编纂的《仁寿礼》引进了梁陈南朝后期仪礼。隋灭陈,统一中国,亦可以认为其在礼制方面企图调和南北。但高氏分析具体仪礼时曾得出"《仁寿礼》之修定,与《开皇礼》一样,当是兼采南北仪注,但以北齐礼为主"④ 的说法,此处看来似尚不至于全面导入南朝的仪礼。⑤

(三) 大业年间的炀帝制礼

炀帝登基之后即采取积极政策,最终其失败的结果导致了隋朝及其本人的灭亡。关于仪礼,炀帝亦别开生面。在此,以庙制为例,讨论炀帝的礼制改革对初唐的影响。

《隋书》卷七《礼仪志二》解释隋文帝时代的庙制云:

> 高祖既受命……宗庙未言始祖,又无受命之祧,自高祖已下,置四亲庙,同殿异室而已。⑥

---

① 《隋书》卷二《文帝纪下》,第48页。
② 《隋书》卷七五《儒林传》,第1720页。
③ 陈寅恪又指出裴政与袁朗参与礼书编纂,但史书没有裴政与袁朗参与五礼编纂的记载,故而此处置而不论。又,赵永磊《北朝至隋唐国家祭祀形成研究》,(博士学位论文,北京大学,2017)依据《旧唐志》与《新唐志》收载高颖撰"《隋吉礼》五十四卷",认为高颖担当《仁寿礼》之中吉礼部分的编纂,但其与五礼的关系不明显,又,开皇二十年皇太子杨勇被废以来,实际上高颖已经下台,因而在此不论。高颖是从北齐入北周的人物。
④ 高明士:《中国中古礼律综论——法文化的定型》,第246页。
⑤ 高明士《中国中古礼律综论——法文化的定型》云:"此次(仁寿)修定五礼,动员专家包括魏周系、北齐系、南朝系等,实较撰述《开皇礼》为广……整个说来,《仁寿礼》的修定,或许无大幅更动《开皇礼》……"(第243页)
⑥ 《隋书》卷七《礼仪志二》,第136页。

文帝时代的庙采用一个屋子里有四个神位的形态。没有二祧，只有四亲庙，除了没有始祖这一点，均符合郑玄所云周以外的王朝的庙制。

炀帝登基之后，《礼仪志》又云：

> 大业元年，炀帝欲遵周法，营立七庙，诏有司详定其礼。礼部侍郎摄太常少卿许善心，与博士褚亮等议曰："……案郑玄义，天子唯立四亲庙，并始祖而为五。周以文、武为受命之祖，特立二祧，是为七庙。案：王肃以为天子七庙，是通百代之言……自历代以来，杂用王、郑二义，若寻其指归，校以优劣，康成止论周代，非谓经通；子雍总贯皇王，事兼长远。今请依据古典，崇建七庙。受命之祖，宜别立庙祧，百代之后，为不毁之法……"诏可，未及创制……①

关于天子的庙数，有东汉郑玄说与魏王肃说。郑玄认为周有七庙，其中祭祀文王与武王的二庙即所谓二祧。二祧是为了祭祀有杰出贡献的文王与武王，是只有周王朝设置的特殊的庙。若按照郑玄说，周以外的王朝的天子庙仅有五庙。对此，王肃认为二祧祭祀高祖的祖父与高祖之父。不论周还是周之外，天子庙均有七。② 许善心等主张尊重王肃说。但同时在此上奏文的末尾云："阮忱撰礼图，亦从此义……谨详立别图，附之议末。"而解释说"其图，太祖、高祖各一殿，准周文、武二祧，与始祖而三"，③ 可见也是主

---

① 《隋书》卷七《礼仪志二》，第138页。高明士怀疑"未及创制"（《中国中古礼律综论——法文化的定型》，第279页）。
② 关于郑玄说与王肃说的差异，古桥纪宏《魏晋时代における礼学の研究》有简要的解说（博士学位论文，东京大学大学院，2007，第108~120页）。
③ 《隋书》卷七《礼仪志二》，第139页。《新唐书·褚亮传》所引略同。阮忱的名字不见于其他史书。但《三国志》卷一六《杜畿传》裴松之注云："案《阮氏谱》：武父谌，字士信，徽辟无所就，造《三礼图》传于世。"（中华书局，2015，第508页）按照《广韵》，"忱""谌"同音，故而可以推测阮忱是阮谌之讹。《隋书·经籍志》收录"《三礼图》九卷 郑玄及后汉侍中阮谌等撰"与"《周室王城明堂宗庙图》一卷 祁谌撰"。姚振宗《隋书经籍志考证》云："'祁'当为'阮'。"对阮谌礼图，古桥纪宏有详细的研究（《藤原通宪"王宫正堂正寝勘文"とその礼图について》，《西胁常记教授退休纪念论集"东アジアの宗教と文化"》，京都大学人文科学研究所，2007，第109~168页）。古桥氏指出，日本平安时代（1148）藤原通宪摹写阮谌《周室王城明堂宗庙图》，后代的摹本仍保存于日本石清水八幡宫。但按照古桥氏的论文，现存礼图之中没有与庙制有关的部分。今不知《隋志》所云"阮忱撰礼图"指的是《三礼图》还是《周室王城明堂宗庙图》。

张参考郑玄说。以王肃说为主，兼用郑玄所谓的周代庙制，这符合历代庙制的通例，而不是直接采用王肃的理论。总而言之，炀帝希望改变文帝所定的宗庙制度。

如上所述，许善心是从陈入隋的人物。又，《新唐书》卷一〇二《褚亮传》云：

> 褚亮字希明，杭州钱塘人……年十八，诣陈仆射徐陵，陵与语，异之。后主召见……累迁为尚书殿中侍郎。入隋，为东宫学士，迁太常博士。炀帝议改宗庙之制，亮请依古七庙，而太祖、高祖各一殿，法周文、武二祧，与始祖而三，余则分室而祭，始祖二祧，不从迭毁。未及行，坐与杨玄感善，炀帝矜己嫉才，因是亦贬西海司户。时博士潘徽贬威定主簿，亮与俱至陇山。徽死，为敛瘗，人皆义之。①

褚亮亦是陈的降臣。一般而言，郑玄说流行于北朝，王肃说流行于南朝。但关于三礼而言，南朝的学者亦尊重郑玄说。因此，关于实际的礼制与郑玄说之间的矛盾，南朝是有议论积累的。通过《通典》等记载，今天仍可窥其一斑。汇集南朝礼论的《江都集礼》肯定颇便利于礼制的议论。褚亮与潘徽的关系很密切，所以大业年间制礼时很有可能参考了《江都集礼》。

（四）对唐朝的影响

唐朝采用怎样的宗庙制度呢？高明士云"武德四庙制，系用开皇制"，② 即唐初采用了隋初的制度。但《旧唐书》卷二五《礼仪志五》云：

> 贞观九年，高祖崩……太宗命有司详议庙制……于是八座奉曰："……祖郑玄者则陈四庙之制，述王肃者则引七庙之文……臣奉述睿旨，讨论往载，纪七庙者实多，称四祖者盖寡……背子雍之笃论，尊康成之旧学……非所谓尊卑有序，名位不同者也……臣等参议，请依

① 《新唐书》卷一〇二《褚亮传》，第 2578 页。
② 高明士：《中国中古礼律综论——法文化的定型》，第 310 页。

晋、宋故事、立亲庙六。"……制从之。①

高明士云"其实七庙制，亦是隋大业之制，取王肃说至为明显"，② 认为唐太宗采用了隋炀帝的庙制。其理由在于贞观九年（635）的议论沿袭了大业元年的庙制议论。唐贞观年间曾参考隋大业制度，《江都集礼》影响到了大业制度，这又将南朝礼学传承到了唐代，可以说具有很大的历史意义。

六　结语

在《江都集礼》成书之前，隋朝编纂了以北朝礼学为中心的《开皇礼》。虽然成书其后的《仁寿礼》的编纂曾有南朝学者参与其中，但《仁寿礼》仍然是以北学为中心。之后隋炀帝在大业年间曾引进南朝的仪礼，可以说成书于大业制礼之前的《江都集礼》，对隋朝导入南学具有重要的意义、起到了促进的作用。更进一步来说，由于唐朝继承了隋大业的礼制，也可以认为，其影响力也波及唐以后。

（本文原载于《东方学》第 130 辑，日本东方学会，2019，第 26～43 页。现在予以增补修订，并译为中文）

---

① 《旧唐书》卷二五《礼仪志五》，第 943 页。
② 高明士：《中国中古礼律综论——法文化的定型》，第 310 页。

《中国古代法律文献研究》 第十三辑

2019 年，第 157～174 页

御史台、奏弹式与唐前期
中央司法政务运行

张　雨[*]

摘　要： 借助于对唐奏弹式复原方案并不充分的讨论，仍可看出唐、日奏弹式的差异。与《养老令》中弹正台与刑部省并未通过奏弹式建立直接联系不同，唐代御史台与大理寺通过奏弹式，以"付大理推科""移送大理"的方式，在中央司法政务运行中被直接联系了起来。由此，御史台、大理寺、刑部司三者便围绕中央司法政务运行形成一个完整的链条，而且建立起一套完善的文书运行程序。从北朝台案到隋唐奏弹（奏弹式）变化的背后，是以政务处理程序分工为特征的三省制的确立。这不仅使三省的架构得以明晰，而且使御史台的地位与职权得到明确。隋唐以后，御史台得以厕身于三省之列，并号"台省"，其背后的制度史因素就在于此。此外，奏弹式的署名方式，也与御史奏弹是否需要关白大夫的问题相关，其变化与唐前期政治形势的发展有密切关系。

关键词： 御史台　奏弹式　台省　关白

---

* 中国政法大学法律古籍整理研究所副教授。

御史台是中国古代的监察机关，主要负责监督、弹劾官员。上述定位对唐代御史台，也是适用的。从监察制度的视角研究御史台，是中国古代制度史研究中的基本问题之一，也取得了丰富成果，[1] 加深了学界对御史台在国家政务中的地位与作用的认知。不过就现有研究而言，涉及唐代御史台的研究，仍多延续传统政治制度史的研究范式，主要通过对史志政书所载御史台及其官员的设置及职掌入手，参证以传统典籍中对御史台及御史活动的个案（或群体）研究，并在概括与统计中，对御史台监察机关的地位进行实证（或质性）研究。可以说，从公文形态切入的政务运行研究视角，作为制度史转型代表的新研究范式尚未真正波及御史台的研究。

首当其冲的原因，就是唐代文献的不足征。开元《公式令》残卷亦未能保存与唐前期御史台官员弹劾职能密切相关的奏弹式的原初面目，而偏处西陲的沙州与西州，又使得敦煌、吐鲁番文献中很难保存有与御史奏弹活动有关的官文书。这自然限制了唐代御史台研究走向"活"的制度史。

不过，在《令集解》中，保存有关于唐奏弹式的断章残句。仁井田陞已经据以对奏弹式作了初步辑佚。[2] 参照《养老令》奏弹式，刘后滨也已指出唐奏弹式的文书形态，与奏抄有些类似，同样要由皇帝画"闻"。不同的是，奏弹并不需要经过门下省官员的读、省、审（即审署程序）。[3] 不过因为研究旨趣的侧重，上述学者并未涉及奏弹式的复原。本节将借助《令集解》复原唐奏弹式的使用范围，进而参照日令奏弹式，尝试复原唐奏弹式复原，并围绕着御史台在中央司法政务运行中的作用加以探讨。

一　唐奏弹式复原方案推测

先来了解一下《养老令》中的奏弹式，以建立起复原唐奏弹式的参

---

① 相关成果综述，参见胡戟等主编《二十世纪唐研究·政治卷》第2章（杜文玉、宁欣执笔）"监察制度"一节，中国社会科学出版社，2002，第93~94页。

② 〔日〕仁井田陞：《唐令拾遗》，《公式令》第4条，栗劲等译，长春出版社，1989，第484~485页。

③ 刘后滨：《唐代中书门下体制研究》，齐鲁书社，2004，第99~100页。

照系。

奏弹式

弹正台谨奏：其司位姓名罪状事。

具官位姓名，贯属。

右一人犯状，云云。

劾上件甲乙事状如右，谨以上闻，谨奏。

年月日　弹正尹位臣姓名奏①

闻御画

右，亲王及五位以上（太政大臣，不在此限），有犯应须纠劾而未审实者，并据状勘问，不须推拷。委知事由，事大者奏弹，讫，留台为案。非应奏及六位以下，并纠移所司推判。②

接下来，再将《令集解》中有关内容摘录出来。

释云：……《断狱律》云：应议、请、减者，并不合拷讯，皆据众证定罪者，令不推拷，谓此取本令文耳何？唐令云：流内九品以上官有犯，应纠劾而未知审实者，并据状勘问，不须推拷者。文云"九品以上"，故劳推拷事耳。我令云：五位以上，即知推拷文徒然耳。

穴云：……问：奏弹之后何？答：亦送刑部耳，六位以下遂送刑部故。又本令云：御注者留台为案，更写一通移送大理故。

穴云：留台为案，未知写案送省哉？答：唐令云：请付大理推科者，其式云：更写一通移送。今于此令不合然也，注以台移文送耳。

穴云：……问：纠移所司，未知何司？答：唐令云：移送大理寺，然则于此令云刑部耳。师云：依令释，移送刑部共京职耳。

---

① 《令义解》编纂者在此句后注曰："谓，若无尹者，判官以上亦得奏也。"

② 〔日〕黑板勝美编《令義解》卷七《公式令》，"奏弹式"条，新订增补国史大系普及版，吉川弘文馆，1985，第236～237页。按，《令义解》编纂者将"事大者"释为"解官以上"，"非应奏"为"无品亲王犯杖罪以下，及五位以上不至解官"。

问：纠移者移囚欤，为当文书造移欤？私答：本令云：<u>更写一通移送大理</u>。下云：<u>非应奏者，并纠移所司推判者</u>。案之，似纠移囚身耳。①

集解提及三种令，其中"唐令""我令"（《养老令》）比较明确。至于"本令"，仁井田陞等皆认为是唐令。② 但这一说法尚需斟酌。《公式令》"任授官位"条集解引《穴记》：

穴云：《狱令》为"位案注'毁'字"生文，此条为"注除簿案"生文，两条其义各异。但案本令奏抄式，"刑部覆断讫，送都省。都省令以下、侍郎以上，及刑部尚书以下、侍郎以上，俱署申奏。奏报之日，刑部径报吏部，令进位案，注'毁'字，并造簿"，于行事无烦。今此令，申奏之日，无刑部卿俱署奏，太政官独奏。奏报之日，下符刑部。即刑部转报式部，令进位案，注"毁"字，此转回亦间，事涉不便……又，依本《狱令》，"刑部申都省日，位记俱副进"耳。③

从上引《本令》中所反映出来的官制，如尚书都省有"令以下、侍郎以上"，以及位案（记）、《狱令》等专名来看，其官制不同于唐制，故此处

---

① 〔日〕黑板勝美编《令集解》卷三二《公式令》，"奏弹式"条，新订增补国史大系普及版，吉川弘文馆，1985，第803~805页。下划线为笔者所加。

② 《唐令拾遗》，《公式令》第4条，仁井田陞所加按语，第485页。所以在某些情况下，《唐令拾遗》便直接引录本令断文作为复原的唐令，如同前书《卫府职员令》第2条、《考课令》第35条，第43、251页。《唐令拾遗补》显然继承了上述看法，该书在修订前著时，对《卫府职员令》第2条，只是将误引之"精进"补订为"请进"。至于《考课令》第35条虽被删除，但删除的原因是该条令文应为《军防令》，而非《考课令》，参见〔日〕仁井田陞著，〔日〕池田温编集代表《唐令拾遗补》，东京大学出版会，1997，第337、594、620~621页。坂上康俊亦有相同看法，见氏著《〈令集解〉に引用された唐の令について》，《九州史學》第85號，1986，第44~45页；〔日〕阪上康俊：《日本舶来唐令的年代推断》，何东译，韩昇主编《古代中国：社会转型与多元文化》，上海人民出版社，2007，第171~174页。

③ 《令集解》卷三六《公式令》"任授官位"条，第907~908页。

所引《本令》决非唐令，应该仍是日本令，修定年代应该早于《养老令》。①

不过，前引与奏弹式相关的本令中，既然含有"大理"这样的唐制专名，其所指应即唐令，因此可据前引《令集解》下划线部分，将唐奏弹式的适用范围复原如下：

> 流内九品以上官，有犯应纠劾，而未知审实者，并据状勘问，不须推拷。委知事由，事大者奏弹，讫，御注者留台为案，更写一通，移送大理。非应奏者，并纠移所司推判。

需要说明的是，其中加着重号一句，《令集解》未加引用，也不见于现存唐代文献。《唐六典》中虽有相近文字：

> 凡中外百僚主事应弹劾者，御史言于大夫，大事则方幅奏弹，小事则署名而已。
>
> 凡事非大夫、中丞所劾而合弹奏者，则具其事为状，大夫、中丞押奏。大事则冠法冠，衣朱衣、纁裳、白纱中单以弹之；小事，常服而已。②

但其中的"大事""小事"均指"应弹劾"或"合弹奏"事项，③ 即属于奏弹式适用范围中"非应奏者"之外的"应纠劾"事项。且上述《唐六

---

① 《令集解》所引"本令"（凡56例）语义或指代对象多元，其中虽然大部分可视为唐令，但亦有"本令与唐令文字相同，但可能并非唐令"者及"与唐令文字不同"者。参见拙文《〈令集解〉所引"本令"初探》，2019年6月在台北大学第三届中国法律与历史国际学术研讨会宣读（代读）。

② （唐）李林甫等：《唐六典》卷一三《御史台》，"御史大夫中丞"条，陈仲夫点校，中华书局，1992，第379、380页。

③ 这一点类似于给事中职掌中的"大事则称扬德泽，褒美功业，覆奏而请施行；小事则署而颁之"，《唐六典》卷八，第244页。其中，"大事"（制书类）、"小事"（敕书类）均指应奏闻事项而言。不同之处在于，根据政务的重要性而产生文书形态上的差异。参见刘后滨《唐代国家政务中的"大事"与"小事"——兼论中国中古国家形态的演进》（未刊稿）。

典》文本形成于开元年间（分析详后），与《养老令》所本之唐令文本恐不同。考虑到"御注者"应指奏弹经皇帝御画"闻"，承接《养老令》"委知事由，事大者奏弹，讫"一句文义无碍，且"留台为案"又为日令所继承，故该部分暂依日令复原。

至此，《令集解》所引唐令中除"请付大理推科"一句外，其余节文都得到了有效利用。对于不见于日令的文字，应该见于唐奏弹式本身。以唐代文献所载御史弹奏来看，显庆元年（656），侍御史王义方弹劾中书侍郎李义府，文末作"伏请付法推断，以申宪典"。[①] 所谓"付法"，即移送法寺（大理寺）。如上元二年（675），狄仁杰为侍御史，"左司郎中王本立恃宠用事，朝廷慑惧，仁杰奏之，请付法寺，高宗特原之"。[②] 因此上文中"付法推断""请付法寺"即相当于唐令中的"请付大理推科"，其位置一般在文末。参照日令，可推测其在唐令中的位置，应该在相当于日本令中"劾上件甲乙事状如右"之下，"谨以上闻"之前的地方。之后的"谨以上闻，谨奏"，则是奏弹的固定结句，类似于奏抄式中的"谨以申闻，谨奏"，故而史文从略。由此，可尝试再进一步对唐奏弹式做出完整复原方案：

　　　　奏弹式
　　御史台谨奏：某司某官姓名罪状事。
　　具官封姓名。贯属。
　　　　右一人犯状。云云。
　　劾上件甲乙事状如右，请付大理推科。谨以上闻，谨奏。
　　　　年月日　御史具官封臣姓名
　　　　　　　　御史中丞具官封姓名
　　　　　　　　御史大夫具官封姓名奏

---

① （宋）王钦若等：《宋本册府元龟》卷五二〇上《宪官部·弹劾三》，中华书局，1989，第1350页。参见（宋）司马光《资治通鉴》卷二〇〇"显庆元年八月乙巳"条后，中华书局，1976，第6298~6299页。

② （后晋）刘昫等：《旧唐书》卷八九《狄仁杰传》，中华书局，1975，第2886页。（唐）陈子良：《为奚御史弹尚书某人入朝不敬文》内末句即："请以某见事付大理治罪，谨言。"（宋）李昉等：《文苑英华》卷六四九《弹文》，第3340页。

闻御画

　　右，流内九品以上官，有犯应纠劾而未知审实者，并据状勘问，不须推拷。委知事由，事大者奏弹，讫，御注者留台为案，更写一通，移送大理。非应奏者，并纠移所司推判。

上述复原方案，仍存在一些难以解决的问题，诸如奏弹的署名（详见后文），且缺乏出土文书资料支撑。之所以仍要提出这一方案，原因在于，这样做可以清楚地看出唐、日奏弹式的差异，从而可加深对御史台在唐代中央司法政务运行机制中作用的理解。

二　并号"台省"：御史台在中央司法政务
运行中地位抬升

　　与《养老令》中弹正台与刑部省并未通过奏弹式建立直接联系不同，①唐代御史台与大理寺通过奏弹式，以"付大理推科""移送大理"的方式，在中央司法政务运行中被直接联系了起来。

　　其实，关于御史弹奏之后，付大理寺推断的情况，《唐六典》中也有

---

① 日本律令制时代的弹正台在奏弹经天皇御画、"留台为案"后应如何处理，《养老令》无明确规定。虽然有注释家指出"亦送刑部耳"，但其所指为"六位以下遂送刑部"，至于针对五位以上官员的奏弹应如何处理，仍旧不知。故亦有注释家指出："唐令云：请付大理推科者……今于此令不合然也，注以台移文送耳。"（皆见前引《穴记》）相反，对于"非应奏及六位以下，并纠移所司推判"，尽管《令义解》编纂者给出了明确的意见，即依照"《狱令》，卫府纠捉罪人，非贯属京者，皆送刑部"，则知"贯于京者，送于京职"，所以"弹正纠移罪人，亦须准此，故云'纠移所司'"（《令义解》卷七《公式令》，"奏弹式"条，第237页），但当时弹正台例将此类事件移送刑部省，见嘉祥二年（唐大中三年，849）十二月十六日官符："右，得刑部省解称：……今案之，犯罪人须依彼本贯，京人送京职，外国人送刑部省。而弹正台所移送犯人不明其贯属，固称有台式。彼此执论，既致延引。望请蒙官裁，以为长例者。今案弹云：弹官人及杂色人者，具录犯状移刑部省令断罪者。右大臣宣：京人之罪，依法移京职可令断。然而弹正台元来移刑部省行来年久，何辄改悛？仍须仰下彼省据旧令断者。自今以后，记贯属移之。"［日］黑板胜美编《类聚三代格》卷二〇《断罪赎铜事》，新订增补国史大系普及版，吉川弘文馆，1983，第632页。不过，即便经过了太政官努力，此前的"弹例"仍然为延喜弹正台式所保留（［日］长谷山彰《律令制下の京职の裁判权について：唐京兆府との比较を中心に》，《史学》1996年第1号，第4~5、20~22页。参见谷月轩的译稿，网址：http://www.langya.org/forum.php? mod=viewthread&tid=66992，最后访问时间：2019年7月28日）。对于日唐律令的这一差异，有待于进一步的探讨。

体现："凡有制敕付台推者，则按其实状以奏；若寻常之狱，推讫，断于大理。"① 这一记载的前半段是关于付御史台推问的制狱案件。从"按其实状以奏"来看，很可能与一般弹劾的处理程序不同，即需要先上奏皇帝，故本节暂不涉及。至于后半段所记载的"寻常之狱"，应该就是指经御史弹奏所形成的狱案经大理审断的程序。但需要指出的是，《唐六典》反映的是御史台置狱之后的制度：在台推按之后才"断于大理"。御史台的作用已不再仅限于奏弹。

正如前引《唐六典》所载，隋令之中，已有奏弹，所以唐奏弹式应是对隋制的继承。《令集解》所引唐奏弹式反映的是，隋及初唐时，御史台对于所应纠劾之人，若犯状未实，只能"据状勘问，不须推拷"的情况。此时御史台尚未置狱，因而《唐六典》在前引"推讫，断于大理"一句下注曰："旧，台中无狱，未尝禁人；有须留问，寄禁大理。李乾祐为大夫，奏请于台置狱，虽则按问为便，而增鞫狱之弊。"② 李乾祐奏请置狱，发生在贞观二十二年（648），"由是大夫而下，已各自禁人"。③ 虽然对于御史台置狱的原因，《唐六典》《唐会要》强调的是"寄禁大理"的不便，但是《通典》却提供了更多的信息：

> 旧制但闻风弹事，提纲而已（旧例，御史台不受诉讼。有通辞状者，立于台门，候御史，御史径往门外收采。知可弹者，略其姓名，皆云"风闻访知"。永徽中，崔义玄为大夫，始定受事御史，人知一日，劾状题告人姓名或诉讼之事）。其鞫案禁系，则委之大理。贞观末，御史中丞李乾祐以囚自大理来往，滋其奸故，又案事入法，多为大理所反，乃奏于台中置东、西二狱，以自系劾。④

---

① 《唐六典》卷一三《御史台》"侍御史"条，第380页。
② 《唐六典》卷一三《御史台》"侍御史"条，第380页。
③ 《唐会要》卷六○《御史台上·御史台》，第1226页。
④ （唐）杜佑：《通典》卷二四《职官六·御史台》，王文锦等点校，中华书局，1988，第660页。按，定受事御史的时间，《宋本册府元龟》卷五一六《宪官部·振举一》作"永徽四年（653）"，第1323页，与《通典》相符。而《唐会要》卷六○《御史台上·御史台》作"开元十四年"（第1226页）。未知孰是。王素主张开元说，见氏著《唐代的御史台狱》，《魏晋南北朝隋唐史资料》第11辑，武汉大学出版社，1991，第138～145页。胡宝华主张两说皆是，认为与武则天时期之后的若干变化有关，见氏著《唐代监察制度研究》，商务印书馆，2005，第26～29页。

应该说，御史台"有须留问，寄禁大理"确实会造成一定的不便，但是李乾祐之所以奏请置台狱，更主要的原因是在御史弹劾案"付大理寺推断"的机制下，出现"案事入法，多为大理所反"的结果。

台中置东、西二狱的目的，就在于御史台希望案件经本司推按后，掌握更多的主动权，以避免被大理推翻的窘境。① 此后，侍御史知东、西推的制度也逐步形成（其后，更有四推之名）。② 经过御史台推劾之后的狱案，仍要移送大理寺断案。仪凤二年（677）二月敕规定："凡有弹纠，皆待大理断招后，录入功过。"③ 为了减少御史出于功利目的而肆意弹劾的情况，敕文要求必须待大理断定之后，才可以将弹劾功劳录入御史考状之中。如果大理寺断为无罪，则以过失录入御史考状。

正是御史台弹劾推按制度的出现与常态化，使得御史台狱在唐朝建立后没多久就出现，并且一直延续了下去。只有在开元十四年（726），崔隐甫为御史大夫时，一度奏请废去台狱。这也就是前引。《唐六典》提及在京诸司狱时，未载御史台狱的原因。但是很快御史台便以"恐罪人于大理寺隔街来往，致有漏泄狱情"，重新"于台中诸院寄禁，至今不改"，④ 恢复了旧制。

以下具体结合奏弹式来探讨唐代中央司法政务运行机制。虽然御史台纠劾包括了"流内九品以上官"有犯的情况，⑤ 但并不是所有纠劾都最终落实在奏弹上。奏弹式只是对百官所犯"委知事由，事大"应奏者适用。至于不应奏者，则直接"纠移所司推判"。只是现在已不能明了"事大"

---

① 毛健：《唐御史台狱考述》，《湖南社会科学》2007年第2期，第212~214页；唐华全、王旭：《唐代御史台狱置废探析》，《河北师范大学学报》（哲学社会科学版）2013年第5期，第92~98页。

② 《宋本册府元龟》卷五一二《宪官部·总序》："建中三年（782），又置推官二人，与本推御史同推覆。兴元元年（784），罢推官，以殿中第一同知东推，第二同知西推。其后，遂有四推之名，曰台一推、台二推、殿一推、殿二推。""五代宪台之制，皆因其旧，而员多不备（其四推但以御史从上配之）。"（第1301页）

③ 《唐会要》卷六一《御史台中·弹劾》，1256页。

④ 《唐会要》卷六〇《御史台上·御史台》，第1226页。

⑤ 御史所弹劾应该不仅限于流内官。如张鷟《龙筋凤髓判》载有涉及尚书都省官吏的判词中，其一为"令史王隆每受路州文书，皆纳贿钱，被御史弹，付法，计赃十五匹，断绞，不伏"（周绍良主编《全唐文新编》卷一七二，第1部第3册，吉林文史出版社，2000，第1995页），便是御史奏弹令史之例。

和"不应奏"之间的区别了。① 就现有情况可知，唐御史台在中央司法政务运行中的作用体现在如下三方面。

首先，对于御史台所纠劾的犯罪官员，"事大者"在通过奏弹，皇帝画闻之后，案件便被移送大理寺推断。断定之后，根据官员的身份及所犯罪行，大理寺再将相应案件申省覆审。汇总至刑部司后，流以上罪及除、免、官当的案件，可按照相应程序，分别通过奏议或奏抄的取得皇帝的裁决。② 之后，相应的发日敕和御画奏抄便经由刑部下达给所由司执行。可见，通过奏弹式、奏抄式和发日敕，御史台、大理寺、刑部司三者便在中央司法政务运行中形成一个完整的链条，而且构成了一套完善的文书运行程序。

其次，隋唐之初所确立的以政务处理程序分工为特征的三省制，不仅使三省的架构得以明晰，而且使御史台的地位与职权得到明确。两者的标志正是奏抄式和奏弹式的产生。

从魏晋南北朝时期逐渐形成的奏案转变为隋唐之初的奏抄，③ 其背后是三省成为国家政务处理机关，尤其是尚书省成为全国政务的汇总机关和裁决机关。国家常行公务，根据律令格式的规定，由尚书省置为奏抄，再经门下省的审署，便完成了上奏于皇帝的所有审查程序。经由皇帝程序性地画"闻"之后，奏抄成了御画奏抄，具有与制敕相当的效力。尚书省之后便将

---

① 《唐会要》卷六〇《御史台上·御史台》，"故事：其百僚有奸诈隐伏，得专推劾。若中书、门下五品以上，尚书省四品以上，诸司三品以上，则书而进之，并送中书门下。"（第1226页）《唐六典》亦有类似记载，见《唐六典》卷一三《御史台》，"御史大夫中丞"条（第378页），据"送中书门下"可知，此故事为开元年间所形成（参见刘后滨《唐代中书门下体制研究》，第250~251页），但或可对于理解唐代奏弹式中的"事大"和"不应奏"有所帮助。另，杜正伦《弹李子和将军文》内有："所伤尤大，若准常科，则免而无耻，请特加贬，以敦礼教，谨奏。"（《文苑英华》卷六四九《弹文》，第3340页）强调的是在律令无法惩处的情况下，应由皇帝特加贬斥。

② 参见拙文《大理寺与唐代司法政务运行机制转型》，《中国史研究》2016年第4期，第75~87页；《公文书与唐前期司法政务运行——以奏抄和发日敕为中心》，《历史与语言研究》第1卷（待刊）。关于在弹奏付法之后，进入集议或以功免罪（八议）例子，见贞观十七年（643）唐临为御史中丞，劾奏尚书右仆射、赠司空封德彝及故尚书右仆射、赠司空杜如晦，诏并付议。龙朔二年（662），司宪大夫杨德裔奏劾铁勒道行军大总管郑仁泰、薛仁贵"及诸军故杀降人、饥杀兵士，并军中罪大失应须勘当、及改正者，并请付法推科，以申典宪。""仁泰等以功赎罪，竟原之。"《宋本册府元龟》卷五二〇上《宪官部·弹劾三》，第1349、1350~1351页。

③ 刘后滨：《唐代中书门下体制研究》，第82~86页。

带有皇帝亲书“闻”字的御画奏抄以旨符的形式下达于所属官司执行。

同样地，由台案转变而来的奏弹式，[①]使得御史台在弹劾官员方面获得了与尚书省类似的文书式和闻奏程序。或者说通过奏弹和“御画奏弹”，使得御史台在监督国家政务运行方面，在尚书省之外，取得了与其相类似的职权与地位。经过皇帝画“闻”的奏弹，“留台为案”，另外“更写一通，移送大理”，则类似于尚书省以旨符的形式指挥公事。至于不应奏者，御史台也可以直接“纠移所司”，令其推判。[②]从这个意义上来说，御史台取得了与尚书、门下、中书三省相当的职权与地位。垂拱元年（685）正月敕：“御史纠获罪状，未经闻奏，不得辄便处分。州官府司，亦不得承受。”[③]敕文中的闻奏，应该就是通过奏弹式向皇帝进奏的渠道。武则天临朝称制时期的御史台还一度出现在取得“御画奏弹”之前就直接处分州官府司的苗头。

---

① 隋唐之初，由御史纠劾之后，付大理寺推断的制度，也是在魏晋南北朝逐渐形成的。据应劭《官仪》载：“廷尉案责上御史台”，说明汉制恰与隋唐之制相反。《通典》卷二四《职官六·御史台》引，第659页。然而清人所辑《汉官仪》亦据《通典》辑出相应部分，其文却作“廷尉责案上御史台”，见（汉）应劭撰，（清）孙星衍校集《汉官仪》卷上，收入（清）孙星衍等《汉官六种》，周天游点校，中华书局，1990，第133页。盖所据《通典》版本不同。到北朝后期，御史纠劾之后付廷尉已经成为常制。北魏永安三年（530）廷尉置司直，“不署曹事，唯覆理御史检劾事”，《唐六典》卷一八《大理寺》，“司直”条，第503页。北齐宋世轨为廷尉，“南台（御史台）囚到廷尉，世轨多雪之”，（唐）李百药：《北齐书》卷四六《循吏·宋世良传》附《宋世轨传》，中华书局，1972，第639页。恰恰也是在北齐（550～577）时，进一步确立了廷尉寺署台案的制度。据同前书同卷《苏琼传》载其为廷尉正，时“毕义云为御史中丞，以猛暴任职，理官忌惮，莫敢有违。琼推察务在公平，得雪者甚众。寺署台案，始自于琼”（第645页）。相反，南朝御史台与廷尉之间，并未形成相应的政务往来。如梁大同中（535～546），刘孝仪（刘潜）《弹贾执傅湛文》：“长兼御史中丞刘孝仪稽首言：南康嗣王府行参军、知谱事贾执，与前中书舍人傅湛，在王座饮酒……出悖慢言语，连及于上……谨按：前兼通事舍人臣傅湛……宜其徇乎东市，尸彼毂门……臣等参议：请以见事依法免毅（按：指太子舍人、始兴王萧毅）所居官，解执知谱事，请议贬黜，付之卿论，不得厕预官流。刺尚施行，辄不（下）禁止。”《文苑英华》卷六四九《弹文》，第3339页。参见童自樟《刘孝仪刘孝威集校注》，硕士学位论文，四川大学，2005，第21～25页。由此可见，南朝时由御史台所上弹劾文，无须至廷尉覆理，而是由御史中丞等官参议奏上。这与当时尚书省官以参议的方式形成比较成熟的意见，供皇帝最终决定是一致的。参见拙文《南北朝三公府在政务运行中的作用与汉唐间政治体制的转型》，《中国史研究》（韩国）第84辑，2013年，第68～70页。

② 《唐六典》卷一三《御史台》，“监察御史”条：“若京师忌斋，则与殿中侍御史分察寺、观。七品已上清官皆预行香，不到，则牒送法司。”（第382页）从“牒送法司”来看，似乎是直牒而已，未经奏弹。

③ 《唐会要》卷六二《御史台下·杂录》，第1280页。

上述变化，是隋唐之后的御史台得以厕身于三省之列，并号"台省"的原因。从此，"台省"成为隋唐以后政治体制中一个重要的政治概念。①比如在唐代铨选制度中，就出现了"凡官，不历州县不拟台省"的原则。②同时，上述产生于隋唐之际的公文运行模式，使得尚书刑部司、御史台、大理寺在中央司法政务运行中密切地联系了起来。这是此后"三司推事"机制得以形成的直接制度背景。

三 奏弹式署名与御史关白大夫问题

如前所述，在复原唐奏弹式时，还有其署名问题尚需讨论。在《养老令》中，奏弹是以"弹正尹位臣姓名"的署名方式上奏的，但这与唐代弹文以个人名义保存在文集（或总集）中的情况不同。署名方式其实与御史奏弹是否需要关白大夫的问题相关。《唐语林》载：

> 开元末，宰相以御史权重，遂制：弹奏者先谘中丞、大夫，皆通许，又于中书门下通状先白，然后得奏。自是御史不得特奏，威权大减。③

所谓"弹奏者先谘中丞、大夫"就是关白之制。八重津洋平、④ 胡宝华都认为关白之制出现于开元末。而在此之前，御史弹劾之前并不需要关白大夫、中丞。其依据的材料如下：

> 长安四年三月，监察御史萧至忠弹凤阁侍郎、同凤阁鸾台三品苏味道赃污，贬官。御史大夫李承嘉尝召诸御史，责之曰："近日弹事，

---

① 意如：《唐代"台省"概念考释》，硕士学位论文，中国人民大学，2011。
② 《新唐书》卷四五《选举志下》，第1176页；参见王湛《"不历州县不拟台省"选官原则在唐代的实施》，《江西社会科学》2006年第11期，第93~97页。
③ （宋）王谠撰，周勋初校证《唐语林校证》卷八，中华书局，1987，第693页。
④ 〔日〕八重津洋平：《唐代御史制度について（1）》，《法と政治》第21卷第3号，1970年，第157~200页；《唐代御史制度について（2）》，《法と政治》第22卷第3号，1971年，第43~60页。

不咨（谘）大夫，① 礼乎?"众不敢对。至忠进曰："故事，台中无长官。御史，人君耳目，比肩事主，得各自弹事，不相关白。若先白大夫而许弹事，如弹大夫，不知白谁也。"承嘉默然，惮其刚正。

又宪司故事，大夫已下至监察御史，竞为官政，略无承禀。（开元十四年，御史大夫崔）隐甫一切督责，事无大小，悉令谘决；稍有忤意者，便列上其罪，前后贬黜者殆半，群僚侧目。②

胡氏认为李承嘉的例子说明，长安四年（704）已出现要求御史弹劾先关白大夫的意见，但尚未形成制度。因此当萧至忠反驳之后，李承嘉也只能默然。不过，这种限制御史自主弹劾的倾向在增加，到开元中后期便最终落实下来。③

据前节所引，日令奏弹式是以弹正尹名义签署的。从注释家对无弹正尹情况下该由何官签署的讨论来看，他们虽然对由次官或是判官上奏有所分歧，但对于奏弹式是以弹正台名义上奏的公文，应该由长官或代理长官签署的看法是一致的。④

那么，唐奏弹式究竟以个人名义，还是以官司名义（并由长官署名）上奏？从其"奏弹，讫，御注者留台为案"来看，日令所本之《永徽令》奏弹式，也应该是以御史台的名义上奏，并且应盖有"御史台印"，⑤ 故其

---

① "谘"，据《宋本册府元龟》五一五《宪官部·刚正二》（第1317页）改。
② 《通典》卷二四《职官六》，"监察侍御史"条，第675页；《旧唐书》卷一八五下《良吏下·崔隐甫传》，第4821页。
③ 胡宝华：《唐代"进状""关白"考》，《中国史研究》2003年第1期，收入《唐代监察制度研究》，商务印书馆，2005，第31~40页。
④ 《令集解》卷三二《公式令》，"奏弹式"条，第802页。
⑤ 《唐六典》卷一三《御史台》："主簿掌印及受事发辰、句检稽失。"（第380页）可知唐代御史台置印，由主簿掌管。此亦见于后唐长兴四年（933）五月，御史中丞龙敏奏："台司除御史中丞随行印，及左右巡使、监察使并出使印等外，其'御史台印'一面，先准令式，即是主簿监临。近年已来，缘无主簿，遂自内弹御史时主持，又常随本官，出入不定。伏缘台中公事，不同诸司，动系重难，常虞留滞，当申奏申堂之际，及牒州牒府之时，事无轻重，并使此印。"（宋）王溥：《五代会要》卷一七《御史台》，方诗铭等点校，上海古籍出版社，2006，第284~285页。虽则"申奏申堂之际，及牒州牒府之时，事无轻重，并使此印"是五代（或沿自晚唐）之制，但亦可推知唐前期御史台印的行用情况。

上有御史大夫署位，也是可能的。① 当然，这并不意味着弹奏职责只归大夫所掌。实际上，自大夫以下，至于监察御史，皆得弹奏，这在唐代史籍中往往而见。② 奏弹式上有御史大夫的署位，与御史各司其职并不矛盾，也与奏弹文可以个人名义（包括为御史代笔的奏弹）留存于世不冲突。因为在唐前期的四等官体制下，长官以下皆列署于本司公文之上就应该是常制。而从敦煌、吐鲁番文书中也可知"谘"字本身就是属官行判时表示向长官请示的习惯语。故而前节唐奏弹式复原方案中，在署名部分，是参照奏抄式门下省官员署位方式处理的。

因此，对于李承嘉发问"近日弹事，不谘大夫"一事，笔者看法与前揭学者有所不同。关键在于如何理解"故事"的产生时间。若真如萧至忠所言，自唐初即存在"台中无长官。御史，人君耳目，比肩事主，得各自弹事，不相关白"的故事，则李承嘉发问甚为失据，御史应群起而攻之为宜。相反，如果说"不谘大夫"是近制的一种"违礼（法）"变化，那么，李承嘉之问，反证出御史弹事，依礼应该谘于大夫。所以，众御史才一片默然，"不敢对"。而萧至忠的反问，恰恰说明了"不咨大夫"这种变礼之举已经普遍化了。这一变化，应该与武则天时的政治风气有关，"故事"也由此而形成。《资治通鉴》载开元五年九月：

① 鉴于《养老令》诏书式、论奏式与唐代公文体式存在一致性，中村裕一认为日、唐间的奏弹式，也应该存在相当的重合性。唐奏弹亦需长官签押。但他同时也指出，唐代文献（元稹《弹奏剑南东川节度使状》）与此有相矛盾之处。参见氏著《唐代公文书研究》，汲古书院，1996，第34~35页。

② 胡宝华：《唐代监察制度研究》，表2-1《弹劾一览表》，第46~55页。贞观二十年（646），许敬宗作《代御史王师旦弹莒国公唐俭文》，曰："风闻唐俭往任尚书之日，付托前盐州刺史张巨令（原注：《旧唐书》作'臣合'）遣录事参军张正表、元大节等，专令检校牧放私羊，所判文书，自云检示约束剪毛之货易。州僚判署，潜立公文，市司勘估，一同官案。并有放羊人康莫贺咄所署文牒，共称牧长。依问巡察使杨暮，状与新声秩（原注：一作'所声秩'）同……请皆付法，以清攸敦，无任嫉恶之至。谨奉白简以闻。"《文苑英华》卷六四九《弹文》，第3340页。参见陈冠明、孙愫婷《许敬宗年谱（删略稿）》，李寅生主编《行止同探集：张志烈教授古稀纪念》，四川辞书出版社，2007，第94页。按，此文虽与前引《为奚御史弹尚书某人入朝不敬文》《弹李子和将军文》均被贯以"弹文"之名，但其文体并不同于奏弹。从上引"无任嫉恶之至""谨奉白简以闻"来看，许敬宗代笔此文，并未用印，故应是以王师旦个人名义上奏，并且是以表、状的形式"上于天子"的。关于唐代表、状的文体、用语，见《文苑英华》卷五五三至六二六《表》，卷六二八至六四四《状》，第2824~3247、3252~3308页。

贞观之制，中书、门下及三品官入奏事，必使谏官、史官随之，有失则匡正，美恶必记之；诸司皆于正牙奏事，御史弹百官，服豸冠，对仗读弹文；故大臣不得专君而小臣不得为谗慝。及许敬宗、李义府用事，政多私僻，奏事官多俟仗下，于御坐前屏左右密奏，监奏御史及待制官远立以俟其退；谏官、史官皆随仗出，仗下后事，不复预闻。武后以法制群下，谏官、御史得以风闻言事，自御史大夫至监察得互相弹奏，率以险诐相倾覆。及宋璟为相，欲复贞观之政，戊申，制："自今事非的须秘密者，皆令对仗奏闻，史官自依故事。"①

史文虽称"御史弹百官，服豸冠，对仗读弹文"是贞观之制，但不知其所本，或系受唐后期屡复朱衣豸冠及令御史得专弹举、不复关白中丞大夫影响而形成的"历史书写"。② 对《通鉴》所及御史对仗读弹文，胡三省作注时只提到一例，即显庆元年王义方弹李义府事，已在"许敬宗、李义府用事……奏事官多俟仗下"之后。③ 细审玄宗所下制，也只着重改变仗下奏事频繁的情况，可见前述"书写"即便来源于唐人旧史，其所强调的应该是"对仗"奏弹，而非关白之制。

正是由于武则天时"自御史大夫至监察得互相弹奏"状况的出现，才形成了李承嘉口中的"近日弹事，不咨大夫"和萧至忠口中的"各自弹事，不相关白"的情况。同时，如果从开元初年恢复贞观之政的风气下，

---

① 《资治通鉴》卷二一一，第 6728 ~ 6729 页。

② 乾元二年（759）三月诏："其御史台所欲弹事，不须更进状，仍服豸冠。所被弹劾有称雠嫌者，皆冀迁延，以求苟免，但所举当罪，则雠亦不嫌。如宪官不举所职，降资出台。傥涉阿容，仍重贬责。"（宋）王钦若等：《册府元龟》卷六四《帝王部·发号令三》，中华书局，1960，第715页。建中元年（780），"张著为监察御史，冠豸冠弹京兆尹兼御史中丞严郢于紫宸殿，劾郢奉诏发人浚陵阳渠，匿诏不时行，故使奔蹙，以归怨于上。帝（德宗）即位之初，侍御史朱敖请复制置朱衣豸冠于内廊，有犯者，御史服以弹，帝许之。又令御史得专弹举，不复关白于中丞、大夫，至是著首行之。乃削郢御史中丞，而著特赐绯鱼袋。自是日悬衣冠于宣政之左廊。然著承杨炎意弹郢，无何御史张滂复以朋党私衅弹中丞元全柔，众议不直，乃诏御史不得专举"。《宋本册府元龟》卷五二二《宪官部·私曲》、卷五二〇下《宪官部·弹劾三》，第1363、1352 ~ 1353页。长庆四年（824），"侍御史知弹奏温造请复置朱衣豸冠于外廊，大臣沮而不行"。《宋本册府元龟》，卷五一六《宪官部·振举》，第1325页。

③ 还可举出一例，侍御史靳恒与监察御史李尚隐对仗弹崔湜、郑愔，见《资治通鉴》卷二〇九，景龙三年（709）五月丙寅，第6635页。

再去看崔隐甫"事无大小，悉令谘决"的做法，崔氏所为也同样可视为是对贞观或永徽初旧制的回归，而非一改唐初以来无关白之制的重大变化。如前所述，对于《旧唐书·崔隐甫传》中的"宪司故事"，与萧至忠口中的"故事"一样，切不可理解为自唐初以来的故事——那只不过是自武则天以来所形成的"新制"。

经过崔隐甫的努力，御史关白之制也就体现在随后修成的《唐六典》之中（引文见前）：所谓"大事则方幅奏弹"，应该是直接以御史大夫的名义奏弹。至于小事，也需要大夫连署才能奏弹（即"具其事为状，大夫、中丞押奏"）。这确实与日本奏弹式以弹正尹名义上奏有些类似，符合前文所推测的奏弹式复原案，也与开元初年要求回归贞观政风的要求是一致的。

当然，不可否认的是，开元十四年，改变武则天以来御史"竞为官政，略无承禀"的做法，重新回归"事无大小，悉令谘决"体制，更与开元以来在新形势推动下，调整中枢机构，以求决策与施行一体化的制度改革理念是一致的。不过，这一理念最终却导致李林甫、杨国忠等"权相"局面的出现。因此，在经过安史之乱的冲击，权力结构重组之后，同样要求"所有弹奏，一依贞观故事"的唐肃宗，却一而再地要求取消御史弹奏先关白大夫的制度。《唐会要》载：

> 至德元年（756）九月十日，诏："御史弹事，自今以后，不须取大夫同署。"故事，凡中外百寮之事，应弹劾者，御史言于大夫，大事则方幅奏弹之，小事则署名。[1]

可见，此时肃宗所要求改变的"故事"，恰恰是在不久之前修成的《唐六典》中所记载的开元之制。不过，肃宗的这种努力，却一直没能真正实现。[2] 这当然也与肃宗、代宗朝长期存在权相执政有直接关系。

必须指出的是，开元时期，一改武则天以来御史"竞为官政，略无承

---

[1] 《唐会要》卷六一《御史台中·弹劾》，第1256页。另见前引乾元二年三月诏。
[2] 胡宝华：《唐代监察制度研究》，第40~45页。

禀"体制的背后，实际上有着更深层次的制度性因素。那就是随着中书门下体制的产生和建立，新体制下的宰相兼有决策权和行政权，并通过中书门下对行政事务的干预越来越强。因为宰相日益体现出来的政务官化，使得宰相往往不得不亲自处理政务，甚至是下行尚书六部之务。① 在这种体制下，宰相又怎么能让御史奏弹之制出现失控的状况呢？②

四 结语

司法政务的运行依赖于公文书的信息传递。笔者另文已对唐前期尚书省和皇帝裁决司法政务的主体文书奏抄、发日敕做了讨论，指出虽然其都适用于流已上罪的处断，但两者所依据的法律渊源、遵从的处理程序皆不相同，不宜将其混为一谈。③ 奏弹不仅是御史监督百官的主要活动（对仗奏弹），也是御史台参与司法政务处理重要文书的载体（奏弹式）。与奏案（奏抄）形态的固定（门下三官的读省审），标志着隋唐之际三省制的确立一样，从台案（寺署台案）到奏弹（"御注者留台为案，更写一通，移送大理"）形态的改变，使得御史台在监督国家政务运行方面，取得了与尚书省类似的职权与地位（包括以"纠移所司"的形式指挥公事）。从而"台省"这样一个旧概念，在隋唐之际政治体制定型阶段被赋予了新内涵，并沿用至明清时期。④

---

① 《唐会要》卷五七《尚书省诸司上·尚书省》载："贞元二年（786）正月，宰相崔造奏请尚书省六职，令宰臣分判。乃以宰臣齐映判兵部、承旨及杂事，李勉判刑部，刘滋判吏部、礼部，崔造判户部、工部。"（第1157页）中书门下体制下宰相职权的变化，参见刘后滨《唐代中书门下体制研究》，第60~62页。

② 牟学林：《唐代御史台运行机制变迁研究》，博士学位论文，中国人民大学，2019，第59~78页。

③ 参见拙文《公文书与唐前期司法政务运行——以奏抄和发日敕为中心》，《历史与语言研究》第1卷（待刊）。

④ 明清时期，"台省"为给事中和都察院御史科道官的通称。如清代《钦定台规》卷首载有清圣祖《御制台省箴》（《钦定台规二种》，故宫博物院编《故宫珍本丛刊》第315~316册，海南出版社，2000）。参见龚延明《中国历代职官别名大辞典》，"台省""台省科道"条，上海辞书出版社，2006，第259、263页。此外，明代张瀚撰《台省疏稿》八卷，载其在关中、漕运及两广等官任上的案牍及贺谢类文书。张瀚曾"都留院，晋工书，而践台鼎"（见万振孙《台省疏稿后序》，《续修四库全书》第478册，上海古籍出版社，2002，第182页），故其疏稿得以"台省"为名。

后记：本文原是笔者博士学位论文的一节，但笔者此后数次想将其修改成文，均未成功。得益于今年旁听牟学林兄答辩时，孟宪实等老师的评议，让笔者也有了思路得以廓清的机会。赵晶兄对拙文修改稿的细致审读，也使得笔者能够弥补一处重大疏失。谨此，并致谢忱！

《中国古代法律文献研究》 第十三辑

2019 年，第 175～202 页

付京兆府杖杀

——唐后期杖杀的活用与京兆府的角色

〔韩〕金　珍*

摘　要： 在唐后期执行杖杀的案例中反复出现 "付京兆府杖杀" 一句，由刑罚种类（"杖杀"）、与之相应的执行根据（"付"）及其执行主体（"京兆府"）组成。京兆府审判管辖权的演变趋向表现在两个方面：一是 "量事处分"，即 "专决权" 的扩大；二是 "奏请科罪"，即直接 "申奏" 案件的增加，由此走向宋代的 "小事则专决，大事则禀奏"。在这一背景下，京兆府作为杖杀的 "行决之司"，被赋予了贯彻皇帝的 "惩罚意志" 的功能。"付京兆府杖杀" 集中体现了新的刑罚种类、新的审判模式以及灵活、敏捷的行刑机构，这反映了唐后期刑罚体系的演变趋势——惩罚效果的最大化、执行程序的便捷化。

关键词： 京兆府　杖杀　审判管辖　狱官令

---

* 中国人民大学历史学院博士研究生。

前 言

"杖杀"体现了唐后期①刑罚体系的"新倾向",它经历了从一种滥刑、私刑到建中三年（782）被认定为一种正式死刑方式的过程,② 这反映出当时刑罚追求"惩罚效果的最大化、执行程序的便捷化"的趋势。③ 例如,开元四年（716）"杖杀长孙昕"的案例,④ 说明了何以杖杀成为刑罚体系演变的主角。即皇后妹婿、尚衣奉御长孙昕等"殴击"御史大夫李杰,玄宗大怒,命令斩杀长孙昕和共犯杨仙玉。对此,散骑常侍马怀素建言"以为阳和之月,不可行刑",因为据《旧唐书·玄宗本纪》,此事发生于"开元四年春正月癸未",⑤ "春正月"正是属于《狱官令》所规定的死刑禁止期限。⑥ 因此,玄宗选择"宜宽异门之罚,听从枯木之毙",下敕杖杀他们,以免伤"阳和之月",也达到了处罚的效果——"死刑"。⑦ 反观神龙二年

---

① 本文所使用的"唐后期",大体上相当于滋贺秀三所定义的"律令变形期1"的"唐代后半"。参见〔日〕滋贺秀三《法典编纂の历史》,氏著《中国法制史论集——法典と刑罚》,创文社,2003,第89~93页。

② 川村康认为唐代杖杀的演变过程,以"建中三年重杖处死法"为界,分为两个阶段,即"不正规的或结果的死刑"和"正规的死刑"。参见〔日〕川村康《建中三年重杖处死法考》,〔日〕池田温编《中国礼法と日本律令制》,东方书店,1992,第443~462页;《唐五代杖杀考》,《东洋文化研究所纪要》第117册,1992年,第133~178页。所谓"建中三年重杖处死法"是指处罚"十恶中恶逆以上四等罪"以外的死罪时,"并决重杖一顿处死",在《宋刑统》的"死刑"条后附加了该敕节文:"【准】唐建中三年八月二十七日敕节文,其十恶中恶逆以上四等罪,请准律用刑,其余应合处绞、斩刑,自今以后,并决重杖一顿处死,以代极法。"（宋）窦仪等:《宋刑统》卷一《名例律·五刑门》,中华书局,1984,第5页。

③ 〔韩〕金珍:《당 후기 경제 현안의 부상과 형벌 체계의 변화（唐后期经济重案的出现和刑罚体系的变化）》,《中國古中世史研究》第36辑,2015年,第311~312页。

④ （后晋）刘昫等:《旧唐书》卷一〇〇《李杰传》,中华书局,1975,第3111页。

⑤ 《旧唐书》卷八《玄宗本纪》,第176页。

⑥ 《唐律疏议》卷三〇《断狱律》疏议载:"依狱官令:'从立春至秋分,不得奏决死刑。'违者,徒一年。若犯'恶逆'以上及奴婢、部曲杀主者,不拘此令。其大祭祀及致斋、朔望、上下弦、二十四气、雨未晴、夜未明、断屠月日及假日,并不得奏决死刑……"（中华书局,1983,第571页）

⑦ 开元十年（722）,"以洛阳县主簿王钧坐赃,杖杀"时,朝廷也提出相同的方法来解决此难题,"然而当发生之时,属阳和之月,朕情存恶杀,不加殊死,且从杖罪,以肃朝端,可与朝堂集众决杀"。（宋）王钦若等:《册府元龟》卷一五五《帝王部·督吏》,凤凰出版社,2006,第1731页。

(706) 四月的"韦月将"案例可知,杖杀"两全其美"的效用更加明显。处士韦月将上书告发武三思"潜通宫掖,必为逆乱",中宗"命斩之",而左御史大夫苏珦等认为"方夏行戮,有违时令",终于"上乃命与杖,流岭南。过秋分一日,平晓,广州都督周仁轨斩之"。① 如此,唐代司法处断通过活用杖杀,可以摆脱"五刑体系"内死刑的礼仪性、形式性制约,② 简单来说,以后就不需要先"与杖,流岭南",然后在"过秋分一日"之后再行刑了。

然而,刑罚毕竟是一个被动的、消极的"工具",离不开其背后的执行根据以及执行主体,因此,为了把握刑罚体系的变迁过程,我们需要探讨由此三者构成的刑罚活用"机制"。在唐后期杖杀执行案例中反复出现的"付京兆府杖杀"这一句,③ 正好反映出刑罚的演变("杖杀")、与之相应的执行根据("付")及其执行主体("京兆府")。既往的研究虽然关注到这一现象,却只是简单提出其"显示京兆尹作为中央官员与地方官双重性格之一端",④ 或说明"京兆府的特殊地位"即因京兆府"为中央政府所在之地,代替中央司法机关的部分司法权来对一些朝廷的罪犯实行具体的刑罚"⑤ 的看法,几乎没有深入分析与详细解释。尤其是对"付京兆府杖杀"所蕴藏的刑罚问题本身以及由此三个因素组合所产生的联动关系,没有加以研究。

因此,本文的主旨在于准确解读"付京兆府杖杀"这一句史料,以揭

---

① (宋)司马光:《资治通鉴》卷二〇八《唐纪二十四》,中宗神龙二年四月,中华书局,1956,第6602页。

② 关于唐代死刑的相关规定及其执行实例,参见陈俊强《无冤的追求——从〈天圣令狱官令〉试论唐代死刑的执行》,载台师大历史系等主编《新史料·新观点·新视角:〈天圣令论集〉》(下),元照出版有限公司,2011,第53~72页;石冬梅《唐代死刑制度研究》,人民出版社,2018。

③ 唐代典籍所记载的执行杖杀实例中,"付京兆府杖杀"也表现为"宜付京兆府集众决杀""召京兆府决杀""付京兆府决重杖一顿处死""敕京兆府杖杀之""宜付京兆府集众决杀"等,而且刑罚地点标明为京兆府的大约有41例,如果再加上虽未标明、但能推断出其决地点为京兆府的案例,那么数量还会增加。但是,由于现存唐代材料的数量有限,又有"历史记载"本身的限制(过度关注特殊例子),"统计数字"能够呈现出的含义其实并不充分或准确。因此,更值得我们关注的是个案反映出的趋势和细节。另外,川村康搜集唐代杖杀案例的总数大约为86个,相关内容参见《唐五代杖杀考》"表1唐五代适用刑、执行刑的杖杀(建中二年以前)"和"表31唐五代适用刑、执行刑的杖杀(建中三年以后)",第137、154~155页。

④ 张荣芳:《唐代京兆尹研究》,学生书局,1987,第32页。

⑤ 张艳云:《试论唐代京兆府的司法权》,《唐都学刊》2002年第2期,第53页。

示出其具体内容和含义。为此，本文从京兆府的审判管辖问题谈起，分析相关令文的规定以及演变脉络，并探讨作为"背景"的京师内审判权的重叠与调节，以及这种制度演变趋势所赋予的京兆府的角色，以期描写"付京兆府杖杀"所蕴含的唐后期刑罚体系运用机制的实像。

一 《狱官令》规定的京兆府的审判管辖权

有关京兆府审判管辖权的基本规定见于《狱官令》，我们通过"复原唐令"① 能看到其轮廓和细节。本节将在既往研究的基础上，分析、解释《狱官令复原》第 1、2、5 条与京兆府相关的内容，尝试提出更为合理的见解。但由于"复原"毕竟是一种"研究"结果，② 无法把握全貌，必然存在歧义和模糊之处，因此本文在讨论难解之处时，并未执着于勉强得出结论，而是试图准确指出难点所在。先来看第 1 条，内容如下：

> 复原 1：诸犯罪，皆于事发处州县推断。在京诸司，则徒以上送大理；杖以下，当司断之。若金吾纠捉到罪人，非贯属在京者，皆送大理。③

本条大体分为两个部分：其一为犯罪由"事发"④ 州县审判的基本原则；

---

① 雷闻：《唐开元狱官令复原研究》（以下略称《狱官令复原》），天一阁博物馆、中国社会科学院历史研究所天圣令整理课题组校证《天一阁藏明钞本天圣令校证（附唐令复原研究)》，中华书局，2006，第 609～649 页。

② 关于《天圣令》发现以后唐令复原的意义，以及"《天圣令》整理研究课题组"进行复原工作的具体原则（"篇目、令条顺序、令条文字"复原等），参见黄正建《唐令复原刍议——以〈杂令〉为中心》，氏著《唐代法典、司法与〈天圣令〉诸问题研究》，中国社会科学出版社，2018，第 326～343 页。

③ 《狱官令复原》，第 609 页。

④ 小早川欣吾根据《捕亡令》第二条"〔开二五〕有盗贼及伤杀者，即告随近官司村坊屯驿。闻告之处，率随近军人及夫，从发处追捕"（〔日〕仁井田陞：《唐令拾遗》，東京大学出版会，1964，第 729 页），认为犯罪的"事发"的"发"指的是犯罪"发觉地"，而不是犯罪"发生地"。另外，陈登武指出"这里的'发'，就是犯罪所在地，唐代采取"'发生地主义'精神"。虽然该问题仍有讨论的余地，但与本文并不直接相关，因此本文直接使用原文"事发"。参见〔日〕小早川欣吾《唐朝司法制度（二）》，《法学论丛》第 41 卷第 6 号，京都大学法学会，1939 年，第 986～989 页；陈登武《从人间世到幽冥界——唐代的法制、社会与国家》，北京大学出版社，2007，第 10 页。

其二为针对京师的两种情况，即有关"在京诸司"和"金吾纠捉"的特殊规定。值得关注的部分是，末句"若金吾纠捉到罪人，非贯属在京者，皆送大理"，因为主要复原依据《养老令》① 和《唐六典》的记载有所不同，而《狱官令复原》则参考了《养老令》。

《唐六典》的该部分为"若金吾纠获，亦送大理"，② 并没有"非贯属在京者"这一句，而《唐令拾遗》依照《唐六典》，复原为"若金吾纠获，皆送大理"。③ 对此，室永芳三根据《朝野佥载》所引"杖杀长孙昕"案认为存在"非贯属京者"的可能性。④ 即事件发生后，"须臾，金吾及万年县官并到，送县禁之。昕妻父王开府将二百百骑劫昕等去。杰与金吾、万年以状闻上，奉敕断昕杀。积杖至数百而卒"，⑤ 可知追捕与囚禁均由作为"事发县"的万年县负责，这表明"金吾纠捉到罪人"当中存在不被送到大理寺的例子。如果罪人因"贯属在京者"而被送到万年县狱的话，⑥ 就能够证明《狱官令复原》的妥当性。

但其中尚有未解之处，即《唐六典》为何没记"非贯属在京者"这一句？换言之，是"省略"还是"实录"？若是"省略"，其意思就变成"金吾纠捉到罪人，不管贯属何方，都送大理寺"，否定了京兆府的相关审判管辖权。本条作为《狱官令》第一条，规定审判管辖权的一般原则，《唐六典》以正文记载，与"第二条"（详后）以注文记载有别，可见意义重大，此处何必省文而引起误解呢？若是"实录"，则可能反映了不同

---

① 本文所及《养老令》的令文，均引自《令义解》〔〔日〕黑板胜美编辑《令義解（新订增补国史大系普及版）》，吉川弘文馆，1985〕。相当于《狱官令》第一条的《狱令》"犯罪条"，载于《令義解》，第311页。

② （唐）李林甫等：《唐六典》卷六《尚书刑部》"刑部郎中员外郎"条，中华书局，1992，第189页。

③ 《唐令拾遗补》改"皆"为"亦"。参见〔日〕仁井田陞《唐令拾遗》，第757页；〔日〕仁井田陞著，〔日〕池田温编集代表《唐令拾遗補（附唐日两令对照一览）》，東京大学出版会，1997，第817页。

④ 〔日〕室永芳三：《唐都長安城の坊制と治安機構（上）》，《九州大学東洋史論集》第2号，1974年，第10~11页。

⑤ （唐）张鷟：《朝野佥载》补辑，中华书局，1979，第161页。

⑥ 陈登武认为"因长孙昕等人系贯属京者，所以送万年县狱囚禁"，赞同室永芳三的看法。参见陈登武《地狱·法律·人间秩序：中古中国的宗教、社会与国家》，台湾师范大学出版中心，2017，第354~356页。

时代制度变迁所引起的令文改写，或许可将《唐六典》的文字认定为"《开元七年令》（或以后的令）"，① 而将《养老令》的文字复原为"《开元三年令》（或以前的令）"。② 如果是那样的话，或许可以认为上引开元四年发生的"长孙昕"事件属于《开元三年令》规范的范围，而《新唐书·刑法志》所载"其诸司有罪及金吾捕者又有大理狱"③ 反映出《开元七年令》及以后规定的叙述。④ 其实，虽然与《天圣令》相比，"《养老令》的文字更忠实于《唐令》"，⑤ 但其能涵盖的"《唐令》"的范围仍有局限，尤其是与《唐六典》《唐律疏议》等记载不同的话，需要考虑不同时期的令文所反映的制度变化。⑥

另外，《狱官令复原》将《养老令》的"非贯属京者"加"在"字，改为"非贯属在京者"，"在京诸司人，京及诸国人，在京诸司事发者"改为"在京诸司"，而没有加以说明。对后者的改动似乎参考了《唐六典》

① 《唐令拾遗》认为《唐六典》所引令文就是"开元七年令"（〔日〕仁井田陞：《唐令拾遗》"序说第二 唐令拾遗采择材料に就いて"，第 61～66 页），这似乎已成为学界共识。对此，中村裕一据《唐六典》所载开元七年以后的制度变化，提出"开元二十五年令"的可能性（〔日〕中村裕一：《唐令の基础的研究》，汲古书院，2012；《大唐六典の唐令研究："开元七年令"說の検討》，汲古书院，2014）。但是，正如榎本淳一所指出，即使《唐六典》记载了许多开元七年以后的改制内容，也不能否定其所据的令文是"开元七年令"的确实证据（大都护府副都护の官品、沙苑监の所管官府等）。当然《唐六典》所依据的唐令并非开元七年的原貌，而是随时加以修订的"现行法"（〔日〕榎本淳一：《唐代法制史の"不动の定說"に挑む：中村裕一著〈唐令の基础の研究〉》，《東方》第 385 号，2013 年，第 22～27 页）。

② 坂上康俊通过分析《和名类聚抄》《令集解》诸注释以及通过遣唐使の书籍传入情况，提出传到日本而被重视的唐令是称为"本令"的《永徽令》和称为"开元令"的《开元三年令》，在编撰《养老令》时，在作为蓝本的《永徽令》外，也参考了《开元三年令》，所以《开元三年令》具有"《养老令》的蓝本"价值。参见〔日〕坂上康俊《舶载唐开元令考》，日本历史学会编《日本歷史》第 578 号，1996 年，第 1～17 页；《日本に舶载された唐令の年次比定について》，九州大学大学院人文科学研究院编《史淵》第 146 号，2009 年，第 1～16 页。

③ （宋）宋祁等：《新唐书》卷五六《刑法志》，中华书局，1975，第 1410 页。

④ 作为复原唐令的材料，《新唐书》仍有"文省"和"附会"的嫌疑，而有些学者提出《新唐书》直接参考《开元二五年令》的可能性。参见〔日〕吉永匡史《军防令研究の新视點》，大津透编《律令制研究入門》，名著刊行会，2011，第 140 页。

⑤ 黄正建：《唐令复原刍议——以〈杂令〉为中心》，第 343 页。

⑥ 正因为如高明士所说，"令格式因直接关系到官僚政治的运作，尤其是令典，所以变动较大，即使在盛唐时期也是如此。"高明士：《律令法与天下法》，上海古籍出版社，2013，第 151 页。

的文字，但是《天圣令》宋令原文为"在京诸司人事发者"，而奥村郁三针对《唐令拾遗》同样的复原，曾提出将"在京诸司人，京及诸国人，在京诸司事发者"复原为唐令的可能性。① 从《养老令》该句到《唐六典》"在京诸司"，再到《天圣令》"在京诸司人事发者"的变化，实际上牵扯"事发处"和"罪犯的身份"问题，值得深入讨论。

总之，关于京兆府的审判管辖权，通过考察《狱官令复原》第 1 条，我们可知以下三个方面的内容：其一，在京师"事发"的犯罪，由京兆府及其属县审判；其二，对京兆府所属官员的犯罪，② 徒以上送大理寺审判，杖以下在京兆府判决（和行刑）；其三，对"金吾纠捉到罪人"，罪犯"贯属京"者，由京兆府及其属县审判，但或许在编撰《开元七年令》时，该部分被删除而改为"亦送大理"。

接下来看第 5 条。此条文规定"犯罪在市"的审判管辖，其内容分为一般州县的"市"和"京市"。

　　　　复原 5：诸犯罪在市，杖以下，市决之。应合荫赎及徒以上，送县。其在京市，非京兆府，并送大理寺。（驾幸之处亦准此。）③

本条据"《天圣令》唐令第二条"复原，仅"驾幸之处亦准此"一句参考《通典·刑法》④ 而改为注文，关于复原的问题似乎较为简单。至于"非京兆府"的理解，仍有商榷余地。先看《天圣令·狱官令》的三种翻译版本：其一，韩国《天圣令译注》把"京市"一句翻译成犯罪"在京市，不

---

① 奥村郁三认为，据《养老令》该条文，不仅是官人，庶人犯罪为在京诸司发觉，也要被送到"刑部省"，而且唐令里也有与之相应的内容。参见〔日〕奥村郁三《唐代裁判手续法》，《法制史研究》第 10 号，1960 年，第 68 页。

② 参照《养老令》"在京诸司人，京及诸国人，在京诸司事发者"的规定，《狱官令复原》的"在京诸司"为"事发"之处，无论任何身份、任何贯属者，只要触犯徒以上之罪，都要被送到大理寺。但是，正如《令义解》注释指出的"凡在京诸司，除京职外，皆不得断徒以上罪"（《令義解》，第 311 页），京兆府拥有断徒罪的管辖权（详见《狱官令复原》第二条），因此如果将"在京诸司"认定为"事发"之处的话，京兆府就不在该条"在京诸司"的范围之内。因此，本文暂且将它解释为"对京兆府所属官员的犯罪"，这也许更接近《天圣令》宋令的"在京诸司人事发者"。

③ 《狱官令复原》，第 611 页。以下引用史料时，括号内均为注文。

④ （唐）杜佑：《通典》卷一六八《刑法六·考讯》，中华书局，1988，第 4349 页。

是京兆府，一律送大理寺"，并且通过添加注释，具体解释为"犯罪在京市，即在东市和西市，而不是在京兆府内其它县的市，市官不能处理其案件，直接送交大理寺"。① 但若是那样，为何非要说"非京兆府"呢？而且按照这种理解，令文只需表述为"其在京市，并送大理寺"即可，"在京兆府内其它市"的犯罪自然适用本条第一、二句的一般性规定，何须赘述"非京兆府"四字？其二，台湾地区的《天圣令译注》把它翻译成"犯罪是在京市，而不是京兆府，一律送交大理寺"，② 并没有具体说明。据"而"字推测其所指是"犯罪的地点是京市，不是京兆府"，但"京市"和"非京兆府"的含义仍然模糊；其三，中国社科院《天圣令》读书班《〈天圣令·狱官令〉译注稿》把它翻译成"在京城的集市（犯罪的），不是京兆府（管辖的），一律送大理寺"，③ 似乎认为"在长安东市、西市发生的犯罪，其中不属于京兆府管辖范围的案件，就一律送交大理寺"。那么，"既在京市犯罪，又属于京兆府管辖"的案件有哪些呢？令文的制定者为何放弃通顺的"其在京市，且符合某种情况时，并送大理寺"，而选择使用别扭的否定条件（"非京兆府"）呢？不解之处，依然存在。

对此问题，陈登武指出，"'其在京市，非京兆府'指东都南北两市，徒以上复审并送大理寺"，即"如果是非京兆府的京市，就要送大理寺复审"。④ 那么，如果是"京兆府的京市"，又该如何处理呢？为何对"非京兆府的京市"设置特殊规定，而不涉及"京兆府的京市"呢？又如何解释"驾幸之处亦准此"的"此"呢？为了强调"非京兆府的京市"，却忽略"京兆府的京市"，恐怕不合适，也不合理。另外，陈玺指出"发生于两京市的案件，移送大理寺管辖"，⑤ 却未对"非京兆府"加以解释，而且也未提及"移送大理寺管辖"的案件究竟限于徒刑以上，还是涵盖所有的犯罪。对此，陈登武提出"徒以上复审并送大理寺"的看法，韩国《天圣令

① 〔韩〕金铎敏、河元洙主编《天圣令译注》，慧眼出版社，2013，第490页。
② 高明士主编《天圣令译注》，元照出版有限公司，2017，第542页。
③ 中国社会科学院历史研究所《天圣令》读书班：《〈天圣令·狱官令〉译注稿》，中国政法大学法律古籍整理研究所编《中国古代法律文献研究》第12辑，社会科学文献出版社，2018，第426页。
④ 陈登武：《从人间世到幽冥界——唐代的法制、社会与国家》，第12~13页。
⑤ 陈玺：《唐代诉讼制度研究》，商务印书馆，2012，第180页。

译注》似乎认为所有的犯罪"直接送交大理寺",而其他两个翻译版本均没有指明其具体含义。那么,我们如何理解本条所包含的京市与京兆府审判管辖权的关系呢?又,为何需要对京市设置特殊规定?其"特殊"之处究竟在哪里?

京市的"特殊",即其与一般市的差异,在于其所属官司的性质。换言之,掌管一般市的"市令"都属于该都督府、州、县,① 而"掌百族交易之事"的"两京诸市署"(《旧唐书》为"两京都市署")则直属中央官司"太府寺",② 而不属于京兆府、河南府等。因此,刘俊文对《唐律疏议·杂律》"器用绢布行滥短狭而卖"条疏议"官司知情及不觉,物主既别,各须累而倍论。其州、县官不管市,不坐"的解释是,"按唐两京诸市直属太府寺,京兆、河南府司及长安、河南县司不管市"。③ 此外,《唐律疏议·杂律》"私作斛斗秤度"条的律文"其在市用斛斗秤度虽平,而不经官司印者笞四十"④ 的"官司",据《天圣令·关市令》唐9条"诸官私斛斗秤尺,每年八月诣太府寺平校。不在京者,诣所在州县平校,并印署然后听用"⑤ 可知,指的是"在京者"为太府寺,而"不在京者"为"所在州县"。

如此,"京市"直属太府寺,但太府寺与一般州县不同,对"犯罪在市"的案件并没有审判权,所以由"大理寺"审判。至于"送大理寺"的案件,本文认为仍应适用本条第一、二句的规定,即"杖以下,'两京诸

---

① 《唐六典》卷三〇《三府督护州县官吏》,第 743~753 页。

② 《唐六典》卷二〇《太府寺·两京诸市署》,第 542~544 页;《旧唐书》卷四四《职官志·太府寺》,第 1889 页。因此,"京兆、河南、太原府"与"万年、长安、河南、洛阳、奉先、太原、晋阳"属下均没有设置"市令"这一官职。参见《唐六典》卷三〇《三府督护州县官吏》,第 740、750~751 页。

③ 他还指出"又诸州下县亦不管市",但正如他所说"部分下县设市,置市令一人,无品。诸县市令掌同州府市令",不知为何又提到"诸州下县亦不管市"的理由。参见刘俊文《唐律疏议笺解》卷二六《杂律》,中华书局,1996,第 1861 页。

④ 《唐律疏议》卷二六《杂律》,第 499 页。

⑤ 《天一阁藏明钞本天圣令校证(附唐令复原研究)》,第 309 页。《唐会要》记载:"开元九年敕格……关市令:诸官私尺秤度,每年八月,诣金部、太府寺平校。不在京者,诣所在州县平较,并印署,然后听用。"其中"开元九年敕格"所引的"关市令",将"太府寺"记作"金部、太府寺",这或许是反映"开元七年令"和"开元二十五年令"(或以后的)令文规定的差异。(宋)王溥:《唐会要》卷六六《太府寺》,上海古籍出版社,2006,第 1364 页。

市署'决之'，"应合荫赎及徒以上，送'大理寺'"。① 因为上引"其在市用斛斗秤度虽平，而不经官司印者笞四十"等犯罪，就属于一般市令的职掌"禁斥非违之事"，② 两京诸市署的市令亦拥有"以伪滥之物交易者，没官；短狭不中量者，还主"③ 等权限。总之，本文认为将"其在京市，非京兆府，并送大理寺"，可以解释为"犯罪在京师的东市、西市（不属于京兆府管辖，应当用荫赎罪以及徒以上的案件），不送到京兆府，而一律送大理寺"。若然，对于注文"驾幸之处亦准此"，可以理解为"驾幸之处，也依'京市'办理：在杖以下，市决之；应合荫赎及徒以上，'非县'，并送大理寺"。

《狱官令复原》第2条，既是独立的一个条文，也是对第1条的详细规定，④ 由于本条详述其"事发处州县"的审判管辖权，所以既往研究侧重于分析其体现的"审级"问题。⑤ 与第1、5条相同，本条由关于州县的一般规定和京师的特殊规定构成，但其中涉及的内容较为复杂，复原的意见也有分歧。本文仅拟从京兆府审判管辖权的角度，试图提出问题，并解读其难点。本条的内容如下：

> 复原2：诸犯罪，杖罪以下，县决之；徒以上，县断定送州，覆审讫，徒罪及流应决杖、笞若应赎者，即决配征赎。a 其大理寺及京兆、河南府断徒及官人罪，并后有雪减，并申省。省司覆审无失，速即下知。如有不当者，亦随事驳正。若大理寺及诸州断流以上若除、免、官当者，皆连写案状申省。b 大理寺及京兆、河南府，即封案送。若驾行幸，即准诸州例，案覆理尽申奏。即按覆事有不尽，在外者遣

---

① 小早川欣吾对于原句"应合荫赎及徒以上，送县"，指出"县作为第一审裁判官厅，只有'杖罪以下县决之'的权限，而关于市'徒以上送县'，县没有复审其断案以及断定决配的权限。因此，似乎可以理解为市的断案经由县送审到州"。参见〔日〕小早川欣吾《唐朝司法制度（二）》，第1005~1006页。

② 《唐六典》卷三〇《三府督护州县官吏》，第750页。

③ 《唐六典》卷二〇《太府寺·两京诸市署》，第543页。

④ 〔日〕奥村郁三：《唐代裁判手统法》，第66页。

⑤ 关于"审级"相关研究成果，参见陈登武《从人间世到幽冥界——唐代的法制、社会与国家》，第3~4页；陈玺《唐代诉讼制度研究》，第130~135页。

使就覆，在京者追就刑部，覆以定之。①

本条大体分为"徒罪以下"和"流罪以上"的相关规定，我们先看前者。京兆府管辖赤、畿县，拥有与"州"相同的地位，② 而且在令文结构上，据"其大理寺及京兆、河南府"的"其"，可知这一句既适用第一句"诸犯罪"的一般原则，即"杖罪以下，县决之；徒以上，县断定送'京兆府'"，又含有特殊规定，即"断徒及官人罪，并后有雪减"需要"申省"的程序。但问题在于，如何理解"断徒及官人罪，并后有雪减"这一句，即如何解开"及"和"并"字的"模糊性"呢？换言之，需要"申省"的情况有几种？对此，陈登武指出"一般庶民断徒和官人获罪确定，但日后若有减免罪刑，都必须向尚书省申请复审"。③ 据"但"字推测，他似乎认为"申省"的对象有两种情况，"一般庶民断徒，日后若有减免罪刑"和"官人获罪确定，日后若有减免罪刑"。另外，小早川欣吾将它解释为"徒罪以及官吏犯罪在日后被减刑的场合"，即"断徒"和"官人罪，并后有雪减"的两种情况。④ 那么，我们该如何理解京兆府需要"申省"的案件类型呢？

P. 3078 + S. 4673《神龙散颁刑部格》残卷载有关于"法司断九品以上官罪"和"其外推断罪定，于后雪免者"的处理方式：

（前略）

20　一法司断九品以上官罪，皆录所犯状进内。其

21　外推断罪定，于后雪免者，皆得罪及合雪

---

① 《狱官令复原》，第609~610页。下划线、英文字母为笔者所加。

② 〔日〕小早川欣吾：《唐朝司法制度（二）》，第1007页。

③ 陈登武：《从人间世到幽冥界——唐代的法制、社会与国家》，第14页。陈玺也赞同陈登武的看法，但他的着眼点在于本条所言"省司"的内涵（他认为它"并非尚书都省，当为尚书省刑部"），而对该句没有解释。参见陈玺《唐代诉讼制度研究》，第134页。

④ 〔日〕小早川欣吾：《唐朝司法制度（二）》，第1006页。另外，刘俊文将"徒罪以上罪"分为"普通性质"和"官人犯徒以上罪"，指出前者中"如犯在京城京兆府、河南府属县，并须移送大理寺或京兆府司、河南府司审理。大理寺及京兆府司、河南府司依律科断后，直接报呈刑部覆核"。但对于"官人罪，并后有雪减"没有详细的解释。参看刘俊文《唐代法制研究》，文津出版社，1999，第204~205页。

22　所由并原断官同奏。事若在外，以状申省

23　司，亦具出入之状奏闻。若前人失错，纵去官

24　经赦，亦宜奏。若推断公罪者，不在奏限。应

25　雪景迹状，皆于本使勘捡，若灼然合雪，具

26　状牒考、选司。若使司已停，即于刑部、大理

27　陈牒，问取使人合雪之状，然后为雪。仍牒中

28　书省，并录状进内讫，然后注

（后略）①

从中可知这两类情况中"于后雪免者"的前提为"官人罪"，② 可能是出于考课、选官等原因（"若灼然合雪，具状牒考、选司"）而被重视。关于"断徒"，考虑到开元二十五年（737）或天宝四载（745）《刑部格》体现的京兆府处罚徒罪的"量事处分"倾向（详后），可推知此前可能存在京兆府需要申报徒罪而不能"量事处分"的限制。因此，本文认为"断徒及官人罪，并后有雪减"可分为"断徒"、"（断）官人罪"以及"（断官人罪）并后有雪减"的三种情况。

至于"流罪以上"的部分，最难理解的是，大理寺作为不同申报程序的主体重复出现，即"若大理寺及诸州"和"大理寺及京兆、河南府"。③ 这一问题还涉及令文复原所据的材料，如《唐六典·尚书刑部》"刑部郎中员外郎"条以注文形式记载"皆连写案状申省案覆，理尽申奏；若按覆

---

① 刘俊文：《敦煌吐鲁番唐代法制文书考释》，中华书局，1989，第247～248页。

② 永淳二年（683）制书所言及的"官人犯决经断后得雪者"也可以支持这一观点："永淳二年二月制：官人犯决经断后得雪者，并申尚书省详定。前被枉断及有妄雪者，具状闻奏。"《唐会要》卷四一《杂记》，第873页。

③ 对此，张雨曾做出具体的说明，并认为"但考虑到'大理寺及京兆、河南府，即封案送。若驾行幸，即准诸州例，案覆理尽申奏'，明确将大理寺、两府与诸州区别开来，本文仍将'连写案状'的主体表述为诸州而不涉及大理寺"。但是，考虑到"若大理寺及诸州"这一句均见于所有的相关材料（《唐六典》《唐律疏议》《宋刑统》《养老令》），而"大理寺及京兆、河南府"这一句不见于《唐六典》和《养老令》，本文仍然难以赞同他的见解。参见张雨《大理寺与唐代司法政务运行机制转型》，《中国史研究》2016年第4期，第80页"脚注①"。另外，关于这一问题，中国社会科学院历史研究所《天圣令》读书班也进行了深入的讨论，其内容对笔者理解本条的内涵很有启发。

事有不尽，在外者遣使就覆，在京者追就刑部覆以定之"，① 并没有"b"
这一句；而《唐律疏议·断狱律》"辄自决断"条载"皆连写案状申省，
大理寺及京兆、河南府即封案送。若驾行幸，即准诸州例，案覆理尽申
奏"，② 保留着"b"，但没有"若按覆事有不尽"以下的内容。此外，《养
老令》该条③除了按照当时日本的制度，将"县""州"改为"郡""国"，
改"杖""徒"为"笞""杖"，将"大理寺"以及"刑部"改为"刑部
省"，将"申省"改为"申太政官"外，基本上继承唐令，④ 这只是用词
的置换，条文整体仍具有相似的结构和句式。

就《养老令》对"a""b"部分的改动而言，将"a"以注文形式改
为"其刑部断徒以上，亦准此"，由于日本的"刑部省"是统合唐代大理
寺和刑部的官司，⑤ 所以此处自然会删去大理寺"申省"的文字。值得一
提的是，《养老令》缺乏"b"部分，与《唐六典》的记载一致。因此，
我们推测《养老令》和《唐六典》共同缺乏的"b"，可能并非"省文"
的结果，而《唐律疏议》所载的"b"是后来被添加进去的，这似乎反映
出不同时期令文的不同内容。⑥ 而且，"b"的位置在《唐六典》《养老令》
的"皆连写案状申省（'省'在《养老令》中作'太政官'）"和"案覆
理尽申奏"的中间，且上属"皆连写案状申省"，附加说明与其不同的
"大理寺及京兆、河南府"的"申省"方式，这似乎透露出补入的痕迹，
也不能排除其作为注文的可能。

---

① 《唐六典》，第 189 页。

② 《唐律疏议》，第 562 页。《宋刑统》"应言上待报"条只改"京兆府"为"开封府"，其
他都不变。参见《宋刑统》卷三○《名例律·断罪引律令格式门》，第 484 页。

③ 《令义解》卷一○《狱令》"郡决条"，第 311 ~ 312 页。

④ 〔日〕长谷山彰：《律令制下の京职の裁判権について：唐京兆府との比较を中心に》，三
田史学会：《史学》66（1），1996 年，第 12 页。另外，关于《养老令》该条没记载"京
职"的原因，长谷山彰指出，与唐制的京兆府拥有流以上罪的审判权（即与诸州及大理
寺同等的司法权限）相比，当时日本京职似乎只有从笞以上至徒罪的判决、执行权，而
将流以上罪直接移送刑部省裁断（第 24 页）。

⑤ 长谷山彰认为"刑部省"实际上相当于大理寺，刑部的大部分功能被太政官吸收。参见
〔日〕长谷山彰《日唐裁判手続に关する一考察——狱令郡决条における太政官覆审の意
义をめぐって》，《史学》65（1、2），1995 年，第 22 ~ 27 页。

⑥ 若我们参考《唐令拾遗》（第 74 ~ 76 页）的解释，并认同《唐律疏议》所引的令文是
"开元二十五年令"，那么"b"就成为"开元二十五年令"增加的内容。

关于"皆连写案"，《令义解》解释为"凡鞫狱官司，皆连鞫状及伏辩，以成一案，更连写之，与断文共送官，是为连写案申太政官"。① 据此，张雨在《大理寺与唐代司法政务运行机制转型》一文中指出，"封案送"就是"大理寺和两府将审案的原始案卷（包含鞫状及伏辩）抄件，即时封送尚书省。封案中并不包含断文"，因而对此类案件的断决权"在刑部司，而不在大理寺和两府"，它们仅有审理权。② 但是，他的推论只是根据《令义解》对"皆连写案"的注释而推定的，③ 并没有直接说明"即封案送"的史料。再者，虽然"皆连写案"和"即封案送"的含义应该不同，但通过这两个程序来处理的案件是相同的，即"断流以上若除、免、官当者"。值得注意的是，"皆连写案状申省"和"即封案送"的前提为"断"，其目的为了"案覆"，④"案覆理尽"后才申奏，其案覆和申奏主体为"省"，即尚书省刑部（司）。因此，他将"若驾行幸，即准诸州例，案覆理尽申奏"解释为"只有当皇帝驾幸出外时，大理寺和京兆、河南府才会'准诸州例，案覆理尽申奏'"，这一点或有不妥。因为"诸州例"指的是"皆连写案状申省"，"案覆理尽申奏"主体仍然是"省"。至于"即封案送"，没有其他的材料，就难以断定，只是从其字面上看，可推测为其强调"迅速（即）"和"保密（封）"的含义。

总的来看，《狱官令》所体现的京兆府的审判管辖权，既受一般"州县"原则的局限，又有京师的特殊限制，以致其"裁量权"的范围相对狭窄。但京师毕竟是"京城殷杂，愆犯百端"⑤ 的地方，其审判管辖权始终处于不断调整的过程中。接下来我们要讨论的，就是唐后期对《狱官令》所定模式的某种改变，这是通过"格""敕"调整出来的结果。

---

① 《令義解》卷一〇《狱令》"郡决条"，第311~312页。
② 张雨：《大理寺与唐代司法政务运行机制转型》，第80~81页。
③ 而且《令義解》所理解的"不得断"的情况，见于"犯罪条"的"徒以上，送刑部省"的注释："凡在京诸司，除京职外，皆不得断徒以上罪。故略准告状，罪当徒以上者直送刑部，不得断勾。假有甲乙共犯一年徒，乙是随从，应减一等决杖一百，是犹甲乙共送，既不推断，随从未分故也。"从中可知"不得断徒以上罪"的官司，连"审理权（推）"都没有。参见《令義解》卷一〇《狱令》"犯罪条"，第311页。
④ 关于"案覆"，参看刘俊文《唐代法制研究》，第207~210页。
⑤ 《唐会要》卷四一《左降官及流人》，第861页。

二 专决与禀奏：审判管辖权的变化趋向及动因

建中三年（782）四月，京兆尹严郢对于御史台所奏"天下断狱，一切谓待谳报，以正刑名。唯除杀人罪，当自徒已下结竟者，并徙置边州"，驳奏曰：

> 臣伏以置边州者，流之异名。流罪者有三等，一例移配，或恐未当。其死罪除杀人之外，有十恶重罪，造伪刻印，并主典伪印及强盗光火等，若一切免死徙边，即于法太轻，不足惩戒。其徒罪条目至多，或斗殴争竞，小有伤损；或夫妻离异，不犯义绝；或养男别姓；或立嫡违式；或私行度关；或相冒合户，如此之类，不可悉数。令一切徙边，与十恶造伪同等，即轻重悬殊。又准刑部格，京城县杂愆犯百端，触网陷刑，徒罪偏广，若皆送覆，系滞实多。其徒已下罪，非除免官当及敕杖者，宜准外州例，州县量事处分。今若天下徒罪，悉申所司，皆从谳报，法司断结，准式有程，州县禁囚，动盈千百，计天下每月徒配，必不啻五六千人。此则百姓动摇，刑章紊扰。又边州及近边，犯死及徒流者，复何以处之？伏请下删定使详覆，然后施行。①

从中可知，严郢首先反驳御史台的建议（除杀人罪外，徒罪以上②而"结竟"③的案件，一律判处徙边），他依流、死、徒罪的顺序说明，若将那些犯罪"一切徙边"，会造成刑罚"轻重悬殊"的后果。然后接着提及"天

---

① 《册府元龟》卷六一六《刑法部·议谳》，第 7123～7124 页。
② 对于"已下"，《宋本册府元龟》卷六一六《刑法部·议谳》（中华书局，1989，第 1935 页）亦作"已下"，但《唐会要》作"以上"（卷四一《左降官及流人》，第 861 页），而且从严郢反驳的内容（针对提到徒、流、死罪）看，似以"以上（或已上）"为是。
③ 据《唐律疏议》"狱结竟取服辩"条的疏议，"结竟"为"长官同断案已判讫"，而且《资治通鉴》中宗神龙二年（706）七月条所载的胡三省注将它解释为"结竟者，结其罪、竟其狱也。或曰：竟，尽也，尽其命也"。因此可以认为这是"结案"的意思。参见《唐律疏议》卷三〇《断狱律》，第 568 页；《资治通鉴》卷二〇八《唐纪二十四》，第 6604 页。

下断狱，一切谓待谳报"的问题。值得注意的是，他为了揭示这一措施可能带来"州县禁囚，动盈千百"的事态，引用《刑部格》规定的京兆府和徒罪相关内容。从中可以看出，唐廷对京兆府审判管辖权的"增损"情况。从大历十四年（779）开始，唐廷删定所谓的《贞元格》，① 似乎至贞元七年（791）才颁行，② 所以建中三年时现行的《刑部格》可能仍是天宝四载"诏刑部尚书萧炅稍复增损之"③ 的"格"。正如黄正建所指出，从此开始"仅有刑部尚书承担《格》的修定任务"，并且这次"修定的只是《格》"，这或意味着《格》"逐渐向具有《刑部格》的性质演变"的开端，④ 其增损重点在于"刑部"相关的内容。然而，这仍不能排除所"准刑部格"是开元二十五年所颁《开元新格》的可能性。因为所谓"《天宝新定开元新格》"系"增损《开元新格》而成"，其"所增损甚少"，反而《开元新格》与之前开元七年的《开元后格》相比，"在内容上必有较大改动"。⑤

就《刑部格》的内容而言，核心问题是徒罪的"送覆"与否。如上述所言，《复原狱官令》第2条规定，京兆府"断徒（罪）"需要"申省"，在"省司覆审无失，速即下知"后，才能行刑。与州断徒罪"得伏辨及赃状露验者，即役，不须待使"的覆审⑥相比，京兆府对徒罪的"专决权"确实有局限。而且，原来是"其徒罪条目至多"，加上"京城县杂恶犯百端，触网陷刑，徒罪偏广"，如果按照《狱官令》所规定的程序"皆送覆"，就必然造成"系滞实多"的情况。因此，通过《刑部格》提出调整方案"其徒已下罪，非除免官当及敕杖者，宜准外州例，州县量事处分"。

---

① 参见《册府元龟》卷六一二《刑法部·定律令》，第7071页。

② 关于"《贞元格》"，如《新唐书》卷五六《刑法志》载"取至德以来制敕奏谳，掇其可为法者藏之，而不名书"（第1413页），其卷数、名称、颁布与否以及颁布时间等，仍有诸多不明之处。对于颁布时间，刘俊文据《唐会要·杂录》所载元和五年（810）考功上奏中所提及的"准贞元七年格文"，认为"贞元七年颁行，至开成四年（839）九月废止"。参见刘俊文《唐代法制研究》，第132~133页。

③ 《新唐书》卷五六《刑法志》，第1413页。

④ 黄正建：《唐玄宗时的律令修定——律令格式编年考证之四》，第77页。

⑤ 关于《开元新格》和《天宝新定开元新格》修定情况及其特点，参见刘俊文《唐代法制研究》，第131~132页。

⑥ 《天一阁藏明钞本天圣令校证（附唐令复原研究）》卷二七《狱官令》唐1条，第339页。

其中"除、免、官当"均属于对官人犯罪的处罚方式，需要特殊管理，而据《朝野类要》载"敕杖谓降旨而杖之也"，① "敕杖"可理解为"依据皇帝下敕，执行杖刑"。② 除非以上两种情况，京兆府对"徒罪已下罪"不必"送覆"，而"准外州例"可以"量事处分"。值得一提的是，在令文的相关规定中，未被记载的"敕杖"登场了，这就体现出与刑罚变化相呼应的审判程序的改动及其"法定化"。就京兆府的审判管辖权而言，对一般徒罪的"量事处分"已经成为不可逆转的趋势。我们接下来分析元和四年（809）二月京兆府的上奏内容，讨论这一变化的渐进过程。

> 准建中三年三月敕节文，当府界内捉获强盗，不论有赃无赃，及窃盗赃满三匹以上者，并准敕集众决杀；不满匹者，量事科决，补充所由。犯盗人虽有官及属军等，一切并依此例处分。准天宝十四年正月敕，府县务烦，事须疏决，若一一皆待勘覆，即必有稽留。伏准今年正月敕，自今以后，诸司应有决杀囚，若不承正敕，并不在行决之限。如迹涉凶险，须速决遣并特敕处分者，亦宜一度覆奏者。伏以京邑浩穰，庶务烦剧，擒奸戮盗，事实寻常。若一罪一刑，动须覆奏，不惟惧于留狱，实亦烦于圣览。况畿甸之内，尤须肃清。其强盗窃盗并犯徒以下罪，请准建中三年及天宝十四载敕处分。其余罪犯，经有司准按者，请准今年正月敕处分。③

该奏文所引用的"敕节文"有三件，依时间顺序排列如下：第一是"天宝十四年（755）正月敕"，其起因是京兆府及属县"务烦"，如果每个案件都要"待勘覆"后才处罚的话，"必有稽留"。该敕的主旨是强化京兆府的专决权，这呼应了前述《刑部格》。第二是"建中三年三月敕节文"，规定京兆府对管辖区域内捉获"强盗及窃盗"的处罚方式。对于强盗罪，明示

---

① （宋）赵升：《朝野类要》卷四《法令·敕杖》，中华书局，2007，第82页。
② 刘俊文认为"至于律外之杖，主要为敕杖，即皇帝别敕决杖"，其分为"一类杖无数限，至死始毕"和"另一类杖数有限，杖不至死"的两类。参见刘俊文《唐律疏议笺解》卷一《名例律》"杖刑五"条，第27页。
③ 《册府元龟》卷六一二《刑法部·定律令》，第7071页。

"不论有赃无赃"，一律"准敕集众决杀"，即执行杖杀，① 这与《唐律疏议·贼盗律》"强盗"条所载"不得财徒二年；一尺徒三年，二匹加一等；十匹及伤人者，绞；杀人者，斩"② 相比，可谓"治盗之重，以此为严矣"。③ 此外，相似的内容亦见于《宋刑统·贼盗律》"唐元和十年八月九日敕节文"。④ 关于窃盗罪，分为"赃满三匹以上者"和"不满匹者"，⑤ 对前者"准敕集众决杀"而后者则"量事科决"。⑥ 征诸《唐律疏议》"窃盗"条"诸窃盗，不得财笞五十；一尺杖六十，一匹加一等，五匹徒一年；五匹加一等，五十匹加役流"，⑦ 其刑止于加役流而已，没有死刑。由此可知唐廷大幅度加强了对该罪的处罚力度。

至于"今年正月敕"，这就是京兆府之所以上奏的直接原因。由于敕文的意图在于要求"诸司应有决杀"时需要获得"正敕"和履行"（特敕处分者）一度覆奏"的程序，所以京兆府再次强调京师的"特殊性"，⑧ 即"京邑浩穰，庶务烦剧，擒奸戮盗，事实寻常"，并提出"一罪一刑，动须覆奏"的弊端在于不仅会造成"留狱"，而且还"实亦烦于圣览"。其

---

① 关于"集众决杀"等，以及杖杀名称的多样性，参见〔日〕川村康《唐五代杖杀考》，第 147~151 页。

② 《唐律疏议》卷一九《贼盗律》，第 357 页。

③ （清）沈家本：《历代刑法考·律令四·建中改重法》，中华书局，1985，第 949 页。

④ 《宋刑统》卷一九《贼盗律·强盗窃盗门》，第 301 页。

⑤ 《宋刑统》卷一九《贼盗律·强盗窃盗门》载："【准】唐建中三年三月二十四日敕节文，自今以后，捉获窃盗，赃满三匹以上者，并集众决杀。"（第 303 页）此处省略了"不满疋者"的部分。

⑥ 《册府元龟》卷六一三《刑法部·定律令》："五月，御史台奏：'准今年正月一日节文，据会昌元年二月二十六日敕：盗赃至一百文，处死。宜委所司重详定条流闻奏者。臣检勘并请准建中三年三月二十四日敕，每有盗贼赃满三匹以上，决杀。如赃数不充，量事情科决。'从之。"（第 7078 页）刘俊文据此指出，从大中四年（850）御史台上奏的内容可以看出，从唐德宗建中三年起，直至唐亡，"以敕旨所定窃盗赃满三疋或千钱处死之法"的实施情况（《唐律疏议笺解》，第 1382~1387 页）。但这一规定的适用范围是否还包括京师以外的地方，则尚不可知。

⑦ 《唐律疏议》卷一九《贼盗律》，第 358 页。

⑧ 从太和八年（834）京兆尹韦长对禁止鞭背命令的上奏内容，亦看出京兆府的"特殊性"以及因其而起的行刑方式的"例外"。《旧唐书》卷五〇《刑法志》载："八年四月，诏应犯轻罪人，除情状巨蠹，法所难原者，其他过误愆忿，及寻常公事违犯，不得鞭背，遵太宗之故事也。俄而京兆尹韦长奏：'京师浩穰，奸豪所聚。终日惩罚，抵犯犹多，小有宽容，即难禁戢。若恭守敕旨，则无以肃清；若临事用刑，则有违诏命。伏望许依前据轻重处置。'从之。"（第 2156 页）

实，"正月敕"反映出的现实是，京兆府存在"不承正敕"即行"决杀"，或者奉特敕处分而未"覆奏"的情况。从中可知，与上引《刑部格》相比，京兆府"量事处分""量事科决"范围取得量的扩张和质的飞跃，也可看到杖杀（"决杀"）在其中发挥的重要作用。京兆府的建议最终被认可（"从之"），"其强盗窃盗并犯徒以下罪"准"建中三年及天宝十四载敕"处罚，只有"其余罪犯"属于"准今年正月敕处分"的适用对象。

另外，"建中三年三月敕节文"中，"犯盗人虽有官及属军等，一切并依此例处分"也显露出京兆府在审判管辖权方面所面临的一些困境，尤其是"属军"问题。德宗时期"神策亲军之权，全归于宦者"以后，在宦官"威权日炽"的背景下，① 其掌握的北衙禁军的"军司狱"② 就成为京兆府"不能制"的难题。例如，贞元三年（787），针对"射生、神策、六军将士，府县以事办治，先奏乃移军，勿辄逮捕"的敕文，京兆尹郑叔则建言"请非昏田，皆以时捕"。③ 其建议的理由表面上是"若待奏报，恐失罪人"，其实暗示着围绕"有关府县须其辨对者"的审判管辖权的冲突和矛盾。④ 因此，贞元七年（791）颁行对"禁军与百姓相讼"的调整方案："辛巳，诏神威、神策六军将士自相讼，军司推劾；与百姓相讼，委府县推劾；小事移牒，大事奏取处分，军司、府县不得相侵。"⑤ 但是，"军士陵忽府县"的现象愈演愈烈，而"不得相侵"的期待效果难以落实。在宪

---

① 《旧唐书》卷一八四《宦官列传》载："德宗避泾师之难，幸山南，内官窦文场、霍仙鸣拥从。贼平之后，不欲武臣典重兵，其左右神策、天威等军，欲委宦者主之，乃置护军中尉两员、中护军两员，分掌禁兵，以文场、仙鸣为两中尉，自是神策亲军之权，全归于宦者矣。自贞元之后，威权日炽，兰锜将臣，率皆子蓄，藩方戎帅，必以贿成，万机之与夺任情，九重之废立由己。"（第 4754 页）

② 所谓"北司狱"，史书上亦称为"'北军狱'、'神策狱'、'内侍狱'、'黄门狱'等"（陈登武：《地狱·法律·人间秩序：中古中国的宗教、社会与国家》，第 359 页）。关于其与内侍省的关系以及内侍狱的鞫狱实例，参见〔日〕室永芳三《唐末内侍省における鞫狱の性格と机能について》，《长崎大学教育学部社会科学论丛》第 28 号，1979 年，第 1 ~ 7 页。此外，关于军司审判管辖权的获得以及其演变过程，参见陈玺《唐代诉讼制度研究》，第 180 ~ 196 页。

③ 《新唐书》卷五〇《兵志·天子禁军》，第 1333 页。

④ 《册府元龟》卷六九六《牧守部·抑豪强》，第 8040 ~ 8041 页。

⑤ 《旧唐书》卷一三《德宗本纪》，第 371 页。类似记载亦见于《资治通鉴》卷二三三《唐纪四十九》德宗贞元七年二月条，第 7523 页。

宗时期，甚至发生宦官带领禁军"捕台府吏属系军中"的事件。① 在"北军势重于南衙"的情况下，"府县人吏所由及百姓等"被追捕时，连"公牒"都不递送，"禁系之后"，京兆府才知晓，根本无法实现"所冀官曹免相侵扰"。②

值得关注的是，在上述这一调整审判管辖权的重叠、矛盾的过程中，我们还能发现"大事奏取处""先具奏闻""具状申奏"等皇帝权力的直接介入现象。③ 例如，元和元年（806）二月诏："京城内无故有人于街衢带戎仗及聚射，委吏执送府县科决。其隶诸军者禁身，奏听进止。"④ 此"奏听进止"的处理方式，不仅见于与"禁军"相关的事件，也见于京兆府管辖的各种重要案件。开元时期已有实例，如开元十一年（723）在"万年县界崇仁坊"发生"左金吾卫黄衣长上杨骆斫杀人"事件，第二天玄宗责问"不见州县奏来，是何道理？"然后玄宗判决"宜令京兆尹孟温即收骆，集众杖杀"。⑤ 从中可见，"州县奏来"已成为公认的程序。其实，京兆府直接"奏请科罪"⑥，然后由皇帝直接处理的模式，并非特例，而是体现了皇帝作为"政务信息流转过程中的核心"这种政务沟通方式（强调"直接"与"个别"），⑦ 其背后存在着"中书门下体制下，政务文书的主

① 《新唐书》卷一六四《王源中传》，第 5044 页。
② 《唐会要》卷六七《京兆尹》，第 1404 页。
③ 室永芳三指出："诏狱是直接行使天子的擅杀权的刑狱机关"，在唐前半期的诏狱中，御史台担当重要角色，而在唐后半期，内侍省发挥重要作用。但本文所讨论的"皇帝权力的直接介入现象"，不仅是诏狱，更涉及审判程序的全局，其范围更为宽泛，其影响更为深刻。参见〔日〕室永芳三《唐代における詔獄の存在樣態》上、下，《長崎大学教育学部社会科学論叢》第 26、27 号，1977 年、1978 年，第 1~16 页、第 1~12 页。
④ 《册府元龟》卷六四《帝王部·发号令》，第 684 页。
⑤ 《册府元龟》卷一五二《帝王部·明罚》，第 1701 页。此外，开元二十一年（733）发生的"供奉侏儒黄瓠"案件也是"京兆奏其状"，玄宗"付有司杖杀之"。参见《资治通鉴》卷二一三《唐纪二十九》玄宗开元二十一年三月条，第 6801 页。
⑥ "（贞元四年）十月，景公寺僧寂宽等，于京兆府状诉纲维干俊等典卖承前敕赐御衣。府司推勘所典卖，并缘常住寺用，禁系干俊等，奏请科罪。帝曰：'本来施与寺家之物，若自盗窃，法律有文。今乃不为私情，事缘常住，正当施与之意，岂合书以罪名。若施与而令存，乃是劳力寺家，殊非本施之意。僧之言告，乃是无知；更欲科绳，深所无谓。宜并释放。'"《册府元龟》卷五二《帝王部·崇释氏》，第 548 页。
⑦ 叶炜：《论唐代皇帝与高级官员政务沟通方式的制度性调整》，《唐宋历史评论》第 3 辑，社会科学文献出版社，2017，第 61 页。

体由奏抄转变为奏状"① 的背景。在体制转变的巨浪中，京兆府所管的
"审判政务"也不例外，皇帝"直辖"的案件数量不断增加。乾元元年
（758），有关"狱成"的补充规定出台："若款自承伏，已经闻奏，及有敕
付法，刑名更无可移者，谓同狱成。"② 这表明"皇帝以敕旨或制敕进行处
理"③ 案件的模式已成为制度。

从总体上看，京兆府审判管辖权的演变趋向表现在两个方面：一是
"量事处分"，即"专决权"的扩大，二是"奏请科罪"，即直接"申奏"
案件的增加。《宋史·职官志》所述开封府"小事则专决，大事则禀奏"
的制度设计，④ 似乎在唐代已见雏形。那么，回到文章开头的问题，这一
变化的脉络，如何、为何产生出"付京兆府杖杀"的现象呢？接下来我们
将尝试讨论这一话题。

三　作为"行决之司"的京兆府与杖杀

前引"元和四年正月敕"的背后有一个故事，即《册府元龟·帝王
部》"慎罚"载："时左街功德使吐突承璀牒京兆府，称奉进止，令杖死杀
人僧惠寂，府司都不覆奏便行。御史台奏，故有是诏。"⑤ 由于京兆府只凭
左街功德使之牒，不行覆奏就处决了僧人，所以唐廷推出了"不承正敕，
并不在行决之限"和"特敕处分者，宜令一度覆奏"的方案。可是，从
"太和四年（830）十月诏"的内容看，该问题似乎并未得到改善，其诏云
"自今已后，有特决囚不令覆奏者，有司亦须准故事奏覆"，再次强调即使
"不令覆奏"，还是要"奏覆"。先是，有"命中人送教坊乐官刘楚才等四
人付京兆府杖杀之，不令覆奏"的事件，对此宰臣杨嗣复等上奏"准宣各

---

① 刘后滨：《唐代中书门下体制研究——公文形态、政务运行与制度变迁》，齐鲁书社，
2004，第 262 页。
② 《唐会要》卷三九《议刑轻重》，第 830 页。
③ 张雨：《大理寺与唐代司法政务运行机制转型》，第 82～83 页。
④ "牧、尹不常置，权知府一人，以待制以上充。掌尹正畿甸之事，以教法导民而劝课之。
中都之狱讼皆受而听焉，小事则专决，大事则禀奏，若承旨已断者，刑部、御史台无辄
纠察。屏除寇盗，有奸伏则戒所隶官捕治。"（元）脱脱等：《宋史》卷一六六《职官
志·开封府》，中华书局，1985，第 3941～3942 页。
⑤ 《册府元龟》卷一五一《帝王部·慎罚》，第 1685 页。

决痛杖一顿处死，事亦相缘，宣下之事，未有正敕，府司准宣处置，又不覆奏，稍乖常例，有惑众情"，因此"遂有是诏"。① 既然"宣下之时，不令覆奏"，作为覆奏主体的京兆府，就"准宣"不覆奏而执行杖杀。

覆奏是唐太宗"慎刑"思想的代表性政策，在贞观五年（631）以"处死张蕴古、卢祖尚事件"为契机而建立的，因"人命至重，一死不可再生"，所以规定处决之前"（在京者）二日中五覆奏，下诸州三覆奏"。② 其基本内容收录于《贞观令》（"著之于令"）后，似乎延续到"开元令"，见于《唐六典·尚书刑部》"刑部郎中员外郎"条"在京者，行决之司五覆奏；在外者，刑部三覆奏"。③ 由此可知，覆奏的主体是，在京案件为"行决之司"，诸州案件为刑部。《唐律疏议·断狱律》规定了行决之司"不待覆奏报下而决者"的处罚："诸死罪囚，不待覆奏报下而决者，流二千里。即奏报应决者，听三日乃行刑，若限未满而行刑者，徒一年；即过限，违一日杖一百，二日加一等"，其疏议将"死罪囚"解释为"奏画已讫应行刑者"，④ 借此强调审判程序完毕以后，才能开始覆奏。然而，令文只说是"行决之司"，并没有明确具体的官司。在贞观十六年（642）"广州都督党仁弘坐枉法取财及受所监临赃百余万，当死"的案件中，"大理进杀仁弘第五奏"，"吾昨见大理五奏诛仁弘，五年制令，死罪囚，三日五覆奏"，⑤ 由此可知其行决之司（之一）是大理寺。而《唐律疏议·名例律》的篇名疏议载"而刑宪之司执行殊异：大理当其死坐，刑部处以流刑；一州断以徒年，一县将为杖罚"⑥ 亦可为证。

《宋刑统·断狱律》载："【准】唐建中三年十一月十四日敕节文，应决大辟罪，自今以后，在京者宜令行决之司三覆奏，决日一覆。在外者，

---

① 《册府元龟》卷一五一《帝王部·慎罚》，第 1686 页。

② 《旧唐书》卷三《太宗本纪》，第 2139～2140 页。

③ 《唐六典》卷六《尚书刑部》"刑部郎中员外郎"条，第 189 页。另外，关于贞观时期覆奏制度建立过程的细节、相关史料所载内容之间的不同、与养老令的比较以及"在外者，初日一覆，后日再覆奏"的具体含义等，参见〔日〕冈野诚《唐代における死刑覆奏について》，《明治大学社会科学研究所年报》第 21 卷，1981 年，第 103～108 页。

④ 《唐律疏议》卷三〇《断狱律》"死囚奏报决"条，第 572 页。

⑤ 《册府元龟》卷一五〇《帝王部·宽刑》，第 1673 页；《资治通鉴》卷一九六《唐纪十二》太宗贞观十六年十一月条，第 6182 页。

⑥ 《唐律疏议》卷一《名例律》，第 3 页。

所司两覆奏，仍每覆不得过三日。余依令式。"① 由此可知覆奏次数的减少情况，即改五覆奏为三覆奏，改三覆奏为两覆奏。至宋仁宗《天圣令》，"诸决大辟罪，在京者，行决之司一覆奏，得旨乃决。在外者，决讫六十日录案奏，下刑部详覆，有不当者，得随事举驳"，② 在京的次数减为一覆奏，在外就不需要覆奏，只要求"决讫"后"录案奏"。③ 值得注意的是，如前所述，通过"建中三年八月二十七日敕节文"，杖杀成为法定刑（"并决重杖一顿处死，以代极法"），刑罚体系上的这一变化与其执行程序的简单化之间存在着紧密的联系。再考虑到上引"建中三年三月敕节文"所载对京兆府内强盗、窃盗的处罚规定，我们认为建中三年进行的一系列刑罚改革体现了一个明显趋势，即惩罚效果的最大化、执行程序的便捷化。

在这一演变脉络中，京兆府作为杖杀的"行决之司"，被赋予了贯彻皇帝的惩罚意志的功能。上引"京兆府'准宣'不覆奏而处决"的案例似乎已表现出这一点。《新唐书》载贞元三年（787），"玉工为帝作带，误毁一銙，工不敢闻，私市它玉足之。及献，帝识不类，擿之，工人伏罪。帝怒其欺，诏京兆府论死"，其中"诏京兆府论死"这一句，与柳浑的谏言共同透露出皇帝将京兆府作为司法角色进行活用的一种方式。柳浑曰："陛下遽杀之则已，若委有司，须详谳乃可于法，误伤乘舆器服，罪当杖，请论如律。"④ 若"论如律"，依照《唐律疏议·职制律》"乘舆服御物修整不如法"条所载"诸乘舆服御物，持护修整不如法者，杖八十；若进御乖失者，杖一百"，玉工应被处杖八十，⑤ 并且按照《狱官令复原》第一条"杖以下，当司断之"，其审判由殿中省尚衣局负责。⑥ 然而，皇帝"怒其欺"，为处以死罪，不按照法定程序，直接"诏京兆府论死"。虽然"委有司"，但并没有论如律，京兆府成为执行皇帝钦定罪名的工具。太和五年

---

① 《宋刑统》卷三〇《断狱律·决死罪门》，第495页。
② 《天一阁藏明钞本天圣令校证（附唐令复原研究）》卷二七《狱官令》宋5条，第327页。
③ 关于覆奏次数的演变过程，参见〔日〕辻正博《〈天圣·狱官令〉与宋初司法制度》，《唐研究》第14卷，北京大学出版社，2008，第328～329页。
④ 《新唐书》卷一四二《柳浑传》，第4672页。
⑤ 刘俊文：《唐律疏议笺解》卷九《职制律》，第748～753页。
⑥ 《唐六典》卷一一《殿中省》"尚衣局"条载："尚衣奉御掌供天子衣服，详其制度，辨其名数，而供其进御；直长为之贰。"（第326页）

（831）"富平县人李秀才"案件的处理过程，也可旁证京兆府的"工具化"角色。《旧唐书·柳仲郢传》载：

> 富平县人李秀才，籍在禁军，诬乡人斫父墓柏，射杀之，法司以专杀论。文宗以中官所庇，决杖配流。右补阙蒋系上疏论之，不省。仲郢执奏曰："圣王作宪，杀人有必死之令；圣明在上，当官无坏法之臣。今秀才犯杀人之科，愚臣备监决之任，此贼不死，是乱典章。臣虽至微，岂敢旷职？其秀才未敢行决，望别降敕处分。"乃诏御史萧杰监之，杰又执奏。帝遂诏京兆府行决，不用监之，然朝廷嘉其守法。①

文宗不顾右补阙、侍御史等的反对，执意免除李秀才的死刑，改为执行决杖配流；又因侍御史柳仲郢和御史萧杰坚持处死刑而抗拒监决杖刑，放弃御史监决，而径直诏京兆府行决，利用京兆府强行贯彻惩罚意志。据《唐六典·尚书刑部》"刑部郎中员外郎"条的注文"决大辟罪，官爵五品已上在京者，大理正监决；在外者，上佐监决；余并判官监决，在京决者，亦皆有御史、金吾监决。若因有冤滥灼然者，听停决奏闻"，②可知"监决"是在执行死刑时需要遵守的程序。而参考《旧唐书》所载"时监察御史蒋挺以监决杖刑稍轻，敕朝堂杖之"，③可以认为在开元初④其适用范围已扩大到杖刑——应是"敕杖"。值得一提的是，从太和元年（827）御史台上奏内容来看，已存在监决御史"各怀疑惮，务求省便，难究冤辞"⑤的情况，在大中四年（850）甚至出现"御史未至，其囚已至科决处"⑥的现象。由此可知"京兆府准敕科决囚徒"时，不尽或不用监决的事例并不少见，这也能体现出皇帝为敏捷处理案件，径直利用京兆府行决的

---

① 《旧唐书》卷一六五《柳仲郢传》，第4305页。

② 《唐六典》，第189页。

③ 《旧唐书》卷一〇一《张廷珪传》，第3153页。另外，石冬梅根据该史料指出，"唐代的监刑御史不止监死刑，其它应决杖的刑罚也监"。石冬梅：《唐代死刑制度研究》，第203页。

④ 据《通典》卷一六九《刑法七·守正》记载，该事件发生时间为"开元二年八月"（第4383页）。

⑤ 《册府元龟》卷五一六《宪官部·振举》，第5859页。

⑥ 《唐会要》卷〇《御史台上》"监察御史"，第1245页。

背景。

那么，为何京兆府能担当皇帝直辖的"行决之司"的角色呢？在执行杖杀的实例中，我们还能看到京兆府没参与审判而只负责行刑的诸多例子。如大历六年（771）"李少良"案件，由御史台审判，"敕付京兆，皆杖死"；① 贞元中"冯瑱"案件，"上诉台推得实"，"皆下京兆府杖杀"② 等。换言之，这些事例中为何没有"付御史台杖杀"的情况？为了解释这一问题，我们还需回到《唐六典·尚书刑部》"刑部郎中员外郎"条的"经典化"叙述："凡京都大理寺、京兆·河南府、长安·万年·河南·洛阳县咸置狱（其余台、省、寺、监、卫、府皆不置狱）。"③ 而王宏治在《唐中央狱制考》一文中指出："实际情况则是正好相反，唐之'台、省、寺、监、卫、府'几乎皆各有狱。"④ 可是，就御史台狱而言，从《唐六典·御史台》载"凡有制敕付台推者，则按其实状以奏；若寻常之狱，推讫，断于大理"⑤ 来看，其职能只在于"推"，再结合贞元八年（792）御史台奏"伏请置法直一员"⑥ 可知，当时的御史台仍然不具备完整的"狱"。

如沈家本所述，"狱有二义"，其一为"讼"，其二为"罪人之牢"。⑦ 因此《狱官令》所载的内容亦大别为"审判和行刑（讼）"以及"管理监狱（牢）"两大部分。其中"审判和行刑"，按照《狱官令复原》第1、2条的说法，又可分为"推""断""决"三个程序（或者功能）。《唐六典》所说的"咸置狱""不置狱"的"狱"，或可理解为三个程序兼具的狱。⑧《册府元龟》所载太和九年（835）御史台的奏文称："台司令史及驱使官，并

---

① 《资治通鉴》卷二二四《唐纪四十》代宗大历六年五月条，第7217页。
② 《册府元龟》卷八七五《总录部·讼冤》，第10179~10180页。
③ 《唐六典》，第188页。
④ 王宏治：《唐中央狱制考》，中国政法大学监狱史学研究中心编《中国监狱文化的传统与现代文明》，法律出版社，2006，第69页。另外，陈登武也同意他的看法，并认为《唐六典》的"说法并不正确"，参见陈登武《地狱·法律·人间秩序：中古中国的宗教、社会与国家》，第357页。
⑤ 《唐六典》卷一三《御史台》，第380页。
⑥ 《册府元龟》卷五一六《宪官部·振举》，第5857页。
⑦ 《历代刑法考·狱考》，第1157~1158页。
⑧ 就《唐六典》的官职设计而言，这意味着"狱官、吏"的存在，如大理寺的"狱丞""狱史""问事"等（《唐六典》卷一八《大理寺》，第504页），京兆府及长安、万年县的"典狱""问事"等（《唐六典》卷三〇《三府督护州县官吏》，第742、751页）。

诸色所由，有罪犯须科决等，或有罪犯稍重者，皆是愚人常态，不可一一奏闻，便欲随事科绳。又缘台杖稍细，以细枝而止大罪，必恐凶狡不惩。自今已后，如有情故难容，不足上尘圣听者，许臣等据所犯判决杖下数，勒送京兆府，用常行杖，科决讫报。冀得戒惧之意稍严，奸欺之心可革。"① 由此可知"台杖稍细"，为了执行杖刑，还是"勒送京兆府，用常行杖"，因此御史台狱依然缺乏"决"的功能。反之，京兆府"置狱"，兼具"推""断""决"。然而，大理寺也具备这三个要素，且为大辟罪的行决之司，那么为何皇帝直辖的杖杀的行决之司是京兆府，而非大理寺？

从"安史之乱"后，处罚"受贼伪署"的情况来看，"陈希烈已下，定六等科罪。斩于独柳树，次杖刑，决杀于京兆府门，自尽于大理寺，流于岭南远恶处，及贬有三等"，② 杖刑决杀的行刑场所与斩刑以及自尽有所区别。就执行杖杀的具体地点而言，从其出现之初至玄宗时期，可以看到作为象征性的特例，在"朝堂"执行决杀的情况，③ 而随着杖杀的一般化和制度化，在京师，其执行场所则主要集中到了"京兆府门"。值得注意的是，尽管曾因特殊原因而在青泥驿等执行杖杀，④ 但目前并未发现在西市、东市、独柳树等实施斩刑的特定场所执行杖杀的例子。杖杀并不是"刑人于市，与众弃之"的大辟罪，其重点在便利性和敏捷性，而不在礼仪性和象征性。唐后期对"逆贼"实施的斩刑仍然在西市、独柳树等，处

---

① 《册府元龟》卷五一六《宪官部·振举》，第 5861 页。
② 《册府元龟》卷六一六《刑法部·议谳》，第 7123 页。
③ 例如，长寿二年（692）"乙亥，禁人间锦。侍御史侯思止私畜锦，李昭德按之，杖杀于朝堂"（《资治通鉴》卷二〇五《唐纪二十一》武则天长寿二年二月条，第 6491 页）；开元四年"帝怒，诏斩昕等朝堂"（《新唐书》卷一二八《李杰传》，第 4462 页）；天宝三年（744）"柳升为长安县令，天宝三年，坐赃于朝堂杖之"（《册府元龟》卷七〇七《令长部·贪黩》，第 8156 页）等。另外，关于作为执行杖刑场所的"朝堂"的含义以及其与皇帝权力的关系，参见王德权《决杖于朝堂——隋唐皇帝与官僚群体互动的一幕》，《唐研究》第 21 卷，北京大学出版社，2015，第 163～202 页。
④ 太和九年（835）九月"癸亥，令内养齐抱真将杖于青泥驿决杀前襄州监军陈弘志，以有弑逆之罪也"（《旧唐书》卷一七下《文宗本纪》，第 561 页）；"大理卿马曙任代北水运使，代北出犀甲，曙罢职，以一二十领自随。故事，人臣家不得蓄兵器。曙既在朝，乃瘗而藏之。一日，奴有犯罪者，曙笞之，即告于御史台，称曙蓄兵器，有异谋。命吏发曙私第，得甲不虚，坐贬邵州刺史。谏官上论，以奴诉郎主，在法不治。上命杖杀曙奴于青泥驿，曙贬岭外，人臣无不感悦。"〔（唐）裴庭裕：《东观奏记》卷中"马曙瘗犀甲被奴告发"，中华书局，1994，第 111 页〕

决时必然有一定的"仪式"。① 而大理寺作为大辟罪的行决之司,有"问事一百四十八人,掌决罪人",② 即由问事负责行刑工作。正如不同刑罚有不同的处决场所一样,"行决之司"也不能混淆其权责范围。③ 即使是大理寺参与的"三司使按问",其结果依然是"宜付京兆府决杀""宜付京兆府各决痛杖一顿处死"。④ 由此可以推测,大理寺正因为是大辟罪的行决之司,所以不能再充当杖杀的行决之司。新刑罚的出现(杖杀的法定化)与审判模式的变化(皇帝直辖案件数量的增加)需要灵活、敏捷的行刑机构,而京兆府恰好符合它们所需要的条件。

结　语

刑罚既是吓阻犯罪的措施,也是统治者宣传的手段。所以它的作用不仅在于处罚,还在于显示皇帝的"好生之德",如此才会出现玄宗的死刑

---

① 例如,元和十二年(817)"元济至京,宪宗御兴安门受俘,百僚楼前称贺,乃献庙社,徇于两市,斩之于独柳,时年三十五。其夜失其首"(《旧唐书》卷一四五《吴元济传》,第3952页);长庆二年(822)"二年八月,汴州平,逆贼李祏枭首及其男四人至京师,分命摄太尉三人告社稷、太庙、太清宫……以左右神策军各三百人防押,即日行刑于京城之西市"(《册府元龟》卷一二《帝王部·告功》,第124页)等。另外,关于处斩时施行的仪式及其所蕴含的象征意义,参见陈俊强《无冤的追求——从〈天圣令狱官令〉试论唐代死刑的执行》,第67~70页;侯旭东《北朝村民的生活世界——朝廷、州县与村里》,商务印书馆,2005,第209~223页。

② 《旧唐书》卷四四《职官志·大理寺》,第1884页。

③ 虽然在史料里可以看到神策军负责处斩的记载[如《资治通鉴》卷二四五《唐纪六十一》文宗太和九年十一月条载:"左神策出兵三百人,以李训首引王涯、王璠、罗立言、郭行余,右神策出兵三百人,拥贾餗、舒元舆、李孝本献于庙社,徇于两市。命百官临视,腰斩于独柳之下,枭其首于兴安门外。"(第7916页)],但目前还未找到大理寺直接执行杖杀的案例。

④ 《旧唐书》卷一五六《于頔传》载:"(元和)八年春,敏奴王再荣诣银台门告其事,即日捕頔孔目官沈璧、家僮十余人于内侍狱鞫问。寻出付台狱,诏御史中丞薛存诚、刑部侍郎王播、大理卿武少仪为三司使按问,乃搜死奴于其第,获之……孔目官沈璧决四十,配流封州。奴犀牛与刘干同手杀人,宜付京兆府决杀。敏行至商山赐死,梁正言、僧鉴虚并付京兆府决杀"(第4131页);《册府元龟》卷一五三《帝王部·明罚》载:"[宝历元年(825)]九月丁丑,卫尉卿刘遵古役人安再荣告前袁王府长史武昭谋害右仆射平章事李逢吉。庚辰,诏侍御史温造、刑部郎中李行脩、大理正元从质充三司按武昭狱……敕:'前袁王府长史武昭及茅汇役人张少腾宜付京兆府各决痛杖一顿处死。'"(第1713页)

废止，① 毕竟刑罚的最终意义在于"无其刑"。可是，受到杖刑被广泛适用的影响，有关"天下断死罪者二十九人""天下死罪惟有五十八人"② 之类的宣传之辞，到了唐后期，就失去了昭示德政的效果。杖刑具有刑罚效果最大化、行刑敏捷化的特点，到了建中三年，杖杀甚至被认可为正式死刑之一。值得注意的是，在其演变脉络中，京兆府担当皇帝"直辖行决之司"的角色，与杖杀结合，发挥了贯彻皇帝的惩罚意志的作用，而其集中表现为"付京兆府杖杀"一句。

因此，本文为解读"付京兆府杖杀"这一句，从《狱官令》所规定的京兆府的审判管辖权说起，探讨其相关规定的具体含义与演变脉络。《狱官令》所体现的京兆府的审判管辖权，既受限于一般的"州县"原则，又受京师的特殊地位和角色限制，以致其裁量权的范围相对狭窄。但是，由于京师的"特殊性"，借用京兆府奏状中的话，即"京邑浩穰，庶务烦剧，擒奸戮盗，事实寻常"，所以京兆府的审判管辖权始终处在不断调整的过程中。这就是通过"格""敕"调整出来的结果，也是唐后期对《狱官令》所定"模式"的某种改变。总体来说，京兆府审判管辖权的演变趋向表现在两个方面：一是"量事处分""量事科决"范围的扩张，即行刑专决权的扩大。二是调整审判管辖权的交叉、矛盾的过程中，出现的"大事奏取处""先具奏闻""具状申奏"等皇帝权力的"直接介入"现象，以及因其而引起的京兆府直接"奏请科罪"案件的增加。其变化的情形走向北宋开封府"小事则专决，大事则禀奏"的方向。"付京兆府杖杀"体现了新刑罚的出现（"杖杀"）与审判模式的变化（"付"）以及灵活、敏捷的行刑机构（京兆府）三者的有机结合，这与唐后期刑罚体系的"效率化"趋势相吻合，即追求提高刑罚效果与执行程序效用的倾向。

---

① （宋）宋敏求：《唐大诏令集》卷八二《刑法》"宽徒刑配诸军效力敕"载：天宝四年七月，"朕自临万国，向踰三纪，思弘至道之化，实务好生之德，比者应犯极法，皆令免死配流，所以市无刑人，狱无冤系"（中华书局，2008，第474页）；《唐六典》卷六《尚书刑部》"刑部郎中员外郎"条注文载："古者，决大辟罪皆于市。自今上临御以来无其刑，但存其文耳。"（第189页）

② 《新唐书》卷二《太宗本纪》，第31页，"（贞观四年）是岁，天下断死罪者二十九人"；《旧唐书》卷五〇《刑法志》，第2150页，"（开元二十五年）其年刑部断狱，天下死罪惟有五十八人"。

《中国古代法律文献研究》第十三辑

2019 年，第 203~236 页

《天圣令·丧葬令》译注稿*

中国社会科学院历史研究所《天圣令》读书班**

摘　要： 以"丧葬"为令篇之名始见于西晋《泰始令》，列为第 17 篇；《唐六典》所载《开元令》将它列为第 26 篇。北宋《天圣令》残卷所存《丧葬令》被标为第 29 卷，经整理后，有宋令 33 条、唐令 5 条，后附"丧服年月"10 条。本稿以《天圣令·丧葬令》（不含"丧服年月"）为译注对象，注释字词、阐释制度、明晰流变、翻译文句，是继《〈天圣令·赋役令〉译注稿》《〈天圣令·仓库令〉译注稿》《〈天圣令·厩牧令〉译注稿》《〈天圣令·关市令〉译注稿》《〈天圣令·捕亡令〉译注稿》《〈天圣令·医疾令〉译注稿》《〈天圣令·假宁令〉译注稿》《〈天圣令·田令〉译注稿》《〈天圣令·狱官令〉译注稿》《〈天

---

* 本稿为 2015 年度全国高等院校古籍整理研究工作委员会直接资助项目"天一阁藏明钞本《天圣令》补校与译注"（批准编号为：1511）的阶段性成果。本稿所引《天圣令》令文"唐×""宋×"，以《天一阁藏明钞本天圣令校证（附唐令复原研究）》（中华书局，2006，以下简称为"《天圣令校证》"）之清本为准。至于相关体例，敬请参见中国社会科学院历史研究所《天圣令》读书班《〈天圣令·赋役令〉译注稿》，徐世虹主编《中国古代法律文献研究》第6 辑，社会科学文献出版社，2012。又，在金珍（中国人民大学、韩国成均馆大学）的协助下，读书班参考了金铎敏、河元洙主编《天圣令译注》（慧眼出版社，2013）的韩文译文。

** 初稿分工如下：宋 1 - 5，韩雨彤（北京师范大学历史学院）；宋 6 - 12，陈佳仪（北京师范大学历史学院）；宋 13 - 23，黄图川（北京师范大学历史学院）；宋 24 - 33，吴宇翔（北京师范大学历史学院）；唐 1 - 5，王慧（首都师范大学历史学院）。此后执笔人变更者有：唐 1 - 5，黄图川。本稿经读书班全体成员讨论，吴丽娱、黄正建两位老师审读，由赵晶（中国政法大学）统稿而成。

圣令·营缮令〉译注稿》之后，中国社会科学院历史研究所《天圣令》读书班所推出的第十一种集体研读成果。

关键词： 天圣令　丧葬令　译注

宋 1　先代帝王［一］陵，并不得耕牧樵采。

【注释】

［一］先代帝王：从三皇五帝至宋之前各朝代的皇帝。

【翻译】

前代帝王的陵墓［范围内］，都不允许耕种、放牧、砍柴、采集。

宋 2　先皇陵，去陵一里内不得葬埋。

【源流】

《唐六典》卷一四《太常寺》"诸陵署"条注："凡诸陵，皆置留守，领甲士，与陵令相左右。兆域内禁人无得葬埋，古坟则不毁。"①

《唐会要》卷二一《陪陵名位》："旧制……凡诸陵，皆置留守，领甲士，与陵令相知巡警。左右兆域内，禁人无得葬埋，古坟则不毁。"②

【翻译】

［本朝］已故皇帝的陵墓，距离皇陵一里以内不允许埋葬死者。

宋 3　皇帝、皇太后、皇后、皇太子为五服［一］之内皇亲［二］举哀③，本服④期⑤者，三朝哭而止；大功⑥者，其日朝晡［三］哭而止；小

---

① （唐）李林甫等：《唐六典》，陈仲夫点校，中华书局，1992，第 401 页。

② （宋）王溥：《唐会要》，上海古籍出版社，2006，第 479～480 页。

③ 关于"举哀"，参见中国社会科学院历史研究所《天圣令》读书班《〈天圣令·假宁令〉译注稿》，徐世虹主编《中国古代法律文献研究》第 10 辑，社会科学文献出版社，2017，第 240 页。

④ 关于"本服"，参见中国社会科学院历史研究所《天圣令》读书班《〈天圣令·赋役令〉译注稿》，徐世虹主编《中国古代法律文献研究》第 6 辑，社会科学文献出版社，2012，第 341 页。

⑤ 关于"期"，参见《〈天圣令·赋役令〉译注稿》"朞服"条注释，徐世虹主编《中国古代法律文献研究》第 6 辑，第 342 页。

⑥ 关于"大功"，参见《〈天圣令·赋役令〉译注稿》，徐世虹主编《中国古代法律文献研究》第 6 辑，第 341 页。

功以下及皇帝为内命妇①二品以上、百官职事二品以上丧，官一品丧，皇太后、皇后为内命妇二品以上丧，皇太子为三师、三少［四］及宫臣［五］三品以上丧，并一举哀而止。（其举哀皆素服［六］。皇帝举哀日，内教坊②及太常并停音乐。）

【源流】

《唐六典》卷一八《鸿胪寺》"司仪署"条："司仪令掌凶礼之仪式及供丧葬之具；丞为之贰。（若皇帝、皇太后、皇后、皇太子为五服之亲举哀，本服周年者，三朝哭而止；大功者，其日朝晡哭而止；小功已下，及皇帝为内命妇二品已上者，百官执事及散官一品丧，皇太后、皇后为内命妇三品已上丧，皇太子为三师、三少及宫臣三品已上，并一举哀而止。）"③

【注释】

［一］五服：古代丧服制度，分为五等，由重到轻依次是：斩衰、齐衰、大功、小功、缌麻。不同等级的丧服用于亲疏关系不同的亲属。服等越重，服期越长，丧服式样和质地也越简陋。

［二］皇亲：宋代的"皇亲"一词与"诸亲"相对，表示皇帝的宗族之亲。④《续资治通鉴长编》卷一三二"宋仁宗庆历元年（1041）五月壬戌"条载："今臣僚之家及皇亲、母后外族皆奏荐，略无定数，多至一二十人，少不下五七人，不限才愚，尽居禄位，未离襁褓，已列簪绅。"⑤ 表明"母后外族"不属皇亲。唐代后期及宋代，皇亲的地位逐渐上升于一般的外戚之上，皇族、外族界限已很分明。⑥

［三］朝晡：朝时（辰时）和晡时（申时）。《后汉书》卷四九《王符传》载："非朝晡不得通，非意气不得见。"李贤注："《说文》曰：'晡，谓日加申时也。'今为'晡'字也。"王先谦集解："惠栋曰：'晡日加申，

---

① 关于"内命妇"，参见《〈天圣令·赋役令〉译注稿》，徐世虹主编《中国古代法律文献研究》第 6 辑，第 341～342 页。
② 关于"内教坊"，参见中国社会科学院历史研究所《天圣令》读书班《〈天圣令·狱官令〉译注稿》，徐世虹主编《中国古代法律文献研究》第 12 辑，社会科学文献出版社，2018，第 387 页。
③ 《唐六典》，第 507 页。
④ 参见吴丽娱《终极之典：中古丧葬制度研究》，中华书局，2012，第 539～543 页。
⑤ （宋）李焘：《续资治通鉴长编》，中华书局，2004，第 3125 页。
⑥ 参见吴丽娱《终极之典：中古丧葬制度研究》，第 541、552～555 页。

则朝为日加辰也。'"①

[四] 三师、三少：东宫官，指太子太师、太子太傅、太子太保、太子少师、太子少傅、太子少保。②《隋书》卷一一三《礼仪三》载："皇太子为本服五服之内亲及东宫三师、三少、宫臣三品已上，一举哀。"③

[五] 宫臣：皇太子东宫官的泛称。《归田录》卷一载："仁宗在东宫时，鲁肃简公宗道为谕德……真宗笑曰：'公为宫臣，恐为御史所弹。'"④

[六] 素服：这里指为举哀、临吊穿用的素白衣服。《礼记正义》卷二六《郊特牲》："皮弁素服而祭。素服，以送终也。"郑玄注："素服，衣裳皆素。"⑤南朝曾一度以白帢为素服。《南齐书》卷一七《舆服志》："其白帢单衣，谓之素服，以举哀临丧"；⑥《隋书》卷一二《礼仪七》："白帢，案傅子：'魏太祖以天下凶荒，资财乏匮，拟古皮弁，裁缣帛以为之。'盖自魏始也。梁令，天子为朝臣等举哀则服之。今亦准此。其服，白纱单衣，承以裙襦，乌皮履。举哀临丧则服之。"⑦但白帢与素服本来有别，唐显庆元年（656），"（长孙）无忌等又奏曰：'皇帝为诸臣及五服亲举哀，依礼着素服，今《令》乃云白帢。礼令乖舛，须归一涂（途）'"⑧，因此依礼改令。至宋代，则称为"挂服"。⑨

【翻译】

皇帝、皇太后、皇后、皇太子为五服之内的皇帝本族亲属举哀：本服[为]期的，在朝时哭三日[后]停止；[本服]大功的，[举哀]当日朝时和晡时哭[后]停止；[本服为]小功以下以及皇帝为内命妇二品以上、百官职事官二品以上、阶官一品，皇太后、皇后为内命妇二

① （清）王先谦：《后汉书集解》，广陵书社，2006，第540页。
② 参见《唐六典》卷二六《太子三师》《太子三少》，第654~661页。
③ （唐）魏征等：《隋书》，中华书局，1973，第152页。
④ （宋）欧阳修：《归田录》，李伟国点校，中华书局，1981，第1~2页。
⑤ 《十三经注疏》整理委员会整理，李学勤主编《十三经注疏·礼记正义》，北京大学出版社，1999，第804页。
⑥ （梁）萧子显：《南齐书》，中华书局，1974，第341页。
⑦ 《隋书》，第267页。
⑧ 《唐会要》卷三一《舆服上》，第661页。
⑨ 吴丽娱：《中古举哀仪溯源》，载中国社会科学院历史研究所学刊编委会编《中国社会科学院历史研究所学刊》第10集，商务印书馆，2017，第355~360页。

品以上，皇太子为三师、三少及东宫三品以上官员的死亡，都举哀一次就停止。（举哀都［穿］素服。皇帝举哀之日，内教坊和太常寺都停止［演奏］音乐。）

宋4　皇帝临臣之丧［一］，一品服锡衰［二］，三品以上缌衰，四品以下疑衰。皇太子临吊三师三少则锡衰，宫臣四品以上缌衰，五品以下疑衰。

【源流】

《唐六典》卷一八《鸿胪寺》"司仪署"条："司仪令掌凶礼之仪式及供丧葬之具；丞为之贰。（……皇帝临臣之丧，一品服锡缞，三品已上缌缞，四品已下疑缞。皇太子临吊三师、三少则锡缞，宫臣四品已上缌缞，五品已下疑缞。）"①

【注释】

［一］临臣之丧：皇帝、皇后亲自前往死亡的官员家中吊丧。《宋史》卷一二四引《太常新礼》载："宰相、枢密、宣徽使、参知政事、枢密副使、驸马都尉薨，皆临幸奠酹，及发引，乘舆或再往"；②同书卷二五八《列传一七》："帝临奠，后并出临丧，就第成服。"③

［二］锡衰：细麻布制成，古代帝王为臣子所服的丧服。《周礼注疏》卷二一《春官宗伯第三·司服》载："王为三公六卿锡衰，为诸侯缌衰，为大夫士疑衰，其首服皆弁绖。"郑玄注："君为臣服吊服也。郑司农云：'锡，麻之滑易者，十五升去其半，有事其布，无事其缕。'"④　以下"缌衰""疑衰"材质相近，等级更低。

【翻译】

皇帝亲临大臣的丧事，［为］一品服锡衰，［为］三品以上［服］缌衰，［为］四品以下［服］疑衰。皇太子亲临吊唁三师、三少，则［服］锡衰，［为］宫臣四品以上［服］缌衰，［为］五品以下［服］疑衰。

---

① 《唐六典》，第507页。
② （元）脱脱等：《宋史》，中华书局，1985，第2902页。
③ 《宋史》，第8990页。
④ 李学勤主编《周礼注疏》，北京大学出版社，1999，第556页。

宋5　诸内外文武官遭祖父母、父母丧，及以理去官①或〔致仕〕[1]身丧者，并奏。百官在职薨卒 [一] 者，当司分番会哀，同设一祭。其在京薨卒敕葬 [二] 者，鸿胪卿监护丧事（卿阙则以它官摄。），司仪令示礼制。（今以太常礼院 [三] 礼直官摄。）

【源流】

《唐六典》卷一八《鸿胪寺》"司仪署"条："凡京官职事三品已上、散官二品已上遭祖父母、父母丧，京官四品及都督、刺史并内外职事若散官以理去官五品已上在京薨、卒，及五品之官死王事者，将葬，皆祭以少牢，司仪率斋郎执俎豆以往；三品已上又赠以束帛，一品加乘马。既引，又遣使赠于郭门之外，皆以束帛，一品加璧。"②

【校勘】

[1]《丧葬令》整理复原工作结束后，吴丽娱接受稻田奈津子的意见，同意将原先在本条中加入的"致仕"一词删去。③

【新令文】

诸内外文武官遭祖父母、父母丧，及以理去官或身丧者，并奏。百官在职薨卒者，当司分番会哀，同设一祭。其在京薨卒敕葬者，鸿胪卿监护丧事（卿阙则以它官摄。），司仪令示礼制。（今以太常礼院礼直官摄。）

【注释】

[一] 薨卒：官员死亡，三品以上称为"薨"，五品以上称为"卒"，参见本令宋31。

[二] 敕葬：重臣死亡，皇帝任命监护官主持葬事的，叫作"敕葬"。《石林燕语》卷五载："大臣及近戚有疾，恩礼厚者多宣医。及薨，例遣内侍监护葬事，谓之'敕葬'。"④

[三] 太常礼院：始置于唐代，入宋后，名义上隶属于太常寺，其实

① 关于"以理去官"，参见中国社会科学院历史研究所《天圣令》读书班《〈天圣令·医疾令〉译注稿》"以理解医针生"条注释，徐世虹主编《中国古代法律文献研究》第10辑，社会科学文献出版社，2017，第220页。
② 《唐六典》，第507页。
③ 参见吴丽娱《关于〈丧葬令〉整理复原的几个问题——兼与稻田奈津子商榷》，杜文玉主编《唐史论丛》第12辑，陕西师范大学出版社，2010，第66~78页。
④ （宋）叶梦得：《石林燕语》，宇文绍奕考异，侯忠义点校，中华书局，1984，第67页。

不受太常寺控制，而是直接对皇帝负责。① 在宋前期侵太常寺职权，掌礼乐制度、仪式事。② 元丰改制后罢废，其职归太常寺礼仪案。③

【翻译】

中央与地方的文武官员遭遇祖父母、父母死亡，以及因正常原因离任后或［因他故］④死亡的，都要上奏［皇帝］。百官在任上薨、卒的，所在官司［的人员］轮流会集哀悼，共同［为死者］举办一次祭奠［活动］。在京城死亡应该敕葬的，鸿胪卿监督帮助丧事（鸿胪卿缺员就让其他官员代理。），司仪令宣示［相应的］礼制。（现在由太常礼院礼直官负责。）

宋6 诸宗室［一］、内外皇亲［二］、文武官薨卒，及家有亲属［三］之丧，合赐赙物［四］者，皆鸿胪寺具官名闻奏。物数多少，听旨随给。

【源流】

《天圣令·丧葬令》唐1："皇家诸亲丧赙物，皇帝本服期，准一品；本服大功，准二品；本服小功及皇太后本服期，准三品；皇帝本服缌麻、皇太后本服大功、皇后本服期、皇太子妃父母，准正四品；皇帝本服祖免、皇太后本服小功、皇后本服大功、皇太子妃本服期，准从四品；皇太后本服缌麻、皇后本服小功，准正五品；皇后本服缌麻，准从五品。若官爵高者，从高。无服之殇，并不给。其准一品给赙物者，并依职事品。"⑤

《通典》卷八六《礼四六·凶礼八》："大唐制，诸职事官薨卒，文武一品，赙物二百段，粟二百石；二品物一百五十段，粟一百五十石；

---

① 张志云、汤勤福：《北宋太常礼院及礼仪院探究》，《求是学刊》2016 年第 3 期，第 145 ~ 154 页。

② 龚延明：《宋代官制辞典》，中华书局，1997，第 97 页。

③ 张政烺：《中国古代职官大辞典》，河南人民出版社，1990，第 151 页。

④ 关于"以理去官或身丧者"的翻译，参考高明士主编《天圣令译注》，元照出版有限公司，2017，第 619 页。

⑤ 天一阁博物馆、中国社会科学院历史研究所天圣令整理课题组：《天一阁藏明钞本天圣令校证（附唐令复原研究）》，中华书局，2006，第 426 页。

三品物百段，粟百石；正四品物七十段，粟七十石；从四品物六十段，粟六十石；正五品物五十段，粟五十石；从五品物四十段，粟四十石；正六品物三十段；从六品物二十六段；正七品物二十二段；从七品物十八段；正八品物十六段；从八品物十四段；正九品物十二段；从九品物十段。（行者守从高。）王及二王后若散官及以理去官三品以上，全给；五品以上，给半。若身没王事，并依职事品给。其别敕赐者，不在折限。"①

【注释】

［一］宗室：与皇帝同宗的皇族。宋代的宗室不以五服为限，北宋前期，所有宗室成员均可得到赐名、授官。至宋神宗熙宁二年（1069）后，祖免以外亲不再赐名、授官，但仍计入谱牒，保留宗室名誉。②

［二］内外皇亲：皇帝的宗亲和外亲，包括皇帝、皇太子、公主的亲属。③

［三］亲属：缌麻服以上的本亲，以及大功服以上的姻亲。《宋刑统》卷六《名例律》"一部律内余条准此条"门载："亲属，谓缌麻以上及大功以上婚姻之家。"④

［四］赙物：送给丧家的助丧财物。《续资治通鉴长编》卷六"太祖乾德三年（965）五月壬辰"条载："诏诸军小校以上，死者官给赙物"；⑤《令义解》卷九《丧葬令》"赙物"条注载："送死物曰赙也。"⑥

【翻译】

宗室、内外皇亲、文武官薨、卒，以及家中有亲属死亡，应该赐予赙物的，都［由］鸿胪寺写明官职、姓名上奏。赙物数量多少，听从旨意随即支给。

① （唐）杜佑：《通典》，王文锦等点校，中华书局，1988，第2333页。
② 参考〔美〕贾志扬（John W. Chaffee）《天潢贵胄·宋代宗室史》，赵冬梅译，江苏人民出版社，2005。
③ 吴丽娱：《终极之典：中古丧葬制度研究》，第541页。
④ （宋）窦仪等：《宋刑统》，薛梅卿点校，法律出版社，1999，第123页。
⑤ 《续资治通鉴长编》，第154页。
⑥ 〔日〕黑板胜美编著《令义解》，吉川弘文馆，1985，第292页。

宋7 诸赗物两应给者，从多给。

【源流】

《通典》卷八六《礼四六·凶礼八》："诸赗物应两合给者，从多给。"①

【翻译】

赗物［遇到］两种都应该支给的［情况］，按照较多［的那种］支给。

宋8 诸赠官［一］者，赗物及供葬所须，并依赠官品给。若赗后得赠者，不合更给。

【源流】②

《白居易集》卷六九《唐故湖州长城县令赠户部侍郎博陵崔府君神道碑铭并序》：又按丧葬令，凡诸赠官，得同正官之制。③

《苻璘碑》：又按丧葬令，诸追赠官品得同正。④

【注释】

［一］赠官：官员身亡后受赠的官位或爵位。如《续资治通鉴长编》卷五载乾德二年（964）八月"辛丑，［范质］卒。上甚悼惜之，赠中书令，赗绢五百匹，粟麦各百石"。⑤根据吴丽娱的研究，宋代赠官给赠和品级有一定规律，"有依照生前等级高下所决定的'叙迁'次序"，而"给赠高低之间突出皇帝个人的感情、愿望及与被赠者的关系等，故也愈来愈被作为皇帝的恩泽来称颂"。⑥

----

① 《通典》，第2333页。类似记载亦见于（唐）白居易，（宋）孔传撰《白孔六帖》卷六五《赗赠》，黄灵庚、诸葛慧艳主编《衢州文献集成》第140册，国家图书馆出版社，2015，第512页。
② 《唐令拾遗补》认为下引两条史料中的"丧葬令"应入墓碑条，而吴丽娱则持反对意见。此处暂从吴氏之说。参见吴丽娱《唐丧葬令复原研究》，《天一阁藏明钞本天圣令校证（附唐令复原研究）》，第684页。
③ （唐）白居易：《白居易集》，顾学颉点校，中华书局，1979，1460页。
④ （唐）李宗闵：《苻璘碑》，（清）王昶编《金石萃编》卷一三三，中国书店，1985，第842页。
⑤ 《续资治通鉴长编》，第133页。
⑥ 吴丽娱：《终极之典：中古丧葬制度研究》，第810、812页。

【翻译】

获得赠官的，赙物和供应葬事需要［的物品］，都按照赠官的品级支给。如果［在受赐］赙物后获得赠官的，不应再次支给。

宋 9　诸赙物及粟，皆出所在仓库，得旨则给。

【源流】

《通典》卷八六《礼四六·凶礼八》："诸赙物及粟，皆出所在仓库，服终则不给。"①

【翻译】

赙物和粟，都出自［死者］所在地的仓库，接到诏旨就支给。

宋 10　诸一品二品丧，敕备本品卤簿［一］送殡者，以少牢［二］赠祭［三］于都城外，加璧，束帛［四］深青［五］三、纁二。

【源流】

《唐六典》卷一八《鸿胪寺》"司仪署"条："凡京官职事三品已上、散官二品已上遭祖父母、父母丧，京官四品及都督、刺史并内外职事若散官以理去官五品已上在京薨、卒，及五品之官死王事者，将葬，皆祭以少牢，司仪率斋郎执俎豆以往；三品已上又赠以束帛，一品加乘马。既引，又遣使赠于郭门之外，皆以束帛，一品加璧。"②

【注释】

［一］卤簿：皇帝、皇亲、皇太后、皇后、官员、命妇等出行时使用的仪仗队，此处指为官员出殡时的仪仗。《唐会要》卷三八《葬》载："旧制，应给卤簿，职事四品以上、散官二品以上及京官职事五品以上，本身婚丧皆给之"，而宝应元年（762）建卯月三日后则为"婚丧卤簿，据散官封至一品，事职官正员三品并驸马都尉，许随事量给，余一切权停"。③ 据《旧唐书》卷一一《代宗本纪》载，宝应二年（763）五月癸卯后，"婚葬

---

① 《通典》，第 2333 页。
② 《唐六典》，第 507 页。类似记载亦见于《通典》卷八六《礼四六·凶礼八》，第 2339 页。
③ 《唐会要》，第 809、810 页。引文中的"事职官"或当为"职事官"。

合给卤簿，望于国立大功及二等以上亲①则给，余不在给限"。② 宋代官员去世，一般只有敕葬才给卤簿。《石林燕语辨》卷六五载："其王公以下，唯大礼奉引乘舆，及身薨敕葬，则给，太子妃以下，内外命妇皆不复给。则是本朝亦有给者，而比旧愈严矣。"③

［二］少牢：古代祭祀时的用品，有太牢和少牢的不同规格。太牢猪、牛、羊三牲俱全，少牢仅用羊和猪做祭品。《宋史》卷一〇八《吉礼十一》"时享条"载："至于大羹止设一登，以《少牢馈食礼》考之，则少牢者羊豕之牲也。"④

［三］赠祭：送殡时，朝廷赠予官员的祭祀。《宋史》卷一二四《凶礼三》"诸臣丧礼等仪"条载，乾德三年（965）太常礼院为议定吉凶仪仗礼例，检详后晋、后周丧礼制度："其仪：太仆寺革辂，兵部本品卤簿仪仗，太常寺本品鼓吹仪仗，殿中省伞一、曲盖二、朱漆团扇四，自第导引出城，量远近各还。赠玉一、纁二，赠祭少牢礼料，亦请下光禄、太府寺、少府监诸司依礼供应"；⑤ 又，《中兴礼书》卷二九七《凶礼六十二》载："依条，二品以上薨，出殡日合都门赠祭。"⑥ 同卷中载朱胜非母鲁国太夫人杨氏诏葬，官府依例安排的人员包括差献官、奉礼郎、太祝、太官令，礼料包括祝文、赠玉、祭器、牲牢羊豕、黝、纁、黄绢、单帕、湿香等。⑦

［四］束帛：捆成一束的五匹帛，是聘问、婚丧等场合赠送的礼物。《周礼》卷一八《大宗伯》贾公彦疏载："束者，十端，每端丈八尺，皆两段合卷，总为五匹，故云束帛也。"⑧

［五］深青三、纁二：三匹深蓝色束帛、两匹黄红色束帛。束帛原为

---

① 《唐六典》卷一六《宗正寺》"宗正寺卿"条载："皇大功亲、皇小功尊属、太皇太后·皇太后·皇后周亲为第二等，准四品。"引自《唐六典》，第466页。

② （后晋）刘昫等：《旧唐书》，中华书局，1975，第272页。

③ （宋）汪应辰辨，（宋）叶梦得撰《石林燕语辨》，《丛书集成初编》，中华书局，1985，第35页。

④ 《宋史》，第2600页。

⑤ 《宋史》，第2910页。

⑥ （清）徐松辑《中兴礼书》，《续修四库全书》第823册，上海古籍出版社，1996，第456页。

⑦ 《中兴礼书》，第456页。

⑧ 李学勤主编《周礼注疏》，第476页。

玄、纁二色，象征天地。《仪礼》卷三九《既夕礼第十三》载："至于邦门，公使宰夫赠玄纁束。"贾公彦疏："赠用玄纁束帛者，即是至圹窆讫，主人赠死者用玄纁束帛也。以其君物所重，故用之送终也。"① 《周礼》卷八《染人》载："凡染，春暴练，夏纁玄。"郑玄注："玄纁者，天地之色，以为祭服。"② 玄是红黑色，纁是黄红色。《梦溪笔谈·补笔谈》卷一《辩证》载："玄，赤黑，象天之色。纁，黄赤，象地之色。"③ 《尚书》卷六《禹贡》载："厥篚玄纁、玑组。"郑玄注："纁者三入而成，又再染以黑则为緅，又再染以黑则为缁。玄在緅缁之间，其六入者是染玄纁之法也。"④ 唐代送葬时所赠束帛为黑、纁色。《新唐书》卷四八《百官志》载："三品以上赠以束帛，黑一、纁二，一品加乘马。"⑤ 宋代束帛、祭服等使用深青色代替玄色，与古制不同。如《宋史》卷一五二《舆服志四》载大观四年（1110）对祭服制度的讨论："议礼局官宇文粹中议改衣服制度曰：'凡冕皆玄衣纁裳……今衣用深青，非是。欲乞视冕之等，衣色用玄，裳色用纁，以应典礼。'"⑥

【翻译】

一品、二品［官员］死亡，敕令备办本品级的卤簿送殡的，赠以少牢在都城外祭奠，加赠玉璧、束帛深青色三匹纁色两匹。

宋 11 诸五品以上薨卒及遭丧应合吊祭［一］者，在京从本司奏；在外及无本司者，从所属州府奏。

【注释】

［一］吊祭：吊唁、祭奠死者。丧礼中朝廷为官员吊祭有两种情况，分别在始死奏闻后和送葬日，后者主要指在京高官。⑦

---

① 李学勤主编《仪礼注疏》，北京大学出版社，1999，第 757 页。
② 《周礼注疏》，第 210 页。
③ （宋）沈括：《梦溪笔谈》，金良年点校，中华书局，2017，第 218 页。
④ 李学勤主编《尚书正义》，北京大学出版社，1999，第 151 页。
⑤ （宋）欧阳修等：《新唐书》，中华书局，1975，第 1256 页。"黑一纁二"，可能是"黑三纁二"之误。"黑"可能是宋人避"玄"讳的记载结果。
⑥ 《宋史》，3543 页。
⑦ 吴丽娱：《临终关怀与告别之仪——唐朝皇帝对官员病重及丧亡的凶礼慰问》，第 22 页。

【翻译】

五品以上［官员］薨、卒以及遭遇［亲属］死亡应该吊祭的，在京城的由主管官司上奏；在外地①及没有主管官司的，由所属州府上奏。

宋12 诸文武职事五品以上官致仕薨卒者，其吊祭赙物并依见任官例。其于任所致仕未还而薨卒者，仍量给手力［一］，送还本贯。

【注释】

［一］手力：一种承担差役的劳力，在唐令中就已出现，如《天圣令·厩牧令》唐27规定："其苜蓿，常令县司检校，仰耘锄以时，（手力均出养马之家。）勿使荒秽，及有费损；非给传马，不得浪用。"②

【翻译】

文武职事［官品在］五品以上的官员退休［后］薨、卒的，他们的吊祭赙物都依照现任官的标准。在任职地退休、没有回原籍就死亡的，仍旧适当给以人手、劳力，送回籍贯所在地。

宋13 诸官人以理去官身丧者，听敛以本官之服。无官者，敛以时服。③妇人有官品者，亦以其服敛。（应珮者，皆以蜡代玉。）

【源流】

《唐六典》卷一八《鸿胪寺》"司仪署"条载："凡百官以理去职而薨、卒者，听敛以本官之服；无官者，介帻、单衣。妇人有官品者，亦以其服敛。（应珮者，皆以蜡代玉。）"④

【翻译】

官员因正常原因卸任而死亡的，允许以原来品级的官服入殓。没有官品的，以时服入殓。妇人有官品的，也以其［相应的］官服入殓。（应该佩玉的，都用蜡代替玉。）

---

① 读书班亦存有不同意见，认为"在京"指中央，"在外"指地方。

② 《天圣令校证》，第402页。

③ 与丧葬敛服相对的日常衣服。见王雪莉《宋代的服饰制度》，载包伟民主编《宋代社会史论稿》，山西古籍出版社，2005，第431页。

④ 《唐六典》，第507~508页。类似记载，亦见于《通典》卷八四《小敛》所引《元陵仪注》，第2285页。

宋 14 诸重〔一〕,一品挂鬲〔二〕六,五品以上四,六品以下二。

【源流】

《唐六典》卷一八《大理寺鸿胪寺》"司仪署"条:凡设鬲及铭旌、辒车之属有差。(一品县鬲六,五品已上四,六品已下二。)①

【注释】

〔一〕重:用以悬挂鬲的木架。鬲中盛粥,谓之重鬲。铭亦加于重。置于庭中。在未葬前,以重作神主,葬后,另立主,即埋重于祖庙门外。②

〔二〕鬲:丧礼用的一种陶器,挂在重的木架两端。《仪礼》卷三五《士丧礼》载:"新盆、槃、瓶、废敦、重鬲皆濯造于西阶下。"郑玄注:"新此瓦器五种者,重死事。盆以盛水,槃承澡濯,瓶以汲水也。废敦,敦无足者,所以盛米也。重鬲,鬲将县重者也。"③

【翻译】

重,一品〔官员〕挂鬲六个,五品以上四个,六品以下两个。

宋 15 诸铭旌〔一〕,三品以上长九尺,五品以上长八尺,六品以下长七尺,皆书某官封姓名之柩。

【源流】

《唐六典》卷一八《鸿胪寺》"司仪署"条注:"凡铭旌,三品已上长九尺,五品已上八尺,六品已下七尺,皆书云'某官、封、姓名之柩'。"④

《五代会要》卷八《丧葬上》:凡铭旌,三品已上长九尺,五品已上长八尺,六品已上长七尺。⑤

---

① 《唐六典》,第 508 页。
② 钱玄、钱兴奇:《三礼辞典》,江苏古籍出版社,1998,第 600~601 页。关于"重",还可参见吴丽娱《终极之典:中古丧葬制度研究》,第 15~16 页。
③ 《仪礼注疏》,第 667 页。
④ 《唐六典》,第 508 页。类似记载,亦见于《唐会要》卷三八《服纪下·葬》,第 808 页。然而,《通典》卷八四所引《元陵仪注》载"又设铭旌……其三品以上长九尺,五品以上八尺,六品以下七尺,皆书某官封姓君之柩"(第 2275 页),《宋史》卷一二四《礼志》二七也作"某官封姓之柩"(第 2909 页),吴丽娱据此认为令文中的"名"是"君"之误。参见氏著《终极之典:中古丧葬制度研究》,第 443~445 页。此处暂从《天圣令》原文录出并解释。
⑤ 《五代会要》,第 134 页。

【注释】

[一] 铭旌：又名明旌、旌铭，竖在柩前以标识死者官职、姓名的旗幡。《仪礼》卷三五《士丧礼》载："为铭，各以其物。亡则以缁，长半幅，赪末，长终幅，广三寸。书名于末，曰：'某氏某之柩。'"郑玄注："铭，明旌也。杂帛为物，大夫士之所建也，以死者为不可别，故以其旗识识之。"① 宋代铭旌似已可题词句，如南宋赵鼎一直想要收复中原，其自题铭旌云："身骑箕尾归天上，气作山河壮本朝。"②

【翻译】

铭旌，三品以上［官员所用］长九尺，五品以上长八尺，六品以下长七尺，都写上"某官、［某］封、姓名之柩"。

宋 16 诸辒车［一］，三品以上油幰［二］，朱丝络网，施襈［三］，两厢画龙，幰竿诸末垂六旒苏［四］。七品以上油幰，施襈，两厢画云气，垂四旒苏。九品以上无旒苏；（男子幰、襈、旒苏皆用素，妇人皆用彩。）庶人鳖甲车［五］，无幰、襈、画饰。

【源流】

《唐六典》卷一八《大理寺鸿胪寺》"司仪令"条注："其辒车三品已上油幰，朱丝络网，施襈，两厢画龙，幰竿诸末垂六旒苏；七品已上油幰，施襈，两厢画云气，四旒苏；八品已下无旒苏。男子幰、襈、旒苏皆用素，妇女皆用彩。庶人鳖甲车，无幰、襈、画饰。"③

《五代会要》卷八《丧葬上》："诸辒车，三品已上许使油幰，施襈，两厢画龙虎；七品已上只许使油幰，施襈，两厢画云气。男子幰、襈、旒苏皆使素，妇人使彩。"④

【注释】

[一] 辒车：载运棺柩的车子。《释名》卷八《释丧制》载："舆棺之车曰辒。辒，耳也，悬于左右前后，铜鱼摇绞之属，耳耳然也。其盖曰

---

① 《仪礼注疏》卷三五《士丧礼》，第 665～666 页。
② 《宋史》卷三六〇《赵鼎传》，第 11294～11295 页。
③ 《唐六典》，第 508 页。
④ 《五代会要》，第 135～136 页。

柳，柳，聚也，众饰所聚也，亦言其形偻也。亦曰鳖甲，似鳖甲亦然也。"①

[二] 油幰：油布车幰。张车篷之上，可御日防雨。② 幰，车上的帷幔。《释名》卷七《释车第二十四》载："幰，宪也，御热也。"③

[三] 襈：衣服缘边上的装饰，通常用异色布帛为之，制为双层，宽窄有度，考究者绣织花纹，既增强牢固度，又用于装饰。④ 丧礼用的襈，推测可能也是指幰的边缘，是给辒车油幰起加固作用的。所能见到的襈的图片几乎都是施于衣物者。⑤《释名》卷五《释衣服第十六》载："襈，缘也。青绛为之缘也。"⑥

[四] 旒苏：旒旗的垂饰，即旌旗边缘垂下的装饰品。《一切经音义》卷一四载："《考声》云：'旒苏，旗脚也。'今以垂珠带为旒苏，象冕旒也。"⑦

[五] 鳖甲车：最低级的辒车，因辒车盖如鳖甲而得名。《释名》卷八《释丧制第二十七》载："舆棺之车曰辒……亦曰鳖甲，似鳖甲亦然也。"⑧《礼记正义》卷四〇《杂记第二十上》载："其辒有袶，缁布裳帷，素锦以为屋而行。"郑玄注："辒，载柩将殡之车饰也。辒取名于樏与輤，读如輤旆之輤。樏，棺也。輤，染赤色者也。将葬，载柩之车饰曰柳。袶，谓鳖甲。"⑨

【翻译】

辒车，三品以上［官员用］油幰，［以］红色丝线缠绕成网，加襈，两侧画龙，各幰竿的末端垂挂六枚旒苏。七品以上［用］油幰，加襈，两

① （汉）刘熙：《释名》，中华书局，1985，第 134 页。注：标点为笔者所加。
② 华夫主编《中国古代名物大典》，济南出版社，1993，第 984 页。
③ 《释名》卷七《释车第二十四》，第 121 页。
④ 周汛、高春明编《中国衣冠服饰大辞典》，第 254 页。
⑤ 郑春颖：《高句丽遗存所见服饰研究》，博士学位论文，吉林大学文学院，2011，第 89 ~ 90 页。
⑥ 《释名》，第 80 页。
⑦ （唐）慧琳：《一切经音义三种校本合刊》，徐时仪校注，上海古籍出版社，2012，第 741 页。
⑧ 《释名》，第 134 页。
⑨ 《礼记正义》，第 1152 页。

侧画云气，垂挂四枚旌苏。九品以上没有旌苏。（男子的幰、襈、旌苏都用白色，妇人都用彩色。）庶人〔用〕鳖甲车，没有幰、襈、画饰。

宋 17 诸引〔一〕、披〔二〕、铎〔三〕、翣〔四〕、挽歌〔五〕，三品以上四引、四披、六铎、（有挽歌者，铎依歌人数。以下准此。）六翣，挽歌六行三十六人；四品二引、二披、四铎、四翣，挽歌四行十六人；五品六品（谓升朝者〔六〕，皆准此。）挽歌八人；七品八品（谓非升朝者。）挽歌六人；九品挽歌四人。（检校〔七〕、试官〔八〕同真品。）其持引、披者，皆布帻〔九〕、布深衣〔十〕，挽歌者白练帻〔十一〕、〔白练〕襦衣〔十二〕并鞋袜，① 执铎綍〔十三〕。

【源流】

《唐六典》卷一八《鸿胪寺》"司仪署"条注："三品已上四引，四披，六铎，六翣；挽歌六行三十六人；有挽歌者，铎依歌人数，已下准此。五品已上二引，二披，四铎，四翣，挽歌四行十有六人。九品已上二铎，二翣。其执引、披者皆布帻、布深衣；挽歌者白练帻、白襦衣，皆执铎、披。"②

【注释】

〔一〕引：葬时，挽引柩车之绳索。③《仪礼注疏》卷三八《既夕礼》载："属引。"郑玄注："属，犹着也。引，所以引柩车。"④《礼记正义》卷九《檀弓下第四》载："吊于葬者，必执引，若从柩及圹，皆执绋。"郑玄注："示助之以力。车曰引，棺曰绋，从柩赢者。"⑤

〔二〕披：红色或黑色之帛，系于棺柩两旁，人分左右持之夹行，使柩不倾颠。⑥《仪礼注疏》卷三八《既夕礼》载："设披。"郑玄注："披辂

---

① "并鞋袜"三字，校录本在"执铎綍"后，清本将其提前。
② 《唐六典》，第508页。类似记载，亦见于《通典》卷八六《丧制·器行序》，第2324~2325页。
③ 钱玄、钱兴奇：《三礼辞典》，第221页。
④ 《仪礼注疏》，第734页。
⑤ 《礼记正义》，第257页。
⑥ 钱玄、钱兴奇：《三礼辞典》，第484页。

柳棺上，贯结于戴，人居旁牵之，以备倾亏。"①

[三] 铎：古乐器，一种大铃，形如铙、钲而有舌，振舌发声。② 丧礼中所用之铎有其特殊用途，"铎者，以铜为之，所以节挽者"。③

[四] 翣：棺饰，以木为框，蒙以白布，有柄，送葬使人持之。④《礼记正义》卷四五《丧大记》载郑玄注："汉礼：翣以木为筐，广三尺，高二尺四寸，方，两角高，衣以白布。画者，画云气，其余各如其象。柄长五尺，车行，使人持之而从。既窆，树于圹中。"⑤

[五] 挽歌：哀悼死者的丧歌，极尽悲伤，其内容多以死者事迹为主。《搜神记》卷一六载："挽歌者，丧家之乐，执绋者相和之声也。挽歌辞有《薤露》、《蒿里》二章，汉田横门人作。横自杀，门人伤之，悲歌言：'人如薤上露，易晞灭。'亦谓人死，精魂归于蒿里。故有二章。"⑥

[六] 升朝者：升朝官，即唐代的常参官，⑦ 包括五品以上职事官、八品以上供奉官、员外郎、监察御史、太常博士。⑧

[七] 检校：检校官。唐前期检校官尚是实职，中期以后由于滥授，逐渐成为一种有名无实的荣誉头衔。⑨ 宋代前期情况与唐后期类似，检校官仅拥有别章服、论品阶资序、排班次等政治性的荣誉性权利。⑩

[八] 试官：散试官，唐后期出现的一种新型官制，为虚衔，介于平民和官员之间，特点是地位低、不属于有出身有官人、只在丧葬标准等级

---

① 《仪礼注疏》，第 734 页。
② 汉语大字典编辑委员会编纂《汉语大字典》，崇文书局，2010，第 4592 页。
③ 《通典》卷一三九《三品以上丧中·陈器用》，第 3526 页。
④ 钱玄、钱兴奇：《三礼辞典》，第 1009 页。
⑤ 《礼记正义》卷四五《丧大记》，第 1284 页。
⑥ （晋）干宝：《搜神记》，商务印书馆，1957，第 116 页。
⑦ 关于唐宋之际称呼的变化，详见中国社会科学院历史研究所《天圣令》读书班《〈天圣令·仓库令〉译注稿》，徐世虹主编《中国古代法律文献研究》第 7 辑，社会科学文献出版社，2013，第 258～259 页。
⑧ 《旧唐书》卷四三《职官志二》，第 1819 页。
⑨ 参见赖瑞和《论唐代的检校官制》，《汉学研究》第 24 卷第 1 期，2006 年；张东光《唐代的检校官》，《晋阳学刊》2006 年第 2 期。
⑩ 参见夏丽梅《试论宋代检校官制度》，《青海师范大学学报》2012 年第 2 期；陈志坚《唐代试散官问题再探》，载《北大史学》8，北京大学出版社，2001，第 8 页。

上起作用。①

〔九〕布帻：以白色麻布制成的巾帻，多用于服丧。帻，亦称"兑""帻巾"；又称"缲帉"。男子包髻之巾。形制与頍相类，使用时绕髻一周，至额部朝上翻卷，下齐于眉。②

〔十〕布深衣：麻布制成的深衣。深衣，又作"申衣"，由上衣下裳合并而成，因被体深邃，故称。③《礼记正义》卷五八《深衣第三十九》载郑玄注："名曰'深衣'者，谓连衣裳而纯之以采也。有表则谓之中衣，以素纯则曰长衣也。"同书同卷载孔颖达正义："所以此称深衣者，以余服则上衣下裳不相连，此深衣衣裳相连，被体深邃，故谓之深衣。"④

〔十一〕白练帻：白练制成的帻。白练，即白色熟绢。⑤ 帻，包头发的巾。

〔十二〕褠衣：袖窄而直的单衣。⑥ 有多种用途，其中之一是出殡时送殡者之服。其材质非只白练，亦可用白布。如《通典》卷八六《丧制·挽歌》引《大唐元陵仪注》记载，官员为代宗送葬即着白布褠衣。⑦ 依目前所见史料，白练褠衣似为挽歌专用之服。

〔十三〕绋：引棺的绳索。《周礼注疏》卷一五《地官·遂人》载："及葬，帅而属六绋。"郑玄注："绋，举棺索也。"⑧

【翻译】

引、披、铎、翣、挽歌，三品以上〔官员用〕四引、四披、六铎、（有挽歌的，铎的数量根据挽歌人数〔而定。以下依此〔处理〕。）六翣，挽歌六行三十六人；四品〔用〕二引、二披、四铎、四翣，挽歌四行十六人；五品六品（指升朝官，都按照这个标准。）挽歌八人；七品八品（指非升朝官。）挽歌六人；九品挽歌四人。（检校官、试官同于真品官。）手持引、披的人，都〔裹〕

---

① 参见李锦绣《唐代"散试官"考》，氏著《唐代制度史略论稿》，中国政法大学出版社，1998，第198～210页。
② 周汛、高春明编《中国衣冠服饰大辞典》，第121、119页。
③ 周汛、高春明编《中国衣冠服饰大辞典》，第140页。
④ 《礼记正义》卷五八《深衣第三十九》，第1560～1561页。
⑤ 华夫主编《中国古代名物大典》，第493页。
⑥ 周汛、高春明编《中国衣冠服饰大辞典》，第146页。
⑦ 《通典》，第2326页。
⑧ 《周礼注疏》，第395页。

布帻、布深衣，［唱］挽歌的［穿］白练帻、白练襦衣以及鞋袜，拿着铎、綍。

宋18 诸四品以上用方相［一］，七品以上用魌头［二］。（方相四目，魌头两目，并深青衣、朱裳［三］，执戈扬盾，载于车。）

【源流】

《唐六典》卷一八《鸿胪寺》"司仪署"条注："其方相四目，五品已上用之；魌头两目，七品已上用之；并玄衣、朱裳，执戈、楯，载于车。"①

《大唐开元礼》卷三《序例下·杂制》："凡四品已上用方相，七品已上用魌头。"②

【注释】

［一］方相：亦称"魌头""防丧""开路神君""险道神""阡陌将军""开路神"。古代驱疫避邪之神像。周代以人蒙熊皮，戴面具装扮。后代之以高丈余之布蒙木架，制成巨人形，身披铠甲，头大如斗，戴盔，作金刚怒目状，人在其内操纵，作为送殡行列之先导。行至墓地，则用戈击打墓圹四角，作驱鬼动作。③《周礼注疏》卷三一《夏官司马下·方相氏》载："方相氏掌蒙熊皮，黄金四目，玄衣朱裳，执戈扬盾，帅百隶而时难，以索室殴疫……大丧，先柩……及墓，入圹，以戈击四隅，殴方良。"郑玄注："蒙，冒也。冒熊皮者，以惊欧疫疠之鬼，如今魌头也。时难，四时作方相氏以难却凶恶也。"④

［二］魌头：两目方相。《事物纪原》卷九载："宋朝丧葬令有方相、魌头之别，皆是其品所当用。而世以四目为方相，两目为魌头。按汉世逐疫用魌头，亦《周礼》方相之比也。方相氏熊皮，黄金四目，以索室殴疫，郑注云：如今魌头是也。疑自汉始云。然荀子有仲尼之面如倛，则战

---

① 《唐六典》，第508页。
② 《大唐开元礼》卷三《序例下·杂制》，第34页。《开元礼》在"凶礼"仪注中规定，五品以上用方相，与"序例"有别，与上引《唐六典》《天圣令》同，赵晶据此猜测这或许是《开元七年令》以后的制度变迁。参见氏著《唐令复原所据史料检证——以〈大唐开元礼〉为中心》，《文史哲》2018年第2期，第130~131页。
③ 华夫主编《中国古代名物大典》（上），第1374页。
④ 《周礼注疏》，第826~827页。

国已为是名。"①

[三] 朱裳：红色下裳。裳，亦作"常"，又称"下裳"。一种专用于遮蔽下体的服装。《释名》卷五《释衣服第十六》载："凡服，上曰衣。衣，依也，人所依以芘寒暑也。下曰裳，裳，障也，所以自障蔽也。"②

【翻译】

四品以上用方相，七品以上用魌头。（方相［有］四只眼睛，魌头［有］两只眼睛，都［穿］深青色上衣红色下裳，［一手］持戈、［一手］举盾，放置在车上。）

宋19 诸翣［一］，五品以上，其竿长九尺；以下，五尺以上。③

【源流】

《唐六典》卷一八《大理寺鸿胪寺》"司仪署"条注："其翣，五品已上，竿长九尺；六品已下五尺。"④

《大唐开元礼》卷三《序例下》"杂制"条："五品已上翣竿九尺，六品以上长五尺。"⑤

《通典》卷一〇八《开元礼纂类三·序例下》"杂制"条注："五品已上翣竿九尺，六品已上长六尺。"⑥

【注释】

[一] 翣：丧礼用的一种旌旗，用以指挥送葬队伍。《周礼注疏》卷一一《乡师》载郑司农云："尔雅曰：'翣，翣也。'以指麾挽柩之役，正其

---

① （宋）高承撰，（明）李果订《事物纪原》，金圆、许沛藻点校，中华书局，1989，第482页。
② 《释名》卷五《释衣服第十六》，第77页。
③ 对于此条最有一句之"五品以上"，读书班有两种意见。一是认为综合了唐元和六年（811）的规定。据《唐会要》卷三八《葬》载："〔元和〕六年十二月，条流文武官及庶人丧葬：'三品以上……翣竿九尺……五品以上……翣竿减一尺……九品以上……翣竿减一尺（后略）'。"（第813页）二是认为此条句读有问题，似可改为：诸翣，五品以上，其竿长九尺以下，五尺以上。亦可参见赵晶《唐令复原所据史料检证——以〈大唐开元礼〉为中心》，《文史哲》2018年第2期，第131～132页。
④ 《唐六典》，第508页。
⑤ 《大唐开元礼》，第34页。
⑥ 《通典》卷一〇八《开元礼纂类三·序例下》，第2806页。

行列进退。"①

【翻译】

纛，五品以上［官员］，［所用］竿长九尺；［六品］以下，［所用竿长］五尺以上。

宋 20 诸内外命妇应得卤簿者，葬亦给之。（官无卤簿者，及庶人容车［一］，并以犊车为之。）

【源流】

唐 3 诸五品以上薨卒及葬，应合吊祭者，所须布深衣、帻、素三梁六柱舆，皆官借之。其内外命妇应得卤簿者，亦准此。②

【注释】

［一］容车：1. 古代妇女坐乘的小车，车上设有帷幕，用以遮蔽乘者的面容。2. 送葬时的魂车，俗称魂轿。车上载有死者衣冠、画像等，装饰如死者生前乘车时一样。③《释名》卷七《释车》载："容车，妇人所载小车也。其盖施帷所以隐蔽其形容也。"④《后汉书》卷二〇《祭尊传》载："至葬，车驾复临，赠以将军、侯印绶，朱轮容车，介士军陈送葬。"李贤注："容车，容饰之车，象生时也。"⑤

【翻译】

内外命妇［生前］应该享用卤簿的，送葬时也给用。（官员不［享用］卤簿的，以及庶人的容车，都用牛车来充当。）

宋 21 诸葬，不得以石为棺椁及石室［一］。其棺椁皆不得雕镂彩画、施方牖栏槛，棺内又不得有金宝珠玉。

【源流】

《唐六典》卷一八《大理寺鸿胪寺》"司仪署"条注："凡葬禁以石为棺

---

① 《周礼注疏》，第 289 页。
② 《天一阁藏明钞本天圣令校证》，第 426 页。类似记载，亦见于《唐六典》卷一八《大理寺鸿胪寺》"司仪署"条，第 508 页。
③ 林剑鸣、吴永琪主编《秦汉文化史大辞典》，汉语大词典出版社，2002，第 683 页。
④ 《释名》，第 117 页。
⑤ 《后汉书》，中华书局，1965，第 742 页。

椁者。其棺椁禁雕镂、彩画、施户牖栏槛者，棺内禁金宝珠玉而敛者。"①

《五代会要》卷八《丧葬上》："（后唐天成）二年六月三十日御史中丞卢文纪奏：'奉四月十四日敕……诸棺椁不得雕镂彩画，施户牖栏槛，棺内不得有金宝珠玉。'"②

【注释】

［一］石室：有两种解释，其一认为石室是指整个墓室建筑材料为石材，即墓室；③ 其二认为是在圆形穹窿顶砖室墓内构筑的地下石藏。④

【翻译】

葬事，不允许用石材制作棺、椁和石室。棺、椁都不允许雕刻彩画、设置方窗栏杆，⑤ 棺内也不允许有金宝珠玉。

宋 22 诸谥，王公及职事官三品以上，录行状 ［一］ 申省，考功勘校，下太常礼院拟讫，申省，议定奏闻。（赠官亦准此。）无爵者称子。若蕴德丘园、声实明著，虽无官爵，亦奏赐谥曰先生。

【源流】

《唐六典》卷二《尚书吏部》"考功郎中"条注："其谥议之法，古之通典，皆审其事，以为不刊。（诸职事官三品已上、散官二品已上身亡者，其佐史录行状申考功，考功责历任勘校，下太常寺拟谥讫，覆申考功，于都堂集省内官议定，然后奏闻。赠官同职事。无爵者称'子'。若蕴德丘园，声实明著，虽无官爵，亦奏赐谥曰'先生'。）"⑥

【注释】

［一］行状：亦称"状""行述""事略"等，是记述死者世系、籍贯、生卒年月和生平概略的文章。常由死者门生故吏或亲友撰述，供朝廷

---

① 《唐六典》，第 508 页。类似记载，亦见于《通典》卷八五《丧制之三·棺椁制》，第 2285 页。

② （宋）王溥：《五代会要》，上海古籍出版社，1978，第 136 页。

③ 参见王静《唐墓石室规制及相关丧葬制度研究——复原唐〈丧葬令〉第 25 条令文释证》，《唐研究》第 14 卷，北京大学出版社，2006，第 447 ~ 448 页。

④ 参见刘未《宋代的石藏葬制》，《故宫博物院院刊》2009 年第 6 期，第 60 页。

⑤ 关于"方牖"的翻译，读书班另一种意见认为它为"户牖"，应译为门窗。

⑥ 《唐六典》，第 44 页；类似记载亦见于同书卷一四《太常寺》"太常博士"条，第 396 页；《通典》卷一〇四《单复谥议》，第 2712 ~ 2713 页。

议谥参考或撰写墓志、史传者采择，往往有浮夸溢美之词。①

【翻译】

谥号，王公和职事官三品以上［死亡的］，［由相关胥吏］抄录行状申报尚书省，［吏部］考功司勘查校核，下发太常礼院拟定完毕，［再次］申报尚书省，商议确定［后］上奏。（赠官也照此办理。）没有爵位的称"子"。如果［是］虽有德行但隐居乡里、声名和实绩明白显著［之人］，虽然没有官爵，也［可］上奏［后］赐给谥号曰"先生"。

宋 23 诸应宗室、皇亲及臣僚等敕葬者，所须及赐人徒并从官给。

【源流】

《唐六典》卷三《尚书户部》"户部郎中"条："凡内外职事官葬者，一品给营墓夫一百人，以二十人为差，至五品二十人。（人别役十日。）"②

【翻译】

所有宗室、皇亲及臣僚等［享受］敕葬［待遇］的，所需［物品］和［所］赐人力都由官府支给。

宋 24 诸墓田，一品方九十步，坟高一丈八尺；二品方八十步，坟高一丈六尺；三品方七十步，坟高一丈四尺；四品方六十步，坟高一丈二尺；五品方五十步，坟高一丈；六品以下并方二十步，坟高不得过八尺。其葬地欲博买［一］者，听之。

【源流】

《大唐开元礼》卷三《序例下》"杂制"："凡百官葬，墓田，一品方九十步，坟高一丈八尺；二品方八十步，坟高一丈六尺；三品方七十步，坟高一丈四尺；四品方六十步，坟高一丈二尺；五品方五十步，坟高一丈；六品已下方二十步，坟不得过八尺。"③

---

① 叶大兵、乌丙安编《中国风俗辞典》，上海辞书出版社，1990，第 258 页。
② 《唐六典》，第 78 页。类似记载，亦见于《唐六典》卷一八《鸿胪寺》"司仪署"条，第 508 页。
③ 《大唐开元礼》，第 34 页。类似记载，亦见于《唐律疏议》卷二六《杂律》"舍宅车服器物"条疏议，第 488 页；《通典》卷一〇八《开元礼纂类三》"序例"，第 2811 页；《唐会要》卷三八《葬》，第 811 页。

【注释】

［一］博买：不同种类物品之间的物物交易，广泛应用于各类交易活动中。①《宋史》卷一七九《食货志》载："河北榷场博买契丹羊岁数万。"②

【翻译】

墓田，一品［官员的］纵横［各］九十步，坟高［为］一丈八尺；二品纵横［各］八十步，坟高［为］一丈六尺；三品纵横［各］七十步，坟高［为］一丈四尺；四品纵横［各］六十步，坟高［为］一丈二尺；五品纵横［各］五十步，坟高［为］一丈；六品以下都是纵横［各］二十步，坟高不允许超过八尺。［死者没有］葬地，想要博买的，［可以］允许。

宋25 诸墓域门及四隅，三品以上筑阙［一］，五品以上立土堠［二］，余皆封茔［三］而已。

【源流】

《大唐开元礼》卷三《序例下》"杂制"载："凡百官葬，……其域及四隅，四品已上筑阙，五品已上立土堠，余皆封茔而已。"③

《通典》卷一〇八《开元礼纂类三·序例下》"百官葬墓田"条："一品方九十步，坟高丈八尺；二品方八十步，坟高丈六尺；三品七十步，坟高丈四尺；四品六十步，坟高丈二尺；五品方五十步，坟高一丈；六品以下并方二十步，坟高不过八尺。其域及四隅，四品以上筑阙，五品以上立土堠，余皆封茔而已矣。"④

【注释】

［一］阙：墓道两侧所立石制双柱。李富孙《汉魏六朝墓铭纂例》卷三载："阙者，墓道外左右所立石阙，古人即题氏讳官爵于上，以表识之。"⑤

---

① 李华瑞：《西夏社会文书补释》，杜建录主编《西夏学》第8辑，上海古籍出版社，2011，第226~233页。

② 《宋史》，第4355页。

③ 《大唐开元礼》，第34页。类似记载，亦见于《通典》卷一〇八《开元礼纂类三》"序例"，第2811页。

④ 杜佑：《通典》，第2811页。

⑤ （清）李富孙：《汉魏六朝墓铭纂例》，王云五主编《丛书集成初编》，商务印书馆，1937，第33页。

［二］土堠：即土墩。堠在宋代可用来划分疆界，如《宋史》卷八七《地理三》"临夏砦"注载："北至界堠八十二里"；① 又可分程记里，如《诸蕃志校释》卷上《大秦国》载："十里一亭，三十里一堠"。②

［三］封茔：在墓穴上方聚土为封土。《礼记集解》卷七《檀弓上第三之一》载："孔子既得合葬于防，曰：'吾闻之，古者墓而不坟。今丘也，东西南北之人，不可以弗识也。'于是封之，崇四尺。（郑氏曰：……墓谓兆域也，今时封茔也。古，谓殷时也。土之高者曰坟……筑土曰封。封之，周礼也。）"③ 从郑玄的解释来看，这里的"墓"、"兆域"和"封茔"是对同一事物不同时期的称呼。

【翻译】

墓区的大门和四个角落，三品以上［官员可以］建造石阙，五品以上［可以］立土堠，其他的都［只是］封土而已。

宋 26 诸碑碣［一］，（其文皆须实录，不得滥有褒饰。）五品以上立碑，螭［二］首龟趺［三］，趺上高不得过九尺；七品以上立碣，圭首方趺，趺上高四尺。若隐沦道素、孝义著闻者，虽无官品，亦得立碣。其石兽，三品以上六，五品以上四。

【源流】

《唐六典》卷四《尚书礼部》"礼部郎中员外郎"条："碑碣之制，五品已上立碑；（螭首龟趺，趺上高不过九尺。）七品已上立碣；（圭首方趺，趺上高不过四尺。）若隐沦道素孝义著闻，虽不仕，亦立碣。凡石人、石兽之类，三品已上用六，五品已上用四。（凡德政碑及生祠，皆取政绩可称，州为申省，省司勘覆定，奏闻，乃立焉。）"④

【注释】

［一］碑碣：古人在天然大石块或单独矗立的大型石块上镌刻文字，

---

① 《宋史》，第 2149 页。
② （宋）赵汝适著，杨博文校释《诸蕃志校释》，中华书局，2000，第 81 页。
③ （清）孙希旦：《礼记集解》，沈啸寰、王星贤点校，中华书局，1989，第 168~169 页。
④ 《唐六典》，第 120 页。类似记载亦见于《大唐开元礼》卷三《序例下》"杂制"，第 34 页；《通典》卷一〇八《开元礼纂类三》"序例下"，第 2811~2812 页；《唐会要》卷三八《葬》，第 809 页。

这些铭刻文字和石块都可以称为碣。碑的原义是下葬引棺的辘轳架及其设置方法，这里指的是立于死者墓前，书明死者履历、姓名、家族，赞颂死者生前功德业绩的石块。所有的碑都可以分为碑首、碑身、碑座三个部分，唐代以降，由蟠龙缠绕组成的螭首已经与碑身明显地分开，形成螭首、碑身、龟跌三部分组成的碑式。唐代已经将碑、碣并列，甚至认为碑、碣是同一类型，仅装饰不同而已。①

　　［二］螭：古代传说中一种没有角的龙，古建筑或器物、工艺品上常用它的形状作装饰。

　　［三］跌：碑下面的石座。

【翻译】

　　碑碣，（［上面的］文字都必须［是］真实记录，不允许过度褒奖夸饰。）五品以上［官员可以］立碑，螭形［为］首、龟形［为］座，底座以上高度不允许超过九尺；七品以上［可以］立碣，圭形［为］首，方形［为］座，底座以上高度［为］四尺。如果是德行淳朴的隐居贤士、以行孝重义闻名的人，即使没有官品，也可以立碣。石兽，三品以上［官员可以放置］六尊，五品以上［可以放置］四尊。

　　宋 27　诸身丧户绝［一］者，所有部曲、客女、奴婢［二］、宅店、资财，令近亲（亲依本服，不以出降②。）转易货卖，将营葬事及量营功德［三］之外，余财并与女。（户虽同，资财先别者亦准此。）无女均入以次近亲。无亲戚者，官为检校③。若亡人存日，自有遗嘱处分，证验分明者，不用此令。即别敕④有制者，从别敕。

【源流】

　　《白氏六帖事类集》卷二二"户口版图"之"户绝令"注："户令，

---

① 赵超：《中国古代石刻概论》，文物出版社，1997，第 6～17 页。
② 关于"出降"，参见中国社会科学院历史研究所《天圣令》读书班《〈天圣令·假宁令〉译注稿》，徐世虹主编《中国古代法律文献研究》第 10 辑，第 241 页。
③ 关于"检校"，参见中国社会科学院历史研究所《天圣令》读书班《〈天圣令·狱官令〉译注稿》，徐世虹主编《中国古代法律文献研究》第 12 辑，第 423 页。
④ 关于"别敕"，参见中国社会科学院历史研究所《天圣令》读书班《〈天圣令·赋役令〉译注稿》，徐世虹主编《中国古代法律文献研究》第 6 辑，第 336 页。

诸身丧户绝者，所有奴婢、客女、部曲、资财、店宅并令近亲将营葬事及功德外，余并还女。无女均入近亲，官为检校。亡人在日有遗嘱处分，处分明者，不用此律。"①

《宋刑统》卷一二"户婚律"之"户绝资产"条：【准】丧葬令，诸身丧户绝者，所有部曲、客女、奴婢、店宅、资财并令近亲，（亲依本服，不以出降。）转易货卖，将营葬事及量营功德之外，余财并与女。（户虽同，资财先别者亦准此。）无女均入以次近亲。无亲戚者，官为检校。若亡人在日，自有遗嘱处分，证验分明者，不用此令。

【准】唐开成元年七月五日敕节文：自今后，如百姓及诸色人死绝无男，空有女，已出嫁者，令文合得资产。其间如有心怀觊望、孝道不全、与夫合谋有所侵夺者，委所在长吏严加纠察。如有此色不在给与之限。

臣等参详，请今后户绝者，所有店宅、畜产、资财，营葬功德之外，有出嫁女者，三分给与一分，其余并入官。如有庄田，均与近亲承佃。如有出嫁亲女被出，及夫亡无子，并不曾分割得夫家财产入己，还归父母家后户绝者，并同在室女例，余准令敕处分。②

【注释】

［一］户绝：户内绝口，没有男性继承人。《唐律疏议》卷一二《户婚律》"立嫡违法"条疏议载："无后者，为户绝。"③

［二］部曲、客女、奴婢：《唐律疏议》中的私贱民，有部曲、客女和奴婢两等。部曲和客女的地位比奴婢略高，原则上作为奴婢被放免后的一种贱民身份。《唐律疏议》中规定的奴婢和部曲、客女两等贱民在宋朝都趋向消亡。除官府的罪犯奴婢外，私家奴婢大部分雇佣化，其社会地位有所提高。部曲作为一种特殊的贱民，在宋朝已经不复存在。④

［三］功德：泛指佛教徒或者信佛者诵经、念佛、布施、行善、为死者做佛事，以及道士打醮等事。

---

① （唐）白居易：《白氏六帖事类集》，文物出版社，1987，帖册五65b。

② 《宋刑统》，第222~223页。

③ 《唐律疏议》，第238页。

④ 王曾瑜：《宋朝阶级结构》（增订版），中国人民大学出版社，2010，第6页。关于唐代的部曲和客女，可参见中国社会科学院历史研究所《天圣令》读书班《〈天圣令·狱官令〉译注稿》，徐世虹主编《中国古代法律文献研究》第12辑，第432页。

【翻译】

［家主］自身死亡、户绝的，所有部曲、客女、奴婢、住宅店铺、资产财物，让近亲（亲属［关系］按照本服［界定］，不以出降［之后的丧服为准］。）转让交易出售，［除］用于办理丧葬事务以及酌量做功德之外，剩下的财物都给予女儿。（户籍虽然相同，资产财物［已］先行分割的，也依此［办理］。）没有女儿［的］均分给［在血缘亲疏关系上］次一等的近亲。没有亲戚的，官府负责处理。如果死者健在时，自己立有遗嘱进行处理，证人凭据清楚的，不适用这条令文。假如别敕有安排的，按照别敕［处理］。

宋 28　诸三年及朞丧不数闰，大功以下数之。以闰月亡者，祥①及忌日，皆以闰所祔之月为正。

【源流】

《大唐开元礼》卷一五〇《王公以下丧通仪》"居常节"条："凡三年及周丧不数闰。（禫则数之。）以闰月亡者，祥及忌日，皆以闰所祔之月为正。"②

【翻译】

［服］三年和一年亲丧，不计入闰月，大功以下计入闰月。在闰月死亡的，［计算］祥祭和忌日，都以闰月所附的月为准。

宋 29　诸职事官三品以上，暑月［一］薨者，给冰。

【源流】

《通典》卷八四《丧制二》"设冰"条："大唐之制，诸职事官三品以上、散官二品以上暑月薨者，给冰。"③

【注释】

［一］暑月：农历六月、七月，也有认为起自农历四月到夏天结束为止的。《令集解》卷四〇《丧葬令》"亲王条"载：凡亲王及三位以上，

---

① 　关于"祥"，参见中国社会科学院历史研究所《天圣令》读书班《〈天圣令·假宁令〉译注稿》，徐世虹主编《中国古代法律文献研究》第 10 辑，第 240 页。
② 　《大唐开元礼》，第 723 页。类似记载亦见于《通典》卷一四〇《王公以下居丧杂制》，第 3578 页。
③ 　《通典》，第 2273 页。

暑月薨者，（谓六月七月。释云："暑月薨者给冰"，师说云：周礼：夏班冰。即四月
也。故知起自四月，迄于炎尽，可谓暑月也。古记云：暑月，谓六月七月也。以外随
状耳，准赋役令役丁匠条也。）给冰。①

【翻译】

职事官三品以上，［在］暑月薨的，给冰。

宋30 诸在任官身丧，听于公廨内棺敛，不得在厅事［一］。其尸柩、
家属并给公人［二］送还。其川峡、广南、福建等路死于任者，其家资物
色官为检录，选本处人员护送还家。官赐钱十千，仍据口给仓券［三］，
到日停支。（以理解替后身亡者，亦同。）

【源流】

唐2 诸使人所在身丧，皆给殡殓调度，造舆、差夫递送至家。其爵
一品、职事及散官五品以上马舆，余皆驴舆。有水路处给舡，其物并所在
公给，仍申报所遣之司。②

【注释】

［一］厅事：官署中办公的厅堂。

［二］公人：各级官府下属的办事人员，一般负责管理仓库、场务、
馆驿、河渡、纲运、牢狱、执刑、巡警等具体事务。③ 充任差役的人。《宋
史》卷一五三《舆服志五·士庶人车服》载："端拱二年，诏县镇场务诸
色公人并庶人、商贾、伎术、不系官伶人，只许服皂、白衣，铁、角带，
不得服紫。"④

［三］仓券：宋代官府发给出征、出使等人用于在途中到各地仓司领
取公粮的一种凭证。《宋史》卷一七二《职官十二》载："京府按事畿内，
幕职、州县出境比较钱谷，覆按刑狱，并给券。其赴任川峡者，给驿券，
赴福建、广南者，所过给仓券，入本路给驿券，皆至任则止。车驾巡幸，

---

① 〔日〕黑板胜美编辑《令集解》，吉川弘文馆，1981，第970页。
② 《天一阁藏明钞本天圣令校证》，第426页。类似记载，亦见于《唐律疏议》卷二六《杂
律》"从征从行身死不送还乡"条疏议，第490~491页。
③ 邓广铭、程应镠主编《中国历史大辞典》（宋史卷），上海辞书出版社，1984，第64~
65页。
④ 《宋史》，第3574页。

群臣扈从者，中书、枢密、三司使给馆券，余官给仓券。"①

【翻译】

在任官员死亡的，允许在官署里面以棺木收敛，不允许［停放］在［视事问案的］厅堂。［盛放］尸体的棺柩、家属都派遣差役运送回家。川峡、广南、福建等路死于任上的官员，他们家产的种类，官府进行核检记录，挑选本机构的人员护送回（死者的）老家。官府赐给钱十千，仍旧根据［死者家属的］人数支给仓券，到家那天停止支给。（因正常原因解任被替后死亡的，也同样［处理］。）

宋 31 诸百官身亡者，三品以上称薨，五品以上称卒，六品以下达于庶人称死。（今三品者，惟尚书、节度以上则称薨。）

【源流】

《大唐开元礼》卷三《序例下》"杂制"条："凡百官身亡者，三品已上称薨，五品已上称卒，六品以下达于庶人称死。"②

《通典》卷一〇八《开元礼纂类三·序例下》"百官终称"条：凡百官身亡，三品以上称薨，五品以上称卒，六品以下达于庶人称死也。③

《新唐书》卷四六《百官一》：凡丧，三品以上称薨，五品以上称卒，自六品达于庶人称死。④

【翻译】

百官死亡的，三品以上称为"薨"，五品以上称为"卒"，六品以下到平民称为"死"。（现在的三品［官员里］，只有尚书、节度以上的官员才称为"薨"。）

宋 32 诸官人薨卒，应合吊祭者，诏聘官［一］同。

【注释】

［一］诏聘官：在唐宋史料中并未见到"诏聘官"相关的表述，读

---

① 《宋史》，第 4145 页。
② 《大唐开元礼》，第 34 页。
③ 《通典》，第 2811 页。
④ 《新唐书》，第 1194 页。

书班有同学认为，"诏聘"可能是由皇帝专门颁发诏书征辟特殊人才为朝廷官员的一种任官形式，"诏聘官"即通过这种特殊形式聘任的官员。

【翻译】

官员薨、卒，应该予以吊祭的，诏聘官也一样。

宋33 诸丧葬不能备礼者，贵得同贱。贱虽富，不得同贵。

【翻译】

［办理］丧葬［事宜，因为贫穷］不能够做到礼仪周备的，［身份］高贵［之人的礼仪］可以同于卑贱［之人］。［身份］卑贱［的人］即使富有，［所用礼仪也］不允许等同于尊贵［之人］。

右并因旧文，以新制参定。

【翻译】

以上的令文均是在旧文基础上，参考新制度而修定。

唐1 皇家诸亲丧赗物，皇帝本服期，准一品；本服大功，准二品；本服小功及皇太后本服期，准三品；皇帝本服缌麻、皇太后本服大功、皇后本服期、皇太子妃父母，准正四品；皇帝本服袒免、① 皇太后本服小功、皇后本服大功、皇太子妃本服期，准从四品；皇太后本服缌麻、皇后本服小功，准正五品；皇后本服缌麻，准从五品。若官爵高者，从高。无服之殇，② 并不给。其准一品给赗物者，并依职事品。

【翻译】

皇家各种亲属死亡［时所给］赗物，皇帝本服朞亲，依照一品［官的标准］；［皇帝］本服大功亲，依照二品［官的标准］；［皇帝］本服小功亲和皇太后本服朞亲，依照三品［官的标准］；皇帝本服缌麻亲、皇太后

---

① 关于"袒免"的注释，参见中国社会科学院历史研究所《天圣令》读书班《〈天圣令·假宁令〉译注稿》，徐世虹主编《中国古代法律文献研究》第10辑，第243页。

② 关于"无服之殇"的注释，参见中国社会科学院历史研究所《天圣令》读书班《〈天圣令·假宁令〉译注稿》，徐世虹主编《中国古代法律文献研究》第10辑，第242页。

本服大功亲、皇后本服朞亲、皇太子妃父母，依照正四品［官的标准］；皇帝本服祖免亲、皇太后本服小功亲、皇后本服大功亲、皇太子妃本服朞亲，依照从四品［官的标准］；皇太后本服缌麻亲、皇后本服小功亲，依照正五品［官的标准］；皇后本服缌麻亲，依照从五品［官的标准］。如果［他们的］官爵高于［这个标准］的，按照高的［标准给予］。无服之殇，都不给予。依照一品［官的标准］给予赗物的，都根据［他们的］职事官品［来定］。

唐2　诸使人所在身丧，皆给殡殓调度，① 造舆、差夫递送至家。其爵一品、职事及散官五品以上马舆，余皆驴舆。有水路处给舡，其物并所在公给，仍申报所遣之司。

【翻译】

使人在出使地死亡的，都给予入殓［所需的］物品，制造灵车、派遣人夫运送［灵柩］到家。爵一品、职事官及散官五品以上［用］马车，其余都［用］驴车。有水路的地方给船，这些物品都［由］出使地［的］公家支给，仍然［要］申报给派遣［使人］的官司。

唐3　诸五品以上薨卒及葬，应合吊祭者，所须布深衣帻、素三梁六柱舆［一］，皆官借之。其内外命妇应得卤簿者，亦准此。

【注释】

［一］三梁六柱舆：使用三道梁、六根柱子结构的舆车。《五代会要》卷八《丧葬上》载："（后唐天成）二年六月三十日，御史中丞卢文纪奏：'……又诸官五品已上许使三梁六柱轝车，轝上有结络。'"②

【翻译】

五品以上［官员］薨卒以及埋葬，应该予以吊祭的，所需布深衣、［布］帻、素三梁六柱舆，都［由］官府借给。内外命妇应该享用卤簿的，也依此［处理］。

---

① 关于"调度"的注释，参见中国社会科学院历史研究所《天圣令》读书班《〈天圣令·赋役令〉译注稿》，徐世虹主编《中国古代法律文献研究》第6辑，第353页。

② （宋）王溥：《五代会要》，第135～136页。

唐4 诸去京城七里内，不得葬埋。

【翻译】

距离京城七里以内，不允许埋葬。

唐5 诸庶人以上在城有宅，将尸柩入者，皆听之。

【翻译】

平民以上在城中有住宅的，将［盛放］尸体的棺柩［从城外］运入［城中住宅］的，都允许这么做。

右令不行。

【翻译】

以上令文不再施行。

《中国古代法律文献研究》第十三辑

2019 年，第 237～294 页

《洗冤录》的文献问题

陈重方[*]

摘　要： 本文的主要意图是在处理《洗冤录》文献问题的同时，一并反思文献学与历史学（主要是法制史）之间的关系。文献学既是独立的学科，也是研究的方法，只着重其中一面，另一面将不自觉地陷入破碎化的困境，进而影响对整体应有的认识。对此，本文将依照时序，分别以版本、目录、流传为主轴，交互切入、逐次梳理《洗冤录》的文献问题。产生这些问题的主因之一，是现代研究者与古人对文献的理解、认识，并不完全属于同一层次。所以，若对文献的传统陌生，就容易以为文献的问题，只是交代使用的版本，或考证些互不相关的琐碎东西；同样的，如不熟悉历史的脉络，对文献的诠释，多不免停留在表面，无法觉察看似枝微末节的现象，实则蕴含深远的意义。再具体而言，本文处理的《洗冤录》文献问题，多有彼此影响或联系，并非零散且各自孤立。像是清代作为官书的《律例馆校正洗冤录》，其实是延续宋末以来，对《洗冤录》订补、汇集、改编的传统，而

---

[*] 陈重方，台湾清华大学历史研究所博士生。本文改写自笔者硕士学位论文第二章，初稿曾于第三届中国法律与历史国际学术研讨会宣读。自硕士学位论文起，本文先后承蒙业师刘铮云先生、陈熙远老师、张哲嘉老师、邱澎生老师、陈惠馨老师、评论人刘馨珺老师、学友尤淑君以及匿名审查人给予诸多意见和指正，谨此致谢。唯一切文责由笔者自负。

从其他诸现象也能清楚看到，明代在这个传统中，实属承上启下的关键。再如今日对明代的某些误解，起源于清人误读文献，或对《洗冤录》的流传过程，有错误的认识；而近代以来的研究者们，又在此错误基础上，建构出对明代的认知。总而言之，本文的初步成果将表明，《洗冤录》乃至其他法史古籍的整理与研究，仍是值得、也是必须持续进行的课题。

关键词：《洗冤录》　　《洗冤集录》　　文献学　　古籍整理

前　言

首先需要说明的是，宋慈（1186～1249）所著原名确实为《洗冤集录》，现存最早的元刊本保留这称呼的同时，又冠上朝代与职官，添改成《宋提刑洗冤集录》（图1）。① 但在记载中更普遍的情形，是将《洗冤集录》省称为《洗冤录》，这样的做法起源不仅相当早，甚至还与宋慈相距颇近。② 为了行文方便，以及避免正文和征引史料出现差异的情形，除了特殊状况，本文基本统一使用"洗冤录"一词。③ 而书名的歧异，正是笔者当年开始研究《洗冤录》时，第一个遇到的问题。

与此问题性质十分相近的，还有明清都将《洗冤录》奉为圭臬，出仕或学幕之人皆要诵习；现代则多认为它是世界现存最早的法医学著作，因而倍加推崇。但《洗冤录》在流传的过程中，却出现许多和重要性并不相称的现象：宋慈的生平事迹，竟有相当长的时间不广为人知；书中内容在不断被运用、阐述的同时，"读者"却不清楚书籍的来历，甚至还有不少人认为，《洗冤录》到了晚明只残存二十几条。今日习以为常、毫无怀疑的历史事实，似乎存在不少矛盾、建立在并不牢靠的基础上。

---

① 此书原为李盛铎（1859～1937）木樨轩旧藏，现存于北京大学图书馆，先后分别由《四库全书存目丛书》《续修四库全书》《中华再造善本·金元编》印行。

② 笔者目前所见最早的例子，就是稍晚于宋慈的文天祥。详见本文第二节的论述。

③ 到了清代，"洗冤录"还可以是《洗冤集录》《律例馆校正洗冤录》《洗冤录集证》共同的省称。笔者对此已有所论述，参见陈重方《〈洗冤录〉在清代的流传、阅读与应用》，《法制史研究》第 25 期，2014 年，第 64～66 页。

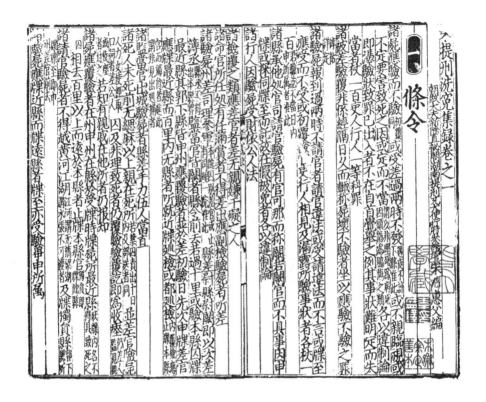

图1 北京大学图书馆藏元刊本《宋提刑洗冤集录》

资料来源：《中华再造善本·金元编》影印北京大学图书馆藏元刊本。以下不另注明。

这些看似个别孤立的现象，都与《洗冤录》的"文献"性质密切相关，或者说，它们都是《洗冤录》的"文献问题"，其实有相当程度的内在联系。本文将从三个彼此关联，但又各有偏重的主轴：版本、目录、流传，依照时序，交互切入、逐一梳理《洗冤录》的"文献问题"，提出解答、探究其中蕴含的历史意义。清代和民国并非没有本文指称的"文献问题"，但由于时代变化的关系，出现各自不同的特殊因素，在这些特殊因素作用下，"文献问题"更加复杂，需要专门处理。① 因此，本文将以宋元明为主要的讨论范围，仅触及部分清代以后的议题。

---

① 以清代而言，除了官定本《律例馆校正洗冤录》，王又槐等人的《洗冤录集证》也有许多问题需要逐一厘清；就民国来说，甚至还出现各种结合《洗冤录》与法医学的新类型著作。基于篇幅与论述主轴的考虑，这些本文暂不一并处理。

一 作者的相关问题

（一）宋慈被认识的过程

现代对宋慈的生平，可说已有相当程度的认识，① 因此能纪念他的诞辰、② 整理他的墓坟，③ 乃至开展各种研究。但在很长的一段时间里，宋慈并非为人所详知。《四库全书总目》云："慈字惠父，始末未详。"④ 同时的钱大昕（1728～1804）、周中孚（1768～1831）等人，连宋慈的籍贯也不清楚。⑤ 梁众还因当时流传的《洗冤录》刻本没有作者姓名，竟不知《洗冤录》是何人所作，其父梁玉绳（1745～1819）除引述钱大昕的说法，也没有更多的补充。⑥ 但这并非文献不足征，四库馆臣常用来考证作者年代、同样收入《四库全书》的《万姓统谱》，就扼要记载了宋慈的生平：

> 宋慈字惠父，建阳人。历湖襄提刑，以朝请大夫直焕章阁帅广东。慈居官所在有声，尝作《洗冤录》。及卒，理宗以其为中外分忧

---

① 较早介绍宋慈生平的文章，有 1956 年余慎初在《新中医药》登载的《宋代法医学家——宋慈》，以及宋大仁隔年在《医学史与保健组织》发表的《伟大法医学家宋慈传略》。中国中医研究院中医史文献研究所编《医学史论文数据索引 1903～1978》，中国医史文献研究所，1980，第 89 页。

② 福建省建阳市在 1987 年举行了"纪念宋慈诞辰八百周年大会"。详见贾静涛《宋慈及其伟大贡献——纪念宋慈诞辰 800 周年》，《中国法医学杂志》1987 年第 2 期，第 65～68 页。

③ 在 1958 年 5 月 26 日的《新民晚报》上，就有福建省重建宋慈墓的新闻。中国中医研究院中医史文献研究所编《医学史论文数据索引 1903～1978》，第 89 页。

④ （清）纪昀等：《四库全书总目》，《文渊阁四库全书》卷一〇一"子部·法家类存目"，《洗冤录》影印台北故宫藏写本，台北，台湾商务印书馆，1983，第 3 册，第 184～185 页。

⑤ "慈不知何郡人"，见（清）钱大昕《十驾斋养新录》卷一四，《续修四库全书》影印《抱经堂丛书》本，上海古籍出版社，1997，子部第 1151 册，第 274 页；"慈字惠父，里贯未详"，见（清）周中孚撰《郑堂读书记》卷三九，黄曙辉、印晓峰点校，上海书店出版社，2009，第 602 页。

⑥ "《宋史·艺文志》不载，慈里居亦未详。"见（清）梁学昌等辑《庭立记闻》卷三，《续修四库全书》影印清嘉庆间《清白士集》本，子部第 1157 册，第 131 页。

之臣，有密赞闰画之计，赠朝议大夫，御书墓门旌之。①

包括清人自己纂修、亦收进《四库全书》的《福建通志》，也载有类似的传略。② 时代稍晚的劳格（1820～1864），则根据《重修毗陵志》《庸斋集》，对宋慈的仕宦做了初步考证；③ 陆心源（1834～1894）由于检得刘克庄（1187～1269）为宋慈所作的墓志铭《宋经略》，④ 得以借此撰写宋慈的传记。⑤

近代学者则在订补《四库全书总目》的工作中，将宋慈生平的考证推进到更为完整的地步。胡玉缙（1859～1940）引用相关资料，指出宋慈曾两度刊刻胡寅（1098～1156）《叙古千文》，也参与朱熹（1130～1200）《资治通鉴纲目》校勘工作。⑥ 余嘉锡（1884～1955）除订正陆心源的缺漏，还指出刘克庄《宋经略》记载的宋慈生卒年与《洗冤集录序》落款时间的矛盾：落款时间是淳祐七年（1247），⑦《宋经略》却说宋慈卒于淳祐六年。后来的研究者又依据其他史料，更进一步考订出宋慈生卒年，其实是淳熙十三年（1186）至淳祐九年（1249）。⑧ 总之，必须注意到，古人（至少清代是如此）并未像今人一样，自一开始就都对

---

① （明）凌迪知：《万姓统谱》卷九二，《文渊阁四库全书》影印台北故宫藏写本，子部第957册，第340页。

② （清）郝玉麟、谢道承等纂《福建通志》卷四七，《文渊阁四库全书》影印台北故宫藏，史部第529册，第611页。

③ （清）劳格：《读书杂识》卷一一，《续修四库全书》影印清光绪四年刊本，子部第1163册，第335页。

④ （清）陆心源：《影宋本宋提刑洗冤录跋》，收入冯惠民整理《仪顾堂书目题跋汇编》，中华书局，2009，卷六，第102页；（宋）刘克庄：《宋经略》，收入（宋）刘克庄《后村先生大全集》卷一五九，《四部丛刊初编》影印旧钞本，上海书店，1989，第215册，第4页b～10页a。

⑤ （清）陆心源：《宋史翼》卷二二，影印清光绪三十二年刊本，中华书局，1991，第237～238页。

⑥ 胡玉缙撰，王欣夫辑《四库全书总目提要补正》卷二九，中华书局，1964，第789～791页。

⑦ 余嘉锡：《四库提要辨证》卷一一，中华书局，1985，第620～621页。（宋）宋慈：《洗冤集录序》，载《宋提刑洗冤集录》，《续修四库全书》影印北京大学图书馆藏元刊本，子部第972册，第233页。

⑧ 廖育群：《宋慈与中国古代司法检验体系评说》，《自然科学史研究》1995年第4期，第374页。

宋慈有清楚的认识；而现在对宋慈的掌握和理解，其实是逐步考证出来的成果。

其中最关键的史料，是刘克庄为宋慈撰写的墓志铭。[①] 廖育群透过这篇《宋经略》，重新理解宋慈的仕宦与功绩后，明确指出：近人评价宋慈，多从"伟大的法医学家"的视角定位，对他"武绩军功"皆略而不谈，努力塑造"科学家"的形象。这便脱离宋慈所处的历史时代，不仅不可能客观理解他的生平，也不可能认识他的人生观、思想方法与行为动机。在历史上，宋慈是被作为奉职守法的"循吏"而记述的，他的"雪冤禁暴"、审慎治狱，无疑还是沿着"循吏"的基本道德观而行。若未对宋慈的身份有正确的认识，便有碍正确理解中国古代司法检验体系的基本性质和特点。[②] 这个说法甚有意义。

（二）宋慈与理学的关系

但"循吏"的角色外，还有一点值得关注，那就是宋慈与理学（家）的关系。[③] 宋慈最初师事的吴雉，是朱熹的高第，所以他能向黄榦（1152～1221）、李方子、蔡渊（1156～1236）、蔡沈（1167～1230）等人问学。进入太学时又因文章被真德秀（1178～1235）欣赏，得以受学门下。[④] 亦如前所述，宋慈还参与朱熹《资治通鉴纲目》、胡寅《叙古千文》的刊刻。张金吾（1787～1829）庋藏的宋淳祐年间刊本《资治通鉴纲目》卷一、卷五九的卷末都有一行"建安宋慈惠父校勘"。[⑤] 李昂英（1201～1257）在跋文中也明确地说《叙古千文》：

---

① 宋慈还是刘克庄任建阳令时结交的朋友，"余为建阳令，获友其邑中豪杰，而尤所敬爱者，曰宋公惠父"。见（宋）刘克庄《宋经略》，第4页b。

② 廖育群：《宋慈与中国古代司法检验体系评说》，第374页。其实，陆心源便说："《宋史·循吏》不为立传，亦缺典也。"他在《宋史翼》为宋慈所作的传记，确实也是列入"循吏"。见（清）陆心源《仪顾堂书目题跋汇编》，第102页。

③ 黄蓉：《宋慈述论》，《安徽师范大学学报》（人文社会科学版）2005年第5期，第579页。近些年来无论通俗或学术专著，都非常强调宋慈与理学（家）的关系，而作者基本都是依据《宋经略》立论的。

④ （宋）刘克庄：《宋经略》，第5页a。

⑤ （清）张金吾：《爱日精庐藏书续志》卷二，《续修四库全书》影印灵芬阁集字版校印本，史部第925册，第633页。

其书一经朱文公表揭遂传。广帅宋公慈里两翁之里，学两翁之学，既梓之衡阳，又梓之广之泮宫，自此流布天下，人人得讽咏，有功于人心多矣。①

《叙古千文》能够流布天下，宋慈的两次刊刻是关键因素。顺带一提，清人纂辑《宋元学案补遗》时，就是将宋慈纳入"西山真氏学案"。② 而宋慈与理学（家）的关系，可以在一定程度上厘清《洗冤录》的著述目的。

近代迄今，《洗冤录》在翻译成英文时，书名有直接音译为 *Hsi Yuan Lu*,③ 也有意译成 *Washing Away of Wrongs*。④ 对此，有人认为"洗冤"一词有特殊含义，无法直接用"洗除错误"来涵盖——"'洗'不是'改'或'无'，也不是'平'或'洗除'，而是'洗雪'。这与宋朝'理雪制度'有关"。⑤ "洗冤"固然无法直接用"洗除错误"涵盖，但也未必就和所谓的"理雪制度"有关，因为，宋慈在自序中说的是"洗冤泽物"：

> 刊于湖南宪治，示我同寅，使得参验互考。如医师讨论古法，脉络表里，先已洞澈，一旦按此以施针砭，发无不中。则其洗冤泽物，当与起死回生同一功用矣。⑥

与医师"起死回生"相对来说的"洗冤泽物"，其实是理学（家）在政治上的理想、抱负，而最常被引以为表率的，正是周敦颐（1017～1073）担

---

① （宋）胡寅：《叙古千文》，影印《粤雅堂丛书》本，华联出版，1965，第 7 册，总第 3085 页。朱熹虽祖籍婺源，但实际上是在福建尤溪出生，而胡寅就是福建建宁人，因此说宋慈是"里两翁之里"。

② （清）王梓材、冯云濠辑《宋元学案补遗》卷八一，1937 年张氏约园刊本，第 44 页 b～45 页 a。

③ 例如 1873 年翟理斯（H. A. Giles）在 *China Review* 分期刊登《洗冤录》译文时，即是使用此名。

④ 一百多年后的 1981 年，马伯良（McKnight）在翻译时则用此名。

⑤ 黄瑞亭：《〈洗冤集录〉与宋慈的法律学术思想》，《法律与医学杂志》2004 年第 2 期，第 123 页。

⑥ （宋）宋慈：《洗冤集录序》，《宋提刑洗冤集录》，第 233 页。

任提点刑狱时"务以洗冤泽物为己任"的事迹，① 黄震（1213～1281）便说："周子以洗冤泽物为已任，虽僻远无所惮劳矣，直儒终得逸乎哉？"② 用朱熹门徒熊节等人的话来讲，"洗冤泽物"就是"洗涤冤抑，惠利及物"。③ 在"循吏"的身份外，若再顾及师友关系，《洗冤录》书名的含义，更进一步说、宋慈著述目的，不如认为是受了理学的影响，更为妥当。④ 理学家并非只注重"内圣"而忽略"外王"，他们对政治同样有一定的理解和作为，⑤ 并不需要特别批评南宋学者只是大讲存天理、去人欲，用来强调宋慈能标举洗冤泽物、以民命为重，是有多么不容易。⑥ 这在《名公书判清明集》也能得到佐证。《名公书判清明集》的宋刊残本、明刊本这两种版本，⑦ 共收书判四百七十三篇，⑧ 而其中能确定名氏、且生平可考的作者，绝大多数都与理学关系密切，⑨ 乃至宋刊残本附录的《清明集名氏》，排名第一的就是朱熹，第二为真德秀，宋慈则位列第十六。⑩

---

① "虽荒崖绝岛，人迹所不至者，必缓视徐按，务以洗冤泽物为己任。"见（宋）朱熹《朱文公文集》卷九八《濂溪先生事实记》，《四部丛刊》影印明嘉靖间刊本，台北，台湾商务印书馆，1979，第1689页。

② （宋）黄震：《黄氏日钞》卷九〇《拙逸轩序》，影印清乾隆三十三年刊本，大化书局，1984，第904页。

③ （宋）熊节编，熊刚大注《性理群书句解》卷七，《文渊阁四库全书》影印台北故宫藏写本，子部第709册，第709页。

④ 因此，《无冤录》的"无冤"、《平冤录》的"平冤"，未必如黄瑞亭所批评的，是偏离了宋慈著书的本义，反而可能是在同样的政治理想脉络下，衍生出的对"洗冤泽物"新的理解。见黄瑞亭《〈洗冤集录〉与宋慈的法律学术思想》，第123页。

⑤ 相关研究，参见余英时《朱熹的历史世界》下册，三联书店，2004，第400～409页。

⑥ （宋）宋慈：《洗冤集录译注》，高随捷、祝林森译注，上海古籍出版社，2008，序，第4页。该序对宋慈的理解，很明显地就是脱离了他所处的历史时代。

⑦ 《名公书判清明集》的版本问题与更具体的介绍，见陈智超《宋史研究的珍贵史料——明刻本名公书判清明集介绍》，收入中国社会科学院历史研究所宋辽金元史研究室点校《名公书判清明集》，杨一凡、徐立志主编《历代判例判牍》第2册，中国社会科学出版社，2005，第560～594页。

⑧ 在此依据陈智超以一案作一篇的统计。见陈智超《宋史研究的珍贵史料——明刻本名公书判清明集介绍》，第590页。

⑨ 详见王志强《〈名公书判清明集〉法律思想初探》，《法学研究》1997年第5期，第120～121页。

⑩ "自牧先生宋氏慈，字惠父，建阳人。"《清明集名氏》，收入《名公书判清明集》，第486页。由此也可知宋慈号自牧。相当感谢匿名审查人与刘馨珺老师不约而同地都指出了这一点。

二 宋元间的版本问题

(一) 宋代的概况

宋慈自序已明言"刊于湖南宪治,示我同寅",① 则《洗冤录》在当时便有刊本通行,只是至今仍未发现宋版《洗冤录》。不过,除了许梿(1787~1862)撰写《洗冤录详义》时用过"影宋本《集录》",② 陆心源也藏有一部影宋抄本《洗冤录》,可惜的是,他在跋文中只对宋慈生平加以考证,并未就书的内容、版式等做任何的叙述。③ 而且,无论静嘉堂文库或其他单位的馆藏目录,④ 都未见著录影宋抄本《洗冤录》,以致无法确定是否还存于世。⑤ 但可以确定的是,宋末便有订补《洗冤录》的著作出现,文天祥的文集就收录了一篇《赵维城洗冤录序》:

> 近世宋氏《洗冤录》,于检覆为甚备。宋氏多所歇历,盖履之而后知。吾邦赵君与揲,甫阶一命,而能有志乎民,反复驳难,推究其极,于宋氏有羽翼之功矣。使君自此有中外之迹,日增月益,岂曰小补之哉?《书》曰:"狱货非宝,惟府辜功",又曰:"无或私家,于狱之两辞",祥刑之本也。读赵君此编,而于《书》再三焉,虽不中、不远矣。⑥

① (宋)宋慈:《洗冤集录序》,《宋提刑洗冤集录》,第233页。
② "续得影宋本《集录》暨诸家校本,稍复损益。"见(清)许梿《刻洗冤录详义叙》,收入《洗冤录详义》,《续修四库全书》影印清光绪三年湖北藩署刊本,子部第972册,第327页。
③ (清)陆心源:《仪顾堂题跋》,第102页。
④ 除了皕宋楼,陆心源的藏书楼尚有十万卷楼与守先阁。其子陆树藩将皕宋楼与十万卷楼藏书售予静嘉堂文库后,也在吴兴海岛图书馆创办时捐赠了守先阁藏书。
⑤ 但无法排除陆心源"误判"版本的可能性。李宗莲在《皕宋楼藏书志序》宣称有"宋刊至二百余种,元刊四百余种",经过岛田翰与静嘉堂文库多次鉴定,发现实有宋版书109部、元版书105部。傅增湘也指出,陆心源曾将《营造法式》的光绪抄本误判为影宋抄本。见王绍曾《陆心源宋元版本误判刍议》,收入王绍仁编《江南藏书史话》,上海古籍出版社,2009,第133~141页。
⑥ (宋)文天祥:《文山先生全集》卷一三《赵维城洗冤录序》,《宋集珍本丛刊》影印明景泰间刊本,线装书局,2004,第88册,第269页。

宋慈生于宋孝宗淳熙十三年（1186），卒于宋理宗淳祐九年（1249）；文天祥生于宋理宗端平三年（1236），卒于元世祖至元二十年（1283），两人的生活年代重叠了 13 年。《洗冤录》刊行时间（淳祐七年，1247）距宋亡（祥兴三年，1279）只有 32 年。文天祥评价《洗冤录》"于检覆为甚备"，并认为宋慈是"多所敫历，盖履之而后知"，可说《洗冤录》刊行不久，就为人所重视。而赵维城的《洗冤录》，也是目前所知最早订补《洗冤录》的著作。可惜的是，此书似未传世，也没有更多关于赵维城的资料。①

还需要注意的是，文天祥已将"洗冤集录"省称为"洗冤录"。书名一字的更易本无所足道，但这却在《洗冤录》的流传过程中，产生相当复杂的问题，即因书名的相似，而将宋慈原书与清代《律例馆校正洗冤录》相互混淆，以致出现论述宋慈的成就得失时，依据的却是清代律例馆改编本的现象。②《律例馆校正洗冤录》没有序跋与作者姓名，每卷卷端虽标明"律例馆校正洗冤录"，但每叶版心却又都仅题为"洗冤录"三字，在不明白的情形下，确实容易将两书相互混淆（图 2）。有研究者认为王肯堂（1552～1639）"洗冤录笺释"是将"洗冤集录"改为"洗冤录"的滥觞，③但根据文天祥的序文，可以确定至少在宋末，就已出现将"洗冤集录"省称为"洗冤录"的情形。

（二）元刊本的系统

《洗冤录》现存最早的是元刊本，经过多次印行、整理，俨然成为今

---

① 目前只能从文天祥所说的"吾邦"，得知赵维城为江西吉安人。需要注意的是，《江西通志》根据"反复驳难"一语，将该书著录为"《洗冤录驳难》，赵维城撰"，现代研究者也有跟着径作《洗冤录驳难》的例子。见（清）曾国荃等纂《江西通志》卷一〇五，《续修四库全书》影印清光绪七年刊本，史部第 658 册，第 551 页；王宏川《中国明以前法医学著述考略》，《公安大学学报》1990 年第 6 期，第 62 页。
② 管成学：《论宋慈与〈洗冤集录〉研究中的失误及原因》，《文献》1987 年第 1 期，第 208～214 页；管成学：《为什么这个错误传播了四十余年——科技古籍研究刍议》，《清华大学学报》（哲学社会科学版）1995 年第 3 期，第 97～100 页；黄显堂：《宋慈〈洗冤集录〉研究中的失误与版本考证述论》，《图书馆工作与研究》2005 年第 4 期，第 60～61 页。
③ 管成学、黄显堂都持相同的说法。但笔者赞同贾静涛的观点，也认为王肯堂并没有撰写过"洗冤录笺释"，详见本文第三节的讨论。

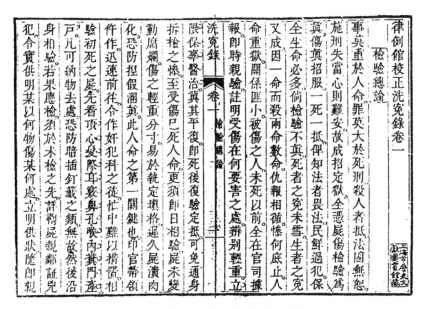

图 2　《律例馆校正洗冤录》书影

资料来源：《续修四库全书》影印上海图书馆藏清乾隆年间刊本。

日研究时最基本的依据。但必须注意到，元代其实有不同版本系统的《洗冤录》。1983～1984 年内蒙古额济纳旗黑城发掘出两千多件汉文文书，除少量西夏佛经，其余都是元代至北元初期的遗物。① 其中有一张书籍印本残叶，所存为"所伤透过者须看内""首烂须看其元衣""物及竹头之类"等三行，② 方龄贵比对出这些属于《疑难杂说》的部分文字，因此判断这是《洗冤录》的残叶。③ 他依据的底本，是顾广圻（1770～1839）以自己获得的元刊本，先后在嘉庆十二年与十五年（1807、1810），分别为孙星衍（1753～1818）、吴鼒（1755～1821）刊刻的《洗冤录》；④ 前者即附在《唐律疏议》之后的《岱南阁丛书》本，后者则是与《平冤录》《无冤录》一同刊行的《宋元检验三录》本。

---

① 关于黑城出土文书的概况，参见《黑城出土文书概况》，李逸友编《内蒙古额济纳旗黑城考古报告之一：黑城出土文书（汉文文书卷）》，科学出版社，1991，第 10 页。

② 图 F207：W1，《黑城出土文书（汉文文书卷）》，图版肆陆。

③ 方龄贵：《读〈黑城出土文书〉》，载《元史丛考》，民族出版社，2004，第 225 页。

④ （清）顾广圻：《重刻宋元检验三录后序》，收入王欣夫辑《顾千里集》卷一〇，中华书局，2007，第 154 页。

　　方龄贵比对时，发现残叶这三行文字，见于《岱南阁丛书》本卷一第六叶上半面四至六行，两者之间的"排列"也约略相当，因此推测《岱南阁丛书》本"即出此残叶所属文本，特版面行数不同，而每行字数则似无异"。①判别出这是《洗冤录》的残叶，可谓相当难得的发现，但他似乎误解顾广圻的"摹刻"之意。若将《岱南阁丛书》本与北京大学图书馆藏本逐一比对，会看到除框线、版心、版框高广略有差异外（表1），无论从整体样貌（图3、4），乃至双行小字（图5）、重文符号（图6）等细节，《岱南阁丛书》本是相当好的"翻刻"本，当然它也有改动或修正之处（图7、8、9、10）。总之，它并非出自"残叶所属文本"，两者分属不同版本系统（图11）。②

表1　《岱南阁丛书》本、《宋元检验三录》本、北京大学图书馆藏本、杏雨书屋藏本比较

类目	《岱南阁丛书》本	《宋元检验三录》本	北京大学图书馆藏本	杏雨书屋藏本
版框高广	21 × 13.5cm	12.5 × 9.4cm	21.7 × 13.7cm	22 × 15.5cm
行格	半叶 16 行、行 27 字，小字双行	半叶 9 行、行 28 字，小字双行	半叶 16 行、行 27 字，小字双行	半叶 12 行、行 21 字，小字双行

注：《岱南阁丛书》本，实际测量傅斯年图书馆馆藏原书；《宋元检验三录》本，实际测量傅斯年图书馆馆藏原书；北京大学图书馆藏本，依据《中华再造善本·金元编》著录之馆藏资讯；杏雨书屋藏本，依据《醫學に関する古美術聚英》的解说。

　　不过，方龄贵顺带指出《岱南阁丛书》本与《宋元检验三录》本的不同，还有三个地方需要进一步讨论。首先，孙星衍的岱南阁其实刊刻过两次（部）《洗冤录》，一即是嘉庆十二年《岱南阁丛书》本，一则为"仿元本"（图12、13）。③两者最大的区别在于，后者字体改为方体字，与顾广圻"摹刻"相去甚远（图14），而且似乎还是孙星衍自行刊刻，顾广圻未再参与其事（图15）。因此，两部《洗冤录》虽皆出自岱南阁，但不能相互混淆。

---

① 方龄贵：《读〈黑城出土文书〉》，《元史丛考》，第 226 页。

② 不过，方龄贵确实没有注意到北京大学图书馆庋藏了元刊本《洗冤录》。"岱南阁本及《宋元检验三录》本所据底本元椠《洗冤录》今不知流落何所……"见方龄贵《读〈黑城出土文书〉》，《元史丛考》，第 226 ~ 227 页。

③ 《岱南阁丛书》本犀页牌记为"兰陵孙氏元椠重刊"，仿元本则为"岱南阁仿元本"，故称之为仿元本。第 248 页表1、第 249 页正文中所言《岱南阁丛书》本《宋提刑洗冤录》，出自《百部丛书集成》之四十一（严一萍选辑，台北，艺文印书馆，1967），《岱南阁丛书》第 4 函。

《岱南阁丛书》本卷首	北京大学图书馆藏本卷首

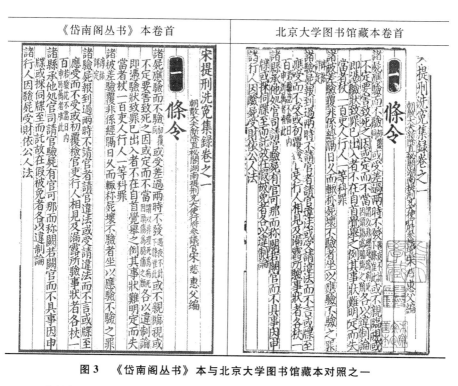

图3　《岱南阁丛书》本与北京大学图书馆藏本对照之一

资料来源：《岱南阁丛书》本依据艺文印书馆《百部丛书集成》。以下不另注明。

《岱南阁丛书》本《自刑》《杀伤》	北京大学图书馆藏本《自刑》《杀伤》

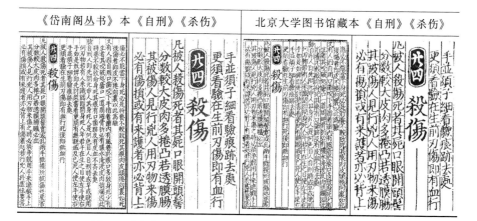

图4　《岱南阁丛书》本与北京大学图书馆藏本对照之二

《岱南阁丛书》本《验骨》	北京大学图书馆藏本《验骨》

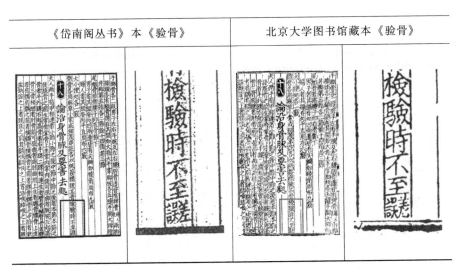

图5　《岱南阁丛书》本与北京大学图书馆藏本的联系之一

说明："检验时不至差误"，句尾"差误"并未另起一行，而是径改为双行小字。《岱南阁丛书》本保留了这个情况。

《岱南阁丛书》本《自刑》	北京大学图书馆藏本《自刑》

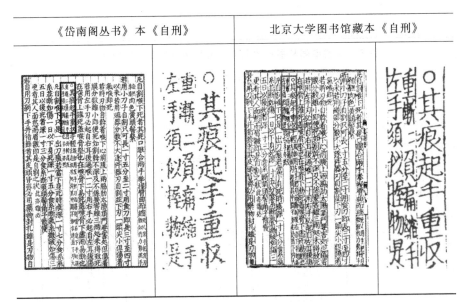

图6　《岱南阁丛书》本与北京大学图书馆藏本的联系之二

说明："渐渐负痛缩手"，第二个"渐"字以重文符号表示。《岱南阁丛书》本保留了这个情况。

《岱南阁丛书》本《溺死》	北京大学图书馆藏本《溺死》
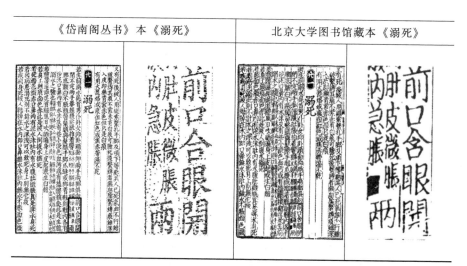	

图7　《岱南阁丛书》本的改动之一

说明：《岱南阁丛书》本削去墨丁。

《岱南阁丛书》本《牛马踏死》	北京大学图书馆藏本《牛马踏死》
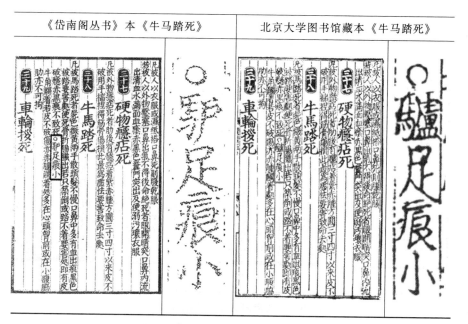	

图8　《岱南阁丛书》本的改动之二

说明："驴足痕小"，《岱南阁丛书》本"驴"字改用简体。

《岱南阁丛书》本《妇人》	北京大学图书馆藏本《妇人》
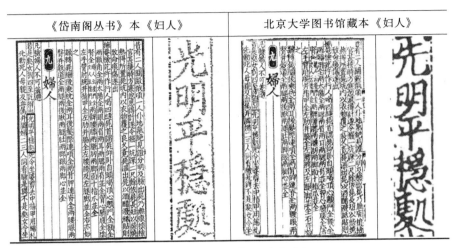	

图9　《岱南阁丛书》本的改动之三

说明："光明平稳处"，北京大学图书馆藏本误为"先"字，《岱南阁丛书》本改正为"光"字。

《岱南阁丛书》本《自缢》	北京大学图书馆藏本《自缢》
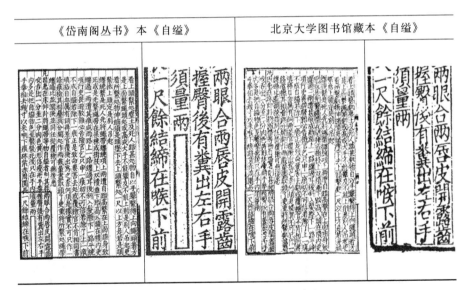	

图10　《岱南阁丛书》本的改动之四

说明："须量两手拳相去几寸"，"两""手"字间并无任何缺漏，却多出约五字的空白，《岱南阁丛书》本保留了这个情况，还另外加上墨框。

《岱南阁丛书》本	北京大学图书馆藏本	《黑城出土文书》残叶

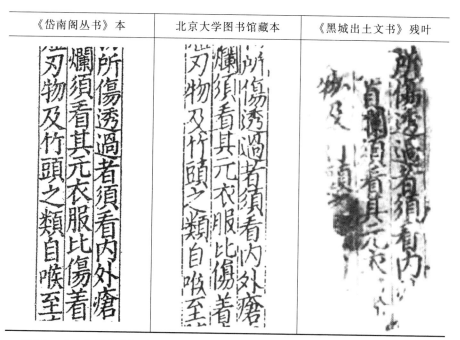

图11 《岱南阁丛书》本、北京大学图书馆藏本、《黑城出土文书》残叶的对照

资料来源：《黑城出土文书》残叶依据《黑城出土文书（汉文文书卷）》，图版肆陆，图 F207：W1。

《岱南阁丛书》本	仿元本

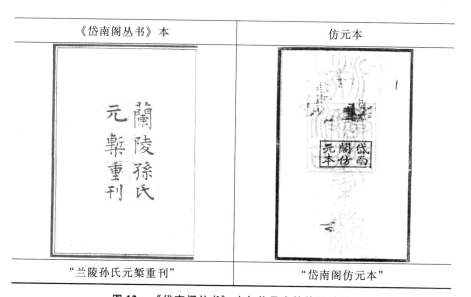

"兰陵孙氏元椠重刊"	"岱南阁仿元本"

图12 《岱南阁丛书》本与仿元本的牌记对照

资料来源：仿元本依据"学苑汲古－高校古文献资源库"（http://rbsc.calis.edu.cn）著录之北京大学图书馆馆藏。以下不另注明。

仿元本卷首	避讳字
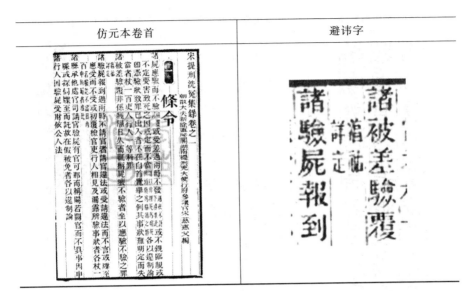	

图 13　仿元本卷首的避讳字

说明："淳祐详定"之"淳"字已改为"涫"字，北京大学图书馆所藏仿元本，应为孙星衍辞世后之印本。

《岱南阁丛书》本卷首	仿元本卷首
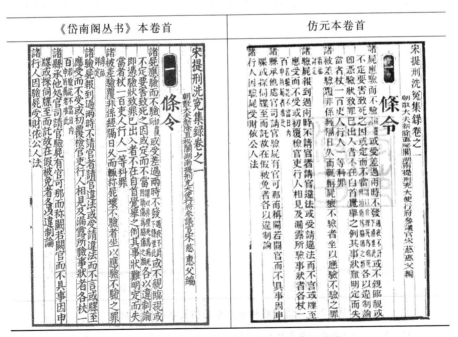	

图 14　《岱南阁丛书》本与仿元本书影对照

《岱南阁丛书》本目录后的刊记	仿元本目录后的刊记
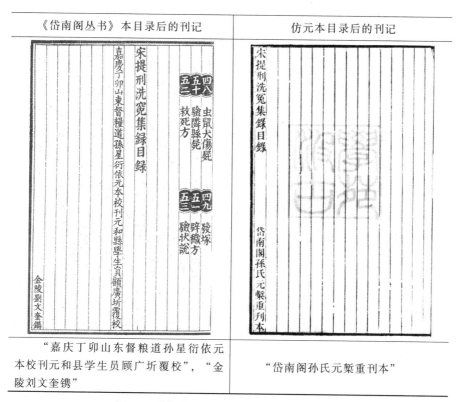	
"嘉庆丁卯山东督粮道孙星衍依元本校刊元和县学生员顾广圻覆校"，"金陵刘文奎镌"	"岱南阁孙氏元椠重刊本"

图 15　《岱南阁丛书》本与仿元本刊记对照

其次，《岱南阁丛书》本与《宋元检验三录》本都源于顾广圻庋藏的元刊本，这部《洗冤录》附有《圣朝颁降新例》，即七条元代有关检尸的文书。只是《岱南阁丛书》本的《圣朝颁降新例》在《洗冤录》全书之前，《宋元检验三录》本在全书之后，方龄贵认为这是因为《岱南阁丛书》本"沿元椠之旧"，《宋元检验三录》本则"不拘成例"。① 《宋元检验三录》本毕竟是改动较多的袖珍本（表1），有这类差异并不意外。但北京大学图书馆的元刊本却没有《圣朝颁降新例》。与孙星衍、顾广圻同时代的黄丕烈（1763~1825），也庋藏过元刊本《洗冤录》，书前则同样有《圣朝颁降新例》。②

---

① 方龄贵：《读〈黑城出土文书〉》，《元史丛考》，第 226 页。
② （清）黄丕烈：《士礼居藏书题跋记》卷三《宋提刑洗冤录》，《国家图书馆藏古籍题跋丛刊》影印涝喜斋朱印本，北京图书馆出版社，2002，第 6 册，第 179~180 页。

最后，瞿中溶（1769～1842）初次为官前，曾向黄丕烈借钞过元刊本《洗冤录》，后来更以此为基础，编纂了《洗冤录辨正》。道光九年（1829），顾广圻将《宋元检验三录》本赠送给瞿中溶，但瞿中溶用自己的钞本覆校后，发现两者之间微有不同，怀疑"据别本有改动也"。① 若再与《岱南阁丛书》本比较，能清楚看到瞿中溶标志出顾广圻的改动诸处，同样出现在《岱南阁丛书》本上。其实，孙星衍自己亦藏有一部应为影写本的《洗冤录》，② 该书"前有《颁降新例》五条，后有续附《无冤集录》六条"，他认为这些"皆元时刑司所附"。③ 究竟依据何种"别本"改动，是有待进一步厘清的问题。然而从《圣朝颁降新例》的有无、位于何处，以及再额外附加的东西这些方面来看，《洗冤录》在元代流传的过程、或者说型态，显然不是仅以现存最早的版本，所推导出的直线联系这么简单。

而且，黑城出土文书残叶虽过于残损，难以详细论证，但现存的元刊本确实并非只有一部。王国维（1877～1927）为蒋汝藻（1877～1954）编辑的《传书堂藏善本书志》，也著录了一部"《宋提刑洗冤集录》五卷、附《圣朝颁降新例》一卷"，根据王国维的说法：

> 此元刊本，每半叶十二行、行二十一字。后附《圣朝颁降新例》，则元时所益也。孙伯渊《岱南阁丛书》所刊即据此本。有"平江石氏藏书""惕甫""沤波舫""燕园秘笈"诸印。④

从钤印来看，这部《洗冤录》曾经王芑孙（1735～1797）、石韫玉（1756～

---

① "予于嘉庆丙寅筮仕之先，适见吴门黄君荛圃新获元刻本宋淳祐丁未湖南提刑宋惠父慈《洗冤录》一册，亟向假钞……己丑四月，假馆吴门，老友顾涧苹以全椒吴山尊学士所刻袖珍本见赠，覆校旧抄本，微有不同……恐吴本据别本有改动也。"吴山尊即吴鼒。丙寅为嘉庆十一年（1806）；己丑为道光九年（1829）。见（清）瞿中溶《洗冤录辨正自叙》，收入（清）王又槐、李观澜等《重刊补注洗冤录集证》，影印清道光间刊本，文海出版社，1968，第25、29～30页。

② （清）孙星衍编《孙氏祠堂书目》卷二，焦桂美点校，上海古籍出版社，2008，第418页。

③ （清）孙星衍编《平津馆鉴藏书籍记》卷三，焦桂美点校，上海古籍出版社，2008，第96页。

④ 王国维编《传书堂藏善本书志》，房鑫亮点校，崔文印复校，收入《王国维全集》第9卷，浙江教育出版社，2009，第498～499页。标点有所改动。

1837）等人蒐藏，亦有一定的传承。① 需要说明的是，《传书堂藏善本书志》著录的元刊本，行格与北京大学图书馆藏本有很大的不同。王国维似乎和后来的方龄贵一样，将所见现存最早的，直接与传世的相互联系。但如前所述，《岱南阁丛书》本其实与北京大学图书馆藏本关系密切，因此王国维认为"《岱南阁丛书》所刊即据此本"，是相当有问题的。不过，在调阅古籍、获取信息远不如今日方便的时代，出现这个问题实无可厚非，亦不容多有贬抑。

但最为重要的是，这部《洗冤录》现仍存世——藏于日本武田药品工业株式会社的杏雨书屋。依据《杏雨书屋藏书目录》的著录，可以看到：

> 《宋提刑洗冤集录》五卷、坿《圣朝颁降新例》一卷……元刊本，有"燕园秘笈""平江石氏图书"等图记。②

1955 年 3 月 29 日至 4 月 10 日，京都国立博物馆举办了"醫學に關する美術資料展"，这部元刊本是展件之一，所以在当时出版的图录《醫學に関する古美術聚英》内能获得许多宝贵资讯，尤其是版式和三张书影（图 16）。③ 首先需要说明的是，王国维著录的钤印是"平江石氏藏书"，但杏雨书屋的著录，乃至书影所见，却是"平江石氏图书"（图 17），二者间有一字之差。"平江石氏藏书"与"平江石氏图书"都是石韫玉的藏印，王国维或是一时手民。

有趣的是，杏雨书屋藏本书前亦有《圣朝颁降新例》，而《醫學に関する古美術聚英》恰好选取了其中大德八年（1304）"检尸法式"的正背人形图作为书影。若将《大元圣政国朝典章》相应部分④与《岱南阁丛书》本、杏雨书屋藏本彼此参照，会发现三种人形图的"表情"都略有差异（图 18），杏雨书屋藏本似更为愁苦。最后，北京大学图书馆藏本与杏

---

① "平江石氏藏书"是石韫玉藏书印；"惕甫"是王芑孙的字，"沤波舫"是他的斋名。
② 武田科学振兴财团杏雨书屋编《杏雨书屋藏书目录》，临川书店，1982，第 518 页。
③ 京都国立博物馆监修《醫學に関する古美術聚英》图 35，便利堂，1955，无页码；《解说》，第 14 页。
④ 《大元圣政国朝典章·刑部》卷五，《续修四库全书》影印 1972 年台北故宫影印元刊本，史部第 787 册，第 433 页。

雨书屋藏本相比，版框高广相近，行格却又较密（表1），而依据书影已能发现，杏雨书屋藏本有明显的误字（图19、20），但这两部元刊本究竟孰优孰劣，仍须更进一步细致比对。

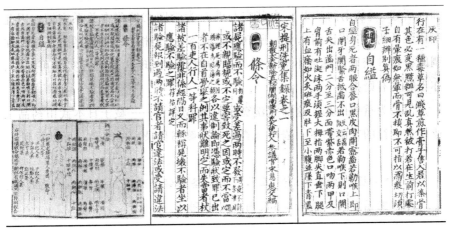

图16　杏雨书屋藏本书影

资料来源：依据京都国立博物馆监修《醫學に関する古美術聚英》收录之书影。以下不另注明。

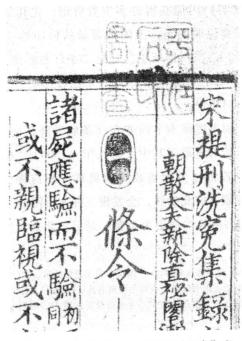

图17　杏雨书屋藏本"平江石氏图书"印

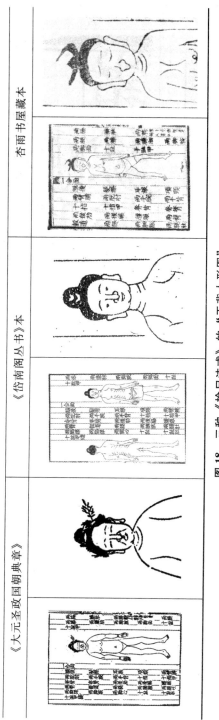

图 18 三种《检尸法式》的 "正背人形图"

资料来源：《大元圣政国朝典章》依据《续修四库全书》影印本。

北京大学图书馆藏本《条令》

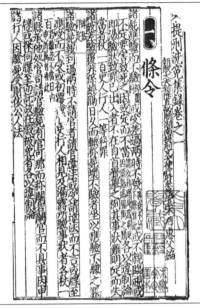

杏雨书屋藏本《条令》

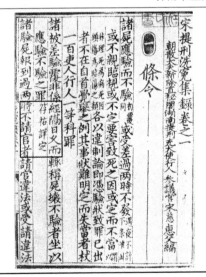

图 19　杏雨书屋藏本误字之一

说明："淳祐详定"，杏雨书屋藏本"淳"误作"符"。

资料来源：依据京都国立博物馆监修《醫學に関する古美術聚英》收录之书影。以下不另注明。

北京大学图书馆藏本《自缢》

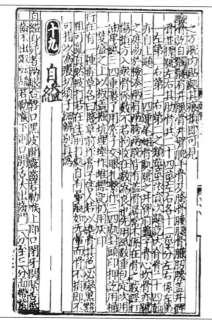

杏雨书屋藏本《自缢》

图 20　杏雨书屋藏本误字之二

说明："又云齿微咬舌"，杏雨书屋藏本"又"误作"反"，"咬"误作"交"。

三　与律例之间的关系

（一）与律例合流并行

固然无法否认晚明在检验制度乃至整个司法体系可能出现、也确实出现的种种问题，但就宋元以来《洗冤录》的流传脉络而言，明代并非"断裂"，清人在诸多方面其实深受明人影响，同时却有意无意间仍对明人带着偏见。① 其中，清人认为明人不重视《洗冤录》最直接的事例（证据），就是《洗冤录》全书只剩下极少数的二十几条。曾恒德在《洗冤录表》的目录，以小字注说："……王肯堂《笺释》仅载二十条，今增为四卷云。"② （图21）即在王肯堂的《律例笺释》中，仅记载《洗冤录》二十条，是清人自己的《律例馆校正洗冤录》将全书增加到四卷。时代较晚的姚德豫，更进一步认为："明末吏治废弛，以致此书竟成腐弃，太仓王君《笺释》集中仅载二十八条。"③ 然而正好相反，王肯堂《律例笺释》只有二十几条，④ 恰是明人重视《洗冤录》，或者说《洗冤录》在明代相当流行的"结果"。

首先，依据各地方志的记录就会发现，明代官员们时常刊刻《洗冤录》。像是《杭州府志·艺文志》的"诸公署镂板"，著录了杭州府刊刻的"《洗冤录》一卷"，⑤ 《贵州通志》则有嘉靖间巡按王绍元刊刻"《洗冤录》一册"，⑥ 《扬州府志》也能看到类似的记载。⑦ 为什么要刊刻《洗冤录》，从王邦瑞（1495～1561）的例子能看到端倪。王邦瑞在陕西按察司佥事的任

---

① 笔者对此已有所考证，参见陈重方《〈洗冤录〉在清代的流传、阅读与应用》，第38～42页。

② （清）曾恒德：《洗冤录表》，清乾隆年间刊本，笔者自藏，目录，无页码。

③ （清）姚德豫：《洗冤录解未定稿自序》，收入（清）王又槐、李观澜等《重刊补注洗冤录集证》，第662页。

④ 依据笔者自己的计算，也是二十八条。而会有二十条、二十八条乃至其他条数的差异，在于段落分合处如何计数，彼此有不同看法，又或者只是约略成数而已。参见下文的讨论。

⑤ （明）陈善等：《万历杭州府志》卷五三，《中国方志丛书·华中地方》第524号"浙江省"，影印明万历七年刊本，成文出版社，1983，第3343页。

⑥ （明）王耒贤等：《万历贵州通志》卷二四，《日本藏中国罕见地方志丛刊》影印尊经阁文库藏明万历间刊本，书目文献出版社，1991，第18册，第648页。

⑦ （明）杨洵等：《万历扬州府志》卷二四，据明万历二十九年刊本摄制，台北故宫，1997，第16页a。

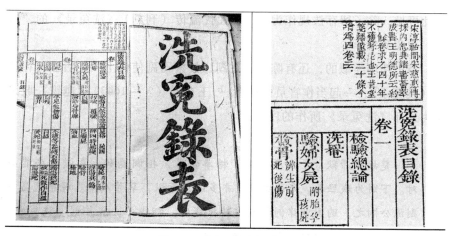

图 21　《洗冤录表》卷首

资料来源：笔者自藏。

内也刊刻过《洗冤录》，他的文集收录了为这部《洗冤录》所写的序：

> 嘉靖乙未，① 余再为陕西佥事，分关内道而巡焉。关内郡县多讼狱
> 繁，夫积冤莫深于刑狱，刑狱莫重于大辟，每录死刑间有甚难察者，因
> 叹斯民之茹冤结厉者不少也……嗟乎，冤积之道，检视其要，本乎宋湖
> 南提刑宋惠父集《洗冤录》，备载其法，足为绳墨。顾传播未广，考究
> 斯难，因访善本，附以元人诸例，并取东瓯王氏《无冤录》六条并刊以
> 传。请诸代巡池南唐公，曰：可，遂命郡吏刻之西安，分布诸属。②

就是现实的司法需求。因为"关内郡县多讼狱繁"，而《洗冤录》在断狱上
"备载其法，足为绳墨"，但该书"传播未广，考究斯难"，于是他访求善本，将
元人诸例、《无冤录》六条与《洗冤录》全书，在上级同意后，一并"刻之西
安"，然后"分布诸属"。③ "元人诸例"应是前文所说的《圣朝颁降新例》，

---

① 即嘉靖十四年（1535）。

② （明）王邦瑞：《王襄毅公集》卷九《刻洗冤录序》，明隆庆五年湖广按察使温如春刊本，
傅斯年图书馆藏，第 18 页 b～19 页 a。

③ 王邦瑞刊刻的《洗冤录》，或许与《晁氏宝文堂书目》著录之 "《洗冤录》，陕刻"有些关联。见
（明）晁瑮《晁氏宝文堂书目》卷下，《续修四库全书》影印明抄本，史部第 919 册，第 77 页。

由此可见，除了留存法规作为参考，元代流传（刊刻）《洗冤录》的"方式"也得到继承。

与王邦瑞类似的，还有陈于王在湖广按察司副使任上，先后刊行律例和《洗冤录》，一起当作官员的准则。① 王在晋（？～1643）《越镌》收录了为这部《洗冤录》所作的序文：

> 楚故多滞狱，十余年不决。桎拲蒙幕，拒调置辞，奏谳掾弗能引对。下则为城旦舂，鬼薪白粲，亦多以意苛纵，草菅人命。观察武昌宪副陈公悯之，购国朝律例善本，精核蠲赀。翻锓已，又并刻《洗冤录》附。……陈公所梓之法律，不翅金玉，珍之以是而行之，海内司狱者，缘而质疑辩难，投之残弃，临河无复永叹，微独楚地之无冤滞矣。②

这篇序文再次反映官员刊刻《洗冤录》的共同原因：现实的司法需求。还值得注意的是，陈与王是先刊刻完律例，才"并刻"，将《洗冤录》"附之"。而明代《洗冤录》与律例产生联系，甚至可说合流并行，也明显地表现在律例注释书上，但情形又有些不同。③

除了已为研究者指出的《御制新颁大明律例注释招拟折狱指南》《鼎镌新颁辨疑律例昭代王章》，④ 明代相当多律例注释书，都会将《洗冤录》收录其中，就笔者目前所见，列表 2 如下。

这些《洗冤录》除被列入全书卷次，在内容或表现形式上，也与单行的有许多差异。例如《昭代王章》不仅将《洗冤录》改称《洗冤法录》（图 22），还删除部分内容，调整原有条目名称，像是把原书第一条《条

---

① （明）陈山毓：《陈靖质居士文集》卷六《廉宪公家传》，《四库禁毁书丛刊》影印明天启间刊本，北京出版社，2000，集部第 14 册，第 640 页。此处的陈于王，字伯宸，嘉兴人，与《明史》或《明季北略》内所记载的陈于王，字丹衷，吴县人，仅是同名而已。根据《廉宪公家传》，陈于王明万历三十五年秋始迁湖广按察司副使。

② （明）王在晋：《越镌》卷四《洗冤录序》，《四库禁毁书丛刊》影印明万历间刊本，集部第 104 册，第 313～314 页。

③ 笔者先前已用相同的方志记载与王邦瑞、王在晋两篇序文，初步说明《洗冤录》在明代流行的情形，参见陈重方《清代检验知识的常规与实践》，《清史研究》2018 年第 3 期，第 34～35 页。

④ 王宏川：《中国明以前法医学著述考略》，第 63 页。

令》改为《肃清奸弊》，①第二条《检覆总说上》改为《避嫌禁扰》，②第三条《检覆总说下》改为《详细三检》，等等（图23）。③而利用上下栏的区别，将《洗冤录》与其他书籍相互参照，也是这些附刻的特色之一（图24、25）。这类律例注释书其实相当复杂，有的甚至在明清易代之后，剜改部分文字就继续印刷通行，④它们仍多有深入研究的空间。

表2 明代律例注释书收录《洗冤录》一览

书　名	刊行时间
《三台明律招判正宗》	万历[1]
《大明律例致君奇术》	万历[2]
《大明律例临民宝镜》	万历[3]
《大明龙头便读傍训律法全书》	万历[4]
《御制新颁大明律例注释招拟折狱指南》	万历[5]
《新刻全补新例明律统宗》	万历[6]
《鼎镌大明律例法司增补刑书据会》	万历[7]
《鼎镌六科奏准御制新颁分类注释刑台法律》	崇祯[8]
《鼎镌新颁辨疑律例昭代王章》	万历[9]
《锲六科奏准御制新颁一王令典法律》	崇祯[10]

资料来源：

[1] 张伟仁编《中国法制史书目》，中研院历史语言研究所，1976，第24页。

[2] 张伟仁编《中国法制史书目》，第27页。

[3] 张伟仁编《中国法制史书目》，第27页。

[4] 张伟仁编《中国法制史书目》，第22页。

[5] 刊行时间依据黄彰健《明代律例汇编序》，收入《明代律例汇编》，中研院历史语言研究所，1979，第50页。

[6] 张伟仁编《中国法制史书目》，第26页。

[7] 内阁文库编《改订内阁文库汉籍分类目录》，内阁文库，1971，第150页。

[8] 张伟仁编《中国法制史书目》，第14页。

[9] 刊行时间依据黄彰健《明代律例汇编序》，收入《明代律例汇编》，第52页。

[10] 张伟仁编《中国法制史书目》，第25页。

---

① （明）熊鸣岐辑《昭代王章》，《玄览堂丛书·初辑》第17册影印明师俭堂刊本，"中央图书馆"出版，正中书局印行，1981，第433页。

② （明）熊鸣岐辑《昭代王章》，《玄览堂丛书·初辑》第17册，第443页。

③ （明）熊鸣岐辑《昭代王章》，《玄览堂丛书·初辑》第17册，第451页。

④ 柏克莱加州大学东亚图书馆庋藏的《大明律例临民宝镜》，卷端书名"大明"的"明"字已被剜铲，《柏克莱加州大学东亚图书馆中文古籍善本书志》编者据此判定为清初刊本；然而该书编者继续比对中国国家图书馆藏本后，"知两者实为同版，国图本刷印更后，各卷端'大明'两字，或剜改为'明刊'，或作'官版'……"见柏克莱加州大学东亚图书馆编《柏克莱加州大学东亚图书馆中文古籍善本书志》，上海古籍出版社，2005，第111～112页。

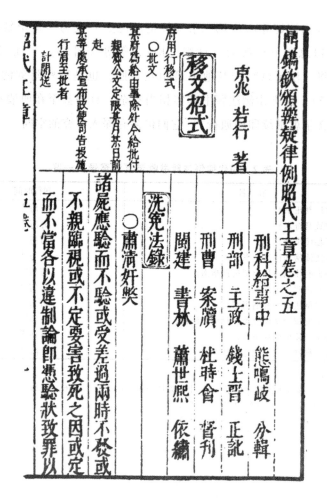

图 22　《昭代王章》收录的《洗冤法录》

资料来源：依据《玄览堂丛书·初辑》影印本。以下不另注明。

　　总之，无论先刊刻完律例才"并刻"的"附之"，抑或直接收录其中的"附之"，放到明代的脉络来看，都象征着《洗冤录》与律例的合流并行。而这样的趋势（方式）还一路延续到清代。《国朝宫史》便记载了"《洗冤录》向同律例颁行"，① 乃至在《岱南阁丛书》本出现的跨朝代组合——将《洗冤录》"附《唐律疏议》后以行"。②

① （清）鄂尔泰等：《国朝宫史》，左步青点校，北京古籍出版社，1987，第551页。
② （清）顾广圻：《重刻宋元检验三录后序》，《顾千里集》，第154页。

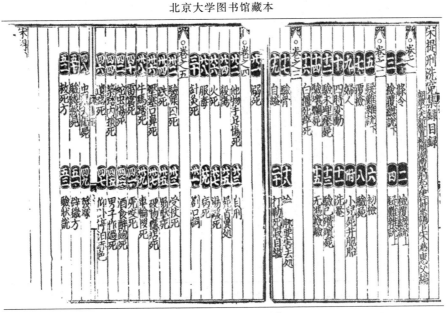

图23　《昭代王章·洗冤法录》与北京大学图书馆藏本目录对照

图24　《刑台法律》收录的《洗冤录》书影之一

资料来源：依据中国书店《海王邨古籍丛刊》影印本。以下不另注明。

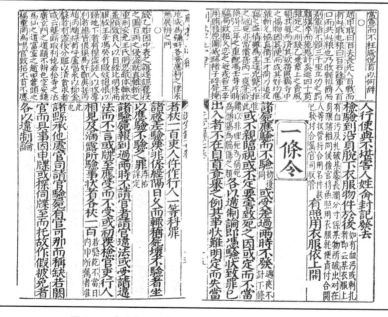

图25　《刑台法律》收录的《洗冤录》书影之二

（二）摘录以补充

除前述两种"附之"，还有官员是在刊刻律例时，摘录《洗冤录》部分内容用来补充。吴之甲《律例汇辨》于"律例载未必尽者"之处，就会"别考《会典》《洗冤》《明刑录》诸书以补之。"① 汪宗元在福建右布政使的任上，也曾合辑《大明律》《问刑条例》及历年续颁条例，并摘录《大诰》《大明令》《大明会典》等书附于相关律条之后。② 嘉靖三十三年（1554）、他已转任江西左布政使时，将这部《大明律例》再次刊刻分布郡县，③ 其中《刑律·断狱·检验尸伤不以实》之后，正是摘录了二十八条《洗冤录》（图26），④ 而同样是嘉靖年间的范永銮，也在相同的地方摘录相同的二十八条（图27）。⑤ 当然，并非所有人都遵循这一做法，与汪宗元、范永銮同时的河南监察御史王楠，他约略于嘉靖二十六年至三十一年间刊刻的《大明律集解》，就未在《检验尸伤不以实》附上《洗冤录》（图28）。

最需要特别注意的是，王肯堂《律例笺释》在《检验尸伤不以实》也摘录了《洗冤录》，除某些地方的顺序、个别用字用词，以及条文分合有点歧异，他摘录的与汪宗元、范永銮基本相同。而王肯堂摘录后，对《洗冤录》并没有做更进一步的"笺释"（图29）。或许是《律例笺释》在律学上影响颇大，以致引起清人相当多的误解，但无论如何，王肯堂《律例笺释》会摘录《洗冤录》，是《洗冤录》与律例关系密切，以及在明代相当流行、受到重视有关，绝非姚德豫等人认为的"明末吏治废弛，以致此书竟成腐弃"。康熙初年的王明德，对王肯堂的摘录还相当感慨："初闻《录》之全集，约十余卷，余为旁搜广构，几四十余年，卒莫可得，不意

---

① （明）吴之甲：《静悱集》卷六《律例汇辨引》，《四库禁毁书丛刊》影印清乾隆间吴重康刊本，集部第78册，第280~281页。

② 汪宗元在凡例的《大明律例引用诸书》，也明确举出《洗冤录》，见（明）汪宗元辑《大明律例》卷一"凡例"，明嘉靖三十三年江西布政使司重刊本，第2页b。

③ （明）潘恩：《恭题新刻大明律例卷后》，（明）汪宗元辑《大明律例》卷末，第2页b~3页a。

④ （明）汪宗元辑《大明律例》卷二八，第15页a~20页b。

⑤ （明）范永銮辑《大明律》，《续修四库全书》影印北京图书馆藏明嘉靖间刊本，史部第862册，第719~722页。

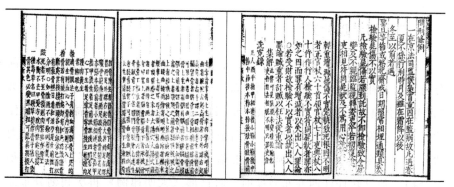

图 26　《大明律例》，明嘉靖三十三年汪宗元重刊本

资料来源：傅斯年图书馆馆藏。

图 27　《大明律》，明嘉靖间范永銮刊本

资料来源：依据《续修四库全书》影印北京图书馆藏本。

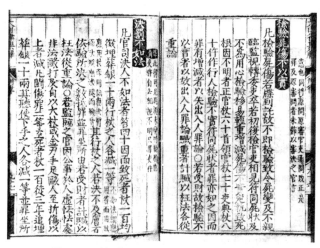

图 28　王楠《大明律集解》，明嘉靖间刊本

资料来源：美国国会图书馆藏。

（1）律文	（2）新例
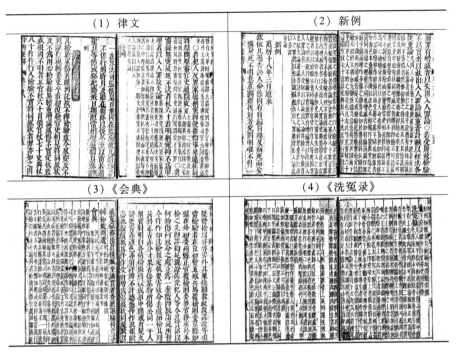	
（3）《会典》	（4）《洗冤录》

图 29　《律例笺释》的《检验尸伤不以实》

资料来源：东京大学东洋文化研究所馆藏。

太仓王君《笺释》集中，乃及载之，惜乎止以仅存其文……"① 宋慈原书只有五卷而非十卷，但王明德这样的律学名家，不仅有错误的认知，甚至近四十年都无法找到一部完整的《洗冤录》，最后只能借由《律例笺释》摘录的内容去发挥；加上前文提及的王邦瑞所说之"传播未广"，古人获得书籍的可能性，乃至书籍本身的普遍性，似乎都没有现代所想象的那样容易和理所当然。此外，若再参照曾恒德《律例笺释》"仅载二十条，今增为四卷"的说法，与本文第一节的论述，清人掌握的《洗冤录》流传过程，需要商榷的地方颇多，并不如现代研究者那样"清楚"。②

---

① （清）王明德：《读律佩觿》卷八上《洗冤录补》，《四库全书存目丛书》影印清康熙十五年王氏冷然阁重刊本，子部第 37 册，第 720 页。

② 阮其新在王明德、曾恒德的影响下，也认为《洗冤录》是"宋淳祐间，宋惠父博采诸书，荟萃而成。王明德所云十余卷，求之四十年不获者是也。王肯堂《笺释》仅载三十余条，嗣增为四卷"。见（清）阮其新《重刊补注洗冤录集证序》，收入（清）王又槐、李观澜等《重刊补注洗冤录集证》，第 9 页。

总之，若未能体认、发现当时的各种局限，不对史料进行辨析，便径直以今日之认知去诠释、理解，必会造成许多误解。其中最为明显的就是"洗冤录笺释"的问题。既然王肯堂和汪宗元、范永銮等人一样，都只是摘录《洗冤录》，为何许多人却言之凿凿他另著有"洗冤录笺释"？甚至将所谓的"洗冤录笺释"视为明代司法检验的代表作、进而赋予诸多意义？① 透过梳理早期法医学史论著，就会发现这说法也有"演进"的过程。

笔者目前所见最早的，是宣统元年（1909）陈垣（1880～1971）刊登在《医学卫生报》的《洗冤录略史》，就已称"《洗冤录笺释》，明王肯堂撰"，而他依据的正是姚德豫的说法。② 民国后，这个"史实"更加普遍和确立。被誉为中国现代法医学之父的林几（1897～1951），1935年也说"王肯堂更集著《洗冤笺释》"，③ 隔年他刊登在《北平医刊》的文章，进一步称："传至明末，吏治不修，成法废弛，王肯堂乃集《洗冤录笺解》……"④ 很显然也是依据王明德、姚德豫而来。⑤ 值得注意的是，同一年宋大仁搜集中国历代法医文献著述时，并未"找到"，或者说"罗列"王肯堂"洗冤录笺释"；⑥ 在二十一年后，他考证出的"中国法医典籍"版本，不仅出现"洗冤录笺释"，还注明"二十八条"。⑦ 这可能是受到仲许的影响，但仲许说得更肯定些："明金坛人王肯堂，是万历年间进士，精于医学，取《洗冤录》加以笺释，计共二十八条……"⑧ 这同样是依据姚德豫等人而来的。然而，姚德豫的原话是"太仓王君《笺释》集中仅载

① 例如由于王肯堂也是位名医，李约瑟（Joseph Needham）便因此认为"洗冤录笺释"的出版，代表中国和西方一样，也有医生介入法医学、司法程序，这有重要的历史意义。详见张哲嘉《"中国传统法医学"的知识性格与操作脉络》，《中研院近代史研究所集刊》第44期，2004年，第7、9页。

② 陈垣：《洗冤录略史》，收入《陈垣全集》第1册，安徽大学出版社，2009，第210页。

③ 林几：《法医学史》，《法医月刊》第14期，1935年，第2页。

④ 林几：《法医学史略》，《北平医刊》第8期，1936年，第24页。

⑤ 同年稍早，孙逵方、张养吾也称"明王肯堂又取《洗冤录》而笺释之"，但他们没交代依据为何。见孙逵方、张养吾《中国法医学史》，《法医学季刊》第1期，1936年，第7页。

⑥ 宋大仁：《中国法医学简史》，《中华医学杂志》第12期，1936年，第1273～1274页。

⑦ 宋大仁：《中国法医典籍版本考》，《医学史与保健组织》第4号，1957年，第281页。

⑧ 仲许：《中国法医学史》，《中医杂志》第8号，1956年，第446页。

二十八条"。更早的王明德，也仅说"不意太仓王君《笺释》集中，乃及载之，惜乎止以仅存其文"。直观地看，他们只表示《律例笺释》收录了《洗冤录》部分内容，而非另外有什么"洗冤录笺释"的意思。总之，这是双重误读——近代以来的研究者误读了王明德、姚德豫，因而"发明"出"洗冤录笺释"；但王明德、姚德豫对《律例笺释》摘录《洗冤录》的认知，其实也是错误的。

（三）对"笺释"的误读

清代档案或检验著作里，确实不乏提及乃至引用"王肯堂《笺释》"的例子，江西按察使凌燽在奏请刊刻《洗冤录》时就说：

> 惟是现在遵守，率系坊刻，其间杂采《平冤》、《无冤》、《笺释》、《佩觽》诸说，例久相沿，不无穿凿附会之外，适滋疑窦。①

但此处《笺释》不能直接理解为"洗冤录笺释"，排除辗转征引、徒列其名等无法直接确定的状况后，大致有四种情形：一是指《律例笺释》所附的《慎刑说》；二是误读文献；三是《律例笺释》的内容与《洗冤录》的"笺释"无涉；四是《律例笺释》摘录的《洗冤录》。以康熙末年郎廷栋编撰、杨朝麟重订的《洗冤汇编》为例，郎廷栋在《洗冤汇编自序》称：

> 自公退食，读宋大夫《洗冤集录》，慨坊刻多讹缺不备，广搜博采，得《笺释》《无冤》等书，参订雠校，类为一编。②

而《洗冤汇编》第一条凡例是"首陈《大清律例》数条，遵皇制也"。第二条是"补编王肯堂《笺释·慎刑说》"，第三条则是：

---

① 中国第一历史档案馆藏朱批奏折，档号：04-01-01-0031-007，江西按察使凌燽，奏为洗冤录一书问刑衙门奉为标准请饬部校正通饬事，乾隆三年九月二日。
② （清）郎廷栋：《洗冤汇编自序》，收入（清）郎廷栋《洗冤汇编》，清雍正四年跋刊本，东京大学东洋文化研究所藏，自序，第1页a、b。

《洗冤录》创于宋、详于元，嗣而《平冤》《无冤》《理冤》《明冤》《笺释》《读律佩觿》《未信编》诸书互相阐发……①

随后的内容次序，正是依照凡例展开的。首先摘录《大清律》相关条文，接着是《钦定则例》《续增则例》，再来便全段征引《慎刑说》。但在征引时，开头标题虽作《慎刑说》（图 30），句末却是"王肯堂《笺释》"（图 31）。② 这是第一种情形。

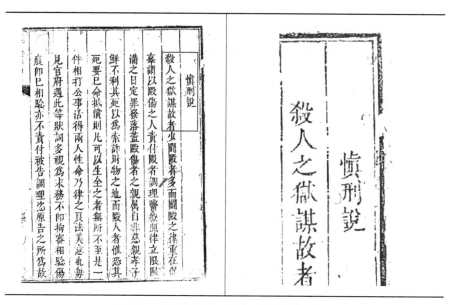

图 30　《洗冤汇编》征引《慎刑说》之一

资料来源：东京大学东洋文化研究所馆藏。以下不另注明。

《洗冤汇编》随后的条文，也有在句末标注"释"字者，如《检验辩伤真伪》（图 32）和《胞胎小儿尸》（图 33），但那些并非《律例笺释》，而是误读文献。《律例笺释》评价虽然很高，它的明刊本流通量却似乎不大，后人所见最普遍的，是康熙三十年顾鼎重新改编出版的《王仪部先生

---

① （清）郎廷栋编撰，杨朝麟重订《洗冤汇编》，凡例，第 1 页 a、b。
② （清）郎廷栋编撰，杨朝麟重订《洗冤汇编》，第 7 页 a、12 页 b。

笺释》。[①] 相较之下，《王仪部先生笺释》更动颇多，如《律例笺释》原本只附有王肯堂自序于万历四十年的《慎刑说》，[②] 顾鼎另外添加《检验尸伤指南》（图 34）和《医救死伤法》。[③] 必须特别注意到，《慎刑说》虽为王肯堂手笔，但《检验尸伤指南》《医救死伤法》则是顾鼎依据潘杓灿《未信编·刑名下》收录之《检验指南》而改编的（图 35）。[④] 按核文字，《洗冤汇编》句末标注“释”字者，正是出自《检验尸伤指南》。

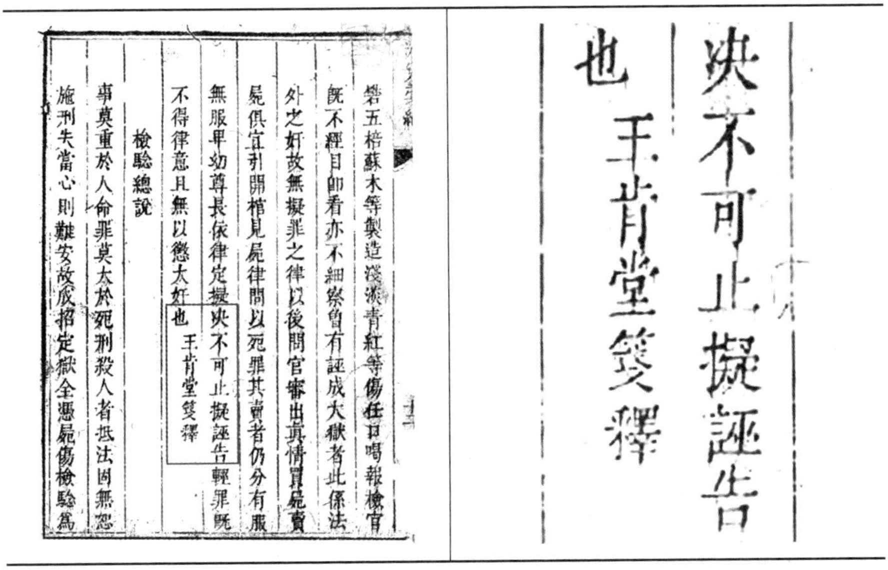
碧五棓蘇木等製造淺淡青紅等傷仵作喝報檢官
旣不經目卽看亦不細察曾有誣成大獄者此係法
外之奸故無擬罪之律以後問官審出眞情買屍賣
屍俱宜引開棺見屍律問以死罪其賣者仍分有服
無服卑幼尊長依律定擬 决不可止擬誣告輕罪旣
不得律意且無以懲太奸也 王肯堂箋釋
檢驗總說
事莫重於人命罪莫太於死刑殺人者抵法固無怨
施刑失當心則難安故成招定獄全憑屍傷檢驗爲

决不可止擬誣告
也 王肯堂箋釋

图 31 《洗冤汇编》征引《慎刑说》之二

① （明）王肯堂原释，（清）顾鼎重辑《王仪部先生笺释》，《四库未收书辑刊》影印清康熙三十年顾鼎刊本，北京出版社，1997，第 1 辑第 25 册。

② （明）王肯堂：《律例笺释》卷末《慎刑说》，明万历四十年序刊本，东京大学东洋文化研究所藏，第 1 页 a～28 页 b。

③ 关于《律例笺释》的流传与其他基本问题，参见邱澎生《有资用世或福祚子孙——晚明有关法律知识的两种价值观》，《清华法学》第 9 辑，2006 年，第 141～144 页。

④ （清）潘杓灿：《未信编·刑名下》之《检验指南》，《官箴书集成》影印清康熙二十三年刊本，黄山书社，1997，第 3 册，第 99～116 页。潘杓灿在《检验指南》标题之下，便以小字注明自己是“详节《洗冤》《无冤》《平冤》三录，并《明律笺释》《读律佩觿》诸本”。其中虽同样列出《明律笺释》（即《律例笺释》），但究其内容，《检验指南》基本都是“详节”三录而来，似未有明显单独出自《律例笺释》的内容。此处之《笺释》，或许和《洗冤汇编》征引诸书的“《律例笺释》内《洗冤录》节文”一样，仅是参照之用。

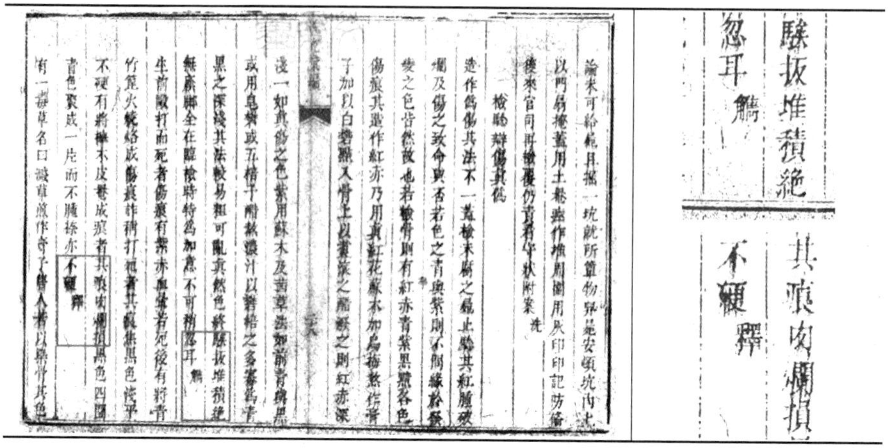

图32　《洗冤汇编》误读《律例笺释》之一

说明：在《洗冤汇编》的《检验辩伤真伪》中，第一条句末注明"觿"字的，是指《读律佩觿》，第二条句末注明"释"字的，是指《律例笺释》，但这实际上出自《检验尸伤指南》。

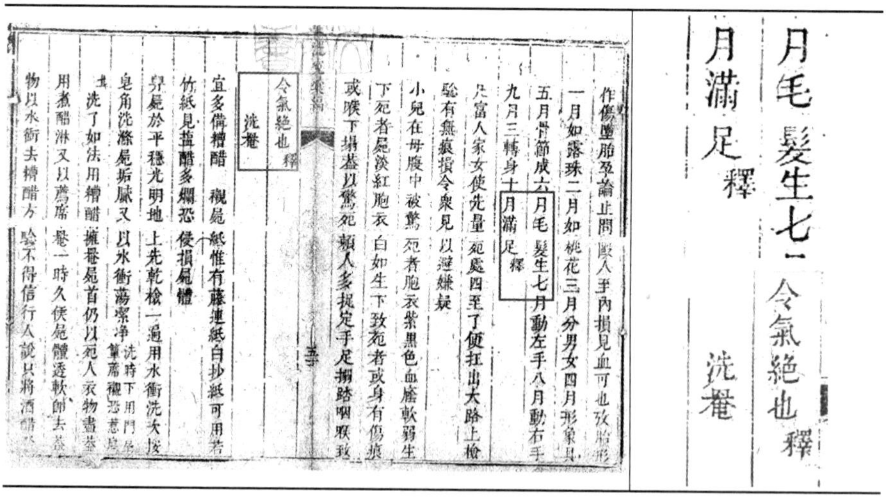

图33　《洗冤汇编》误读《律例笺释》之二

说明：《验妇人尸》附录的《胞胎小儿尸》，句末注明"释"字的，实际也是出自《检验尸伤指南》。

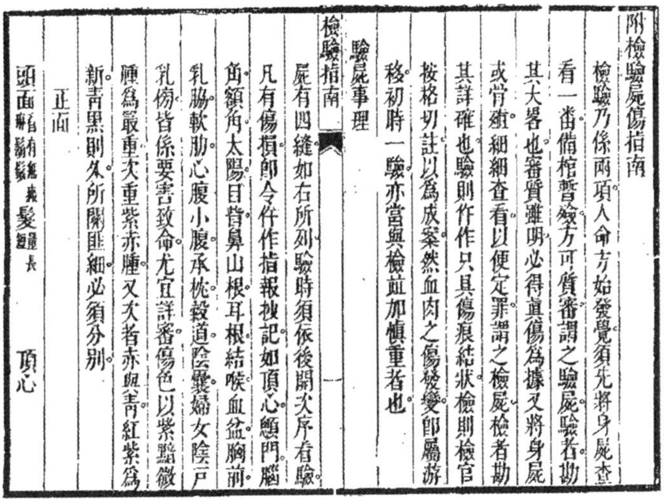

图34　《王仪部先生笺释》附录的《检验尸伤指南》

资料来源：《四库未收书辑刊》影印本。

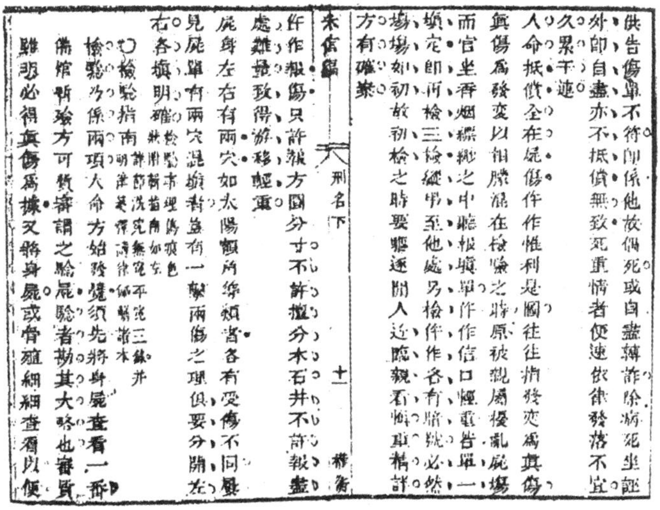

图35　《未信编》附录的《检验指南》

资料来源：《官箴书集成》影印本。

例如《检验辩伤真伪》"生前殴打而死者"条，① 出自《检验尸伤指

---

① （清）郎廷栋编撰，杨朝麟重订《洗冤汇编·检验辩伤真伪》，第28页b。

南·殴死》，①《检验指南》相应文字也完全相同。②《胞胎小儿尸》"凡胎孕伤堕"条，③ 出自《检验尸伤指南·验尸事理》，④ 二者完全相同，但《检验指南》相应文字却有些差异，⑤ 故能判定《洗冤汇编》是依据《王仪部先生笺释》的《检验尸伤指南》，而非《未信编》的《检验指南》。还值得注意的是，《胞胎小儿尸》"小儿在母腹中被惊死者"条，⑥ 出自《检验尸伤指南·验尸事理》，⑦《检验指南》的相应文字也完全相同，⑧ 但若再仔细比对，可以清楚看到《检验指南》是"详节"宋慈《洗冤集录》的《小儿尸并胞胎》两条条文而来，⑨ 到了乾隆朝时，《律例馆校正洗冤录》又在这个基础上，做了更进一步地发挥（表3）。⑩ 总之，郎廷栋、杨朝麟应是依据《王仪部先生笺释》，而非明刊的《律例笺释》，因此误以为《检验尸伤指南》是《律例笺释》的一部分。这是第二种情形。

表3 《胞胎小儿尸》相关文字的对照

《宋提刑洗冤集录》	《检验指南》	《检验尸伤指南》	《律例馆校正洗冤录》
"有因争斗因而杀子谋人者，将子手足捉定，用脚跟于喉下踏死。只令仵作行人以手按其喉必塌，可验真伪。""堕胎儿在母腹内被惊后，死胎下者，衣胞紫黑色，血荫软弱。生下腹外死者，其尸淡红赤，无紫黑色，及胞衣白。"	"小儿尸在母腹中被惊死者，胞衣紫黑色，血荫软弱；生下死者，尸淡红，胞衣白。如生下致死者，或身有伤痕，或喉下塌，盖以惊死赖人，多捉定手足，搦踏咽喉，致令气绝也。"	与《检验指南》相同	"小儿尸在母腹中被惊死者，胞衣紫黑色，血荫软弱；生下死者，孩尸淡红，胞衣白。如生下将子致死图赖人，或有搦搦其喉，或有踣踏喉外，闭气而死者，须用手按验其喉，食、气嗓必塌，面色紫赤或紫黑。若孩年十岁之外，搦踏致死，手足或沿身上下有捉定揉扑伤痕。"

① （明）王肯堂原释，（清）顾鼎重辑《王仪部先生笺释·检验尸伤指南》，第730~731页。
② （清）潘杓灿：《未信编·刑名下》之《检验指南》，第104~105页。
③ （清）郎廷栋编撰，杨朝麟重订《洗冤汇编·胞胎小儿尸》，第49页 b~50页 a。
④ （明）王肯堂原释，（清）顾鼎重辑《王仪部先生笺释·检验尸伤指南》，第726页。
⑤ （清）潘杓灿：《未信编·刑名下》之《检验指南》，第101页。
⑥ （清）郎廷栋编撰，杨朝麟重订《洗冤汇编·胞胎小儿尸》，第51页 a、b。
⑦ （明）王肯堂原释，（清）顾鼎重辑《王仪部先生笺释·检验尸伤指南》，第726~727页。
⑧ （清）潘杓灿：《未信编·刑名下》之《检验指南》，第101页。
⑨ （宋）宋慈：《宋提刑洗冤集录》卷二《小儿尸并胞胎》，第240页。
⑩ 律例馆辑《律例馆校正洗冤录》卷一《验妇女尸·孩尸》，《续修四库全书》影印清乾隆间刊本，子部第972册，第268页。

除了《洗冤汇编》,《洗冤录集证》也有同样的误读。至迟在嘉庆十年 (1805) 的刊本中,《洗冤录集证》的《疑难杂说》就已添加一条小字注 "《笺释》云:喉肿多涎,即系缠喉风死。"(图 36)① 这其实是出自《检验尸伤指南·病死》"……若喉肿多涎,此患急缠喉疯而殒也。"② 不过,《洗冤录集证》恰好也有不误读之处。在卷一《验妇女尸》之后,《洗冤录集证》的"附考"引用了《律例笺释》:

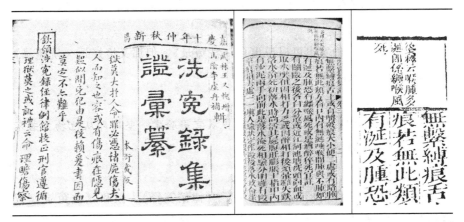

图 36 《洗冤录集证》嘉庆十年刊本征引的《律例笺释》

资料来源:笔者自藏。

《笺释》云:凡堕胎辜限九十日外者,以其已成形也。九十日之内,胎未成形,依内损吐血科。凡问堕胎,须以子死为证。③

这段话其实是改写自王肯堂对《刑律·斗殴》的"笺释":

堕人三月外成胎之形孕,而在辜限内子死者,以大小金刃伤人者,并杖八十、徒二年……胎未成形,以内损伤论。凡问堕胎,须子死为证。④

---

① (清) 王又槐等:《洗冤录集证》卷三《疑难杂说》,清嘉庆十年刊本,笔者自藏,第 2 页 b。
② (明) 王肯堂原释,顾鼎重辑《王仪部先生笺释·检验尸伤指南》,第 737 页。
③ (清) 王又槐、李观澜等:《重刊补注洗冤录集证》卷一《验妇女尸》,第 103 页。
④ (明) 王肯堂:《律例笺释》卷二〇《刑律·斗殴》,第 2 页 b。

与此相同的，还有许槤《洗冤录详义》在《手足他物伤》添加的注解：

> 《律例笺释》云：用靴踢人止是足殴，若靴尖坚硬，仍作他物。①

按核原文，这其实是王肯堂在《斗殴》中对律文的笺释：

> 若用鞋踢人，亦止是足殴，不在他物之内；如鞋尖坚硬，仍作他物。②

这里的笺释，确实也可以说出自《洗冤录》，但那又恰好是《洗冤录》在《条令》征引的《申明刑统》：

> 《申明刑统》：以靴鞋踢人伤，从官司验定，坚硬即从他物，若不坚硬，即难作他物例。③

这些就是第三种情形，确实引用了《律例笺释》，但和《洗冤录》或者检验知识并没有太大的关系，王肯堂是对律例条文、而非对《洗冤录》进行"笺释"。

最后的第四种，在《洗冤汇编》也能看到。《洗冤汇编》的《纪叙本末》提及《洗冤录》各种版本时，同样将保存功劳归结到王肯堂身上，认为《洗冤录》：

> 此书久未考定颁行，残篇乱简，难免先后失次，讹缺无章。由元及明，《平冤》《无冤》《理冤》《明冤》诸书，虽相继竞出，或存或佚，舛错相仍，至王肯堂始为一正，惜乎仅存文之什一，全卷终莫可得。④

《洗冤汇编》这个说法，很显然是依据前文已提及的，王明德对《律

---

① （清）许槤：《洗冤录详义》卷二《手足他物伤》，第391页。
② （明）王肯堂：《律例笺释》卷二〇《刑律·斗殴》，第2页a。
③ （宋）宋慈：《宋提刑洗冤集录》卷一《条令》，第235页。
④ （清）郎廷栋编撰，杨朝麟重订《洗冤汇编·记叙》，第1页a、b。

例笺释》摘录二十八条《洗冤录》的误解，所产生的"惜乎止以仅存其文"的感慨。这经过王肯堂"一正""仅存文之什一"的《洗冤录》，也就是《洗冤汇编》在《凡例》倒数第二条罗列征引诸书之"《律例笺释》内《洗冤录》节文"。① 不过，在引用所谓的"《洗冤录》节文"时，《洗冤汇编》并未像《读律佩觿》一样，在卷八上《洗冤录补》的开头，就将二十八条《洗冤录》逐一列出，随后再以此进行阐发（图37）。② 《洗冤汇编》的"《洗冤录》节文"，似乎只是用来参照的异本之一。

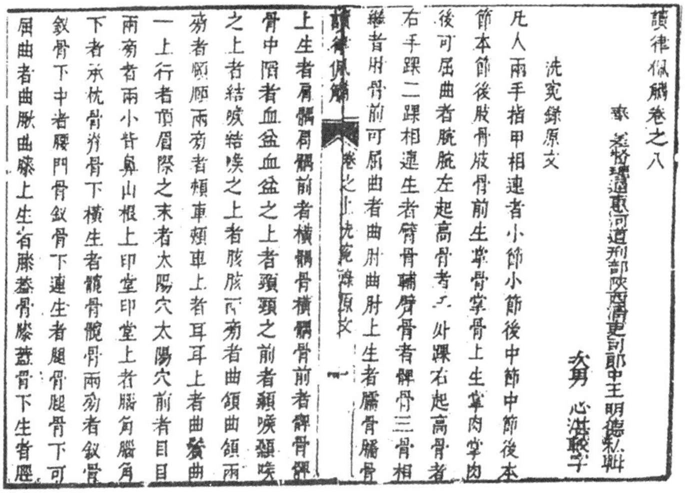

图 37　《读律佩觿》的《洗冤录原文》

资料来源：《四库全书存目丛书》影印本。

必须承认，明清两代检验与相关著作之间的关系，是相当复杂的问题，除了未必都会注明出处，还有许多是辗转征引，"未必采自本书"，③同时也无法排除徒列其名的可能性。若更深入探索文献，将能对本文提出的四种情形作出修正与补充。总之，现在仍言之凿凿的"洗冤录笺释"，

① （清）郎廷栋编撰，杨朝麟重订《洗冤汇编·凡例》，第 2 页 b。
② 值得注意的是，在《读律佩觿》里这二十八条被统称为"《洗冤录》原文"。见（清）王明德《读律佩觿》卷八上《洗冤录补》，第 716 页。
③ "……然皆不注出处，盖多辗转摘集，未必采自本书，故颇有脱落舛错。"虽然这里瞿中溶针对的是"今《洗冤录》"，即《律例馆校正洗冤录》，但他叙述的情形，也很可以用来说明清两代检验与相关著作之间的关系。见（清）瞿中溶《洗冤录辨正》，收入（清）王又槐、李观澜等《重刊补注洗冤录集证》卷六上《今洗冤录内杂采各书》，第 601~602 页。

确实不存在。贾静涛多年前已提出，王肯堂所附的只是"节要本"，他在查阅《律例笺释》一些版本后，进一步的判断"所谓的《洗冤录笺释》是不存在的"。① 很可惜的是，他没有放到更大的框架与脉络中去讨论。

四　性质的再认识

（一）改编与汇集

前文提及宋末已有赵维城对《洗冤录》进行订补，元代的《无冤录》其实也是类似的情形。② 明代承继而又有所不同做法，则反映在改编、汇集的出现。嘉靖间傅汉臣撷取各书"不戾法纲，有裨律例者"，用来作为临案参考的《风纪辑览》，其中"相检类"就是采自《洗冤录》、《无冤录》和《圣朝颁降新例》。③ 王士翘巡按广西时，发现当地人命案件"往往伤其初检不明，至经五、七覆未定者"，因此收录诸书有关人命案件、欲当作检验依据的《慎刑录》卷一、卷二的"检法"，也是在《风纪辑览》的基础上，再加入《明冤节要》等书。④

明代还有数部以"洗冤"为名的著作，像是田登年、荣华《洗冤录》，⑤ 萧如松《洗冤要览》、⑥ 王鹏《洗冤叙述录》等。⑦ 根据作者履历、著录类

---

① 贾静涛：《中国古代法医学史》，群众出版社，1984，第188～189页。

② 贾静涛：《中国古代法医学史》，第194页；（元）王与撰，杨奉琨校注《无冤录校注·前言》，上海科学技术出版社，1987，第1～2页。

③ （明）傅汉臣：《风纪辑览·风纪辑览小序》，据明嘉靖间原刊本摄制，台北故宫，1997，第2页a。

④ （明）王士翘：《慎刑录·叙》，《续修四库全书》影印明嘉靖二十九年刊本，子部第974册，第1页。

⑤ "田登年，忠州人，嘉靖中进士……历任大理司正，恤刑广东，多所平反，出狱五十余人，广人德之。所著有《洗冤录》。"见（清）黄廷桂等《四川通志》卷八，《文渊阁四库全书》影印台北故宫藏写本，史部第559册，第356页；"荣华，号双溪，辛丑进士……在四川劾边将不职，今称为名御史。所著有《双溪小草》《洗冤录》。"见（清）吕懋勋等《蓝田县志》卷一三，《中国方志丛书·华北地方》第235号"陕西省"，影印清光绪元年刊本，台北，成文出版社，1969，第592页。

⑥ "萧如松……累官至大理寺丞，所著有《留台疏》《经制要略》《洗冤要览》诸书。"见（清）黄廷桂等《四川通志》卷九，第404页。

⑦ "王鹏，字万里，祥符人也……郡狱淹囚六百余人，皆数年不白，即为申理……得平反者数十人，狱几为空……嘉靖戊子以疾终，寿八十余。所著有《洗冤叙述录》。"见（明）过庭训《本朝分省人物考》卷八六，《续修四库全书》影印明天启间刊本，史部第535册，第419页。

目，① 这些书不无可能与《洗冤录》有关，但在没有更明确的史料、乃至核对原书之前，就不能如此直接断定。因为，并非所有以"洗冤"或"洗冤录"为名的书籍都是检验著作。最明显的莫过于姚大荣（1860～1939）《马阁老洗冤录》。该书是为马士英（1591～1646）翻案的著作，与检验毫无干系，却有古籍目录误将它收入"检验类"。② 不过，王圻《洗冤集览》则能确定是订补《洗冤录》之作，他在自序中便明确说：

> 然重辟出入，全由检验，检验明则情罪当，情罪当则刑一人而千万人惧，奚秋荼凝脂为也。第检验程序，其于《洗冤》《平冤》《无冤》诸录备矣，率多沿袭前代公规，而国朝宪典缺焉未载。且文义冗杂，字画讹谬，读者良或病之。余筮仕一十六载，为邑者四，为州者二，为御史、为臬佥者各一，然皆有刑章之寄焉。故尝搜辑古今图说及当代令甲，凡有裨益于检勘者，次第笔之，久而成帙，因摽其端曰《洗冤集览》。③

后世著录《洗冤集览》时出现书名不一的情形，也和《洗冤录》状况相似。首先，王圻明确表示将书命名为"洗冤集览"，他在自己编辑的《续文献通考》内，也确实如此著录，④ 陈第（1541～1617）《世善堂藏书目录》同样著录了一本《洗冤集览》。⑤ 但无论王圻学生所作的墓志铭，⑥

---

① 例如《千顷堂书目》把王鹏所作的《洗冤叙述录》归于"政刑"类。见（清）黄虞稷撰《千顷堂书目》，瞿凤起、潘景郑整理，上海古籍出版社，1990，第263页。

② 关于《马阁老洗冤录》一书，参见容肇祖《读姚大荣〈马阁老洗冤录〉驳议》，《中研院历史语言研究所集刊》第5本第1分，1935年，第131～136页；中国古籍总目编纂委员会编《中国古籍总目》"史部·政书类·刑法之属·检验"，中华书局，2009，第3455页。

③ （明）王圻：《王侍御类稿》卷四《洗冤集览序》，《四库全书存目丛书》影印明万历四十八年王思义刊本，集部第140册，第197页。

④ （明）王圻：《续文献通考》卷一七七《经籍考》，《四库全书存目丛书》影印明万历三十一年曹时聘等刊本，子部第188册，第375页。

⑤ （明）陈第：《世善堂藏书目录》卷上，《续修四库全书》影印《知不足斋丛书》本，史部第919册，第519页。

⑥ （明）顾秉谦：《明故朝列大夫陕西布政使司右参议洪洲王公暨配诰封宜人陈氏合葬墓志铭》，收入《王侍御类稿》卷一六，第503页。

或是侄婿所写的行实，^① 都省称为《洗冤录》，而方志内也有著录为《洗冤录》的例子。^② 不过，其他地方却又出现《洗冤录集览》^③ 或《洗冤习览》等等名称。^④ 同书异名是常见的现象，也是由来已久的问题。^⑤

总之在明代，《洗冤录》不仅是今日认知的"检验"，或者所谓的"法医学著作"，也可说是广义的官箴书，^⑥ 同时又能与其他官箴书结合在一起。这深深影响了清代。在官箴书内重新改编《洗冤录》、以《洗冤录》为主体的各种汇编，这两者在清初几乎同时出现。前者除已提及之《未信编》的《检验指南》，^⑦ 还有《福惠全书》。^⑧ 当然，更简便的做法是直接收录全书，康熙三十四年于琨《祥刑要览》便附刻了《洗

---

① （明）何尔复：《明故朝列大夫陕西布政使司右参议洪洲王公暨配诰封宜人陈氏行实》，收入《王侍御类稿》卷一六，第 513 页。

② "王圻字符翰，号洪洲，上海人也……所辑有《续文献通考》《稗史汇编》《两浙醛志》《古今考》《洗冤录》。"见（明）何三畏《云间志略》卷一八，《四库禁毁书丛刊》影印明天启间刊本，第 523 页；（清）赵弘恩等《江南通志》卷一九二，《文渊阁四库全书》影印台北故宫藏写本，史部第 512 册，第 609 页。需要注意的是，《江南通志》将这部《洗冤习览》归类于"刑法"。

③ （清）汪祖绶等：《光绪青浦县志》卷二七，清光绪五年尊经阁刊本，早稻田大学图书馆藏，第 6 页 b。而《苏州府志》在参考各个方志后，也将书名著录为《洗冤录集览》："《通志》无'集览'二字，《松江府志》无'录'字，'集'作'习'，兹据同治《上海县志》。"参见（清）李铭皖等《光绪苏州府志》卷一三九，《中国方志丛书·华中地方》第 5 号"江苏省"，影印光绪九年刊本，第 3321～3322 页。

④ （清）宋如林等：《嘉庆松江府志》卷七二，《中国方志丛书·华中地方》第 10 号"江苏省"，影印清嘉庆二十二年松江府学明伦堂藏版刊本，第 1616 页。

⑤ 聂崇岐批评因同书异名而重复著录，是传统艺文志"体例不纯"的弊病之一。见聂崇岐《艺文志二十种综合引得序》，收入洪业等编《艺文志二十种综合引得》，上海古籍出版社，1986，第 24～26 页。此篇序文虽是为"艺文志"而作，但对理解中国传统书目分类的优劣与特点，仍然有所帮助。

⑥ 传统目录书中并非没有"官箴"，《四库全书总目》在"史部·职官类"底下便有"官制"与"官箴"两小类。但不妨更具容性地来看待"官箴"乃至所谓的"从政指南"，这样较能厘清问题与实际情况。有关这方面的研究，参见〔法〕魏丕信（Pierre-Étienne Will）《明清时期的官箴书与中国行政文化》，李伯重译，《清史研究》1999 年第 1 期，第 12 页。有关明人对《洗冤录》"性质"的认识，详见下节的讨论。

⑦ 潘杓灿自序落款于康熙甲子，即康熙二十三年（1684）。见（清）潘杓灿《未信编自序》，《未信编》，第 7 页。

⑧ 黄六鸿自序虽落款于康熙甲戌，即康熙三十三年（1694），但实际刊刻是在康熙三十八年。详见全书之末的刊记。而"检验及辨各种死伤法"，收于全书卷一五末与卷一六全卷。见（清）黄六鸿《福惠全书》卷三二，《官箴书集成》影印康熙三十八年金陵濂溪书屋刊本，第 3 册，第 591 页；卷一五、卷一六，第 381～399 页。

冤录》，① 在《律例馆校正洗冤录》颁行后不久、乾隆九年，知名的幕友手册《增订刑钱指掌》不但也将《洗冤录》收入其中，还冠于全书之首（图38）。② 后者在《洗冤汇编》外，尚有《洗冤集说》，③ 乃至乾隆元年（1736），王恕在广东按察使的任上，还曾颁发自编自刻的《阅实一览》：

图38　《增订刑钱指掌》封面题字

资料来源：东京大学东洋文化研究所馆藏。

　　余念人命为刑狱最重，而检验尸伤，吏多不谙其事，仓卒临视，鲜不为仵人所摇惑者。因取《洗冤录》及《佩觿》、《笺释》、《辑注》

---

① 笔者未见其书，参见《洗冤录汇校》整理者的说明。见张松、张群等整理《洗冤录汇校·整理说明》，社会科学文献出版社，2012，第5页。

② （清）沈辛田、董公振著，李天衢汇编《增订刑钱指掌》，乾隆九年序刊本，东京大学东洋文化研究所藏。另参见陈重方《〈洗冤录〉在清代的流传、阅读与应用》，第61页。

③ 陈芳生《洗冤集说》刊行于康熙二十六年。笔者未见其书，参见《洗冤录汇校》整理者的说明。见张松、张群等整理《洗冤录汇校·整理说明》，第6~7页。

诸书，决择取舍，缩为巾箱小本，颜曰《阅实一览》，分给各属，使知所遵守云。①

此处的《笺释》，应是前文提及的四种情况之一，并非所谓的"洗冤录笺释"。而乾隆六年开始编纂的《律例馆校正洗冤录》，② 更可说就是清代官方延续元明以来改编、汇集《洗冤录》的传统，作出的总结性工作。

（二）目录书的分类

《洗冤录》的流行、重视、与律例并行，也反映在明人对出仕为官的阅读要求。李开先（1502~1568）便提到韩福教人为官以听断为先，只要精心研究《祥刑要览》《棠阴比事》《洗冤录》《无冤录》，则更无余事。③ 汪天锡也认为，除了案引条款，官员更须看《牧民忠告》《吏学指南》《为政模范》《疑狱说》《宪纲》《洗冤录》等书。④ 曹安《谰言长语》还直接说：

> 士之为学，求仕者多，故于刑书等不可不览，如律令、《洗冤录》、《诸司职掌》、《三事忠告》等，预知之，他日为政便不被人瞒。⑤

此处所称的"刑书"，很值得注意。透过对"刑书"的梳理，颇有助于理解明人如何认识、看待《洗冤录》的性质。《四库全书总目》将《洗冤录》"存目"于"子部·法家类"而非"医家类"，张哲嘉在考察各种传

① （清）王恕：《楼山省身订年谱》卷三，《北京图书馆藏珍本年谱丛刊》影印清宣统三年铅印本，北京图书馆出版社，1998，第92册，乾隆元年十一月冬，第256~257页。
② 《律例馆校正洗冤录》并非过去所认为的那样，刊行于康熙三十三年或乾隆五年，它实际上是乾隆六年开始纂修，乾隆七年纂修完毕、正式颁行。见陈重方《〈洗冤录〉在清代的流传、阅读与应用》，第50~53页。
③ "韩野田为太守，属县有参谒者，则以四种书界之，且教之曰：官以听断为先，只精究乎此，更无余事矣。书名《祥刑要览》《棠阴比事》《洗冤》《无冤》二录。每日拨善书候缺吏二名，抄誊备用。"见（明）李开先《送杞令王中字之任序》，《李中麓闲居集》卷六，《续修四库全书》影印明刊本，集部第1340册，第44~45页。
④ （明）汪天锡：《官箴集要》卷下，《官箴书集成》影印明嘉靖间刊本，第1册，第301页。
⑤ （明）曹安：《谰言长语》卷下，《丛书集成新编》据《宝颜堂秘籍》本排印，台北，新文丰出版社，1985，文学类第87册，第562页。

统医家目录著作后，认为这是因为熟习中医传统的书目专家，对于把法医纳入中医学的脉络中是有意见的，并非法医横跨"法""医"两个领域，所以在编目时只能择一所致。① 由此再逐步追索出中国传统法医学与医学的关系，如传统中医对人体论述的关心，只到宣告死亡为止等等，都是很重要的学术判断。② 不过，若把书目类别范围扩大，并将时间上溯明代，可以发现明人对《洗冤录》的性质，已有一定的认识。

就目前所能检得之明代目录而言，杨士奇（1365～1444）《文渊阁书目》便将《洗冤录》和《唐律》、《宋刑统》、《至正条格》、《棠阴比事》等一同列入"刑书"；③ 莫旦《大明一统赋》的"官书""法令书"，重复著录了《洗冤录》；④ 晁瑮《晁氏宝文堂书目》的"刑书"则有一部"陕刻"《洗冤录》；⑤ 王圻《续文献通考》将宋慈《洗冤录》与自己编纂的《洗冤集览》都归入"法律"；⑥ 陈第《世善堂藏书目录》虽未著录《洗冤录》，不过也将王圻的《洗冤集览》列于"律例"；⑦ 焦竑（1541～1620）《国史经籍志》将《洗冤录》列入"断狱"；⑧ 祁承㸁（1563～1628）《澹生堂藏书目》则列入"刑法"；⑨ 再加上两部方志（其中《扬州府志》前文已征引），整理表4如下。

首先需要说明的是，《洗冤录》在方志虽被划为"杂书"⑩"杂类"，⑪但那是在学宫内的藏书，所谓的"杂"，是相对儒学的正经正史而言。⑫ 其

---

① 张哲嘉：《"中国传统法医学"的知识性格与操作脉络》，第7～9页。
② 张哲嘉：《"中国传统法医学"的知识性格与操作脉络》，第16～22页。
③ （明）杨士奇等：《文渊阁书目》卷三，《文渊阁四库全书》影印台北故宫藏写本，史部第675册，第188页。
④ （明）莫旦：《大明一统赋》卷中，《四库禁毁书丛刊》影印明嘉靖间郑普刊本，史部第21册，第41、46页。
⑤ （明）晁瑮：《晁氏宝文堂书目》卷下，第77页。
⑥ （明）王圻：《续文献通考》卷一七七，第375页。
⑦ （明）陈第：《世善堂藏书目录》卷上，第519页。
⑧ （明）焦竑：《国史经籍志》卷三，《续修四库全书》影印明徐象橒刊本，史部第916册，第356页。
⑨ （明）祁承㸁：《澹生堂藏书目》史部下，《续修四库全书》影印清宋氏漫堂抄本，史部第919册，第614页。
⑩ （明）冯继科等：《嘉靖建阳县志》卷五《儒学尊经阁书目》，《天一阁藏明代方志选刊》影印天一阁藏明嘉靖间刊本，上海古籍书店，1962，第31册，第30页。
⑪ （明）杨洵等：《万历扬州府志》卷二四，第16页a。
⑫ 如《万历扬州府志》所言："若夫百家曲说，无关风雅，作者自苦，亦不得以繁琐故遗之，故附之杂类。"见（明）杨洵等《万历扬州府志》卷二四，第17页a。

表4　明代目录书、方志著录情形表

作　者	书　籍	著录分类	著录概况
杨士奇	《文渊阁书目》	宿字号第一橱·刑书	《洗冤录》
莫旦	《大明一统赋》	官书	《洗冤录》
		法令书	《洗冤录》
晁瑮	《晁氏宝文堂书目》	刑书	《洗冤录》
王圻	《续文献通考》	法律	《洗冤录》
			《洗冤集览》
陈第	《世善堂藏书目录》	史类·律例	《洗冤集览》
焦竑	《国史经籍志》	史类·法令·断狱	《洗冤录》
祁承㸁	《澹生堂藏书目》	刑法	《洗冤集录》
冯继科	《嘉靖建阳县志》	杂书	《洗冤录》
杨洵	《万历扬州府志》	杂类	《洗冤集录》

次，可以再次看出省称为"洗冤录"，在明代已是普遍的现象。而最为重要的是，此时《洗冤录》是被归入史部的"刑法"或"断狱"、"律例"、"刑书"、"法律"等。这些名义偏向现实法律制度的类目，其实与"法家"有一定程度区别，《钦定续文献通考》的《经籍考》在"子部·法家类"中，有段看似很好的说明：

> 马端临《经籍考》仍班志之例辑法家，而又于史类别立刑法一门，盖以法家者流，义取信赏必罚，如管、韩诸子之书，大旨虽主严峻，而法之所该自广，要不专论乎刑名；至于刑制及明慎用刑之道，则别详于刑法门中，固非复出也。后世祖述管、韩诸书者，传世甚少，故《宋史》《明史》之艺文志，俱不载法家。今依马比之例，续辑此门，择其有合者列焉。他若宋之宋慈《洗冤录》、元之王与《无冤录》、明之吴讷《祥刑要览》等书，俱入史类刑法门，不复见于此云。①

"法家"和"刑法"之异同，在"专论乎刑名"与"刑制及明慎用刑

---

① （清）嵇璜等：《钦定续文献通考》卷一七五《经籍考》，《十通》影印本，浙江古籍出版社，2000，第4218页。

之道"的区别，因此《洗冤录》等书很合理地被归入"史部·刑法类"。

此处的合理，源自中国目录学的传统，只不过《钦定续文献通考》叙述的目录学史是错误的。史部创立刑法类并非始自马端临（1254～1323）的《文献通考》，魏晋南北朝时阮孝绪（479～536）《七录》的《记传录》、《子兵录》已分别有"法制部"与"法部"，《术伎录》则又有"刑法部"。① 四部分类的《隋书·经籍志》，史部、子部也各自分出"刑法"和"法"，并对两者做出了解释——"刑法者，先王所以惩罪恶、齐不轨者也"，② "法者，人君所以禁淫慝、齐不轨，而辅于治者也"。③ "惩"、"禁"和"辅"三字，已能约略看出区别何在；再从著录的书目来说，"刑法"三十五部书，律令等占了近三分之二，而"法"就只是《管子》《商君书》等六部书。

郑樵（1104～1162）《通志》不仅延续"史部·刑法""子部·法家"的分法，"刑法"又再细分"律""令""格""式""敕""总类""古制""专条""贡举""断狱""法守"十一个小类，共一百九十部书，其中《疑狱集》《折狱指南》等被归入"断狱"，而《作邑自箴》《牧宰政术》等则被归入"法守"。④ 至于"子部·法家"，只有《管子》等十一部书，⑤ 仅与"刑法"小类数目相等。《宋史·艺文志》虽未如此细分，但"史类·刑法类"著录的二百二十一部书籍，绝大多数是律令格式，其中还可见到《折狱龟鉴》。⑥ 而"子类·法家类"即便只有《管子》等十部书，⑦ 但显非《钦定续文献通考》所言之"不载法家"。《文献通考·经籍考》在"刑法"著录的书籍虽不多，仅有二十四部，却同样将律令与《疑狱集》

---

① （唐）释道宣：《广弘明集》卷三《七录目录》，《四部丛刊·正编》影印上海涵芬楼影印元刊本，第 39～40 页。

② （唐）魏征等：《隋书》卷三三《经籍志》，《百衲本二十四史》影印本，台北，台湾商务印书馆，1976，第 452 页。

③ （唐）魏征等：《隋书》卷三四《经籍志》，第 461 页。

④ （宋）郑樵：《通志》卷六五《艺文略》，《十通》影印本，第 777～778 页。

⑤ （宋）郑樵：《通志》卷六八《艺文略》，第 797 页。

⑥ （元）脱脱等：《宋史》卷一五七《艺文志》，《百衲本二十四史》影印本，第 2386～2389 页。

⑦ （元）脱脱等：《宋史》卷一五八《艺文志》，第 2407 页。

等归在一起,① 而"法家"仍只有《管子》等四部书。②

明清以来不少人仍是如此,傅维麟(1608~1667)《明书》也将《洗冤录》与《唐律》《永徽法经》等列入"刑书"。③《明史·艺文志》的"史类·刑法类",除了《大明律》《大诰》等,也同时著录律例注释书和官箴,一共四十六部;④ 至于"子类·法家类",则确实如《钦定续文献通考》所言,因"寥寥无几,备数而已",所以将名家与法家都"总附杂家"。⑤ 再像是《钦定续通志》,和《钦定续文献通考》一样采用"史部·刑法类"的分法。⑥ 相较之下,《四库全书总目》未继续在史部立"刑法类",却将《唐律疏议》与《大清律例》归入"政书类",⑦ 将《折狱龟鉴》《疑狱集》《洗冤录》,与《管子》《商君书》等并列于"子部·法家类",⑧ 其实是比较不同的做法。总之,在目录分类上,对《折狱龟鉴》《疑狱集》等书,乃至《洗冤录》而言,更长远的传统是"史部·刑法"并非"子部·法家",明代目录书的著录情形,无论"刑书""律例""法律"抑或"断狱",都是由这个传统开展出来的。

结　论

文献学既是一门独立的学科,又是一种研究方法(工具),若能同时顾虑到这两个面向,对文献学或研究课题(对象)来说,都将是相得益彰的事。因为,在实际进行研究时,不把文献学只当成一种方法,而是进一步了解其内在与发展历程,则可对课题的认识,提升到有别以往的层次。同样的,在强调、建构文献学自身理论体系时,如果广泛且深入地向不同

---

① (元)马端临:《文献通考》卷二〇三《经籍考》,《十通》影印本,第 1693~1695 页。

② (元)马端临:《文献通考》卷二一二《经籍考》,第 1737~1738 页。

③ (清)傅维麟:《明书》卷七七,《四库全书存目丛书》影印清华大学图书馆藏清康熙三十四年本诚堂刊本,史部第 29 册,第 49 页。

④ (清)张廷玉等:《明史》卷九七《艺文志》,《百衲本二十四史》影印本,第 1047 页。

⑤ (清)张廷玉等:《明史》卷九八《艺文志》,第 1056 页。

⑥ (清)嵇璜等:《钦定续通志》卷一五八《艺文略》,《十通》影印本,第 4193 页。

⑦ (清)纪昀等:《四库全书总目》卷八二《史部·政书类》,《文渊阁四库全书》第 2 册,第 719~720 页。

⑧ (清)纪昀等:《四库全书总目》卷一〇一《子部·法家类》,第 177~181 页。

学科学习，并主动参与各种课题研究，提出"文献学的观点"，则更有希冀持续深化文献学。本文对《洗冤录》文献问题的探讨，即是将文献学与法制史相互借鉴、交叉运用的尝试。

《洗冤录》在流传、运用乃至"被研究"的同时，也都是不断"被形塑""被认知"的过程。不但古今对《洗冤录》的理解有所差异，社会、文化、知识等背景，亦迥然有别。因此，不仅不能孤立看待《洗冤录》各个文献问题，更不可径直以今日观点给予解答，而是必须梳理古人如何理解这些问题，研究者们又在怎样的观点、基础上，界定、研究这些问题。

在宋慈被认识的过程能发现，"史实"是逐步厘清与建立的，今日所清楚掌握的东西，古代未必如此。而以"洗冤泽物"来命名《洗冤录》，则再次体现确切理解宋慈所处的时代乃至自身背景，是非常重要的事。若用相同标准、方式，反思今日对《洗冤录》的评价、论断，甚至还会看到颇为矛盾的情形。回到本文开始就提及的英译，或者从更大的角度来讲——《洗冤录》的"西传"，今日研究者在肯定《洗冤录》是世界现存最早的法医学专著之余，有的还会进一步说《洗冤录》影响各国法医学深远。正是这种过分推崇导致了矛盾。

持这一观点的人，通常罗列各种外文译本，或者用有那些译本，当作《洗冤录》影响世界各国法医学的"证据"。但正好与作者"被认识"的情形相反，《洗冤录》西传过程是比较清楚的。① 当《洗冤录》第一部完整的欧洲语言译本、1863 年 C. F. M. de Grys 的荷兰文译本问世不久，中国本土就开始批判《洗冤录》，② 并逐步引介和学习西方现代医学、法医学了。③ 而 1853 年 W. A. Halland 在 *Transactions of the China Branch of the Royal Asiatic Society* 发表的 "Chinese Medical Jurisprudence"，这篇"书评"虽给

---

① 目前整理各种译本比较完整的是宋楚翘《〈洗冤集录〉及中国古代法医学著作的西传》，收入（宋）宋慈撰《洗冤集录》，宋楚翘编译，西北印社，2003，第 256～260 页。

② 德贞（John Dudgeon, 1837～1901）约略就是在这个时候，开始连载一系列对《洗冤录》的批判文章。见高晞《德贞传：一个英国传教士与晚清医学近代化》，复旦大学出版社，2009，第 485～486 页。

③ 当然，这个过程并不顺利，法医学与《洗冤录》的新旧并存一直持续到 20 世纪 50 年代初，参见陈重方《清末民初以来检验吏、检验员的境遇》，收入复旦大学历史学系、复旦大学中外现代化进程研究中心编《药品、疾病与社会》，上海古籍出版社，2018，第 219～277 页。

予《洗冤录》很高的赞誉，还认为中国法医学知识比欧洲早了三个世纪，但 W. A. Halland 十分清楚地说出自己介绍《洗冤录》的用意：当时西方人普遍认为中国没有法医学知识。[①] 1883 年 Robert K. Douglas 在 *Nature* 发表的 "Coroners' Science in China"，对《洗冤录》也有相当不错的评价，不过他更直接批评：由于中国对解剖人体的厌恶，造成在解剖学上的无知，无法弄清楚毒药的作用、只能根据体表征兆进行检验。[②] 而不接受、不进行解剖，正是中国传统检验知识后来最被诟病的一点。[③]

《洗冤录》对东亚、特别是日韩两国的影响，是毋庸置疑的，[④]《洗冤录》对东亚以外的"世界"有何影响、如何影响，仍是有待深入探讨。《洗冤录》如果影响世界深远，为何在翻译、西传的几十年内，中国反而逐步抛弃传统检验知识、开始学习法医学？"现存最早"不表示对所有晚出的事物，都产生直接联系或影响，过分推崇或贬抑，均无益处。笔者认为，《洗冤录》成为历史研究（无论是医学史、法制史乃至法医史）的课题，以及由此相应而生，并且不断变化的各种评价、论断，其实与中国近代法医制度的建设过程息息相关；但正如同本文在前言表明的那样，由于特殊因素，使翻译、西传此类文献问题变得相当复杂，须待专文讨论，在此仅能先略述一二。

北京大学图书馆庋藏的元刊本，是今日研究时相当重要的依据。但必须注意到，若参看相关记载，尤其是明清以来的书目题跋，会发现《洗冤录》在元代的流传过程、方式，像是《圣朝颁降新例》的有无、位于全书何处，乃至是否又再附加《无冤录》相关内容等等，显然不是仅根据北京大学图书馆藏本所推论出的直线联系那样简单。在比对版本后也能看到，对北京大学图书馆藏本来说，《岱南阁丛书》本是相当好的翻

---

① W. A. Halland, "Chinese Medical Jurisprudence", *Transactions of the China Branch of the Royal Asiatic Society*, Part 4（1853 - 1854），Hong Kong：Printed at the Office of the "China Mail", 1855, pp. 87 - 91.

② Robert K. Douglas, "Coroners' Science in China", *Nature*, Volume 27, pp. 612 - 614.

③ 贾静涛就认为，维护体表检查不准解剖的检验制度，是传统检验知识"未能完成向现代法医学飞跃"的原因之一。见贾静涛《中国古代法医学史》，第 171 页。

④ 韩国虽以王与《无冤录》作检验的依据，但《无冤录》主要是在《洗冤录》的基础上发展出来的；日本则间接透过韩国的关系，接受了《无冤录》。见贾静涛《中国古代法医学史》，第 199 ~ 216 页。

刻本。而王国维与方龄贵在论述版本时出现的问题——误将其他元刊本，直接认为是《岱南阁丛书》本的刊刻依据（或者说"底本"）——则再次提醒人，版本的判别、鉴定确属不易。除了多方比较外，还必须借助前人在各方面的累积。因此，订讹之余，对前人实不需有所贬抑。至于杏雨书屋庋藏的元刊本，确切情况究竟如何，仍有待调阅原书后，才能进一步判断。

在《洗冤录》的流传中，明代是承上启下的关键期，这时《洗冤录》以各种形式，更普遍地与法律制度、著述等方面发生联系。在流传上，各地不断刊刻《洗冤录》，或者单行，或者与律例"并刻"，或者直接收入律例注释书内。在著述上，或是在官箴书内改编，或是另外汇集成书，或是摘录二十八条，附在《检验尸伤不以实》之后。在性质上，《洗冤录》不只是"检验""法医学"著作，也可以被视为广义的官箴书，然而最重要的是，在明代承继目录学"史部·刑法"的传统下，《洗冤录》更多被归入史部"刑法"或"断狱""律例""刑书""法律"，这些名义相当偏重在法律方面的类目。《洗冤录》与律例合流并行，不仅现实如此、流传如此、著述如此，目录分类亦是如此。

而所谓的王肯堂"洗冤录笺释"，可说是本文涉及的最典型的文献问题。《律例笺释》摘录二十八条《洗冤录》，恰好是明代重视、流行《洗冤录》的结果，清人却对此现象有所误解，进而产生偏见，后人又在错误基础上，继续误读文献，以致普遍认为王肯堂确实创作了"洗冤录笺释"，甚而赋予"洗冤录笺释"诸多意义。但梳理这个问题的同时，又能再次清楚地看到，古今对《洗冤录》的掌握、认知，确实存在着差异。不过，强调这些差异的存在，并非要区分孰优孰劣，而是在于，若未能清楚认识到古今有所差异、异在何处、为何有异，都将有碍更好地理解《洗冤录》。

总之，若对《洗冤录》乃至其他法律古籍的文献问题，有较全面的认识和理解，则在法制史研究上，更容易有所收获与发现。但今日对于"文献""文献学"，很容易就简化并割裂成版本、目录、校勘等带有强烈工具性质的学科，进而只在文献的"物质"层面来看待问题，认为不过只是书的现象而已。在具体落实、明确探讨某一部古籍时，又往往过于聚焦版本优劣，并轻易地将不同版本进行直线联系；或是梳理完众多异本，确定研究依据（底本）后，就不再深入探讨相关问题。对文献学或法制史来说，这都是相当可惜的事。总而言之，即使影印本、点校本唾手可得，数据库益发完善，在享受这些便利的同时，仍必须体认到：法史古籍的整理、运用、研究，都没有、也不该有停止的一天。

《中国古代法律文献研究》第十三辑

2019 年，第 295～318 页

推知行取与莆阳谳牍研究

吴艳红[*]

摘　要:《莆阳谳牍》是明末兴化府推官祁彪佳整理刊行的司法文献，是明代留存的重要判牍集之一。在现有有关明清法律问题的研究中，得到较多的利用。但是，历来对于这一文献本身及其刊行情况，并无探究。本文以晚明推知行取制度为背景，讨论祁彪佳的莆阳谳牍，探讨推知行取如何影响了莆阳谳牍的刊行；而明抄本《莆阳谳牍》又如何体现了推知行取制度下推官的司法实践。

关键词: 莆阳谳牍　推知行取　祁彪佳

一　引言

《莆阳谳牍》是明代重要的法律文献，是晚明祁彪佳在兴化府推官任上听审、稽核过的谳牍汇编。《莆阳谳牍》篇幅较大，中国国家图书馆藏明末抄本共计十三册，附《勘语》一册，为十四册，收入案例一千多个。现收入《历代判例判牍》的《莆阳谳牍》即以国家图书馆所藏的这一明末

---

* 浙江大学历史系教授。

抄本为底本整理标点而成。①

日本学者滨岛敦俊比较早地对《莆阳谳牍》进行了介绍，指出《莆阳谳牍》不仅数量庞大，而且记载详细，对于理解明末福建社会和经济极其有益。在他有关明清社会经济史的研究中，也对这一文献进行了较多的利用。② 稍后，童光政作《明代民事判牍研究》一书，③ 对《莆阳谳牍》这一文献的法律特征进行了强调，并在其研究中进行了利用和讨论，对于学界了解和利用这一法律文献多有助益。目前，《莆阳谳牍》已经成为学界讨论晚明司法和法律关系、明代基层社会各主题的重要文献。④

但是，在这样广泛的研究利用中，对于这一文献本身却少有探究，《莆阳谳牍》的刊行情况仍存疑问。比如国家图书馆所藏明抄本《莆阳谳牍》无序无跋，但是《远山堂文稿》却收录祁彪佳所撰《莆阳谳牍序》，这一《莆阳谳牍》与现存明抄本《莆阳谳牍》具有怎样的关系？

本文探究《莆阳谳牍》，试图回答以上问题，对这一文献有更好的了解；同时，文章讨论祁彪佳的莆阳谳牍及其刊行与制度的关系，特别是从成化、弘治以后逐渐定制的推知行取制度对推官及其谳牍刊行产生的影响。

所谓推知行取，是将一部分合格的推官和知县选拔成为六科给事中和监察御史的制度。到晚明，这一制度已经比较成熟。这一选拔制度不仅改变了明代官员对于推官一职的认识，而且也深刻影响了推官的政治行为。

近年来，学界对于明代推官的关注增加，对于推知行取这一制度的设

---

① 尤韶华、才媛整理，杨一凡、徐立志主编《历代判例判牍》第 5 册。中国社会科学出版社，2005。

② 〔日〕滨岛敦俊：《北京図書館蔵『莆陽谳牘』簡紹：租田関係を中心に》，《北海道大學文學部紀要》1983 年第 32（1）期，第 67～107 页；《明代之判牍》，《中国史研究》1996 年第 1 期，第 111～121 页。在有关福建经济关系等研究中，比如江太新等也对《莆阳谳牍》有所利用。见江太新《论福建押租制的发生与发展》，《中国经济史研究》1989 年第 1 期，第 67～77 页。

③ 童光政：《明代民事判牍研究》，广西师范大学出版社，1999。

④ 可参见姜永琳《从明代法律文化看中华帝国法律的刑事性》，朱诚如、王天有主编《明清论丛》第 6 辑，紫禁城出版社，2005；胡铁球《明清歇家研究》，上海古籍出版社，2015 等。

置与实践等均有重要的研究成果出现。① 比如谭家齐曾提出明代推官在案牍集出版中的积极态度与上述行取制度存在必然的联系。② 笔者在有关明代推官的研究中也讨论到推官对于自身所具有的法律知识的展示，与明代推知行取制度之间的关系。③ 但是既有研究中，有关推官和推知行取制度设置和实践仍缺乏细节和过程性的描述；推官本身对于其职掌有怎样的认识，对于推知行取有怎样的看法，其行为如何受到这一制度的具体影响，仍有待更好的回答。

晚明推官祁彪佳留下的丰富资料，为以上问题的探讨提供了可能性。祁彪佳，字虎子，又字幼文、弘吉，号世培，别号远山堂主人、寓山居士。浙江绍兴府山阴县人（今浙江绍兴人）。万历三十年（1602）出生，天启二年（1622）进士及第。初授福建兴化府推官，天启四年春正式赴任，崇祯元年（1628）十一月以父亲辞世丁忧去职。前后在任将近五年时间。④ 祁彪佳在兴化府推官任上，政绩突出；最为难得的是，祁彪佳在这一时期还留下了大量的文稿。

除了上述《莆阳谳牍》之外，还有学界关注较少的《莆阳禀牍》和《莆阳尺牍》。⑤ 书目文献出版社 1991 年影印出版《祁彪佳文稿》三册，其中包括《莆阳禀牍》，收入禀牍近五百件，是祁彪佳写给各级上司的书札，包括给福建布政司、按察司长官的禀牍 82 件，给各类分守道分巡道等布政司和按察司的下派机构官员的禀牍 265 件，以及中央派出官员包括巡按御史等禀牍 105 件。其中相当一部分涉及刑名事务。《祁彪佳文稿》收入的《莆

---

① 潘星辉：《明代文官铨选制度研究》，北京大学出版社，2005；苏嘉靖、柏桦：《明代科道官行取制度兴起与衰落》，《西南大学学报》2016 年第 6 期，第 151～158 页。

② Tam Ka-chai, "Favourable Institutional Circumstances for the Publication of Judicial Works in Late Ming China." *ETUDES CHINOISES*, vol. XXVIII, 2009, pp. 51–71.

③ 吴艳红：《制度与明代推官的法律知识》，《浙江大学学报》2015 年第 1 期，第 33～47 页。

④ 《祁忠敏公年谱》，（明）祁彪佳：《祁彪佳日记》附录一，张天杰点校，浙江古籍出版社，2016。

⑤ 唱春莲《北京图书馆藏明代祁彪佳著作探究》一文对《莆阳禀牍》有所介绍，见《北京图书馆馆刊》1998 年第 2 期，第 119～124 页。张诗洋、李洁《南京图书馆藏祁彪佳尺牍论曲文字辑考》上、中、下（分见《戏曲与俗文学研究》2016 年第 1 辑，第 279～293 页；2016 年第 2 辑，第 259～298 页；2017 第 3 辑，第 287～321 页。均为社会科学文献出版社出版）对《莆阳尺牍》中有关戏曲的部分进行了摘抄、点校和笺注。

阳禀牍》为抄本。编排上存在一些时间顺序上的错置。部分禀牍有重复。

《莆阳尺牍》收入祁彪佳出任兴化府推官期间的信札，还包括一部分上任之前，以及崇祯元年十一月回到绍兴山阴后给福建同僚的信札。尺牍按甲子、乙丑、丙寅、丁卯和戊辰年排序，其中标明为"甲子年"的一册，标明为"甲子年乙丑年"的四册，标明为"乙丑年"的一册，标明为"丙寅年"的五册，标明为"丁卯年"的四册，标明为"戊辰年"的两册，共计 17 册，约三千五百多件。目前仅南京图书馆藏有原书、缩微胶卷版和电子扫描版。①《莆阳尺牍》为抄本，而且各册，甚至同一册笔迹不同，可能是经过了不同人的抄录。《莆阳尺牍》无序无跋，只在第八册"甲子年乙丑年"的封面，有小字注明："此本尺牍，时在谒选前后未履蒲田任之前。民国庚辰年三月初二日允记。"②民国二十六年，绍兴修志会刊刻祁彪佳遗著，先刊刻了祁彪佳的日记，并令其子孙呈送祁彪佳遗著之目录，准备刊刻全集。在绍兴修志会刊刻的《祁忠敏公日记》最后，有《祁忠敏公日记跋》，说明遗著刊行之始末，署"十一世孙允敬识"。③《莆阳尺牍》第八册的封面小注，说明在民国二十六年之后的一段时间内，祁彪佳后人曾经对祁彪佳的遗稿进行整理，只是后来没有得到刊刻。《莆阳尺牍》写作的对象，以闽、浙两地的官僚文人为主，因此尺牍内容也以政务、时事，以及文人士大夫之间关于诗文、山水、戏曲和刊刻等的交流为主，仅以丁卯年的八百多封尺牍论，其中也有给比如史姊丈、王六舅、王表兄等亲友的信札，但是信札的内容涉及家务的不多。④《莆阳尺牍》中的尺牍编排也存在时间的错置和内容上的重复。

祁彪佳一生著述丰富，⑤ 在兴化府推官任上，还留有评语、考语、告

---

① 原书和缩微胶卷版均无页码，电子扫描版可以显示各册的电子页码。本文引用《莆阳尺牍》所标注的页码，均为南京图书馆藏《莆阳尺牍》电子扫描版的电子页码。索书号 114713。
② （明）祁彪佳：《莆阳尺牍》"甲子年乙丑年"第八册，封面。
③ （明）祁彪佳：《祁忠敏公日记·祁忠敏公日记跋》，民国二十六年绍兴县修志委员会校刊铅印本，第 1 页。
④ 分见（明）祁彪佳《莆阳尺牍》第 14 册，第 219 页；第 15 册，第 8 页等。
⑤ 赵素文：《祁彪佳研究》附录《现存祁彪佳著作版本情况》，中国社会科学出版社，2011，第 327~344 页。

示等，皆收入书目文献出版社出版的《祁彪佳文稿》之《杂录》部分。此外，祁彪佳《远山堂诗稿》和《远山堂文稿》① 还收录了这一时期的诗、文。本文以上资料为中心，以明代的推知行取制度为背景，对祁彪佳任职兴化府期间的谳牍、对明抄本《莆阳谳牍》等进行深入探讨。

二 《莆阳谳牍》与《莆阳谳牍序》

国家图书馆藏明抄本《莆阳谳牍》收入的谳牍，可以判定时间的，较早的在天启四年（1624），② 最晚已经到了崇祯元年（1628）的下半年。③ 从时间上看，基本反映了祁彪佳在兴化府推官任上所处理的刑名事务的整体面貌。

《莆阳谳牍》分两卷，第一卷的谳牍多以"审得""覆审得"提起，第二卷收入的谳牍则多以"看得"或者"前件看得"提起。两者也多错置，比如卷一也包括了一部分"看得"的谳牍，卷二也有"审得"的谳牍。此两类谳牍之外，还有公文 336 件，其中一部分与案件的审理有关。比如《莆田县一件诈势杀骗事》："徐献章违禁勒赎，非法也；冒名抗审，益非法也。贫寡堪怜，三尺自在，仰县如法查报"，则是要求莆田县核查徐献章及上报案件的相关情况。④

以"审得""覆审得"提起的谳牍，应该是祁彪佳亲自审理案件之审语。这包括兴化府的案件、兴化府属县的案件，也有相当一部分是上司接了词状，批发至兴化府审理的案件。比如《巡守道一件谋叛事》《提学道一件覆营事》《按察司一起图赖事》等。⑤ 这样的谳牍大概有五百多件。

---

① 收入《续修四库全书》第 1385 册，上海古籍出版社，2002。
② （明）祁彪佳：《莆阳谳牍》卷二《本府一件横佞惨杀事》中，郭尔嘉买郭志六地在天启二年，而起讼至兴化府公堂则在两年之后。见《历代判例判牍》第 5 册，第 15～16 页。
③ （明）祁彪佳：《莆阳谳牍》卷二《本县词一起不孝斩祖事》，提到被告薛宣卿于天启六年之春葬父，后与族众起衅兴讼。祁彪佳在谳牍中提到审判之时，"葬已两年"，则这一案件的处断时间已经到了崇祯元年。又《一起为献势殃民事》中，康向晋于天启二年将田、地、山若干典于黄廷赞，又于天启三年十一月立绝笔卖契，卖给黄廷赞，"距今几五载"之后要求赎回，被黄廷赞告至兴化府。则这一案件的审理大致到了崇祯元年的下半年。分见《莆阳谳牍》卷二，《历代判例判牍》第 5 册，第 384、379 页。
④ （明）祁彪佳：《莆阳谳牍》卷二，第 324 页。
⑤ （明）祁彪佳：《莆阳谳牍》卷一，第 100、158、160 页等。

　　"审得"案件以杖及杖以下案件为主。在所包括的五百多件谳牍中，以杖罪处理的为 256 件，接近一半；杖罪以下，以笞罪处理的有 74 件；而以罚谷或直接免罪等处理的则有 169 件。除去未结、注销等案件，以徒、充军、绞、斩处置的只有 28 件，只占全部"审得"谳牍的 5%。

　　与大部分为杖罪及以下案件有关，祁彪佳在一些审语中引出《大明律》，但不具体落实。比如在《本府一件杀命异变事》中提到，刁棍黄忠殴杀他人，"据律"，伤折以上，罪在徒，但是因为已经枷责，"姑罚谷二十石示儆"。① 在大量的案件中，祁彪佳采取了调解的态度。比如《本府一起灭祖杀命事》中，两位俞姓生员相争互控，祁彪佳认为两人俱系青衿，又为同族，不过是言语相争，非有不解之仇，所以 "本馆不欲分曲直以滋衅端"，而是对两人进行劝和。他说："总之，骨肉之间，在司土者只以和息为妙。"②

　　祁彪佳对待刑名事务，态度审慎。在《本府一件毁巢杀命事》中，黄起蛟与宋祖熹争山相讼。宋祖熹以人命告，指称兄弟宋华被殴致死，但是无伤无证，祁彪佳为落实证据，"遍询舆情，宋、黄近日并无争殴，盖千百口如一也"。③ 对待上司批发的案件，祁彪佳更为慎重。在一件题为《按察司一起讨乱事》中，陈朝盛与陈生英争山地兴讼，陈朝盛先前状于按察司，按察司批兴化府已经处断，之后陈生英再次到按察司告状，按察司再批兴化府推官处断，祁彪佳认为陈生英兴讼无理，但 "既有悔心，应与自新，且罪无重科"，有对陈生英作免罪处理的意向。但是在审语中，祁彪佳并未做出审判，而以 "原词未敢定拟，伏候宪裁" 结束审语。④

　　《莆阳谳牍》中第二类以 "看得" 或者 "前件看得" 提起的谳牍，应该是祁彪佳覆核案件之后的看语。收录的案件大概有六百多件，具体标注了地名的包括兴化府所属的莆田县；泉州府及其所属南安县、晋江县；福州府及其所属闽县、长乐县、侯官县、古田县、连江县、罗源县、闽清县、永福县、福清县；漳州府所属宁洋县、诏安县、漳浦县、长泰县、海

---

① （明）祁彪佳：《莆阳谳牍》卷一，第 10 页。
② （明）祁彪佳：《莆阳谳牍》卷一，第 81 页。
③ （明）祁彪佳：《莆阳谳牍》卷一，第 5 页。
④ （明）祁彪佳：《莆阳谳牍》卷一，第 147～148 页。

澄县；延平府及其所属南平县、顺昌县、将乐县、沙县、尤溪县、永安县、大田县；邵武府及其所属邵武县、光泽县、泰宁县、建宁县；福宁州及其所属福安县、宁德县的案件。覆盖了福建八府一州中的兴化府、泉州府、福州府、漳州府、延平府、邵武府与福宁州六府一州。

祁彪佳覆核案件，特别是兴化府之外的案件，多是奉上司之命执行。覆核的结果，只供相关上司采择。以《莆阳谳牍》卷二收入的泉州府南安县 23 件看语为例，这 23 件看语，均以"前件看得"提起，最后都以"伏候裁夺"结尾，可以看到最后的裁决是在上司。覆核案件涉及的主要是重罪案件，泉州府南安县的 23 件看语包括了斩罪五件，绞罪十五件，充军二件，口外为民一件。在以上 23 件看语中，祁彪佳对案件的大概进行梳理，对其中的关键情节和证据进行说明，最后对其中 22 件中原来的处断结果表示赞同。比如在一件题为《一起故杀兄命事》的案件中，黄君雅与邻居黄可显因琐事起衅，黄君雅子黄志瑗援其父而以锄柄击黄可显，导致黄可显毙命。初审，南安县"依同谋共殴人因而致死以致命伤为重下手者律"，处黄志瑗绞罪。祁彪佳在看语中提到"志瑗为父受刑，情可矜而法不可贷"；黄君雅有"夺棍反伤之词"，欲代子认罪，"老牛舐犊"之情可以理解，但是"如国典何"？因此仍维持原判。唯有在《一起取发事》中，"盗贼之雄"蔡举仔，在林壮被殴杀的过程中，用力居多，但是祁彪佳认为可以法外行仁，提议改之前的斩罪为绞罪。①

国家图书馆藏明抄本《莆阳谳牍》无序无跋。而在祁彪佳《远山堂文稿》中，却收入《莆阳谳牍序》一文，文字如下：

> 彪佳少随大人令吴、守吉及白门鸠司，署中草爰书，辄侍案旁。窃见得情勿喜之意焉。谒选理莆，别家大人于燕邸，戒之：田汝职三尺，其岁寄郡中太狱所释豁几何，所平反几何，以增我七箸。彪佳拜受命而南。莆事故简，圆扉可以鞠草，迤迤来海氛未清，颇繁俘获，每一讯谳，哀号盈庭，苟一生足与，亦惟原其情于沧波碧澥之中，不以丽当故废矜原，所释豁若干人，谳牍具在也。奉檄勾稽，历福、

泉、漳，皆剧郡，报谳籍多者二百余，少者亦百余，从综核驱驰之
隙，肆力推敲，或法合矣而情未得；或情得矣而法未合；或得情合法
矣，一段可矜可疑即在情法之内。夜分，手自削牒，几忘炎沍，上之
当事以俟采择，所平反若干条，谳牍亦具在也。其他罪当狱成者不与
焉。昔韩魏公问其子颍州推官岁决狱几何，子不能对。怒之几欲予
杖，宾客解始免。欧阳文忠公判夷陵，阅尘案中舛错甚多，因自矢不
敢轻决一事。彪佳兹检梓矜疑，不过取积案之一二耳，庶可免家大人
诘责。世有若欧公者试一寓目，倘舛错有甚于夷陵牍乎？彪佳宁一日
忘不敢轻决之誓耶？抑尝闻之刑道滔赶而主方，心道进退而主圆。吾
曹奉圣天子钦恤德意，惟有临牍寸心堪洒棘下之露耳。若欲以希克允
而著不冤，彪佳复何能辞其不敏。①

序文说明《莆阳谳牍》包括两个部分的内容。其一，兴化府的谳牍。祁彪
佳指出，兴化府的案件本来不多，但当时正值海盗猖獗，刑名事务因此稍
繁。其二则是奉上司之命，在福州、泉州、漳州等地进行覆核的谳牍。祁
彪佳提到该《莆阳谳牍》包括的并不是所有听审、覆核过案件的谳牍，其
中收入的覆核谳牍只是祁彪佳提出异议，得到上司采择，最后得以平反的
案件，因此"不过取积案之一二耳"。

　　序言说明该《莆阳谳牍》刊行的两个目的。其一是祁彪佳借此给父
亲祁承㸁一个交代。祁彪佳的父亲祁承㸁对祁彪佳的影响很大。祁彪佳在
序言中具体提到两个方面。首先祁彪佳曾随父亲历宦长洲、吉安等地，
亲眼看到其父亲对刑名事务的处理，父亲"得情勿喜"这一对待刑名事
务态度，给祁彪佳留下深刻印象。其次，祁彪佳初入仕途，上任在即，
曾经专门向父亲请教为官之道，祁承㸁要求祁彪佳对于自己经手的刑名
事务，要有清晰的认识，对于"平反"和"释豁"要有专门的关注。为
此，《莆阳谳牍序》指出，在审理的案件中，即使如海盗这样的至死重
罪，祁彪佳也极力"原其情"而不"废矜原"；而在覆核的案件中，则更

---

① （明）祁彪佳：《远山堂文稿》之《莆阳谳牍序》，见《续修四库全书》第 1385 册，第
303~304 页。

是"肆力推敲",以平反为旨归,以发现情法不合与可矜可疑为主要目标。刊刻《莆阳谳牍》,是祁彪佳认为自己不负父望,可以给父亲一个交代。

另一方面,祁彪佳以欧阳修的事例说明天下冤案错案之多,司法官员应该慎重对待刑名事务。祁彪佳认为自己对案件的处理,经得起如欧阳修这样对刑名事务殊为用心的官员的审查。因此,《莆阳谳牍》的刊行也是给天下一个交代。

这一《莆阳谳牍序》可能并不是现存明抄本《莆阳谳牍》的序。甚至并不是为刊刻这一《莆阳谳牍》而准备的。首先,《莆阳谳牍序》明确提到"兹检梓矜疑",则序言提到的《莆阳谳牍》包括的谳牍比现存明抄本的容量要小。更重要的是,《莆阳谳牍序》虽然没有标明完成的时间,但是其中祁彪佳称呼其父亲为"家大人"而不是"先大人",则序言写作之时,其父亲还应该在世,祁彪佳是在他推官任上完成这一序言的。崇祯元年十一月,祁彪佳父亲祁承爜去世,祁彪佳直接从福建奔丧回绍兴,结束了自己在兴化府的推官生涯,事出仓促,祁彪佳并无时间对在任期间的谳牍进行整理,并为之作序。如果明抄本《莆阳谳牍》是祁彪佳在推官任上较为完整的谳牍汇编,则这一《莆阳谳牍序》不可能是明抄本《莆阳谳牍》之序。

那么,这一《莆阳谳牍序》的存在,说明祁彪佳在其推官任上,可能有其他莆阳谳牍的刊行。

三 "莆阳谳牍"与《谳牍矜疑篇序》

从天启七年(1627)的尺牍来看,这一年,祁彪佳曾经刊刻谳牍,他在尺牍中以"小刻"称之。祁彪佳在天启七年《与黄若木》的一封信札中提到:"小刻成,覆览之,亦有未调。甚悔草率。乞门下为不佞细较之。未调处改以见示为感",并提到"欲求周方叔一四六后序",因此问黄若木,"即以此本一达之何如?"①

---

① (明)祁彪佳:《莆阳尺牍》第13册丁卯年《与黄若木》,第160～161页。

祁彪佳随后即有给《与周方叔》一信，其中明确提到："偶作谳牍，皆俗吏套语，无足当清览，然欲求门下一四六后叙以为兹编光。"祁彪佳在信里指出："不肖不敢求缙绅而求门下者，重门下文与品也"，希望周方叔不要推辞。① 说明祁彪佳上文《与黄若木》信中提到的"小刻"是谳牍之刻。

黄若木，即黄光；周方叔，即周婴。两人均为兴化府莆田县人。黄光与周婴交好，两人均为当地名士。清代《莆田县志》记载，周婴"弱冠负才名，博极群书，尝著五色鹦鹉赋，一时传诵"；"同郡黄光，字若木，善文章，与婴齐名"。②

周婴现存著作《远游篇》卷七收入《谳牍矜疑篇序》，③ 序文典故丰富，辞藻华丽，应该就是应祁彪佳要求而写的后序。

《谳牍矜疑篇序》在介绍了祁彪佳的出身之后，对所刊刻谳牍的内容进行了交代："使君以为，政典，国之巨防；刑书，民之大命。且详允之声易得，平反之迹难追。于是，坐狱鞫人，法无偏徇，立囚决事，词必明征。木吏不言，梏人自踊。虽五辞既简，冱结穷泉而三宥可蠲，春萌丛棘。"这是祁彪佳亲自审理的案件，其中充分展示出推官平情理枉的刑名能力。

序文又提到祁彪佳奉命考核、勾稽福建其余府县刑名之情况："使君简核行褰帷之事，勾稽分持斧之猷。咸属受成并从兼治，故于对簿诬引者，接以温词；希旨周内者，求其丽事。冤嫌久讼，法理之所难衡，朋竞纷嚣，累政之所无断，莫不端心平意，分理劈肌，捷若柳崇，智若王涣"，至于"韭已剪而还生，灰既寒而复燄"。则这一部分谳牍处理的是祁彪佳奉檄审录兴化府之外福建各地的案件。这是成案，平情理枉更为不易，则祁彪佳的刑名能力得到更充分的表现。

周婴在序文最后提到《谳牍》刊刻的原因："夫秋官布典，人得共观；仲尼听讼，词不独有。兹编所播，岂不然与？"周婴指出，祁彪佳

---

① （明）祁彪佳：《莆阳尺牍》第13册丁卯年《与周方叔》，第161页。
② （清）廖必琦等修《莆田县志》卷二二，《中国方志丛书·华南地方》第81册，成文出版社，1968，第521页。
③ （明）周婴：《远游篇》卷七，清抄本，第10页上~12页上。

"议当宽恕，本自哀矜；条出详平，亦遵轨宪"，而《谳牍》则"词如老吏申、韩名法之伦，笔则钜儒董、贾春容之制"。周婴说自己"批读校练，爱其德音。谨述刑典之凡，窃附律略之论"。则谳牍的刊刻目的就是向天下展示谳牍的内容，与天下共观之。既展示祁彪佳的刑名能力，又展示祁彪佳以仁厚为本、以矜疑为本的刑名处理原则。无论从内容还是刊刻原因来看，这一《谳牍矜疑篇序》与《莆阳谳牍序》均有很好的呼应。

天启七年，祁彪佳与黄光有多次书信的往来，讨论这一谳牍的内容和题名。比如在其中的一封信中，祁彪佳提道："惟仙游县案尚未觅得耳，录内有息争山一款，不佞原稿已除之。兹复搜索一劣迹，希以代争山之款，此须坏却二镌枝耳。"① "息争山一款"原稿后来删除了，但是在小刻中还在，所以要修改小刻的书版；此外，祁彪佳又找到了一个案例，希望能够代替争山一案。这些信札的内容，和周婴《谳牍矜疑篇序》提到的内容一致，说明祁彪佳的这一小刻，是其推官任上处理的案件谳牍汇编，是部分莆阳谳牍的刊行。

祁彪佳在与黄光的通信中，也商议了这一谳牍的题名。他在信中提到"前'谳牍'欲易以'法案'二字"，征求黄光意见，似乎想为小刻重新命名。② 由此可以看到，这一小刻原有的题名中，包含了"谳牍"二字；又周婴作《谳牍矜疑篇序》，是否说明小刻原有的题名为《谳牍矜疑篇》？这一谳牍最后是否改了名目，成为《法案矜疑篇》，抑或其他？《莆阳谳牍序》又是否可能就是天启七年这一"小刻"的前序，而周婴的《谳牍矜疑篇序》则是该"小刻"的后序？这些均不可考。

可以肯定的是，天启七年，祁彪佳整理选择了一部分莆阳谳牍进行了刊刻，这些莆阳谳牍的选择以矜疑为标准。因此这一"莆阳谳牍"主题明确，容量较小，祁彪佳以"小刻"称之，或许也有这一原因。

这一"莆阳谳牍"刊刻之后，祁彪佳有较多的赠送活动。就《莆阳尺牍》丁卯年（1627）一年，以"小刻""新刻""拙刻"附于尺牍赠送于

① （明）祁彪佳：《莆阳尺牍》第 14 册丁卯年《与黄若木》，第 103 页。
② （明）祁彪佳：《莆阳尺牍》第 14 册丁卯年《与黄若木》，第 138 页。

人的，就有三十四次之多。尺牍记载，丁卯年这一年小刻的赠送对象，一方面以福建各地的知县为主，包括浙江的一部分地方官。比如福建武平令巢公、古田令刘公、顺昌令彭公、永定令钱公、建安令仲公、长汀令萧公、宁洋令王公、崇安令傅公、福安令章公，以及当时任浙江绍兴府推官的刘光斗等。这些地方官在当地政绩突出，得到祁彪佳和时人的好评。比如顺昌彭知县，祁彪佳说自己早闻大名，赞赏其"手霹雳而脚阳春，提福一方"。① 长汀令萧公，与祁彪佳"同方同籍"，祁彪在信中称其"惠政清风，久而弥著，颂服者万心万口，无有少间"。②

另一类则是福建当地的名士和乡绅，尺牍提到的包括黄友寰、林青海、宋比玉、林曾、沈太时、钱孟玉、李明鸢、黄原简、陈元锌、杨摄山、萧若拙、王瑞世、张利民、陆翌明等。黄鸣乔，字启融，号友寰。福建莆田人。曾经任番禺知县、安庆府推官、袁州府知府等职，这一时期已经告老回乡。③ 林青海，即林文熊，福建闽县人。从苏州府推官开始，曾经任职知府、按察司副使等职，此时已经告老在乡。黄鸣乔与林文熊，均为万历三十二年（1604）进士，与祁彪佳父亲祁承爜为同年进士。宋比玉，即宋珏，莆田人。家世宦，曾入太学，好结交天下贤达，是福建当地的名士之一。④ 陈元锌，即陈季和，则是蔡献臣的女婿，参与了蔡献臣《清白堂稿》的校阅。蔡献臣，字体国，号虚台，福建同安人。万历十七年进士，在刑部、兵部、礼部任职。曾任浙江按察司副使，与祁家交好。

除了上述"莆阳谳牍"这一小刻，天启七年，祁彪佳还另外刊刻了一种刑名作品。他在给黄光的另一封信里提到，"有小详一通，每一件后乞捻断四六二联，必得证据妥确如引经断狱故事乃妙。首一事数语乃不佞杜撰，后式亦然"，请求黄若木"改之"，同时祁彪佳对于这一小详的题名，也多犹豫，也请黄光进行修改。⑤ 因此天启七年，他在给长辈黄鸣乔的尺

① （明）祁彪佳：《莆阳尺牍》第13册丁卯年《与顺昌令彭讳弼□》，第60页。
② （明）祁彪佳：《莆阳尺牍》第14册丁卯年《与长汀令萧》，第166页。
③ （清）廖必琦等修《莆田县志》卷二四，四562页。
④ （清）廖必琦等修《莆田县志》卷二二，第520页。
⑤ （明）祁彪佳：《莆阳尺牍》第14册丁卯年《与黄若木》，第138页。

牍中，提到"小刻二种伏呈台览"。① 则或许就是这两种与谳牍、刑名事务相关的刊刻。

此外，天启七年，祁彪佳可能还刊刻了《莆阳议略》，包括的是与兴化府政务、军务、钱粮有关的公牍。《远山堂文稿》收入《莆阳议略序》，其中提到"暇日偶检诸牍，撮其要以付梓人，敢曰谋野之获，盖以志三稔之拮据"。② 说明这是祁彪佳整理了在兴化府任职三年的相关公文而成的文稿。祁彪佳于天启四年上任，天启七年正是在职三年之际。

天启七年为什么这么重要，祁彪佳要在这一年刊刻多种与其职掌有关的公牍？尤其是对于"莆阳谳牍"这一小刻，一方面他请名士作序，广泛赠送；同时又觉得所刻不够完美，后悔有些草率。则说明这一"莆阳谳牍"的刊刻有些仓促。则为什么又要仓促行事，在天启七年刊出？这些行为或许只有与推知行取制度相联系，才能得到较好的解释。

四　推知行取制度

明代六科给事中和都察院各道监察御史合称科道官。科道官承担监督百官之重任，属于清要之职。明朝廷对其铨选尤为重视，在制度上有特别的安排。以其中监察御史为例，正统四年（1439），朝廷明确规定，新进进士和知印承差吏典出身人员不得选授御史。③ 明人称："国家定制，必选部寺之英、郡县之良，老成练达、力有担当者始授。"④

所谓"郡县之良"，是指有资历、政绩突出的推官和知县。推知行取，即选拔合格的推官知县成为科道官候选人，在明代成化、弘治年间逐渐定制。⑤ 到祁彪佳所处的晚明，制度已经相当成熟。一方面，嘉靖以后，行取的推官知县，已经构成科道官候选人的主体，成为明代科道官的

---

① （明）祁彪佳：《莆阳尺牍》第 13 册丁卯年《与黄友寰》，第 162 页。

② （明）祁彪佳：《远山堂文稿》，第 264 页。

③ 《宪纲》，《皇明制书》卷一〇，北京图书馆古籍珍本丛刊，书目文献出版社，1998，第46 册，第 307～308 页。

④ （明）何出光、陈登云等撰，喻思恂续《兰台法鉴录》"序"，北京图书馆古籍珍本丛刊，第 16 册，第 4 页。

⑤ 参见潘星辉《明代文官铨选制度研究》，第 168～169 页。

主要来源。① 另一方面，行取的程序和条件相对确定。

就程序而言，隆庆以前，推知行取的举行由科道官缺员的情况决定。科道官缺员，都察院即会同吏部奏请行取考选，因此举行不常。但是隆庆三年（1569）以后，则确定为"岁一举行"。②

与此同时，行取的条件也更为规范。被推举的推官和知县，需要符合资历和政绩两个方面的条件。天顺初年，推知行取初定之时，资历主要包括以下三项内容：年龄在三十以上、五十以下；在任三年一考合格；进士或者举人出身。到明代后期，官员在职的时间成为资历中的核心内容。为准确计算，在职的时间以历俸的年月为准。天启以后，一般行取历俸的时间定在三年考满之后，四年左右，即只有确定行取截俸日期之前已经在任四年左右的推官和知县，才在资历上符合行取的条件。或者因为六科和监察御史缺员严重，或者因为边地官员需要激励，也会在历俸上出现弹性，③但是确定截俸和历俸的时间被这一时期的官员认为是制度划一的重要体现。④

推知行取的第二个条件是政绩。被行取的推官、知县必须"廉能名著"，⑤ 或者"操行廉洁、才识优长"，⑥ 即既有道德操守，又具有政务能

---

① 陈于陛，隆庆二年进士，在其上书中已经提到："凡行取选授科道官，推官、知县者十居六七。"参见（明）陈于陛《披陈时政之要乞采纳以光治理疏》，《明经世文编》卷四二六，中华书局，1962，第4648页。明人何出光等编撰《兰台法鉴录》一书，其中记载从洪武到崇祯年间的监察御史4285位，从其出身来看，从推官和知县行取考核后授职的，在洪武时期仅占10.85%，成化以前基本维持在这一数额；但是到成化的前半期，这一比例已经上升到38.6%，到成化的后半期，已经高达61.9%；万历年间，这一比例则高达70%左右；天启间达到最高峰，推官和知县行取出身的监察御史占全部监察御史的78.9%；崇祯年间这一比例则为73%。参见 Tam Ka-chai，"Favourable Institutional Circumstances for the Publication of Judicial Works in Late Ming China"，*ETUDES CHINOISES*，vol. XXVIII，2009，p. 64。

② （明）李默、黄养蒙：《吏部职掌》，《四库全书存目丛书》史部第258册，齐鲁书社，1996，第43页。

③ 《吏部职掌》记载，科道官缺多人少的时期，历俸"将及三年有考、荐优异的"以及"未经考满"都准核查行取。李默、黄养蒙：《吏部职掌》，第43页。

④ 参见（明）黄宗昌《疏草》卷上，《四库未收书辑刊》第1辑第22册，北京出版社，1997，第80页。

⑤ 《明宪宗实录》卷九七，台北，中研院史语所校勘本，1984，第1839页。

⑥ （明）王恕：《议左都御史马文升陈言裨益治道奏状》，《王端毅奏议》卷八，《景印文渊阁四库全书》第427册，台北，台湾商务印书馆，1983，第597页上。

力。其依据一方面来自上司的考评，即考语；另一方面则落实于巡按监察御史的推荐，即荐语。崇祯年间，任职吏部的徐石麒提到"俸满各官"，一方面需要藩、臬二司，即布政司和按察司的报册，其中开载"考语贤否"；另一方面需要抚、按二院，即巡抚和巡按御史的"奏荐"，上报吏部。① 说明考语与荐语是说明推官、知县政绩的两大依据。在考语和荐语中，后者更为关键。

崇祯六年（1633），已经成为巡按苏松监察御史的祁彪佳，有举劾官员疏，共荐扬所巡地面官员19人。祁彪佳在这一奏疏中，明确指出以上诸臣"皆一时有司之良，所当荐扬，以备擢用行取者也"。② 其中对两位推官，祁彪佳有如下荐语：镇江府推官周廷鑨，"照世一枝琼树，凌霄千仞华峰；介节英姿，兼之虚衷恬养；所以平反鉴衡，各臻其妙。七年明允，万口颂歌，是真难名之大器"。而常州府推官吴兆璧的荐语则为："挺劲卓如山立，清严凛若霜凝；惟能矢志操持，故竿牍不狗，听断无私；督兑勾稽皆以实心为实政。"③ 荐语虽然不免辞藻华丽而见空洞，④ 但是对于推官的操守进行评定的同时，也强调推官处理实际政务的能力，其中"平反""明允""不狗""无私"，均在突出推官刑名之才。

符合以上资历和政绩条件的官员，材料报送吏部文选司，文选司要进行再一次的咨访。关于其目的，名臣徐阶说明最为详细："本部凡遇行取推官、知县等官，既以抚按荐词、考语为据矣，犹惧其人或外饰善状而中怀奸贪有抚按不能知，或修谨于初而改节于后有抚按所不及知也，故于荐词、考语之外，不得不加之以询访，及众以为贤而取之矣。又惧其人非有真实向上之心、恬静自守之节，则或滨行而滥受赆仪、科索盘费，或抵京而旁缘蹊径、巧求美官，皆公论所必弃、清朝所不容也，故于行取之后不得不继之以再访。"徐阶指出这些程序"无非欲得真才以副皇上侧席之求，

---

① （明）徐石麒：《可经堂集》卷三，《四库禁毁书丛刊》集部第72册，北京出版社，1997，第110页。
② （明）祁彪佳：《宜焚全稿》卷一六，《续修四库全书》第492册，第758页。
③ （明）祁彪佳：《宜焚全稿》卷一六，第756~757页。
④ 关于明代官员的考语与荐语及其存在的问题，可参见余劲东《明代大计考语"虚"、"实"探因》，《江南大学学报》2016年第4期，第50~56页；柏桦《明代的考语与访单》，《西南大学学报》2017年第3期，第144~151页。

重台谏华要之选而已"。① 从徐阶的描述来看，在行取名单确定、正式进行考选之前，需要进行两次咨访，一次是在离开任所之前，一次则在到达北京之后。离开任所之前的这次询访，其目的主要在于核实抚、按等官员的荐语、考语，因此询访的内容应为"舆情"，询访的对象可能是低级官员、乡绅，甚至民众，与京察的咨访等有一定的区别。②

推知行取既是考核制度，也是选拔制度。这一制度给予了推官和知县特别的升迁机会。明人沈德符提到，考选法出现之前，三甲进士除授推官和知县这样的外官时，"魂耗魄丧，对妻子失色，甚至昏夜乞哀以求免"。

> 自考选法兴，台省二地，非评博中行及外知推不得入，于是外吏骤重……三年奏最，上台即以两衙门待之，降颜屈体，反祈他日之陶铸。而二甲之为主事者，积资待次，不过两司郡守，方折腰手板，仰视台省，如在霄汉。其清华一路，惟有改调铨曹，然必深缔台省之欢，游扬挤夺，始得入手。而三甲进士，绾墨绶出京者，同年翻有登仙之羡。③

推知行取制度的存在以及实施的确定性，使得推官、知县与科道官这样的清华之选，具有了便捷的联系。因此，行取制度确定之前，推官、知县这样的外职，进士们都视之如敝履；而行取制度推行之后，则成为人人艳羡的美差。

推知行取为推官和知县的行为提供了制度的要求与框架。万历十九年（1591），吏部与都察院提出，考选科道官"当慎始进，必端方直亮有识之士，然后可维持国是"。④ 科道官中，监察御史更具有特殊性。嘉靖四十五年（1566），都察院右都御史王廷等陈事上言，其中提到"御史职司风宪，自非行履端方，刑名练习者，鲜克任之"。所以对于行取官员首先要"多

---

① （明）徐阶：《世经堂集》卷七，《四库全书存目丛书》集部第79册，第480页。
② 关于京察咨访，可参见余劲东《明代京察访单之研究》，《中州学刊》2015年第2期，第130~136页。
③ （明）沈德符：《万历野获编》卷二二，中华书局，1959，第579页。
④ 《明神宗实录》卷二四二，第4516页。

方体访，慎加遴选"。① 而为了获得这样的升迁机会，摆脱"政务烦劳"，推官、知县们"皆争自砥砺，不愧台省之擢"。② 总之，推知行取深刻地影响了推官和知县的在职行为。

天启四年，祁彪佳初到福建兴化府任职，在相当多的书信中表现出对行取的关注。比如在一封《与林栩菴年伯》的信中，祁彪佳提道："恭闻老年伯荣报行取，以五载神明之政而展舒于梧垣柏台间，真大丈夫得意行道之日矣。"③ 林栩菴，即林栋隆，浙江鄞县人，万历四十七年进士，初授福建漳州府推官。天启四年得到行取。祁彪佳与汀州府推官寇从化，即寇葵衷的诗文来往中，也多次提到行取。比如在一首题为《寄怀寇葵衷》的诗文中，祁彪佳有"朝来喜看征书下，双凤新衔紫佩迎"，"三载报瓜思借寇"这样的诗句。④ 则可见在任官之初，祁彪佳对推知行取这一制度就有充分的理解和期待。

天启七年春，祁彪佳三年考满"奏绩"。从推知行取这一制度的角度来看，这是最为关键的一年：三年考满之后正是为次年行取进行准备之时。友人周婴有题为《至日寿司理祁公》的诗作两首。⑤ 其中有"三载尽蠲无艺贡，五州惟见不冤民"的诗句，对祁彪佳三年政绩予以赞颂。而这一时期仍为福建儒生的周之夔，则有《寿世培司理祁老公祖序》，其中则更为明确地提到，"想公不日侍职方公，共司鼎铉，秉钧轴矢卷阿之音，襄天子土宇皈章……"⑥ 则显然表达了对祁彪佳行取进京晋升清要之职的期望。也是从这一年开始，在禀牍和尺牍中看到祁彪佳为行取所进行的准备。

五　推官行取与莆阳谳牍

天启七年，祁彪佳在一封尺牍中提道："某服官三稔，尺寸未效，来

---

① 《明世宗实录》卷五六五，第 9054 页。
② 《明神宗实录》卷三二四，第 6013 页。
③ （明）祁彪佳：《莆阳尺牍》第 1 册甲子年《与林栩菴年伯》，第 151 页。
④ （明）祁彪佳著，赵素文笺校《祁彪佳诗词编年笺校》，浙江古籍出版社，2016，第 50 ~ 51 页。
⑤ （明）周婴：《远游篇》卷一〇，第 81 页上。
⑥ （明）周之夔：《弃草文集》卷二《寿世培司理祁老公祖序》，《四库禁毁丛刊》集部第 112 册，第 583 页。

岁季夏始获及瓜。此际万千风波,不识若何济渡。"① 则在祁彪佳看来,他自己的行取有很多不确定的因素,对自己是否能够得到行取没有绝对的把握。

这与祁彪佳行取存在的一个关键问题有关,即历俸不足。天启七年,祁彪佳已经知道次年行取所规定的历俸时间在四年四个月,而计算历俸的时间截止在次年,即戊辰年(1626)的四月。祁彪佳历俸的时间要到戊辰年的六月初十日,才够四年四月整。如果截俸在戊辰年的四月,祁彪佳实际历俸的时间才四年两个多月,离规定的时间还缺一月有余。

如何在历俸不足的情况下,仍跻身行取之列?在天启七年的大量尺牍中,祁彪佳都在为这一问题向各方求助。祁彪佳希望吏部能够放松行取的历俸时间。他在信中提到,在天启二年之前,"有随满随取之例,且有少俸数月而犹得预者",这是旧例。此外,天启七年八月,明熹宗驾崩,崇祯皇帝即位,祁彪佳认为这是重要的契机,"今中朝新政焕然,登进之门必大辟矣"。为此,祁彪佳请求吏部和都察院的官员朋友能够"鼎力主持,使职一预行取之列"。② 此外,祁彪佳的父亲还曾建议以边俸来处理此事。为鼓励边地官员,明代后期,"但有实效应行取者减俸一年,以三年四月为期,即与截取考选科道"。③ 福建这一时期"海寇纵横",祁彪佳或许也可因此宽限一年。④

另一方面,历俸不足的情况下,或许也有因政绩突出而破格行取的可能。破格行取的重要步骤之一是得到巡抚和巡按御史的特别推荐,移咨铨部,以政绩突出,有"卓异之名",请求吏部给予破格行取。实际上,天启七年,在祁彪佳本人、祁彪佳的父亲以及大量官员的帮助之下,祁彪佳确实得到了破格的推荐,与他一起得到破格推荐的还有他的同科进士、福州推官赵继鼎。当时,祁彪佳少俸三月,而赵继鼎少俸六个月。巡抚、巡按将推荐送至吏部的文选司。祁彪佳感叹"不肖蒙抚台之爱真是破格……

---

① (明)祁彪佳:《莆阳尺牍》第 13 册丁卯年《与寇葵衷》,第 18 页。
② (明)祁彪佳:《莆阳尺牍》第 14 册丁卯年《与张酒崧》,第 204 ~ 205 页。
③ (明)吴甡:《柴菴疏集》卷一〇,《四库禁毁书丛刊》史部第 51 册,第 537 页。
④ (明)祁彪佳:《莆阳尺牍》第 16 册丁卯年《与赵景毅》,第 117 页。

真不知何以能报此提携也"。① 他在和赵继鼎的书信往来中，也再次地指出，"两台垂情我辈，特移一咨，真成破格知遇之恩"。②

明代推官职在刑名，则政绩突出的重要体现，是处理刑名案件的能力。祁彪佳在其推官任上，曾经刊刻《玉节传奇》。好友倪元璐曾为该传奇作序，指出："故是记则祁氏之刑书也，名音曰律，名法亦曰律，故世培之能于司刑，于此可知也。"③将祁彪佳这一推官的身份与传奇的刊刻联系，专门说明传奇的刊刻也能展示祁彪佳的刑名能力。这一方面说明在时人看来，推官的刑名能力需要展示；与此同时，如果连传奇的刊刻都可以成为刑名能力的展示途径，则谳牍的刊行则是对刑名能力更为直接全面的展示。天启七年部分莆阳谳牍的刊行，显然与这一目的有关。而无论是祁彪佳自己的《莆阳谳牍序》还是周婴的《谳牍矜疑篇序》，均充分强调了这一展示的目的。

而"小刻"莆阳谳牍的赠送对象以知县、乡绅为主，则可能与咨访有关。因为面临同样的问题、同时获得特别推荐，祁彪佳与赵继鼎有同舟共济之感。他给赵继鼎的信中，询问两台给吏部的咨文，都察院各道是否知会，特别是河南道是否知会。他认为"河南道终得一咨为妙"。④ 都察院所属河南道正是主要的负责咨访的机构。⑤ 可见祁彪佳是关注到咨访这一程序的。他也充分理解舆情的重要。他在《予来表叔》的书札中提到："物望既孚，自是转盼铨垣，不在荐剡之高下也。"⑥

总之，天启七年的刊刻，特别是部分莆阳谳牍的刊刻，是祁彪佳为自己的行取所做的准备之一，因此虽然仓促，也得刊行。而《莆阳谳牍序》的写作也有同样的目的。该序强调自己的刑名谳牍不负父望，经得起天下人的检验；而序言中提到的这一《莆阳谳牍》又专门"检梓矜疑"，只刊

① （明）祁彪佳：《莆阳尺牍》第15册丁卯年《与欧阳游戎》，第39页。
② （明）祁彪佳：《莆阳尺牍》第16册丁卯年《与赵景毅》，第115页。
③ （明）祁彪佳：《远山堂文稿》收入《全节记序》，第267～268页；（明）倪元璐：《倪文贞集》卷七《祁世培司李玉节传奇序》，《景印文渊阁四库全书》第1297册，第84页。
④ （明）祁彪佳：《莆阳尺牍》第16册丁卯年《与赵景毅》，第191页。
⑤ 余劲东《明代京察访单之研究》（《中州学刊》2015年第2期）对河南道职掌多有描述与讨论，可参见。
⑥ （明）祁彪佳：《莆阳尺牍》第14册丁卯年《与来表叔》，第129～130页。

发经过祁彪佳本人努力而最终得到平反的案件，均有展示自己刑名能力的特征。从这个意义上，也可以推测《莆阳谳牍序》可能成于天启七年，是为这一年刊刻部分《莆阳谳牍》准备的。

而这也可以解释现存明抄本《莆阳谳牍》与天启七年刊刻的"莆阳谳牍"有所不同的原因。如果说天启七年"莆阳谳牍"的刊刻有针对性和目的性，因此所选的谳牍容量不大而主题明确，明抄本《莆阳谳牍》则比较完整地收入了祁彪佳推官任上的谳牍，因此容量大，内容丰富。明抄本《莆阳谳牍》的存世与祁彪佳本人的习惯有很大的关系。祁彪佳确实非常关注收集自己的公牍。他曾经向一位同僚要回一份文职官员的评语与小传，这是之前祁彪佳自己做完并发给这位同僚的。祁彪佳解释要回这些文件的原因，说"弟欲以存稿也"。①

如果说天启七年《莆阳谳牍》的刊行展示了它与晚明推知行取的关系，明抄本《莆阳谳牍》则较好地展示了推知行取制度下，晚明推官的司法实践。第一，从《莆阳谳牍》包括的内容来看，推官作为基层的专门司法官员，需要对大量案件进行初审。但是这些初审的案件中，重罪案件的比例较小，其中大部分为杖罪及杖罪以下的案件。而明朝的详谳制度规定，初审在杖罪以及杖罪以上的案件，均需要以"招"的形式报上级司法机构进行覆核，即申详。② 则可以看到，作为推官，其最终司法决定权是比较低的。与此同时，推官与各级刑名事务官员交流频繁：推官对属县的案件进行覆审或者覆核；推官接受上司批发的案件，并将结果向其汇报；推官审理的杖罪以上的案件需要详谳；推官随同按察司官员、巡按御史官员、巡刑官员对相关地区的案件进行覆核等等。

明代推官，每府设一员，正七品，以"理刑名，赞计典"为主要职掌。③ 以上的司法实践，当然与这一职掌有关；同时也与推知行取这一制度关系密切。新任推官并无实际的刑名经验，在政务处理上不够成熟。这就是科道官，特别是监察御史的选拔中，新进进士不能成为候选人的原

---

① （明）祁彪佳：《莆阳尺牍》第16册丁卯年《与徐石城》，第39页。

② 关于明代推官的审判与详谳，可参见吴艳红《制度与明代推官的法律知识》，《浙江大学学报》2015年第1期。

③ 《明史》卷七五《职官四》，中华书局，1974，第1849页。

因。推官、知县行取中，最起码要任职三年，而且考满合格，则说明所行取的推官，在这三年中，需要得到成长，无论在刑名事务和一般的政务处理中，均更为成熟。一方面减少其司法责任，把推官的司法决定权限制在杖罪以下；与此同时，通过刑名事务的处理，以及与各级司法官员的交流，给予推官熟悉刑名事务的机会，提高其"平情理枉"的能力，这是推知行取这一制度框架为晚明推官所设定的司法实践。

第二，在与各位上司的交流中，推官与巡按监察御史的关系最值得关注。《莆阳谳牍》中的看语多应巡按御史之命而作。《祁忠敏公年谱》记载，天启四年夏，即祁彪佳上任不久，就有"奉檄查覆郡邑"之事。[1] 祁彪佳提到自己"惟以按台行事之迟速为行止耳"。[2] 在案件的覆核中，祁彪佳与按院之间交流频繁。比如给按院赵公的禀帖中，祁彪佳提到："卑职某恭承老大人宪命，谨撰完看稿，较抚院多备数语，以候老大人裁择。"[3] 在给按院姚公的禀帖中，祁彪佳对自己的覆核结果解释如下："由语之矜疑，卑职凭臆胪列大小共二十余起，非谓尽可开一面者，盖有拈破今日之拟端，正可成后日之铁案，是出之乃所以为入耳。况此番讯谳原不难于入，而难于出，故有方定爰书而卑职□为洗发，从无翻驳而卑职犹致推敲者，盖仰体老大人好生大仁，遵奉勿拘成案之明文耳。"[4]

《祁忠敏公年谱》指出，"往以是役为直指耳目"，即推官为巡按监察御史的耳目。因此，推官出行覆核，仪仗随从各处接待供应，"类无不与直指等"。[5] 丁绍轼，字文远，南直隶池州贵池人，万历三十五年进士。天启二年，他曾作《赠周司理应内召序》一文。其中充分论述了推官与监察御史之间的关系，解释推官何以成为直指之耳目及其与推知行取制度的关系："今夫世之所以重司理者，岂非以司理为直指耳目哉"，"司理为直指耳目，直指非所称天子耳目哉"，指出周司理行取内召，"或为省垣或为直指，其为天子耳目一也"。他说："世有于直指耳目则优，于天子耳目则

---

① 《祁忠敏公年谱》，《祁彪佳日记》附录一，第852页。

② （明）祁彪佳：《莆阳禀牍》，《祁彪佳文稿》第3册，书目文献出版社，1991，第2517页。

③ （明）祁彪佳：《莆阳禀牍》，第2469页。

④ （明）祁彪佳：《莆阳禀牍》，第2535页。

⑤ 《祁忠敏公年谱》，《祁彪佳日记》附录一，第852页。

拙？岂郡、国有二道哉？"① 这最为透彻地说明了推官作为巡按监察御史之耳目，不仅仅在于为巡按监察御史提供司法的协助，对于巡按监察御史而言，是在为天子拣选耳目；而对于推官而言，是在学习如何成为天子耳目，并向巡按监察御史展示，自己既可以成为巡按监察御史之好耳目，则当然可以成为天子之优秀耳目。

六　余论

祁彪佳于崇祯元年（1628）行取的希望最终没有落实。祁彪佳提到他父亲祁承爜希望他"安心勉励"。② 他自己也表示："俸虽逾期，不敢有一毫怠缓之心，躁进之念。"③ 李用晦，即李宗著，与祁彪佳为同年进士，福建兴化府莆田人，崇祯元年得预行取。祁彪佳在给他的信中提到，壬戌科同年进士中，没有得到行取机会的人不少，其中"计俸之相近者亦多"，希望他入朝之后，对包括自己在内的这一批人有所帮助，具体而言，则"或合词于部，或特疏于朝，以开今岁续取之路，而簿书下吏亦得脱此苦海，此弟所日夜几望者也。舍此而外吏才谫望卑，局守此中，何敢有他几望"。④ 充分表达了祁彪佳对于行取的迫切心情；也说明崇祯元年行取无望之后，祁彪佳的目标在于崇祯二年的行取。直到崇祯元年十一月，祁彪佳父亲去世，祁彪佳回乡守制，关于行取的准备和希冀才正式结束："某初或望明春行取，得附老年台于云霄之上，而今已矣。"⑤

崇祯四年，祁彪佳为其父亲守制结束，进京候选。这一年八月得到确定的消息，与崇祯四年行取的地方官一起参加考选。天启七年以来的愿望终于得以实现。

但是祁彪佳从推官任上奔丧回家之后，则似乎再无有关莆阳谳牍刊刻

---

①　（明）丁绍轼：《丁文远集》卷三，《四库未收书辑刊》第5辑第25册，第386~387页。
②　（明）祁彪佳：《莆阳尺牍》第12册戊辰年《与王葱岳师》，第195页。
③　（明）祁彪佳：《莆阳尺牍》第12册戊辰年《候林季翀师》，第215页。
④　（明）祁彪佳：《莆阳尺牍》第11册戊辰年《与李用晦》，第77~78页。
⑤　（明）祁彪佳：《莆阳尺牍》第12册戊辰年《与唐金颖》，第8页。

的信息。顺治二年（1645），在南京城破，在清朝逼请祁彪佳入仕新朝的压力下，他沉水自尽。在给后人的遗书中，祁彪佳对他著述的刊行有所交代："我所著述，可藏之深山。今年书稿要紧者，可一一录之。《救荒全书》系数年心思，于世有益。俟平宁之日，方可刻行。待尽之时，书此付理儿、班儿，转呈伯叔及兄弟一看。"① 嘱咐后代对其著述之刊行需要谨慎行事。其中并没有提到谳牍。

清初盘峤野人编《居官寡过录》，"爰取当代诸名公以为民父母，热肠诚中形外，见于笔墨者集为一编"。② 其中卷六判语部分收入署名祁虎子的判语两条，分别为《宪剿势佔谳语》和《犯上诬官谳语》。其中《宪剿势佔谳语》一则判语如下：

> 刘宦告赎山田，该县断归原主，令备产价以偿，又许减半以抵历年赋役。可谓无求不得矣。乃租收三年而价不给主，将欲田价两获而以堂堂县令为尔聚敛之臣耶？贪客若此，居乡之素行可知。改断不准取赎，情法两宜，仍杖其仆以示儆。③

"见于笔墨者"，说明以上两则署名祁彪佳的判语是经刊刻而有流传的。但这两条判语并不见于《莆阳谳牍》。

有清一代，祁彪佳子孙时时以不能刊刻先人之遗著而耿耿于怀，但是"初则以畏祸避仇不敢刻，继则以遭难破家不能刻"，④ 直至道光年间，由杜煦、杜春生选编成《祁忠惠公遗集》十卷。⑤ 杜氏兄弟当时搜罗祁彪佳

---

① （明）祁彪佳：《父临诀遗嘱付儿理孙班孙遵行》，见曹晔《祁彪佳遗书补遗》，《浙江档案》2019 年第 4 期，第 46~48 页。
② （民国）刘玉玑、仇曾祜修，胡万凝纂《太谷县志》卷八，《中国方志丛书·华北地方》第 397 号，成文出版社，1968，第 1149 页。盘峤野人，名胡衍虞，字恪臣、恪山，山西太原府太谷县人。同为太原人的傅山曾经观览胡衍虞之著作，对其有"郡南第一才人"之感叹。傅山于康熙二十三年前后去世。则胡衍虞应该为清初之人。傅山著，尹协理主编《傅山全书》，山西人民出版社，2016，第 20 册，第 74 页。
③ （清）盘峤野人：《居官寡过录》卷六，《官箴书集成》第 5 册，黄山书社，1997，第 153 页。
④ （明）祁彪佳：《祁忠敏公日记·祁忠敏公日记跋》，第 1 页。
⑤ （清）杜煦、杜春生《祁忠惠公遗集》十卷，清道光十五年刻本。收入沈乃文主编《明别集丛刊》第 5 辑第 77 册，黄山书社，2013。

遗著，并未提及谳牍。① 与司法有关的资料，《祁忠惠公遗集》只收录了判语三则，分别为《杀弟抛尸事》《宪剿势佔事》《地方事》。其中《宪剿势佔事》与盘峤野人胡衍虞在清初所录基本相同。② 可以看到，这一时期有关谳牍的刊刻，与清初盘峤野人编《居官寡过录》时候的情形并无太大的差别。

民国二十六年，绍兴修志委员会刊刻祁彪佳的日记，同时对祁彪佳遗著进行了清点，有《祁忠敏公遗书存目记》，记录遗著共有三十五种，二百余册，其中包括了明末抄本《莆阳谳牍》十三册，其下注明：福州二，漳州一，泉州一，延平一，兴化八。③这一版本应该就是国家图书馆现存的明抄本《莆阳谳牍》。

天启七年之后，祁彪佳再无刊刻莆阳谳牍的举动，可能与其数量庞大、刊刻不易有一定的关系；但是更重要的恐怕还是因为天启七年，部分莆阳谳牍已经得到刊刻，在行取中完成了自己的使命，而崇祯元年十一月之后，行取之事因守制而被搁置。

---

① 杜氏在后序中说明，他们看到的著作只包括了《越中亭记》、《救荒全书》和《寓山志》，其他日记和年谱只是听说，并未见到。《道济录》《祁虎子稿》《玉节传奇》等，因为祁彪佳同时代人曾经提及或做序而知或有存世，但也未购得。参见（明）祁彪佳《祁彪佳集》，中华书局，1960，第256～257页。
② 《祁忠惠公遗集》所录《宪剿势佔事》内容如下："刘宦告赎山田，该县断归原主，令备产价以偿，又许□□以抵历年赋役。可谓无求不得矣。乃租收三年而价不给主，将欲田价两获而以堂堂县令为尔聚敛之臣耶？贪吝若此，居乡之素行可知。改断不准赎，情法两宜，仍杖其仆以示徵。"（清）杜煦、杜春生主编《祁忠惠公遗集》卷三，第418页。
③ （明）祁彪佳：《祁忠敏公日记·祁忠敏公遗书存目记》，第1页。

《中国古代法律文献研究》第十三辑

2019 年，第 319~334 页

明代手本的性质与运作

李翼恒*

摘　要：在明太祖于洪武年间所定行移体式中，手本并不属于各衙门之间行移往来的正式官文书。正统以降，手本逐渐在众多衙门行移往来中占据重要地位。这种变化所反映的正是明代整体社会环境的变化，导致其国家治理体系发生变迁。同时，由于手本使用范围的扩大，原本无"尊卑"色彩的手本也逐渐产生出了区别上下的运行机制。

关键词：明代　官文书　手本

手本，作为明代官文书的一种，在明代中期以后的史料中较为常见。①
如明英宗于正统十四年（1449）出京亲征时，礼部在上奏中提道："各王

---

* 中国社会科学院研究生院博士研究生。
① 明代手本一般有"官文书"与"名刺、拜帖"两种含义。如明末清初人张怡所记："永嘉（张璁，浙江永嘉人）当国，有一教谕起补，入辞，当用手本而误用折简。永嘉怒，召文选以折简与之。"〔（清）张怡：《玉光剑气集》卷三〇《杂记》，中华书局，2006，第 1062 页〕文中所述教谕在拜见嘉靖初年的内阁首辅张璁时，本该使用手本投递，却误用折简。从中可知，此处的手本与折简的功能相同，皆为不同品级官员在拜见上司时所用的"名刺"。本论文所论述的明代手本，仅为作为官文书使用的手本，不涉及后一项含义。

府进贺表笺，礼部具手本送司礼监，交收差来人员发回。"① 又如，万历年间重修《大明会典》，张居正所上题本中即说"准礼部手本"，即六部行移内阁，亦使用"手本"。②

现存明代档案中保存有许多手本实物，如《户部云南清吏司为查明九江卫指挥任之亮领运漕粮全完无欠事手本》：

> 手本（全印）
> 户部云南清吏司为怜准循例咨叙擢用等事。准
> 兵部职方司手本。前事。内查九江卫指挥任之亮
> 所领漕粮果否完全缘由到司。准此。查得，任之亮
> 领运崇祯九年分漕粮，委果全完无欠。又经本部题
> 覆，叙录在案。今准前因，相应移覆。为此，合用手本，
> 前去
> 兵部职方清吏司，烦为查照施行。须至手本者。
> 崇祯拾年拾壹月（全印）　　初九　日署司事员外郎贾必选③

崇祯十一年（1638）十一月，户部云南清吏司应兵部职方清吏司手本要求，查明九江卫指挥任之亮所领漕粮事务完全无欠，为此发手本回复兵部职方清吏司。从实物来看，用于行移其他官署的手本多在起始与结尾两页同盖官印，其中起始页往往书有"手本"二字，结尾页则书有签发日期及签发官员（一般为发出机关的主官）的职衔、名姓。④ 从中可见，作为当时官府行移时所使用的"手本"已有了相对严格的官文书规范。

然而，按照明初《洪武礼制》中所规定的《行移体式》与《署押体

---

① 《明英宗实录》卷一八〇，正统十四年七月癸巳，台北，中研院历史语言研究所整理本，1962，第 3489 页。
② 万历《大明会典》卷首《重修题本》，台北，文海出版社，1964 年影印本。
③ 中国第一历史档案馆编《中国明朝档案总汇》第 27 册《户部云南清吏司为查明九江卫指挥任之亮领运漕粮全完无欠事手本》，广西师范大学出版社，2001，第 455~456 页。
④ 如《中国明朝档案总汇》第 7 册《锦衣卫经历司为有功官旗遵例三年升叙事手本》，第 102~105 页；第 22 册《锦衣卫经历司为遵例请赠谥事手本》，第 447~449 页；第 40 册《司礼监太监为万寿圣节陈设马匹事手本》，第 72~73 页；等等。

式》，包括上行、平行、下行文书，均无"手本"。一般史书中对于"手本"也没有明确的解释，因此，关于明代的"手本"的性质，存在着诸多未明之处。① 本文将以各种文献、档案为基础，考察明代的"手本"的性质，说明"手本"作为官文书的功能与地位。

一 明代手本的出现

目前明代史料中最早关于"手本"的记载，是明人王世贞在《弇山堂别集》中所收录的洪武三年（1370）四月九日明太祖朱元璋给曹国公李文忠的手书：

> 母舅说与保儿知道，火者狗儿将到手本一个，上面写着的皆是犯号令的人。手本上打的也打的是，杀的也杀的是，若不如此，这作歹不怕。你在那军中调守许多军马，务不要偏向，凡事都要中平服人，但有偏向，不能服众，中平人喜。②

在这封兼具家信性质的手书中，朱元璋提到火者（宦官）带给李文忠一个手本，上面记载着违反军令的人的信息，由李文忠严厉处置。此处的手本虽然与正式官文书有所区别，但已初具雏形。

洪武十五年，颁布《行移体式》及《署押体式》，对各官署往来官文书种类及格式做了明确的规定，其中上行文书包括"咨呈""牒呈""申"，下行文书包括"照会""札付""故牒""帖"，平行文书包括"咨""平牒""平关"，但并无"手本"的规定。③ 洪武三十年颁行的

---

① 目前对明代手本讨论较为详细的有李萍、何朝晖《明代的手本》，《历史档案》2013年第4期，第129~132页。

② （明）王世贞：《弇山堂别集》卷八六《诏令杂考二·与曹国公手书》，中华书局，1985，第1650页。

③ （明）张卤辑《皇明制书》卷二《洪武礼制》，《北京图书馆古籍珍本丛刊》第46册，书目文献出版社，2000，第49~55页。

《大明律》中，《吏律》有关"公式"部分，亦无"手本"行移的规定。①
对此，李萍、何朝晖认为明代前期的手本仅具有"准公文"的性质，"并
不是正式的公文类型"。②

虽然《行移体式》、《署押体式》及《大明律》中没有关于"手本"
的规定，不过在明初的史料中，已经有关于"手本"的记载。洪武二十五
年（1392），明太祖下令："各衙门催办公事、勾军提人等项，复命人员，
如有事务不完等项……及各衙门一应编号手本，送该科，皆不必烦奏。"③
即在洪武二十五年前，各衙门已有将手本进行编号并奏明皇帝的惯例，则
手本显然已经具备了正式官文书的性质。又如，洪武二十六年定，吏部
"遇有应给诰敕官员，具本奏闻。仍具印信手本，开写合授散官，并年籍
脚色，送中书舍人。候书写完备，本部具印信手本，送尚宝司"。④ 吏部在
奏报皇帝后，开具的载有官员履历及应授散官等信息的手本，主要承担的
是吏部与中书舍人、尚宝司之间为公事而行移往来的职能。明初手本在这
一流程中应被视为正式官文书。

综上所述，虽然手本并未作为正式官文书出现在洪武年间国家所规定
的行移体式之中，但已经承担了沟通不同官衙之间的正式官文书的作用。
这也是明代中期以后手本作为官文书得以广泛使用的前提条件之一。

二　手本使用范围的扩大

随着明代社会整体环境的改变，明代国家机关随之发生相应变化
也是大势所趋。伴随着洪武时期所定制度的不断变更，手本的地位也
在不断上升，并逐渐成为明代官司衙门之间行移往来的重要官文书种
类之一。以《明实录》为例，明英宗正统十四年（1449）前，未有一
次出现"手本"字样。自明英宗正统十四年七月开始，⑤《明实录》中

① 黄彰健：《明代律例汇编》卷三《吏律·公式》，中研院历史语言研究所专刊之七十五，
1979，第443～454页。
② 李萍、何朝晖：《明代的手本》，《历史档案》2013年第4期，第129页。
③ 万历《大明会典》卷四四《礼部二·朝仪·诸司奏事仪》。
④ 万历《大明会典》卷六《吏部五·验封清吏司·诰敕》。
⑤ 《明英宗实录》卷一八〇，正统十四年七月癸巳，第3489页。

"手本"共出现 52 次，且呈不断增加态势。结合现存明代档案，辅以其他史料，将明代中期以后，手本在官司衙门行移中的使用情况依不同衙门的性质做以下讨论。

（一）洪武朝所定行移体式中没有具体规定而后来出现的衙门

明代国家制度的不断变更，出现了许多洪武年间未设置或当时设置但并未参与国家治理体系的机构，如以司礼监、御马监为代表的内官体系，以总督、巡抚与兵备道为代表的外官体系。对于这些新出现的机构，由于洪武年间所定行移体式并未涉及，"格式'简便'，比较灵活"① 且在制度上未有严格限制的手本便成为这些新兴权力机构与其他衙门之间行移往来的文书体式。

1. 内官行移他司，普遍使用手本

以内官为例，虽然内官二十四衙门在洪武年间早已设置完备，但明太祖对内官群体约束较严，"敕诸司毋得与内官监文移往来"。② 自永乐以降，内官开始介入朝政处理体系，司礼监接收大臣奏章，并在皇帝怠于政务时代其批复，取得"批红权"；御马监则在永乐年间掌握了统帅亲军指挥使司十二卫及亲军数千人的权力。③ 此后，皇帝陆续派遣内官赴各地担任镇守、监视、矿监税使等职务，内官权力得到了极大的扩张，便不可避免地要与其他官署发生行移往来。碍于祖制，手本便成为了内官行移他司的较为合理的选择。

崇祯十年（1637）十一月，御马监太监崔进颂、陈镇夷分别出任分守昌宣等处内监与分守真保涿易龙固等处内监。按照规定，兵部要行文内阁制敕房为两人办理撰写敕书事务，二人遵照要求发手本开列各自信息行移兵部职方清吏司。④ 崇祯十三年四月，分守真保涿易龙固等处陈太监奉调回京，发手本将标下中军刘有实推荐给兵部，请兵部核用。⑤

---

① 李萍、何朝晖：《明代的手本》，第 131 页。
② 《明史》卷七四《职官三·宦官》，中华书局，1974，第 1826 页。
③ 《明孝宗实录》卷一三〇，弘治十年十月辛卯，第 2308 页。
④ 《中国明朝档案总汇》第 28 册《御马监太监崔进颂为查明升任官衔事手本》，第 102～104 页；《御马监太监陈镇夷为查明官衔事手本》，第 105～107 页。
⑤ 《中国明朝档案总汇》第 34 册《御马监太监为推用刘有宝补中军员缺事手本》，第 92～94 页。

不只内官行移其他衙门时使用手本，其他衙门在发文给内官时也会选择手本。崇祯十四年十二月，礼部为遇皇帝生日，题请陈设马匹。圣旨发下，礼部开具手本发御马监。御马监题覆，崇祯帝命停止于万寿节"陈设马匹事"。为此，"司礼监秉笔掌印太监兼掌御马监印务"发手本给礼部，请礼部遵旨施行。①

此外，万历三十七年（1609）六月，督理通湾租课张太监因厉仲仁等水手"不法事情"，将其收押，由于事涉曲阜衍圣公府，发手本"先行移知"。衍圣公府收文之后，同样发手本回复张太监。②

从上可知，在内官与他司行移时，往来双方都会选择手本来进行。

2. 分守、分巡、兵备等道使用手本行移往来

在明代中叶方才成为地方定制的分守、分巡及兵备等道也属于上述这种情况。

万历三十二年五月，妇女刘氏赴金复海盖兵备处控告因奸杀人一事，后被告徐良太反告刘氏诬赖人命。为此，金复海盖兵备提拘赵景阳、刘氏等人。因案件所涉人员为盖州卫所辖军户，为此金复海盖兵备发手本给盖州卫经历司，要求盖州卫经历司将被告等人押解到道。盖州卫经历司将被告等人拘押后，呈文请示岫岩等处地方都指挥，经批准后发手本回复金复海盖兵备道。③

崇祯十一年（1638）六月初一日，曲阜衍圣公府发手本给东昌分巡道，称前一年装载有万寿庆贺表等贵重物品的船只在途经清源口时被"积蠹埠头""掳劫一空"。为此，开列案犯姓名及被抢物品，请东昌分巡道"查究施行"。④此外，还有衍圣公府于崇祯十二年七月二十六日发某道手本、崇祯十五年闰十一月发兖西道手本及崇祯十六年九月发学道手本的

① 《中国明朝档案总汇》第40册《司礼监太监为万寿圣节陈设马匹事手本》，第72～73页。
② 中国社会科学院历史研究所编《曲阜孔府档案史料选编》第2编《手本钦差张太监为烦将见押犯案水手转送来府以凭审究事》，齐鲁书社，1988，第69页。
③ 《中国明朝档案总汇》第96册《岫岩等处地方都指挥使指挥佥事为徐良太告刘氏诬赖人命案的手本》，第167～173页。
④ 《曲阜孔府档案史料选编》第2编《手本东昌分巡道为埠头徐文盛等诈银不遂纠党掳劫烦为重究事》，第101～102页。

事例。①

3. 总督、巡抚使用手本的情况

除了上述衙门外，诸如总督、巡抚等不属于明初祖制的官署也有使用手本的情况，如正德年间巡抚南赣的王守仁在宁王叛乱时就曾伪造与其他官署的调兵手本，使宁王信以为真。② 嘉靖九年（1530）二月初七日，山西巡抚、镇守总兵因南下"虏贼一半已渡河西"，合发手本给陕西巡抚寇大叙，要求将山西派往陕西协防的援军调回。③

不过，因总督、巡抚在安抚地方时，虽在制度上属于临时差遣，但往往会加都察院都御史的职衔，在形式上为中央职官，故在与其他衙门行文时能按照都察院的体制往来。如崇祯七年（1634）八月，清军进攻大同、宣镇等地，宣大总督张宗衡与宣镇巡抚焦源清二人就调兵防御一事产生矛盾。兵部并未以手本而是以咨文的形式将皇帝对于此事的裁决分发给二人，④ 正是出于六部平咨都察院的原因。⑤

（二）洪武朝所定行移体式中有具体规定但其后职权发生较大变更的衙门

明代国家制度的变化，不仅表现于新设置机构的不断产生，还表现为一部分在洪武年间设置并在当时已经参与国家治理的机构，在日后因皇权

---

① 《曲阜孔府档案史料选编》第 2 编《手本□□道为豪衿倚恃学霸侵占官房官地请行究处事》，第 103 ~ 104 页；《手本充西道为请速结魏同交一案以正律法事》，第 332 ~ 333 页；《手本按院、学道为牛灿若等嘱官穿党抄杀王士英家口烦为严究事》，第 111 ~ 112 页。

② （明）王守仁撰，吴光等编校《王阳明全集》中册《告示在城官兵七月十八日》，上海古籍出版社，2015，第 492 页。

③ （明）万表编《皇明经济文录》卷三八《榆林·延绥救荒事宜疏》，辽海出版社，2009，第 778 页。

④ 《中国明朝档案总汇》第 17 册《兵部为宣兵赴援外调镇城已兵残势薄祈免再调发并有旨事行稿》，第 306 ~ 313 页。

⑤ 洪武十五年颁布《行移体式》与《行移往来事例》之际，都察院为"正七品衙门，止设监察御史"，至洪武十六年（1383）"升正三品衙门"，"十七年，始定为正二品衙门。"（万历《大明会典》卷二〇九《都察院一》）因此，二者关于都察院的行移往来规定并不适用。按六部平咨同属正二品衙门的都指挥使司的规定［《洪武礼制·行移体式》，（明）张卤辑《皇明制书》卷二，第 49 页］，及《大明会典》中大量关于六部平咨都察院的事例［如"（礼部）按季移咨都察院行催"（万历《大明会典》卷五七《礼部十五·王国礼三·婚姻》）］，可知六部与都察院行移往来，同样应使用"平咨"。

有意扶持而产生职权上的较大变更。对于这些机构，虽然《洪武礼制》一书对其行移体式有着具体的规定，但随着权力的变更，继续严格按照祖制执行就会产生一些名实不副的现象，诸如事实上权力较大、地位较高的衙门对事实上权力与地位较低但在明初所定制度中属于上级的衙门使用上行文书。或许为了避免这种"尴尬"，手本在此时也成为这些职权发生较大变更的衙门在文书行移时的选择。

1. 锦衣卫

这类官署中最为典型的例子当属锦衣卫。尽管锦衣卫在洪武年间拥有比其他亲军卫更为重要的地位与权力，但尚不十分突出。① 所以在《洪武礼制》中规定："六部照会……各护卫经历司"，而"在京并直隶各外卫指挥使……呈六部"，即六部对包括锦衣卫在内的各护卫使用下行文书"照会"，锦衣卫等在京各卫则对六部使用上行文书"呈"，并通过卫经历司进行文书的转承。②

永乐以降，锦衣卫的权力与地位得以不断提高，③ "虽职事仍旧，而任遇渐加，视诸卫独重焉"。④ 因此，锦衣卫"恒以勋戚都督领之"，⑤ 掌卫官的品级远超其在制度上规定的正三品。例如，崇祯九年（1636）八月，锦衣卫南镇抚司镇抚骆养性为其父（原锦衣卫掌卫官骆思恭）奏请追赠谥号时，自述骆思恭的职衔为少傅兼太子太傅，为从一品。⑥ 此时，选择手本这一没有明显上行或下行意味的文书体裁，进行文书行移也成为一种合理的选择。如崇祯三年三月，崇祯帝命兵部按照以往惯例为锦衣卫有功人员叙功升迁。兵部武选清吏司发手本给锦衣卫经历司，要求开列有功官旗

---

① 锦衣卫早在洪武年间就已设置并被赋予了审理刑狱的权力，但到洪武二十年（1387），明太祖因锦衣卫在审问犯人时"锻炼成狱"，下令"取其刑具悉焚之，以所系囚送刑部审理"，从而剥夺了其司法权（《明太祖实录》卷一八〇，洪武二十年正月壬子，第2722～2723页）。

② 《洪武礼制·行移体式》，（明）张卤辑《皇明制书》卷二，第49页。

③ 明成祖即位之后，恢复了锦衣卫审理刑狱的权力，并不断扩大其侦缉方面的职权。锦衣卫也因皇帝的特殊重视，其规模得以迅速扩大，至嘉靖时，"仰度支者凡十五六万人"[（明）王世贞：《锦衣志》，收录于沈节甫辑《纪录汇编》卷一九五，《中国文献珍本丛书》，中华全国图书馆文献缩微复制中心，1994，第2123页]。

④ 万历《大明会典》卷二二八《上二十二卫·锦衣卫》。

⑤ 《明史》卷七六《职官五·锦衣卫》，第1862页。

⑥ 《中国明朝档案总汇》第22册《锦衣卫经历司为遵例请赠谥事手本》，第447～449页。

职衔、姓名，以便按例升叙，锦衣卫经历司开列本卫按例升迁人员姓名，发手本回复武选司。①

此外，不仅锦衣卫整体的地位、权力有所变更，锦衣卫内部组织结构也产生了较大程度的变更。最为明显的便是南、北镇抚司的分置及北镇抚司独立于锦衣卫之外，② 这种变更也表现在了北镇抚司的文书行移之上。例如，同样为崇祯三年三月皇帝命兵部升叙锦衣卫有功人员一事，兵部武选清吏司在按制度发手本给锦衣卫经历司之后，又单独发手本给北镇抚司，请北镇抚司也将有功官旗人员信息开列，以便兵部办理。北镇抚司接武选司手本后，也没有经过锦衣卫经历司，径直发手本回复武选司。③ 而在前文所述锦衣卫南镇抚司镇抚骆养性为其父骆思恭请谥一事中，与兵部武选清吏司之间的手本往来皆是经由锦衣卫经历司，南镇抚司并未直接发文，从中也可看出北镇抚司的独立性。④

值得注意的是，在上述两起行文中，虽然按照《洪武礼制》的规定，与兵部发生文书往来的是锦衣卫经历司，但是兵部方面同样是由其下属的武选清吏司与其进行文移交接，这也与《洪武礼制》中的规定有所区别。这说明行移文体在发生改变的同时，文书转承机构也发生了某些改变。

2. 翰林院（内阁）

除锦衣卫外，另一个职权与洪武时相比发生较大变更的机构当属翰林

---

① 《中国明朝档案总汇》第 7 册《锦衣卫经历司为有功官旗遵例三年升叙事手本》，第102～105 页。
② 洪武初，锦衣卫与其他军卫相同，内部设镇抚司，专理本卫刑狱事务。洪武十五年（1382），明太祖又于锦衣卫内设置一镇抚司，"专理诏狱"，于是原来的镇抚司便称为南镇抚司，新设镇抚司则为北镇抚司。北镇抚司设置之初，仅有审讯犯人的权力，判决仍须送交刑部等法司衙门问理，自成化元年（1465）开始，北镇抚司可以不经过法司，直接上奏皇帝对犯人进行裁决，权力日增。不仅如此，北镇抚司因负责诏狱，对皇帝直接负责，因此其开始独立于锦衣卫。到成化十四年，北镇抚司被单独铸给印信，"凡问刑，悉照旧例，径自奏请，不经本卫。或本卫有事送问，问毕，仍自具奏，俱不呈堂"，基本不受本卫节制（万历《大明会典》卷二二八《上二十二卫·锦衣卫》）。
③ 《中国明朝档案总汇》第 7 册《锦衣卫经历司为有功官旗遵例三年升叙事手本》，第102～105 页。
④ 《中国明朝档案总汇》第 22 册《锦衣卫经历司为遵例请赠谥事手本》，第447～449 页。

院。由于翰林院的地位和职权相对较低，^① 故在明初所定礼制中，六部使用下行文书"照会"翰林院，而翰林院则使用上行文书"呈"六部。^②

永乐以降，发轫于翰林院的内阁渐成为明代辅佐皇帝处理政务的决策机关，权力凌驾于六部之上。不过，在明代国家治理体系中，内阁的性质始终为依附于翰林院的临时机构。^③ 因此，万历《大明会典》载："内阁、翰林院称同官，其院事主于内阁，而掌印则以学士。"^④

以洪武二十六年（1393）所定给授功臣诰命的流程为例，由吏部札付翰林院令其撰写，并开具手本送中书舍人书写，尚宝司用印，具奏颁降。^⑤当时吏部为撰写诰命一事与翰林院行移时，正式文书为吏部开具的属于下行文书的札付。

随着内阁权力与日俱增，继续严格按照洪武年间所定的礼仪，同样会出现与锦衣卫类似的"名实不相符"的问题。景泰元年（1450）九月，户部尚书兼翰林院学士陈循上奏：

> 臣待罪翰林，职掌制敕。凡六部、都察院等衙门奏奉圣旨请写制敕、撰述册祭并拟封谥圣旨榜文等项手本，乞令各衙门今后俱从堂上官佥书用印，方许送院。又臣今后移文于各衙门堂上臣，宜佥书于各司属，止令孔目佥名，臣惟判案用印。庶于事体为当。^⑥

陈循在奏疏中透露，此前六部、都察院等衙门请翰林院撰写敕书等事时，已经改变了使用下行文书"札付"的惯例，但依然只会开具没有用印的白头手本。陈循建议，以后必须开具带有各衙门堂上官佥名、用印的手

---

① 明初，仿唐旧制，设置翰林院，正三品衙门，后于洪武十四年（1381）改为正五品，设学士、侍读学士、侍讲学士等官，"职专制诰、文册、文翰等事"（万历《大明会典》卷二二一《翰林院》）。

② 《洪武礼制·行移体式》，（明）张卤辑《皇明制书》卷二，第49页。

③ 内阁在办理公务、行移其他衙门时，使用的仍为翰林院印，而其他衙门在行移内阁时，也称其为翰林院，只有内阁在单独向皇帝呈奏机密事宜时才会使用特赐的文渊阁银印（万历《大明会典》卷二二一《翰林院》）。

④ 万历《大明会典》卷二二一《翰林院》。

⑤ 万历《大明会典》卷六《吏部五·验封清吏司·功臣封爵》。

⑥ 《明英宗实录》卷一九六《废帝郕戾王附录》卷一四，景泰元年九月庚戌，第4154页。

本，方准送内阁。同时建议，以后翰林院发文给各衙门堂上官时，应由各衙门的"司属"来接收，而翰林院方面也只命孔目这种首领官来佥名，自己则只要批答用印即可。景泰帝批准了陈循的奏请，自此之后，手本便取代札付，成为六部等衙门为撰写敕书等事而与翰林院行移往来的正式文书。

崇祯十年（1637）十一月，兵部奉圣旨发手本给内阁，"移请分守昌宣等处内监魏邦典等敕书"。原文为"本部（兵部）……业经移文内府翰林院，请写敕书"，即在正式行文中将内阁称为内府翰林院。内阁制敕房，发"手本前去兵部职方清吏司"，称来文中只有任职地方而无所属衙门及官衔等信息，不便撰写，要求查明各位内监的官衔等信息，以便办理。在这个例子中，兵部发手本给内阁，以翰林院视之，而内阁在回复兵部时则与景泰元年（1450）陈循所奏相同，内阁并不直接回文，而是通过其下属机构制敕房，收文则由兵部的"司属"——职方清吏司来负责。

嘉靖年间曾任南京翰林院孔目的何良俊提道："见南京翰林院掌院先生，自佥名回各司手本，于事体颇觉有碍。"[1] 南京翰林院直到嘉靖年间依然是由掌院学士亲自佥名回复各司，则景泰元年所规定的翰林院与其他衙门文书行移的体式，针对的仅仅是北京翰林院——实际上的内阁。这也可以印证，文书行移体式的变化在相当大的程度上，取决于文书往来双方实际权力的消长。南京翰林院虽然在制度上与北京翰林院平行，但其并未拥有后者那样大的权力，因此只能在文书行移中"低人一等"。

另外一个兵部请敕的事件，则更加清晰地说明了手本在六部与内阁往来时的正式官文书的地位。崇祯十二年（1639）二月，兵部发手本给内阁，请为新设的保定兵备道兵备官钱天锡撰写敕书。制敕房查明，新设兵备道所辖地方与易州兵备、井陉兵备、大名兵备等旧道辖地有相重之处，及新道辖区与山西巡抚有所关涉。因此，制敕房发手本给兵部职方清吏司，要求其将新道、旧道辖地逐一查明，方便撰写敕书。兵部职方清吏司接手本后，查明新旧辖地，认为顺德府应属旧道管辖，但其境内关隘应属新道管辖，为此难以裁夺。因此，发手本给制敕房，回复上件信息，并请

---

① （明）何良俊：《四友斋丛说》卷二八《史八》，中华书局，1959，第101页。

内阁裁夺顺德府及其境内关隘到底应归属旧道还是新道。①

在这个例子中,对于新设立的保定兵备道的具体辖地,兵部也委决不下,为此特意在手本中请求内阁为其裁夺。因此,这份手本便不只是撰写敕书时照例开送内阁的官文书,而且还具备了向内阁请示的意味。

(三) 其他衙门

除了新设置或明初已设置而后期职权发生较大变更的衙门使用手本来进行文书行移外,其他一些洪武年间即已设置且职权一直较为稳定的衙门,也曾在明中期以后的行移中使用手本。

据现存档案来看,中央六部内部各司及与他部各司之间行移往来,使用手本的情况相当普遍。② 如本文开头所述《户部云南清吏司为查明九江卫指挥任之亮领运漕粮全完无欠事手本》,为户部云南清吏司发兵部职方清吏司的手本;③ 又如崇祯十四年《礼部仪制清吏司为请准孔典训等九人观礼事手本》,为礼部内部仪制清吏司为观礼事宜发主客清吏司的手本,④ 等等。这种现象更加证明了手本在明中后期政府各机构间行移往来时,作为正式官文书的地位。

朝鲜王朝时期的学者崔世珍(1467~1543)在为当时朝鲜编纂的明代公文教科书《吏文》所作的注释《吏文辑览》中,对手本一词的解释是"六部清吏司、各处经历司,各行同品衙门属司之文,但于本衙门则行案呈"。⑤ 即当时的朝鲜人认为,六部及各衙门下属机构清吏司和经历司对其他同品级衙门下属机构行文时,会选用手本来进行,在给本衙门堂上官呈文时,则用案呈。

除了中央官衙之外,地方州县也有使用手本处理公务的情况。现存明

---

① 《中国明朝档案总汇》第 84 册《制敕房为查明增设新道请兵部职方清吏司逐一细查事手本》,第 124~125 页;《兵部职方清吏司为查明新道旧道事手本》,第 126~129 页。

② 李萍、何朝晖:《明代的手本》,第 131 页。

③ 《中国明朝档案总汇》第 27 册《户部云南清吏司为查明九江卫指挥任之亮领运漕粮全完无欠事手本》,第 455~456 页。

④ 《中国明朝档案总汇》第 39 册《礼部仪制清吏司为请准孔典训等九人观礼事手本》,第 423~425 页。

⑤ (朝鲜王朝)崔世珍:《吏文辑览》卷二之三〇,〔日〕前兼恭作遗稿、末松保和编《训读吏文(附)吏文辑览》,国会刊行会,1975,第 341 页。

代徽州文书《万历七年十月〈胡燹告金新盗砍坟木诉讼文书〉抄白》，记录了万历六年（1578）二月到万历七年十月，南直隶徽州府休宁县胡、金两姓争夺树木和山场的全过程。① 其中万历七年三月，争讼一方的金新就通过伪造已经离任的休宁县知县陈正谟的手本，来使自己处于有利地位：

> 勘得金新之山，北至水坑，形迹显然。则水坑以南皆为金新佥业也。今金新自砍山内枒枝，胡弼乃恃伊强盛，统众赶散，反捏无影虚词告扰，刁恶殊甚。合将原山断还金新永远管业。原埋孤坟一所，责令该图里长锁押本犯起牵，毋得故违，强砍金新山木，仰里长估值时价，于胡弼名下追偿。②

尽管该手本系伪造，但内容却包括知县亲勘结果、判词及对双方的处置，显为一份"问拟文书"，即当时存在地方官府通过手本来判决案件的情况，否则金新一方的伪造对其无任何益处。而且，该手本之后还附有抄录者所批注语："系陈知县去后窃印假手本。"从中可知，知县在发给地方里长关于具体案件执行的手本时，也会盖有官府印信，从而说明手本在地方州县中的官文书性质。③

此外，具有官方职役身份的里长、老人等也会使用手本向地方官府汇报公事。明刊本《刑台法律》附卷《行移体式》中"县用行移各式"提到了手本。其中，"手本式（一）"为：

> 某都某里某图里长某等，今
> 呈为某事，今将该行事件逐一查照施行，另行缴报外。今具前

---

① 原件藏中国第一历史档案馆。《中国明朝档案总汇》第 1 册，第 152~177 页。原题名为《胡燹告金新盗砍坟木案宗》，不过，该文件未钤官印，且在部分文书下注有带明显倾向性的注语，故非官府卷宗，而应该是卷宗的抄白，因此改今名。关于诉讼文卷的抄白，详见阿风《徽州诉讼文书的分类》，《徽学》第 5 卷，安徽大学出版社，2008，第 254~256 页。

② 《中国明朝档案总汇》第 1 册，第 164 页。

③ 有关该案详情及争讼一方所伪造的手本的内容与分析，参见拙文《明代徽州文书中的"手本"——以〈万历七年胡燹告金新盗砍坟木诉讼文书抄白〉为中心》，发表于"'徽学与中国传统文化'国际学术研讨会"，2018 年 10 月 20 日。

由，合行

回报。须至呈者。

　　右　具　手　本

某年某月　　　　　日具

"手本式（二）"为：

直亭老人某呈，奉

本县老爷　台前发下犯人某等，仰皁役带出取供。遵依当亭眼同审供，各执互异。今据二家执称口词开报于后，连人呈报，伏乞施行。须至呈者。

计开

　审得某等某事某件缘由

某年某月　　　　日具①

这两份文书格式一为里长呈送官府某事而开具的手本，一为老人遵奉知县之命审理案件，将审理结果回复知县而开具的手本。这两件文书最后都有"须至呈者"，通过"呈"字来体现出这是里长、老人等具有官府背景的职役人员给县衙的上行文书。

明人周孔教在《荒政议》中建议："令每保开一土纸手本送主赈官，不许指称造册，科敛贫民。"② 此处是由官府佥发的保长来负责开送"土纸手本"，将各户信息呈送官府，以避免在救灾中富厚有力之家得利，而贫民反不得救济的弊端。结合前文所述徽州文书中的手本，可知手本在地方官府与具有官府背景的职役人员间所起的重要作用。

除了上述由里长、老人、保长等呈送官府而开具的手本外，普通民人遇特殊情况也可以向官府开送手本。如吕坤在《实政录》中提及：

---

① 《刑台法律》附卷《行移体式·县用行移各式》，万历刊本。

② （明）周孔教撰，（清）俞森辑《荒政议》卷首《荒政议总纲·初一曰六先》，李文海、夏明方、朱浒主编《中国荒政书集成》第1册，天津古籍出版社，2010，第296页。

> 壮丁上城，家中无人看守，小人乘机为奸盗，但有拿获真赃者，不分强窃，当时打死示众。其饮食不足之人，开具手本禀官赈借，照出存恤。①

在遇官府佥派壮丁守城之际，如家中饮食不足，可以开具手本请求官府赈借，但这也仅限于被官府因公事（如守城）而佥派的特殊情况。由于手本的官文书属性，只有里长、老人或保甲长等具有一定官府背景的人可用。

三 手本在行移往来中的等级之分

还有一点值得关注的是，虽然手本形式灵活，且区别尊卑上下关系的意味并不十分明显，但由于明代中国的整体社会环境，手本在实际运行中依然不可避免地产生体现上下级之别的运行方式。

这方面最为典型的即是对十三道监察御史的行移。由于监察御史仅为正七品，在明太祖制定行移体式时，规定监察御史与六部有公事时，由六部派遣"都吏赴院抄案"，再由都吏"呈部施行"，"事毕，主事回牒监察御史"。②

随着监察御史实际地位与权力的提升，上述规定在明中后期的运行中也发生了变化。曾于万历年间巡抚贵州的郭子章提道："国家十三道御史道与六部各官平行文移，谓之手本。"③ 此时，十三道监察御史与六部进行文书行移时已经使用手本，并被明确认为是属于"平行文移"，而现存明代档案中即保留有相关事例。

崇祯七年（1634）八月，清军攻大同，宣大总督张宗衡陆续调派宣镇军兵救援大同。而宣镇巡抚焦源清则认为总督调兵过多，造成宣镇防御空虚，因此会同宣镇监军太监王坤和宣大巡按御史米助国上疏奏请不继续调

---

① （明）吕坤:《吕坤全集·实政录》卷九《督抚约·条票式》，中华书局，2008，第1215页。
② 《洪武礼制·行移体式》，（明）张卤辑《皇明制书》卷二，第49页。
③ （明）郭子章辑《六语》卷七《谐语》，《四库全书存目丛书》子部第251册，齐鲁书社，1995，第378页。

派宣镇军兵。圣旨发下后，兵部在回复相关官员时，对巡按米助国使用的是与宣镇监军太监相同的手本。

不过，虽然兵部在回复米助国与王坤时使用的文书体式相同，但是在发出机关上则有着明显的差别。在给宣大总督张宗衡、宣镇巡抚焦源清的咨文和给宣镇监军王坤的手本中，发出机关为兵部，给米助国的手本则为"一司手本宣大巡按米助国，发职方清吏司遵照办理"。① 即虽然回复相同且皆为兵部事务，由于巡按御史正七品的官衔与正二品的兵部正堂相差过大，故在手本行移时由品级相对较低的兵部职方清吏司发出。这一差别正说明了手本在实际运行中，仍然在一定程度上体现了区别尊卑上下的意味。

结　语

虽然在明太祖于洪武年间所定行移体式中，手本并不属于各衙门行移往来中的正式公文之一，但当时已有使用手本作为正式官文书的记录。随着明代整体社会环境的不断变化，明初所定制度不断变更，产生了一批以往未曾设置，或虽设置但未曾参与国家治理的新权力机构，还有一批机构在日后的制度变更中获得了与其初设时相比较为崇高的地位与权力。这一系列变化，都导致明初制定的行移体式开始不适应明中后期的政治现实；为此，明初即已开始使用且形式较为灵活的手本便成为上述机构行文时的合理选择，而手本也因此得以广泛行用。手本的使用范围的扩大化，产生了在明初即已设置且职权一直相对稳定的六部及六部各司之间行移也纷纷采用手本的现象。

然而，虽然手本所体现的尊卑关系并不明显，但由于明代整体社会大背景之下尊卑意识的影响，在实际政务中仍然不可避免地产生了区别尊卑上下的运行机制。

① 《中国明朝档案总汇》第17册《兵部为宣兵赴援外调镇城已兵残势薄祈免再调发并有旨事行稿》，第306～313页。

《中国古代法律文献研究》第十三辑
2019 年，第 335~354 页

清代"按语"类律学文献的出现、
递纂与版本诸问题[*]

李　明[**]

摘　要： 进入乾隆朝后，对《大清律例》的定期修辑产生了说明律例变动的"按语"，它随修例的频举而自然累聚加增，至迟在嘉庆年间已经出现对刑部所庋藏的这部分册档的整理，形成了《大清律例按语》等。并由于"按语"这一类律学作品对例文"寻根溯源"的突出特色，在司法实践中具有较强的实用性因而受到司法工作者的重视，由此不断有续辑和新的版本出现，其体例也由《大清律例按语》条文内容的"按代各自为编"发展为《大清律例根原》的"以律为纲"，更加贴近法律适用所需，成为清代律学中独具特色的一类作品。按语类文献最后以《大清律例根原》一书总其大成，学界近年对该书已有整理点校，但对该书版本源流等相关情况的考论并不详备。本文发覆该类文献的演进序列，并对自民国以来各类公私目录专书中该类文献条目的相关记载予以辨正。

关键词： 《大清律例按语》　《大清律例知源》　《大清律例根源》　《大清律例根原》　刑部律学

---

* 基金项目：本文为华中师范大学中央高校基本科研业务费项目（项目编号：CCNU17A03042）资助阶段性成果。
** 华中师范大学历史文化学院讲师。

在清代，出于司法实践的需要，官员及幕僚是从事律学研究的最主要群体，他们创造了体裁多样且数量丰富的各种律学作品。① 清代刑部是天下刑名总汇，它聚集了一批精通刑名知识的律学专家，而刑部律例馆更是刑名解释的准则，代表了清代官方法律知识的最高水平。② 由于刑部职员的进阶升等注重其刑名才具的优劣，且在部职员所办事件多系繁难，有研究律学的外在推力与内部需求，再加上刑部尤其是律例馆庋藏案牍册档资料充裕，因此在刑部研律的有利氛围下，刑部官员所创制的律学作品质量上乘，并且常常翕然影响到了国家各级司法系统中的研律风尚，或是上下追捧、抄录翻刻，或是仿其体裁、另制新篇。至迟在嘉庆年间，刑部出现了《大清律例按语》这一类的律学作品，其后有《大清律例知源》《大清律例根源》《大清律例根原》等，均是与此相似的一类作品，我们可称之为"按语"类律学作品。③ 这一类的律学作品，其先后之间并非是简单的因袭、内容上所涉时间下限的自然延展，其体例也经历了演进与发展，最后是《大清律例根原》一书总其成而成为有清一代"按语"类律学文献的典型代表。2012 年四巨册《大清律例根原》（以同治十年安徽敷文书局木活字本为工作底本）整理点校本出版，其卷末的"整理说明"对其点校使用的版本、该书的源流及刊印等问题略有申发，但还有许多问题阐之不甚详，甚至间有舛误，④ 并

---

① 可参阅张晋藩先生主编《清代律学名著选介》（中国政法大学出版社，2009）一书中所选择加以介绍和解读的作品，以及该书末尾所附录的律学作品清单列表。

② 李明：《清代律例馆考述》，《清史研究》2016 年第 2 期，第 155 页。

③ 何敏先生在《清代注释律学特点》（收入何勤华编《律学考》，商务印书馆，2004，第 479 页）一文中对清代注律的风格区分为数种，如辑注派、律例考证派、司法应用派、案例汇编派、图表派、便览派、歌诀派等。大体而已，本文所谈"按语"类律学作品属于律例考证派。

④ 在整理点校本《大清律例根原》四巨册之末，有《关于〈大清律例根原〉的整理说明》（上海辞书出版社，2012，第 2022 ~ 2119 页）一长文，对该书版本及编纂情形略有介绍，因该文主要是以《根原》一书为基础对《大清律例》律分六部之各律条内容变化进行了整理罗列和说明，对版本及编纂情况着墨不多，并且该文的撰写在文献版本上所见未周，不少问题有待商榷。例如，该文中提及《根原》的第一个版本是乾隆五十八年的《大清律例根原》，依据的是张澧中的序文，但该序文只是说此书内容是止于乾隆五十八年，并不能据此断定该书就是在这一年印行的，并且张的序文称此书名为《大清律例根源》而非《根原》。再如，该文中提及《根原》的第二个版本，名称应当是《大清律例根源》，即本文所称的"京本"，而不是《大清律例根原》，本文对孙殿起所录目录专书中记载的相关条目有辨订，不可全以孙之记载为凭。又如，该文中提及《根原》的第四个版本，所依据的是孙殿起目录专书的记载，但孙的记载本身有误，本文已有考订，海山仙馆的刊本应是道光二十七年初刊，咸丰元年可能又再次刷印；此外，该文还将咸丰辛亥误定为咸丰二年，应当是咸丰元年。以上所述均在点校本《大清律例根原》第 4 册第 2022 页，该文后面的其他问题，不再一一赘述。

且清代民国以来，各种公私目录所载这类作品数量不少，其记述的信息却很多有待辨正。本文即以此为切入点，对清代"按语"类律学作品加以梳理，着重以这类文献诸版本的递纂，发覆其演变的序列，探清文献的史料来源。

一 "按语"类律学文献产生于律例修订工作

清代"按语"类律学作品自诞生之后便广受赞誉，被视为"官阁秘本"、"律学之的派"、① "名法家用例之指南"，② 但它最初的起创、编辑并不能确切明晰始于何时、出自何人之手，清人在刊行该类作品之时对这方面的问题均谈得不多，或述之不详，只是说该书向来存放在刑部。由于在司法系统内对其价值的普遍认可，外间如地方官员都是想尽办法希望从刑部抄录出来以广流布，以便利于司法审判工作所需。所以，向来被视为"官阁秘本"，外间无由得见的该书，道光二十七年（1847）突然在广东、陕西和京师三地均出现了不同的主持者将其付印的有趣现象，内容上三个本子各有所据，时间上南北三地却不约而同。

自乾隆五年（1740）形成乾隆朝第一次修订律例的成果后，此后定期修例成为刑部的一项重要工作，"律为一代之典章，例乃因时之良法，惟律所不能赅者，复有例以周之"。③ 这正是通过修例以增强清代法律适用灵活性的意义所在，至乾隆十一年定立五年一小修，再五年一大修的制度规定。刑部律例馆在具体从事修例工作时，遵循了这样的工作程序："凡钦奉谕旨，及议准内外臣工条奏，除止系申明例禁，无关拟议罪名者，毋庸编辑外，若关系罪名轻重，应行修改，及新旧条例不符，应修应删者，必悉心参校，照奏定章程分修改修，并移改续纂删除各名目，开列本例之

---

① 《大清律例按语》之道光二十七年"黄恩彤序"，全十函，道光二十七年冬镌，海山仙馆藏板，中国人民大学图书馆藏。
② （清）裕禄、吴坤修编《大清律例根原》之道光二十七年崇纶"原序"，同治十年安徽敷文书局木活字本，北京大学图书馆藏。
③ （清）王有孚：《折狱金针序》，见《不碍轩读律六种》之《折狱金针》，第1页a，刻本，国家图书馆北海古籍馆藏。

首，黏贴黄签，并于本条之下，各加按语，分析陈明，有原例者，先叙原例于前，次叙新例于后，使眉目犁然不紊。"① 从现存各版本《大清律例》卷首所收录历次刑部奏请修例奏折的内容来看，刑部的修例工作均遵循了上引《会典》中所载的修例程序。在修例过程中，于条例之下添注按语以说明修订该条的相关信息，这是修例的工作内容之一，由此也形成了每次修例的副产品。伴随着律例的常制化定期修辑，其结果便是"按语"的数量也就自然累聚加增。

《大清律例按语》在内容上，通常于律例条文之后，有"臣等谨按"这样的条目，其内容往往叙明该律例变动源出于皇帝某上谕，或是某年臣工的某条奏，或是补充一些阐释性的内容以说明其背景、厘清其义旨、明确其适用等等，这是"按语"类律学作品最突出的特点，后来的《大清律例根源》《大清律例根原》等均与此同。道光二十七年崇纶在陕西排印《大清律例按语》时就说，皇帝"命臣工阐发精微，详加注释，每律一条，下载按语，本末咸赅，秩序不紊，俾读者寻绎其原，晓然于因时制宜之理"。② 可见，"按语"是出自刑部官员的修例工作，"按语"这一类的律学作品，其来源即是肇始于官方历次的修例工作。

民国二十二年故宫博物院排印《故宫殿本书库现存目》"官书"类载有："大清律例按语二十四卷，嘉庆年纂，写本，十三册。"③ 这是笔者目前可知官藏较早期的本子，卷数并不太多且为写本。《中国古籍善本书目》"史部·政书类"所载"大清律例按语二十四卷，清嘉庆十九年抄本"，现藏于北京的故宫博物院图书馆，④ 此二者或即为同一本。遍检海内外公私目录专书可知，早期"按语"类律学作品定名不一，且编辑者、年代、卷帙厚薄等均不尽相同。《东京大学东洋文化研究所大木文库分类目录》

---

① 《钦定大清会典》（光绪朝）卷五七《刑部》，据光绪二十五年原刻本影印，第 1 册，新文丰出版公司印行，1976，第 606 页。
② 《大清律例根原》之道光二十七年崇纶"原序"。
③ 《故宫殿本书库现存目》（民国二十二年五月故宫博物院排印）中册，收入煮雨山房编《故宫藏书目录汇编》上册，线装书局，2004，第 275 页。
④ 中国古籍善本书目编辑委员会编《中国古籍善本书目·史部》下册，上海古籍出版社，1993，第 1344、1898 页。但该抄本《大清律例按语》现于北京故宫博物院的图书馆检索系统和文物检索系统中均未能查找到。

载:"大清律例按语(雍正乾隆嘉庆),不分卷,雍正全、乾隆刑律诈伪止以下缺、嘉庆刑律贼盗止以下缺,清钞本,六帙四三册。大清律历次纂修条例按语册稿,不分卷,清乾隆六〇至嘉庆一九,阙嘉庆五名例下、嘉庆一九刑律人命至诉讼,杨曰鲲编,嘉庆二五浙省刊,二帙一四册。"①据《中国法律图书总目》载:"大清律例按语,(清)三泰等撰,抄本,四十七卷(12册),道光四年、九年修例4册,道光十四年、十九年修例8册。"②"大清律纂修条例按语册稿,(清)杨曰鲲校刊,刻本,清嘉庆七年(1802),12册。"③ 据《贩书偶记续编》中载:"《大清律纂修条例按语册稿五十卷》,清杨曰鲲校,嘉庆二十五年浙江省刊。乾隆六十年一卷,嘉庆五年二十卷,嘉庆九年七卷,嘉庆十四年十卷,嘉庆十九年十二卷。"④ 如前已述,自乾隆初期始,形成了对律例的定期修订,清廷在乾隆六十年,嘉庆六年、十一年、十五年、十九年,道光元年、五年、十年、十五年、二十年、二十五年均有续纂,⑤ 上引诸种目录专书中所记《按语》的年份与律例的纂修年份大多重合或邻近,多数是在律例纂修的前一年,这一点也正符合律例纂修的工作流程,将《大清律例》在各年份中修辑时所制作的按语汇集成册即为《大清律例按语》。嘉庆七年、二十五年所刊《大清律纂修条例按语册稿》,更直接反映了这一类文献比较原初的文献形态:它只是将嘉庆朝最近几次纂修条例的按语汇集在了一起。因为每一次律例的修订,律例馆均逐条有按语详加说明,"按语"伴随修辑律例的工作而生,这些在未被专门整理之前,作为刑部工作中产生的一种册档存放律例馆,供刑部工作人员查阅使用。不同年份的"按语"这一体裁样式清晰显示出,"按语"之书是律例馆修辑律例的产物。

---

① 〔日〕大木干一编《东京大学东洋文化研究所大木文库分类目录》,东京大学东洋文化研究所昭和三十四年(1959)发行,第68页。

② 中国政法大学图书馆编《中国法律图书总目》,中国政法大学出版社,1991,第708页。

③ 《中国法律图书总目》,第710页。

④ 孙殿起:《贩书偶记续编》卷八《政书类·法令之属》,上海古籍出版社,1980,第90页。

⑤ 纂修的年份信息,参考〔日〕岛田正郎著《清律之成立》,姚荣涛译,收入刘俊文主编《日本学者研究中国史论著选译》第八卷《法律制度》,姚荣涛、徐世虹译,中华书局,1992,第513页;苏亦工著《明清律典与条例》,中国政法大学出版社,1999,第201页。

从上引诸种目录专书中所记载"按语"类文献的名称来看，有《大清律历次纂修条例按语册稿》《大清律纂修条例按语册稿》以及多个版本的《大清律例按语》，定名各异，由这些目录专书所著录的相应信息来看，体例也较为简单，司法工作者认识到"按语"类作品的价值，所以屡有续作，不断更新内容。同治十年（1871），吴坤修在《大清律例根原》序中就指出，《律例按语》"盖本积年增删例案，摘其黄册中扼要数语，都为一集，使览者于例之昔轻今重，昔重而今轻者，可以得其缘起，而深思其所以然之故"。① 由此可见，整理"按语"是刑部工作所需。对这些存放在刑部之中册档的初步整理、抄录或者刊印，无论是各种写本、抄本的《大清律例按语》，还是由杨曰鲲编校、在地方刊刻出来的各种"按语册稿"，它们大多是按照时间断限做的简单汇集。

二 海山仙馆版《大清律例按语》（粤本）

在广东主持其事、刻板付印者是潘仕成（1804～1873，字德畬，号海山仙馆主人，祖籍福建，世居广州番禺），他在道光二十七年冬镌成《大清律例按语》104卷，板藏海山仙馆。② 潘仕成以盐商发家，"道光十二年，潘仕成28岁，考中顺天乡试副贡。他以捐助巨款赈济北京地区灾荒饥民，'全活甚众'，钦赐举人，特授刑部郎中"。后又因捐输，议叙副贡生刑部额外郎中潘仕成补授两广盐运使。③ 潘仕成以富商而刊刻《海山仙馆丛书》著称，他择书付印的标准之一即是选择刊本较少者以印行于世。因为潘仕成有供职刑部的经历，很可能在此期间他得知刑部有"按语"这部书，并由同侪的推重认识到该书的重要价值，因此抄录了一份。道光二十七年，他在广州请道光二十六年十二月刚从广东巡抚任上离职④的黄恩彤为《按语》作序以刊刻。黄恩彤自道光六年成进士后便入刑部至道光二十

---

① 《大清律例根原》之同治十年吴坤修"大清律例根原序"。
② 《大清律例按语》，道光丁未（1847）冬镌，海山仙馆藏板，全10函，104卷，计120册，中国人民大学图书馆藏。
③ 陈泽泓：《潘仕成略考》，《广东史志》1995年第Z1期，第71、72页。
④ 钱实甫编《清代职官年表》第2册，中华书局，1980，第1690页。

年外放地方，是位典型的刑部出身官员，潘仕成在广州刊刻《按语》时请黄恩彤作序，自然是找对了一位知悉《按语》其书的合适人选。黄恩彤在序中结合自己在刑部任职的感触，指出《按语》一书的重要价值："不佞自丙戌（1826，即道光六年——引者注）释褐，滥竽西曹，计先后十五年，充律例馆提调者且十年，未遑以读律为学，而以纂例为职，每于法有疑，得参末议，沿流溯源，必稽求《谨按》一书，以为准绳。盖是书所载，乃雍正以来覆奏档案，其于立法之意，择精语详，一经取裁，如射有鹄。"随后，黄恩彤对潘仕成得获此书并予付印的缘起略加介绍，他指出《按语》"其书为官阁秘本，外间无从购觅，偶有抄录，阙焉未备。番禺潘德畬方伯，本云署之望郎，雪堂之峻品也。旧有全书藏诸箧，衍近因刻海山仙馆丛书，乃以藏本并付剞劂"。① 据黄恩彤上述所言，潘仕成所刊出的《大清律例按语》一书，当时刑部可能并没有这个书名，黄恩彤在刑部使用时，只是说查阅"谨按"一书，并指出该书的内容是雍正以来的覆奏档案，这进一步说明了"按语"在刑部当时只是手抄汇辑在一起的律例馆修律册档，所以粤本《大清律例按语》在内容的编排上是以朝代为线，分成雍正朝、乾隆朝、嘉庆朝和道光朝，由于刊刻时在道光二十七年，因此在内容上详近略远，道光朝细分为道光四年、九年、十四年和十九年一共四部分"按语"内容。今中国人民大学图书馆、清华大学图书馆等不少单位均藏有该本。

三　活字版《大清律例根源》（京本）

北京大学图书馆藏道光二十七年活字本《大清律例根源》30 卷，由时任刑部候补主事陕西三原人张承谏将时任刑部右侍郎张澧中所藏《律例根源》以活字版印行。张澧中，字兰沚，陕西潼关人，嘉庆二十二年成进士后即入刑部任职，历主事、员外郎至郎中，是典型的刑部出身，外放地方任按察使、布政使后，道光二十三年回京署刑部右侍郎，道光二十四年授

---

① 《大清律例按语》之黄恩彤道光二十七年序，道光丁未冬镌，海山仙馆藏板。

刑部右侍郎，直至道光二十七年十一月十六日授山东巡抚。① 因为张澧中有长期任职刑部的背景，所以他留心到《根源》一书，并有心广为访求。而他交给张承谏排印的藏本，是他在琉璃厂访购到的本子的基础上自己续辑的结果。他在道光二十七年六月为该书印行所作序文中指明了该本的由来："偶于琉璃厂肆购得之，持示郑君，相与取馆本校阅，盖合《集解附例》及历届按语荟萃，无一字无来历者，诚善本也。惜不著编辑姓氏，犹以为憾……是书起自雍正三年，迄于乾隆五十八年。澧中谨录嘉庆三年至道光十九年修例按语补之。癸卯（1843，即道光二十三年——引者注）冬，蒙恩俾贰秋卿，得与道光二十四年修例之役，复以新例按语续之，遂成完书。家（因同姓，故有此谓——引者注）直庭比部承谏剜心读律，见而爱之，亦以活字板印行若干部，嘱为叙其缘起。"② 该书附录张承谏道光二十七年六月所撰跋文，可与此相印证补充："承谏以辛丑（1841，即道光二十一年——引者注）学政西曹……岁乙巳（1845，即道光二十五年——引者注），司寇张兰沚先生出所藏律例根源见示，分类编年，原原本本，诚明法之金针，司宪之鸿宝也。即欲抄录，苦所费不赀，爰商诸同志，醵钱相助，仿聚珍板印行四十五部。经始于丙午八月，十越月而工竣。"③ 也就是在跋文撰写之时即道光二十七年六月，该书已经刊刷完成。并且由此来看，30卷本《大清律例根源》的基础源自刑部官员张澧中在琉璃厂访购而得到的本子，并且将这个在坊肆所得的本子取刑部所藏册档比对查照，无一字无来历，足可见该本应当也是从刑部转抄而外流。"按语"类律学作品的传播，于此可见一斑。

在张澧中道光二十七年为《大清律例根源》所作序文中提到，在琉璃厂购得该书之前，他就在苦心搜求《根源》，"闻关中有《律例根源》一书，独未得见。澧中询之里人，亦无知者……后晤临潼顾君麟趾，谈次始知，其尊人在秦臬幕中，以活字版印行，只廿余部，旋即散失，今其家亦

---

① 钱实甫编《清代职官年表》第 2 册，第 1691 页。
② （清）张澧中续辑《大清律例根源》之张澧中道光二十七年序，道光二十七年木活字本，北京大学图书馆藏。
③ 《大清律例根源》之张承谏道光二十七年跋。

无藏本矣。"① 顾麟趾，字恕斋，道光初为晋令，撰有《山右谳狱记》一册，记录他所亲身审断案件十余起，② 可知顾麟趾也是究心刑名之人，③ 因此张澧中在序文中亦称赞顾麟趾有由博而返约的佐治能力。④ 顾麟趾的父亲在陕西按察使幕中任事时，曾将《律例根源》以活字版印行了二十余部，这个早期本子的存在则揭示出，刑部所存放的这部书事实上很早就有外传，至于外传的途径，虽相关文献不足确证，但有可能是顾麟趾父亲的幕主官员，这位陕西按察使曾经在刑部工作过，因而在刑部抄存带出。

对于张澧中续辑并珍藏、由张承谏以活字版印行的《大清律例根源》，到光绪末年沈家本将其入藏到法律学堂⑤时，对该书撰写了一篇跋文，可以与如上所讨论的内容相为印证，兹不惮其烦，将《寄簃文存》中所收录该文照录如次：

> 律例根源，三十二卷，图一卷，吾乡张兰渚⑥先生官少司寇时所藏本也。荟萃列届修律按语，起雍正三年，讫道光二十四年，按年排印，《大清律例》因时损益之故，具详于是，法家循流溯源，正如导河者之必自昆仑也。
>
> 道光中，三原张主事承谏官刑部，鸠合同志，仿聚珍板印行四十五

---

① （清）张澧中续辑《大清律例根源》之张澧中道光二十七年序。
② （清）顾麟趾：《山右谳狱记》，"光绪二十四年方连轸序"，见《近代中国史料丛刊》第 936 册，第 3 页。
③ 与顾麟趾一同在晋阳任官的钱棠称他"善断狱"，见《山右谳狱记》书末"古吴钱棠跋文"，第 133 页。民国藏书家王伯沆在民国二十二年（1933）将该书刊行时所撰的跋文中，据该书所收录案件推断，"恕斋当生于乾隆中叶以后，惜家世未详耳"。并细绎案牍，指出"其录狱精覈，类非籍手幕宾者"（见《山右谳狱记》书末"溧水王滢"，第 135 页）。顾麟趾刑名素养的养成也许是受到了乃父之影响。
④ （清）张澧中续辑《大清律例根源》之张澧中道光二十七年序。
⑤ 法律学堂在伍廷芳、沈家本等人的推动下，于光绪三十二年（1906）由清政府创办。
⑥ 张师诚，字心友，一字兰渚，浙江归安人，乾隆五十五年进士，是以沈家本谓为同乡。但是张师诚在嘉庆元年外放地方前，在中央并未出任过刑部侍郎职，且他卒于道光十年，而文中载明该藏本内容的时间下限是道光二十四年，故而此处不可能是浙江归安人张师诚。前文所述张澧中，字兰沚，陕西潼关人，嘉庆二十二年进士，道光二十四年时正出任刑部右侍郎，上引张承谏在 30 卷本《大清律例根源》的跋文中，也称"司寇张兰沚先生"。张师诚与张澧中二人，同姓且字号相近，此处沈家本跋文所述当是出现了舛错混淆。此条考订，感谢匿名评审专家提示的补充意见。

部，经始于丙午（1846，即道光二十六年——引者注）八月，毕工于丁未（即道光二十七年——引者注）六月，襄事者为临潼吕绣峰震川、三原张松坪长龄，而总司校订者则何愿船年丈秋涛也。承谏有跋记其事。此与皖省所印《律例根原》体例相同，书名亦相似，但源、原之异耳。皖省印书时，殆未见此书也。皖本讫于同治九年，虽较此书为备，第咸丰以后未载按语，不详当时修改之意，未为全璧。此书首录列朝御制序，并列届修律奏疏，并图一卷。图中亦载修改按语，为皖本所无。皖本颇有舛错之处，赖有此本可以校正之，是可宝也。当日排印本少，流传甚稀，特储之法律学堂，为读律诸君子考订之助云。①

沈家本这段跋文所记《根源》一书信息与上引张澧中序文和张承谏跋文内容相符，并补充指出张承谏活字版印行《根源》的工作开始于道光二十六年八月，于道光二十七年六月完工，其中总司校订者为何秋涛。何秋涛，"字愿船，光泽人。道光二十四年进士，授刑部主事"。② 《清史稿》在《何秋涛传》中也指出："刑部奉敕撰《律例根源》，亦秋涛在官时创稿云。"③ 这句话的前半句与上文所引道光二十七年崇纶在《大清律例按语》序文中说《按语》是臣工受命所制的说法若合符契。但《清史稿》说在刑部受命集体撰制《律例根源》中，何秋涛有创稿之功，似有待商榷。孙殿起《贩书偶记》载："大清律例根源三十卷，奏疏一卷，原图一卷，诸图一卷，督捕则例二卷，光泽何秋涛等编，道光二十七年刊木活字本。"④ 从《清史稿》和《贩书偶记》的说法来看，似乎《大清律例根源》的编纂者

---

① （清）沈家本：《寄簃文存》卷八《律例根源跋》，见《沈寄簃先生遗书》（影印本）甲编·下册，文海出版社，1964，第998页。点校本可见（清）沈家本《寄簃文存》卷八，商务印书馆，2015，第240~241页。以及《沈家本全集》第4卷《寄簃文存》卷八，中国政法大学出版社，2010，第775~776页。

② 《清史稿》卷四八五，中华书局，1976，第13400页。

③ 《清史稿》卷四八五，第13400页。

④ 孙殿起：《贩书偶记》卷八《政书类·法令之属》，上海古籍出版社，1982，第193页。张秀民先生等整理的"活字本目录"当是参考了《贩书偶记》的著录，因而在"史部"收录有"何秋涛《大清律例根源》道光二十七。吴坤修《大清律例根源》同治五，安徽敷文书局"两种（见张秀民，韩琦著《中国活字印刷史》，中国书籍出版社，1998，第114页）。需要说明的是，《贩书偶记》亦记载了"同治辛未安徽敷文书局"的版本，同治辛未年即同治十年，同治五年为丙寅年。

为何秋涛,或存在另一个由何秋涛所编纂的《根源》的版本,但实则不然!

从《贩书偶记》所载"大清律例根源三十卷,奏疏一卷,原图一卷,诸图一卷,督捕则例二卷",以及"道光二十七年刊木活字本"这些信息,经笔者详细比对,与张澧中续辑、道光二十七年木活字本 30 卷《大清律例根源》文献内容次序描述完全一致,该书先录顺治帝御制大清律原序,康熙帝上谕,雍正帝大清律集解序,雍正帝上谕,嘉庆帝上谕,次录臣工及刑部的修律奏疏 30 件,再是雍正三年原图和乾隆五年诸图各一卷,全书最后两册为督捕则例卷上和督捕则例卷下。由此可以认为《贩书偶记》所记"大清律例根源三十卷"就是由张澧中所续辑的 30 卷本《大清律例根源》。那为什么孙殿起将该书著录为何秋涛所编?关于这一点,30 卷本《大清律例根源》书末所附主持排印该书的张承谏在跋文中,交代书成经过时说:"其检阅者临潼吕君绣峰(震川),督工者同里张君松坪(长龄),校雠底本、订治讹阙,则同司何君愿船(秋涛)实司其事,以是焉乌淮别之失,较他排字本为差少。书成爰识颠末于后。"[1] 由张承谏所述,可知何秋涛在该书的成书过程中负责校勘底本、订正错讹、补充缺漏,尽量减少排印本中的错别字,保证全书的质量,实际上起到了非常重要的作用。该书扉页并无任何版权说明信息,一开头就是"顺治帝御制大清律原序",孙殿起先生可能看到该套大部头书的最后一函最后一册的跋文中写到"何君愿船(秋涛)实司其事",因此在编制书名目录时即作何秋涛等编。

可以补叙一笔的是,孙殿起在《贩书偶记》中"政书类·法令之属",除了上引"大清律例根源三十卷"之外,还记了两个《根源》的版本,其一是"大清律例根源一百二十四卷,新建吴坤修编,同治辛未安徽敷文书局刊木活字本"。这一条著录没有问题,只是"根源"当为"根原"二字,下文将有专门的讨论。另一条是"大清律例按语根源一百零四卷,东鲁黄恩彤纂,咸丰辛亥(1851,即咸丰元年——引者注)海山仙馆刊"。[2] 从黄恩彤所存留下的诗文集著作来看,仅在《知止堂集》卷一〇中收录有一篇

---

① (清)张澧中续辑《大清律例根源》之张承谏道光二十七年跋。
② 孙殿起:《贩书偶记》卷八《政书类·法令之属》,第 193 页。

《律例按语序》，① 其内容与上引粤本《大清律例按语》卷首序一致，未见有关于《大清律例按语根源》相关的序文。另据《中国法律图书总目》有条目载："《大清律例按语》，（清）黄恩彤编纂，刻本，番禺潘仕成（潘德畲）刻，海山仙馆藏本，清道光二十七年（1847），清咸丰元年（1851）。一百零四卷。"② 海山仙馆藏板的 104 卷该本，当是在道光二十七年初刊成，四年后即咸丰元年再次刷印，但将粤本海山仙馆藏板的《大清律例按语》著录为黄恩彤编纂，则并不妥当。

四　活字版《大清律例按语》（秦本）

道光二十七年崇纶在陕西以活字版印行了 20 余部，名为《大清律例按语》，现在可能已经并无原书存世，但该书由他的儿子裕禄在刑部为官时加以增补改编，待到他任安徽按察使时，与安徽布政使吴坤修一起再为编次，于同治十年由安徽敷文书局以活字板印行数百部，即 124 卷本《大清律例根原》，这便是第四个版本，也就是上文沈家本所说的皖本。

时任陕西盐法道权摄粮储道事崇纶，"筮仕秦中，听断之际，惟据现行通例为准，而于律条之原委，例文之更易，茫如也"。③ 他知道刑部有一部在律例之下开载按语之书，只是"此书钞本，向存刑部，外间罕有觏者"，因此他出重赏将这部"比部所存授"之书"录得全部"，继而"嘱孙泺泉贰尹悉心校勘，以聚珍板印之，凡两经寒暑，始克蒇事，仅得二十余部，名之曰《大清律例按语》"。④ 于道光二十七年刊成的这部书，其内容起自雍正三年，讫于道光二十五年。这个本子成为后来他的儿子裕禄加以改编增补的底本，裕禄"承乏西曹，仿照现行律例纲目，合为一编，于分门别类之中，仍以编年为法，复续以咸丰、同治两次修改新例，附以督

---

① （清）黄恩彤：《知止堂集》卷一〇《律例按语序》，光绪六年刻本，见《清代诗文集汇编》第 609 册，第 89 ~ 90 页。
② 中国政法大学图书馆编《中国法律图书总目》，中国政法大学出版社，1991，第 708 ~ 709 页。
③ 《大清律例根原》之道光二十七年崇纶"原序"。
④ 《大清律例根原》之道光二十七年崇纶"原序"。

捕则例,共成一百二十四卷"。① 在乃父刊行《大清律例按语》25 年之后,于同治十年再次刊行,定名为《大清律例根原》。

道光二十七年崇纶在陕西刊刷《大清律例按语》,在序文中提及该书"较之《律例知源》等书更为详备",② 这一信息提示,在《大清律例按语》成书之时,既已存在有与该书性质相似的作品,如《律例知源》等。今国家图书馆北海古籍馆藏钞本《大清律例知源》一书,6 函 46 册,计有50 卷,由嘉庆年间任职刑部律例馆的萧山人潘云所编辑,该书也是对修辑律例的按语的整理和进一步编辑。据该书自序所言,潘云在嘉庆元年进入刑部任职,到嘉庆六年充当刑部律例馆收掌,至此他得以有机会检阅到历年进呈的律例按语这一类存放在律例馆的材料。潘云针对迭次修例而形成的不断有变动的条款指出:"五年一小修,再五年一大修,所修条款,按次汇集。第每阅一条,未能知其前次曾否修辑,必逐年遍查,方知原委,而册籍繁多,检阅匪易,每欲贯之,使一条自为始末。"③ 正是在这样的阅读动机的促使下,借嘉庆十七年参与纂修会典的契机,潘云"请于纂修官,愿将刑部历次修改、增删各条,汇集以备采辑。于是闭户检查,按籍根索,以每条历经修改之文,按年编辑,自为始末,并将删除旧例附于本门之后,详因革之由也。夜以继日者凡五月,统宗会元,条分缕贯,复与律例馆同人傅君名林者,悉心研究,凡按语所未备,悉考诸御定直解,以及历年通行,并前明笺释,加注以明之,即无从考正者,亦表而出之,以俟续补"。④ 据此可知,潘云在编辑该书时,对每一条律文之下例文的修改和增删进行汇合,按时间先后编排,贯通而下,这样欲检某一条律例,便可知道该条历次修例以来的变动情形,省去了从历次单独形成并存放的修例文本中逐一查找翻检的繁琐。

正因如此,潘云自言:"是书荟萃历年按语,所以穷源竟委,与律例馆谨按之各为一编者较异,因名之曰《大清律例知源》云。"⑤ 在律例馆中

---

① 《大清律例根原》之同治十年裕禄"跋"。
② (清)裕禄,吴坤修编《大清律例根原》之道光二十七年崇纶"原序"。
③ (清)潘云编《大清律例知源》之《自序》,第 1 函第 1 册,抄本,国家图书馆北海古籍馆藏。
④ (清)潘云编《大清律例知源》之《自序》。
⑤ (清)潘云编《大清律例知源》之《自序》。

已有的"谨按"这一类的作品，仅是简单地将某年修例的按语整个地以修例年份先后相叠加成书，如《大清律例按语》，而《大清律例知源》则在体例上推进了一步，是以律例条目为纲领，将某一条的例文变动悉数汇集并贯通在一起。道光二十七年崇纶在陕西刊刷《大清律例按语》时说《按语》比《知源》更为"详备"，首先最直观的当是指文献在涉及的时间跨度上（亦即内容体量上）有增续，但正如潘云在"凡例"中所言，已经奏准删除的例款，《知源》均没有登载以防止被援引，而那些"于律义有所发明，实可补律之所不逮，则竟别立一条，著为成例，以便引用"。① 换言之，《知源》对《大清律例》的整理，在编辑意图上更侧重于希望形成能够直接为司法官员所援引、使用的文本，因此对于某一条例款而言，历乾隆年间至该书成书的嘉庆中后期，期间虽经历了不止一次两次的修辑、改订等，但在《知源》一书中仅开列出对当时是最新或有效的条款的按语说明文字。正是因此之故，后来论者认为它没有《大清律例按语》详备。因为《按语》遵时间序列而保存了历次修订变动的内容，《按语》在内容上"详备"优胜于《知源》，但在体例上并不见得是进步了，后来者"按语"类律学作品如《根源》或《根原》则绍述的是《知源》而非《按语》的体例，且克服了《知源》体例上的不足，接续并发展了"按语"这一类型律学作品的编纂进路（表1）。

表1 《大清律例》"按语"类文献经眼情况简介

书　名	卷数、函数及册数	版本信息	起讫时间	馆藏地
《大清律例按语》（粤本）	104 卷，10 函 120 册	道光二十七年冬镌，由潘仕成主持刊印，海山仙馆刻板	自雍正朝至道光十九年	中国人民大学、清华大学图书馆[1]
《大清律例根源》（京本）	30 卷，10 函 61 册。书首有纶音、奏疏、诸图	张澧中续辑。由张承谏主持刊印，经十个月于道光二十七年六月以木活字本印成 45 部	自雍正三年至道光二十四年	北京大学图书馆

---

① （清）潘云编《大清律例知源》之《凡例》，第 1 函第 1 册。

续表

书　名	卷数、函数及册数	版本信息	起讫时间	馆藏地
《大清律例按语》（秦本）		崇纶抄录自刑部，并主持刊印，两经寒暑于道光二十七年在陕西以聚珍版印成20余部	自雍正三年至道光二十五年	未见。[2] 成为皖本的工作底本
《大清律例根原》（皖本）	124卷，12函100册（包括前面2册为目录）	裕禄、吴坤修编，同治十年安徽敷文书局，木活字本。印数百部	至同治九年	北京大学图书馆
《大清律例知源》	50卷，6函46册	嘉庆年间刑部律例馆职员萧山潘云编辑。钞本	内容以乾隆朝为主，至嘉庆中后期为止	国家图书馆北海古籍馆
《大清律例按语》	70卷，10函	抄本，有贴条。无纶音、奏疏或序跋，径以目录开头。卷首钤"嫏嬛妙境""蓉读过印"两印。册数有部分缺失	乾隆五年至乾隆六十年	普林斯顿大学东亚图书馆

注：表1中前四种为本文所论述的主要对象，反映出该文献系列的发展脉络，是以各该书内容所涉及的时间下限为先后次序。末两种是为补充，以附其后，作为参照。

资料来源及说明：

[1] 另据京都大学人文科学研究所编《京都大学人文科学研究所汉籍目录》史部·第十三"政书类·八法令之属"载："大清律例按语一百四卷，清阙名撰，道光二十七年海山仙馆刊本。"（株式会社同朋舍出版，昭和五十六年十二月，第266页）该目录所载即是此粤本。

[2] 1935年马奉琛以北大、北平、清华三图书馆所藏旧籍为基础辑成《清代行政制度研究参考书目》，该书目载清华图书馆有《大清律例案语》，"七十二卷七十二册。清崇纶。光绪二十年陕西盐法道长白崇纶木聚珍版印本"。为该书所作提要曰："清代原有命臣工阐发律例精微之书，于律详加注释。每律一条，下载按语，本末咸赅。此书钞本，向存刑部，外间罕有见者。经编者出重资录得全部，详细翻阅。所改从前诸例，悉载无遗；其间删改添纂之故，皆系以按，志其年月。遂由作者付印。全书编辑，以律目之分类为次。"（马奉琛辑《清代行政制度研究参考书目》，北京大学《社会科学季刊》第5卷第4期抽印本，国立北京大学政治系研究室出版品第1种，台北，文史哲出版社，1974年影印再版，第84~85页）由该书目所录版本及提要内容来看，清华图书馆所藏《大清律例案语》有可能是秦本《按语》，但尚有几处疑点而不能允协者，其一书名题为"案语"而非"按语"；其二崇纶主其印事，但时间不是道光年间而是"光绪二十年"；其三秦本《按语》内容的编辑是以时代为序，而提要言该书"以律目之分类为次"。有可能是《清代行政制度研究参考书目》批阅不细而导致著录有疏失，惜今清华大学图书馆馆藏已不见此书（可能是清华大学在抗日南迁后，留在北平的图书遭白寇焚毁），且清华大学图书馆编《清华大学图书馆藏善本书目》（清华大学出版社，2002）亦不见有载，无以对质。

据道光二十六年成书的《娜嬛妙境藏书目录》卷二史部政书类所载，有"律例根原，十二套，抄本"① 一种，但藏书者麟庆在著录时，"各书未能详注板本"，仅为"简目之存"，② 娜嬛妙境所藏《律例根原》的成书年份及卷册数量等信息均不得而知。普林斯顿大学所藏抄本《大清律例按语》有"娜嬛妙境"之印记，当是娜嬛妙境的旧藏，它与《娜嬛妙境藏书目录》所载《律例根原》，可能是两种不同的"按语"类的书，但也极有可能是同一个本子，因为麟庆在编制藏书目录时，娜嬛妙境这座藏书别业"萃六七世之收藏，数十年所贻赠而后得此"，③ 普林斯顿大学所藏《按语》中条目内容的时间下限是乾隆六十年，而没有此后嘉道以下的内容，因此当是嘉庆时期的本子，而到了道光二十六年制成《娜嬛妙境藏书目录》时，必然会将该书收入，但该目录所记并非《按语》而是《律例根原》，笔者据普林斯顿大学藏本的内容及体例来看，该本当定名为《律例根原》更为妥当，因为它不是以时间先后对"按语"进行汇集而是按照律目的次序，它的编纂体例与《大清律例知源》、京本《根源》及皖本《根原》相同，而异于粤本《大清律例按语》这一类的文献。

五 体例演进："按代各自为编"到"以律为纲"

在承续相接的编纂工作中，书名从《按语》到后来的《根原》，这种变化背后更为重要的实质性内容是将原来"按代各自为编"的体例打通变为"以律为纲"，体现出了一种自觉的编纂体例意识。此前道光二十七年粤本和秦本的《大清律例按语》均是采用了按代为编的体式，吴坤修就指出其缺点在于"体例未定，不能开卷了然"，④ 裕禄和吴坤修在改进体例

① 《娜嬛妙境藏书目录》（影印民国三十年张悦邻抄本），见《民国时期文献资料海外拾遗》第 207 册，出版社不详，2014，第 387 页。
② 顾廷龙：《娜嬛妙境藏书目跋》，见《顾廷龙全集》编辑委员会编《顾廷龙全集·文集卷》上册，上海辞书出版社，2015，第 158 页。
③ （清）麟庆：《娜嬛藏书图记》，转引自顾廷龙《娜嬛妙境藏书目跋》，见《顾廷龙全集·文集卷》上册，第 156 页。
④ 《大清律例根原》之同治十年吴坤修"大清律例根原序"。

时，打通时间分割，条贯而下，以律为纲，"逐条原委，各以类聚"，① 这样"凡律例所原始，前后所增删，条分缕析，了如指掌"。② 以"按代各自为编"为突出特点的《按语》，更多地保存了刑部庋藏这类册档的文献原貌，而《根原》"以律为纲"则体现了编纂别裁的功夫。清代律学具有鲜明的实用性的学术风格，有裨于实用也是推进律学发展的重要动力。清代"按语"类文献系列的出现与发展，主要是源于司法实践的工作需要；而该类文献的体例演进，则主要是为了进一步便利于使用者对相关律例条目的查找与应用，尽管这种演进只是向前推进了一小步，但它突出反映了司法工作者对该类律学文献的使用需求。此前只是将历次修律年份中产生的"按语"简单汇集在一起，此后"以律为纲"的编纂方式虽然在具体的条目中也体现了时间的先后序列性，但无疑这种体例的演进，大大省去了使用者前后翻检和对照的麻烦，增强了该类律学文献的实用性和便利性。

晚清律学大家薛允升在《读例存疑》的"例言"中特别提及"根源"这类文献，他指出：

> 每届修例时，系由刑部确加按语，缮写黄册进呈后，始行刊刻，迄今二百余年，俱存储库内，而坊肆亦有汇而梓行者，即所谓《律例根源》者是也。初意欲照拟全录，以昭详备，继苦其繁重，坊间既有刻本，此编似可从简。兹仅录存现行例，声明某年纂定、某年修改、并其旧例，并按语一并删除不录，以免重复。③

薛允升特别讲明"按语"这类文献的来源，可与本文前面所述相印证。薛允升在"读例存疑例言"中提及所参考的律学著作，除了明人王肯堂《律例笺释》、清人沈之奇《大清律辑注》及吴坛《大清律例通考》等之外，也特别肯定《律例根源》一书的价值，甚至一度打算将"根源"一书悉数吸收入《读例存疑》，只是由于"根源"一书体量庞大，且坊间有该书流

---

① 《大清律例根原》之同治十年裕禄"跋"。
② 《大清律例根原》之同治十年英翰"大清律例根原序"。
③ （清）薛允升著述，黄静嘉编校《读例存疑重刊本》第 1 册，台北，成文出版社，1970，第 83~84 页。感谢匿名评审专家提示薛允升著述中提及"根源"文献的这则史料。

布才作罢，但薛著中确实参考并使用了"按语 – 根源"这一类的律学文献，于此正可见其价值，以及清代习律者对该类律学文献的重视。这一点从清人持续利用"按语"文献和赓续推进其体例的更新中也可得印证。

虽然裕禄、吴坤修编定的《大清律例根原》直接基于裕禄之父崇纶所刊印之《大清律例按语》，但实际上《大清律例根原》的编纂体式更切近于道光二十七年张澧中所续辑的《大清律例根源》，因为《根源》已经是以律为纲进行编排历次的修律按语。《根源》采取的条目大分类，如名例律为一卷，吏律之职制为一卷，吏律之公式为一卷，户律之户役为一卷，户律之田宅为一卷，诸如此类，整部《大清律例》有 30 章，因此该书计开 30 卷，《大清律例根源》10 函 61 册，每一册线装本都比较厚，与 124 卷《大清律例根原》12 函 100 册相比，在体量上并不会少太多。

可以更确切地说，同治十年的《大清律例根原》所承续的是嘉庆年间《大清律例知源》的编纂脉络，并与道光二十七年《大清律例根源》相近，裕禄、吴坤修等人在编纂《大清律例根原》时只字未提到《大清律例根源》，沈家本在上引《律例根源跋》中指出了，皖本《大清律例根原》在印书时并未见到《大清律例根源》，因此《根源》和《根原》是在各自独立编纂的情形下将《按语》的编纂体例向前推进所达到的一致状态，这也是"按语"类的作品在文献编辑与体例完善上的共同选择。

从道光二十七年刻本 104 卷《大清律例按语》到同治十年活字本 124 卷《大清律例根原》，因为后出者续辑补充了后续年份中律例修辑所加按语，因此在内容上有所增益，这一点的直接反映即是文献卷数的略为加增。

粤本《按语》一书在内容的编辑上主要是以时间为线，分为雍正朝、乾隆朝、嘉庆朝和道光朝；每一朝之下，再按照名例律及六部律的先后次序，将有变动、出具按语的条目开列。在该书的版心处，除了标识出卷数和页码外，尚标明了该页所载律例的条目，如"应议者犯罪"，这样以便翻检；以及该页条目所系年份，如"乾隆五年""乾隆四十二年"，如此以明晰时间序列。这样编排很显然是保存了历次修辑律例的原本面貌，它很可能就是潘仕成在刑部抄录到刑部庋藏"按语"的文本状态，对于这一点可以佐证的是，粤本《按语》对于道光朝部分，按照修订律例的年份，即道光四年、九年、十四年和十九年①分四个部分，每一部分均又按照名例律和六部律的先后次序编排，而前面雍、乾、嘉三朝的内容均只是按照律例条目先后将该朝之内历次的变动情形集中开载，这一方面是详近略远、司法实践中重视例文的时效性使然，但另一方面未尝不可以由此看出，道光朝内容编排的这种特点，应当是反映出了该书的道光朝部分因为时间上靠后临近，因此在编纂上是直接将道光朝历次律例修辑的按语成果先后叠加在一起而并没有经过重新整理编排。

如上所述，粤本《按语》最大的问题是同一个条目的内容散见迭出在各册，并没有形成条贯而下的序列链条。《按语》中卷一至三〇为雍正朝部分；卷三一至七二为乾隆朝部分；卷七三至八九为嘉庆朝部分；卷九〇至九三为道光四年部分，卷九四至九七为道光九年部分；卷九八至一〇一为道光十四年部分；卷一〇二至卷一〇四为道光十九年部分，每一个部分均是按照名例律和六部律的先后顺序编排一次，举以"名例律·应议者犯罪"条为例，与此条相关的内容出现在了卷一（雍正朝，第 14~16 页）、卷三一（乾隆朝，第 23~26 页）、卷七三（嘉庆朝，第 11~15 页）、卷九〇（道光四年，第 4~7页）、卷九四（道光九年，第 1~7 页），道光十四年无相应内容，卷一〇二（道光十九年，第 1~5 页）。到了同治十年皖本《大清律例根原》一书中，则将该条以上所有内容移录集中在卷二，放在一起，这样极便于使用者翻览，并且该活字板刷印的页面版心，依旧标识出了律例条文之名称、所系之时间以及页码。

清代刑部律例馆修辑《大清律例》，不断有钦定上谕及条奏被新纂，诸条目有的续纂、修改、修并或移改、删除等等，对个中缘由及情形，在修订律例时均以按语形式加以说明。如何更好地把握时有变更的律例？如何做到名例律中所规定的"断罪依新颁律"而减少失出失入？这是包括刑部在内的各级司法机构及其职员在阅读《大清律例》和援用律例时所当思虑的问题。刑部在修律过后，这些所加按语成为刑部册档，最先为刑部官员在学习、使用律例时所使用，按语有助于帮助理解律例之源流或原委，

---

① 据光绪朝《大清会典事例》卷七四〇《名例律·断罪依新颁律》载道光一朝计有道光元年、五年、十年、十五年、二十年、二十五年分别奏准纂修律例。见光绪朝《钦定大清会典事例》，据光绪二十五年刻本影印，新文丰出版公司印行，第 19 册，第 14603~14604 页。

这也正是《按语》递纂发展为《根源》及《根原》之名所在，"夫根者，枝之所自苗；原者，委之所自流。苟读例而寻例之所由定，与其所由更，则本末赅洽，能得其意于法中，自能通其意于法外"。① 足可见这种考镜源流之于律学学术之重要：

> 窃谓立法贵简不贵繁，古者悬书象魏，官易习而民不犯，一自时地异宜，遂多轻重之比，故律简而例不得不繁，势也；要惟明其根源，自无虞枝叶之丛生，港汉之歧出。近来坊本往往参以臆说，遁作别解，甚至胪列轻重不符之案，以便其私，错杂混淆，莫可穷究，当官者不能如郑君之遍观而尽识，佐治者不能如顾翁之由博而反约，奸深之吏，乃因缘出入人罪，得此书而寻根溯源，不啻拨云霾而见星日，其有裨盛世祥刑之化而上追古昔钦恤之休，所关岂浅鲜哉。②

"按语"类律学文献其特色正在"寻根溯源"，只有明晰了流动的变化线条，才能增进体会变化之所由来，变化之所在，才能权衡轻重，体会律义例意，在司法实践中更好运用律例。而其编纂体例的进步则贴合了使用的需求，体现了清代律学突出的实用性特征。

---

① （清）裕禄、吴坤修编《大清律例根原》之同治十年吴坤修"大清律例根原序"。
② （清）张澧中续辑《大清律例根源》之张澧中道光二十七年序。

《中国古代法律文献研究》第十三辑

2019 年，第 355～369 页

双轨制时期（1913～1929）
龙泉司法档案民事裁断文书的制作[*]

吴铮强[**]

摘　要： 自 1913 年要求审检所制作判词，1914 年又允许以堂谕代判词以来，至 1934 年禁止堂谕代判决，这期间中国出现了堂谕与判决（词）两种裁断文书形式的双轨体制。在制度层面上，判词只是对传统堂谕"即旧例略增加之"，但 1915 年《遵照部订判词程式通饬》要求按当事人主义原则撰写民事判决，导致双轨制中堂谕与判决的诉讼原则的背离。而在浙江省龙泉县的司法实践中，无论堂谕、判词或判决，其体现的诉讼观念并不确定，因人因时灵活变化，但 1922 年《民事诉讼条例》施行以前大体维持着诉讼观念的一致，此后则出现明显的分裂，直至 1926 年以后堂谕迅速消失。对于现代化进程而言，双轨制意味着将时间维度的"传统－现代"二元对立转化为结构性的二元体制。

关键词： 双轨制　民事判决　堂谕　现代化　龙泉司法档案

传统细故审理的堂谕与现代的民事判决，是两种完全不同审判模式的裁断文书。在近代中国诉讼史上，1913 年要求审检所制作判词，1914 年又

---

[*]　国家社科基金重大项目"龙泉司法档案整理与研究（13&ZD151）"阶段性成果。

[**]　浙江大学历史系副教授。

允许以堂谕代判词以来，至 1934 年禁止堂谕代判决，这期间出现了堂谕与判决两种裁断文书并行的双轨体制。同时中国的民事诉讼制度也在不断发生变化，经历了传统细故审理、职权主义审判模式、当事人主义诉讼制度等不同的阶段。在双轨制下，司法实践中如何协调堂谕与判决（词）两者不同的裁断文书，如何适应不断变化的审判模式，审判官在两种裁断决文书之间的选择偏好及其反映诉讼观念等，都是研究近代中国诉讼史的重要问题，对理解中国的现代化进程也不无意义。探讨这些问题依赖对第一手诉讼档案的解读，本文从文书制度、审判模式与诉讼观念等方面，考察双轨制时期（1913～1929）龙泉司法档案的民事裁断文书。①

一 传统堂谕的形式与叙述结构

传统的裁断文书，主要是主审官以朱笔书写于供词或点名单的堂谕。堂谕也称堂批，"我国惯例审讯时必开一点名单，其断语即书于姓名之下，谓之堂批"，② 这是晚清司法变革中出现的对堂谕（批）的定义。堂谕的本意是官府当堂下达的指令，诉讼中有些堂谕只是下令"再行复讯""究办"，③ 并非

---

① 关于近代中国判决文书的研究，赵珩先生也曾利用龙泉司法档案等材料，对民国初年基层司法审判中的堂谕及点名单等展开讨论，认为"民国初年的堂谕制度是清代基层审理案件形式的延续，堂谕与点名单作为民事审理的当堂判词，既反映了民初法律制度的简约和粗鄙，也体现了民国初年司法审判的法理思想"。见赵珩《堂谕与点名单——谈民国初年基层司法审判之简约》，收入上海市社科联、华东政法大学外国法与比较法研究院、东京大学东洋文化研究所《"古代中国与东亚世界"国际学术研讨会论文集》，2013 年 7 月，第 266～269 页。论文稿由赵晶先生提供，谨致谢忱。至于涉及判决方式的传统中国审判模式的讨论，长期以来是中国法史界讨论的热点，参见梁治平《寻求自然秩序中的和谐——中国社会法律文化研究》，上海人民出版社，1991；〔日〕滋贺秀三等著《明清时期的民事审判与民间契约》，王亚新等译，法律出版社，1998；〔日〕寺田浩明著《权利与冤抑：寺田浩明中国法史论集》，王亚新等译，清华大学出版社，2012；黄宗智《民事审判与民间调解：清代的表达与实践》，中国社会科学出版社，1998；林端《中西法律文化的对比——韦伯与滋贺秀三的比较》，《法制与社会发展》2004 年第 6 期；俞江《明清州县细故案件审理的法律史重构》，《历史研究》2014 年第 2 期。

② 《天津府属试办审判厅章程理由书》，清末刊本，第 67 页。

③ 宣统三年八月二十日供词、堂谕，M003-01-15239，第 2～3 页；宣统三年八月二十四日供词、堂谕，M003-01-17086，第 49 页，皆引自吴铮强、杜正贞主编《龙泉司法档案选编》第 1 辑（晚清时期），中华书局，2012，第 496、232 页。

诉讼的最终裁断，只有要求两造"取结销案"的堂谕才属于裁断文书。①传统堂谕一般字迹潦草、涂改严重，1915 年 5 月 17 日司法部的《堂谕样本准通行批》就批评传统堂谕"或沿用朱笔，经月即字迹模糊，或莫可确认，或不列案由、原被不分、判词拉杂挂漏，至不能辩其主旨，拘束谁何，为病不一而足。至其用纸之广狭长短尤属多差不齐，缩张任意不便附卷，更不待言"。②据此也可以确定，字迹潦草的"朱笔堂谕"即是细故审理的正式裁断文本。已出版的《淡新档案》第 21 册所附彩图一"22506 - 14 堂谕"为墨笔书写，其实是何良呈状所附光绪五年（1879）闰三月初二日堂谕的抄件，堂谕原件见于"22506 - 5"号文书，与点名单相连，结束语"此谕"在抄件中改为"台北府陈堂谕"。③

作为裁断文书的"堂谕"一般会要求两造"具结销案"，说明"堂谕"并非审理的终结，"裁断"之后还须当事人出具结状，以示对官府的服从。这类结状的具体形式包括遵依状、甘结状、遵结状、切结状、息结状、限状等，其中胜诉者出具"遵依状"，败诉者出具"甘结状"，平诉则两造出具"遵结状"，相关人出具"切结状"，自行调解结案出具"息结状"，保证限期执行裁断出具"限状"。④

传统堂谕一般采用"案据、审得、兴讼、断令"的叙述结构，与"无异、突出、非沐、叩乞"的状词模式相互呼应。"案据"部分是概述案件的诉讼过程，如淡新档案郑绍基告陈本越界占芸案光绪二年（1876）九月初四日的堂谕称，"案据陈本呈称郑绍基混界占管，佃被掳去；郑绍基呈称陈本越界占芸，恳迅拘讯等情各来"。如果已经多次审讯，这部分叙述也可简化，如许国告许乞食越界霸占埔地案中光绪十年（1884）五月廿六日的堂谕，叙述诉讼过程仅称"此案屡断屡翻"。

"审得……兴讼"部分，也可以用"细察……混争"等表述，是对已

---

① 光绪三十二年八月十九日供词、堂谕，M003 - 01 - 91，第 2 页，《龙泉司法档案选编》第 1 辑（晚清时期），第 96 页。
② 《堂谕样本准通行批（附原详及样本）》（1915），余绍宋编《改订司法例规》，司法部，1922，第 1540 页。
③ 《淡新档案》22506 - 5，台湾大学图书馆，2006，第 21 册第 46 页。
④ 参见吴铮强《龙泉司法档案晚清文书的类型与格式》，收入《龙泉司法档案选编》第 1 辑（晚清时期）。

经认定的案件事实的陈述，一般无需交代证据与论证过程。这部分先以"审得"或"细察"起始陈述纠纷发生前状态的交代，然后交代纠纷产生的经过，并以"兴讼"或"混争"为结语。如郑绍基案中"审得郑伯麟等四房，以诗礼传家四字为派，将可分田产立合约字分管……郑伯麟等情将契内东连礼房田尾为界一句，改作东至礼房横坵为界，陈本遂越田尾而耕至横坵。郑语不愿，因而互控兴讼"；许国案中"细察情由，实缘许国捏造伪契，希图诈索。该处总名大湖，横直十有余里，平田无数，凡各户之分界管业者，又有小湖名以别之，如土地公湖、粪箕湖等类是也。乃许国竟造大湖总名之远年伪契，影射混争"。

"断令"部分是官府为解决争端下达的"谕令"，一般遵循"衡情判决"规则而无需明确的"法律依据"。如郑绍基案中"断令公田一份合给字内，载明东连礼房田尾，出卖之时何得改写横坵，致滋争端。陈本耕田仍应耕至礼房田尾，不准越界"；许国案中"断令许乞食照契管业。许国等本应照例究诬，姑念俯首遵断，从宽申斥"。最后无一例外要求当事人"具结遵依"并以"此谕"作为结语，强调堂谕中官府与当事人之间命令与服从的关系。①

二　堂谕与判决双轨制的形成

1912 年龙泉县的裁断文书一仍旧贯，1913 年出现了"判词"。1913 年审检所时期，因《各县帮审员办事暂行章程》第九条规定"凡地方初级审判厅、检察厅适用之法令，审检所得适用之"。审判厅"适用之法令"最主要是《各级审判厅试办章程》，其中要求以"判词"作为诉讼的裁断文书，"判词之宣示，于决议后三日内行之"，又规定"判词之定式"，民事判词的正文部分应该包括"呈诉事实"、"证明理曲之缘由"以及"判断之理由"。② 龙泉司法档案有一件 1913 年 3 月 26 日帮审员金蕴岳撰写的"判

---

① 《淡新档案》22502 - 19，第 21 册第 25 页；《淡新档案》22419 - 54，第 20 册第 93 页。
② 《各级审判厅试办章程》（1907），怀效锋主编《清末法制变革史料》上卷，中国政法大学出版社，2010，第 459 ~ 460 页。

词"，除开篇标注"判词"两字以外，内容一如旧式堂谕。[①] 同年 6 月 5 日制作的"判决词"正文包括"判决主文"与"证明曲直之理由"两部分，[②] 此后"判词"制作日益符合"判词之定式"。由于判词出现的同时，传统堂谕并没有消失，司法实践中判词与堂谕并行的现象在 1913 年就已形成。

1914 年三四月间，县知事兼理司法制度在全国范围开始施行，审检所随之撤销，但仍要求以判词作为诉讼裁断文书。同年 11 月 21 日，司法部声称各地都将积案不办的原因"托词于制作判词之烦累"，广东等地方向司法部提议"拟以堂谕代判决"，司法部也认为裁断文书"无非保护当事人之权利"，采用判词形式"除钞录诉状各节外，不过述证明判断之理由"，这是"本为断狱者应有之事，初非繁重难行之举"，如果裁断本身"言之成理，自不必强拘形式"，因此建议对于简易案件"准其得以堂谕行之"，非简易案件及上诉案件仍需"依定式作成判词，以昭慎重"。此呈请经大总统袁世凯批示"准如所拟办理"，[③] 堂谕与判词并行的裁断文书双轨制由此确立。此后司法部又发布《县知事于呈准前以"堂谕"代判案件准予认为有效文》《呈准前"堂谕"代判认为有效者以毋须覆判及简易案件为限批》《县知事应送覆判案件须依式作成"判词"令》《禁止各县不用"判词"并无"堂谕"通知》等一系列文件，进一步完善堂谕与判词的双轨制。[④]

双轨制形成以后，最初堂谕仍以朱笔任意书写。1915 年 5 月 17 日，司法部批准陕西高等审判厅的拟制堂谕样本，格式如下（图 1）。

堂谕样本批文又附说明，规定民事案件以堂谕代判决的标准是涉案"金额及价额一千元以下者"。同时对改造传统堂谕提出明确要求，如"堂

---

① 1913 年 3 月 26 日龙泉县审检所判词，《龙泉民国法院民刑档案卷》（1912～1949），浙江龙泉档案馆藏，M003 - 01 - 9696，第 10～11 页。

② 1913 年 6 月 5 日龙泉县审检所判词，《龙泉民国法院民刑档案卷》（1912～1949），M003 - 01 - 17136，第 1～4 页。

③ 《县知事简易案件准以堂谕代判决呈》，余绍宋编《改订司法例规》，第 492 页。

④ 《县知事于呈准前以"堂谕"代判案件准予认为有效文》《呈准前"堂谕"代判认为有效者以毋须覆判及简易案件为限批》《县知事应送覆判案件须依式作成"判词"令》《禁止各县不用判词并无"堂谕"通知》，余绍宋编《改订司法例规》，第 493～495 页。

某县 事堂谕　　年　第　号

原告人（刑事不列）

被告人

右　列　人　因……一案经本县堂判如左

…………此判

中华民国　年　月　日作成

某县知事　某某（签名盖章）

某县承审员某某

（县印）

中华民国　年　月　牌示

图 1　陕西高等审判厅的拟制堂谕样本

判须叙明本案事实，判决理由之大概及判断之要旨"，"不得用朱笔，须用墨写"，须由"县知事或承审员亲笔写"等。① 龙泉司法档案中，1915 年 3 月开始出现较多的"样本堂谕"，其中填写时间为 1914 年 9 月 6 日的样本堂谕末尾以朱笔批注"王佐臣四年五月十四号补领"，应该是事后补撰、倒填日期而成。② 此后传统的朱笔堂谕虽然有所减少，但一时无法禁止，因此出现了判词、样本堂谕与朱笔堂谕三者并行的局面。

在颁布样本堂谕之后仅三个月，因为发现"京外各级审判衙门判词程式极不整齐，亟应明定，以归一律"，司法部又于 1915 年 8 月 12 日颁布了"判词程式"即《遵照部订判词程式通饬（附判词程式）》。通饬中"判词"又称"判决"，规定正文部分包括"主文、事实、理由"三项，③ 与《各级审判厅试办章程》规定的"呈诉事实、证明理曲之缘由、判断之理由"的判词定式有所区别。

① 《堂谕样本准通行批（附原详及样本）》（1915），余绍宋编《改订司法例规》，第 1540 页。

② 1914 年 9 月 6 日龙泉县公署堂谕，《龙泉民国法院民刑档案卷》（1912～1949），M003 - 01 - 5461，第 10～12 页。

③ 《遵照部订判词程式通饬（附判词程式）》，余绍宋编《改订司法例规》，第 1526～1528 页。

综上所述，龙泉县自 1913 年 3 月 26 日出现名义上的判词以来已经出现"判词"与"堂谕"并行的局面。1914 年 11 月允许简易案件以"堂谕"代替"判词"之后，裁断文书的双轨制正式形成。同时司法实践中仍存在传统"朱笔堂谕"与新式"样本堂谕"的区别，1915 年前后又有从"判词"到"判决"调整。1922 年施行的《民事诉讼条例》第 266 条对"判决书"程式的规定，与 1915 年《遵照部订判词程式通饬（附判词程式）》相似，① 这时县知事兼理司法以及简易案件中堂谕代判词的制度仍然延续，在形式上没有改变裁断文书双轨制的格局。1934 年 1 月 5 日司法部训令"各省兼理司法事务之县政府……不得再以堂谕代行判决"，全国的堂谕与判决并行的双轨制才正式结束。② 但在龙泉县，自 1929 年成立县法院之后堂谕已丧失合法地位，龙泉司法档案中堂谕更是消失于更早的 1926 年。

三 不确定的诉讼观念

传统堂谕与现代判决是完全不同审判模式的产物，却在双轨制下并行共存。现代民事判决的正文分主文、事实、理由三部分，就形式而言，判决的"主文"与堂谕的"断令"，"事实"与"案据"，"理由"与"审理……兴讼"，三者可以一一对应。但不同的审判模式决定了裁断文书表述不同的内涵："主文"是依据当事人"诉讼请求"及法律规定形成而判决，"断令"则是官府依据情理提出的解决纠纷的方案；"事实"是列明当事人、证人等各自的陈述与举证，"案据"则是交代两造告状的缘由；"理由"包括认定事实的证据与论证过程，以及形成判决主文的法律依据，而"审理……兴讼"直接描述认定的事实本身，无需说明证据与论证过程，一般也无涉法律依据。堂谕与民事判决的具体表述理应体现不同的诉讼观念，但在双轨制的条件下又该如何协调诉讼观念的冲突呢？是堂谕与判决

---

① 《民事诉讼条例详解》，陈刚、邓继好主编《中国民事诉讼法制百年进程》民国初期第 1 卷，中国法制出版社，2009，第 354 页。

② 《各县嗣后不得再以堂谕代行判决训令》（1934 年 1 月 31 日），《法令周刊》1934 年第 187 期，上海法学编译社，"命令公牍"第 1 页。

分别代表的两种不同审判模式并行不悖，还是两种裁断文书都是同一特殊审判模式的产物并无本质区别？龙泉司法档案呈现的实际情况比较复杂，不能一概而论。以下分别讨论堂谕、判词与判决所体现的不确定的诉讼观念。

1. 堂谕

龙泉县从 1915 年开始出现的"样本堂谕"，基本保留了传统堂谕的叙述结构。如应该是 1915 年补作的（1914 年 9 月 6 日）"王福兴与王佐臣等山场纠葛案"的堂谕，以"讯得"开始陈述案件情节，不过增加了不少事实认定推理的过程。在此基础上直接提出裁断方案而无需引用法条，要求当事人"杜后争执"。明显的变化是传统堂谕结尾部分要求当事人"具结遵依"并宣称"此谕"表述消失了，原因当然是当事人拥有了上诉的权力。[①]

此后十余年间的"样本堂谕"基本上保持着这种特征，但也并非没有例外，主要是 1926 年的"样本堂谕"已明显向现代民事判决靠拢。比如 1926 年 3 月 9 日李学球与卓清富田亩纠葛案的堂谕，详细引述两造当事人陈述以及庭审（言词辩论）过程，并据此形成事实认定，体现出由实质真实主义向形式真实主义演变，在形成裁断之前还引用原告的诉讼请求"酌量情形"，某种程度体现了当事人主义诉讼原则。[②] 虽然这种情况的案例较少、出现时间较晚，但也说明形式上的堂谕所表述的诉讼观念是不确定的，可以根据审判模式的演变调整其表述策略。

2. 判词

1913～1914 年审检所时期依据《各级审判厅试办章程》制作的"判词"，其对应的诉讼观念比较暧昧。《各级审判厅试办章程》规定民事判词需列明"呈诉事实""证明理曲之缘由""判断之理由"，[③] 而法部呈奏该章程时声称"今审判各厅分民事为专科，自宜酌乎情理之平，以求尽乎保

---

① 1914 年 9 月 6 日县公署堂谕，《龙泉民国法院民刑档案卷》（1912～1949），M003 - 01 - 5461，第 10～12 页。

② 1926 年 3 月 9 日县公署堂谕，《龙泉民国法院民刑档案卷》（1912～1949），M003 - 01 - 12864，第 16～21 页。

③ 《各级审判厅试办章程》（1907），怀效锋主编《清末法制变革史料》上卷，第 459～460 页。

护治安之责"，① 说明民事审判的依据是"酌乎情理之平"，不受当事人诉讼请求之约束，不符合当事人主义诉讼原则。《各级审判厅试办章程》的"法源"《天津府属试办审判厅章程》第 118 条规定，民事案件的"判词"应记载"判旨"与"理由"等。② 该法规的解释文本《天津府属试办审判厅章程理由书》对民事判词的说明直接参照刑事判词，第 93 条对刑事判词的解释是"我国惯例审讯时必开一点名单，其断语即书于姓名之下，谓之'堂批'，今即仍旧例而略增加之"。③ 据此可知，所谓"判词"是传统"堂谕"技术的改进，在法理上似乎并无新意可言。

因此 1913 年审检所时期的"判词"，与传统"堂谕"只是形式的不同与繁简的区别，并不涉及诉讼规则的变革。龙泉司法档案中 1913 年 3 月 26 日林张氏控张氏勒契图嫁斧劈门箱案的"判词"只是在传统堂谕上增加"判词"两字，1913 年 6 月 5 日许马明等控金冠彰挖掘祖坟案的"判词"正文形式上分为"判决主文"与"证明曲直之理由"两个部分，"主文"只是提出一个调解方案而非依法判决，相当于传统的"断令"，并且要求当事人具结遵依，"当庭各具遵结附卷"；"证明曲直之理由"包括案情陈述与情理说明，并未交代当事人陈述，还引用"卧榻之侧禁人鼾睡""瓜田李下"等成语典故增强情理的说服力，完全体现了传统细故审理的模式。④

但"判词"也不尽然是传统"堂谕"的改头换面，审检所时期主要由帮审员金蕴岳制作的 10 余件"判词"，有时也明显超越"即旧例略增加之"的局限，在法律条件不具备的情况下表现出现代民事诉讼的观念。如 1913 年 6 月毛世璥控毛裕锆霸种祭田案"判词"，"呈诉事实"部分所述并非案情而是诉讼过程，直接引用当事人陈述及诉讼请求，出现了"据毛世璥状称……旋据毛裕锆诉称……请求审判田归原佃完租承值等情前来，当传两造开庭质讯"的表述，体现了形式真实主义与当事人主义诉讼原

---

① 《法部奏酌拟各级审判厅试办章程折》，怀效锋主编《清末法制变革史料》上卷，第 414 页。

② 《天津府属试办审判厅章程》，清末刊本，第 31 页。

③ 《天津府属试办审判厅章程理由书》，第 67 页。

④ 1913 年 6 月 5 日龙泉县审检所判决，《龙泉民国法院民刑档案卷》（1912～1949），M003 - 01 - 17136，第 1～4 页。

则；"证明曲直之理由"部分开篇提出"查租种田地须得所有人之许可，斯为适法行为"，在没有民法可依的情况下提出民事判决的法理依据，体现了"依法审判"的诉讼观念。① 对于传统堂谕而言，判词的这些表述几乎是革命性的。

目前所见龙泉县审检所时期最后一件判词的落款时间是 1914 年 1 月 25 日，审判官是帮审员侯继翻。② 随着 1914 年三四月间龙泉县审检所的罢废，龙泉司法档案中再次出现判词的时间已是 1914 年 7 月，审判官则是县公署的县知事杨毓琦、承审员姚熙绩。他们也制作了 10 余件判词，形式上统一为"判决主文、呈诉事实、判决理由"三段式的结构，似乎更加趋近于现代民事判决，但内容基本回归到"即旧例略增加之"的水平，审检所时期金蕴岳判词所体现的当事人主义原则已经消失。如 1914 年 9 月 1 日吴学高与吴学铨书田纠葛案的判词，"事实"部分不再是记载当事人的陈述与诉讼请求，而是开创了一种"案缘……遂以某某控案……"的叙述模式，将经认定的事实作为诉讼的起因一并叙述，案情与诉讼过程融为一体；"判决理由"并不是说明事实认定的证据与论证过程，也不交代判决的法律依据，而是对"判决主文"的情理解释，如认为吴学铨的行为"虽系私押，尚非盗卖"，又以"吴学高、学朱各认派洋偿回吴学英、学铨赎费"解释"吴学高、学朱各派赎契洋壹元"，其实只是细故审理中"调停式"裁断的同义反复。③

因此，判词在制度原本只是传统堂谕技术上的改进，但在司法实践中体现的诉讼观念又受到诉讼规则演变的影响，在稍具司法独立精神的审检所时期更多体现出当事人主义诉讼原则，在县知事兼理司法时期又退回到"仍旧例而略增加之"的水平。

3. 判决

杨毓琦的判词以"判决主文、呈诉事实、判决理由"的叙述结构作为

---

① 1913 年 6 月 28 日龙泉县审检所判决，《龙泉民国法院民刑档案卷》（1912 ~ 1949），M003 - 01 - 14901，第 1 ~ 3 页。

② 1914 年 1 月 25 日龙泉县审检所判决，《龙泉民国法院民刑档案卷》（1912 ~ 1949），M003 - 01 - 17109，第 2 ~ 10 页。

③ 1914 年 9 月 1 日龙泉县公署判决，《龙泉民国法院民刑档案卷》（1912 ~ 1949），M003 - 01 - 8372，第 2 ~ 3 页。

对传统堂谕的"仍旧例而略增加之"，这种局面大概持续了一年时间。1915 年 8 月司法部颁布的《遵照部订判词程式通饬》的具体规定具有明显的当事人主义原则的倾向。如"事实项中凡构讼之事实及当事人对于事实上之争点或证据，应详细载入"，"记载事实如由踏勘所得者，应将勘实情形记入，如以辩论为主者，应将辩论要旨记入，其状词中声叙不明者，均应于辩论时令其明白申说，详细记载"，这里所谓的事实显然是指诉讼过程而非案情；对"理由"项的规定则是"根据事实及法例叙明主文中所云云之理由"，即要求从"事实认定"与"法律依据"两方面说明判决理由。① 这些规定基本确立了判决的当事人主义诉讼原则，但这不符合当时施行的《各级审判厅试办章程》，其立法依据应该是 1910 年《大清民事诉讼律草案》第 472 条规定。② 这就意味着在允许以堂谕代判决之后不久，又以该通饬否定了判词是对传统堂谕"即旧例略增加之"的性质，要求直接依据现代民事诉讼规则撰写判决，从而导致双轨制中堂谕与判决的诉讼原则的背道而驰。

在龙泉县的司法实践中，判决所反映的诉讼观念更加复杂（表 1）。

表 1　1913～1925 年龙泉县历届审判官裁断文书统计

审判官	时间	月数	堂谕	判决	总计
承审官金蕴岳、侯继翻（县知事朱金奎、黄黻）	1913.3～1914.1	11		17	17
县知事杨毓琦、承审员姚熙绩	1914.7～1915.3.1	8	0	10	10
县知事杨毓琦、承审员姚熙绩	1915.3.5～1915.7	5	19（10）	2	21
县知事张绍轩（承审员沈宝璆）	1915.12～1916.8	9	9	1	10
专审员张济演（县知事范贤初）	1916.9～1917.3	10	3	20	23

---

① 《遵照部订判词程式通饬（附判词程式）》，余绍宋编《改订司法例规》，第 1526～1528 页。
② 《大清民事诉讼律草案》第 472 条规定，"判决书"的主体部分由"判语、事实、理由"三部分构成，以及"事实项下，应记明言辞辩论时当事人之声明，并摘录所陈述之事项"。该法条的立法理由进一步阐明，"记载为言辞辩论目的之声明、事实上主张证据之事、证据声明等，则所谓事实是也。记载事实上及法律上说明，则所谓理由是也。而判决主文，则记载据事实及理由而生之断定也"。引自怀效锋主编《清末法制变革史料》上卷，第 669 页。

审判官	时 间	月 数	堂 谕	判 决	总 计
县知事王施海、承审员谢伯镕	1917.10~1919.11	25	23	32	55
县知事赖丰煦、承审员刘则汤（项华黼）	1919.12~1921.1	14	23	21	44
县知事习艮枢（承审员范耆生、许德沛）	1921.3~1922.9	19	8	13	21
承审员吴载基、县知事黄丽中	1922.10~1924.4	18	38	5	43
承审员陈桢	1924.6~9	4	6	4	10
知事吴涛，承审员李传敏、王允中	1925.4~1926.3	12	9	11	20
合　计			138	136	274

1915 年 8 月《遵照部订判词程式通饬》颁行时杨毓琦已经离职，继任的张绍轩似乎不为"通饬"所动，他制作了 9 件"样本堂谕"，唯一一件"判决"是因为浙江省高等审判厅指定龙泉县审理"程仙洲与张同春藉账谋产案"而制作，可以视为一个例外。① 而 1916 年浙江省重建审检所时期，专审员张济演留下的样本堂谕只有 3 件，而民事诉决多达 20 件。这些判决的表述明显体现出当事人主义倾向，与第一次审检所时期的金蕴岳的判词撰写相互呼应。比如 1916 年 10 月为"蔡金氏与蔡起旌祭田纠葛案"撰写的民事判决，"事实"部分以"……原告诉请禁止。开庭讯问，被告供认……惟辩称……"等形式记载原告的"诉讼请求"以及被告的"辩论要点"。② 而 1917 年 3 月为"季肇歧与季焕文损害赔偿案"制作的民事判决，"事实"部分直接引述"原告起诉意旨略称""被告答辩意旨"。在实体法缺失的情况下，"理由"部分尽量阐述法理以示"依法判决"，"查损害赔偿法理，须备具各种要件，方能发生。要件者何，即（一）有损害发生的原因、事实。（二）必有损害之发生。（三）相当因果关系是也。本案

---

① 1916 年 5 月 30 日龙泉县公署民事判决，《龙泉民国法院民刑档案卷》（1912~1949），M003-01-12644，第 1~6 页。

② 1916 年 10 月 6 日龙泉县审检所民事判决，M003-01-1454，第 50~52 页，傅俊主编《龙泉司法档案选编》第 2 辑（1916），中华书局，2014，第 1032 页。

请求目的为赔偿损害，则其损害应否赔偿，应有否具备上列要件为凭"，[①]尽量体现当事人主义原则。

审检所再次罢废后，1917 至 1919 年县知事王施海在任时，样本堂谕与判决的数量分别为 23 件与 32 件。此后不但堂谕增多，判决书的表述方式也出现变异。首先是 1920 年赖丰煦时期，出现了民事判决不采用"主文、事实、理由"叙述结构的情况。如 1921 年 1 月朱文耀与朱文高杉木纠葛案的"龙泉县公署民事判决"，正文中直将判决内容称为"堂判"，不区分"主文、事实、理由"三个部分，采用传统堂谕"审得……此判"的表述方式。但是究其内容，又未必完全沿袭传统堂谕。这种民事判决内容简洁，既不引述当事人的陈述与诉讼请求，也没有以法理充分实体法依据，但有限的内容围绕事实认定的举证与论证而展开，多少体现了现代民事诉讼的形式真实主义原则，判决部分表述为"认原告人之请求为毫无理由，予以驳回"，某种程度也体现了当事人主义原则。[②] 这种形式上极不完善的民事判决，可以理解为县知事兼理司法制度以及民事实体法缺失情况下，对现代民事诉讼规则有限、但合乎实际条件的一种适应方式。

如果说赖丰煦时期的民事判决与现代民事诉讼规则是"貌离神合"的话，那么他的继任者习艮枢时期出现了"貌合神离"的局面，采用"主文、事实、理由"的叙述结构，但内容极为简单，似乎只是将传统堂谕强行诉分为"事实"与"理由"而已。如 1921 年 12 月柳学祁与柳家齐房屋纠葛案的民事判决，表面上采用"主文、事实、理由"三个小标题，但该判决的理由部分："柳家齐住房已历三十余年，原告何能待至今日始行追究，其无理由一。梨树园屋基明明卖与柳家吉，与被告何涉，其无理由二。老契何以至今始税，其无理由三。"[③] 属于传统细故审理中相当常见的情理说明，而未提供任何法规、法理的依据。

如果说赖丰照、习艮枢时期通过一种模糊的方式协调着堂谕与判决的

---

① 1917 年 3 月 9 日龙泉县审检所民事判决，《龙泉民国法院民刑档案卷》（1912～1949），M003－01－12647，第 9～13 页。
② 1921 年 1 月 10 日龙泉县公署民事判决，《龙泉民国法院民刑档案卷》（1912～1949），M003－01－11895，第 22～23 页。
③ 1921 年 12 月 3 日龙泉县公署民事判决，《龙泉民国法院民刑档案卷》（1912～1949），M003－01－9902，第 3～5 页。

紧张关系，那么 1922 年 10 月黄丽中继任龙泉县知事后，情况又发生变化。这时确立当事人主义原则的《民事诉讼条例》开始施行，但龙泉县仍实行县知事兼理司法制度，堂谕与判决并行的双轨制仍在延续，知事黄丽中及承审员吴载基自 1922 年 10 月至 1924 年 4 月制作的民事判决也完全符合现代民事诉讼规则的要求。只是他们制作的民事判决仅有 5 件，明显不能体现当事人主义原则的样本堂谕则有 38 件。也就是说这时堂谕与判决是遵循完全不同的审判模式制作而成，堂谕成为审判官在民事诉讼中拒绝遵循当事人主义原则的一种手段。1924 至 1925 年承审员陈桢与县知事吴涛担任主审官期间，堂谕与判决的数量相对平衡，但诉讼原则的分化现象仍然突出。直至 1926 年王允中基本上成为龙泉县的主审官后，堂谕数量迅速减少并基本消失，裁断文书的双轨制至此在龙泉县基本结束，诉讼原则的分化问题以裁断文书形式的单一化得以解决，这种趋势的时代背景则是国民革命在南方开始兴起。

虽然龙泉县在 1926 年以后基本不再以"堂谕"作为裁断文书，1929 年县法院成立之后"判决"成为龙泉县唯一合法的裁断文书，但 20 世纪 30 年代民法正式施行之前，始终不充分具备贯彻民事诉讼当事人主义原则的条件。民法颁行后，龙泉县民事判决的标准化趋势便无从逆转。

四 结语：中国现代化进程中的双轨制现象

民国初年（主要是北洋时期）裁断文书的双轨制是理解近代中国诉讼史的重要环节之一，双轨制反映了诉讼制度现代化进程的曲折顿挫，也可以理解为减少现代化变革阻力的一种特殊机制。双轨制现象在中国现代化进程中不止一次地出现，20 世纪 80 年代价格改革中的双轨制影响尤为深远，并形成了不同的评价。有人认为价格双轨制是一大失误，也有人认为价格双轨制"开辟了在紧张经济环境下进行生产资料价格改革的道路，推动了价格形成机制的转换，把市场机制引入了国营大中型企业的生产与交换中"，其主要局限性在于"仅仅是价格改革中的一种过渡模式"，[1] 即以

---

① 杨圣明：《价格双轨制的历史地位与命运》，《经济研究》1991 年第 4 期，第 38~39 页。

较小的阻力启动改革进程，同时会在一定程度上造成制度的混乱，并且注定属于一种临时性机制。这样的理解同样适用于民事诉讼裁断文书的双轨制，而通过民事裁断文书双轨制也将进一步加深对中国现代化进程的理解。比如现代性观念具有时间维度的特点，以"传统－现代"的二元对立作为理论的基本预设，但双轨制将时间维度的"传统－现代"对立转化为结构性的二元体制——这有点类似物理学中质量与能量的转化。对于历史进程中制度的设计者与实施者而言，结构性问题显然比时间性问题更容易把握。就裁断文书而言，在反复曲折的进程中赋予审判官协调各种矛盾的自主性，其实也为司法机构适应新制度提供了足够时间与经验，当然这是以某种制度性混乱为代价的。掌握了双轨制在现代性转型过程中的功用及其局限性，或许有利于更加主动、合理地为制度变革设计双轨体制，最大限度地避免由此引发的制度混乱。

《中国古代法律文献研究》第十三辑
2019年，第370~417页

《刑台法律·行移体式》

阿风等 整理

　　《鼎镌六科奏准御制新颁分类注释刑台法律》（以下简称《刑台法律》）是明代万历年间的坊刻律学书籍。1990年，中国书店将民国年间法学者朱颐年旧藏本，收入《海王邨古籍丛刊》，影印出版。

　　《刑台法律》的序言题写"巡按福建监察御史徐鉴书于建宁公署"，正文卷一的卷端题有"刑部尚书雷门沈应文校正、刑科都九生萧近高注释、具予曹于汴参考、谭阳艺林熊氏种德堂绣梓"字样。根据《明神宗实录》的记载，万历三十四年（1606）二月"补原任左给事中曹于汴为刑科右给事中".① 万历三十五年七月"升萧近高为刑科都给事中".② 万历三十六年八月"升刑部右侍郎沈应文为本部尚书".③ 又万历四十一年二月"命广西道御史徐鉴巡按福建".④ 结合序言及校释者的姓名，可知该书应该刊印于万历四十一年以后，是建阳坊刻本.⑤

---

① 《明神宗实录》卷四一八，万历三十四年二月壬戌，中研院历史语言研究所整理本，1962，第7920页。

② 《明神宗实录》卷四三六，万历三十五年七月庚戌，第8251页。

③ 《明神宗实录》卷四四九，万历三十六年八月己未，第8496页。

④ 《明神宗实录》卷五〇五，万历四十一年二月丁未，第9600页。

⑤ 日本尊经阁文库也收藏有《刑台法律》，黄彰健认为此书应该刊印于万历四十六年（1618）之后。参见黄彰健编著《明代律例汇编》，中研院历史语言研究所，1979，序第51页。另外，张宜《明代司法实务手册——〈刑台法律〉》（《法律文化研究》第5辑，2009，第385~395页）认为《刑台法律》刊印于明成化年间，有误。明代有两位"徐鉴"曾巡按福建，一位是成化年间，一位是万历年间。本书序言的作者应该是万历四十六年巡按福建的"徐鉴"。

至于本书是否是沈应文、萧近高（号九生）、曹于汴（字"贞予"，该书刻印为"具予"，有误）等人校释，尚有待考证。

《刑台法律》卷首依次为"首卷"、"附卷"与"副卷"，其中"首卷"与"副卷"主要是对于《大明律·名例》的解释，并增加了《为政规模节要论》《刑名启蒙集要》等官箴书的内容。"附卷"则收录在京、在外衙门"行移体式"，是公文行移的书写范本。

明代的很多律学书籍，都收录有行移体式。如雷梦麟《读律琐言》附有"题奏之式""行移之式"，但相对简略。而万历刊《刑台法律》收录的"行移体式"基本上涵盖了在京、在外衙门及监司职官的行移体式，不仅包括了下行、平行与上行文书，还有衙署内部的行移体式，其所收文书的种类、样式与内容，远远超过了"洪武礼制"规定的行移体式，较为全面地反映了明代中后期公文行移的实际样态。

除万历刊《刑台法律》外，崇祯刊《新刻大明律例临民宝镜》①也收录有"行移体式"，与《刑台法律》所收"行移体式"基本相同。两书皆为坊刻本，文字略有差异，但各有错讹、遗漏之处。相对而言，《刑台法律》使用小字来表示署押等特殊信息，格式清晰，较好地反映出文书本来的形制与格式。此外，明万历刊《官常政要》收有《新刊招拟假如行移式》，不依在京、在外衙门，而是按照"照会""咨呈式""咨式""申式"等，分类罗列公文。其中所收行移体式与《刑台法律》多有重复，文字稍有不同。

从 2017 年 10 月至 2018 年 10 月，中国社会科学院历史研究所的"中国古文书研究班"，每两周一次，研读、整理《刑台法律·行移体式》，参加者包括历史研究所的阿风、邱源媛、李立民以及博士后朱玫（现就职于中山大学历史系）、张舰戈，博士研究生李翼恒。还有北京大学社会学系的凌鹏、北京大学博士研究生申斌（现就职于广东省社会科学院）。前期共同研读，后期整理分工如下：

李立民：五军都督府行照会六部立案式——国子监呈礼部式（在京各

---

① 日本内阁文库藏崇祯五年刊，封面左下端题写"书林王振华梓"。以下简称《临民宝镜》。

衙门合用行移体式）

李翼恒：六部合用行移立案式——都察院行札付式（在京各衙门合用行移体式）

朱　玫：顺天府合用行移各式

邱源媛：布政司合用行移文式

凌　鹏：按察司合用行移各式

张舰戈：府用行移各式

阿　风：县用行移各式、新增民用呈保执结状式

此次整理，以中国书店影印的《刑台法律》为主，参照《新刻大明律例临民宝镜》①《新刊招拟假如行移体式》，并结合《明史》《明实录》《大明会典》等史籍进行校阅。对于一些文书中的名词的解释，也参照了朝鲜王朝时期的学者崔世珍（1467～1543）在为朝鲜王朝编纂的明朝公文教科书《吏文》所作的注释《吏文辑览》。

录文采用自然行迻录。原文有抬头、另起一行者，则依原文。对于明显的错字，则加"（　）"，后以"〔　〕"标识。对于可以确定的脱字，用"【　】"补之。如果不能确定，则依原文照录，另加注释。原文中"某""押"等多使用小字，今与正文统一。"全印""角印"等，则以隶书体表示。

《刑台法律》作为明代后期的建阳坊刻本，不仅文字错讹甚多，还有一些内容存在着明显的制度错误，比如"顺天府合用行移各式"有关顺天府职官的记载，出现了"知府""同知"等外府职官，本文根据明代相关制度规定，进行修正。此外，附卷第37页与第38页等页码错乱，本文根据内容，也重新调整。

全文最后由阿风、申斌、张舰戈、李翼恒统一定稿。在整理过程中，申斌提供了大量的资料，并通校全文。中国政法大学研究生刘伟杰也提出了很多修改建议，谨此致谢！

---

① 中国国家图书馆还收藏有《新刻官板律例临民宝镜》，该书正文卷首题亦题《新刻大明律例临民宝镜》，当为《临民宝镜》另一刻本。杨一凡主编《历代珍稀司法文献》（社会科学文献出版社）第6册、第7册收录了孔庆明、宋国范整理的点校本。不过，该点校本照依原文进行点校，未加考释。

在京各衙门合用行移体式

五军都督府行照会六部立案式

某军都督府为科举事。云云。据某卫指挥使司备申前事。据此。拟合通行。为此。①

一　立　　案②
一　照会礼部
一　札付　某卫

某年某月**全印**掌事某国公某　左右都督某　左右金事某　俱押

经历某　知事某　俱押

五军都督府行照会式

某军都督府为科举事。行据某卫指挥使司申，备某千户所、某百户所申。勘得军生某人，系军人某人随营生长、次男。自幼委的习读某经，颇晓三场，并无刑丧过名，亦不系娼优隶卒之家，堪以应试。今将三代家状，并所习经书，同官吏人等不扶结状，开缴到府。案照，先准礼部咨呈前事，已经行仰勘缴去后。今该前因，合行照会到部施行。须至照会者。

右　照　　会
礼　部

某年为科举事**全印**月　日对同掾吏某押

照会

---

① （朝鲜王朝）崔世珍：《吏文辑览》卷二之二"为此"："犹言为此事也。凡公文结语，例曰为此。"〔日〕前兼恭作遗稿，末松保和编《训读吏文（附）吏文辑览》，国会刊行会，1975，第319页。

② 立案，谓成立文案。《明史》："自今以后，官吏军民奏诉，牵缘别事，撾拾原问官者，立案不行。"（《明史》卷九四《刑法二》，中华书局，1974，第2314页）（朝鲜王朝）崔世珍《吏文辑览》卷二之一八《立案照会本国》："立案，如本国（朝鲜）所云置簿施行也"，第336页。

五军都督府行札付式

某军都督府为科举事。准某部咨呈前事。云云。准此。拟合就行，札付某卫当该官吏，即行该所，着落亲管官旗，从公审勘，有无刑丧过名。如果别无碍，具结缴报施行。须至札付者。

（一）［右］札付某卫。准此。

某年为科举事**全印**月　日给

札付押

都指挥使司行咨式

某都指挥使司为民瘼事。准某等处承宣布政使司咨呈前事。云云。除外。合行移咨，烦请亲诣虫生发处所，广起军余，设法打捕施行。

右　　（启）［咨］

都指挥同知某

某年为民瘼事**全印**月　日对同掾吏某押

咨

某卫合用（白）［申］文式（卫申各都督府各府同）

某卫指挥使司为给由事。照得：先据经历司呈，准本司经历某关。见年若干岁，系某处某府州县人，由监生，某年月日

钦蒙除授前职，某年月日到任，某年月日连闰，实历俸三十六个月。三年一考，任内并无公私过名，亦无粘带不了事件，例应给由呈卫。行据吏、兵等房，即将本官任内事迹踏勘明白，行准本卫指挥使司某关勘相同，攒造牌册，付本管给由外。今将不扶结状粘连，合行备申乞施行。须至申者。

一　事迹　　一　过名无

右　申

某军都督府

某年为给由事**全印**月　日指挥使某　指挥同知　佥事俱押

　　　　　　　　　　　　　经历某　知事俱押

背书司典（史）［吏］某。字无洗补。

某城兵马司指挥使司牒呈顺天府式

某城兵马司指挥使司为偷盗事。据某坊总甲赵戊呈。于本坊挨审得一人，寻坊安歇。审问乡贯、文引，本人言语慌捂张惶，说伊系顺天府吏张甲义男。连人呈送到司。案照，先承准顺天府故牒前事，已行挨拿去后。今呈前因。除差丁牌李乙解府外，合行牒呈施行。须至牒呈者。

　　右　　牒　　呈
　　顺　天　府
某年为偷盗事**全印**月　日指挥使司某　副指挥使某　指挥同知俱押
牒呈　　　　　　　　　　背书司典（史）［吏］某承行。

卫行帖文式

某卫指挥使司为克减军粮事。准
某等处提刑按察司关前事。据军人周甲状告本卫官旗吴（巳）［乙］等克减月粮等情。准此。参照前事，拟合就行。为此。合行帖仰本所当该官吏，照依开提犯人一名，行提到官，审问是实，如法枷杻，并文簿印封，差人牒卫，以凭施行。须至帖者。

　　计开　提吊枷杻犯人四名
　　吴乙系军吏　　郑丙　王丁系总旗　　冯戊
　　印封文簿壹扇

　　　　　　　　　　右帖下某所。准此。
某年为克减军粮事月　日给
帖押　　　　　　背书司典吏某押行。

国子监行关顺天府式

国子监为省祭事。据助教官某等备监生某等呈。具应贡中试，某年月日，已是在监三年，（倒）［例］应省祭。备呈。惟恐不的。仍于原报脚色簿内查勘相同，备出开呈到监。案照，先奉
礼部札付前事，已经备仰该班复勘去后。今呈前因，拟合抄粘，连人移关前去，烦为给引施行。须至关者。

计粘单一纸

　　右关顺天府　　各行关同

某年为省（察）［祭］事　月　　日

关押　　　　　　背写某吏承行

国子监呈礼部式

国子监为丁忧事。据助教某备监生某呈。系某处某府某州县人，某年月日送监。某年月日有乡人某稍带兄弟某家书，开称有父母于某年月日病故。某系亲男，例应丁忧守制。据此。惟恐不的，随拘带书人某研审是的。取具不扶结状，粘连具呈到监。复勘相同外。理合备由，呈请施行。须至呈者。

　　　右　　　呈

　　礼　　　部

某年为丁忧事月　　日祭酒某　司业　典簿某　俱押

　　　　　　　背书承行司　典吏某。字无洗补。

六部合用行移立案式

吏部为吏役事。承准

某军都督府照会前事。云云。据此。照会到部。案照，（前）［先］该通政司连状送告人某状告（先）［前］事，已行去布政司。今该前因，拟合连送本司，立案施行。

　　一　立　　　案

　　一　照　　　会

　　某布政使司　准此

某年为吏役事全印月　　日尚书某　左右侍郎某　员外【郎】某　主事某俱押

　　　　　　　司务某押　都吏某押

吏部照会布政司式

吏部为吏役事。某【年】月日书填某字号勘合，照会本司。仰此。对珠

［朱］墨相同，即行下所属，照依坐去事。并作急缴报施行。须至照
会者。

一件吏役事。验对［封］①清吏司案呈，奉本部送到某布政司咨呈，据某
府等、某州某县等申。送役满司、典吏张甲等若干名到部。审据各吏告
称，俱以农民参充。【一】②考役满，并丁忧、起服、截替等因，俱各给批
起送前来，告呈到部。合行抄单。仰本司，如有各吏相应衙门有缺，即便
拨发，辇历考满，照例起送施行。

　　右照会某等处承宣布政使司。准此。

某年为吏役事全印月　　　日对同都吏某

照会押

户部行咨呈式

户部为户口食盐事。某年月日书填某字号勘合。照会本（司）［部］，某清
吏【司】付，照某年分见在官吏食盐价银，拟合通行。合行各衙门，即将
见在官吏随任男妇大小口数，取勘明白。照依上年事例，该纳钞锭，照口
数目收完，官库收贮。该支官吏盐斤，行移运司场支给。合行勘合，咨请
为转行某卫，仍将库（牧）［收］并造完文册，缴报施行。须至咨呈者。

　　右　咨　呈

　　某军都督府

某年为户口食盐事全印月　　　日对同都吏某押

礼部咨式

礼部为贞节事。据应天府呈，备上元县申。织锦（防）［坊］等一畾已故
民人某人妻某氏，于某年间，为夫亡故。本妇见年若干岁，家贫纺绩，誓
不改嫁。养姑李氏，病故，依礼安葬。名无瑕玷。等因。备由呈部。合行
移咨。烦为转行巡按御史复勘，取具全文、咨、保结，缴报施行。须至

---

①　《明史》："吏部，文选、验封、稽勋、考功四清吏司……吏之考，三、六年满，移验封司
　　拨用。"（《明史》卷七二《职官一》，第1734、1738页。）可知，吏部负责吏员考核事务
　　的机构为验封司，非验对司，据此改。

②　据《新刊招拟假如行移体式》补。

呈者。

右　咨

都察院

某年为贞节事**全印**月　日对同都吏某押

兵部牒式

兵部为民疾事。准据某处承宣布政使司咨呈前事。先据某府某县申，备里长张甲等连名呈。桥水县某村荒草地之内约有十余亩，某除村草地内约有八九亩，俱有虫蟠生发。呈报到县。当即广起人夫前去打捕外。缘系民瘼等因，备呈到部。除行该县广起人夫，设法打捕外，即便合行所属，设法广差人员，前去打捕，缴报施行。须至牒者。

右　　　牒

大理寺左右

某年为民瘼事**全印**月　日 对同都吏押

刑部立案式

刑部为冤枉事。准某等处承宣布政使司咨呈，据某府备某县申前事。云云。据此。拟合就行。为此。

一　立案

一　札付国子监

某年为冤枉事**全印**月　日尚书某押　　左右侍郎某　俱押

　　　　　　　　　司务某押　　　都吏某押

刑部札付式（行国子监）

刑部为冤枉事。准某等处承宣布政使司咨呈，据某府备某县申。【差甲】① 首王四等管解犯人李一等（刑）［到］部。案照，先该通政司连状送告人张丙状告前事，已行提解去后。今据解到，拟合连送，札付国子监，即将发去犯人李一等从公推问明白，依律议拟呈审，照例发落施行。须至札付者。

---

① 据《临民宝镜》补。

计开　犯人三名

张丙　李一　王四

右札付国子监　准此

某年为冤枉事**全印**月　　　日对同都【吏】某押

（牒）［札付］押

（工）［刑］部立案式 *

（工）［刑］部为在逃人匠事。问得犯人某等招罪明白。抄粘原词，连人卷，移牒施行。为此。

一　立案

一　牒大理寺左右

某年为在逃人匠事 **全印** 月　日尚书某押　左右侍郎某俱押

司务某押　都吏某押

---

　　*根据现存明代官修政书，如《诸司职掌》《大明会典》的记载，工部并没有独立的司法审判权，且万历《大明会典》有"（洪武）十五年（1382），令吏、户、礼、兵、工五部，凡有应问罪人，不许自理，俱付刑部鞫问"的记载，明确规定工部等五部不得自行审理刑事案件，需交付刑部处理（万历《大明会典》卷一七七《刑部十九·问拟刑名》，文海出版社，1964年影印本）。查《明实录》，洪武十七年（1384），明太祖朱元璋"命天下诸司，刑狱皆属刑部、都察院详议平允，又送大理寺审复，然后决之"（《明太祖实录》卷一六七，洪武十七年闰十月癸丑，第2559页），也规定工部等五部不得自理刑事案件。此外，《明实录》中凡是涉及工部逃匠案件，皆由刑部进行初审，随后送大理寺复审，并未有工部直接审理逃匠的记载。

　　今人相关研究中基本上也认为工部并没有对于刑事案件的独立审判权，如那思陆在《明代中央司法审判制度》认为，工部官员仅得参与由皇帝明令召集的重大案件的会审及朝审案件的复核，对于涉及本部职掌案件，可以"奏闻皇帝建议逮捕审讯"（那思陆：《明代中央司法审判制度》，北京大学出版社，2004，第82页）。陈宇赫在《明代大理寺研究》中认为，作为明代刑事案件的复核机关，大理寺复核京师刑名案件时仅"负责审录刑部、都察院、五军都督府初审的案件"（陈宇赫：《明代大理寺研究》，中华书局，2013，第60页），未见工部有单独审理刑名案件的权力，且工部在参与奉皇帝圣旨而进行的会审中均不占主导地位。

另《新刊招拟假如行移体式》中同样有关于逃匠案件审理流程的文书样式，与本书中此一部分相似（从《刑部立案式》开始至《大理寺行勘合式》），但审理该案的司法机关皆为刑部。而本书《大理寺行勘合式》中，大理寺在审理逃匠案件完毕后发出勘合，其受文机关又成为了刑部。综上所述，明代工部对于刑名案件并没有审理权且不会就具体刑事案件与大理寺之间发生公文往来，本书中此一部分逃匠案件的初审机关在不同公文样式中存在相互抵牾之处，将初审机关由工部改为刑部更为妥当。

（工）［刑］部牒大理寺式

（工）［刑］部为在逃人匠事。问得犯人某等招罪明白。抄粘原词，连人卷，移牒大理寺左寺，烦为审录施行。须至牒者。

一　问得。犯人一名，某人，年若干岁，系某处府州县某乡匠籍。伏招某年月日，因是某赍执勘合，赴部投班，蒙拨某厂上工。本年某月内不合畏避【当】① 匠艰难，私自越关逃回原籍躲（在）［住］。某年月日，遇蒙恩例，又不合违不首到。蒙本部开逃行拿，今县捉某到官，批差解人，某年月日赴本部某清吏司，交查出前情，参送到司，取问罪犯。

一　议得。某人所犯，除越关轻罪外，凡奉
制书有所施行而违者，律杖一百，有
大诰，减等，杖九十。系逃匠，的决上工。

右　　牒
大理寺左寺

---

① 据《临民宝镜》补。

某年为在逃人匠事 **全印** 月　　日对同都吏某押

牒押

大理寺合用行移立案式

大理寺左右为在逃人匠事。准（工）［刑］部某清吏司发审犯人某人到寺，除审录外，拟合立案。

　一　立　案

　一　引　审

某年为在逃人匠事 **全印** 月　　日左右寺（丞）［正］某　左右寺副某　左右评事某 俱押

胥吏某押

案呈本寺审录立案式

大理寺左寺为审录罪囚事。刑部某清吏司发审犯人（其）［某］人到寺，除审拟合律，拟合出给勘合施行。

　一　立　　　案

　一　出勘合几道

　一　牒在逃人匠事。（工）［刑］部清吏司发审犯人一名某犯，该杖罪，系逃匠，的决上工。审拟合律。今出某字几号勘合，回报如拟发落施行。

　余有发审，本牒各照招拟照开。

某年为审录事 **全印** 月　　日卿某　左右少卿某　左右寺丞某　左右寺副某

　俱押

司务某押　胥吏某押

大理寺行勘合式

大理寺出给勘合评允，四围花拦，发回各司，如拟发落粘（落）［卷］。

大理寺为在逃人匠事。刑部某清吏司发审犯人一名某人，（谋）［该］杖罪，系逃匠，依律的决，送工部上工。审拟合律。今出某字几号勘合。某清吏司。准此。

－ 381 －

某年为在逃人匠事**全印**月　日胥吏某人承

大理寺押

　　　　对同左右寺正押　　　左右寺评事押

都察院都御史立案式

都御史某为审录事，准刑部咨前事。云云。参照前拟合案，发犯人某道立
案，推问明白，依律议拟，罪犯照行事理，合行某道，连人移牒大理寺，
烦为审录①施行。

　　一　立　案
　　一　发下某道御史行移

某年为审录事**全印**月　日左右都御史某押　左右副都御史某押　左右佥都
御史某押

　　　　　　　　司务某　经历某　都（司）［事］某

　　　　　　　　照磨某　检校某　都吏某押

某道御史立案式

某道御史为审录事。蒙

都察院发下犯人某到道，立案推问明白，依律议拟，引赴【都】堂审允
外，合将各招罪照行事理开坐，具

本院备粘原词，理合移牒。差办事吏某，连人卷，赍送大理寺，烦为审录
施行。

　　一　立　案
　　一　牒大理寺

某年为审录事月　　日某道御史某押　都吏某押

某道御史行牒大理寺式

某道监察御史为审录事。蒙

───────────

① 大理寺审理案件分为"在内"与"在外"两种情况，在内叫"审录"，在外叫"转详"。
　参照陈宇赫《明代大理寺研究》，第73页。

都察院发下犯人某到道，立案推问明白，依律【议】拟，引赴都（台）[堂?]审允。除外。今将各犯招罪照行事理开坐，具本院备粘原（发）[词]，【理】合移牒，差办事吏某等，连人卷赍送大理寺，烦为审录施行。须【至】牒者。

计开　赍缴。

大理寺行勘合

大理寺为审录事。某道监察御史发审犯人某，犯该徒罪，照例决杖一百，送兵部发辽东沿边缺伍卫补伍充军。仍递该府拘要，当该吏差人管押解所卫交割，守墩哨（嘹）[瞭]，照徒年限，满日着役。余人供明，审拟合律。今出某字号几道【勘合，回缴如拟发落施行】①。

某字半印几道　　兵部施行

某年为审录事**全印**月　日胥吏某人承

大理寺押

对同左右寺正押　　左右寺评事押

都察院立案式

都（御史）[察院]某为贞节事。准礼部咨呈前事。云云。参照前事，拟合就行，札付某道本职，即行本县当该官吏，并已故民人某人、里老、亲邻人等，从公复勘具缴 [结]②，缴报施行。

一　立　案

一　札付巡按监察御史某。准此。

某年为贞节事（会应）[**全印**]③月　日左右都御史某押　左右副都御史某押　左右佥都御史某押

司务某　经历某　都事某

照磨某　检校某　都吏某

---

① 据前件《大理寺行勘合式》样式补。
② 据《临民宝镜》改。
③ 据《临民宝镜》改。

都察院行一（衍字）① 札付式

都察院为贞节事。准礼部咨前事，据应天府呈，备上元县申。织锦坊第一图已故民人某人妻某氏，于某年间伊夫亡故。本妇时年若干岁，家贫纺绩，誓不改嫁。姑李氏病故，依礼安葬，（各）［名］无瑕玷。等因。备由呈部，合行移咨，烦为转行巡按御史复勘，取具全文、咨、保结，缴报施行。须至札付者。

右札付巡按某处监察御史某。准此。

某年为贞节事**全印**月　日对同都吏某人承

札付押

顺天府合用行移各式

立案式

顺天府为户口食盐事。承奉

（某等处承宣布政使司）［户部］② 札付。云云。奉此。参照前事，理合（先）［通］行。为此。

　　一　立　案

　　一　关（知府）［府尹］某

　　一　牒通判某　　（通判）［推官］某

　　一　照会经历司某

　　一　（牒）［帖］下照磨所某

某年为户口食盐事月　日　　（知府）［府尹］某押　　（同知）［府丞］某押　通判某押　推官某押

　　　　　　　　　　　经历某押　　知事某押　　司典吏某押

---

① 据《临民宝镜》改。

② 明代顺天府为京府，直辖中央，其上无布政使司。按顺天府户口食盐事，应归户部管理。故将"某等处承宣布政使司"改为"户部"。

顺天府行关式

顺天府为户口食盐事。承奉

(某等处承宣布政使司)［户部］札付。云云。除外。合行移关,烦将随任男妇大小口数,并该纳钞锭盐斤数目,开报施行。须至关者。

右关(同知)［府丞］某

某年为户口食盐事**全印**月　　日给

关押　背写承行吏某

顺天府行牒式

顺天府为户口食盐事。承奉

(某等处承宣布政使司)［户部］札付。云云。除外。合行移牒,烦将随住男妇大小口数,并该纳钞锭盐斤数目,开报施行。须至牒者。

右牒通判某　推官某

某年为户口食盐事**全印**月　　日给

牒押　背写承行吏某

顺天府行照会式

顺天府为户口食盐事。承奉

(某等处承宣布政使司)［户部］札付。云云。除外。合仰本所,即将官吏随住男妇大小口数,并该纳(锭)［钞］锭盐斤数目,开报施行。须至照会者。

右照会经历司某。准此。

某年为户口食盐事**全印**月　　日给

照会押　背写吏某承行

顺天府行帖式

顺天府为户口食盐事。承奉

(某等处承宣布政使司)［户部］札付。云云。除外。合仰本所,即将官吏随住男妇大小口数,并该纳钞锭盐斤数目,开报施行。须至(牒)［帖］者。

右（牒）[帖]下照磨所某，准此。

某年为户口食盐事月　日给

帖押　背写承行吏某

顺天府申文式

顺天府为民瘼事。据某州县申，备里长张甲等连名呈。称本县某村荒草地内约有十余亩，某村草地内约有八九亩，具有虫螟生发。呈报到县。即便广起人夫前去打捕外。缘系民瘼。等因。备呈到府，除行该县广起人夫设法打捕外。理合备由，申乞施行。须至申者。

　　　右　　　申

（某等处承宣布政使司）[某部]

某年为民瘼事**全印**月　日府尹某　　（同知）[府丞]某　　（给吏）[治中]某　通判某　推官某

　　　　　　　经历某　知事某　俱押　司典吏俱押

顺天府故牒兵马司并牒推官式

顺天府为偷盗事。据令史张甲状告，有家人张丙，见年若干岁，于某年月日，因见甲在官书（辨）[办]，被伊私将箱笼扭开，偷取盘缠银几两走出，告乞行移挨拿。等因。参照所告，拟合通行。故牒本司，即于该管地方，着落火甲人等，但有安歇人口，审问得获，呈解施行。须至故牒者。

　　　右　故　牒

　　某城兵马指挥

某年为偷盗事**全印**月　日给

故牒押　　背写书吏某承行

顺天府帖州式

顺天府为粮斛事。据经历司呈，准户部某清吏司手本。仰将【本府】并所属州县某年分官吏岁支月粮斛数目，磨算无差，作急回报施行。备呈到府，拟合通行。合仰本州当该官吏，即查岁该支用粮斛数目，（遂）[逐]一查算明白，申报【施】行，毋得违错不便。须至帖者。

右帖下某州。准此。

某年为粮斛事**全印**月　　日给

（牒）［帖］押　　　背书吏某承行

顺天府（牒）［帖］县式

顺天府为征收某年分秋粮事。照得本府所属州县，延今月久，未经缴报，显是各该官吏，视为泛常，以致违期不完。本欲别议，姑容再行。为此。合仰本县当该官吏，着落原差大户家属，直抵原拨仓库分，催取总足通关缴报。如仍违延，定行别议施行。须至帖者。

右帖下某县。准此。

某年为征收秋粮事**全印**月　　日给

（牒）［帖］押　　　背书吏某承行

顺天府文引式

顺天府检会

《大明律》内一款："凡军民出百里之外，不给引者，军以逃军论，民以私越关津论。"

钦此。钦遵外。嘉靖某年某（日）［月］

某道手本。为某事。今用兵【部】启字号某半印勘合，填文引收执，前往所指去处。经过关隘，须要仔细盘（结）［诘］，验无夹带军（因）［囚］并违禁之物等项，即便放行。中间且有军诈为民，民诈为军，及冒名顶替逃役军匠人等，一应诈伪，辨验明白。违犯之人，所在官司，即便依律施行，毋得因而留难违错。须至出给者。

一行照回巡按某处监察御史处，听理犯人。

一名某，年某岁，系某处某（县）［府］某县某都里人。

定限某月中缴。

角印某字某号　　右给付本犯收执。准此。

某年某月　　日令史某人　　承

路引押　　　依期销缴过限

　　　　　　不照关津盘诘

布政司合用行移文式

批文式

某等处承宣布政使司为给由【事】。除外。今给批付本役,亲赍后项公文,定限某月日赴吏部告投施行,去人毋得延违。须至批者。

计开送

一名给由吏某,年某岁,系某府州县都人。

顺赍公文壹角。

半印某字某号　右给批付给由吏某。准此。

某年某全印月　日司典吏【某】承

布政司押

布政司立案式

某等处承宣布政司为吏役事。准勘合科承准吏部某字号勘合前事。云云。承此。拟合通行。为此。

一　立　案

一　(启)[咨]某都指挥使司。除外。合行连人移咨前去,烦拨相应衙门,辖历满日,照例起送施行。须至咨者。

计开　送　某人　某人

一　照会某按察司。除外。合行照会贵司,烦为依参满日,照例起送【施】行。须至照会者。

计开　送　某人　某人

一　札付某府。除外。合行连人札仰本府当该官吏,照依勘合内事理,收拨相应衙门,着役满日,照(依)[例]起送施行。须至札付者。

计开　送　某人　某人

某年为吏役事某全【印】月　左右布政某　左右参政某　左右参议某　俱押

都吏某押

咨呈式

某等处承宣布政使司为吏役事等。承此。拟合通行。为此。准勘合科承吏部某字号勘合前事。云云。除外。合行连人移咨前去，烦拨相应衙门，辏历满日，照例起送施行。须至咨者。

右　　咨

某都指挥使司

某年为吏役事某**全印**月　　日对同都吏某押

咨押

照会式

某等处承宣布政使司为吏役事。准勘合科承准吏部某字号勘合前事。云云。承此。拟合通行。为此。除外。合行照会贵司，烦为收参满日，照例起送施行。须至照会者。

右　照　会

按　察　司

某年为吏役事某**全印**月　　日对同都吏某人

照会押

札付式

某等处承宣布政使司为吏役事。准勘合科承准吏部某字号勘合前事。云云。承此。拟合通行。为此。除外。合行连人札（仰）［付］本府当该官吏，照依勘合内事理，即查某人役内有无过犯粘带不了事件，逐一查勘明白无得［碍］，照例起送施行。须至札付者。

计开　某人　某人

右　札　付

各　府　同

某年为吏役事某**全印**月　　日对同都吏某押

札付押

布政司牌面式

某等处布政司参政某为征收秋粮事。照得，所属府州县该征本年秋粮。为此，先行通关各属外。除某等府先行解报，止有某等府县，延今月久，未经解报，显是各属官吏视为泛常，以（到）[致] 违期不完，本欲提究，姑容再行。为此。合仰本府当该官吏，着落原差大户管解，敢有仍前故违者，定行究问不恕。须至牌者。

右牌仰某府州县。准此。

某年为秋粮事某月　日书吏某押

布政司押

按察司合用行移各式

牒呈式　各衙门同

某等处（捉）[提] 刑按察司为诉冤枉事。据某府某县民人张二抱诉张一冤枉等情到司。照出合问人卷，拟合提问。为此。合行牒呈，请为转行理问所，提吊原问犯人张一等人卷，送司取问施行。须至牒呈者。

计开　提吊人卷　犯人四名

张一　李甲　王庚　李午　俱（同）[见] 监理问所

原问文卷一宗

右　牒　呈

某等处承宣布政司

某年为某事**全印**月　日廉使某押　副使某押　佥事某押

背书都吏某押

按察司关卫　各衙门同

某等处提刑按察司为克减军粮事。据军人周甲状告本卫官旗吴已等克减月粮等情到司。除军职另行外。合行移关，着落当该官吏，照依开去犯人一名一名（衍字），牢固枷杻，及吊放（某）[支] 某年月分军粮文簿印封，通行解司，取问施行。毋得迟误不便。须至关者。

计开　提吊枷杻犯人四名

吴巳系军吏　郑丙　王（子）［丁］系总旗　　　冯戊

印封文簿一扇

右　关

某（年）［卫］指挥使

某年为克减军粮事全印月　日对同都吏某押

关押

按察司牒本司佥事式

某等处提刑按察司为诉冤枉事。据某府某县民妇李阿五抱诉男李甲，因与民人赵乙争闹，被伊男、妇各用棍棒将男李甲揪打，不期张乙于傍小儿打伤身死，赖男打死，逼招重罪。等情。抱诉到司。照得，本司佥事某，见在所属公干，合牒拟问。为此。除将李阿五递回，合令行抄词移牒贵职，请为所被（拘）［拘］提一干人卷到司，推问明白，依律照例发落。将问过招情，牒报施行。须至牒者。

计开　抄词一纸

右　　牒

本司佥事某

某年为冤枉事全印月　某日

牒押

按察司佥事立案式

某等处提刑按察司佥事为诉冤枉事。准本司牒前事。云云。拟合就行。为此。合仰本府经历司抄案呈府，照依开提人犯一名，一名枷杻，并原问文卷印封，差人解司取问。先具官吏不违依准呈来。

计（问）［开］　吊提人卷

一　立案

一　行某府经历司

某年为冤枉事全印月　佥事某押

李甲见监本府　　张乙、张丙系张乙兄

王巳、李丁俱干连人　李氏系某母某人妻

原问文卷一宗

按字**用印**某号　　右仰某府经历司抄案

按察司故牒各府式

某等处提刑按察司【经历司】为冤枉事。据民人周甲抱状诉告，被本县民人李乙强占地亩耕种。等因。有弟周乙具告，蒙提在某拷问、逼招、诬告等情，抱诉到司。查得各犯见问未结，拟合就行。为此。合行抄词，故牒本府。[①] 着落当该官吏照依所诉情词，并原行文卷查明白，依律议拟，照依发落，具由回报。毋致事枉人冤未便。须至故牒者。

计　抄词一纸

右　　故　　牒

某　　　　府

某年为冤枉事**全印**月　　日

故牒押

按察司经历司立案式

某处提刑按察司经历司为违法事。承奉本司帖文，据某府批差某人解到犯人某等到司。据此。案照，本年某月某日，

巡按监察御史某批，据该府某县某都里某人状告前事。云云。拟合即行具呈，照详施行。

一　立案

一　具呈

巡按监察御史

某年为违法事**全印**月　廉使某押　副使某押　金事某押　经历司某押　知事某押

　　　　　　　　　　　　　　司吏某押

---

① 《刑台法律》有错页。"故牒本府"以下文字见附卷第 37 页 a。

- 392 -

按察司经历司呈招式

某处提刑按察司【经历司】为违法事。承奉本司帖文，据某府批差防夫孙丙，管解犯人赵甲、钱乙等到司。据此。案照，本年某月日时抄蒙

巡按监察御史某批，据该府某县图李丁状告前事，蒙批按察司提问招详。依蒙已经行府提人去后。今据解到，随将犯人赵甲等连日隔别研审，立案推问明白。取讫供招在官，合就依律议拟，具招呈详。为此，除问人犯监候外，今将问过犯人赵甲等招罪缘由备抄，粘同原蒙批词，并具便览书册，帖下本司。即便具呈

巡按监察御史某处，伏乞照详施行。奉此。理合备呈。须至呈者。

一　右　呈

巡按监察御史某

某年为违法事**全印**月　日　经历某　知事某

背书司吏某。字无洗补。

察院行案验提人式　　（即）［郎］中员外【郎】并差出同

巡按某处监察御史某为不应等事。据某卫军人赵（乙）［甲］诉告本卫官旗李丁等违法等情到院。除军职另行外。照出干问人卷，合先提对。合仰抄案，回司呈堂。即将原告收发保在，仍转行某卫，着落当该官吏，照依开（徒）［提］犯人一名，提解到官。审各正身，犯人枷柤，文卷印封，通行解院取问施行。具本司官吏不违依准呈来。

计开　提吊人卷

王乙系总旗　　李丁系军吏

原收粮文卷一宗印封　发回原告一名赵甲

保候人齐，并（赃）［解］。

右仰某处按察司经历司抄案。准此。

某年某月　察某　字号　**角印**

全印　监察御史押

监生某押　书吏某押

按察司经历司抄案

某等处提刑按察司为不应等事。据经历司呈前事。抄蒙

某处巡按某监察御史某案验①前事。云云。抄呈到司，拟合通行。为此。

一　计开提吊人卷一宗，印封。②

一　呈本司

某年为不应等事月　　经历某押　知事某押

司典吏某等俱押

依准式

某等处提刑按察司经历司，今蒙

巡按监察御史某处与依准文状，为不应等事，照具收管回缴。

一　牒呈某都指挥使司。除外。牒呈贵司，照依案验内开提人卷，转行该卫，着落当该官吏，作急提解赴司，合行起解施行。

计开　吊提人卷　王乙　李丁　【文】卷一宗　印封

巡按监察御史某处与依准文状，为不应等事。除依案验内事理施行外。依准是实。

一　帖经历司。除将原行赵乙牌送某处知在，及照案验内开提人犯，转行该卫提解至日另行外。仰（折）〔具〕不违依准呈缴施行。

一　遣牌。除外。今遣牌送状人赵乙前去某卫。仰收发知在，听候提人至日，行取施行，毋得疏虞。依案验内事理施行外。依准是实。

某年某月　日　经历司某背押　知事某押

帖文式

某处提刑按察司为不应事。据经历司【呈】，抄蒙

巡按某处监察御史某案验前事。云云。抄呈到司，拟合通行。为此。除将

---

① （朝鲜王朝）崔世珍：《吏文辑览》卷二之六《案验》："各部清吏司并给事中等官出外，及御史在外，行移所府卫州县，又各御史道行五府经历司及六部该司，又按察司、分巡官行府州县之文，皆曰案验。"（第325页）

② 原文为"立案"，据《临民宝镜》改。

原行赵乙牌送某处知在，及照案验内开提人犯，转行该卫提解，至日另行外。仰具不违依准，呈缴施行。须至帖者。

右帖下本司经历司。准此。

某年为不应事　全印　月　　日　　给

帖押　　　　　　　　背写承行吏

牒呈式

某处提刑按察司为不应事。据经历司呈，抄蒙

巡按某处监察御史某案验前事。云云。抄呈到司，拟合通行。为此。除外。合行牒呈贵司，照依案验内事理，开提人卷，转行该卫，着落当该官吏，作急押解赴司，转解施行。须至牒者。

计开　提人卷

右　牒　呈

【某都指挥使司】

某年为不应事　全印　月

牒呈押

按察司牌面式

某处提刑按察司为不应事。据经历司呈，抄蒙

巡按某处监察御史某案验前事。云云。抄呈到司，拟合通行。为此。除外。今遣牌押告人赵乙前去某卫，仰收发知在，听候提人至日，行取施行，毋得疏虞。具（取）［收］管回报。须至牌者。

右仰某卫某县。准此。

某年为不应事　全印　月　　日司典吏某承

按察司押　　　　　　　定限本月某日销缴

巡按监察御史受状发衙门抄案式

巡按某处监察御史为冤枉事。据某府某县民人某状诉冤枉等情到院。参照所告，未委虚的。合行抄词，回司呈堂，照依案验内事理，提干问人证到官，从公推问明白。依律议拟，照例发落，具由回报。毋致事枉人冤。先

具本司官吏不违依准呈来。

　　计开　发去告人一名某

　　右仰某司经历司抄案

　　全印察　院　押

　　　　监生某押　　　　　　　书吏某押

按察司经历司抄案呈堂立案式

某经历司为诉冤枉事。抄蒙

巡按某处监察御史某案验前事。备云云。蒙此。理合粘连状词，连人具呈

施行。

　　计开　呈告人一名某

　一　立　案

　一　呈　本司

某年为冤枉事月　　日经历某　知事某

　　　　　　　　典吏某押

经历司呈堂式

某司经历司为冤枉事。抄蒙

某处监察御史某案验，据某府某县民人某状诉冤枉等情到院。参照所告，

未委虚的。合仰抄领人词回司呈堂，照依案验内事理，行提干问人证到

官，从公推问明白。依律议拟，照例发落，具由回报。毋（到）［致］事

枉人冤。先具本司官吏不违依准呈来。蒙此。理合粘连状词，连人具呈施

行。须至呈者。

　　计开　告人一名某人

　右　呈

　本　司

某年为冤枉事**全印**月　　日经历某押　知事某押

　　　　　　　　　　背书典吏某　字无洗补

经历司呈后本司立案式

某处提刑按察司为诉冤枉事。据经历司呈，抄蒙

巡按某处监察御史某案验前事。云云。抄呈到司,拟合通行。为此。

　　　　　立　　案

巡按某处监察御史某与依准为诉冤枉事。除遵依案验内事理施行外,依准是实。

　　一帖下经历司。照依案验内事理,行提各犯至日问结另行外。(今)〔合〕将不违依准呈缴施行。

　　一故牒某监察御史某与依准。除外。合行本府,仰当该官吏取行某【县】① 照名行提犯人某等到官。审实正身,如法枷杻,差人解司取问施行。毋得延违不便。须至故牒者。

　　计开　提犯人几名

某年为冤枉事**全印**月　廉使某押　　副使某押　　佥事某押

　　　　　　　　　　　经历某押　　知事某押

　　　　　　　　　　　　　司典吏某押

监察御史发落案式

巡按某处监察御史某为某事。据某府县批差防夫孙丙管解犯人赵甲等到院。据案照,先据某府某县某都嵓钱粮状告前事,已经行府提人去后。今据解到随吊各犯到官,隔别研审平案,推问明白,取讫供招在官。别无余问事理。合就依律议拟,具招发落。为此。除将人犯发来外,仰抄案行府,着落当该官吏,照依案验内事理,即将供明周戊免纸,钱乙告纸一分,折银二钱伍分。赵甲、孙丙、王辛、李乙各民纸一分,折银一钱二分五厘。并王辛、李乙等各赎罪米七石,每石折银五钱。俱追完。纸以十分为率,内除二分本色公用,八分与罪米收库,候秋成类籴稻谷上仓,预【备】赈济。赵甲、孙丙俱发某驿,照徒年限摆站疏放。取仓库实收,并到配收管缴照,俱无违错不便。抄案、依准呈来。

　　计开　发去犯人五名。

　　减等　杖一百　徒三年　照徒年限摆站　犯人二名

　　　　赵甲　孙丙

---

① 据《临民宝镜》补"县"字。

　　减等　杖七十　照例纳米赎罪　犯人二名
　　　李乙　黄辛　告实犯人一名　钱乙
察字某号　　右仰某　经历司抄案
　全印　监察御史押
　　　　监生某人　押　　　书吏某人　押

监察御史行勘式

巡按某处监察御史某为人命事。据某府经历司呈解犯人赵甲等到院。【案】
照，先据某县某里某碞民钱乙状告前事，已经牌行该府提人解问去后。今据
解到随审各犯，执词不一，看系人命重情，及查干证人等，及未解到，合执
委官勘验。为此。除将各犯随此带回腾〔誊〕词，仰抄案回府，着落当该官
吏照依案验内事理，添拘词内干证、知因人等，并将发去申到官，从公审
勘。已死李丁生前曾否与（佥）〔丙〕相殴，致伤何处致命身死，被有何人
见证，务要审究的确致死根因。仍便委官给尸【格】，以取拨吏件押带各犯，
亲诣停尸处所，如法检验。已死李丁尸伤定执何人下手，当（伤）〔场〕追
出行凶器械，比对伤同填碞【无异】，取具委官吏件，并犯人、知因人等不
扶供结具招，连人一并解院，以凭覆【审】施行。承委官员务要从公拟断，
毋得循情偏向，以致事枉人冤，自取罪戾不便。先具抄案、不违依准呈来。

　　　计开　发去犯人五名。
　　　赵甲　钱乙　郑庚
　角印察字某号　右仰某府经历司抄案
某年某月　日
　全印监察御史押
　　　　监生某人押　书吏某人押

盐运司合用行移立案式

某处都转盐运使司为吏役事。据本司典吏王甲状呈前事。云云。拟合通
行。为此。合行呈乞施行。
　　一　立案
　　一　呈布政使司

某年为吏役事**全印**月　运司　运同　同知　副使　运判

　　经历某　知事某押 令（吏）［史］某人

盐运司呈式

某处都转运盐使司为吏役事。据本司令典王甲等呈。系某府某县人，各以农民。先蒙布政司拨参前役，于某年月日连闰三十六个月，三年役满，理合具呈施行。据此。参照所呈，除省令各吏在房清理文卷完日另行外。理合具呈，乞为照缺拨补施行。须至呈[①]者。

　　计开　役满令典王甲等三名

　　　王甲　冯乙俱令史　陈丙典吏

　　右　　　呈

某等处承宣布政使司

某年为吏役事**全印**月　日运司某　运副某　运同某　运判某　经历某　知事某　俱押

　　背写司典吏某。字无洗补。

盐运司申式

某处都转盐运使司为给由事。据此。案照，先准经历司呈，准本司经历某关。见年若干岁，系某处府州县人，由监生。某年月日钦蒙除受前职，某年某月某日到任，某年月连闰实历俸三十六个月。三年一考，任内并无公私过犯，亦无粘带不了事件，例应给由呈司。行据吏、兵等房，付将本管任内事迹，查勘明白，行准本司某关勘相同，攒造牌册，付本管亲赍给由外。今将不扶结状粘连，合行备申施行。须至申者。

　　　右　　　申

某等处承宣布政司

某年为给由事**全印**月　日运司某　运副某　运同某

---

① "呈"字以下文字见《刑台法律》附卷第38页a。

经历司某押　　知事某押

　　　　　　背写书司典吏某。字无洗补。

府用行移各式

批文式

某府为给由事。除外。今给批付役，亲赍公文，定限本月某日前赴
某等处承宣布政使司，告投施行。须至批者。

　　计开送

　　某县监生某人，年某岁，系某都畐人，顺赍公文壹角。

　　半印某字号

　　全印右给批付监生某人。准此。

某年某月　　日司吏某　承

府押

各府立案式

某府为某事。据县申前事。云云。等因。今据申报前因，（全）［合］将该
行事件，拟合通行。为此。除外。合行申乞照验、照详、转达施行。须至
申者。

　　一　立案

　　一　申布按三司。除外。合行申乞照验、照详、转达施行。

　　一　申巡抚都御史某。除外。合行申乞【照验】、照详、转达施行。

　　一　（申）［牒］呈各（都）［卫］①。除外。合行备由，呈乞照验、
　　照详、转达施行。

---

① 据《临民宝镜》，为"牒呈"。另《洪武礼制·行移体式》："在外各府申都指挥使司……
　牒呈按察司、各卫。"［（明）张卤辑《皇明制书》卷二《洪武礼制》，《北京图书馆古籍
　珍本丛刊》第 46 册，书目文献出版社，2000，第 51 页］可知，在外各府或"申"都指
　挥使司，或"牒呈"各卫，无"申呈"的情况。且一省区之内一般仅有一都指挥使司，
　而有数卫，故对在外各府来说，无"各都司"的用法。据此及前述"牒呈"，"各都"应
　为"各卫"之误。

一　申分守道某。除外。合行备由，申乞照验、照详、转达施行。

一　呈分巡道。除外。合行具由，呈乞照验、照详、转达施行。

一　关本府同知某。除外。合行备关贵职，请照关文内备某情由，作急施行，请勿迟延，误事不便。

一　牒本府通判、推官。除外。合行移牒贵职，烦照牒文内事理，作速施行，毋致迟误不便。

一　照会本府经历司。除外。合行照会（先）［前］去，即便备由转达施行。

一　故牒所属儒学。除外。合行故牒前去，即便照牒备云事理施行，毋致迟误不便。

一　付各房本房某卷。除（去）［外］。移付前去，查照施行。

一　帖下某县各属衙门。除外。帖仰该县，着落当该官吏，照帖备云事理，即便查照原行，作速申请缴报施行。毋得迟延时刻，取罪不便。须至帖者。

一　牌差某役人等。除外。今差本役前到某县坐并当该官吏，照牌事理，即便严并施行，守取回文销缴。去役毋得因而生事，罪及不便。

某年某事某月

经历某　知事某　司吏某　典吏某　俱押

申文式

某府为给由事。案照，先准经历司呈，准本司经历某呈。见年若干岁，系某处府州县人。给由监生某。某年某月　日

钦蒙除授前职，本年某月某日到任，某年某月连闰实历俸三十六个月。三年一考，任内并无公私过犯，亦无粘带不了事件，例应给由呈府，行据吏、兵等房，除将本官任内事迹查勘明白，行准本府经历司某关勘相同，攒造牌册，付本官亲赍给由外。今将不扶结状粘连，合行备申施行。须至申者。

事迹　一过名无

右　申

巡抚都御史　布按三司

巡按某处御史　　　　　各衙门同

某年某月　日知府某　同知某　　通判某　　推官某

牒呈式

某府为某事。准本司经历司某呈。据某见年若干岁，系某处某县人，【给】由监生【某】，某年月日

钦蒙除授前职，本年某月日到任，连闰实历俸三十六个月。三年任内，并无公私过犯，亦无粘带不了事件。例应呈本府查勘明白，准本司经历司某关勘明白相同，攒造册付本官亲赍给由外。今【将】不扶结【状】粘连，合行备由，呈乞施行。须至呈者。

　右　牒　呈　各　部同。

某年某事全印某月　日知府某　同知某　通判某

　推官某　俱押　经历某　知事某

　　　　　　　　背书司吏某。字无洗补。

关文式

某府知府某关为某事。据某县申前事。云云。等因。今据申报前因。除外。合行备关（责）［贵］职，请照关文内备去情由，作急施行，请勿迟延不便。须至关者。

　　　　　　　右关本府同知某。准此。

某年关防某月　　　日给

牒文式

某府为某事。据某县申前事。云云。等因。今据申报前因。除外。合行移牒贵职，烦照牒文内事理，作速施行，毋致迟误不便。须至牒者。

　右牒本府通判某　准此

某年全印某月　　　日给　　　　　　　牒押

照会式

某府为某事。据某县申前事。云云。等因。今据申报前因。除外。合行照会前去，即便备由转达施行。须至照会者。

右照会本府①经历司某。准此。

某年**全印**某月　　日给　　照会

故牒式

某府为某事。据某县申前事。云云。等因。今据申报前因，今将该行事件拟合就行。为此。除外。合行故牒前去，即便照牒备去事理施行，毋致迟误不便。须至故牒者。

　　右故牒本府儒学并所属等衙门。准此。

某年**全印**某月　　日给　　故牒押

各房付式

本府刑房，为某卷某事。除外。合行移付前去查照施行。须至付者。

　　一　付本府户房某科。准此。

某年**全印**某月　　　日付

各府帖式

某府为征收某年秋粮事。照得本府所属州县，该征收本年秋粮，除某等县获有通关外。某等州县，延今月久，未经缴报，显是各该官吏，视为泛常，以致违期不完。本欲别议，姑容再行。为此。合仰本县当【该】官吏，着落原差大户家属，定行别议。须至（牒）［帖］者。

　　右帖下某县。准此。

某年为征收秋粮事**全印**月　　日给　　　帖押

各府牌式

某府为某事。据某县某都啚民某人等状告前事。除外。今差本役前去某县坐并，着落当该官吏照牌内事理，即便（并催）［催并］施行，【守】取回文销缴。去人毋得因而生事，取罪不便。须至牌者。

---

① 此处原有"推官某"。按前文"立案式"，府给通判、推官使用牒文式，而给经历司则为照会式。所以"推官某"不当，故删除。

右牌差某人　准此

某年 金印 某月　　日司吏某人　承

府押　　　　　　定限某日销缴

某府经历司呈招式（一）

某府经历司为违法事。承准本府照会，蒙

巡按某处监察御史某批，据某县某都畾民赵甲状告前事。蒙批，仰府究问招详缴。蒙此。依蒙已经牌行该县提人解问去后。今据解到，随将各犯连日研审，立案推问明白，取讫供招在官，别无余问事理，合就依律议拟，具招呈详发落。为此。除将各犯监羁听示外，今将问过各犯招罪缘由，具写便览书册，并原蒙批词状，合行粘连具会本司，即便转呈

巡按某处监察御史某处照详施行。蒙此。卑司合行备由具呈，伏乞

照详示下，遵奉施行。须至呈者。

　　　　右　　呈

　巡按某处监察御史某

某年为某事 金印 某月　　日经历司某押　知事某押

　　　　　背写承行司典吏某，背书写典吏某。字无洗补。

某府经历司呈招式（二）

某府经历司为违禁事。据某县某里都畾民赵甲状告前事。据此。行（问）［间］又本县某里畾民钱乙状诉，为辨明冤枉事。已经并行该县提解各犯到府，再三研审，鞫问前情明白，取讫供招明白，别无余问事理。合就依律议拟，照例呈详发落。为此，府司除犯人钱乙等羁候听示外，合将抄粘问过各犯招罪缘由，并原发告诉情词，同具便览招由书册，合行备由，转呈

巡按某处监察御史某处照详施行。蒙此。卑司合行备由具呈，伏乞照详示下，遵奉施行。须至呈者。

　　　　右　　呈

　巡按某处监察御史某

某年为违禁事 金印 月　　日经历某押　知事某押

　　　　　背写承行司典吏某，写典吏某。

某府经历司呈招式（三）

某府经历司为人命事。承准本府照会，先蒙

巡按某处监察御史某批，据本府某县某畾民钱乙状告前事。蒙批，仰府问
招详缴。蒙此。依蒙已经行提去后。今据该县申解犯人赵甲等各犯到官，
逐一连日研审，情词明白，取讫供招在官，别无余问事理，合就依律议
拟，具招呈详发落。为此。除将问完人犯赵甲【等】监羁听候外，今将问
过各犯招罪缘由，具写便览书册，并原蒙批词，粘连具呈

巡按某处监察御史某处，照详施行。为此。卑司理合具申，呈乞

照详示下，遵奉施行。须至呈者。

　　右　　呈

巡按某处监察御史某

某年为人命事全印月　　　日经历某押　　知事某押

　　　　　　背写承行司典吏某，书写典吏某。字无洗补。

监察御史　考语　禁约私出外境及违法等项告示

缴告示式（一）

某府经历司为违法事。承准本府照会，据本司案呈。于嘉靖五年六月初十
日巳时，抄蒙

巡按某处监察御史某案验【前事，备仰本司抄案呈堂，着落当该官吏，照
依案验】① 内事理，即将发到告示一百道，转发各衙门，人烟辏集市镇去
处，常川张挂，晓谕施行。仍将行过日期、不违依准，一并呈来。蒙此。
依蒙遵将发到告示一百道，随于本年六月十九日辰时，转发某等县常川张
挂晓谕。（全）［今］取到各属衙门告示，各不致风雨损坏结状，同本府官
吏不违依准，粘连备由，照会本司，即便转呈

巡按某处监察御史某台下照验施行。蒙此。（果）［卑］司合行备由具呈，

---

　　① 括号内文字据《临民宝镜》补。

伏乞

照验施行。须至呈者。

　　右　　呈

某年为违法事**全印**某月　　　日经历某押　知事某押

　　　　　　　　背书写典吏某。字无洗补。

缴告示式（二）

某府经历司为禁约事。承准本府照会，据本司案呈。于嘉靖二十九年七月初一日辰时，抄蒙

巡按某处监察御史某牌面前事，备仰本司抄案呈堂。着落当该官吏，照依牌面内事理，即将发到告示三百道，转发各属衙门并人烟辏集去处，常川张挂，晓谕知悉。取具行过日期、不违依准，并不致风雨损坏结状缴报。等因。蒙此。依蒙遵将发到告示三百道，于本年七月十一日巳时，转发某等县衙门张挂晓谕外。今将取到各衙门官吏不致风雨损坏结状并不违依准各二本，合行（俱）[具] 呈

巡按某处监察御史某处照验施行。为此。卑司合行备由具呈，（状）[伏] 乞照验施行。须至呈者。

　　右　　呈

巡按某处监察御史某

某年为禁约事**全印**月　　日经历某押　知事某

　　　　　背写承行司吏某押，书写典吏某。字无洗补。

县用行移各式

批文式

某府某县为起送农民事。除外。合给批付本农亲赍后项公文，定限某月某日（起）[赴]①

---

　　① 《临民宝镜》为"赴"。

本府告投转送。去人毋得迟延。须至批者。

计开送

农民一名某，年某岁，系某都某里某图人。亲赍公文壹角。

半印　某字某号　　　右给批付农民某。准此。

某年某月　　日司典吏某　承

县押　　　　　全印

申文式

某府某县为起送农民事。承奉

本府帖文，该奉

某等处承宣布政司札付，蒙

都察院御史某照会前事。备仰本县着落当该官吏，照依备奉钦依内事理，遵照后开事例，作急转行所属。其民间子弟，颇谙书写，年貌相应，身家并无过犯，结勘无碍，作急起送，以凭审送施行。奉此。依奉行（处）［据］① 某都图某人状供：年某岁，以父某人为户，丁粮相应，缘某自幼读【书】②，颇谙书写。今奉事例，纳银告县，援例起送。等因。据告。为此。犹恐不的。行仰该图十见排年里老某等申结缘由，结报到县，查勘相同，研审无异。填结号纸一张，拟合就行起送。为此。县司除给付本农民亲赍前赴告投外。今具本县官吏并里老不扶结状一样二本，合行备由随缴，申乞施行。须至申者。

右　申

各　府　同

某年某月　　日知县某　县丞某　主簿某

背书写司典吏某。字无洗补。

官吏执结式

某府某县，今于

---

① 据《临民宝镜》，“处”当作“据”。

② 据《临民宝镜》补。

与执结为起送农民事。依奉行据某都畾十排年某等申结，勘得农民某人户，有粮米某石，人丁二丁，身家并无过犯，亦不曾充当门禁隶卒等役，无碍是实，缘由备申外。中间并无扶捏，执结是实。

某年某月　　　日知县某　典（吏）[史] 某

里老执结

某都某畾十排年某等，今于

与执结为起送农民事。依奉会同各役勘得，本畾农民某人户，有粮米某石，人丁二丁，身家无过，不曾充当门禁隶卒等役，别无违碍是的，中间并不敢扶捏，执结是实。

某年某月　　　日十排年某等结（收）[状]

某人　某人　某人　某人

　　某人　某人

　　里长　老人俱押

各县立案式

某府州县为【某事】。今据某都耆老某呈为前事。云云。某等因。据此。拟合通行。为此。

一　立案

一　申本府　　　一　申布政司　　　一　申按察司

一　【申】巡抚　　　　一　申巡按御史　一　申分巡、分守

一　申州等衙门。除外。卑县未敢擅便，合将事件逐一具由【呈】报，照详施行。

一　关本县知县某、县丞某。除外。合行备关贵职，请照司文备去事理施行。

一　牒本县主簿某。除外。移牒贵职，烦照牒文备去事理施行，请勿迟延。

一　照会本县典（吏）[史]。除外。合行照会本职，即将备去事理，逐一查究，具由回报施行。

一　故牒本县儒学某。除外。合行故牒前去，即便照牒备去事理施

行，俱毋违错不便。

一 付各房科及本房某卷。除外。合行移付前去，查照施行。

一 帖某都某里某啚某。除外。帖委本役，即便前去该都啚，会同该都里长、邻佑人等，从公逐一查勘，取具不扶甘结回缴。毋得循情受贿，罪及不便。

一 牌差快手某。除外。牌差本役，即便前去该都里，协同本啚里长并地方总甲人等，查照后开有名人犯，逐一拘拿各正身送县，以凭究审施行。

计开 拘犯人几名

一 某人　　某人

某年某月全印日承行吏某人

县用申文式

某府某县为某事。据某都里啚某人状呈前事。云云。据此。拟合（执）［就］① 行。为此。除外。县司合行备申转送施行。须至申者。

右　申　本　府

都布按三司

察院　六部　等各衙门

某年某月全日知县某　县（承）［丞］某　主簿某　典（吏）［史］某

背书司典吏某。字无洗补。

关文式

某县为某事。今据某都啚里老某呈前事。云云。除外。合行移关贵职，请照关文内事理施行。

右　关　本　县县丞某

某年某月全印判日

关押

---

① 据《临民宝镜》改"执"为"就"。

牒文式

某县为某事。今据某都啚里老人呈为前事。云云。等因。据此。除外。移牒贵职，烦照牒文备云事理施行。请勿迟延。须至牒者。

　　右　牒　本　县主簿某

某年某月**全印**判日

牒押

故牒式

某县为某事。今据某都啚里老人呈前事。云云。等因。据此。除外。合行故牒前去儒学，照牒备去事理施行。俱毋违错不便。须至故牒者。

　　右　故　牒　本县儒学并所属衙门同

某年某月**全印**判日

故牒押

照会式

某县为某事。今据某都啚里老某呈前事。云云。等因。据此。除外。合行照会本职，即将备去事理，逐一查究，具由回报施行。须至照会者。

　　右　照　会　本县典史某

某年某月**全印**判日

照会押

各房付式

本县刑房为　房某卷某事。除外。合行移付，烦为【查】照施行。须至付者。

　　右付户房。准此。

某年某月　　　日　　　**全印**

帖文式

某县为某事。据【某都】① 嵒民人赵甲状告前事。案照，事（案）［情］未委虚实。除外。帖委本役，即便前去该都，会同各十排年并邻佑人等，从公逐一查勘。取具不扶具结回缴。无得循情受贿，究罪不便。须至帖者。

右给下帖委某人。准此。

某年某月 金印 日给

帖押

牌面式

某县为某事。据某都嵒民人某状告前事。除外。牌差本役，即便前去协同该嵒并地方总甲人等，查照后开有名人犯，拘拿各正身送县，以凭究审施行。承差人役毋得受贿卖放延违，究罪不便。须至牌者。

右牌差机快某人。准此。

某年某月 金印 日司典吏某　　承

县押　　　　　定限某　　日销缴

依准式

某府某县，今于

与依准为某事。遵依备将该行事件查照施行。依准是实。

某年某月　　日知县某　　背押

领状式

某处某人，今当

本县某老爷处实领得某人在外听候，不致走闪。所领是实。

某年某月　　　日领状人某　　背押

保状式

某都某里嵒某人，今当

---

① 据《临民宝镜》补。

本县某老爷　处保到在官犯人某在外听候，不敢有违，所保是实。

某年某月　　　日保状人某　背押

结状式

某府某县某人，今于

　　与执结为某事。遵依备将某事查勘回报，并无虚捏，执结是实。

某年某月　　　日某人　　背押

呈状式

某都某里某啚某人，状

呈为明情事。却有本都某人侵欺官物，不行送官，理合呈乞，追究施行。

须至呈者。

　　右　具　呈

某年某月　　　日呈状人　　背押

手本式（一）

某都某里某啚里长某等，今

呈为某事。今将该行事件逐一查照施行，另行缴报外。今具前由，合行回

报。须至呈者。

　　　右　具　手　本

某年某月　　　　　　日具

手本式（二）

直亭老人某呈，奉

本县老爷　台前发下犯人某等，仰卑役带出取供。遵依当亭眼同审供，各

执互异。今据二家执称口词开报于后，连人呈报，伏乞施行。须至呈者。

　　　计开

　　审得某等某事某件缘由

某年某月　　　　日具

供状式

供状某人，系某府某县某都啚民籍或军匠籍。供状，某年某月备将所犯事情开写。云云。所供是实。

某年某月　　　日供状人某　　　背押

问招式

一　问得。一名犯人某，年某岁，系某府某县【某】都啚某籍。状招。云云。备所犯事由开写，不能隐讳。实招罪犯外，结得某物某件，或追出见存，或弃毁，该折钞若干贯。招结是实。

某年某月　　供状人某　　　背押

小招式

几名，某人，年某岁，系某府某县某都某啚民籍；某人，系军籍，年某岁，系某卫某处。各招与某人招同。

某年某月　　日某人押

一名犯妇某氏，年某岁，【系】某处人【某】妻，年某岁，系某处人女。

某年某（年）〔月〕　　　日某氏押

议罪式

一　议得。某人所犯，各除某轻罪不坐外，与某人各合依某者律，杖若干，流若干里。某某俱合依不应为而为之律，杖八十，俱有

大诰，减等。某某各杖一百，徒三年。某等各杖七十。某系家人共犯，免科。与供明。某人俱免纸。某审俱有力，照例纳米。某审俱无力，照例摆站的决。各满完日，与免科。并供明某氏，各着役宁家随住。某具系重犯，照例监候。轻犯保候。申详允日着落。

照出式

一　照出。某等该纳米若干，照例折钞若干，或折银若干，或折谷若干，

或运水火炭砖若干，并某纸价银若干，俱贮库上仓。完日通取仓库实收，通关及某人原盗或原骗某人物件，合追给主，涂抹附卷，领收附照。旧契一纸，涂抹附卷。

收管式

某处某官某役，今于

与收管为某事。依奉将原蒙发下犯人某物某件，遵依发监收贮不违外。收管是实。

计开　收管犯人几名　（某某物件）［某物几件］①。

某年全印某月　　日某官某　　背押

　　　　　　　司典吏某背押

实（状）［收］式

某处为某事。今将收过某人约某项银或钞钱，皆物收贮听候外。合就出给收照。须至出给者。

实收过某处某人名下某物件、银钞若干。

右半印号实收

通关式

某处为某事。今将实收编置，填给缘由，合就给付执照。

某字半印上几号　某字半印下几号

某处为某事，实收过某处某人物银货若干。

钤半印号　　右通关

某年全印某月　　日给

某处押　司典吏某押　斗给库子押

首领官某押

（历）[磨] 刷卷尾式

某　　**全印**

处某年某月　　某日磨

照照磨某　押　　检校某押

磨

所　　　　典吏某押

吏承刷卷尾式

一宗为某事。某年某月日，据申呈或准某处（各）[咨]、关、牒、付，或承或抄蒙某处衙门札、帖、牌、案为首，至某年月日立案为尾，计纸几张缝。

某年某月　　日承刷　司吏　典吏某　　背押

　　　　　　　承行　司吏某　　背押

　　　　　　　典吏某　　背押

刷完文卷尾式

某处衙门。今刷得本卷中漏落某案，某印未钤，似有失错；某钱粮未完，行提某犯人未结，似有稽迟；某物料及某赃罪延久，未有批单实收，似有埋没；某军匠日久，未获批回，似有迟误；某赃罪俱未完纳，似有违错。合驳回，依完销改正施行。

某年某月　　　　　日　刷讫

稽迟　埋没　　某　某年**全印**某月　日刷讫

失错　照过　　衙　某官某押　监生某押

迟误　通照　　门　书吏某 押

由（牒）[帖] 式①

某处为给由（牒）[帖] 事。伏睹

《大明律》内一款："凡客商匿税及卖酒醋家不纳课程者，笞五十，货物酒

---

① 据《临民宝镜》，改"由牒式"为"由帖式"。

醋一半入官，于入官物内以十分为率，三分付告人充赏。"钦此。钦依外。今据某府县客商某赴投税，（粮）[报] 有货物前往某处货卖。得此。今给某字号半印关由，付本商照验前去。如遇经过关隘，验无夹带及违禁货物，即便放行。如违，所在官司依律问罪。所有关由，须至出给者。

　　某物　　某货物若干

　　右给付客人某。准此。

某年某月　　　某日某吏某承　　　　某处押

告引状式

告状人某，年某岁，系某都啚民，状告给文引事。缘某收买货物前往某等处发卖，缘无文引收照，诚恐关隘所在阻挡不便，理合备情投告，乞赐文引付照，万（全）[分] 感激。为此。上告本县老爷　详状施行。

　　计开　本啚里长、老人某

　　一　男子一名，年某岁，系【某都】某啚，身材中等，面赤色。

　　一　妇女一口，某氏，年某岁，系某人妻妾女。

某年某月　　　日告状人某

路引式

某府某县为给引式。伏（都）[睹]

《大明律》内一款："凡军民出百里之外，不给文引者，军以逃军，民以私渡关津论。"钦此。钦遵外。今据某都啚某状告，欲往某处买卖，缘无文凭，诚恐路阻不便。召到该都啚里长某，保识明白，当官查审相同。今结某字某号半印勘合，书填文引，付本告人收照前去。如遇经【过】关隘去处，验实放行。须至出给文引者。

　　计开

　　男子一名，年某岁，身材中【等】，面赤色。

　　妇女一口，某氏，年某岁，系某人妻。

　　　　右给付某人往回执照。准此。

某年全印某月　　　日司吏某　承

路引押　　　　　定限某年月某日回销缴

新增民用呈保执结状式

钱粮呈子式

某里某晑里长某

呈为恃顽不纳钱粮事。切有班下甲首某户，有粮丁若干，历年拖欠，分毫不纳。兜租肥家，致累比并，莫奈其何。踵门恳谕，返被触怒。凶辱情屈，何甘不已。只得具呈，伏乞为主，提台追纳，依律治罪。庶无奸刁，实为便益。理合具呈。须至呈者。

右　　　具
呈
年　　月　　日具呈里长某

保状式

总甲某，今当
本县爷爷处承保到在官犯人某出外听审，不敢失误。所保是实。
年　　月　　日承保人某押
　　　　　　　认保皂隶某

执结式

某里某晑里老某，今于
　　　与执结为地方事。遵依得本晑并无饮酒撒泼及赌赙、面生可疑之人，中间不敢扶捏。如违，甘罪。执结是实。
年　　月　　日具执结里老某押

《中国古代法律文献研究》 第十三辑

2019 年，第 418 ~ 470 页

《中国官箴公牍评注书目》 导论

〔法〕 魏丕信 著　黄倩怡 译[*]

编辑部按： 魏丕信先生穷三十年之精力，编纂《中国官箴公牍评注书目》（*Handbooks and Anthologies for Officials in Imperial China：A Descriptive and Critical Bibliography*）。现在该书已经完成，交付 Brill 出版社，刊行在即。经魏丕信先生授权，本刊率先刊登该书 "General Introduction" 的中译文，以飨读者。原书列有参与撰写者的名单及其缩写、参考的二手研究信息等，因此 "导论" 原文的脚注采用简写模式。此次中译因未附加这些详细信息，所以根据原书对脚注进行了增补，特此说明。

本书旨在提供一份叙录，尽可能多地收载为了在统治技巧与道德方面指导帝制中国的官员和其他行政人员，并在相关程序上向他们提供有帮助的手段和指引而创造出的现存抄本和印本。导论将介绍该项目的源起与发展，并阐述本书的结构及内容；继而重点关注其中涉及的相对重要的体裁；最后讨论本书条目的形式和内容。

---

[*] 魏丕信，法兰西学院教授；黄倩怡，中国政法大学法律史学专业博士研究生。

一

（一） 项目起源

我对"官箴书"的兴趣由多年研究工作衍生而来。我过去的研究围绕帝制中国晚期国家如何实施一些野心勃勃且煞费心力的计划，例如抵御饥荒、兴建及维护大型水利与灌溉基础设施、经营积谷仓，或是促进经济发展。① 对我而言，值得注意的是，在危机时期迸发出来的行动及效率，或是我曾研究过的一系列活动，即特定时空下达至顶峰的国家干预，这些都有赖于一套体系庞大、精密复杂的规则与程序，它们是日常地方行政管理的一部分。换言之，这些规则与程序并不仅对专业人士和紧急情况有效，原则上每一个地方官员都必须掌握它们并在任何需要的时候加以实施。

以上使得官箴书进入了研究视野。我用于研究救荒的一种重要资料，是一系列名为"荒政书"（参见本书4.3）的文献。它们专注于与救荒相关的法规、程序、手段，或特定的救荒活动，以文献合集的形式出版，作为将来类似活动的参考范例。更重要的是，许多相同类型的材料也见于少数我当时能够查询到的综合性官箴书（基本上是州县官入门书）中。这再次意味着，紧急程序和保障预防政策是大量实践知识中的一部

---

① 参见魏丕信（Pierre-Étienne Will），*Bureaucracy and Famine in Eighteenth-Century China*，Stanford：Stanford University Press，1990（《18世纪的官僚制度与荒政》，徐建青译，江苏人民出版社，2003、2018）；*Nourish the People*：*The State Civilian Granary System in China*［与王国斌（R. Bin Wong）合著］，Ann Arbor：University of Michigan Center for Chinese Studies，1991；"State Intervention in the Administration of a Hydraulic Infrastructure：The Example of Hubei Province in Late Imperial Times"，ed. by Stuart R. Schram，*The Scope of State Power in China*，London：SOAS /Hong Kong：Chinese University press，1985；"Clear Waters versus Muddy Waters：The Zheng-Bai Irrigation System of Shaanxi Province in the Late Imperial Period"；Mark Elvin，Liu Ts'ui-jung，*Sediments of time*：*environment and society in Chinese history*，Cambridge：Cambridge University Press，1998；"Développement quantitatif et développement qualitatif en Chine à la fin de l'epoque imperial"，*Annales*：*Histoire*，*Sciences Sociales*，49，4，1994；"Official Conceptions of Economic Development in Late Imperial China"，陈三井主编《郭廷以先生九秩诞辰纪念论文集》，中研院近代史研究所，1995；等等。

分，地方官如果想要圆满地履行职责，就理应掌握它们。此外，专业著作和综合性官箴书等出版物，不仅涉及地方官员，还涉及他们的专业顾问，即所谓"幕友"，我将在下文做进一步讨论。

这一切使我在比日常管理更为广泛的背景下重新审视官员的能力、培训及动员问题，因此也更加系统地关注官箴书。官箴书，特别是帝国晚期的部分，已被一些学者广泛运用;① 但除一些针对特定文献的研究外,② 它们本身很少被作为一种类型，进行跨断代的探究。③ 总之，源于这样的兴趣，我在 20 世纪 90 年代初就产生了一个草率的想法，即编写一本针对帝制中国官员的官箴书的现存书目，它应是叙述性的且详尽无遗，而不只是一份书名清单。

（二）范围

虽然一直以来有数位同事和学生同意加入，并为此进行共同努力，但

---

① 一个突出的例子是瞿同祖的 *Local Government in China under the Ch'ing*（《清代地方政府》），Mass.：Harvard University Asia Center，1962；还有萧公权的 *Rural China：Imperial Control in the Nineteenth Century*，Seattle：University of Washington Press，1968（《中国乡村：论 19 世纪的帝国控制》）和华璋（John R. Watt）的 *The District Magistrate in Late Imperial China*，New York：Columbia University Press，1972。张伟仁的 *Struggle for Justice and Harmony：Judicial Process of Late Imperial China* 即将出版，也全面引用了这一文献。

② 例如白乐日（Étienne Balazs）的 "A Handbook of Local Administrative Practice of 1793"（*Political Theory and Administrative Reality in Traditional China*，London：School of Oriental and African Studies，1965）研究和选译了汪辉祖的《学治臆说》（no. 0212）；佐竹靖彦在他的《作邑自箴——官箴と近世中國の地方行政制度》（《中國法制史——基本資料の研究》，東京大学出版会。1993）与《〈作邑自箴〉の研究——その基礎の再构成》（東京都立大学人文学会《人文学報》第 238 号，1993 年）中对李元弼《作邑自箴》（no. 0156）进行了研究和选译；章楚（Djang Chu）在 *A Complete Book Concerning Happiness and Benevolence：A Manual for Local Magistrates in Seventeenth-Century China*（Tucson：University of Arizona Press，1984）中介绍和部分翻译了黄六鸿的《福惠全书》（no. 0193），该书自出版以来，一直是英语世界的作者们引用的主要（但不是唯一的）州县官指南。倪清茂（Thomas G. Nimick）"The county, the magistrate, and the yamen in late Ming China"（Ph. D. dissertation，Princeton University，1993）的附录 A 中，大量选列了明代州县官指南。

③ 但还是可以参见魏丕信《明清时期的官箴书与中国行政文化》，《清史研究》1999 年第 1 期；郭成伟《官箴书点评与官箴文化研究》，中国法制出版社，2000。另外还有下文引用到的仁井田陞的论文《大木文庫私記——とくに官箴・公牘と民眾とのかかわり》，《東洋文化研究所紀要》第 13 期，1957 年。

为什么这还是一个"草率"的想法呢?① 其中一个原因是,可被视为"官箴书"的著作数量和种类很快就变得比我一开始预想的要更为庞大,当时我是基于一些有限的目录,如华璋对帝制中国晚期地方官的经典研究末尾处的简短提要;1950 年编制于京都的 55 本官箴综合索引的油印本;或1935 年马奉琛的开创性书目中关于地方政府的部分。② 即使从比较狭义的层面将"官箴"理解为针对地方官员的规范性指南,其数量和种类也相当可观;当我们对所有相关的文体和内容类型进行调查时,正如本书所尝试的那样,它们就变得更多了。

因此,本书叙述的不少作品,准确来说并不属于狭义的"中国官箴书"(即"劝诫官员的书籍")。③ 实际上,如本导论一开始所述,我们决定囊括任何针对行政官员的文本,无论是有说教目的的还是作为工作辅助的,此范围往往是模糊的,上至过去受到尊崇的模范官员圣徒传般的事迹汇编,下至最为技术性和具体化的教科书。这一范围的扩大在本书目录和

---

① 因此在本导论中经常使用"我们"。贡献条目的同仁名单如下:Bettine Birge 柏清韵 (University of Southern California)、Claude Chevaleyre 施振高 (CNRS, Lyon)、Chen Li 陈利 (University of Toronto)、Christian Lamouroux 蓝克利 (EHESS)、Guo Runtao 郭润涛 (Peking University)、Helen Dunstan 邓海伦 (University of Sidney)、Huo Datong 霍大同 (University of Sichuan)、Jérôme Bourgon 巩涛 (CNRS, Lyon)、Jérôme Kerlouégan 李康杰 (University of Oxford)、Luca Gabbiani 陆康 (EFEO)、Lau Nap-yin 柳立言 (Academia Sinica)、Nancy E. Park 朴兰诗 (California State University, East Bay)、Pei Danqing 裴丹青 (Zhejiang Normal University)、Pierre-Emmanuel Roux 胡白石 (Paris-Diderot University)、Pierre-Étienne Will 魏丕信 (Collège de France)、Pierre-Henri Durand 戴廷杰 (CNRS, Paris)、Win Kin Puk 卜永坚 (The Chinese University of Hong Kong)、Shum Wing Fong 岑咏芳 (Collège de France)、Ting Ching-fang 丁庆芳 (Taipei)、Thomas G. Nimick 倪清茂 (USMA, West Point)。其中,巩涛、陈利、施振高、陆康、郭润涛、李康杰、朴兰诗和岑咏芳,在开展这个旷日持久的项目中,花费了大量时间寻找书目和图书馆馆藏、复制材料、提供描述他们的发现的笔记,以及通读这个底稿的前几个版本。Natacha Stupar 也参与了收集材料的早期阶段。特别值得一提的是倪清茂,与他的合作持续始终;他不但对明代的历史与制度有深入的掌握,还提出了一些至关重要的设想并最终为本书目所采用。

② 参见华璋 The District Magistrate in Late Imperial China;京大東洋史研究室編《官箴目次綜合索引》(京大東洋史研究室,1950)中,有七部宋代作品、四部元代作品、四部明代作品以及四十部清代作品。特别是明代的作品,后来所找到的数量远超于这些资料所发现的。正如其标题所示,马奉琛的《清代行政制度研究参考书目》(国立北京大学政治系研究室,1935)只考察清代作品,关于地方政府(包括省级)的部分,参见第 111 ~ 114 页。

③ 事实上,最近出版的标题带有"官箴书"字样的一些合集,如《官箴书集成》(黄山书社,1997),确实包含了不属于该术语所限定的狭义范围内的文本。

以下关于本书结构的讨论中就能很容易地看出来。这显然使得本书更加难以做到详尽无遗。

随着时间的推移，其他因素只会加剧这一问题。为完成这一项目所进行的近三十年断断续续的工作，见证了中文文献查找和检索方法的深刻变革。相比于过去人们只能查找已出版的目录（若存在）或卡片目录（现场），然后到图书馆去翻阅书籍，互联网的发展，特别是在线目录和数据库的激增，极大地便利了查找书名和获取书籍。① 大型多卷本古籍影印的倍增亦有助于此——在 20 世纪 80 年代中国台湾地区的黄金时期之后，近年来在中国大陆的发展尤其迅猛。由于几乎不可能实时跟上数字化和影印文本的扩展，我只好在目前的书稿中省略了一些新的书籍或已知书籍的新版本，将它们留待未来加以增补，否则本书只能再延迟数年出版。

简而言之，虽然本书现在所提供的确实是一种叙录（有的部分内容很详细），基于上述各种原因，它不是也不可能是详尽无遗的。不过，仍然存在最后一个问题，就是时间范围。"帝制中国"始于秦朝，② 但是浏览本书所列出的 1165 个书名便会发现，它们绝大部分都是明、清时期的著作，后者在数量上占绝对优势，其中只有不到 30 件宋代文献，早期和中古的更是少之又少。③ 就现存著作而言，这明显反映出该领域的现状，但它是否能反映当时的现实？

回答这个问题当然是非常困难的。一个必然会导致失真的因素，就是古籍的"损耗率"，即随着时间推移刻本及抄本消失的比例，对此我们只有一个间接且非常不完整的认识。失传书籍的书名可以在各种古代书目中

---

① 然而必须指出的是，在少数情况下，从卡片到电子目录的转换导致了书名的消失，以至于现在很难甚至无法追查。现在本书条目中标示的"不在目录中"，是指我们或其他作者曾亲眼见过这些书，有时候还曾影印或拍照，但后来于在线目录中消失而无法找到。

② 于 1912 年终止。本书也收录了一些问世于民国早期、反映帝制模式和价值观依然存续的书籍。

③ 在本书中，元代的文本也十分少见，尽管传世的行政、特别是法律文献在数量上并不算太少。某些条例集在用途上类似于《元典章》（no. 0476），如《通制条格》、《至正条格》和《至元新格》，应该在未来进行增补。这些和其他内容将在 *The Cambridge History of the Mongol Empire*, *vol.* 2（Cambridge：Cambridge University Press，2020 年即将出版）关于中文史料的章节中详加介绍（通过私下与柏清韵的交流而得知）。

觅得，或被其他文献提及。① 举一例，《宋史》"艺文志"的"刑法"部分所列出的许多书籍，显然是程序指南、法律注疏或判例集，这些与我们在日后能够检索到的相当，但它们已经佚失。② 此外，我们确信，在古代书目收载之外，还有更多的书籍存在，毕竟书目在本质上是有选择性的，因为它反映的是特定藏书的内容（正史书目所列是宫中藏书）。换言之，对于任何特定时期内流传的文献的实际数量，我们大体上一无所知。

印刷术在宋代（或之前不久）的出现是另一需要考虑的因素。虽然抄本，即手工复制，作为文献流传的重要手段在中国从来没有消失，但印刷术的运用无疑促进了本书所提到的针对大量读者群的实用书籍的写作与传播。这甚至比所谓的"第二次印刷革命"更为显著。"第二次印刷革命"始于 16 世纪，使得印刷业成本大为降低、生产力得到提高，不仅具有强大的加快印刷流程的效果，而且随着刊印数量的增加，文献的保存机率也成比例地提高了。③ 尽管如此，印刷并不等同于保护，我们仍无法得知明清时期的出版品中有多少比例的书籍未见于现代的书目和图书馆。

毋庸置疑，以抄本形式流传的文献也是如此，无论是与印刷品形成互补还是对其加以补充，本书都提供了一些直到 19 世纪末的例子；但在印刷术出现之前抄本是怎样的情况呢？令人惊讶的是，在我们关注的领域，宋代之前几乎没有任何抄本形式的文献留存下来，④ 甚至没有被编入后世的选集或者以其他方式保存、印刷的文本。然而，这并不意味着没有这些

---

① 本书确实特别收录了一些这样的书籍，因为存在有关其内容（而不仅是标题）的可靠信息。一些条目依靠的是对这些书籍的叙述，我们并没有找到原书。这些叙述见于马奉琛的书目和《续修四库全书总目提要》（这一大型汇编是 20 世纪 30 年代在日本主持下于北京编纂的稿本，现已出版）。

② 此类文献包括《刑法纂要》（12 卷）、《断狱立成》（3 卷）、王皞《续疑狱集》（4 卷）、孙奭《律音义》和《律令释文》（1 卷）、张泂《判格》（也见于《新唐书》）、赵绰《律鉴》及其他。见《宋史》卷二〇四，第 5137 ~ 5145 页。

③ 中国传统印刷业的"印量"概念带来了一些棘手的问题，这些将在本导论的第三部分略加讨论。

④ 换言之，政府制定的法律或诏令则例以及会典等政府制度的叙述不在其列，这在《隋书》和两《唐书》的经籍志、艺文志中有相当数量的记录。然而，人们也发现了一些刑律注释的记录（这是本书的一个部分，参见 4.1.1）：张斐对《晋律》的注释，名为《律解》（21 卷），即为一例。在这些注释中，唯一留存至今的当然是《唐律疏议》，即《唐律》的官方解释。

文献。几十年来，考古学使得秦汉时期刻于竹简或木牍上的行政文书重见天日。如目前的研究成果所述，它们不仅展示了帝制中国早期官僚机构内部极度频密的书面沟通，而且还包含一些出乎意料的体裁和样式，像是本书所叙述的材料的先驱。因为它们只是墓葬中发现的残片的复原，有些可能是专门为葬事而汇集起来的，内容上并不总是连贯一致，因此确切来说并不是"书"，我们没有把它们选入本书，不过它们也值得略加讨论。

可能与后世的州县官入门书最接近的，是 1975 年出土于睡虎地（湖北省云梦县），由现代整理者命名为《为吏之道》的文本。此后又出土了三份与之部分相似的文本，其中两份都被其整理者命名为"官箴"，使用了宋代以后官员教科书的通称。① 另一写本也来自同一文本群，题为《为吏治官及黔首》，由岳麓书院于 2010 年出版。② 在这些相对简短的文本中，对于官员的训诫涉及道德、行为和职业伦理，其行文用语在某种程度上是后世以理学为导向的官箴的滥觞，尽管其中也可窥见法家和道家的观念。有人认为，这些训诫不仅用于提醒官员，而且还在词汇与文体方面指导书吏处理文书（这些文本都被发现于书吏的墓葬中）。③

同时秦汉墓葬还提供了更多专业性文献，涉及如历法或占卜等专业知识，更令人感兴趣的当然是符合我们主题的法律。法律文献包括：（1）法律与法令的汇编（严格来说不是"法典"），经过修改和删节，显然被用作

---

① 1993 年，在湖北王家台一座秦墓中发现了 65 枚题为《政事之常》的文本，语言特色与《为吏之道》相当接近，但以表格形式出现。关于这些文本的综合研究，参见鲁普平《秦简官箴文献研究》，博士学位论文，西南大学，2014。

② 参见史达（Thies Staack）"The *Wei li zhi guan ji qianshou* Manuscript from the Yuelu Academy Collection: A New Reconstruction based on Verso Lines and Verso Imprints of Writing"（*Documents and writing materials in East Asia*, Kyoto: Institute for Research in Humanities, Kyoto University, 2014）以及其参考文献。

③ 参见李安敦（Anthony J. Barbieri-Low）、叶山（Robin D. S. Yates）*Law, State, and Society in Early Imperial China: A Study with Critical Edition and Translation of the Legal Texts from Zhangjiashan Tomb no. 247*, Leiden: Brill, 2015, p. 1102；风仪诚（Olivier Venture）*Livres et documents dans la Chine ancienne*, 待出版, pp. 298 – 301。两项研究都涉及大量与他们讨论的考古文本相关的二手文献。另见魏根深（Endymion Wilkinson）的 *Chinese History: A New Manual*（《中国历史手册》）第 4 版, Cambridge, Mass: Harvard University Asia Center, 2015, pp. 306 – 308。

地方官员和书吏的参考；① （2）典型司法案件的合集，无论是拟制的（虚构的当事人和情节）还是"真实"的，都具有明确的指导目的；② （3）名为《法律答问》的文本，与《为吏之道》一样发现于睡虎地墓葬中，其内容是通过问答的形式，对司法程序和法律术语做出解释，这种形式则流行于帝国晚期。③

这些古代文献揭示了早期帝国与晚期帝国之间在司法管理、行政伦理等方面有趣的连续性，在某些方面，正如我们所见，它们是本书所讨论的专业文献的滥觞。然而直至印刷术问世和宋代官僚制国家出现，这类文献才得到真正的发展。尽管存在上文提到的收录范围的种种问题，但在我看来，这正是我们的工作所准确反映出来的东西。

（三）结构

在最早的形式中，本书只是一个按照所述作品标题的拼音字母进行排序的列表。其后附上各种索引和时间表，以帮助读者查找他们需要的条目——这是一些大型参考书采用的形式。④

直到有一天，根据读者对我发布的草稿的评论，我们决定，对于在研究过程中遇到的种类繁多的体裁、格式、内容等，有必要运用一定框架加以呈现：根据主要体裁和内容类型，通过某种方式把作品进行归类，并且必须体现时间性。然而，我们犹豫不决的是，该如何准确地分类和排列这

---

① 参见李安敦、叶山 *Law*，*State*，*and Society in Early Imperial China*，第89页以下；风仪诚 *Livres et documents dans la Chine ancienne*，pp. 273 – 276。

② 参见李安敦、叶山 *Law*，*State*，*and Society in Early Imperial China*，pp. 89 – 109；风仪诚 *Livres et documents dans la Chine ancienne*，pp. 276 – 278。主要涉及两个文本，分别名为《封诊式》（大部分是拟制案例）以及《奏谳书》（*Book of Submitted Doubtful Cases*）。标题的英文翻译是李安敦和叶山提出的，他们也提供了一个《奏谳书》注译本（pp. 1171 – 1416）。这两位作者认为，司法书吏在编集后一文本时，或多或少都对司法案件有所改编，进行了一定程度的文学修饰，使其中一些接近后来的公案小说。

③ 关于《法律答问》，参见风仪诚 *Livres et documents dans la Chine ancienne*，p. 278；张伯元《律注文献丛考》，社会科学文献出版社，2016，第1~20页。李安敦、叶山 *Law*，*State*，*and Society in Early Imperial China*（p. 30）将《法律答问》的标题翻译为 *Answers and Questions on Legal Principles and Statutes*。

④ 参见如倪豪士（William H. Nienhauser）划时代的著作 *Indiana Companion to Traditional Chinese Literature*，Bloomington：Indiana University Press，1986。该书的正文是按字母排序的，正文之前颇为详细的论文是关于该书所涉的各种文学体裁。

些错综复杂的书籍和抄本，它们的唯一共同特征是以训导和/或实践为目标。现有模式没有太大帮助。其中最为复杂的一种，是张伟仁所编中国历史上与法律相关的著作目录，其内容与本书有部分重合，也确实讨论到结构的问题，在其厚重的序言和一篇关于分类的专文中论证了作者的选择。①张氏说到，中国古老的"四部"分类法以及汉代以来被它取代的那些旧的分类法都不尽如人意，因为与法律相关的材料会根据它们的内容和形式被分散在不同的类别与子类别中。②而从西方知识分类发展而来的现代书目类别，同样难以对应中国传统的主题和形式。张氏为他的书目建立了新的分类体系，根据内容分为四个大类，即"规范"、"制度"、"理论"和"实务"，又增加了一个讨论"综合"的类目，收录奏议集、文集、类书等。这些大类又分为许多章节细目，这是西式与传统中式类目的结合。

对于我这样长期使用张氏这一令人钦佩的编纂之作的人来说，这种编排并不尽如人意。主要原因可能在于，对于其收录的许多著作来说，规则、制度、理论和实践之间的边界是模糊的；且事实上有不少书被分到人们原则上不会料想它们出现的类别之中。③当面对与张氏相同的疑问时，我们最终为本书定下的框架与他的分类极不相同。④此框架纯粹是从实际经验中产生的，但事实证明它的使用效果相当不错，而且一直以来很少出现必须加以修改的情况。这可能是因为事先没有预设结论，只是在已经进行过大量研究之后，我们确切地知道了自己想要的分类。然而，我

①　张伟仁的《中国法制史书目》第 1 册（中研院历史语言研究所，1976）"序言"，第 3～8 页；以及"分类的标准与方法"部分，第 29～47 页。张氏对中国法律所涉范围的界定远不止是狭义上的法律和司法问题。另请注意，除了传统著作以外，他的书目还包含了现代研究，无论是民国时期还是在台湾地区出版的。

②　此外，这些分类并不总是固定的。例如，一种普遍的经验是，如果书目或是图书馆目录使用四部分类法的话，我们会在"职官"类（史部）或"法家"类（子部）下找到同一部作品。同样，由个人所做的公牍选编（参见本书 4.1.5 和第六部分），将视情况而在"职官"类、"法家"类或"别集"类（集部）下找到。

③　举一个例子，人们不会料想"成案"会出现在"规范"的部分中，并与法律和法规并列：尽管一些成案具有法律先例的地位，但它们首先是司法实践的记录，以及在法律适用层面产生的实践性和理论性问题，是经皇帝诏敕许可的专门（非成文法）答复。紧随成案部分之的是"惯例"部分，包含了关于法医学和司法程序的纯实用性指南。

④　2001 年，在我于法国社会科学高等研究院主持的研讨课上讨论了分类的问题，本书的几位合作者（巩涛、施振高、陆康、李康杰、朴兰诗）都有参与。

目前不打算声称我们找到了完美的编排方案。完美，即完全合理，是不可能的：主要理由是，收录的许多书籍在内容上多种多样，它们在不同程度上混合了几种箴言和信息，且可被读者用于多种目的。我还要补充的是，本书目录中有一些章节可以被扩展，且有不少新书目可以加以补充，特别是在第 4 章（专业技术指南）。

无论如何，以下概述的结构结合（或者说是折中）了内容和形式。从本书的目录就可以一目了然地看到七个部分及章、节的详情。在导论的第二部分，我将以一些小论文的形式来详细讨论几个比较重要和/或存在问题的类目。在此我将按照各部分的顺序简要勾勒全书的结构。

第一部分，"综合性著作"。这是一种稍显任意的分类，包括各种形式和内容的文献，它们在官员的培训中被视为重要的参考，其共同特点是可为读者提供：（1）关于官员道德和行为的一般箴言（1.1），包括著作中讨论到宗教层面的"功过格"，这是从 16 世纪后期开始兴起的一种体裁（1.1.2），也包括典范事迹式的著作，即历史上模范官员的言行（在某些情况下则用的是负面例子）（1.2）;[1]（2）关于行政组织的信息（1.4，该节所列只是这类数量庞大的文献中的一部分），通常具有商业性质，为文人、科举考生和新晋官员介绍国家机构的复杂性和历史渊源。专门针对特定省份的政府文献汇编（1.5），通常由省级机构出版，但在少数情况下也由个人作者出版，它们显然属于当地行政人员——不仅是官员，还有衙门胥吏和幕友——的"百宝箱"，因为它们通过提供实时更新的、便于使用的当地机构的档案，以及错综复杂的省级法规和判例，意图鲜明地帮助他们处理日常工作。[2] 最后，相对特殊的一个类别叫作"从政自传"（1.7）——全部皆为清代作品——也属于典范事迹类，但这种情况下的示范是作者个人以第一人称记录其仕宦生涯（或其中的片段）。然而事实上

---

[1] 关于宣称范例集有助于指导未来官员这一点，在王一麟给《增定分类临民治政全书》（no. 1137，这是对更早的汇编作品《治政》的扩展）所撰的序言中有很好的体现："治政一书，原以衷集今昔名贤硕彦兴利除弊之大端，以之著章程于不朽，即以之垂效法于靡穷，欲使后之服官莅政者镜厥源流，无为美锦而学制也。"

[2] 一些省级法规确实包含于"官箴"合集中，如《官箴书集成》。据王志强（《论清代的地方法规：以清代省例为中心》，《中国学术》第 7 辑，商务印书馆，2001，第 121 页）所论，《省例》中所收的大部分法规来源于地方官员，并得到了省级官府的批准。

他们是"活着的"范例，置身其中，并且有时愿意承认失败，这使他们的叙述具备了更为常规的赞颂所没有的直接性。

第二部分，"地方官吏指南"。在某种程度上，这是本书目的核心，或者至少是在后来扩展之前的最初核心。州县官入门书（2.1.1），通常以结合道德训诫和技巧信息为特征，数量较为庞大，但有的部分也专门针对地区行政体系中其他品级的官员，而省级官员是例外，没有针对他们的入门书。本部分还包括正印官的协助者所使用的指南，如幕友、长随和吏。更多关于这种"官箴"类型的分析将在导论第二部分中展开。

第三部分，"中央机构工作指南"。这部分介绍了现存数量有限、针对在六部和御史台（或都察院）工作的官员的手册。所涉及的著作具有不同的形式和内容，一些侧重于道德，另一些侧重于实际事务，包括适用于特定机构的礼仪和规则。而旨在帮助刑部官员每年准备秋审材料的指南，是其中技巧内容最为翔实的文献，将在专论秋审的第四部分（4.1.6）中探讨。

第四部分，"专业技术指南"。这里收录了众多可以被概括为"工作辅助"的文本，换言之，是处理各种行政任务、用于辅助官员及其助手进行日常工作的技巧指南和资料集。虽然技巧问题在第二部分"地方官吏指南"所讨论的很多书中已经涉及，而且有时还备极详尽，[①] 但不同之处在于，第四部分介绍的材料并非适用于具备某种特定职能的特定类型行政人员（如知县、刑名师爷等），而是为面临特定任务的所有行政人员提供的资料（如调查犯罪和主持审判、维护水利工程、开展救荒、管理学校等）。第四部分中的各个章节在篇幅和覆盖范围上并不平均，有些倾向于包罗万象，或至少提供大量可选的著作，而其他部分则像是列举一些涉及高度专业化主题的范本，读者可能会想继续进行探索：属于此种情况的章节涉及水利和灌溉（4.2）、公共工程（4.4）、学校及科考（4.5）、盐政（4.6），还有被归为"其他"（4.8）的文献杂荟。

第四部分中的三章分别对应帝国的三项主要职能，涉及的著作非常多。由于事务本身的复杂性及在帝国行政活动中举足轻重的地位，"法律

---

① 那些被专门处理刑名、钱谷事务（2.2.1.2 和 2.2.1.3）的幕友所使用的纯技术性的手册尤其如此，以下将有更多介绍。

与司法"（4.1）成为了一个包含许多小节、不断扩张的类别，显然是迄今所见涵盖面最广的主题。小节分别涉及各种日常实践的指南，如刑律的解释（4.1.1）、刑律和条例的适用说明（4.1.2）、①司法程序说明（4.1.3）、成案和说帖的资料集（4.1.4）、典型判例选集（4.1.5）、秋审材料（4.1.6）以及法医学手册（4.1.7）。其中几个小类所出现的问题，包括讼师秘本（4.1.8），将在导论的下一部分中详细讨论。至于另外两个相对较大的类别，与帝国的主要职能相对应，即"救荒"（4.3）和"军务"（4.7），也将在下一部分中进行讨论。

第五部分，"政书与赞美汇编"。这部分著作与第二部分的官箴和第六部分的公牍选编不同，它们明确以宣扬、歌颂个别官员为主题。政书与明代特有的制度相关：地方官应当在三年任期结束时进京，呈递他们的施政报告，这将决定他们接下来的仕途。很可能只有少量的此类记录被刊印出来，而且我们可以假设，留存至今的又只是其中一小部分。相比之下，赞美汇编则由热心同僚或当地名流发起，他们热切地记录和宣扬特别令人满意的官员的"德政"，并希望其继任者能够保持下去。② 赞美汇编通常由公牍、具体政策或政绩（如基础设施建设）的记录，以及官员自身的材料（如传记资料、上级官员的举荐、歌功颂德之辞等）组成。本部分收录的大部分著作包含了丰富的档案材料，使它们接近公牍选编（第六部分），而且其中许多作品明确具有示范功能，这些都充分证明本书理应囊括此类著作。

第六部分，"公牍选编"。它涉及的类别是所谓的"公牍"，与地方官吏指南互为补充，这点我将在导论的下一部分展开讨论。它可以简单定义为由某位实际负责的官员撰写（或至少是签署）的行政文书范例，并且大部分时候由该官员自行编纂，③ 与官箴作者所提出的一般性劝告完全不同。本部分收录的公牍集具有综合性，包含各式主题的文书。只包含司法判决的选编构成一个重要的子类，参见4.1.5。

第七部分，"专题集丛书"。这部分列出有关官箴及指南的丛书，有的

---

① 这些被称为"处分则例"的成文行政法规被视为"律"的一部分，因为它们被编纂成典且在相同的陈述中经常与刑事法令相混淆。

② 这种作品也可以由官员的后代或弟子编纂。

③ 小节（6.5）包含了数量相对较少、将多位作者撰写的文件选在一起的作品。

是单个作者，有的是数位作者。

在上文所述本书的各部分或各章节中，条目是根据已知或推测所得的撰写时间进行排序的。为方便起见，此顺序按朝代划分，清代分为1800年之前【QING A】和1800年之后【QING B】，在少数情况下增加民国【MINGUO】部分。

二

以上介绍的是本书的结构，这些种类繁多的文献都被我归为广义上的训导和实践性著作。在下文中，我将更深入地分析某些类别，并解释为什么某些看似不属于"官箴书"类别的类目会在考虑范围之内。

（一）官箴与公牍

就训导性著作而言，官箴（第二部分）和公牍（第六部分）是本书最初构设的两大支柱，前者由规范性建议组成，后者则为官吏在工作上提供示范。1959年，在为数不多专门讨论官箴书的论文中，仁井田陞的那篇强调了两种文体之间的互补性，指出尽管在形式和内容上存在差异，但官箴与公牍在本质上是同一事物（即官员训导材料）的两面。① 接下来我将依次讨论它们。

1. 地方官吏指南

官箴一词，字面意思为"对官员的训诫"，是在讨论针对帝制中国官员的训导读物时会首先想到的。② 它指涉的文体实际上已经以此为名，被划为一个类别，在《四库全书》的编排中，它构成了"史部""职官类"下两属之一，另一属是"官制"。已知最早的州县官入门书，可追溯至北宋末期到南宋早期，其中有李元弼的《作邑自箴》（no.0156）、吕本中的

---

① 参见仁井田陞《大木文庫私記——とくに官箴·公牘と民眾とのかかわり》，第157～164页。论文被收录于大木文库的目录中，是东京大学东洋文化研究所的特藏，那可能是世界上有关中国官箴和其他关于政府的作品最为集中的收藏地。

② 在古代，箴、官箴、箴言或箴规这些术语的意思是，官员对统治者的劝诫或批评；而相反的含义，即由统治者对官员训诫，似乎是由唐玄宗（712～756年在位）赋予的。关于官箴一词的历史，参见夏桂苏、夏南强《说官箴》，《中国文化》第14期，1996年。

《官箴》（no.0157）和佚名的《州县提纲》（no.0158），所有这些都成为再版无数次的经典。① 事实上，这些作品所建立的模式，即被我称为"标准州县官入门书"的形式，一直延续至帝制末期。它可以被描述为一个组合体，其中一方面是训诫，涉及官员的私人和公务行为（准确来说是"箴"的部分），另一方面是更具技巧性的建议，与地方政府的各项任务相关。例如，在《作邑自箴》卷一（共 10 卷）中有关于"正己"、"治家"和"处事"的部分，自然分别反映了从自身到家庭到行政的经典理学议题；其后关于"处事"的讨论又进一步扩展至三卷，介绍了丰富的技巧细节。此著作的后半部分（卷五至卷一〇）介绍了一些针对低级公吏、乡绅和广大民众的法规及告示：换言之，它在某种程度上是我后续要讨论的公牍体裁的滥觞。

即使两者有时看似重叠，但在当时作者的思想中，行为/道德和技巧之间的区别非常明显。某些文献在结构上（以及在序言里）明确且精细地区分哪些内容分别属于何种领域。一个很好的例子是 16 世纪早期许堂的《居官格言》（no.0173）：作品被分成篇幅很短的正文和较长的附录，前者由关于州县官行为标准和能力要求的简洁格言构成——这是行为部分；后者名为"施行条件"，讨论了日常行政的具体细节——这是技巧部分。另一个明代的例子是 1539 年蒋廷璧的《蒋公政训》（no.0177），其中有四部分涉及州县官行为，而篇幅较长的第五部分则详细讨论了具体的行政问题。

一般而言，受到宋代模式启发的州县官入门书，倾向于把行为/道德和技巧的建议分布到构成一条弧形曲线的各个条目中，始于官员的任命和莅任，然后解释各个行政领域，强调司法和税收管理以及救荒、农业发展与"移风易俗"，而在较有体系性的例子中，它会以官员的去任为终结，即在他任期终了时转任或晋升。② 第一项涉及莅任的条目尤其重要，因为这正是新任官员向当地缙绅与衙吏展现操守、树立权威，并发布日常行政运作规定的时刻。由于入门书首先是针对未来的官员或缺乏经验的新官，故而这部分有时候非常完善。像宋代模式那样，它通常首先考虑的是个人

① 关于宋代州县官入门书，如参阅柳立言《从官箴看宋代的地方官》，《国际宋史研讨会论文集》，台北，中国文化大学，1988。
② 参见如汪辉祖《学治臆说》（no.0211），这是清代这类文体的经典之一。

道德和行为。接下来它会提供一些州县官当众应如何表现的建议，以及管理下属、监督其工作的最佳方法和技巧，例如（一个重要的主题）建立一系列注册制度和可以相互查对的账簿。

当然，根据所谓日本京都学派某些历史学家的看法——其中以宫崎市定（1901～1995）与佐伯富（1910～2006）最为著名——控制胥吏实际上是官箴存在的主要理由：按照他们的说法，自宋代以来士大夫就失去了对地方行政的掌控，而胥吏则掌握了实权，这得益于他们对当地情况的了解、其职位的稳定性以及本身的技巧才干。因此，士大夫如想在官场中生存即会面临一个主要问题，如何保护自己，以免胥吏的渎职和操控；州县官入门书主要是由为此目的而撰写的秘诀构成。①

对于本书的读者来说，这种观点可能看起来过于简单化了。但无论曾经的情况为何，在上述一般模式之外，读者也会发现在细节、重点和体例方面所发生的极大的变化，如在浏览 2.1.1 时就能看到。在一些著作中，条目是按篇排列的，而且各节之间的区分可能都很清楚。例如吴遵的《初仕录》（no. 0178），编写于 1550 年前后，将以下各篇合为一册，没有分卷：（1）崇本篇，由 20 条涉及道德和行为问题的条目构成；（2）立治篇，有 22 条关于莅任、颁布规定以及可以说是着手行政管理的条目；（3）以六大传统行政领域（吏、户、礼、兵、刑、工）命名的六篇，对应衙门胥吏工作的六房，总共有 32 条涉及所有地方政务的条目。②

在其他例子中，材料则体现为一系列的段落，有些段落相当简短，小标题或有或无，其内容和顺序或多或少遵循着经典模式。这种格式在《州县提纲》（no. 0158）中已经出现，该书是最早的宋代手册之一，有 106 个相对简短、配有小标题的段落。18 世纪末汪辉祖所撰的名著亦是如此，其格式是由简短条目逐一接续而成，没有明确的逻辑顺序，其风格是精炼的、不带情感的、具有权威性的，偶尔也会援引自身经验，这种写法在此后一百多年中被许多作者模仿，有些实际上就是对其原著《学治臆说》（no. 0211）的扩写。另一种格式则是黄六鸿所撰篇幅较长的《福惠全书》

---

① 参见佐伯富《福惠全書語彙解·导言》，同朋舍出版部，1975；宫崎市定领衔，京大東洋史研究室编《官箴目次综合索引》。

② 有关《初仕录》各篇的完整列举，请参阅相关条目。

（no. 0193）。该书忠实地遵循标准模式，但扩展为 32 卷，并非全无赘言，其中许多建议由作者自己的评注、回忆和文书加以支持。《福惠全书》有一种强烈的个人色彩，是大多数早期官箴所缺失的，但在清末的许多著作中都可以发现。

在某些例子中，上述模式会被不同的结构原则取代，一个典型的例子就是潘杓灿的《未信编》（no. 0192），后文将予以讨论；也可以被纳入更大的框架中，如徐文弼的《新编吏治悬镜》（no. 0211），这是一本 18 世纪 60 年代的入门书，如果我们以现代图书馆所见的复本数量来判断，该书在清代似乎颇为流行。关于莅任的材料集中于第一卷（共八卷），对衙门六房职能的详细讨论在第二卷；本书的其余部分可以说是一种与地方官感兴趣的各种实际问题相关的迷你百科全书，内容涵盖从治疗谋杀行为受害者的药方，到帝国各州县的完整列表及"四字"（译者注：冲疲繁难）考语。但无论形式如何，标准模式的基本元素始终存在，尽管重点不断变化。

事实上重点的差异可能反映了历史背景，或者时代精神。我的总体印象是，明代的官箴书，至少是 16 世纪晚期以前的，比清代的笔调更现实，且极少带有意识形态的论述。反观清代作者，从 17 世纪晚期的黄六鸿，到 18 世纪中期《图民录》（no. 0209）的作者袁守定、18 世纪晚期的汪辉祖和 19 世纪晚期《平平言》（no. 0238）的作者方大湜，这些都是响当当的名字，他们几乎总是传达出一种因手头任务艰巨而产生的紧迫感，甚至是一种唯恐达不到朝廷期望和人民需求的焦虑感。[1] 像"为民"、"敬民"或"爱民"这样的概念作为官箴的话语，是与明末作者如吕坤一同出现的，而在清代则变得随处可见。正是这种对德政和助民近乎狂热的追求，把各级官

---

① 这种紧张和焦虑，至少对最忠诚的官员而言是始终存在的，因为他们一直处在一种撕裂的状态下：一方面，他们自豪于自己的思想水平和个人魅力；另一方面，又会因无法胜任这项任务以及因此不得不接受惩罚而感到"耻辱"。这一点上请参阅墨子刻（Thomas Metzger）*The Internal Organization of Ch'ing Bureaucracy: Legal, Normative, and Communication Aspects*（Mass.: Harvard University Press, 1973）中有价值的看法，特别第 261 页以下。根据墨子刻（第 267 页）的说法，官箴的目的之一是要培养官员"激发积极性的忠诚"（motivational commitment），尽管存在困难和风险，他们还是需要全力以赴。

吏中最忠诚的人号召到一起，在他们的序言中把他们自己称为"同好或同志"：这种似乎源于明末善人群体的术语在后来的官箴书中变得十分普遍。

2. 幕友的影响

一个重要问题是，在清朝，存在着一批少数精英，他们忠诚、甚至满腔热情，是在官僚体系中出类拔萃的行政干才，而且通常还是官箴书的作者，这其中也包括了一定数量的"幕友"。众所周知，幕友是地方和省级官员雇用的文人，以非官僚的身份协助官员完成政府的各项任务。大多数幕友没有品级，或者至多拥有"诸生"的地位。① 他们基本上都是专业人士和精于技巧之人，但不少人表现得像他们雇主（有品级的官僚）的至交好友，同时也被雇主如此看待。可以援引许多作者的说法，像是"幕与官相表里"，或"有能治之官，尤赖有知治之幕，而后可措施无失"，因此成功的确是"相与有成也"。② 1867 年初版的一部关于地方官员和幕友的选集，即名为《官幕同舟录》（no. 0272）。无论如何，最老练的幕友所出版的指南不仅是技巧手册——尽管他们确实也出版了许多这样的作品，正如我在下文中讨论的③——在更高的意义上来说也是"官箴书"。这并不让人惊讶：毕竟幕友应在其雇主宦途的许多关键环节进行辅佐，如莅任、交代、处理钱谷与刑名事务、解决琐碎的法律问题，最后，还要为他起草公文、判决，甚至（若是省级官员的话）给皇帝的奏疏。充斥于公牍选集中的许多告示、文檄、谳语和详禀，事实上都不是出自题署于封面和章节标题处的官员之手，而是幕友为其起草的。

这些令人瞩目的幕友中最著名的无疑是汪辉祖，他在漫长的幕友生涯中一直备受赞誉，之后作为知县同样受到赞誉，但任职较为短暂（因与上

---

① 在幕友编纂的书籍序言中有一个说法是，作者因为太贫寒而无法准备科考，或已作了准备但反复落榜，因此不得不转向幕友生涯，或正如人们常说的那样，"学法"谋生（幕友，特别是那些专门从事刑名、钱谷事务的，可以赚取相当可观的薪水，且是雇主个人预算中的一个主要开支）。然而，在高级官员的幕府中也发现了举人级别的人，但没有职业前景，或仍然在撞运气，想要考中进士，就像汪辉祖那样做了很多年。

② 这些言论可以在 1883 年张廷骧为万维翰的《幕学举要》（见《入幕须知五种》，no. 1151）所写的序言中找到。

③ 关于幕友指南出版过程的更多细节，特别涉及法律方面的，请参阅陈利《知识的力量：清代幕友秘本和公开出版的律学著作对清代司法场域的影响》，《浙江大学学报》（人文社会科学版）2015 年第 1 期。

司不合而去官)。他的两部指南,1785 年的《佐治药言》(no. 0268,针对幕友)和 1793 年的《学治臆说》(针对州县官),被认为是相互补充的且是官员必读之作。在 19 世纪早期两部作品新的合刻本序言中,著名政治家阮元(1764~1849)写道:"此二卷反复数万言,无非上重国事,下济民生,乃极有实用之书。初仕者读之,胜于十年阅历矣"。

幕友似乎是在清代初期突然进入政治舞台的。[1] 有趣的是,在新王朝下编写的第一本牧令书(至少据我了解)——潘杓灿的《未信编》,即为幕友的作品。此书中关于州县官的行为和宦途、衙门组织以及一般行政管理的意见,是标准的官箴内容,被推后置于第三部分,题为"几务";第一和第二部分涉及"刑名"和"钱谷",换言之,这在 18、19 世纪成为许多幕学书的主题。正印官与其技术顾问之间能力范围区隔模糊,以及双方各自话语相当接近,这可通过《未信编》被论者认为既是幕友手册又是州县官入门书的事实而得到说明。事实上,该书虽然由幕友编写,但被认为是清代早期地方官入门书中最为实用的。

无论如何,尽管幕友或多或少被认为因垄断了技巧性知识而被雇用,但有抱负的官员仍被敦促要自己熟悉与技术相关的学问,很多官员也都这样做了。故而我后文将要讨论的、即使是幕友专门为幕友群体编撰的刑名、钱谷指南,也可被视为给官员的读物。

3. 公牍选编

在《四库全书总目提要》的"官箴"部分中,人们发现了另一本堪称经典的手册,即 16 世纪末吕坤的《实政录》(no. 0126)。然而它的形式与上述著作有很大的不同:它是吕坤个人著述的综合汇编,其中很多是针对各种地方官员、负责乡约和保甲的乡绅以及群众的告示和劝诫。它并非抽象地提供劝诫和建议的规范性作品,而在很大程度上是吕坤撰写于不同任上的公文的选编,作为面向其他官员的示范而出版。换言之,它是后来

---

[1] 然而,幕府一词有悠久的历史,但在清代以前所指的是将军的幕僚。对于幕友突然广泛出现在清初的行政体制内的现象,目前已有数种观点加以解释。在中国历史学界中最受欢迎的一个观点是,在新政权的最初几十年中,满人和汉人旗民占据了相当大比例的地方行政职位,这些愚昧和落后的人无法应对复杂的中国行政和法律,因此不得不雇用汉人助手来替他们工作。

被称为公牍合集的早期例子之一，这是在清代颇受欢迎的一种文体。① 值得注意的是，明代创作出大量符合官箴形式的标准入门书，但与此前的宋代模式相反，这些入门书在清代都湮没无闻了，而被像黄六鸿的《福惠全书》，或后来汪辉祖的《学治臆说》及其续作这样的模式所取代。相比之下，吕坤所撰并非标准官箴格式的《实政录》从未失去人气：它拥有许多新版本，特别是在 19 世纪，广受清代作者的赞赏和引用。

无论如何，《实政录》被列入《四库》书目的"官箴"部分，意味着两者，即箴言与实际文书，或者说理论和实践，在时人观念中是多么接近。事实上，最近重印的官箴集成中也包含了一些公牍选编。

至少从宋代起，士大夫已将他们所撰的公文书范例保留在自己的文集中，尤其是告示和司法判决，不过除极少数个例外，直到明代后半期，这些才被作为单独的书籍出版，明确以在同行中流传为目的；到了清代，这成为一个大规模的活动。② 重要的是，在理论上至少大部分收入公牍选编的都不被视作文章，而只是"原始"文件，即未经编辑的草稿或原件的誊录，它们保存在作者曾任职地的行政档案中，或在他们的私人档案中，跟涉及政府事务的非正式书信一样。③

从明代起"综合性"公牍选编发展的原因之一，可能是明代州县官需要每三年（正常任期）汇编和呈交给朝廷"政书"。④ 正如我们所见，其

---

① 关于清代公牍的研究，参见山本英史《清代の公牘とその利用》（大島立子编《前近代中國の法と社會——成果と課題》，東洋文庫，2009）。他列出并简要描述了康熙时期各级官员所编的 55 种公牍选集，其中大多数收入本书。

② 在三木聪等《伝统中国判牘資料目録》（汲古書院，2010）和山本英史《清代の公牘とその利用》中，一些文集因包含零星一两卷的行政文书而与公牍（或判决）选集并列。从张伟仁在作者个人文集部分的叙述中（《中国法制史书目》第 3 册，第 1162 ~ 1236 页），人们可以了解到各类作者文集包含了公牍材料。除了极少数例外，目前本书没有收录文集。

③ 如被称为"禀"的特殊信件，即地方官员致函上级，想要搞清楚他们对某个特定主题的看法。之后他们会以正式文件的形式就同一问题进行报告（"详"），并将副本保存于行政档案中。请参阅魏丕信 "From Archive to Handbook: Anthologies of Administrative Documents in the Qing"，《第四届国际汉学会议论文集·覆案的历史：档案考掘与清史研究》，中研院历史语言研究所，2013，第 154 ~ 160 页。

④ 关于三年一次的京察，请参见王紫（Wang Chelsea Zi）"Dilemmas of Empire: Movement, Communication, and Information Management in Ming China, 1368 – 1644"，Ph. D. dissertation, Columbia University, 2017, pp. 115 – 123.

中一些文档（可以假设作者对自己的业绩颇为自豪）随后出版了，目的是作者为了自我宣传，更有趣的是为了进行示范（参见本书第五部分）。在这个意义上，它们与公牍选编的界限并不总是很分明，由其他人（并非被表彰者）汇编的用于表彰其治绩的文集亦如此，其中大部分也是行政公文、判决等。①

在清代，公牍选编的训导意图变得更加明显。虽然如是，在自我歌颂和训育之间的模糊性仍然很难被消除。也可以说，公牍选集的编纂和出版（被定义为以第一人称撰写的文件来展示作者的文采和作为），不仅可以被看作是专业训育，也可以被视为尊崇父祖的孝行，确切地说，这与编写个人自传的方式相同，正如刘知幾在几个世纪前具有影响力的著作《史通》② 所设想的。

很多时候作者会在序言中交代，他从自己的档案中选取了一些"存稿"，为了教导子孙而进行编纂，但最后由于朋友、弟子和仰慕者的坚持而勉强同意刊印，他们认为这样一个善政的榜样不应被埋没无闻——作者通常也同意这一点，承认如果他愿意刊印自己的文稿，那是因为通过复制能展现"如何实际处理事务"的文书，说明个人的努力和经验，这可能对同僚（特别是没有太多经验的新手）有所帮助。每当作者本人没有强调他的行政公文所反映的自身经验具有示范性时，他的朋友和同僚——或者他的后人（书刊行在他死后）——会在他们自己的序言中为他写道：他们几乎总是声称，这些相关的公牍选集将是未来官员的指导者，或"师""师法""规矩""圭臬""宝鉴"，或其他类似短语。

有的作者在任上就出版了自己公牍的选集，而有的则等到致仕后。在某些情况下，编者是作者的下属、弟子、幕友或儿子。在其他情况下，编纂和出版都是在作者身后：如当今学者最常用的一部文集，陈宏谋的48卷本《培远堂偶存稿（文檄）》（no. 0950）即是一例，该书由其养子和孙子

---

① 《澄江治绩》（1740）及《澄江治绩续编》（1743）（nos. 0900 - 0901）正是很好的例子。

② 刘知幾（661 ~ 721）是第一位在自己的史学名著中讨论自传的人。参见《史通》卷三二《内篇·序传》。另见吴百益（Pei-yi Wu）*The Confucian's Progress：Autobiographical Writings in Traditional China*，Princeton：Princeton University Press，1992，pp. 50 - 60。

编集，年代不详，反映了作者于 18 世纪中叶担任省级官员的 30 年经验。①

当然，还存在一些公牍式文书汇编，所收文书出自多位作者之手。有趣的是，它们都可追溯到康熙初年（参见 6.5），而我没有想到任何相关的理由。其中最为人所知的是由剧作家转行为书商的李渔在 1663 年于南京出版的大型合集，名为《资治新书》，之后在 1667 年又出版了更大规模的续编（nos. 1133、1135）。与其他同年印刷、形式相同的汇编相反，《资治新书》及其续编在整个清代被多次重印和再版。即使考虑到这些例外，公牍选集的重点几乎还是某位官员个人的成就，由各种类型的文书来说明其言论和作为。

这些文书类型并非总是一致。尽管如此，大多数选集都包含了不同比例的这些范本：（1）函件——如移或咨、禀、详、批等；（2）命令——如檄、谕、批谕等；（3）针对官吏或广大民众的规章——如堂规、款约、章程、约等；（4）对民众和衙吏的告谕——如告示、劝谕、禁等；（5）审判意见——如判语、审语或谳语等，② 以及给诉讼当事人的回复（或批）。"判语"和"批"构成了公牍材料的一大部分，它们通常被单独出版。在本书中，这些判语选集被列入"法律与司法"的小节中（4.1.5，"司法判决与典型案例选集"）。

公牍选编的内部结构十分多样化。有些（如陈宏谋的《培远堂偶存稿》，所选文书为 1733 至 1763 年这段时期）是严格按照时间顺序逐月排列的，据作者就任的职位依次展开。③ 其他如 1727 年田文镜的《抚豫宣化录》及其续编（nos. 0934 - 0938），在"文移"和"告示"之间做出原则性区分，并在这两个部分中各按时间顺序排列。还有一些著作在不同的文

---

① 早期版本现已丢失，似乎在陈宏谋死前的数年，其他养子已经开始编写了。

② 州县官只有权在"细事"上作最终判决。对高于杖刑的犯罪，他们须向更高一级的司法机构提交审判意见。用"Court opinions"（即审判意见）翻译"审语"或"谳语"，是姜永琳（Jiang Yonglin）和吴艳红（Wu Yanhong），在"Satisfying Both Sentiment and Law：Fairness-centered Judicial Reasoning as Seen in Late Ming Casebooks"（*Thinking with Cases：Specialist Knowledge in Chinese Cultural History*，Honolulu：University of Hawai'i Press，2007）中提出的；另一种司法文书"招拟"，特别是见于明代文集中的，也由上述作者翻译为"verdicts"。关于它们的各种特征和行文表达，同样参见该文，第 32 ~ 33 页。

③ 还有一个例子是知府及巡抚裕谦（1793 ~ 1841，蒙古人）两个极其丰富的公文集《勉益斋偶存稿》和《续存稿》（nos. 1029 - 1033）。

书体式之间做出更为复杂的区分，引入了诸如书启、禀稿、详文、训令、判决和审判意见等类别——这实际上是更常用的分类模式。最后，一些公牍选编的内容是按主题排列，可以是赋税和司法等大类，也可以是与作者任内所处理的事务相关的更为细化的主题。

公牍选编不仅格式多样，而且最重要的是内容的多样性也相当惊人，看一下第6.1至6.4的条目就能明白。此外，许多公牍选集保存了与作者任职地相关的社会、经济和行政状况的史料，甚至还有特定的历史事件（有的是围绕某一特定职位，即特定的地方或省份，而其他则伴随作者一系列任职而变化）。对于"判语""审语"和"批"的选集，无论是作为综合性选集的一部分还是单独出版，不时会提供帝制中国晚期日常生活中未经筛选的有趣信息。特别是"批"，基本上是州县官就继承、婚姻、田产等冲突的"民事"问题对当事人做出的回应，令我们了解到中国不同地区的基层社会的生活和风俗；这些民事文书的社会性内容与中央刑事档案一样（或更为）丰富。①但是这些选集的目的很少是为了揭示状况或讨论事件甚至特殊问题；它们是"述善政"的，也就是能干且忠诚的官员所行之政，作者确信自己是这样的好官，是一个有价值的范例。

另一个多样性因素在于，这些作者来自各行政层级中任何一个可以想到的位置，从知县至总督；因此，所收文书涉及治下行政管理中所有任务和职责，囊括与地方政府相关的每一类主题的文书，从作为基本任务的赋税和司法到发展经济、稳定秩序、移风易俗、教育等等（相比之下，几乎没有京官的公牍选集）。它们也为展示科层制下不同层级之间的关系提供了丰富的材料。虽然上行文书（通常称为详或禀）始终保持一种尊敬且中立的风格，但下行文书则可能是严厉的、不耐烦的，甚至是轻蔑的。尤其

---

① 基于这些文献的地方社会研究，参见滨岛敦俊《北京図書館蔵〈莆陽讞牘〉简绍——租佃関係を中心に》（《北海道大学文学部紀要》第32期，1983年）和《明末華北の地方士人像——張肯堂〈啓辞〉に見る》（大島立子編《宋 - 清代の法と地域社会》，東洋文庫，2006）；山本英史《健訟の認識と実態——清初の江西吉安府の場合》（《宋 - 清代の法と地域社會》）；魏丕信"Adjudicating Grievances and Educating the Populace: Reflections Based on Nineteenth-Century Anthologies of Judgments"（《中国史学》第24卷，2014年）。

盛清时一些较为活跃的巡抚和总督的檄、告就是如此，比如田文镜，可能是其中最严苛的，又或是陈宏谋，会随时谴责下属的疏忽、平庸及野心。事实上，出版这类文书同时也是为了彰显作者是严厉和权威的榜样，并对地方官员进行警告，具有明显的训导目的。

不可否认，公牍选编的质量与个性不一。尤其是对衙吏和民众的告示这一形式，颇多重复，以至于这些文本在固定主题上似乎缺乏创新。公布有关赌博、斗殴、诉讼、祭拜、宗教节日、夜间戏曲表演的禁令，或告示劝阻自杀、鼓励邻里（或夫妻）和谐、提倡节俭勤劳等，似乎成为官员到达新地方的例行工作。因此，直到帝制时期结束，疆域内每一个地方关于这些主题的许多告示看起来几乎都一样。同样，一名新上任的官员对其下属颁布檄文或章程，宣称不接受任何礼物、不容许任何外界干预时，措辞也总是非常相似：实际上，人们想知道的是，所有这些文本的真实效果是什么。

然而，许多官员还是将它们纳入自己出版的公牍选编中，而且甚至像陈宏谋这种经验丰富的巡抚也屡屡颁发同样的告示，并在其任职的每一省份的当地官员之间流传，正如在《培远堂偶存稿》中随处可见的那样。原因在于尽管十分陈腐且经常重复，但这些文本是关于社会行为和民风民俗的，任何一位渴望在征税和维持秩序以外有所作为的官员都把它们视为长期存在的问题。撰写此类文告（或让其幕友代笔）并张贴在各处，是一位有担当的官员被期望采取的行动。我要补充的是，公牍选集所收录的文本并非都是空洞的例行声明：大多数选编都有谕、禁、章程，及其他详细处理切实问题的类似命令，具体到时间和下达到什么地点。① 所有这些文本，例行的和具体的，都是选集的固有内容，旨在为未来的同仁提供可遵循的范例。②

然而，即使训育层面的功能通常比较突出，或至少有所呈现，但在公牍选编中，文人的自我赞美或提高家庭的社会地位有时候似乎是出版

---

① 仅举一例，见张五纬的《风行录》（no. 1014）。
② 大量地方官员的告示/禁令都已被影印在《中国古代地方法律文献》乙编（世界图书出版公司，2006）、《古代榜文告示汇存》（社会科学文献出版社，2010）和其他类似的汇编中。

的主要动机。在实施这个项目的过程中，我们确实经常提出一个问题：是否应该包括单个作者的每一部公牍选集，甚至是明显意在宣扬作者公德而非为同僚提供实用范例的、无名气的家内出版物？真正的训导和纯粹自利之间的界限从来都不易划分，哪怕是流传不广、实际影响力有限的已刊行的选集——事实上甚至连未发表的底稿——至少也会宣称自己是业界典范。这就是为什么我们决定在本书中纳入所有引起我们注意的这类文献。

我承认，这并不意味着我们已经能够囊括现存的所有公牍选编。这类文献往往不能很轻易地在图书馆的目录或书库中找到，且图书馆员可能已将它们编目或存放在不恰当的分类中，因为它们很多都有着乍看之下无法了解其内容的标题。此外，许多可能只存在孤本，且并非藏于我们能检索到的各家主要图书馆。最后，可能有很多书籍曾被编撰和刊印，但现在只能被认为佚失了。① 尽管如此，意想不到的但十分有趣的文献仍然不时出现，尤其是最近出版的影印丛书，这些都有必要收录到本书的修订版或续编中。

（二）奏议的问题

如果我们的项目包括公牍选编，那为什么不包括已出版的奏疏集（奏议、奏稿或其他术语）呢？事实上公牍和给皇帝的奏疏有时候会放在作者个人的公文选集中一起出版。更重要的是，它们讨论的主题可能相当接近，甚至完全相同，并且在详细程度上也不相上下。然而奏和公牍几乎从不会被混淆为同一类型，二者泾渭分明，正如所有同时包含这两种文例的文集所示。② 一个典型的例子是上文已提及的田文镜的《抚豫宣化录》及

---

① 有人发现，有的公牍选集曾被其他作品或作者的传记引用，但未见于所有已知的目录和书目。举一个例子，我们知道卢焯，一位于 1734～1741 年间担任福建、浙江巡抚的汉军旗人，撰写了《观津录》《牧毫政略》《秉枲中州录》《抚闽略》《抚浙略》，这些都可能是公牍选编［戴真兰（Janet Theiss）与陆康（Luca Gabbiani）的私下交流］，但我们无法进行追查。

② 只有少数例外。其中一个例子是李宗羲（1818～1884）的政治和行政作品集《开县李尚书政书》（no. 0908），在他死后由其弟子与后代刊行，这是根据作者任官先后加以编排的信件、檄文、详文和奏疏的合集，其中大部分是书札和奏疏。这部作品的首卷包含了与李宗羲有关的诏旨以及他的自传，是上述赞美汇编的典型之作。

其续编，在此书中，奏、移和告示分别被收于不同卷，后两者实际上占据了更多篇幅——这就是无需言明的、这些文本理应被纳入本书的原因。尽管如此，在大多数情况下奏议和公牍都是被单独刊行的。①

为何如此？既有形式原因，也有目的考虑。首先，奏疏是写给皇帝且会被加以朱批的，这在等级上与所有其他文书有别，但还有更多的不同。正如我所见，作者个人出版奏疏所具有的文学、政治和社会意义，远胜于实践和训导意义。实际上，由于它们的政治——而非行政——内容，就连个人出版奏疏这个事情长期以来都被认定为敏感问题，特别是在清代：众所周知，雍正皇帝下令将自康熙年间以来的所有朱批奏折召回宫中，且在此之后，奏疏的作者读完朱批后需立即将奏疏送还。

然而此种模式也有一些例外。在明代的万历后期，当皇帝不愿与文官进行沟通，使得改革举措严重受阻时，后者中的一些人开始出版文集，不仅有公牍，还有奏疏，以此作为一种非正式的方式，来记录和延续特定职务上的行政实践改革。一个绝佳的例子是毕自严，在一系列公牍选集之后（参见《崮牍衮议》，no. 0743；《洮岷文武禁约》，no. 1108；其他只知书名但已不存），他又编成了六种不同的奏疏集，逐一对应随后任职的更高级别的机构：它们的预期功能可能与他早期的公牍选集非常接近。②

总而言之，即使一些奏疏可能传达了丰富的信息，对政府的工作人员（包括较为基层的管理组织）有益，但它们（尤其是清代的奏折）是一种独特的文书，因为至少从理论上看，它们承载着皇帝与官员之间的直接对话。根据定义，奏折的内容是直接面向皇帝的，不像公牍选编中的移/咨和告示那样，面向的是作者的上司、同僚、下属或治下的民众。因此，将

① 从历史上看，相比于公牍选编，奏议集的出版则要早得多。汪绍恭为 1820 年的《皖江从政录》（no. 1020）撰写跋语时，有些夸张地说，在唐宋朝，每位大臣都有专门的奏疏文集；但是英明的地方官所颁布的（政策），都散入他们的传记而不是以书籍的形式出版。根据他的说法，公牍这一类型是由田文镜《抚豫宣化录》、汪祖辉《学治臆说》（绝对不属于这一类型）以及张五纬《未能信录》（no. 1016）新近确立起来的。实际上，此类作品的出现在很大程度上要早于这些作者，可参见本书的相关章节。

② 来自与倪清茂的私下交流。毕自严的公牍及奏议集，请参阅他在《崮牍衮议》（no. 0743）中的传记。

奏折当作行政工作的范例是不够典型的，特别是考虑到这些作者几乎均为身居高位的官员（如巡抚、尚书或御史），换言之，他们至少在理论上无需被人教导该如何工作。①

出于所有这些原因，除少数例外，出版的奏议集并没有被归入作为本书主题的训导类文献。② 不可否认的是——这超出了奏疏本身——训导性领域与政治性领域之间的区分并不总是那么简单。尽管如此，行政管理作为一系列程序、行为和技巧，是能够通过手册进行教授的，这些都是（或应该是）不必争论的内容，可以再被用于实施；相反，政策是一个陈述和辩论的问题。顺带一提的是，这也是如著名的《皇朝经世文编》（1827）那样的合集（其中包含许多奏疏、尺牍以及各种文章）在我看来似乎并不属于训导领域的原因，即使其中包含的很多针对不良风气的提议、讨论和谴责，都可在作为本书基础的官箴和公牍中找到共鸣。

（三）技术性指南

专门讨论行政技术方面的著作在本质上与官箴和公牍不同，从某种意义上说它们的目的并不是"训诫"读者遵守道德、行为上或职业上的操守，并不会向他们提供现实行为的范例，但会传达如何施行大小行政任务的客观且精确的信息。可以肯定的是，它们在内容上存在一定程度的重叠，因为正如我们所见，大多数地方官员的入门书中都有专门讨论技巧的章节，而且公牍选编同样包括涉及这些领域的文书——诸如赋税管理、救荒、司法以及地方防卫等等。然而，我所说的技术性指南与此不同，因为一般来说它们完全聚焦于特定技巧或一系列技巧及相关任务，而不是那些应该使用这些技巧并执行任务的人。

技术性指南见于本书第四部分。可是在论述某些章、节描述的一些重要的文献类型之前，我首先要讨论的是，明确由幕友编写并加以使用的技

---

① 奏议用语指南有留存下来的，但可以肯定的是并非由官员使用，而是为他们起草奏议的幕友或下属所用。一个典型的例子是《本学指南》（no. 0257）。

② 同样地，高级官员之间私下处理政治问题的书札（甚至被称为公牍）集并不属于本书从广义上说的"训导"领域。一个很好的例子可能就是申时行的《纶扉简牍》十卷（序言标为 1596 年），该书由非常有趣的"答"组成，都是申时行任内阁首辅（1583～1591）时写给高级官员（特别是巡抚），讨论各种问题的回复。

术性指南（见 2.2.1）。

1. 幕友的技术性指南

前文已论及幕友从 17 世纪中叶开始对地方行政管理的贡献，我建议在他们的著作中，我们要区分纯技巧性的作品和数量甚少、可能被（或之前就被）看作是官箴领域的作品，后者不仅讨论技巧，还讨论行为、品格和价值观。

可以肯定的是，区分并不是绝对的。事实上，即使是由幕友所写的纯实践指南也会涉及行政领域，而这些领域几乎都被州县官入门书论及，并且的确也是地方政务的基础。这些专业知识多少都可以被归入刑名和钱谷两门中。事实上，在清代任何地方官员的幕府中，刑名和钱谷都是两位顶尖幕友所必备的专业知识，他们通常都被"刑名"和"钱谷"指称。虽然在理想的情况下，州县官应对每项技巧都有所了解，但至少在清代，人们普遍承认，如果没有这两位下属，州县官做不成太多事情。① 他们应该熟悉每一条法律法规，无论是全国性的或是省级的，检查每一个细节，管控胥吏的工作，建议雇主应或不应做什么样的事情，以及起草公文和报告。因此，无需惊讶的是，与标准的州县官入门书相比，幕友指南更详细地介绍了这些问题。

幕友的专业手册，似乎出现于 18 世纪上半叶，可被分为：（1）"综合性"手册，涵盖刑名、钱谷，可能再加上一些其他主题；（2）刑名专门手册；（3）钱谷专门手册。

钱谷幕友手册（2.2.1.2），通常大多具有像《钱谷摘要》或《钱谷备要》这样的书名。其中一些是刊印本，如 1793 年王又槐的《钱谷备要》（no.0284），该书颇受欢迎，并出现了数个版本；但大多数是抄本，大多数的作者皆为佚名，在业内流传，在此过程中又会于页边空白处手写增补、修订，并广为传抄。此类抄本在任何特定时期存在的实际数量必定远超于当前在图书馆中能够检索到的。它们说明这种知识传播并非真的是"秘密"（尽管它们经常如此宣称），但肯定是非常专业的。随着新的法规和案例不断发布，这些知识不仅需要不断更新，还必须适应特定省份的具

---

① 然而，一些模范官员曾在自己的官箴中流露出无需幕友就能胜任行政管理的自豪感。

体情况，官员们很可能对此并不熟悉，因为他们一定是从省外受命而来——实际上幕友也是一样，他们大部分时间似乎都在寻找远离家乡的受聘机会。① 即使钱谷手册或多或少专门针对特定省份，但它们都涉及无甚变化的、地方层级的经济管理职能，从赋税和地方预算到救荒、农业发展及基础建设等。②

刑名幕友手册（2.2.1.3）的情况有所不同。③ 虽然刑名师爷在幕友中最受追捧和薪酬最高，而且对雇主而言，他们的"学问"被认为是最重要的，但是与钱谷幕友手册一样，完全讨论其职责的作品数量也是少得惊人。大多数情况下，在幕友综合手册中会有章节讨论刑名幕友的职责，如1773 年万维翰的《刑钱指南》（no. 0266）和其他一些手册。若要获得更详细的材料，刑名专家及其雇主将转向更专业的著作，涉及律典、程序规则、事例和成案、法医学等，这些都事关所有官吏，在"国家"制度中的地位高于财政和经济政策，而对于后者，各省有更多的余地进行调整，以适应当地的社会经济现实。我现在要讨论的，就是这一系列大量、多样且旨在帮助官员及其下属完成日常工作的法律文献。

2. 刑名技术的专门著作

在帝制中国晚期出现的法律和司法专业文献的数量确实庞大。有趣的是，由于一些只能加以猜测的原因，这类文献似乎在 19 世纪以前所未有的速度涌现出来。④ 但与其他领域一样，从清代前几十年至 19 世纪末，幕友专家的崛起对这类文献产生了深远的影响，尽管他们并未垄断这个领域。事实上，他们的影响程度因以下所列体裁的不同而有所差别。

---

① 所谓回避之法，是避免官员就职本省，这并不适用于幕友。然而现有信息表明，许多人（即使不是大多数人）远离家乡寻找工作，有些人可能在他们的职业生涯中辗转多个省份。众所周知，遍布帝国各地的大量幕友都来自浙江，更具体地说是来自杭州和绍兴两府。尚小明对清代幕友的统计研究表明，江苏和浙江作为幕友的温床，人数远超其他省份（见《清代士人游幕表》，中华书局，2005，第 29～30 页的图表）。（这项非常彻底的研究是以有传记信息可凭的 1364 人为样本，因此有忽略掉大量充斥于低级幕府的无名之士的风险。本书所述的许多重要作品的幕友作者，就未见于这个样本。）

② 请参阅示例，佚名有 20 分册的抄本《钱谷备要》（no. 0285）中的 24 个款目。

③ 关于幕友法律手册的意义和影响，参见陈利《知识的力量：清代幕友秘本和公开出版的律学著作对清代司法场域的影响》，《浙江大学学报》（人文社会科学版）2005 年第 1 期。

④ 在浏览本书的相关部分时就会看到。我不认为这是一种因现代图书馆保存了较高比例的晚近之作所产生的错觉。

（1）司法程序指南

首先是针对司法实践者的技术指南，至少在清代，它不仅仅面向官员，还面向为其提供建议的幕友，即使幕友没有公开插手的权力（与上面所讨论的幕友手册相比，这些指南，包括由幕友编写、实际上也为他们所用的，几乎都宣称是为官员提供建议的）。① 虽然一般而言，帮助缺乏经验的新手是出版指南的常用理由，但在涉及司法事务时，这种理由却有一种特别的紧迫感。在序言中经常会看到的一个抱怨是，士大夫完全不屑学习法律，只对小学、诗词和应试文章的写作感兴趣，因此当有一天他们被任命为知县并突然要面对审判的现实时——充斥着呼喊、暴力与各种刁滑奸诈、试图利用他们的人——他们就会孤立无援，惊慌失措，进而犯下可怕的错误。

因此，手册对掌握司法程序尤其有用，换言之，这涉及接受诉状、司法听证、调查案件、审讯盘问、法医检查、使用刑讯、撰写判决建议等事项。大量的著作及综合性官箴的专门章节对这些问题进行了部分或全部讨论。② 就专题著作而言——如4.1.3所列——其中一些明代的书籍被保存下来了，但我所知的大多数著作都可追溯至18世纪后期及其后，多数作者为幕友。王又槐的《办案要略》（no.0457，由幕友所著）和刘衡的《读律心得》（no.0462，由官员所著），皆可被引为这种形式的经典之作。

（2）法典简述

另一类实践指南尤其有助于初学者，但经验丰富的官吏同样也会使用，它们是对律典及被称为"处分则例"的行政法规进行简化或重述的合集，出现于18、19世纪。

首先是"歌诀"（4.1.2.2），由易于记忆的简单诗句组成，非常巧妙地浓缩了律典要义或部分内容，如服制、五刑、流刑等级、杀人罪的类

---

① 幕友不被允许参与法医检验或公开列席庭审。然而他们会在私下与雇主讨论所有事情，起草他的报告，甚至于听审时直接"从幕后"帮助他。

② 例如，黄六鸿的《福惠全书》（no.0193）扩展了关于庭审、判语撰写及验尸等部分。高廷瑶于1820年至1830年间所写的从政自传《宦游纪略》（no.0145），被认为是相当于官箴式的手册，在19世纪下半叶颇负盛名，该书对这些问题也有重要的叙述。

型、法医检验的要点等。它们偶尔会附带短文解释。其中一些相当简单的作品实际上也面向民众，为的是向他们灌输不良行为的后果。就单独出版物而言，我所知道的所有例子都是从 19 世纪开始的。然而，用歌诀进行宣传，或仅是为了帮助人们掌握复杂的事物则兴起得更早，且在综合性作品中也有很多例子。

然后是图或表（4.1.2.3），即以图像形式呈现法律和法规的主体，其原始文本被节略，更重要的是，其逻辑可以通过页面设计得到展现，这种体裁的流行标题之一是"指掌"，即像指向手掌那样简单。借助图表来呈现复杂的内容是中国一项古老的技术：我想到的一个例子是明初以来翻开律典首当其冲的一组表格，其中最精妙的可能是关于五服的表格。我所知现存最早使用表格来概括法律制度的单行著作是 1734 年一位名叫董公振的幕友编撰的《钱谷刑名便览》（no. 0432）。如果我们根据书籍刊行的数量、新的版本、盗版以及现今图书馆保存的诸多复本来判断，这种类型的手册在此后似乎非常流行。[①] 由于图表设计的清晰明了以及为使用者提供了简单易懂的编排，它们曾是（实际上现在仍然是）在篇章、条款构成的律典迷宫中找到一条出路的绝佳手段，更不要说更为复杂的行政法规了。它们对法律进行了省便的导读，因此当然得到了官场新手的重视；它们是司法活动中的有用工具，有助于迅速做出于法有据的决定，所以自然也受到经验丰富者的青睐。然而，序言和凡例会很聪明地强调，从长远看使用表格是不够的：对于专业的官员来说，它们更像是一条"引线"，指示在更完整的文本中的确切去处。

（3）律典注解

这些完整的文本主要包括律典和则例，后者编纂于大量的官方出版物中。本书在这里必须对此做出区分。一方面，政府出版的基础文本（即没有注释或笺解）不能被视为"指南"或工作的辅助，被排除在目前的选择之外：它们不是为了教导或帮助，而是为了命令，或者换句话说，它们是法律本身，必须由训导作品来做恰当的介绍。相比之下，许多版本的律典

---

① 有关律典和行政法规表格适配的全面研究，请参阅魏丕信 "La réglementation administrative et le code pénal mis en tableaux"，*Études chinoises*，XXII，2003，pp. 93 – 157（《在表格形式中的行政法规与刑法典》，《清史研究》2008 年第 4 期，第 33～52 页）。

都有注解（4.1.1），这是作者个人所为（无论是官员还是平民），注解在明清时期得到蓬勃发展，其中许多是商业出版物，属于训导作品的范畴。① 无论如何，这些不是官方颁行的律典注解，却是地方官员及其下属所经常使用的律典版本。这些评注遵循律典中法条的顺序（在大多数情况下都引用了法条的全文）；② 它们用简单的语言写成——与之相对的是，中国传统刑法所特有的、有时候接近于晦涩难懂的简洁术语——而且页面的布局和印刷皆为方便使用者而设计的。这些书籍不是纸上谈兵的专家或法律理论家的学术研究，它们的目的是作为文本性的辅助、研究工具、决策指南和法官及其顾问的资料库。

我们希望自己已经查找到了绝大部分传世的文献，但可以肯定的是，原来存在的抄本和刻本应该是更多的。③ 无论如何，该体裁极具多样性，在明代尤其如此。在某种程度上，该体裁的主要特征是明清有别。首先，在明代几乎所有律典的注解版都是由官员创作的，而在清代，除极少数的例外，大部分则为专攻法律的幕友所作。④ 另一个不同之处在于，这一类型的明代作品展现出了多样化甚至创造性，但其清代的后继者却以相似性为特点。在18世纪晚期，他们找到了一种大致上的最终形式，复制了无数的商业版本，直到临近王朝覆灭。

---

① 关于律典注解，请参阅张陈富美 "Private code commentaries in the development of Ch'ing law (1644–1911)"，Ph. D. dissertation，Harvard University，1997；张晋藩《清代私家注律的解析》，《清律研究》，法律出版社，1992；何勤华《中国法学史》第2卷，法律出版社，2000，第210~326页；何敏《清代注释律学特点》，《法学研究》1994年第6期；何敏《清代私家释律及其方法》，《法学研究》1992年第2期；张伯元《律注文献丛考》。

② 然而，有一些例外，最著名的是1674年的《读律佩觽》（no. 0373），这是一部颇受欢迎的论著，围绕关键的词组、术语和概念组构起来的，不是遵循律典顺序。

③ 譬如，栗毓美为《刑部说帖揭要》（no. 0513）所写的序言提及，明代中期某位名叫蔡忠襄公的人有三部作品，即《明律精注》《读律源头》《辅律详节》，似乎没有一部流传至今。第一部显然是律典注解，第二部可能是律典指南，第三部介绍了刑部说帖（于下文讨论），且据说是第一次提到了"说帖"这一术语［明代唯一为人所知的蔡忠襄是蔡懋德（1586~1644），他并非特别以法律专家而出名］。

④ 除1674年的《读律佩觽》外，例外的情况主要是清初对明末王肯堂《律例笺释》的改编（下文讨论）［参见 nos. 0371 及 0374；另见《律例解释》（no. 0380）］。其他清代官员的注解包括《律例便览》（no. 0395）以及更加通俗的《大清刑律择要浅说》（no. 0396）。对清代私家注解的综述，见于张晋藩《清代私家注律的解析》。

明代的注解多种多样——即使它们之间大量地互相引用——这在浏览
4.1.1 时就能迅速知道。第一批注解与1397 年《大明律》的早期校订本属
于同一时代。《大明律》确立了在此后帝制时期的律典模式，有七个部分
（名例以及对应"六部"的法律），被分为三十卷，部分继承自《唐律》，
卷首冠以一组图表。1521 年编纂的《大明律集解附例》（no.0338）在序
言中提及，此前存在十几种评注。这个形式似乎从嘉靖时期开始迅速发
展，特别是在1585 年万历修法之后，条例直接附加至相关法条（律）之
后的做法被正式化，由此取代官方以《问刑条例》为名单独加以颁行的方
式。①一些出版于嘉靖和万历年间的《大明律》私家注解本显现出一种百
科全书式的倾向，使它们超出了该类型通常涉及的知识范围，即使律典
文本仍然是其主干和编排原则。这一时期的典型特征是，商业版本将每
页分成水平的两栏或三栏。除了律例文本以及所附连续注释外（注释在
许多情况下都借鉴了早期的类似作品），有大量的解释性和/或辅导性材
料，如会典等制度性官方典籍的引文、写作各类文书（判决、报告等）
的范例、术语解释、交叉引用其他法条、歌诀、拟制案件（以"假如"
引入，以询问"作何问拟"结束，其后是判决建议）、法医检验材料、告
示、司法文书中使用的术语和词组的列表，有时还有对官员行为的建议
或训诫（这与官箴书类似）等。一些实用信息（例如法律文件或拟制案
件中的用语和措辞）的形式和内容实际上与讼师秘本非常接近（见
下文）。

一部著作在这种繁荣中脱颖而出，因为它舍弃了辅助材料，聚焦于纯
粹的法律问题，其原创性体现在对律典文本的彻底注解上，既解释了含
义，又讨论了法律疑难点，故而最终对清代的注解产生了深远的影响：这
就是王肯堂的《大明律附例笺释》（或《律例笺释》和其他别名）（no.0371）。
该书附有一则1612 年的序言，而其颇具影响力的清代改编本有1689 年和
1691 年两个版本。王肯堂的《笺释》（通常以此称呼）实际上被认为是

---

① 有人认为，在18 世纪40 年代《大清律例》（1742 年颁布）之前，条例应该被翻译为
"precedents"（先例），因此从那时起，条例首次获得了与436 条律文（"statute"）相当的
权威地位，甚至在两者发生冲突的情况下被优先适用。为简单起见，我们在本书中仍然
使用了"substatute"。

1725 年版《大清律》总注的两个主要渊源之一，① 并被后来的所有注解所引用。1725 年官方总注及随后私人注解的另一重要渊源，是 1715 年沈之奇的《大清律辑注》（no. 0378）。在这部极具创新性的作品中，作者确实从众多明代的注解者身上汲取了灵感，王肯堂亦在其中，但根据沈之奇自己的估算，有一半的注解代表了他自己的观点。

值得注意的是，与其明代前辈不同，清代第一位、也是最具影响力、也最有原创性的注解者沈之奇，② 不是官员而是幕友，我们对他所知甚少。正如前述，他的后继者，包括那些作品被广为流传并发挥了实际影响力的作者，亦是如此。1766 年万维翰《大清律例集注》（no. 0382）即是一例，其内容适应了 1740 年乾隆版《大清律例》所设定的新形式。18 世纪末期又出现了新的形式，并在 19 世纪占据了市场的主导地位，沈之奇和万维翰都是这种新形式的重要渊源。遵照这种新形式的作品不仅包含律例的文本，以及雍正年间的官方总注（全部都在页面的下栏中）、更早的注解引文，如首先是沈之奇的（在中栏），还有各种相关材料，如奏疏、巡抚与刑部之间的往来文件、可作为先例的通行成案③以及处分则例（所有这些都在中栏）。换言之，它们复兴了明代晚期私人百科全书式的律典注解传统，区别在于所包含的参考材料均为政府文书，而不是以上所描述的各种辅助材料。

这些 18 世纪晚期和 19 世纪的注解拥有一些类似的标题，大体包含诸如汇纂、全纂或统纂这些语词，以表达他们要汇集所有可用注解的野心。它们大多数都有着相同的黄色书名页，其中含有广告和相同的正文之前的信息，包括以朱墨印刷的诏令。④ 所有的编纂者都是刑名幕友，在某些情况下他们采用团队合作的方式，成员之间分享律典的不同章节，并常常通

---

① 1725 年的雍正《大清律》是明或清代唯一一个在每个条文之后附以总注的官方版本（区别于插在文本中的小字注，后者的作用是避免太过简略并消除模棱两可之处）。尽管总注在约 15 年后的乾隆《大清律例》（一直施行至王朝覆灭）中消失，但它确实一直见载于或多或少垄断着 19 世纪市场的私家律注中（详下）。

② 如果我们排除王明德的话，因为他的《读律佩觽》是一部著作而不是连续性注解。

③ "成案"将于下文讨论。

④ 有关详细说明，可参见以下《大清律例全纂》（no. 0386）或《大清律例增修通纂集成》（no. 0393）的条目。

过信件互相沟通，还有在重要阶段召开讨论会的例子，通常在杭州或其周边。① 到目前为止最成功的著作是 1826 年的《大清律例增修统纂集成》（no. 0393），这是一个看起来已经畅销全国各地的杭州"制造"，直至清末仍在杭州和其他地方出现了无数的修订本（no. 0390 下所列非常长的清单可能还是不完整的）。

（4）成案和说帖

"成案"和类似材料的汇编是另一种于 18 世纪，尤其是 19 世纪获得蓬勃发展的体裁，似乎被司法者广泛使用，特别是那些为复审机构工作的人，如省级的按察使和京城的刑部官员。② 这些汇编（有的卷帙浩繁），可以说是中央机构复核和批示判决的资料库。虽然名义上是由皇帝决断，因为他的批示必不可少，但在大多数情况下，实际的决策者是刑部或三法司（即刑部、都察院和大理寺）。复审案件基本上都是死刑案件，这是唯一一种自动上报给中央政府复核和最终决断的案件。③ 只有已被"通行"的成案（一般由《京报》出版），可以在判决中被作为"先例"而明确引用；其余则被认为是法律推理的有用模本，帮助法官在律例原文缺乏可直接适用的条款时做出正确比附决断，以及适当调整判决以免被驳回。④ 事实上，一些汇编是专门针对"驳案"，旨在说明叙述案情和援引律典的缺陷，这可能使得刑部的法律专家否决定罪量刑建议并发回要求更多的调查和/或更好的论证。

---

① 参见《大清律例汇纂》（no. 0383）和其后的几个条目。一些版本提供了参与此类集体项目的幕友名单，其中许多名字经常出现。最多产及最有名的是王又槐，活跃于 19 世纪之初，是本书所叙述的几部手册的作者，跟很多清代的刑名专家一样是杭州人。

② 有关这些汇编的更多细节，请参阅魏丕信"From Archive to Handbook：Anthologies of Administrative Documents in the Qing"，pp. 173 – 184。

③ 然而，一些早期的成案汇编 ［见《定例成案合镌》（no. 0477）和《新例成案合镌》（no. 0478）］ 包含了处理司法之外的其他事务的成案：在这种情况下，成案意味着是一项得到皇帝批准的法规，而不是一个已经定谳的司法案件。

④ 根据步德茂（Thomas Buoye）的说法："从这些出版物的结构和内容来看，它们主要被用作州县官寻求审判指导的参考书或作为可能成为刑名幕友之人的教科书。作为参考书和教学工具，这些作品可能发挥了像《英格兰法释义》之于 19 世纪的美国那样的作用。在不同的历史条件下，它们最终可能成为清代法律教育的核心。"参见"Confucian Justice and Capital Crime：Cases and Rules in Qing Legal Reasoning"，paper presented at the Association for Asian Studies annual meeting，New York，29 March 2003。

实际上，刑部的专家被视为律典的终极解释者，无论如何他们都是事实上案件的终裁者。在 19 世纪 80 年代，"说帖"记录了他们有关特定案件法律解释的内部讨论，被用作刑部内部的先例档案；一旦它们开始流传和刊行，就会被大多数官僚视为权威建议的资料库。[①] 说帖篇幅长短不一，有些案件几乎全部被记录在案，但大多数则集中在对法律疑难问题的讨论。因此，它们与成案不同，后者是审结的案。然而，说帖经常与成案合起来编纂，典型的例子是广受欢迎的《刑案汇览》（no. 0516）及其续编。正因如此，说帖和成案的汇编可在本书的同一部分（4.1.4）中找到。

大多数成案和说帖的资料集，尤其是在 19 世纪，都是佚名作品，通常以抄本的形式留下。如果不是佚名，它们的编纂者则是幕友（可能是梳理《京报》和任职省份档案的），或官员（特别是在刑部任职或曾任职的人员，他们可以直接查阅并誊抄刑部存放的材料）。差不多所有合集都遵循法典中法条的顺序，每一部分与所适用的法条相关联，只要熟悉《大清律例》的结构，那么利用起来就相对容易，如果再配上详细的目录、在版心标明所适用法条或讨论的犯罪类别，以及可能是案件发生的省份和罪人的姓名，那就更是如此了。这种分类方式对包括刑部官员在内的使用者来说是一项重要的加分项，因为刑部档案中的原始文件是严格按照时间顺序排列的。

王祖源编纂了名为《明刑弼教录》（no. 0710）的司法行政文本小丛书，1880 年刊印于四川。他谈到，《大清律例汇纂》（no. 0383）和《刑案汇览》（no. 0516）这类法典注解和司法案例的大型汇编，仍是法官的案头必备之作，即使它们太过浩繁而不能在审讯过程中快速参阅，当然这也是为什么还需要更为简明的手册的原因。在此之前的一个世纪，在 1781 年，《驳案新编》（no. 0488，一部相对较大的"驳案"集）的序言认为这种汇

---

① 这些讨论的书面记录保存在律例馆（其官员被认为是在法律事务上最有见识的且会系统地接受咨询），这种做法似乎始于 1784 年：参见陈廷桂于 1811 年为《说帖》（no. 0509）所写的序言。然而，据说"说帖"一词在明代下半叶就已见于一部名为《辅律详节》、现已失传的作品中（参见第 448 页注 3），这说明当时已经有一些行政性的材料和先例"足与律例相辅者"。从 19 世纪初开始，刑部以外的官员必须取用说帖汇编。1833 年，在为其中一部汇编《刑部说帖揭要》（no. 0513）所写的序言中，张曾畲通过使用"圭臬"一词，强调它对地方行政人员的用处（这个词汇亦见于无数州县官入门书或公牍选编的序言）；而类似汇编中的其他序言也提到了"师法"或"津逮"。

编非常有用，不仅可以帮助州县官找到可以用于比附的材料，还可以通过联系各案的情况与法律文本，帮助他们做出更好的审断。

尽管如此，人们依然有理由认为，对这种知识宝典所蕴藏的宏富且深奥的信息，很多地方官员只有一些模糊的认识。讨论做官的文章中并不缺乏这样的抱怨，如新科官员刚刚从考试制度中解放出来，对法律一无所知并认为这是一个庸俗的话题。除了极少数的例外，即使是精通法典的热心地方官（他们的数量可能比通常认为的更多），他们在司法上的博学和理论上的成熟程度都无法企及刑部那些复核他们审断意见的人员。但至少在清代，正如我们所见，地方官员花费了大量资金去聘请专业顾问，可应他们所需而提供这种知识。所有重要的《大清律》注解都是由专业幕友编纂的，阅读群体很可能主要由他们的同僚组成；因此，《读律佩觿》书名页上的题词为"燕台诸先生鉴阅"。

无论情况如何，注解和资料集都必须被视为官箴和工作辅助书的延伸，其内容更为庞杂但基本上属于同一领域，因此它们被纳入本书。

（5）典型审判选集

直到 18 世纪才出现的成案汇编，并不是法官获得合理且无懈可击、同时尊重法典文字与精神的判决范例的唯一选择。另一类有用的作品是个人的判例选集，有时候被称为"案件集"（casebooks），由做出判决的官员自行刊印（4.1.5）。事实上，存在着汇编众多（而非单个）古代著名法官的典型案例和司法判决的深厚传统，这起源于宋代著名的《疑狱集》（no. 0536）、《折狱龟鉴》（no. 0538）和《棠阴比事》（no. 0539），在整个帝制晚期它们始终都被奉为经典。另外，稍有不同的是，宋代的集体汇编《名公书判清明集》（no. 0537），这是一本从当时福建的档案中挑选出来的司法判决集。然而，多位作者的判决汇编在此后变得比较罕见。①

正如已经指出的那样，选编作者个人的判决，作为专业范例来出版，可以被视为综合性公牍合集的子类，其中大多数包含了与判决相关的部分。换言之，如果对个别官员的司法活动进行概述，那么需要同时查看此

---

① 1608 年余懋学的《仁狱类编》（no. 0543）就是一个例子。另见 1663 年李渔的《资治新书》及其 1667 年的续篇（nos. 1133、1135），其中约一半篇幅是由多名官员撰写的判语。

处讨论的专门选集和综合性公牍的相关部分。① 个人审判选集出现于 16 世纪，并在清代成倍增长。② 与上文讨论的被定义为最终判决的"成案"不同，个人选集中的大量作品更确切地说是州县官递呈上级司法机关用于复核的审理意见：地方官员无权对徒刑以上的犯罪作出判决。③ 至于所谓的"细事"，州县官倒是享有较高的自治权。他们的决定（有时是长篇大论），在他们的个人文集中以"判语"，有时候以"堂判"或"堂谕"，或以"批词"或"批"的形式出现；后者的实际数量会更多，它们是在诉讼过程中作为程序的一个环节而发布的，或是作出结论，而在这种情况下官员所决定的安排不一定包含惩罚。

"案件集"有一个子类，数量有限但总是最为有趣，通常以第一人称所作的生动叙述构成，其中法官详细复述了他的调查，聚焦于他的个人行为、推敲考量、可能的不确定性，以及他如何跟诉讼当事人、证人和其他涉案人员，有时与他的上级打交道。虽然这些文本中有的令人想起公案小说，且包含很少的法律推理，但它们绝对是真实的案例记录，旨在为读者提供司法独创性和专业性的范例。因此，它们必须与更为正式的判决文书的合集放在一起。④

在涉及真实案例的这些出版物之外，还应增加一些拟判集。在此必须要作出一个重要的区分：一方面，拟判集由针对考生的判决写作范文构成（"试判"是一种持续到 18 世纪的特殊形式），⑤ 偶尔也针对文吏和其他负

---

① 有关判语的总体评价和分析，参见森田成满《清代の判語》（《中國法制史：基本資料の研究》，東京大学出版会，1993）。该作者（第 746~751 页）提供了一些判语作品内容的具体细节，而这些作品见列于滋賀秀三《清代中國の法と裁判》（創文社，1983）的附录。

② 有关明代案件书的综述，请参阅谭家齐 "Justice in Print: Prefectural Judges of Late Ming China in the Light of *Mengshui zhai cundu* and *Zheyu xinyu*"，D. Phil. dissertation，University of Oxford，2009，pp. 78 – 93。

③ 一些选编作者不仅提供了他们的判决建议，还提供了上级审判机构批词。参见 1839 年邱煌的《府判录存》（no. 0569）。

④ 在这些第一人称的案例书中，最著名的是 18 世纪 20 年代蓝鼎元的《鹿洲公案》（no. 0557）。所有其他的例子都来自 19 世纪，且明显没有取得蓝著那样的文学成就。

⑤ 这种作品类型的古老渊源可追溯至唐代，即张鷟的《龙筋凤髓判》（no. 0591）和白居易的《百道判》（no. 0592）。试判的撰写技巧包括使用合适的历史与文学典故，以及四六骈文。

责起草实际判决的人员；而另一方面，它们又包含供官员及其下属——换言之，面向处理真实案件的人——使用的拟制判决（也被讼师使用）。拟制案件的出版似乎在明代很常见。① 它们通常由对事实的叙述构成，由"假如"或"如"引入，然后是一个作为判决建议的"答"（还有不同的措辞）。除了其他特征之外，它们还有一个标志性的现象：分别根据《百家姓》和天干的顺序，给所涉人物设置虚假的姓和名（如赵甲、钱乙等等）。虽然一些独立作品完全或部分围绕拟制案件（参见《招拟假如》，no.0692，以及《招拟指南》，no.0693），但后者主要是作为上述私家律学作品的辅助材料。②

（6）秋审材料

成案一词有时被用于指代特定格式的案例报告，亦即被称为"秋审略节"的简短摘要，是由刑部官员在每年忙碌数月的秋审程序中制作的。③由三司（包括刑部）和皇帝本人参与的秋审，其目的是审核帝国内所有被判处死刑监候的犯罪案件，并决定究竟是"情实"，还是"缓决"。④ 最终提交给皇帝的建议建立在对案情和法律依据的仔细审查之上，刑部官员的结论就被概括在上述"略节"中。

从18世纪后期开始，此类略节被大量编纂成书（如4.1.6中有大量的选目以及秋审程序指南及相关规定）。它们通常以手稿的形式出现，其中大部分肯定是由刑部人员编纂的，供他们自己作为参考之用并奉为"圭臬"。据说它们被作为秘密法宝而小心保存，被允许略加寓

---

① 在清代，它们主要出现在以下将要讨论的讼师秘本中。这种演变可能与以成案为特色的出版物的增加有关；后者虽然更为复杂，但发挥着类似的作用。

② 但请注意，用于教学的拟制案件似乎早已出现：如《历代判例判牍》第1册（杨一凡、徐立志，中国社会科学出版社，2005，第113～155页）就收录了一些（被编辑称为拟判），这是在敦煌写本中发现的。事实上，正如前述，从秦汉墓葬出土的一些文书就已显现出类似的形式。

③ 每年刑部各省清吏司会从其所属人员中挑选出两名官员和一名书吏，送至秋审处全职工作。关于秋审体制，参见孙家红《清代的死刑监候》，社会科学文献出版社，2007；关于"略节"，第160页以下。关于这一体制衍生出来的文献，可进一步参见孙家红《"部中密"与"枕中秘"——再论秋审文类》，《法制史研究：中国法制史学会会刊》第28期，2015年。

④ 在几次缓决后，这名罪犯就会被改判为较轻的刑罚，如流刑。秋审所考虑的另外两个处理类别涉及的案件数量要少得多，即"可矜"和"留养"。

目的外人很难进行誊抄。但是刊行的合集最终还是出现了，偷偷地、有时则明目张胆地被省会的谳局所用，来准备每年提交刑部、用于下一步会审的死刑案件资料以及他们对最终判决的提议（等待知晓自己命运的罪犯被囚禁在其犯罪行为发生地；定为"情实"者则在那里被处决）。

（7）检验指南

对受害者进行法医检验的结论当然对如何惩罚罪犯至关重要，换句话说，决定了罪犯是否会被判处死刑，以及如果会，将被判处何种死刑：只有尸检才能证实或反驳供词和证词，确定某一击是否致命，揭示观察到的伤口是否足以致命，区分自杀（或事故）和被人谋杀，等等。有时不仅罪犯的亲属和受害者的亲属会对这些结论进行激烈辩论，而且更高层级的司法机构也会参与其中——直接通过为皇帝的复核准备卷宗的刑部秋审处——每当他们发现案卷中有不一致或对调查的可信度产生怀疑时。

众所周知，法医检验的整个过程都遵循一本手册，其原始版本是宋慈1247年编写的《洗冤集录》（no. 0630）——这个标题清楚表明此前就已存在与法医学相关的文献，即所谓的"集"，这的确已通过上溯至秦朝的考古发现而得到证实。① 多种该文献的改编和模仿之作在接下来的几个世纪一直流传，直到清政府在1742年刊行了一部名为《律例馆校正洗冤录》（no. 0643）的正式版本。②

《洗冤录》本身不过是一本实用指南，是一类结合了特定医学知识、一系列尸检方法以及对司法程序的周密关注的入门书：这是它原有的内容，自南宋问世时起到最终都始终如一。然而在18世纪，当其文本第一次被大规模修改时，情况就发生了变化：新版《洗冤录》在1742年时由刑

---

① 书名 *The Washing Away Of Wrongs* 是马伯良（Brian McKnight）对"洗冤录"恰当的英文翻译。这个1981年的译本是基于原版《洗冤集录》。后来这个原版有时被称为"洗冤录"，而这个名字又最终变成所有这类文献的通用标题。

② 有关这一文献的历史概述，请参阅魏丕信 "Forensic Science and the Late Imperial Chinese State", *Science and Confucian Statecraft in East Asia*, Leiden: Brill, 2019, pp. 89 - 104。另见张松的论文《〈洗冤录〉及其版本流传略》（张晋藩主编《清代律学名著选介》，中国政法大学出版社，2009，第516~520页）。

部律例馆编成，仅保留了最初宋代作品的 60%，成为权威性等同于《大清律例》的官方文本，而且还是唯一一种官员们被允许使用并且可在报告中提及的文本。① 这版新的《洗冤录》几乎从一开始就广受批评，在接下来的数十年间，人们基于各自的实践经验私下给它添加了大量的笺解、批注和增补（特别是成案）：在某种程度上，法医学正随着时间的推移而取得进步，但在司法程序中唯一可以援用的官方版本却未加吸收，这种状态一直持续到王朝覆灭。② 因此，对当时的实践者和如今的历史学家来说，私人的版本极具重要性，绝大多数 19 世纪的文本其实是对王又槐于 1796 年完成的《洗冤录集证》（no. 0649）的扩展而已，该书是对官方版《洗冤录》加以注解和增补的私人版本。王又槐就是前文业已提及、与支配了 19 世纪市场的私人版法典有关的幕友（也可参见《洗冤录详义》，no. 0658；《洗冤录义证》，no. 0664）。本书 4.1.7 描述了这些以及更早期的《洗冤录》版本，还有类似文本、各种专门性论述，以及涉及尸体解剖的理论和实践、讨论法律和程序问题、给外行人提供易于理解的材料的文献选编。③

（8）讼师秘本

我先前提到的、见于不少明代作品中的拟制案件，与一个乍看之下不应出现在"官箴书目录"中的文类很相近，即所谓的讼师秘本。

---

① 官版《洗冤录》的编修和刊刻紧随乾隆《大清律例》的编纂之后。《大清律例》虽有一篇 1740 年的"御制序"，但并未于当时准备付印，直至 1742 年才颁布。参见陈重方《清〈律例馆校正洗冤录〉相关问题考证》，《有凤初鸣年刊》第 6 期，2010 年。此后，两个文本就经常被一起刊印和流播。

② 这与法典形成了有趣的对比，后者的"律"文保持不变，但通过具有同等效力、立足于"活法"的条例，不断加以丰富。

③ 尸检本身由低级别的"仵作"在地方官员的亲自监督之下进行，后者对报告中的结论负全责，并被敦促熟悉《洗冤录》的文本。关于传统的法医及其程序上的置入，请参阅魏丕信 "Developing Forensic Knowledge through Cases in the Qing Dynasty", *Thinking with Cases*: *Specialist Knowledge in Chinese Cultural History*, 2007。谢歆哲（Xie Xin-zhe）"L'idéal de la preuve. L'examen post mortem entre théorie et pratique en Chine à la fin de l'époque impériale"（Ph. D. dissertation, École des Hautes Etudes en Sciences Sociales, 2018）提供了详尽的文本分析，并坚持认为中国传统的法医学由程序性问题主导，不应被视为"法律医学"并作为中医史的一个分支。事实上，该领域的大多数中国学者都在谈论法医学，并倾向于参照现代科学的法医学来评估中国传统技术。参见贾静涛的经典著作《中国古代法医学史》，群众出版社，1984。

此类作品出现在 16 世纪后期，且直到清朝末年仍在持续刊行。①身为编撰者的法律专家，所作所为与现今律师无异（除了他们不被允许出庭而只能在幕后操作），被当权者高度警惕，甚至被认定为完全非法。即使在 1742 年刊行讼师秘本被正式宣布为非法之前，在官方文书中，讼师常被称为"讼棍"或者"健讼之徒"，大体等同于英文中的"pettifoggers"。② 然而很显然，并非所有的讼师都会进行恶意操控，渴望通过怂恿人们打官司来从中取利，而且往往导致原告和被告两败俱伤。浏览讼师秘本就能知道，他们提供有效服务的对象，不仅有卷入冲突的个人，还包括需要向当权者提交评估或保证的人们，或向地方政府请求援助或与之协商相应安排的群体：他们的能力范围是按规定方式撰写文书，并使用有说服力的语言；他们的长处在于熟悉行政流程，并可能与衙门中人有私下联系。

无论情况如何，在与研究此类著作的领军人物夫马进先生有过数次交流之后，我们决定在"法律和司法"一章的末尾加入关于讼师秘本的部分（4.1.8）。③这样做确实有充分的理由。首先是刚才提到的，在大多数情况下，"告"和"诉"的文例之后就是地方官的仲裁或判决（即"批""审语"等等），这占据了典型讼师秘本的大部分篇幅，并或多或少定义了这一文类：其结构与晚明各种面向官员的出版物中所见的拟制案件相当，而且所记录的大多数案件的主人公也都是匿名的（清楚表明这些并非真实案件），因而与之相类似。

另一个原因是——尤其在明朝的最后几十年——更精细的讼师秘本与前文提到的包含诸多注解和额外材料的"百科全书式"的私版法典有着惊

---

① 实际上"讼师秘本"一词可追溯至乾隆时期，当时政府试图取缔这类出版物。还应注意的是，在明代出现讼师秘本之前，就已出版过诉状的范本格式和有关法律程序的资料。元代的《词状新式》和《告状新式》就是很好的例子，它们是从南宋百科全书《事林广记》的一个后来的版本中摘录出来的，收入《历代珍稀司法文献》第 1 册（社会科学文献出版社，2012）。

② 虽然讼师秘本在 1742 年被取缔，但此后并不缺少这类出版物，而讼师一直存在于史料中，直至帝制时代结束。

③ 在该小节所列的 21 部作品，只不过是对这类文献所做的基本挑选罢了，它们的数量在帝制中国晚期似乎持续激增，但有大量重复和相互抄袭。夫马进《訟師秘本〈蕭曹遺筆〉の出現》（《史林》第 77 卷第 2 号，1994，第 159 页以下）列出了 37 部书名，但一定存在更多的文献。夫马进的其他重要研究包括《訟師秘本の世界》（《明末清初の社會と文化》，京都大學人文科學研究所，1996）和《明清時代の訟師と訴訟制度》（《中國近世の法制と社會》，京都大學人文科學研究所，1993）。

人的相似性，它们都是同一时期的典型文本。两者都将页面拆分为水平的栏格，而且所填充的内容有部分重复：例如，一连串的用语和套话有时是根据吏、户、礼、兵、刑、工六大行政领域进行排列，旨在加强语言修辞，使书面诉求和判决更具说服力，这是讼师秘本的典型特征，也出现在一些针对官员的法典注解中。①

最后，与私家律注一样，编纂更为精细的讼师秘本也包含大量关于法典的材料及解释、帮助记忆法律概念的歌诀、对律条和条例的引述、判决和告示的范例、行政文书的范本等等，换句话说，涵盖原则上对官员有用的诸种信息，只不过这是提供给利用司法而非掌控司法的人。

讼师以匿名（或托名他人）形式出版的小册子，通常以粗糙的印刷和醒目的书名②流传于世，它们是可靠的司法程序指南，就像很多针对官员的官箴一样。不同之处在于，此程序是从原被告而不是法官及其下属的角度出发，且有时带有对抗性姿态：目的不在于公平、公正的司法，而是胜利。始终都令人感到惊讶的是，讼师秘本所传达的法律文化实际上与官方相同——事实上，所有这些面向官员或讼师的书籍都被统称为"法家书"。人们或许应该将讼师秘本作为处于行政世界边缘的一种文献，并将讼师视为国家机关的法律专家与广大公众之间的一个连接点。事实上，最近已有学者如邱澎生指出，刑房的书吏、幕友（清代）和讼师之间存在着真正的专业及知识上的连续性——从一个职业转向另一个的人其实不在少数。邱氏特别强调讼师和幕友这两个世界的接近性，这两种职业都参与了同样的对抗性司法文化，并影响了民众对正义的理解，这种理解只会使官员感到沮丧。③ 毫无疑问，官员也会阅读讼师秘本，即使只是为了更好地理解在审讯中所要面对之人的心理和态度。

（四）荒政书

正如我强调的，上文讨论到的指南、手册、资料集及其他与司法行政相关

---

① 参见 1609 年《刑台法律》（no. 0369），这由一起供职于刑科的两位官员编纂而成。

② 书名通常是"萧曹遗笔"的变体，提到了扶助汉朝开国皇帝刘邦的两位法律专家：在传说中，这些内容来自两位伟大人物留下的笔记。

③ 参见邱澎生《以法为名——讼师与幕友对明清法律秩序的冲击》，（台湾）《新史学》第15 卷第 4 期，2004 年。

的实用文献，均旨在协助各类官员参与到国家最核心的一项事务中去——不仅维护法律和秩序，还提醒民众有关犯罪及其惩罚情况，维持家族和社会的基本等级秩序；换句话说，教育人民（"教"）或者使他们开化（"化"）。

另一个关键的、在某种程度上与它对称的国家功能是哺育他们（"食"），也就是确保他们的财产（"富"），在经典儒学对事物的看法中，这是教育的前提。① 有很多方法可以用来做这件事，如保持低税收，建设生产性基础设施（尤其是灌溉和水利），改善农业技术以及（更重要的是）保护生产过程免受自然灾害的破坏，比如饥荒、流离失所、财产毁灭与破坏等等；或者用现代术语来说，保证他们的社会经济性再生产和维持他们的社群：这就是广义"救荒"（也称为"荒政""救灾"等）的目标。

帝制时期救荒的经典文献是《周礼》（这一战国晚期或帝制早期的文本被认为叙述了西周的制度）中被频繁引用的段落，它列举了大司徒对抗饥荒及"聚万民"的 12 条政策，明确将防止社群解体、流离失所及盗乱作为核心的关注点。它们是：（1）散利；（2）薄征；（3）缓刑；（4）弛力；（5）舍禁；（6）去几；（7）眚礼；（8）杀哀；（9）蕃乐；（10）多昏；（11）索鬼神；（12）除盗贼。虽然明、清朝廷在灾年可能会做出节约开支、精简仪式的姿态，但只有其中一些措施——比如减税、兴慈善或者放宽对商业的管控——成为帝制中国晚期（本来在宋代已具雏型）救荒标准手段中的一部分。

的确，关于救荒的奠基性论著产生于宋代。在宋代之前尤其到了宋代，在历史上无疑早已有了关于国家赈灾的例子，但是只有 12 世纪晚期董煟的《救荒活民书》（no.0728）以一整套政策和技术为基础，形成了完整的体系。董著及很多后来的著作所指出的基本模式，区分了确保自然灾害发生时已做好准备的预防措施、灾害发生期间的应急措施和灾后重建措施。②

尽管本书在有关救荒的部分（4.3）已述及相当多数量的作品，但这

---

① 有许多可以征引的文献，如《论语·子路第十三》（九）："子适卫，冉有仆。子曰，庶矣哉。冉有曰，既庶矣，又何加焉。曰，富之。曰，既富矣，又何加焉。曰，教之。"

② 在某些作品中，这就是清楚的组织架构。参见《救荒策》（no. 0751）和《钦定康济录》（no. 0757）。

个书目还是不够详尽。① 部分原因在于该领域的界限并非总是分明。简言之，我们需要区分：（1）详述救灾方法与章程的规范性作品；（2）对特定救灾活动的叙述，通常以公牍选编的形式出现。在规范性作品中，一些是学术性汇编，有时篇幅巨大，通过资料集的形式，用丰富的历史先例说明多种抵御灾荒的方法；② 而有的则仅作简单的方法胪列。后者常出现在 18 世纪以后清代的规范性手册中，尤其是由幕友撰写的，基本上立足于国家规则：那时候救荒已成了高度规范化的行政领域，重点在于指导读者如何依据书本开展实践。③ 至于文书记录，至少有一些是明确打算作为范例来出版的。④ 另有一些仅有地方性意义，被作为档案保存（通常是手稿），⑤ 尽管在类似的灾荒事件中，也可作为一种先例和有用方法的宝库。还有一些作品似乎首先对指挥救荒的官员的效率和仁义精神表示赞赏，甚至在一个特殊的事例中，赞赏了皇帝本人。⑥ 由于上文各种描述经常适用于同一个作品，这部分书目严格按照时间排序，而不是根据特定形式区分各个小节。⑦

（五）兵书

最后一个需要被稍加讨论的类别——仍然是在"技术性指南"这一总

---

① 可对照邵永忠的表格，参见《中国古代荒政史籍研究》（博士学位论文，北京师范大学，2005），第 35~38 页；或李文海等《中国荒政书集成》（天津古籍出版社，2010）的目录。

② 规模最大的也许是祁彪佳的《救荒全书》（no. 0748），这是因 1641 年浙江的饥荒而编纂，但由于祁彪佳在清军入侵浙江时自杀，所以没有付印。

③ 关于 18 世纪救荒的"行政转向"，大体上可参见魏丕信 *Bureaucracy and Famine in Eighteenth-Century China*。

④ 一个突出的例子是方观承的《赈纪》（no. 0760），这是 1743~1744 年间大规模救荒活动的档案，在救荒结束十年后刊行。

⑤ 在《中国荒政书集成》中，许多此类抄本已被录为简体字，该丛书当然是关于帝制中国救荒的最大资料库。遗憾的是，抄本目前的收藏地很少被标明。

⑥ 这是 1802 年《钦定辛酉工赈纪事》（no. 0765），是嘉庆皇帝下令刊印的大型文书汇编，纪念在前一年京畿地区遭受洪灾时由他亲自指挥的救济行动。这部作品在各地分发，来炫耀这位统治者的仁慈，他渴望效仿杰出的前任，即去世不久的乾隆皇帝，并提出付诸实施的方法。然而，这个作品的编排结构（按时间顺序，而不是主题）对它的教育价值有所削弱。

⑦ 关于救荒文献的的定义和类型分析，参见邵永忠《中国古代荒政史籍研究》第 2 章；另见夏明方在《中国荒政书集成》序言中所作的颇具创见且非常详细的讨论。

目录之下——是兵书。上述有关司法及救荒的主题在综合性官箴书及公牍选编中都有所讨论，有时篇幅可观。相比之下，军务的地位相当边缘——仅在涉及文、武官的关系时出现，或涉及动荡时期的地方防务，如明代最后数十年间或 19 世纪中叶的叛乱。① 相对于职业武人而言，地方防务首先是州县官和其他地方文官的职责；但即使是更大的军事责任，也绝不会被职业武人所垄断：众所周知，很多领导平叛或抵御外来侵略战役的将领都是高级文官——宋代和明代的经略，以及 19 世纪与太平军和其他叛乱作战的指挥者皆为典型的例子。② 就其自身而言，武官也隶属于国家机构，理应与文官合作。简言之，正如一些官箴作者所强调的，文官与武将之间总有一定程度的互通之处，而在危难时期尤其如此。因此，很多由军事统帅刊印、或为他们刊印的技术指南绝对属于本书的研究范围。有关军务的文献，首推有无数版本的《武经七书》，此书是 11 世纪时由皇帝下诏汇编、颁行的古代文献；另外还有篇幅巨大的历史性百科全书，比如 1621 年的二百四十卷本《武备志》。这类文献合集的数量持续激增，尤其是明代后半期。③ 本书提供了范围较宽的、具有明确指导和实用意义的作品选目，尽管往往很难把它们与其他更多的纸上谈兵之作区分开来。

关于军务的论著和手册中存在大量的重复内容——当然，许多民政方面的作品也是如此。然而，似乎比较特别的是，许多编纂于明嘉靖年间和明朝衰亡时的晚明军务作品在经历了一个半世纪的被遗忘或禁止之后（这一时期几乎没有刊印军事手册），④ 又在清朝出现了复兴。此次复兴是由 19 世纪初帝国边疆地区的新危机以及后来的大规模反叛导致的，其形式为重

① 一些公牍选编的确在很大程度上或完全致力于作者捍卫自己的城市和领土的努力。例如，《黄少卿蜀游经略遗书》（no. 0975），主要是关于 16 世纪 60 年代对西南原住民的防御；《壬午平海纪》（no. 0982），主要是关于 1642 年于长江下游打击海盗的活动；《守宝录》（no. 1040），主要是关于 19 世纪 50 年代初宝庆府（湖南）的防御，以及《守岐公牍汇存》（no. 1045），主要是关于 1862~1863 年对凤翔府（陕西）的 15 个月围攻。
② 在清代，至少在 19 世纪中期的叛乱之前，由满族和蒙古族将领负责所有的主要军事行动，应该属于特殊情况，因为他们来自八旗军人阶层，许多人也在谋求文官系统中较高层级的职位。
③ 参见《中国古籍善本书目·子部》（上海古籍出版社，1996）第 1 卷的"兵家"部分。
④ 然而，几部明代的作品被收入《四库全书》，包括唐顺之的《武编》（no.0792）、何良臣的《阵纪》（no.0799）以及戚继光的《练兵实纪》和《纪效新书》（见下文）；还有几部作品见于《存目》，这些是不值得被收录的作品，但值得被提及和叙述。

新出版或直接抄袭。①

我倾向于把这类文献看作是"明代模式",尽管它们受到宋代的强烈影响,又在清朝末年受西方模式启发而创立"新军"之前,一直保持着影响力。它们可被划分为两大块内容:(1)对日常训练、纪律、武器装备、战术以及军队作战阵型进行非常专业的讨论:这一领域的标准范例是戚继光颇具权威性的《纪效新书》和《练兵实纪》(no.0793 及 no.0794),二书是作者基于与倭寇作战的经验而写成;(2)关于地方防卫的作品,比如守城及守乡以抗盗匪、平乱或御外,这是明代末期的典型之作,从吕坤1607 年的《救命书》(no.0818)开始,还包括在明朝灭亡前几年的一些作品。

此外还需加上讨论帝国边疆防卫、指挥等级、兵马调配、粮草后勤等的战略综述,以及著名将领的传记集。这些类型的作品只能被部分地界定为具有训导性和实用性目的,而非学术性和政治性意图:它们首先都是决策者的参考书目,事实上,大量关于救荒或水利管理的汇编也是一样的。尽管如此,至少有一些综述和范例性合集被认为是各级职业军人必读的,这可以《巡方总约》(no.0255)为证。该书是1594 年专为巡察御史编撰的。它提出,关于《武经总要》(no.0788)、《武经节要》(前者的节本)、《百将传》(另一宋代汇编)、《百战奇法》(no.0790,当然是较为技术性的),还有《方略摘要》(嘉靖年间赵大纲的作品)等文献的知识掌握情况,必须被作为武官考核的重点。②

在本书中,除了那些综合性著作(4.7.1)和关于地方防卫(4.7.2,另有一份关于保甲和团练的附录)的,还有一节专门讨论海防(4.7.3)的。

总而言之,以上对这些文献类型和内容的叙述应该足以让人们对以下内容有较为充分的认识:帝制中国行政文化的多样性、广泛性和复杂性及其如何演变,它所宣扬的理想和面临的限制,所汇集的思想资源和实践知识,所积累的经验,当然还有本书的主题,即为传播和保存以上这些内容

---

① 这种复兴的最好例子是《洴澼百金方》(no. 0825),一个19 世纪极受欢迎的文本,似乎出现于18 世纪80 年代后期,是对《金汤借箸十二筹》(no. 0823)的略加改编,后者大概编于1639 年,正值明朝遭受满族入侵。《武备辑要》(no. 0826)也是一个很好的例子。

② 参见《巡方总约》,第33 页 a。

而编撰的作品。为了更深入地理解原则和现实、政治和社会背景，我鼓励读者浏览本书的主体部分：当然不是从头到尾的阅读，但也许可以选读围绕特定领域或文献类型并揭示其发展变化的章节，或是关于特定地域、时代的公牍选集和审判集的论述。

关于本书中单个条目的结构和内容的说明，将对阅读有所帮助。导论的最后一部分将专门介绍这些技术性和实践性的考虑因素。

三

本书的每个条目包括一系列款目（见下面的缩写名称），叙述所介绍作品的作者与版本历史信息、内容概要以及相关的二手文献（视情况而定）。单个条目构成一个封闭单元，其中某个词语或名称只有首次出现时才会被标明中文。必要时会提供参见项的指引。为了保持一致性，除了少数例外，职官和机构名称的翻译遵从贺凯《中国古代官名辞典》（Charles O. Hucker, *A Dictionary of Official Titles in Imperial China*）。一系列缩写用于表示常用的术语、参考书、图书馆及贡献者的名字；这些详见导论后开列的清单（导论的中译本并不体现这一部分——译者注）。当提及个人年龄时，通常用中国传统的表述方式（即出生时为一岁等）。

每个款目所采用的原则将在下文中依其在词条中出现的顺序展开讨论（如果没有相关信息，款目 6~9 并不一定都会出现在每个词条中）。

1. 书名

书名的拼音和汉字前面是序号，后面是卷数和暂定译名。（序号被用于作者和书名的索引，并且显示在页眉中）在有别名的情况下，将提供参见项的指引。如果书名之前是刊印者插入的前缀，例如"新刻""新颁"，甚至是一些见于晚明商业出版物的更长的自我推销语，那么这些就会被放在方括号中，且在大多数情况下不予翻译。

2. 作者

原则上，这是指其姓名出现在书名页和/或章节标题的人（有可能发生的情况是，姓名被省略，但能从序言或其他辅助文本中得知）。我们已尽可能地做出如下区分："by"（通常是著或编），意味着作者是实际的撰

写者；"compiled by"（辑、编辑、纂等），意味着这是将来自其他文献的
材料加以汇编；在一些情况下使用"approved by"（监修），意味着署名者
只是监督他人写作/编纂，实际编写者的姓名通常也会提供。作者/编者的
姓名后会列出如下信息：（a）他的字、号、谥（由于字和号在传记资料中
经常出现互换，这里的区别不能被视为绝对的）；（b）他的生卒时间，如
果可知的话；（c）他考中进士或举人的时间，如果有的话；（d）他的出生
地（县和省）。"Anon"意味着作者/编者不详。

3. 时间

作品的时间是指撰写和/或第一版的时间（当二者可以推定为同时或非
常接近的情况下）。它有时是指作者写序的日期，差不多与文本完成同步，
但可能比第一个已知版本的日期更早（偶尔会早很多）。若某一文本的时间
不确定，如果可知大致的时间（比如根据内容）那就标注为"ca"；反之则
用"n. d"替代。在章节中，按时间排列不明日期的文本，是基于猜测。

4. 版本（Ed.，即 Editions）

本书力求追溯作品完整的版本历史，换言之，将列出所有已知的版本。
这一译为"Ed."的款目，少则仅一条（当不知该作品是否有再版的时候，
大多数手稿亦如此），多则有数十条，如一些有多个版本和被多次重印的作
品（无论是广为流传有名的著作还是颇受行政官员的青睐且极为实用的手
册）。① 尽可能准确地认识文本重印的次数，对于评估其影响力显然很重
要。② 然而，尽管我们竭尽所能，但也不总是能够完全确定每一个现存的
版本，尤其是对那些常年流行且在不同地方被多个商家重印过的作品。

另一相关问题是，中国传统的出版实践，使得我们很难准确定义何为

---

① 第一种情况的例子是陈宏谋的《五种遗规》（no. 0071），我们提供了一份包括约 25 个清
　代版本的开放式清单；对于第二种情况，参见带有注解的检验指南《洗冤录集证》及其
　修订版（no. 0649），有一份包括 35 个版本的清单。

② 至少同样重要的是，知道特定版本的复本数量，但此处我们只能进行猜测。"印量"的概
　念对于中国传统出版来说基本上是陌生的，因为通常一开始只印数份，然后按需提供印
　制，印板一直留到被磨损得无法使用为止。尽管如此，当作品的刊印明显是为大量分发
　甚至宣传时，相当于印量的概念有时也会被提及。如《图民录》（no. 0209）的 1857 年
　版提及，有一位巡抚印了 1000 份文本的复本，用于分发；或《牧令备言》（no. 0245）
　提及有 1000 份复本的印量。从某个特定版本的现代收藏地的数量（有时一个地方藏有多
　个复本），我们至少会有一种它似乎很受欢迎的感觉，但并没有试图系统地评估这一点。

"版本"，也就是说，如何区别一个版本与同一文本的其他版本？首先，即使用同一个印板印出来的同一版本的不同印本，在某些方面看起来也可能存在不同，因为它们是按需印制的，有时时间跨度很长，并且总是可能改变序言或其他辅助文本（比如凡例和目录）的顺序，插入或删除各个卷的细目、删除序言或增加新序言（其日期晚于原刻的时间）等等，尽管标题、书名页上的出版者姓名和日期（如果存在的话）保持不变。

然后，"新版（new editions）"的问题出现了。这里的"新（new）"被用于翻译两个字"重"和"新"，两字可以互换，用于指称已出版文本的新版本，虽然很明显"新"也可以表示"原始的（original）"或者"首次的（first）"版本。严格来说，只有全新的或者修订过的镌本（刻本、刊本）——这就是说，用部分相异或完全不同的一套印板的版本，无论出版者是相同的还是不同的——才应当被视为"新版"，这种情况特别明显地体现在版式的区别上，如行数不同及/或每行字数不同，或者添加、删除了句读符号、页边批注，当然也包括文本本身已被校订或修改、卷数发生了变化等。

在两种情况下，区别会变得更加含混。首先，可能会出现整套印板被出售或提供给另一家出版者以自己的名义进行合法印刷（通常以"堂"、"馆"或"斋"为名），这会在新的书名页上标示，有的时候则刻在版心底部，而且可能还有不同的出版时间（出版者在此处指"藏板"的实体，利用印板按需进行印刷。在一些高度商业化背景下，售书者与藏板者可能完全不同，这一点有时是很清楚的）。这些版本应该在何种程度被视为"新"？同样的问题出现在未被授权的翻刻中——严格来说并非违法的，尽管书名页上常有"翻刻必究"之语——在透明的纸张上手工描出底本，然后用其雕刻新版。这些实际上是盗版，有时还无耻地复制原始的书名页，或者完全不用书名页，但通常会添加一个标有不同出版者名称的新书名页，可能还有一个新日期，而且偶尔会发布广告以表明此"新版"与其他不同，连一个错字都没有。这样的做法似乎在商业出版领域特别普遍，但须注意的是，印制非商业性的翻刻本可被看作是一种为公益而传播文本的完全合理行为，正如政府机构和慈善组织有时所做的那样。① 这些是"新的"但并非不同的版本，但是显然有

---

① 例如，一部重要的救荒作品，汪志伊的《荒政辑要》（no. 0766）的书名页上写着"翻刻最善"。

必要将它们考虑在内，以评估文本的流通和影响。仅举一个典型例子，让我们看一下清代最受欢迎的州县官入门书《福惠全书》：我们已经列出由各个书坊刊印的十数种版本，几乎所有版本都未注明时间，另外有充分理由认为还有更多的版本；我们看到的所有这些文本只存在书名页的不同，有时是附录模范禀启所在位置不同，但严格来说在内容和页面布局上是一致的：它们明显使用了相同的印板，或是通过翻刻印制。①

根据同一文本制作不同刻本的各种方法，是很难进行区别的。同样地，即使官方刻本易于识别，但我们在大多数情况下还是很难确认由某"堂"刊印的版本是私人的还是商业的产物，哪怕上面附有姓氏。更何况，许多刻本完全没有提供它们的刊印者信息。另一方面，序言、凡例和其他辅助文本可能会提供刻本刊印的时间和背景、使用资料来源、涉及的人物等最准确和最翔实的信息；但这种情况只是少数。

为了保险起见，我们的选择是系统地列出被关注到的每一部特定作品的全部版本，而这些版本是可以被认为在出版者、时间、版面或内容上有所不同的。不可否认的是，这会不可避免地存在因信息不充分所导致的重复的风险，如被当作不同版本，实际上是同一版的另一印本，只是略有不同而已，比如缺少书名页。仔细比较文本的物质形态有时可以帮助降低风险，但通常情况下，这些文本分散在数家图书馆，难以进行比对，尤其是在复印或拍照会产生问题的情况下。尽管如此，如导论开篇曾强调的那样，近年影印本的兴盛及线上资源的发展，使得这一情况有了明显改善。

重要的是，我们还列出了目前所知的抄本和现代版本，后者包括影印本和新的排印本。抄本有可能是已刊印作品的手抄副本，原因可能是因为刊本很难获取或者过于昂贵（通常，此种抄本是根据借来的印本抄写而成的）。② 抄本也可能是原始文本，从未被刊印过，只是偶然幸存下来，最终出现在现代收藏中。这并不一定意味着它们只为所有者/作者或某个小圈子所知，从而没有影响力，因为它们可以被展示给访客、同僚，或通过交

---

① 对于李渔《资治新书》的一些未注明日期的版本（所有都是由不同的"书坊"所印），我们也可以得出同样的结论。

② 小心地誊抄一个有价值的文本或稀有的版本，也被认为是文人的高雅之举。

换、再次誊抄来传阅。正如我们所见，一些清代的幕友指南显然属于此种情形。同样，一些司法档案或说帖的抄本也存在若干副本，可能由于修订而有所不同，同时，有一些单独的抄本很可能被共事于同一部门的多名官员及其助手阅读和讨论。

至于现代版本，之所以它们被纳入本书，只是因为它们可以在很多图书馆找到。制作精良的影印本能够作为替代原本的有用之物（尽管看到原本通常是更好的）。至于排印本，至少那些较具学术性的，能提供有用的介绍、注释和标点。

在查阅"Ed."这一款目下的内容时，必须始终牢记刚刚所讨论的问题。我们尽可能地提供下列信息，来描述特定版本，展现它们的特点：（a）时间；（b）出版者；（c）序、跋以及其他注释或书末题署的作者和时间（如可知的话）。只要序、跋等能够提示更多关于刊印背景的信息，那么它们同样会被列出。就时间而言，我们有必要作出一些解释：当标明时间时，这就意味着作品的书名页，有时书首、尾处的款识明确给出了时间。然而，当缺少这一信息，而刊刻的时间能从序言、凡例或跋语中推断出来时，我们就将时间标在方括号中。若是这些都没有，那么此版本就被视作"时间不明"。①

最后，除了少数例外，所有能够确认的版本都会被标出一或数个收藏地的名称，放在款目末尾的方括号中（关于缩写列表，见下文——导论的中译本并不体现这一部分——译者注）。②此处需要有一条重要提示。我们绝对无意列出特定版本的所有收藏地，这是一项远远超出能力范围的任务。本书标出的收藏地是：（1）所涉版本经调查确认的收藏地，大部分情况下是印本或抄本实物，偶尔是缩微胶卷（现在许多机构不允许查阅珍本书籍的实物）或在线查阅；（2）我们知道这一版本存在且其目录提供了有用信息的其他收藏地。经实际调查过的版本标有星号。同样，当数个收藏地被列在后面时，我们实际调查过版本的收藏地被标以星号。

---

① 许多图书馆的目录仍然用序言上的时间（有时候是最新的序言）来标记实际并未注明时间的版本。这种做法极具误导性。例如，吕坤《实政录》的大部分（即使不是全部）版本，包括印本和抄本，虽是明末清初的版本，但在目录中都被图书馆员标为"1598 年版"，实际上这是最初编纂者写作序言的时间。

② 但是现代影印本并没有给出收藏地信息，因为这些影印本在大多数专业图书馆都可以找到，并且大部分仍可在市场上买到。

5. 评论（Rem.，即 Remarks）

这是提要，换言之是对内容的说明。读者将会看到，尽管说明的篇幅和详略不均，但都提供了关于文本内容和结构的信息，而且只要有可能，也会涉及其源流和产生的背景。在很多情况下，我们也尝试评价以下内容：其创新性或是缺乏创新、所使用的资料、面向的群体、写作或编纂的风格、与作者个人经历的关联程度、作品已知的影响力等等。这就是为什么本书是"评论性"的，而不仅仅是一种目录标题的堆砌（在许多情况下我们也罗列目录标题）。简言之，我们允许自己在"Rem."这一款目的内容、细节程度和配置上握有一定程度的灵活性。①

6. 作者传记（Bio.，即 Biography）

只要有可能，我们都会就作者或编者的履历提供或详或略的信息，为相关作品的编纂提供背景。无论古代还是现代的传记资料都会被标明。地方志被广泛参用，因为它们经常提供一般传记资料缺载的、鲜为人知之人的信息。② 另一方面，我们并未试图列出那些在大量专门文献中收有传记的著名作家的全部资料。这些通常收在我们系统地参考的一般传记辞典中，比如《清代名人传略》（*Eminent Chinese of the Ch'ing Period*）、*Dictionary of Ming Biography* 或者《宋人传记资料索引》）。一般而言，可以注意到的是，与名人相反，幕友大部分时候缺乏传记信息，除了能从序言中获取少量的证据。最后，我们系统地使用了中研院线上"人名权威人物传记资料库"，该库涉及大量传记（有时还会作全文引用），而且重要的是，它用档案资料补充了清代官员的部分。

当本书收录同一作者的多部著作时，"Bio."款目仅在其首次出现时显示，其他部分则给出参见项的指引。

7. 参考资料及研究成果［Ref.（即 References）and studies］

这一款目提供了一系列参考资料：（1）涉及所查阅文献的书目和图书

---

① 这种方法与倪豪士 *The Indiana Companion to Traditional Chinese Literature*（Bloomington：Indiana University Press，1986）（通常倾向于提供比本书更全面的分析）和王毓瑚的大作《中国农学书录》（中华书局，1957）中关于作品的条目相似。

② 不过，只是对地方志进行有选择的引用而已，重点被放在有意义的职业事件（如职务任免等的日期）和传记上。

馆评述目录；（2）讨论或述及这一文献的专著或论文，即使很简短。

8. 翻译（Transl. ，即 Translation）

列出已知的任何语种的翻译，包括现代汉语。

9. 同一作者的书目词条

这一款目说明的是，需要相互参照本书在其他部分已经述及的某一作者或编者的其他作品。

最后，条目撰写的参与者姓名将标示于条目末尾的方括号中（请参阅下文的简称列表——导论的中译本并不体现这一部分——译者注）。当出现两个甚至三个名字时，这意味着该作品曾由数位参与者分别查阅过，条目是对他们笔记的综合。不过，本书所有条目都已经过本人系统核查、编辑及偶尔补充传记与书目信息。因此，一切错漏无疑将由我本人负责。

2019 年 2 月 12 日，于巴黎

中译文由赵晶校订

译者附记：本译文初稿蒙赵晶老师悉心校订，作者魏丕信先生亦通读译文，提供宝贵意见，特此申谢！

《中国古代法律文献研究》第十三辑

2019 年，第 471～482 页

评《唐代法典、司法与〈天圣令〉诸问题研究》

张 雨[*]

黄正建先生于 2018 年出版的大著《唐代法典、司法与〈天圣令〉诸问题研究》，[①] 是其近年来有关《天圣令》与唐代法制史研究的成果结集，主要收录了他在主持 "《天圣令》及唐宋法律与社会研究" 创新工程项目子课题期间（2012～2016 年）所发表的相关文章（在收入本书时有所修订和补充）。

宁波天一阁藏明钞本《天圣令》被发现时，[②] 笔者还只是一名中学生。即便是在之后的本科阶段学习时，也未曾留意于此。直至 2006 年，在笔者刚刚开始硕士研究生阶段学习的时候，黄先生主持整理的《天一阁博物馆藏明钞本〈天圣令〉校证（附唐令复原研究）》[③] 正式出版。借由该书所掀起的一股 "《天圣令》热"，笔者才得以初识《天圣令》及其整理复原研究的意义，并成为业师刘后滨教授所组织的中国人民大学《天圣令》读书班的成员之一，主要研读《狱官令》。

虽然研读《狱官令》所获无几，但也由此决定了本人博士学位论文的

---

* 中国政法大学法律古籍整理研究所副教授。

① 收入 "中国社会科学院文库·历史考古研究系列"，中国社会科学出版社，2018。以下引用本书仅随文标注页码。

② 戴建国：《天一阁藏明抄本〈官品令〉考》，《历史研究》1999 年第 3 期。

③ 天一阁博物馆、中国社会科学院历史研究所天圣令整理课题组校证，中华书局，2006。

选题与唐代法制史密切相关。① 因而，黄正建先生的研究，自然成为笔者关注的一个重点。当然，除了《天圣令》与唐代法制史之外，黄先生关于中晚唐社会与政治的研究，② 以及对创建中国古文书学的呼吁，③ 也在微观和宏观两个层面，对笔者启发甚大。

黄正建先生早年即关注社会生活史与职官制度史研究，④ 这既是受导师唐长孺先生影响的结果，也与其在中国社会科学院历史研究所就职之初，被分在古文献室，参与张政烺先生主持的《中国古代历史文物图谱》（后改名为《中国古代历史图谱》）的编写有关。⑤《唐代衣食住行研究》《走进日常——唐代社会生活考论》《敦煌占卜文书与唐五代占卜研究》三本专著集中体现了黄先生在前一领域所取得的成果。而《唐代法典、司法与〈天圣令〉诸问题研究》作为其第四本专著，则是作者在唐代法制史方面研究成果的集中呈现。⑥ 该书共收录文章22篇（内有3篇为会议论文），分为三编（法典编、司法编、《天圣令》编）及附录四部分。

在"法典编"中，作者重新梳理了唐前期（武德至天宝年间）律令格式的编纂修订情况，并在以往令式复原、辑佚的基础上，做了进一步的订补（第83页对《唐令拾遗》复原《仪制令》25条，及第86页对复原《军防令》第25条的订补，尤见作者之精审）。正如作者所说，这一领域的既有研究已经非常充分，若无新资料出现，相关问题基本可说是题无剩义（第19页）。然而众多研究者都是就事论事，分别利用若干相关史料，未能将律令修定史料集中予以排比考证。应该说，尽可能地占有史料，并利用编年考证的形式将其串联起来，是研究者的常识。然而真正到了落实

① 张雨：《唐代司法政务运行机制研究》，博士学位论文，中国人民大学，2011。需要说明的是，黄正建先生是该论文答辩委员会主席，因而于笔者有"座师"之谊。
② 黄正建主编《中晚唐社会与政治研究》，中国社会科学出版社，2006。
③ 黄正建主编《中国古文书学研究初编》，上海古籍出版社，2019。
④ 黄正建：《走进日常——唐代社会生活考论》，"自序"，中西书局，2016，第1页。
⑤ 黄正建：《所谓"黄埔一期"》，中国社会科学院历史研究所网站，http://lishisuo.cssn.cn/zhuanlan/wsznwz/201406/t20140620_1794367.shtml，发布时间：2014年6月20日，访问时间：2019年8月9日。黄正建：《〈中国古代历史图谱〉的编纂及其特色》，中国社会科学网，http://sky.cssn.cn/zgs/zgs_pl/201707/t20170704_3568528.shtml，发布时间：2017年7月4日，最后访问时间：2019年8月9日。
⑥ 此外，散见于黄正建主编《〈天圣令〉与唐宋制度研究》，中国社会科学出版社，2011。

的时候，许多人却又受限于种种主客观因素，不能够做到。作者却不厌其烦，将史料中有关唐前期政府修撰法典（即律令格式）的史实尽量搜集起来，按编年予以考辨、排列，因而能够补充以往不知的史实，展现出唐前期律令格式所处的不断修订的动态过程，还可以发现不同史料间的差异，并在考辨中发现律令修撰背后隐藏的政治背景。

在"司法编"中，作者利用出土文书和墓志资料对唐代诉讼制度和地方司法官员群体做了细致分析。其中所包含的古文书学视角（如对于诉讼文书"辩"的书式和"辞""牒""状"格式的复原），尤其值得注意。笔者曾撰文指出，天圣《狱官令》中"办（辦）定""书办（辦）"诸文本（见宋29条、唐9条、唐10条及宋35条），原整理者未据《通典》"辨定"校正，是采取本校法的谨慎之举。虽然注意到了《唐律疏议》与《宋刑统》"辨"与"辩"有互通的情况，但笔者仍认为上述"办（辦）"字应据《狱官令》宋58条"诸辨证已定"校正为"辨"。① 对此，黄正建先生则据时代更早的敦煌文书②指出，天圣《狱官令》中的"办（辦）定"，应该是"辩定"，且不是"辨定"（第92~93页）。对此，笔者甚为赞成。

在"《天圣令》编"中，作者除了延续其对唐代衣食住行的关注，从《天圣令》附唐令中挖掘出了以往史料中所不曾见到的社会生活史新资料外，还继续围绕中国古代律令体系发展和唐令复原等方面进行了宏观又不失细微的讨论。其中，对《杂令》的研究，既包括纵向比较（唐《杂令》与前后各代《杂令》的异同，不仅涉及条文内容，也涉及条文顺序），又包括横向比较（《杂令》与《杂律》，乃至《杂格》等的不同），特别关注不同时代《杂令》条文的剔除与新增中所隐含的社会史变化。这样的研究对于深化中国古代法典体系发展脉络的认知，具有重要的范式意义。同样具有范式意义的是作者对唐令复原原则（或规律）的分析。通过对唐令、宋令、养老令三者有大致相同文字的部分令文之间的细致分析和比较，作者指出，养老令与唐令的文本（字词和句式）相似程度要高于宋令。因此在利用宋令和养老令复原唐令时，当涉及具体词句而无法判定该信从何者

① 张雨：《唐开元狱官令复原的几个问题》，荣新江主编《唐研究》第14卷，北京大学出版社，2008，第89~90页。
② 羽020R《开元律疏议·杂律卷第二十七》，收入《杏雨书屋藏敦煌秘笈》。

时，在排除其他制度性因素之后，应更多采用养老令的表述（第325页）。

"附录"中的文章，虽然题目和内容都很具体，但也更能体现出作者见微知著的研究特点。无论是主动论说，还是客观评述，作者都围绕着具体的字词展开论证和考辨，因而结论非常扎实。比如针对敦煌文书 P.3813V 号判文合集的定名，虽然刘俊文先生所定《文明（684）判集残卷》影响甚大，但作者指出，判词中"文明御历"云云，并非指武则天临朝称制的"文明"年号，而是指唐朝代隋，因此该件文书定名应以《唐永徽开元间判集残卷》为妥（第377页）。笔者亦有同感。

以上的概述虽然简单，亦可窥见《唐代法典、司法与〈天圣令〉诸问题研究》内容之丰富，非笔者学力所能面面俱"道"，因而下文的读书报告，仅就自己所知和感兴趣的部分略述一二。雌黄之言，间或不当，尚望黄先生涵容。

（一）《资治通鉴》卷一九四载，贞观六年（632），"上以新令无三师官，二月，丙戌，诏特置之"。《全唐文》卷七所载《建三师诏》文末作："可即著令，置三师之位。"作者在考证时指出，由此可知贞观六年之前（或即贞观五年），① 曾制定过《令》，到贞观六年对此《令》进行了修订（第23页）。② 对于其中的"新令"，不宜认为是贞观六年前唐朝政府曾制定过的

---

① 之所以认为贞观六年前，"或（即）贞观五年"，大概源于作者提到的，胡三省在注《资治通鉴》卷一九六，太宗贞观十六年十二月"大理五奏诛（党）仁弘"条时，明确说"五年制令"云云（第23页）。

② 作者也注意到，《旧唐书·职官志》贞观十一年"改令，置太师、太傅、太保为三师"的记载。对此，高明士先生认为贞观六年只是增置三师，没有改令，到贞观十一年，将职员令中的《诸台省职员》改为《三师三公台省职员令》（高明士：《贞观律令格式的编纂》，载氏著《律令法与天下法》，五南图书出版公司，2012，第143页）。作者则认为贞观六年已经著于令，《旧唐书》不过是将贞观令的所有修改都归为贞观十一年而已（第25页）。笔者赞成黄正建先生的观点。但如下文所论，太宗"诏特置之"的三师官确实是在贞观六年已"著于令"，但其所著之令为正在修订尚未颁行的"新令"，那么就需考虑在律令体系尚未定型的贞观年间，唐代三师官的出现，究竟应该以贞观六年为上限，还是以贞观十一年为上限？这或许对于全面理解唐代文献中"著于令"的含义有一定的意义（从律令颁行的意义上说，高先生前述看法也具有合理性）。若要解决这一问题，从官员的实际任命入手，是一个思路。然而由于在制度实践中，唐代三师官具有特殊性，"其或亲王拜者，但存其名耳"〔（唐）李林甫等：《唐六典》卷一《三师》，陈仲夫点校，中华书局，1992，第3页〕。至少，在笔者的初步检索中，贞观六年著令后与十一年颁令后，均未见有任命三师官的例子。

一部《令》，而应据诏令原文"前所进令，遂不睹三师之位"去思考其所指。① 笔者认为，"新令"即此前所呈进御览之令，应该指的是正在处在编辑过程的新修令，也就是贞观元年命长孙无忌、房玄龄等更议定之令，其正式颁行是在贞观十一年正月十四日（即《贞观令》）。这与作者所说贞观年间不断通过"著于令"的形式对法典作修改（第36页），是相符的。

借由唐代三师官入令引发的问题，促使笔者进一步思考唐代律令与隋代律令的关系。如何认知或判断隋唐律令的关系，武德元年六月废大业律令，损益开皇律令实行之（第8～9页）是基本的出发点。由于隋炀帝所颁布的大业令中，将原来存在于开皇令的三师官予以废止。② 因而三师官的设置与否，恰恰可以作为观察是否"尽削大业所用烦峻之法"的一个标志。③ 值得注意的是，复置三师官现象，不仅出现在李渊所控制的长安城内，④

---

① （唐）吴兢：《贞观政要》卷四《尊敬师傅》，上海师范大学古籍整理组点校，上海古籍出版社，1978，第117页。按，《全唐文》所收《建三师诏》，应录自《贞观政要》。

② （唐）魏徵等：《隋书》卷二八《职官志三》，中华书局，1973，第773、793页。《唐六典》卷一《三师》："隋氏依后魏为三师，因后周不置府僚，初拜，于尚书省上。炀帝三年废三师官。皇朝复置，仪制依隋氏。"（第3页）《新唐书》与之相类，但却将《唐六典》未提及的复置时间确定为："隋废三师，贞观十一年复置，与三公皆不设官属。"〔（宋）欧阳修、宋祁：《新唐书》卷四六《百官志一》，中华书局，1975，第1184页〕这与《旧唐书·职官志》的记载（详见下引）不同。

③ （后晋）刘昫等：《旧唐书》卷五〇《刑法志》，中华书局，1975，第2134页。

④ 《旧唐书》卷四二《职官志一》："高祖发迹太原，官名称位，皆依隋旧。及登极之初，未遑改作，随时署置，务从省便。武德七年定令：以太尉、司徒、司空为三公。尚书、门下、中书、秘书、殿中、内侍为六省"云云（第1783页）。可见，《武德令》与《大业令》相同，并无三师官。至于在定令之前，是否存在三师官，史无明言〔《旧唐书》卷四三《职官志二》："隋炀帝废三师之官。武德复置，一如隋制。"（第1815页）如果这一记载准确的话，其所提到的应该是武德令颁布之前的制度〕。《旧唐书》卷一《高祖纪》载，义宁二年五月戊午，隋帝"遣使持节、兼太保、刑部尚书、光禄大夫、梁郡公萧造，兼太尉、司农少卿裴之隐奉皇帝玺绶于高祖。高祖辞让，百僚上表劝进，至于再三，乃从。隋帝逊于旧邸。改大兴殿为太极殿。甲子，高祖即皇帝位于太极殿，命刑部尚书萧造兼太尉，告于南郊，大赦天下，改隋义宁二年为唐武德元年"（第5～6页）。应该说，见于隋唐禅代前夜的"兼太保"，与三公一样，是摄行行事〔《隋书》卷二八《百官志三》："祭祀则太尉亚献，司徒奉俎，司空行扫除。其位多旷，皆摄行事。"（第773页）按，武德元年七月丙午，刑部尚书萧造为太子太保。《旧唐书》卷一《高祖纪》，第7页。亦可说明此前萧造所充任的"兼太保""兼太尉"确实是摄官〕，不足以说明当时已经恢复三师官。革命之后的唐朝，虽然史载"未遑改作"，但却在"随时署置，务从省便"之际，改三省及官职名（《旧唐书》卷四二《职官志一》："唐初因隋号，武德三年三月，改纳言为侍中，

也出现在王世充所控制的东京洛阳城中。①直到武德七年天下初定，颁布新朝律令时，唐朝政府才又悄无声息地依照《大业令》取消了三师官。

另外，笔者在拙著中曾提及，隋炀帝除妇人及部曲、奴婢之课的同时，也对原来以床为单位的租调额和应受田额做出了调整。这些调整提高了均田制和赋税制度应对人多地少矛盾的能力，但因隋末大动乱的影响，未能获得在长时段下接受历史检验的机会。在隋唐之际人口锐减的局面下，迅速增加著籍户口，又成为唐初政府工作的重心之一。既然经过隋炀帝调整之后的赋役制度，通过相对减轻已婚丁男而增加单丁赋税负担的方法，可以提高整体结婚率，所以沿用和重申大业旧制，便成为李渊的必然

内史令为中书令，给事郎为给事中，内书省为中书省。"第 1786 页），并恢复了三师官〔武德五年七月"丁亥，杜伏威入朝，延升御榻，拜太子太保，仍兼行台尚书令，留长安，位在齐王元吉上，以宠异之"。六年正月"庚子，以吴王杜伏威为太保"。（宋）司马光：《资治通鉴》卷一九〇，中华书局，1976，第 5952、5965 页。另据《旧唐书》卷一《高祖纪》，武德七年二月"丁巳，幸国子学，亲临释奠……吴王伏威薨。三月戊寅，废尚书省六司侍郎，增吏部郎中秩正四品，掌选事。戊戌，赵郡王孝恭大破辅公祏，擒之，丹阳平。夏四月庚子，大赦天下，颁行新律令"。（第 14～15 页）。然而更值得注意的是，《通鉴》的记载，武德七年二月"太保吴王杜伏威薨。辅公祏之反也，诈称伏威之命以绐其众。及公祏平，赵郡王孝恭不知其诈，以状闻；诏追除伏威名，籍没其妻子……三月，初定令，以太尉、司徒、司空为三公……戊戌，赵郡王孝恭克丹杨"。《资治通鉴》卷一九〇，第 5978～5980 页。然而《武德令》奏上是在武德七年三月二十九日（己亥），颁行在四月一日（庚子）。（宋）王溥：《唐会要》卷三九《定格令》，方诗铭等点校，上海古籍出版社，2006，第 819 页；干支推算据陈垣《二十史朔闰表》，古籍出版社，1956，第 84 页〕。可见《通鉴》将定令系于三月之首（或许与三月六日戊寅改尚书省官制有关）是不准确的，但它又反映出在宋人的叙事中，杜伏威的去世与辅公祏反叛是废置三师官的一个重要契机。不过，据《旧唐书》卷一《高祖纪》：武德"六年春正月，吴王杜伏威为太子太保"。卷五六《杜伏威传》："寻闻太宗平刘黑闼，进攻徐圆朗，伏威惧而来朝，拜为太子太保，仍兼行台尚书令。留于京师，礼之甚厚，位在齐王元吉之上，以宠异之。"（第 2268 页）均未载其为太保之事。《新唐书》卷九二《杜伏威传》略同（第 3801 页）。而新出杜伏威墓志亦仅载其武德"五年七月入朝，拜太子少傅"，见牛时兵《新出杜伏威墓志考论》，《史学史研究》2018 年第 4 期，第 100～106 页。该文认为杜伏威五年七月入朝时，先拜为太子少傅，次年正月才拜太子太保。另，墓志所载生平事迹，与史传多由不合，如其去世时间，墓志载为武德六年三月二十七日，与两《唐书》等官方记载存在较大出入。即便官方记载在史实上存在较大问题，但《通鉴》所载杜伏威为太保事亦应源自唐代官方书写，故可说明武德初年复置三师官是可信的。

① 《资治通鉴》卷一八七，武德二年（郑开明元年，619）王世充即位后，四月戊申，"奉皇泰主为潞国公。以苏威为太师，段达为司徒，云定兴为太尉，张仅为司空"。五月癸巳，杀皇泰主后，"世充以其兄楚王世伟为太保，齐王世恽为太傅，领尚书令"（第 5852、5857 页）。

选择。即便在将大业律令废弃之后，丁税的实际征收量仍然与大业丁税保持一致。这样的丁税额，成为唐前期租庸调制的定制（除了丁调正色种类略有变化之外）。同时，对大业赋役制度的继承，也就是对北朝以来的均田制实践经验的继承。说明唐初政府考虑到了土地和赋税制度所应具有的弹性，为平衡未来人口增殖和维持制度稳定之间预留了空间。①

以上两点，或许能够促使人们去思考，制度史研究者所谓"唐承隋制"的说法，②在法制史或法律史方面有着怎样的表现形式？或者说，在"废隋大业律令"（《旧唐书·高祖纪》）和"撰定律令，大略以开皇为准"（《旧唐书·刑法志》）名义下制定的武德律令，除了在减轻刑罚方面做出一定变化之外（第 3～9 页），其法律究竟在多大程度上回到了开皇律令，而又在多大程度上仍旧延续着大业制度？这是一个需要研究者作出回答的问题。

（二）作者在对唐前期政府修撰法典史料进行编年考证时，还注重分析史料差异背后隐藏的政治背景不同，因而观察到了《旧唐书·刑法志》与今本《唐律疏议》附《进律疏表》所载《律疏》的撰修人员名单的不同，以及长孙无忌借修纂《显庆礼》的机会，密集表达对此前自己领衔编撰的永徽律令和《律疏》的不满的背后反映了"废王立武"事件及其后续政治斗争的影响（第 63～64 页）。但作者的个别结论，似乎有值得斟酌之处。

比如，在参与仪凤格式的修撰人员中，包含有此前太子李弘的东宫旧寮：戴至德、张文瓘、萧德昭。为何在李弘去世（上元二年，675）后两年，高宗（或武则天）要起用这么多太子旧人呢？作者认为或许这里是要表达天皇、天后对李弘去世的哀痛，和某种程度的补偿态度，并引《旧唐书·孝敬皇帝弘传》："是时戴至德、张文瓘兼左庶子，与右庶子萧德昭同为辅弼，太子多疾病，庶政皆决于至德等"，认为戴至德等是李弘的左膀右臂（第 64 页）。然而李弘去世后，李贤的东宫中，亦由宰相戴至德、张

---

① 张雨：《赋税制度、租佃关系与中国中古经济研究》，上海古籍出版社，2015，第 103～109 页。

② 陈寅恪《隋唐制度渊源略论稿·叙论》："两朝之典章制度传授因袭几无不同，故可视为一体，并举合论，此不待烦言而解者。"三联书店，2001，第 3 页。

文瓘兼任太子宾客。① 可见在修仪凤格式时，与其说上述人等是李弘旧人，不如说是李贤宫寮。细绎《旧唐书·孝敬皇帝弘传》的记载："咸亨二年（671），驾幸东都，留太子于京师监国。时属大旱，关中饥乏，令取廊下兵士粮视之，见有食榆皮蓬实者，乃令家令等各给米使足。是时戴至德、张文瓘兼左庶子，与右庶子萧德昭同为辅弼，太子多疾病，庶政皆决于至德等。时义阳、宣城二公主以母（按：即萧淑妃）得罪，幽于掖庭，太子见之惊恻，遽奏请令出降。又请以同州沙苑地分借贫人。诏并许之。又召诣东都，纳右卫将军裴居道女为妃……裴氏甚有妇礼，高宗尝谓侍臣曰：'东宫内政，吾无忧矣。'"② 与其说戴至德等人是太子（李弘或李贤）的左膀右臂，不如说三人是高宗、武则天的亲信。正因此，咸亨二年驾幸东都时，庶政可无忧（咸亨四年十月纳太子妃后，③ 高宗更是"东宫内政"亦无忧矣）。此外，当时"庶政皆决于至德等"，但关中饥乏之时，李弘却特命太子家令给廊下兵士米，亦可为当时两宫关系的一个侧面反映。

再如，开元三年（715）格式的参撰人员，《旧唐书·刑法志》载作："开元初，玄宗敕黄门监卢怀慎、紫微侍郎兼刑部尚书李乂……等，删定格式令，至三年三月奏上，名为《开元格》（按：即《开元前格》）。"④ 作者指出，卢怀慎开元三年始迁黄门监，故《旧唐书·刑法志》所载名单并非开元元年下敕删定格式令时，而是上奏时的进呈名单。按照唐前期修订律令由宰相挂帅的惯例，并据《唐六典》《新唐书·艺文志》《开元前格》为兵部尚书兼紫微令姚崇、黄门监卢怀慎等删定的记载，作者认为删定开元三年格式应有姚崇参与。《旧唐书·刑法志》等书未载姚崇之名的原因，虽然不能给出很好的解释，但可能与姚崇在开元三年前后已经得罪玄宗，故"自是忧惧，频面陈避相位"有关（第67~68页）。然而据《旧唐书·姚崇传》，"自是忧惧，频面陈避相位"发生在开元四年（716）姚崇营救"中书主书赵诲……受蕃人珍遗，事发"之后，尤其是在其年冬，"曲赦京

---

① 上元二年六月戊寅，以雍王贤为皇太子。九月丙午，宰相刘仁轨、戴至德、张文瓘、郝处俊并兼太子宾客。《旧唐书》卷五《高宗纪下》，第100、101页。
② 《旧唐书》卷八六《孝敬皇帝弘传》，第2829~2830页。
③ 《旧唐书》卷五《高宗纪下》，咸亨四年二月壬午、十月乙未条，第97、98页。
④ 《旧唐书》卷五〇《刑法志》，第2150页。

城，敕文特标（赵）诲名，令决杖一百，配流岭南"后的情况。相反，开
元三年、四年频岁旱蝗之时，身为紫微令的姚崇坚执"除蝗之义"，要求
汴州刺史倪若水推行"焚瘗之法"，并对玄宗说出"此事请不烦出敕，乞
容臣出牒处分。若除不得，臣在身官爵，并请削除"的话，①毫无惧怕得
罪皇帝以求避位的意思。故知作者前说未恰。笔者认为，虽然开元元年
下敕删定格式令的具体时间不知，或笼统称之为"开元初"，或明确为
"开元元年"（此据《册府元龟》卷六一二）而月份未详，然而从先天二
年十二月改元开元元年前后的情况看，姚崇已经入朝为相，并受玄宗信
任，若此时下删定之敕，无论如何不会脱略姚崇之名。而开元三年三月
奏上《开元格》时，姚崇之名亦不应被缺略。所以推测《旧唐书·刑法
志》所载名单，绝非奏上时的名单，而是下敕删定时的名单（诸人官职
系衔却是开元三年之时）。只不过下敕的时间，并非是后来追书的"开元
元年"，而是"先天二年"（十二月庚寅朔改元之前）七月三日玄宗发动
政变，消灭太平公主及其党羽一事之前。因此，当时领衔的"尚书左仆
射窦怀贞、侍中岑羲、中书令萧至忠崔湜"等人，②便无法在奏上时列名
其中，从而造成在先天二年（开元元年）时，仅仅担任黄门侍郎的卢怀
慎、③李乂（见作者所引"李乂神道碑"，第 67 页）竟然位列名单之首的
情况。

（三）府州法曹或司法参军，是唐代地方司法政务的主要承担者。笔
者在博士学位论文中曾围绕其主要职掌，主要利用敦煌吐鲁番文书，分别
予以论述。应该是在论文即将完成或刚刚答辩后，就听闻黄正建先生也在
针对唐代司法或法曹参军撰写文章，④但却未能及时获睹。虽然后来该文
在台湾刊发，但笔者因个人的原因，一直到本书出版后才有缘得以拜读。
虽然在关注的问题上，笔者与黄先生有重合之处（比如都认为司法参军

---

① 《旧唐书》卷九六《姚崇传》，第 3023~3025 页。参见《资治通鉴》卷二一一，第 6710~
6711、6717、6723~6724 页。
② 《旧唐书》卷八《玄宗纪上》，第 169、172 页。
③ 开元元年十二月甲寅，以黄门侍郎卢怀慎同紫微黄门平章事。《资治通鉴》卷二一〇，第
6693 页。
④ 即收入本书的《唐代司法参军的若干问题——以墓志资料为主》，初刊柳立言主编《第四
届国际汉学会议论文集：近世中国之变与不变》，台北，联经出版公司，2013。

"掌律令"指的是保管和提供查阅律令格式的职能，并非指对法典的修撰，以及都主张唐代司户参军掌民事案件，司法参军掌刑事案件的说法是不准确的)，但毫无疑问的是，作者的论述，无论从研究深度，还是资料丰度上，都远超拙论。不过，对于司法参军的职掌，笔者的看法与作者略有出入。关于此问题，作者主要依据《唐六典》的记载，将司法参军职掌区分为四类：执掌律令格式、审狱定刑、抓捕盗贼、处理其他违法事件，而将《新唐书·百官志》中"掌鞫狱丽法、督盗贼、知赃贿没入"的记载，视为经编撰者掺入唐后期制度后的文本——"知赃贿没入"是唐后期的制度（第 159~160、179 页）。笔者认为，这一看法并未观照到《通典》"掌律令、定罪、盗贼、赃赎之事"的记载。①《唐六典》虽然采取"以令式入六司"的方式编纂，② 但其所载官员职掌并非照录《职员令》原文，而是模仿《周礼》加以改写的文本。③ 这也提醒我们，制度史研究依赖于史志政书的记载，但不可不注意摆脱上述文本本身的束缚。因而在利用《唐六典》时，不宜直接信而从之，必须再将其与唐代司法实践中具体制度规定相印证后，才能准确理解其内涵，弥合因时空转换而造成的文本内部割裂。

（四）南宋庆元《杂令》："诸官地内得宿藏物者，听收。如于他人地内得者，与地主中分之。""听收"一词，唐令、天圣令均作"皆入得人"，元《通制条格·杂令》作"于所得物内壹半没官，壹半付得物之人"。尽管也知道有学者指出应为"听"发现人"收"，但作者仍将"听收"理解为"听官府收"，并据此认为，唐令与天圣令规定在官地发现的宿藏物，归发现者所有，而庆元令规定要被官方没收，反映了官方对官地的绝对所有权。至元代《杂令》规定官方与发现者一人一半，将"官地"等同于

---

① （唐）杜佑：《通典》卷三三《职官十五·总论郡佐》，王文锦等点校，中华书局，1988，第 914 页。参见张雨《吐鲁番文书所见唐前期赃赎钱物管理中的地方政务运行——以府州法曹与功曹、仓曹为中心》，"丝绸之路沿线新发现的汉唐时期的法律文书研究"研讨会论文集，上海师范大学，2018 年 11 月。

② （宋）陈振孙：《直斋书录解题》卷六，"唐六典"条引（唐）韦述《集贤记注》，徐小蛮等点校，上海古籍出版社，1987，第 172 页。

③ 张雨：《大理寺与唐代司法政务运行机制转型》，《中国史研究》2016 年第 4 期，第 75~76 页。

"私地",反映了元人官地所有权意识较弱。作者还认为这是因为"官地"的概念,在均田制时代,与不施行均田制时代应该是不一样的(第 281 ~ 282 页)。笔者认为,"听收"当参照《明律·户律》"若于官私地内掘得埋藏之物者,并听收用。若有古器、钟鼎、符印、异常之物,限三十日内送官"的规定,① 理解为归发现人所有。另外,宿藏物的归属似不宜直接与当时人对官地所有权意识的强弱直接挂钩,如明律之所以将官地所得物归发现人所有,即如作者所言与"官地"概念变化有关,② 恐不可称之为反映明人官地所有权意识薄弱。

(五)除了上述有待商榷的疑问外,《唐代法典、司法与〈天圣令〉诸问题研究》一书中,还有个别误字等情况,故一并附于文末:(1)第 64 页引《旧唐书·孝敬皇帝弘传》中,"德"字均误为"徳",第 74 页"开元新制"后分号应为冒号,第 82 页"《掌礼部奏议十四》"应为"《掌礼部·奏议十四》",第 120 页"庭州的户曹参军"中,③ "户曹"应为"司户"。(2)第 67 页论述开元三年令参撰人员时,引影明本《册府元龟》有"紫微侍郎兼刑部尚书李文""同州韩城县丞侯郢"等。作者依据四库本指出"文"当作"乂","郢"后应有"琎"。需要指出的,据《宋本册府元龟》,"琎"字已缺,而"文"字确应为"乂"。④ (3)作者利用墓志资料,围绕司法、司户参军的出身与迁转做了详细的统计,但在出身分类中,将明经、进士、孝廉、秀才人数分别计算(第 152、153、158 页)。然而其中"孝廉"应该是沿袭汉时旧称,用以指代明经,如孟浩然诗《送

---

① 《大明律》,怀效锋点校,法律出版社,1999,第 83 页。参见杜换涛《埋藏物归属的历史嬗变与当代重构》,霍存福主编《法律文化论丛》第 4 辑,法律出版社,2015,第 88 ~ 91 页。

② 明代官田与其说是官田,不如说是一种特殊的民田——重赋民田。故清人修《续文献通考》时特意指明:《明史·食货志》所列官田中的没官田、断入官田"盖多指苏松嘉湖言之,名为官田,实民田耳。东南财赋重地,沃壤厚敛,皆出于此,未可与皇庄、牧地诸在官之田并论也"。樊树志:《明代江南官田与重赋之面面观》,《明史研究论丛》第 4 辑,江苏古籍出版社,1991,第 100 ~ 107 页。

③ 此处论述针对的《唐贞观廿二年(648)庭州人米巡职辞为请给公验事》,而庭州所置应为司户参军。至长安二年(702),置北庭都护府后(《旧唐书》卷四〇《地理志三》,第 1645 页),始有都护府户曹参军一职(参见作者对府州设置判司名称的说明,第 149 ~ 150 页)。

④ (宋)王钦若等:《宋本册府元龟》卷六一二,中华书局,1989,第 1900 页。

张参明经举兼向泾州省觐》诗"孝廉因岁贡"云云（《孟浩然诗集》卷三）。[①] 另外，在唐初秀才科废止后，秀才也逐渐成为进士的雅称。[②] 虽然作者未指明资料来源，究竟其中的"秀才"是否为进士的别称有待确定，但上述统计中"孝廉"和"明经"应合并统计，是无疑问的。（4）在作者前述统计表 2、3 中，第一列合计人数与比例分别为"76 人，99%""190 人，99.9%"，与第二列的"76 人，100%""190 人，100%"并不一致（第 153、154 页），可能是由于算法造成的（其他诸表第一、二列比例均为 100%），容易造成混淆，宜作统一处理。此外，213 页在论及大理评事在唐后期被用为带职的历史传统时，作者提到宇文融括户时，分别于开元九年和十二年抽调他官充任劝农判官的例子。并指出："考虑到大理评事总共只有 12 人，一次抽调 2～3 人，可见比例不小。"但这与大理丞 6 人中，一次抽调 1 人的比例是基本一致的，未见得尤为突出。因此，有关论述似乎宜调整。

---

① 傅璇琮：《唐代科举与文学》，陕西人民出版社，2007，第 114 页。

② 吴宗国：《唐代科举制度研究》，辽宁大学出版社，1992，第 28～29 页。

《中国古代法律文献研究》第十三辑

2019 年，第 483~510 页

寻找中国的商法与法律话语

——评邱澎生《当法律遇上经济：明清中国的商业法律》

杜 金[*]

受"西法东渐"的影响，清末民初以来的中国法律史叙述，基本抛弃了中国固有的分类模式——刑法志、食货志、选举志、职官志等，转而在近代西方法学的框架中展开研究，由此产生了中国的刑法史、民法史、经济法史、行政法史、诉讼法史等我们现在所说的部门法史。然而，这种法律史的叙述方式与中国本土的法律体系存在明显隔膜，相关的理论反思也随之产生。围绕传统中国的经济与私法（民法、商法）的关系问题，在中国法律史学界产生过持续而激烈的争论，至今仍未达成共识。解决这个问题，大致涉及以下三个方面：如何研究传统中国的民法和商法？历史的事实是怎样的？评判标准又是什么？针对明清中国的"商法"问题，邱澎生先生《当法律遇上经济：明清中国的商业法律》一书，[①] 给出了新的思考与新的论证。

一 如何理解明清"商法"

本书主要改写自作者的 7 篇学术论文，主体结构如下：第一章"由市

---

[*] 中山大学法学院副教授。

[①] 繁体版由台湾五南图书出版公司于 2008 年出版。本文均引据简体版，浙江大学出版社，2017。

廛律例演变看政府对市场的法律规范",第二章"晚明有关法律知识的两种价值观",第三章"讼师与幕友对法律秩序的冲击",第四章"刑案汇编中的法律推理",第五章"十七世纪的法律批判与法律推理",第六章"十八世纪商业法律中的债负与过失论述",第七章"由苏州金箔业讼案检视晚清的商事立法"。虽然最初只是单篇的专题讨论,但这些专论主要涉及两个主题:商业法律与商事诉讼,法律职业与法律表述。在编辑书稿的过程中,作者将原先的论文次序重新排列并加以修改,使论证结构更为合理,各章的论旨之间也得到了关联和照应。而作者为本书撰写的"导论:明清中国的经济变迁与法律调整"和"结语:重新省察明清中国的商业法律",也为整部著作凝练了统一的问题意识。

其中隐含的论证逻辑为:首先以市廛律例为中心,勾勒明清中国的市场制度及其运作的基本架构;进而分析官员、幕友、讼师这些法律专家的知识生产和价值观念,以及司法程序中体现的法律推理方式;最后以典当、染坊、金箔三个行业的诉讼为例,探讨官方与商人的互动结构、法律话语的表达策略以及商业法律的变迁。[1] 在整个制度框架中,行动者在解决商业纠纷时不仅适用法律,也在创制法律,三者形成了循环结构。而在这样的循环过程中,明清时期的经济问题得到了官方的回应,商业法律也有了发展的契机。[2] 另一方面,商业法律的创制又发挥了引导和规制经济运行的效果。法律与经济,以这样的方式相遇。

本书所面对的是一个宏大的问题,即中西二元对立模式下的商业法律。这种观点大致可以概括为:近代西方逐步发展出了工商经济,并形成了一套包括商法在内的法律体系;与之相反,明清中国没有演变为工商经济主导的"现代社会",依然是农耕本位的"传统社会",也不存在商业法律。在本书的作者看来,这一结论是"西方中心主义"历史观念的产物。[3]以近代西方的尺度来测量明清中国,进而得出明清中国既不是工商社会、亦没有商业法律的结论,这种"本质主义"的看法不仅遮蔽了历史真相,

---

[1] 参见邱澎生《当法律遇上经济:明清中国的商业法律》,第11页。
[2] 本文使用的"结构"概念,包含了"过程"的内涵,具有"历时性"。参见黄建波《历史社会学研究方法》,华东师范大学出版社,2017,第66~69页。
[3] 参见邱澎生《当法律遇上经济:明清中国的商业法律》,第1~2页。

也扭曲了历史认知。事实上，这一认知模式并不仅限于传统中国商业法律的研究，也影响到法律的其他领域乃至整个人文社会科学，只是支配程度各有不同而已。在此背景下，邱澎生对本书的论旨作了定位：

> 为了消减或祛除"西方中心主义"史观的限制，本书内容基本上都围绕着下述的论证线索：尽管明清中国没有发生十八世纪后期欧美"工业革命"那种开始以机器大规模生产的经济变化，而且在清末之前也并未出现"民主宪政"之类的法律与政治改革运动，但是明清中国历史仍然出现许多有意义的社会变迁，笔者以"商业法律"为主要探究课题，便是要说明一些重要的经济与法律变迁究系如何逐渐地由明清中国部分地区往外扩散到全国（第2~3页）。

虽然在经济结构和政治体制方面，明清中国与18世纪后期以来的欧洲存在着巨大差异，走上了并不相同的发展道路，西欧可以说是"技术密集、资本密集、组织创新"的经济增长模式，中国则是"斯密式增长"模式。① 但是，明清经济仍然发生了明显的变化，法律也随之变迁，并由江南这个经济中心区域向全国扩散。

如果说经济变迁是商业法律发展的动因，或者说商业法律是经济变迁的结果，那么一个问题便会随之产生：调整商事关系和裁决商业纠纷的法律规范，是不是都能纳入"商法"的范畴？在法学理论上辨析何谓"商法"，可能是一个绕不过去的话题。邱澎生指出：

> 首先，"商法"这个名词在欧洲历史上具有多重意涵。有学者即曾将"商法"区分为五种不同含义：一是作为"商法典客体"的商法，二是作为"商人特别法"的商法，三是作为"特定行为类型"的特别法，四是作为"实证上理解商业与商人之间关系"的法律，五是作为历史发展上"与民法独立发展之商法学门"。法国、德国、英国

---

① 参见邱澎生《当法律遇上经济：明清中国的商业法律》，第6~11页；〔美〕王国斌《转变的中国——历史变迁与欧洲经验的局限》，李伯重、连玲玲译，江苏人民出版社，1998，第10~50页。

等等不同欧洲国家，在不同时期采取了不同的立法模式，致使这些国家的"商法"经历了由商业习惯转变为国家法律的不同演变历程，无法一概而论。

第二，欧洲"商法"其实是种种商业习惯、法律实践与历史论述的统合；它虽然确实包含许多涉及销售、信用、保险、运输或是合伙等商业行为的法律规则（commercial law rules），但不少所谓"商法"的内容，实际上是出诸十七至十九世纪之间一些欧美法制史家、律师、法学者等人士的有意建构甚或是扩大渲染（第4~5页）。

如果以欧洲商法的理论、形式和内容作为界定标准，我们必须承认，明清中国并不存在这种类型的商法。然而，一旦抛开这种带有"本质主义"认知属性的商法概念，以规范"商业和商人之间关系"的角度来观察，我们又可以说明清中国同样有商法存在。某种意义上，商法的有无和特点取决于评判它的标准。标准不同，结论也会出现差异。基于实质主义的标准，本书作者认为：

作为"实证上理解商业与商人之间关系"的法律，则确实也以不同名称、形式与内容存在于明清中国，在明清中国形成种种用以规范市场交易、解决商事纠纷以及裁定经商契约权利义务关系的"商业法律"；这些商业法律固然有源自明清法典的法律规则（rules）与原则（principles），但也受到十六世纪至十九世纪之间长程贸易与全国市场发展的冲击与影响（第6页）。

通过比较中西经济与商法之间的关系，作者概括地指出："一如明清中国'商业法律'有其自身的发展脉络，欧洲历史上的'商法'或是'商人法'也是极复杂的法律与历史现象。"（第3页）这是一个建立在"事实"和"实质"基础上的判断，而非在"概念"和"形式"层面上得出的结论。任何社会都有其自身的经济形态，形成相应的法律规范也是非常自然的事情。只是，当我们认同明清中国有自己的商业法律时，也不应忽略法律专家有意识的"建构"和"渲染"的作用。正是这种建构和渲染，表达了社会对商法的基本态度，呈现出商法的独特样态。

上述结论的得出，与本书作者采用的研究方法密切相关。为了超越中西二元对立的认知模式，特别是克服"西方中心主义"的认知控制，有必要回到明清中国的历史现场，从"内部"来观察商业法律的"现象"与"事实"，发现真相，并解释其发展的轨迹和特征。这种研究取径，也成为学界的一个努力方向。吴承明就曾指出："近30年来，中西比较史学的研究有很大的进展，人们突破了长期支配这一研究领域的西欧中心主义，也突破了20世纪50年代以来流行的'对西方冲击的回应'模式。在中国，柯文的《在中国发现历史》一书颇受注意，但他提出的'以中国为中心的中国史'的主张，并非认识中国特色的最佳途径。只有比较两者之异（differences），又比较两者之同（similarities），才能看出各自的特色。"①寻找中西商业法律的异同，应该说是本书的根本意图。

在实现这一意图的过程中，邱澎生也借助了美国人类学家吉尔兹阐释的研究姿态："我们现在面对自我定位的时候，既不可将他人远远推向相对的极端，亦不可将其拉进而有如我们自身的摹本，而是要将我们自己置身于他人中间。"②推向相对的极端，我们只能看到最突出的轮廓，势必会夸大比较对象之间的差异性；拉进自身的摹本，又可能过于强调和追求共同点。对于吉尔兹提出的研究心态的调整，邱澎生亦有共鸣，他说：

> 不再将"他人远远推向相对的极端"而说明清中国绝无近代西方商法，也"不可将其拉进而有如我们自身的摹本"而说明清中国也有近代西方商法，只有"将我们自己置身于他人中间"，认真地比较不同地区人们各自相异而又相同的历史经验，在重新认识自己的过程中，也重新认识了他者！（第384页）

---

① 收入〔美〕王国斌《转变的中国——历史变迁与欧洲经验的局限》，"中文版序"第1页。关于"中国中心史观"的详细讨论，参见〔美〕柯文《在中国发现历史》，林同奇译，中华书局，2005。

② 〔美〕克利福德·吉尔兹：《地方性知识——阐释人类学论文集》，王海龙、张家瑄译，中央编译出版社，2000，第245页。

因此，本书的立场是抛开"西方中心主义"也是"本质主义"的研究态度与方法，放弃概念性、理论性的商法话语，重新回到明清中国的历史现场，在事实和现象层面考察经济与法律之间的互动。法律如何回应商事关系和商业纠纷，官员又采取怎样的态度和表述？从中我们可以发现中国本土的商业法律及其话语表达。只不过这种规范与表达具有自身的特点，与近代西方的商法不同。至于在哪些方面存在差异，为什么出现了这些差异，本书着墨不多，仍有继续讨论的空间。

以上是对本书论证结构、问题意识和研究方法的大致梳理，接下来将讨论作者关注的两个基本话题：其一，明清中国的司法制度、法律职业以及法律话语对商法形成的作用；其二，在国家与社会的互动结构中考察明清中国"商业法律"的形成机制。这种概括或许与本书的论证逻辑有些出入，但更便于彰显研究特色。

二 讼师、幕友与司法制度

本书虽然以"明清时期"为时间维度，但论题范围以清代为主。关于法律职业和法律话语的讨论，也与清代司法制度的某些变化有着密切的关系。

操作明清中国司法机器运行的专业人士，主要包括了帝国的司法官员、作为地方官员顾问的幕友、帮助民众诉讼的讼师，此外还有皇帝、书吏、代书等人的参与。在司法制度的常规运作中，皇帝是大案、要案和疑案的最终裁决者。官员可以说是最重要的法律职业群体，负责审断所有进入衙门的案件。然而，地方官员的司法决策往往出自刑名幕友之手。幕友作为官员的私人顾问，其司法意见最终转化为主官的立场，作用非同一般，亦可视为官员的延伸。书吏虽然也是衙门中人，但他们主要负责处理司法文书，没有决策的权力，暂且不必考虑。至于代书，尽管是由官方设置，但在司法决策和法律话语的生产上无足轻重，也可暂置不论。而民间助讼的讼师，可以自成一类。因此，本书对皇帝、书吏、代书不做专题讨论，对官员着墨不多，而特别关注幕友和讼师，应该说是比较合理的选择。

问题在于，幕友和讼师何以成为明清中国司法实践中不可或缺的群体？邱澎生在第三章"讼师与幕友对法律秩序的冲击"中作了详细的分析。为了维持国家成文法典的有效实施与弹性修正，明清政府大致采用了两种手段：一是强化审转程序，"将比较精研法律知识或是娴熟司法实务的官员集中在上级审判机关，由其对下级司法机关的判决书内容予以查察复核，透过这套审转的法定程序，以维持成文法典的有效性、公平性与一致性"。二是完善成案管理制度，"针对那些原本由中央与地方各级司法机构贮放保管的各类司法档案，由中央刑部等官员进行讨论与筛选，藉以补充或修改既有法律条文'律'，报呈皇帝裁决后，即公布为全国通行的'例'"（第 121~122 页）。由此，作者得出结论：

> 审转复核的加严加密以及成案管理制度的改良，两者的演变都属于正式司法制度的变动；这种正式制度的变动确实影响了当时民众赖以调停纠纷或进行诉讼的法律程序。然而，在审转复核与成案管理制度改良的同时，另外也出现了一股冲击明清司法体系的力量，这即是十五、十六世纪以后"讼师"与"幕友"两类人物在全国众多地域的普遍出现；这两类人物都不属于政府正式编制内的司法官员，但相对说来，则都又是较为熟悉法律条文内容与司法审判实务的法律专业士人，他们在全国众多地域的普及，既深深嵌入明清政府的司法审判流程，也或多或少冲击当时社会的法律秩序（第 122 页）。

邱澎生认为，讼师和幕友普遍参与司法过程，是审转程序、成案管理以及审判时限三项制度逐步严密化的结果。[①] 从官员的角度来看，由于司法责任（部分是以审转复核程序、审案时限制度来实现）的逐步严格，律例和成案的日趋复杂化、精密化，再加上清代更重视"断罪引律例"[②] 法律条文的落实，都对司法官员提出了更高的专业要求，这就需要幕友的襄

---

① 邱澎生也提道："讼师与幕友之所以能够持续发展，主要是因为两者都在审转与审限制度的加严加密过程中，利用此种制度性变革契机而更紧密地嵌入当时的司法体系运作中。"（第 123 页）

② 参见《大清律例》卷三七《刑律·断狱》，田涛、郑秦点校，法律出版社，1999，第 595~596 页。相关讨论，参见邱澎生《当法律遇上经济：明清中国的商业法律》，第 140~141 页。

助。而讼师普遍介入民众诉讼，也给承审官员带来了不小的压力，同样要求官员必须熟读律例，积累司法经验。① 在这种境况下，地方官员重金聘请幕友可以在很大程度上缓解这些压力。可以说，讼师与幕友是相伴而生的法律职业群体。另一方面，由于诉讼两造普遍采取"越诉"和"上控"的诉讼策略——这与讼师的助讼活动也有很大关系，进一步给承审官员带来了社会外部与官场内部的双重压力。为了消减这些压力，司法官员"依法裁判"既是律例的规定，也是合理的策略选择。从民众的角度来看，律例和成案的复杂化与精密化，增加了诉讼的难度。为了赢得诉讼，他们花钱聘请讼师来助讼，例如撰写诉讼文书、提供诉讼策略、沟通胥吏衙役等，这也是合理有效的选择。可以看到，一旦进入了诉讼场域，官员在裁判案件的过程中认真对待案情、准确适用法律，是顺利通过审转复核、免受惩戒的前提。而民众通过讼师来巧妙利用法律，建构"耸动"官府的事实，则是赢得诉讼的前提。正因为法律变得越来越重要，官民上下才会越来越重视法律知识。这种司法制度与实践的语境，不仅为幕友和讼师提供了生存土壤，也产生了大量的法律话语，包括"商法"话语。

在明清中国审转程序、审案时限、成案管理严密化的制度与实践语境中考察讼师和幕友的司法功能，无疑是一种独特的分析视角，结论也颇具新意。不过，在上述论证逻辑中，似乎还有一个尚未解决的问题。书中提到，"明清审转制度是在司法行政实务工作中逐步改良的"（第133页）。具体来说，早在明太祖朱元璋时期，就已经在全国范围内制定了一套根据罪行轻重而由各级司法机关审理与复核的司法制度；② 此后，这套制度虽然几经修改调整，但基本骨架一直沿用到明末。作者继而指出：

> 然而，明代审转制度究竟落实到何种程度？特别是当各级地方承审官员送呈判决文书被中央司法官员驳回改正后是否会被处分？目前仍不太清楚。至少到清代雍正年间，审转制度开始得到更严格落实，并对遭驳改正的承审官员订出各种仔细的议处办法，而使审转制度日

---

① 参见邱澎生《当法律遇上经济：明清中国的商业法律》，第124～132页。
② 参见（清）张廷玉等撰《明史》卷九四《刑法二》，中华书局，1974，第2305～2307页。

渐加严加密（第 133 页）。

至少自雍正初年之后，各级地方官员被中央司法官员驳覆援引法条失误，即已不再可因未有涉案人丧失生命而予"免议"了（第 135 页）。

在此，作者特别强调了雍正帝继位之后，为了加强皇权，同时也是为了挽救康熙朝晚期吏治日趋松弛，采取了一系列整顿吏治的措施；加强审转制度和司法责任的落实，便是其中的两项。这似乎意在表明，讼师和幕友的普及与雍正推行上述措施有相当大的相关性，但却没有回答为什么"十五、十六世纪以后'讼师'与'幕友'两类人物在全国众多地域的普遍出现"。

讼师的称谓早在南宋就已出现，① 其渊源应该更早。② 讼师的活跃及其助讼活动的普及，尽管与明清时期特别是雍正初年审转程序和司法责任的强化确有关联，但应该不是根本原因。至于幕友，情况则更复杂一些。我们先看两条史料：

> 谕吏部：各省督抚衙门事繁，非一手一足所能办，势必延请幕宾相助，其来久矣（雍正元年三月）。③

> 除督、抚幕宾而外，各省司、道、府、州、县幕宾，诚如部文所云，不下数千人（乾隆元年十月，云南巡抚张允随奏）。④

两相比较，可以发现一些有意思的现象：其一，幕友虽然在晚明才出现，但是雍正元年的上谕表明，在此之前，督抚衙门已经普遍延请幕友，并成

① 参见陈景良《讼师与律师：中国司法传统的差异及其意义》，《中国法学》2001 年第 3 期；戴建国《南宋基层社会的法律人——以私名贴书、讼师为中心的考察》，《史学月刊》2014 年第 2 期。
② 参见（清）袁枚《随园随笔》卷二〇《原始类》"访拿讼师始于子产"，《袁枚全集》第 5 册，江苏古籍出版社，1993，第 369 页。
③ 《世宗宪皇帝实录》卷五，《清实录》第 7 册，中华书局，1985，第 114 页。
④ 《云南巡抚张允随为请详定幕宾之例以杜冒滥事奏折》，中国第一历史档案馆：《乾隆朝整饬各省幕友档案》（上），《历史档案》2016 年第 4 期。

为一种惯例。其二，张允随的奏折描绘了乾隆初年各省各级衙门中幕友大量存在的状况，如此规模庞大的幕友群体，显然不是一朝一夕所能形成，至少在雍正年间已然开始积累。其三，张允随将督抚衙门中的幕友与司、道、府、州、县衙门中的幕友分别来表述，值得玩味。这是否意味着，幕友这一职业群体在雍正朝经历了一个"下沉"和"扩张"的过程，从之前主要存在于督抚衙门，逐渐渗透到地方各级衙门？如果上述推论可以成立，那么幕友"深深嵌入司法审判"，可能确与雍正时期加强审转程序和司法责任有关。雍正以前，各省督抚由于事务繁忙，多有幕友相助；而到了雍正年间，各级地方官员为了应对司法压力，纷纷延请幕友。虽然笼统而言都可以说是"普遍"现象，但幕友的数量、活动范围与层级、存在意义却有明显的差异。

不过，如果说雍正时代讼师和幕友在司法中的作用日趋重要，并成为司法实践不可或缺的群体，其原因恐怕与诉讼率和审案量的增长也有一定的关系。

首先，明初推行里老审理词讼纠纷和笞杖案件的制度，到了明代中晚期已经逐步衰落甚至废弛，从而使州县衙门这一"审级"成为民众诉讼的初始程序。[①] 如此一来，这类纠纷和案件直接"涌入"州县政府的概率便会增长，清代必然高于明代。民众到乡村里老那里解决纠纷，大致不出熟人范围，里老也并非严格按照法律裁断；这种情况下，两造雇请讼师来助讼也就不太可能成为普遍现象。与之不同，清代尽管官方仍然鼓励民间调解纷争，但已非必要程序；两造将案件呈告州县的过程中，讼师参与的概率就会提高。

其次，清代不仅没有设置里老制度来"分解"听审压力，雍正时期的人口又比晚明有了明显增长，大约翻了一倍。[②] 可以想见，州县官员所要

---

① 参见韩秀桃《明清徽州的民间纠纷及其解决》，安徽大学出版社，2004，第23~45页；〔日〕中岛乐章《明代乡村纠纷与秩序》，郭万平、高飞译，江苏人民出版社，2010，第51~140页。

② 关于明清时期的人口统计数据，学界存在争议。根据何炳棣的推算，晚明人口大约在6000万上下，乾隆六年则上涨至1.4亿。参见何炳棣《明初以降人口及其相关问题（1368~1953）》，葛剑雄译，三联书店，2000，第11、328页。

面对的诉讼，在绝对数量上也会随之增加，虽然未必都会受理。① 诉讼总量多了，提供助讼服务的讼师人数自然会增多。② 与明代相比，清代州县政府及其官员数量却没有同步增加，再考虑到讼师带来的压力，地方官员不可能无动于衷，必须拿出应对措施。而延请幕友襄助，便是有效的解决措施之一，可以在两个方面缓解地方官员的司法压力——弥补人手短缺和提供专业帮助。因此，幕友在清代地方政府中的司法作用也就变得重要了。汪辉祖说幕友的薪金长期上扬，③ 显然与这一背景有关。幕友的增多和普及还有其他原因，例如协助地方官员控制不断扩充、日趋腐败的胥吏衙役，承担原本由"幕职"官员负责的行政事务，④ 等等。而从皇帝的角度来看，通过强化审转程序、审案时限与司法责任等措施，可以迫使各级官员更积极审慎地处理纠纷和案件。如此一来，皇帝在不增加治理成本的前提下，实现了回应民众诉讼和控制官僚的意图，因为延请幕友的成本必须由地方官员自己来承担。

另一个值得进一步讨论的问题在于，明清审转程序存在的差异，或许与整个司法制度的不同设计有关。其一，《清史稿·刑法志》载："世祖入主中夏，仍明旧制，凡诉讼在外由州县层递至于督抚，在内归总于三法司。然明制三法司，刑部受天下刑名，都察院纠察，大理寺驳正。清则外省刑案，统由刑部核覆。不会法者，院寺无由过问，应会法者，亦由刑部

---

① 清代中国的诉讼实践中，民众将案件初次呈告到官之后，是否"准理"实际上是一个未知数。夫马进认为，大约有20%的诉讼将被驳回，不予受理。参见〔日〕夫马进《中国诉讼社会史概论》，范愉译，徐世虹主编《中国古代法律文献研究》第6辑，社会科学文献出版社，2012，第44页。

② 当然，实际情况可能会与这一逻辑推论有所出入。因为明清中国并没有在制度上设置明确的"立案标准"，地方官员对于民众诉讼的态度又各不相同，有些比较积极，有些则相对消极。这些因素都会影响民众的诉讼行动，进而影响地方社会的诉讼率和衙门的受案量。因此，诉讼率和受案量不仅是两个不同的问题，而且与不同地方官员对诉讼的态度、解决纠纷和审理案件的能力，都有密切关系。除此之外，各地的民风人情、纠纷发生地与衙门所在地的空间距离和交通条件等因素，同样会影响民众的诉讼行动和诉讼率。

③ 相关分析，参见邱澎生《当法律遇上经济：明清中国的商业法律》，第163页。

④ 明代小说《醒世恒言》中就有"天下衙官，大半都出绍兴"的说法。（明）冯梦龙：《醒世恒言》卷三六"蔡瑞虹小姐忍辱报仇"，上海古籍出版社，1992，第525页。所谓"绍兴衙官"，是"绍兴师爷"的前身。可以说，幕友的出现在很大程度上是"衙官"或"幕职"官员隐退所致，也是佐贰官、首领官的边缘化和闲置化所致。参见王泉伟《明代州县僚属与幕友研究》，博士学位论文，南开大学，2014。

主稿。"① 也就是说,在三司法的权力配置上,明代比较强调司法权力的分散与制衡,避免一家独大;清代则集中于刑部,形成"部权特重"的格局,"部驳"也因此变得频繁和重要。其二,在府级机构中,明代专设"推官"(刑厅)一职,负责司法事务,到清代则被取消。据刘子扬考证,"初制,各府尚设有挂衔推官及推官各一人,专掌谳狱之事,先后在顺治三年(1646)和康熙六年(1667)停设;另设有督捕左右理事官各一人,亦于康熙三十八年省"。② 明代介乎州县与行省之间的府,设置"专掌谳狱之事"的推官,可以集中精力审核从州县上来的审转案件。③ 及至康熙年间,由于推官被裁撤,府级衙门的司法审核职能在一定程度上被削弱了。与明代推官专掌谳狱相比,康熙以后的知府只是"兼理"司法,呈现出"非专门化"的趋势。加之康熙晚期吏治日益弛坏,雍正继位后意图强化皇权和整饬吏治,审转程序的强化也就理所当然了。

基于上述分析,笔者认为,审转程序、审案时限、成案管理以及"断罪引律例"等制度,虽然强化了承审官员的司法责任,从而使讼师和幕友有机会"嵌入"司法制度并"操持"司法运作,但他们的普遍存在却有着多元而复杂的原因。

三 官僚、律家与法律话语

在很多人的印象中,帝制中国是一个"泛道德主义"的乡土社会。从汉代"罢黜百家,独尊儒术"开始,"德礼"成为国家治理的基本手段,而"刑罚"仅仅是辅助工具。④ 乡土中国,也被认为是民间长老以"礼俗"来治理的"无讼"社会,一种"无需法律"的社会。⑤ 在士大夫和读

---

① 赵尔巽:《清史稿》卷一四四《刑法三》,中华书局,1977,第4206页。

② 刘子扬:《清代地方官制考》,故宫出版社,2014,第104页。

③ 关于"府"的司法地位,参见阿风《明代府的司法地位初探——以徽州诉讼文书为中心》,徐世虹主编《中国古代法律文献研究》第8辑,社会科学文献出版社,2014,第359~374页;阿风《明清徽州诉讼文书研究》,上海古籍出版社,2016,第124~132页。

④ 《唐律疏议》开篇即有"德礼为政教之本,刑罚为政教之用,犹昏晓阳秋相须而成者也",足以说明其纲领意义。《唐律疏议》卷一《名例》,刘俊文点校,法律出版社,1998,第3页。

⑤ 参见费孝通《乡土中国》,三联书店,1985,第48~59页,第65~70页。

书人的观念中，往往对生产和研习法律知识的人与事抱有贬抑态度。司马光反对王安石"明法新科"时曾说："至于律令敕式，皆当官者所须，何必置明法一科，使为士者豫习之？夫礼之所去，刑之所取，为士者果能知道义，自与法律冥合，若其不知，但日诵徒流绞斩之书，习锻炼文致之事，为士已成刻薄，从政岂有循良？非所以长育人才，敦厚风俗也。"① 这种看法并非少数，也不限于宋人，到了清代依然如此。大学士纪晓岚主持纂修《四库全书》时也说："刑为盛世所不能废，而亦盛世所不尚。"② 虽然他们没有完全否定法律在国家治理中的价值与作用，但态度已经非常明显。

不过，历史是复杂的，人们的偏好也是多元的。更何况，明清中国的士人一旦出仕为官之后，如果不读法律书籍，没有司法经验，想要胜任听审断狱并通过审转程序的严格审核，几乎是不可能的任务。因此，无论是胸怀"忠君爱民"的道德理想，还是为了"身家性命"的一己私利，掌握法律知识和积累司法经验，都是为官作吏必不可少的条件。

在此背景下，本书的作者提出并讨论了以下问题："哪些人在阅读法律书籍？用何种方法阅读法律书籍？以何种价值观去看待法律知识？"（第69页）在第二章"晚明有关法律知识的两种价值观"和第五章"十七世纪的法律批判与法律推理"中，作者分析了三种法律观念。

（一）王樵"有资用世"的法律观。王樵之子王肯堂在《律例笺释》一书的自序中，道出了父亲读律的原委："先少保恭简公为比部郎时，尝因鞫狱引拟不当，为尚书所诃，发愤读律，是以有私笺之作。两出持宪，一东兖，一嘉湖，皆最烦剧地，而案无留牍，庭无冤民，有余暇焉，自以为比部笺律效也。"③ 进士出身的王樵，在初任刑部官员时由于缺乏法律知识和司法经验，"引拟不当"而被尚书呵责，这段经历成为他"发愤读律"的直接动因。而此后"案无留牍，庭无冤民"的治理成效足以说明，司法官员精研律例可谓"有资用世"之体现。不过事情并非那么简单，邱澎生

① （宋）司马光：《司马光奏议》，王根林点校，山西人民出版社，1986，第403页。
② （清）纪文达：《钦定四库全书总目》卷八二《政书类二·法令》，《景印文渊阁四库全书》，台北，台湾商务印书馆，1983，第2册，第721页。
③ （明）王肯堂：《律例笺释》自序，明刊本，东京大学东洋文化研究所藏。

通过缜密的心理分析后指出：

> 然而，也不能过于夸张这段受挫与受辱往事的实际作用，毕竟王樵三十多年持续阅读法律的一种读书习惯，实在很难将其简化为一桩突发事件刺激的结果（第75页）。
>
> 王樵实际任官期间所负责职务，多属中央或地方层级的司法实务。无论他青壮年时"鞫狱引拟不当，为尚书所诃"而"发愤读律"的心理动机有多么关键，那毕竟是桩突发性事件；长期任职中央与地方司法职务的实务工作需要，才是王樵阅读法律与撰著法律书籍的重要背景（第77页）。

王樵发愤读律虽然与早年被刑部尚书诃责有直接关系，但是撰著法律书籍，却源于他长期从事司法实务的经历。司法工作不仅可以运用法律知识，检验既有法律知识的得失，亦有机会积累司法经验，从而使其编撰的书籍内容更切合司法实务。然而，花费30多年的心力撰著法律书籍，恐怕不能完全以早年的私人理由来解释，也隐含着"嘉惠世人"的动机。邱澎生引述了王樵《西曹记》中的一段话："予见人多以留心案牍为俗吏，专以文墨诗酒为风雅，往往法律都不细观，鞫问又不耐烦□□于此无所用心，饱吃官饭，受成胥吏，而可谓之风雅乎？"①据此来看，撰著《读律私笺》似乎隐含着扭转上述风气的意图，并为此耗费了30余年的精力。著书本身，就是在从事一项"有资用世"的工作。当然，王樵批评的官场风气，应该是指一般情况而非针对刑部。因为《西曹记》也描述了刑部同僚之间研读切磋法律，不假吏手、亲自处理司法文书的场景。②

笔者认为，明清尤其是清代刑部职能和刑部官员的相对专门化，是导致其法律知识和司法技艺专业化的关键因素，进而产生"就法论法"的结果。作为全国"最高法院"的刑部，一旦在审判实践中形成了"就法论

---

① （明）王樵：《方麓集》卷六，明崇祯八年补刊万历年间刊本。转见邱澎生《当法律遇上经济：明清中国的商业法律》，第82页。
② 参见邱澎生《当法律遇上经济：明清中国的商业法律》，第81页。

法"的特征，势必会影响到各省地方官员的司法风格。在审转程序"自上而下"的控制与挤压之下，寻找合适的法律条文便成为地方各级司法官员必须认真面对的问题。即使出现"断罪无正条"而必须比附定拟或权衡情理的情况，如何选择相近的律例仍然是承审官员必须考虑的裁判依据，至少是形式依据。①

关于王樵撰著《读律私笺》的原因，邱澎生作了进一步的分析：

> 要之，王樵在万历二十三年出版《读律私笺》，主要可视为是他展现法学素养的一种姿态；只是，王樵从头到尾都未曾在书内或自序里提及法学知识是否重要、何以重要等问题，也并未揭示自己何以长期阅读法律的具体理由，因而，这部专书的所有文字，都并非是一种有关界定法律知识重要性的论述（第80页）。

这一论断非常准确，不过笔者尚有一点疑问。书籍的作者在著书立说时，是否一定会标举和宣称其中涉及的内容非常重要？事实上，王樵愿意耗费30多年的时间和心血来编写法律书籍，这一行为本身已经表明了法律知识生产的价值和重要性。本书引述的万历二十年（1592）王樵写给王尧封的信中，也提示了《读律私笺》的实用价值："此书若成，不但有资于用世，即欲学文，亦可以得法也。"② "此书若成"表明，在写这封信的时候，《读律私笺》尚未完成。由此可以佐证，王樵撰著此书的过程中，已经有了明显和自觉的"有资用世"意图，而不仅仅是"展现法学素养的一种姿态"，只不过没有以序跋的方式宣示出来。

王樵在《读律私笺》的自序中提到，"窃考先儒释经，不连经文，自

① 在清代司法实践中，尽管出现了寺田浩明所说的"非规则型"裁判的情形，但这种裁判模式的形成，归根到底还是因为过于强调"规则"与待审案件之间的严丝合缝才导致的结果。所谓"非规则型"裁判，实际上是"强规则型"（命盗案件）与"弱规则型"（词讼）的衍生物或对应物。相关讨论，参见〔日〕寺田浩明《清代刑事审判中律例作用的再考察——关于实定法的"非规则"》《"非规则型法"之概念——以清代中国法为素材》，氏著《权利与冤抑：寺田浩明中国法史论集》，王亚新等译，清华大学出版社，2013，第323~393页。

② （明）王樵：《方麓集》卷九。转见邱澎生《当法律遇上经济：明清中国的商业法律》，第88~89页。

为一书，恭依此例"。① 邱澎生在详细分析了王樵的"注律"方法后指出：

> 王樵这个要求的最直接目的，则是要向读者指出他在这本法律注释专书所做的工作，其实即是等同于他自己也同时从事注释儒家经典工作（第85页）。
>
> 王樵未曾提出一套论证何以阅读法律条文即和阅读儒家经书同等重要的理据，他只是很自然地如此实践：自己同时阅读法律、阅读儒经，同时注释法律、注释儒经，也同时劝人研读法律、研读儒经。这在一个基本上并不认为法律条文与儒家经书有同等重要性的时代环境里，益发显得王樵具有某种奇特的读书习惯与知识兴趣（第90页）。

笔者以为，上述观点颇有新意，但是将王樵撰写《读律私笺》等同于"从事注释儒家经典工作"，似乎有进一步讨论的空间。王樵确实曾经自陈，"予在刑部，治律令，如士人治本经"，② 但这类说法或许只是表明自己"读律"的态度严肃，借用了"读经"的方法。自序中谈到的依"先儒释经，不连经文，自成一书"之例，可能也只是为了说明，《读律私笺》一书的编撰体例不同于当时流行的律文和注释合一模式。王樵以"注经"之法来"注律"，不等于将法律视为儒经。事实上，运用注经的方法来注律，乃是中国律学的一个传统，至少是东汉以来儒者注律的惯常方法。或者说，注经与注律采用的是同一套方法。王樵对经学颇有研究，对他而言，用得心应手的注经方法来注律，应该是非常自然的选择。但无论怎样，提倡"有资用世"的法律观念，确实强调了法律知识的实用价值。

（二）王肯堂"福祚子孙"的法律观。王樵耗费30多年撰写的《读律私笺》在他生前没有出版，王肯堂对于出版父亲的"私笺"也心存顾虑："余久欲锲行于世。闻袁了凡先生言，流传法律之书，多招阴谴，惧而中

---

① （明）王樵：《读律私笺》（万历刊本）序。转见邱澎生《当法律遇上经济：明清中国的商业法律》，第83页。
② （明）王樵：《方麓集》卷六。转见邱澎生《当法律遇上经济：明清中国的商业法律》，第81页。

止。二十年中，偃蹇场屋。己丑登第，进学词林，又以文史为职。虽法曹致律例，礼曹致会典，而翰墨鞅掌，不能读也。壬辰，予告归于舍，无意复出，以辑方书。"① "以辑方书"，指撰写医学之书。② 王肯堂受袁了凡"阴谴"之说影响，未敢刊行法律书籍，也无暇顾及法律知识。及至万历四十年，他在观念和认知上重新界定了"流传法律之书"与"多招阴谴"之间的因果关系，才决定刊行《读律私笺》的修订之作《律例笺释》。

另一方面，对于士人未能领悟《大明律》专设"讲读律令"之条的意图，③ 王肯堂批评说："为经生时，既目不知律；及有民社之寄，又漫不经心，一切倚办吏书而已。"这种状况不仅导致了司法腐败和草芥人命的恶果，也引发了"冤抑不平之气，上干天地之和，下为水旱灾沴"的政治问题。由此，王肯堂改变了刊行法律书籍"多招阴谴"的观念，而得出截然相反的结论，提出"此问刑风宪官吏，安得无阴谴哉?"也就是说，司法官员不知法律而酿成冤狱，才是招致"阴谴"的原因。官员熟读法律，不但可以消减甚至避免冤抑，还能产生"福祚流及子孙"的效果，"又何阴谴之有?"④ 若能通晓律意，以仁恕哀矜的态度听审断狱，实现勿枉勿纵的司法理想，此谓"祥刑"之意，可以获得"福祚子孙"与"惠泽天下"的双重效果。为了阐述"阴谴"和"祥刑"的思想文化意义，邱澎生将其置于传统中国文化语境中进行翔实的考证与诠释，揭示了这种法律价值观的普遍意义和形而上学基础。⑤ 同时，也展现和比较了不同的法律话语。⑥

在作者看来，王肯堂将阅读、撰写和传播法律书籍视为"福祚子孙"之事，虽然不无"一己私利"之动机，但仍有特别的文化意义与法律价

① （明）王肯堂：《律例笺释》自序。
② 王肯堂是医学名家，撰写了"博大浩瀚的医学书籍"。参见陈邦贤《中国医学史》，团结出版社，2011，第156页。
③ 参见《大明律》卷三《吏律》，怀效锋点校，法律出版社，1999，第36页。
④ （明）王肯堂：《律例笺释》自序。
⑤ 参见邱澎生《当法律遇上经济：明清中国的商业法律》，第97~106页。关于"阴谴"和"善书"的研究，可以参见游子安《劝化金箴：清代善书研究》，天津人民出版社，1999；游子安《善与人同：明清以来的慈善与教化》，中华书局，2005；〔日〕酒井忠夫《中国善书研究》，刘岳兵译，江苏人民出版社，2010；〔美〕包筠雅《功过格：明清社会的道德秩序》，杜正贞、张林译，浙江人民出版社，1999；吴震《明末清初劝善运动思想研究》，上海人民出版社，2016。
⑥ 参见邱澎生《当法律遇上经济：明清中国的商业法律》，第112~114页。

值。一方面，王肯堂挑战了既有的阴遣、福祚、功过格观念；另一方面，也从思想和文化上论证了法律书籍的正当性与重要性（第70、110页）。王氏父子在轻视法律知识的文化语境中分别阐释"有资用世"与"福祚子孙"的法律价值观，具有重新厘定法律知识合理性和正当性的意义，对于人们重视法律知识也起到了助推作用。[①] 当然，"有资用世"或者"福祚子孙"之说，显然不是王樵和王肯堂的新贡献，因为"经世致用"和"祥刑"思想在晚明已非鲜见。

回到本书的主题，这些法律话语与"商业法律"又有何关联？作者做了提示：讲究法律知识可以为自己带来生计财富或者生涯规划上的好处，从而成为人们研读法律的动力。"当一个社会能够容纳愈来愈多人足以凭恃研读法律知识来维持生计或是提升地位，这其实也反映了有意义的经济变迁。"（第116、119页）就此而言，这类法律话语与商业法律本身并没有直接的关联，只是间接发挥了促进人们（特别是官员、幕友、讼师）阅读法律知识的助推作用。如若他们因此重视法律知识，势必也会关注因经济纠纷产生的诉讼案件，并在司法实践中积极回应，从而改变既有法律的面貌。在这背后隐含了两条潜在的分析线索：一是商业纠纷促使法律职业群体做出回应和阐述，进而推动商业法律的产生；二是民间商事习惯上升和进入国家的规范体系，成为国家制定颁行的商事条例。

（三）王明德"法天"的法律观。在传统中国的法律话语中，很少有人像王明德那样，对"法天"之学进行过简要却系统的阐释。邱澎生将王明德《读律佩觹》的自序和"读律八法"等内容概括为"法天"之学，并进行了系统分析。其中的价值和意义在于：

> 《读律佩觹》虽是王明德"窥度"法条文义与"推详"案件法律适用疑义的笔记，但透过本书自序与书前收录"读律八法"等文字，王明德不仅强烈批评当时的司法运作，还进一步对法律知识的基本性质与历史演变过程提出一整套理论。

王明德将法律知识提升为一种"法天"之学，强调"法乃天下之

---

① 参见邱澎生《当法律遇上经济：明清中国的商业法律》，第115~116页。

公", 法律真义与司法个案既不容任何权势人物的偏袒与曲解, 爱好与有志研读法律的人, 也不该被人们再用所谓"萧、曹刀笔吏"、"所学非同儒术"等不当字眼所贬抑。不仅如此, 王明德还以"法天之学"为标准, 比较并批判中国历代法典的优劣得失。这些批评当时司法运作弊端并且提升法律知识重要性的言论, 正是王明德建构这套"法律批判"理论的主要内容 (第232页)。

将这套"法天之学"视为王明德的"法律批判"理论, 同时也是其司法经验的总结和升华, 具有实践意义。这一理论的基础, 则是流传已久并有深厚文化内涵的"天道"观念和信仰。① 王明德以"天道"的公正无私, 批评司法官员的私欲和私利, 以及由此导致的司法弊端; 进而以"天道"蕴涵的形而上宇宙论的"超越"价值, 奠定法律的价值基础, 希望以此扭转人们对"萧曹刀笔吏""所学非同儒术"的鄙视。这样一来, 不仅提升了法律的精神内涵, 也论证了研读法律的正当性。

邱澎生在书中着重分析了"法天之学"的两层含义: 一是"公"的法律价值。王明德认为: "法乃天下之公, 即天子亦不容私所亲。夫贵为天子尚不敢私其法, 况其下焉者乎!"② 这种说法具有反私利、反报应和反权势的效果。至于如何才能公而无私, 王明德提出: "圣贤立教, 惟有一中, 中则洞洞空空、不偏不倚, 何有于功德! 倘意见微有执着, 虽公亦私, 难免乎有我矣。"③ "虚中"方能"无我", 方能实现司法的公平与公正理想。④ 二是"律"的宇宙论基础。王明德阐释了法律之"律"与历律、音律之间的同源性和同质性, 三者都是对"天"和"自然之气"、"自然之数"的仿效。这种模仿既有形而上的维度, 即"天"是法律的终极根源;

---

① 关于法律与天学的讨论, 可以参见方潇《天学与法律——天学视域下中国古代法律"则天"之本源路径及其意义探究》, 北京大学出版社, 2014。
② (清) 王明德:《读律佩觿》, 何勤华等点校, 法律出版社, 2001, 第536页。
③ (清) 王明德:《读律佩觿》, 第536~537页。
④ 关于"虚中听审"的讨论, 参见徐忠明《哀矜与读律: 清代中国听审的核心概念》,《吉林大学社会科学学报》2012年第1期。

也有形而下的维度，即"数"所象征的精确计算功能。① 虽然王明德提出的"法天之学"并没有超越传统中国思想文化的范围，但这套理论不乏新意，为律学话语提供了三层基础——"公"的政治基础，"天"的终极基础，"数"的法律制定和法律适用的技术基础。

本书作者在明清中国的各种法律话语中，特别选择了"有资用世"、"福祚子孙"和"法天之学"三者加以讨论，可谓独具慧眼。这些话语，不仅阐述了明清中国法律的理论基础，具有法哲学和法理学的色彩，而且对当时的法律职业群体研读法律知识起到促进作用，也为我们理解明清法律知识提供了独特的观察视点。

四　律例、诉讼与商业法律

上文讨论的两个话题，虽然与明清中国的"商业法律"没有直接关联，但隐含着内在的逻辑线索。经济变迁与法律发展之间并非以"直连"的方式接入，而是需要法律职业群体作为二者之间的桥梁。法律职业群体的法律观念与法律知识，不仅决定了他们对商业纠纷的态度，也会影响商事诉讼的进程和裁判，进而影响商业法律的形成与形态。当然，经济与法律之间的互动，同样需要社会文化环境的相应转变。②

在本书中，邱澎生选取了两个切入点来考察明清中国的商业法律：商业律例的演变与商业诉讼的裁判。通过这样两个观测点，可以较好地呈现出时间维度与实践维度的动态变化。

（一）市廛律例与交易秩序。讨论传统中国市廛律例的演变过程，一定程度上也是讨论"政府—市场"的关系模式。政府制定或认可什么样的市场规范，也就意味着政府希望市场以什么样的模式运行。这既表明了政府对经济秩序的态度，也涉及政府对经济运行效果的期待。唐代中叶以前，国家实行"坊市隔离"的管理模式，意味着商业运行的基本要素都在政府掌控之中。商人必须在"市籍"登记，市场必须设置在特定空间，商

---

① 相关分析，参见邱澎生《当法律遇上经济：明清中国的商业法律》，第 232 ~ 240 页；徐忠明《道与器：关于"律"的文化解说》，《吉林大学社会科学学报》2008 年第 5 期。

② 参见余英时《中国近世宗教伦理与商人精神》，安徽教育出版社，2001。

品必须在固定行肆售卖，交易必须在指定时间进行，价格也必须由政府核定，并设置了"市司"（市令、市丞）来监管市场。当然，政治权力中心以外也有乡村市场存在，一般不受市廛律令的调控。[1] 到了唐代末期，市籍制度开始瓦解。[2] 宋代以降，交易在时间与空间上获得了更大的自由，市场遍地开花，商品交易也变得活跃起来。[3] 这也是本书讨论明清中国"商业法律"的宏观背景。由于明清中国"商业法律"的内涵和外延难以界定，具体内容也较为复杂，[4] 本书第一章仅以明清法律中的"市廛"章为例，集中讨论市廛制度的演变、内容与原则，勾勒市场运行的法律轮廓。

关于明清市廛律例的基本面貌，本书作了以下概括：

> 明清法律中都有《户律》编《市廛》章的设计，章中包括五条"律文"：《私充牙行埠头》、《市司评物价》、《把持行市》、《私造斛斗秤尺》、《器用布绢不如法》，同时，并在前三条律文之内，逐步发展出至少二十六条"例文"。由这五条律文和二十六条例文的内容来看，明清法律"市廛章"中的例文变化，的确要比律文的变化为巨。可以说，表面看来，明清"市廛章"的变化主要是表现在例文的不断增加；然而仔细分析则可发现：无论是"市廛章"律文或是律文的变化，其实都是直接反映着明清五百多年间政府对市场所做法律规范的制度性变化（第 16 页）。

这些律例涉及市场运行的基本要素：商业中介、物价评定、交易公平、计量标准和商品质量，可以说是任何国家的商业制度中都会规范和调整的内

---

① 参见邱澎生《当法律遇上经济：明清中国的商业法律》，第 21 页；朱大渭、张泽咸主编《中国封建社会经济史》第 2 卷，文津出版社，1996，第 578 ~ 583 页。

② 参见姜伯勤《从判文看唐代市籍制的终结》，《历史研究》1990 年第 3 期。

③ 关于宋代与明清市场经济的概括性介绍，可以参见陈智超、乔幼梅主编《中国封建社会经济史》第 3 卷，文津出版社，1996，第 234 ~ 249 页；吕景琳、郭松义主编《中国封建社会经济史》第 4 卷，文津出版社，1996，第 256 ~ 291、492 ~ 575 页。

④ 虽然作者认为，"'商业法律'是一种试图规范并能影响商业发展的法律"（第 3 页）；但究竟什么是明清中国的"商业法律"，它可能包括哪些内容，现代学者似乎并未给出理论上的界定。这里所称的"商业法律"，是一个笼统的概念。

容，差异主要体现在规范详略和调整手段。例如明清中国没有西方式的票据、海商、公司、保险等法律；① 中国式的商业法律除了民事责任以外，往往伴有刑事制裁。

明清律典中的"市廛章"基本沿袭了唐律的相关内容，变化最大的律文是与牙行相关的规范，即"编审行役制"的消亡和"官牙制"的逐步完善。② 其意义在于：

> "市廛章"律文内容的变化其实反映政府对民间工商业者财货和劳动力控制方式的改变，这基本上是由唐至明清之间政府对市场进行法律规范的一种制度性转变。这个制度性转变的过程，大体包含二个阶段：一是唐末八世纪以下"市制"的衰落以及其后"编审行役制"的起而代之；二是由北宋末年至明清间"官牙制"的逐步确立和推广，以及晚明以下伴随"官牙制"改革发生的"编审行役制"逐渐式微（第 20~21 页）。

邱澎生详细梳理了"市廛章"律例的具体演变，并试图回答四个问题：如何变化？为什么变？变的意义与作用何在？通过什么方式改变？鉴于这些问题涉及的细节较为复杂，笔者只能大致概括其要旨。总体而言，从"市制"到"官牙制"的一系列变化，反映了国家从通过"市籍"和"市司"对商人及其商业活动直接管控，转变为利用"铺户"和"牙行"进行间接管控，从而节约了政府的管理成本，减轻了商人的经济负担。与"编审行役""官牙"配套实施的"和买"、"时估"以及打击"霸行"的法律，使商人获得更多自由，也在一定程度上减少了被政府盘剥的机会，使交易更加自由公平、快捷有效。③ 如果从政府和市场的关系来看，可以说是政府的撤退，市场（民间力量）的推进。在这种情况下，国家承担的基本任务是制度供给与司法保障，其他商业事项大致交给了社会。

关于"市廛"法律演变的轨迹和特征，作者的基本观点是：

---

① 参见邱澎生《当法律遇上经济：明清中国的商业法律》，第 12 页。
② 详细的考证，参见邱澎生《当法律遇上经济：明清中国的商业法律》，第 16~20 页。
③ 参见邱澎生《当法律遇上经济：明清中国的商业法律》，第 21~34、39~56 页。

　　除了文句有些许调整或是添加一些小注之外，明朝至清朝间"市
廛章"律文的内容基本上并未变动。然而，"律"文内容尽管未做太
多更动，但在"例"文内容方面则有不少增减。由明代弘治年间开
始，到清代道光年间为止，两代政府至少陆续增删过二十六条例文，
从而对市场制定了许多新的法律规范。值得注意的是，二十六条"市
廛章"例文的增删，特别集中在《私充牙行埠头》、《市司评物价》、
以及《把持行市》等三项条文内；至于《私造斛斗秤尺》、《器用布绢
不如法》两条，则未有任何例文加入律文（第 34 页）。

"市廛章"例文的增删之所以集中于《私充牙行埠头》《市司评物价》《把
持行市》三条，是因为在这三个方面，极易出现扰乱市场秩序与交易公平
的现象或行为。政府必须回应市场动态和出现的新问题，颁行相关条例加
以规范和调整，才能维护市场的正常秩序与交易公平。而在"例"的形成
过程中，商业诉讼起着重要作用。

　　（二）商业诉讼与商业法律。在讨论"市廛"律例的过程中，虽然作
者没有分析商业法律的形成机制，以及商业诉讼与商业法律之间的关系问
题；但"例"的不少条文，实际上产生于司法实践——经官僚奏请，由皇
帝批准，然后颁行实施。尤其对于频繁增修例文的清代而言，商业诉讼显
然是"商业法律"产生的场域之一。本书第六、七两章专门讨论商业纠纷
和商业诉讼，第四、五章也涉及商业纠纷的诉讼文书。不过，第七章"由
苏州金箔业讼案检视晚清的商事立法"所涉及的背景，已经与帝制中国固
有的制度环境大不相同。该案发生于光绪三十二年（1906）至三十四年
间，这一时期中国的政治、经济与社会文化都发生了明显转变，朝廷忙于
移植和制定新型（西式）的商业法律，商业纠纷的解决方式也出现了许多
不同于以往的情况。[1] 在解决这起讼案的过程中，新旧两种法律制度都在
一定程度上被使用过。有鉴于此，本文对第七章不拟评论。

　　在第六章"十八世纪商业法律中的债负与过失论述"中，作者厘定了
两个主题：

---

[1]　参见邱澎生《当法律遇上经济：明清中国的商业法律》，第 325～363 页。

一是牙行直接或间接积欠客商钱财的"债负"问题，一是典铺、染坊失火或失窃时如何以"过失"等相关议题界定赔偿责任的问题，希望能对这两方面的法律论述做较详细的分梳，主要检视《大清律例》、地方"省例"如何讨论并规范这两类问题，进而将十八世纪这些法律规范的演变线索扣连到当时的经济发展过程里（第273页）。

牙行与客商之间发生的积欠纠纷，可以说是明清时期商业诉讼中较为常见的类型之一，律例亦有较为具体的规范。这一部分的写作思路与"市廛"律例类似，即在经济变迁的语境中考察相关律例的内容和演变，不再赘述。①

至于典铺、染坊的赔偿责任问题，《大明律》"费用受寄财产"之规定："凡受寄人财物畜产而辄费用者，坐赃论，减一等。诈言死失者，准窃盗论，减一等。并追物还主。其被水火、盗贼费失及畜产病死有显迹者，勿论。"②《大清律例》基本承袭了这条律文，仅在律尾增补了注释："若受寄财畜而隐匿不认，依诳骗律。如以产业转寄他人户下，而为所卖失，自有诡寄盗卖本条。"③注释并未改变律文的规范内容，仅涉及相关律条的适用或竞合。

问题在于，这条律文所规定的"其被水火、盗贼费失及畜产病死有显迹者，勿论"，是否合理？如果一概"勿论"，对寄存人或者诉讼的原告一方显然不利；反之，如果一概赔偿，对受寄人或被告一方恐怕也不公平。究竟如何平衡双方的利益？在纠纷解决的过程中，作出合情合理的裁判，进而形成公平保护双方利益的法律规则，既是具体案件中裁判者所要谨慎考虑的问题，也成为一般意义上维护"受寄"秩序必须解决的问题。在纠纷解决的司法场域中，旧的律条被检验，寄受双方（诉讼两造）的权益被考量；除了作出具体的个案裁判之外，解决"受寄"矛盾的一般性规范也有可能形成。

对此，邱澎生作出如下概括：

---

① 参见邱澎生《当法律遇上经济：明清中国的商业法律》，第273~292页。
② 《大明律》卷九《户律六》，怀效锋点校，第83页。
③ 《大清律例》卷一四《户律·钱债》，田涛、郑秦点校，第265~266页。

　　至少在十八世纪中期，这条《费用受寄财产》有关"勿论"的法律规定即已面临社会大众颇为强大的挑战与检验，而发生这类问题的最明显场域，则是在当铺失火或失窃时的赔偿问题上：委托民众财货因火灾或盗窃遭受损失时，当铺主人到底应不应该赔偿典客？而如果需要赔偿，则又该如何区别赔偿的比率？在十八世纪中期的浙江、江苏、安徽、湖南、江西等许多地方，许多地方官开始更被委托财物受损失民众与经常同样是受害人的当铺主人夹在中间，面对典当民众与典铺商人针对自身权益的不同请求，许多承审官员都被这类赔偿问题引发的讼案卷入，相互辩难、讨论，终而做成裁决，这是一段极有趣的司法故事（第 295～296 页）。

这类讼案率先在商品经济发达的浙江地区，在受寄财物引起争端突出的典当行业被提出。在解决这类纠纷时，浙江官员对典铺的基本态度是"上输朝廷课税，下通民间缓急"，①也就是承认典当是于国有利、于民有益的行业。这意味着，一旦因火灾、窃盗等意外原因造成当物损失时，官员必须考虑质权人（受寄人）的利益。否则，商人面对行业风险，会降低投资经营典铺的意愿；小民在遭遇生计困境时，难以筹措银钱以解燃眉之急；国家也损失了课税收入。但是另一方面，官方也不可能无视出质人（寄存人）的利益损失和强烈诉求，仅凭"风烟不测，各听天命"的行业习惯和笼统的律文规定来裁判案件。为了平衡民众与典商双方的利益，在纠纷解决和规则设计上，必须针对导致寄存财物损失的不同情况（自行失火、邻居失火、窃盗），确定不同的赔偿比例。以火灾为例，浙江省内的官员经过反复商讨之后，区分了四种典铺火灾的情形，相应提出或"免"或"赔"的具体规则，作为"省例"。②

　　在此，笔者希望通过乾隆年间当铺"失火失盗例"的增修过程，③尝试分析当铺赔偿这类"商业法律"的形成机制。第一，增修这类条例的"起因"是源于诉讼案件。诉讼个案既提出了亟待解决的新问题，也暴露

---

① 《治浙成规》卷五，刘俊文主编《官箴书集成》第 6 册，黄山书社，1997，第 528 页。
② 参见邱澎生《当法律遇上经济：明清中国的商业法律》，第 297～299 页。
③ 参见邱澎生《当法律遇上经济：明清中国的商业法律》，第 299～307 页。

了既有律文的不足或漏洞，需要承审官员给出具体的应对和解决方案。浙江"省例"的出台，便是回应这类纠纷的地方性规范。① 第二，由于其他省份（江苏、江西、湖南等）遇到了类似的问题，在借鉴浙江"省例"的基础上，展开了制定相关规范的讨论。第三，各地"省例"不仅解决了本省的纠纷，也引起了中央政府的关注。在这些地方性规范的影响下，参考京师步军统领衙门因审理"兴隆当铺"案件制定的条例，乾隆三十七年（1772）出台了全国通行的条例，并收入《大清律例》。② 在"新例"产生的过程中，无论地方性立法还是中央立法，诉讼案件都是引发规则制定的起因；商业习惯、利益衡量、社会情势、官员乃至皇帝的态度、法律解释和推理技术，发挥了不同程度的作用。

法律必须"接地气"，能够解决社会生活中的实际问题；同时，也必须满足法律实施的"便利性"要求。清代当铺"失火失盗"条例的制定，便是一个很好的例证。从具体的诉讼案件出发，到官员作出司法裁判时的意见商酌，再到地方各级官员之间的讨论和审议，形成全省适用的规范，最终到制定和颁行全国通行的条例，既回应社会出现的问题与矛盾，亦考虑司法操作的便利。明清中国幅员辽阔，不同地区的风土人情千差万别。在民商事领域，统一而简约的中央立法显然不能满足地方治理的需求，因而出现了"地区性特别法"、"省例"、府县"告示"这样的地方性法律文件。③ 面对纠纷和诉讼，承审官员有时也会考虑"习俗"或"惯例"这样

---

① 关于清代"省例"的研究，参见〔日〕寺田浩明《清代の省例》，滋贺秀三编《中国法制史——基本史料の研究》，東京大学出版会，1993，第657~714页；〔日〕谷井阳子《清代则例省例考》，寺田浩明主编《中国法制史考证·丙编第四卷·日本学者考证中国法制史重要成果选译·明清卷》，郑民钦译，中国社会科学出版社，2003，第120~214页；苏亦工《明清律典与条例》，中国政法大学出版社，2000，第74~78页；王志强《论清代的地方法规：以清代省例为中心》，《中国学术》第2卷第3辑，商务印书馆，2001，第120~150页，修订版收入氏著《清代国家法：多元差异与集权统一》，社会科学文献出版社，2017，第27~65页；姚旸《清代刑案律例与地方性法规关系探析》，《安徽史学》2009年第3期；曾哲、高珂《清代省例：地方法对中央法的分权》，《武汉大学学报》（哲学社会科学版）2011年第3期；杨一凡、刘笃才《历代例考》，社会科学文献出版社，2012，第346~375页。

② 参见邱澎生《当法律遇上经济：明清中国的商业法律》，第299~313页。

③ 参见王志强《清代国家法：多元差异与集权统一》，第1~65页；〔日〕寺田浩明《清代土地法秩序"惯例"的结构》，氏著《权利与冤抑：寺田浩明中国法史论集》，第99~101页。

的社会规范，甚至引入"情理"这类更加模糊的规范。① 如果有必要，地方政府和中央政府又会将习俗、惯例、情理上升为制定法。在这个过程中，我们看到了司法实践与制定法律的互动和循环机制。

结　语

明清中国是否存在"商业法律"，问题的关键不仅在于史料呈现的"客观"事实，更取决于法律史学者基于什么姿态，以什么样的理论和方法解释这些历史事实。在历史研究中，研究者的"前见"很难完全"悬置"起来，不可避免地被注入历史解释之中，使解释多多少少带有"主观"色彩。更何况，史料本身亦有记录者的"主体意识"存在。在这个意义上，历史研究不过是"主体间性"的产物，其"客观性"有赖于解释共同体通过意见交流而产生的重叠共识。在考察明清中国"商业法律"时，本书采取的研究姿态与理论方法既是比较法的，又是中国本位的。因此，它呈现给读者的明清"商业法律"，有着与近代以来的西方商法截然不同的面貌和特征。笔者认为，这种姿态与方法值得称许。然而困难在于，书中所描述和分析的明清"商业法律"，是混合了历史事实与作者主体认知的产物；它并不是古人自己的界定，毕竟当时的人们从未这样表述过。为了解决这一难题，邱澎生讨论了"事实上的法律"和"理论上的法律"两个概念，并得出了明清中国既有"事实上的商业法律"也有"理论上的商业法律"的结论。② 这种类型的"商业法律"与近代西方商法不同，但与西方不同，并不等于中国的"特殊性"。因为当我们谈论中国的"特殊性"时，已隐含了西方"普遍性"的标尺，从而滑落"西方中心主义"的泥潭。只有以中西相互观照的立场和研究策略，才能更好地理解中国。就此而言，我们无须刻意追问明清中国"商业法律"的特殊性，而是在商业与

---

① 参见〔日〕滋贺秀三《清代诉讼制度之民事法源的概括性的考察——情、理、法》、《清代诉讼制度之民事法源的考察——作为法源的习惯》，〔日〕滋贺秀三等著，王亚新、梁治平编《明清时期的民事审判与民间契约》，法律出版社，1998，第19～96页；〔日〕寺田浩明《清代土地法秩序"惯例"的结构》，氏著《权利与冤抑》，第96～99、101～112页。

② 参见邱澎生《当法律遇上经济：明清中国的商业法律》，第366～368页。

法律的互动中去寻找合理的解释。

在评论《当法律遇上经济》一书时，除了梳理和重述本书的核心观点，也添附了笔者的理解和拓展。当然，这种重述和理解未必符合本书作者的原意。在这篇书评中，或许理解与误解同时存在。

《中国古代法律文献研究》 第十三辑
2019 年，第 511~519 页

经济发展如何改变制度规范？

——读邱澎生著《当经济遇上法律》

桂　涛[*]

　　明清中国果真处于停滞状态吗？长久以来，这个问题一直困扰着明清史研究者。尽管学界普遍承认 16~18 世纪经济增长取得前所未有的成就，可是，对于这一经济成就究竟意味着什么，研究者始终没有形成共识。无论是将晚明以来的经济成就看作高水平陷阱、没有发展的增长，还是视为资本主义萌芽，在所有研究者背后始终潜藏着一个李约瑟问题：中国为什么没有发生工业革命？针对这个问题，研究者提出种种解释，诸如人口压力、清朝入主导致专制主义统治加强、中国未能出现保障私有产权的法律规范等等。毕竟，明清时期的中国既没有发生工业革命，也未能出现类似近代西欧民法、商法的法律体系。这样，无论如何看待明清时期的经济与社会变迁，在李约瑟问题的背景之下，最终都不可避免地归结到明清时期的经济与社会没有发生有意义的变化，明清中国处于停滞状态。

　　晚近的研究者逐渐意识到李约瑟问题背后隐含着"西方中心论"的前见，把西欧近代经历过的历史变迁当作标准，来评估明清中国。结果，与西欧变迁无关的事物，便被看作没有意义，置之一旁。可是，这些与西欧历史变迁无关的变化，果真没有意义吗？越来越多的学者开始在明清中国自身的历史情境中审视这些变化。邱澎生教授 2019 年结集出版的专著

---

　　* 中国政法大学法律古籍整理研究所讲师。

《当经济遇上法律：明清中国的市场演化》（简称《当经济遇上法律》），可以看作是这样一种研究脉络下的产物。《当经济遇上法律》全书由 7 篇论文组成，作者选取苏州商人团体、苏州棉布业、云南东川府铜业、重庆船运业、明清商业书等具体案例进行分析。透过不同经济领域案例的讨论，作者始终关心这样一个问题：16 ～ 19 世纪全国市场扩展，给经济组织、法律规范乃至文化观念带来了哪些变化，制度上发生的种种变迁又如何反过来改造当时的市场结构？这也就是作者所说的"明清中国的市场演化"。

以下先就各章主要内容，做一扼要介绍。

第一章讨论清代新兴的"会馆、公所制"商人团体及其历史意义。明清时期商人组织的一个重要变化是"编审行役制"被"会馆、公所制"取代。在 16 ～ 19 世纪期间，当时市场经济最发达的苏州涌现出近 300 座会馆、公所。相较于官府将工商业者强制登记在册、以应政府所需劳务、商品的"编审行役制"，会馆、公所是商人自愿捐款而成立的。在市场经济的背景中，这些新兴的商人团体所起到的作用，并不在于像中世行会那样垄断市场，其更重要的经济功能在于便利商业竞争和降低交易成本。乾隆中期布业商人捐款成立"新安会馆"的首要目标，是为了应对 17 世纪以来不断发生的踹布工人罢工，这便是会馆、公所增强商业竞争力的例证。而商人愿意捐资成立会馆、公所的另一个重要原因，则在于会馆、公所能够为成员提供"储货、集体协议契约、设置官颁度量衡具、设置卸货码头甚或运货船舶等功能，从而节省与降低了商人原先必须付出的种种交易成本"（第 57 页）。会馆、公所制给法律规范带来的重要变化在于公共财产保护机制的加强。为了保障会馆、公所等集体公产免遭侵占，商人团体会积极采取呈请地方政府立案保护的做法，到 19 世纪逐渐发展出将公产产权契据副本储存在地方政府公文档案库的"禀库存贮"制度。这一制度的形成属于"苏州地方政府与商人团体长期互动过程下的一整套司法实务"（第 66 页）。

第二章把注意力集中到苏州棉布加工业出现的"放料制生产"。在西欧的历史语境中，与工业革命发展相匹配的是集中生产的"工厂制生产"的出现，而具有商人包买性质的"放料制生产"是生产组织向"工厂制"演进的中间一环。以西欧生产组织历史演进模式为标准，清代前期苏州棉布加工业所出现的"放料制生产"未能演化出"工厂制生产"，自然成为明清时期中国经济未能发生真正有意义变化的重要证据。对于苏州棉布业"放料制生产"在明清经济史上的意义，邱澎生教授首先通过吸纳徐新吾、李伯重等经济史研究成果指出，尽管"放料制生产"本质上属于商人包买的性质，可是，透过"质检验收"，棉布商人还是实现了某种对染坊、踹坊等棉布生产组织的支配，进而形成了对整个棉布产销组织的改造。

然而，棉布字号商人既然已经透过订定货物加工契约实现对棉布产销流程中各种"中间组织"的支配，透过按件计酬方式发放工资实现对踹匠等棉布加工业劳工的支配，何以不进一步把产销各环节整合到一起，改造生产组织，形成"工厂制生产"？对于这个问题，邱澎生教授从交易成本与法律制度交互影响的分析维度提出新的解释。经济生产组织不是在一个自我封闭的领域中，沿着单一线性模式进步演化。经济生产组织的生成与演化，是受到它置身其中的制度环境的深刻影响。清代前期棉布字号商人采取"放料制生产"与当时既有交易成本变动以及法律制度调整密切相关。通过采取放料制生产方式，在棉布字号运作上出现一个重要的转变：字号商人与染坊、踹坊等各种承包加工作坊之间发展出长期、稳定的契约关系。尽管长期契约关系会增加棉布商人的执行成本，可是，长期稳定的契约关系能够缩短商人每次与对手谈判价格所耗费的时间、金钱，也能减少品质检验时双方对棉布原料与产品是否符合标准的争议，从而有效降低测量信息成本与谈判成本。总体而言，苏州棉布字号放料制生产所反映出的是商人透过改造产销组织以有效降低交易成本的努力。何以未能出现进一步降低交易成本的工厂制生产，则是由于当时法律制度的限制。当时司法体系运作过程中存在着两种不同的"正义"观念，构成司法官员必须考虑的关键因素：一是市场交易不能被任何人垄断的"平允"，一是保障经济条件弱势者不"失其生计"。这样，尽管在解决字号商人与踹坊、染坊的长期契约争议，以及不同棉布商人之间侵犯牌记商标等方面，政府的司法裁判有利于字号商人；可是，在涉及字号与踹匠的劳雇纠纷时，司法官员出于保障工人生计的实质考虑，往往不会去明晰导致劳雇纠纷的责任归属问题。可以说，"由清代前期政府处理踹匠罢工事件看来，无法清楚划分罢工事件中的'责任归属'问题，此点将会严重制约商人转向工厂制生产的主观意愿与客观现实"（第 102 页）。

第四章讨论清代铜政制度与 18 世纪滇铜业发展之间的相互关系。18世纪中央和外省政府在云南购铜数量开始大幅增加，云南成为全国最重要的铜材供应地。18 世纪一百年间，滇铜年产量维持在 1000 万斤以上，其中从乾隆四年开始每年有 633 万斤滇铜固定输往北京，外省采购最多的时候曾达到 380 余万斤。云南铜材与外省白银大规模交换的过程，构成了 18世纪市场经济成长的重要一环。滇铜业的发展，滇铜市场规范的形成与政府的铜政制度密切相关。18 世纪政府在云南推行一系列铜政制度改革，其中最重要的是康熙四十四年（1705）云贵总督贝和诺草创、并经雍乾时期改良的"官本收铜"和乾隆三年（1738）云南巡抚张允随主持规划的"运官运铜"制度。"官本收铜"制度主要是，政府透过在昆明设置的"官铜店"，统筹收购、贮存铜材。政府以低于市价的"官价"买入铜厂厂民抽税后所剩"余铜"，转手再以市价将铜材卖给各省来滇购铜的官员、官商及民商，通过低买高卖赚取"铜息"。"运官运铜"则进一步扩大"官本"银两及其运用范围，从办铜工本扩及运铜经费，由中央每年统筹 100 万两，用以支付购铜、运铜的运输费和人事。同时，为保障滇铜运抵北京，统合云南与京运沿线地方官，以既有的考成办法要求涉入铜政官员分担运铜责任，并特别规划云南铜厂到四川泸州的陆运、水运资源。

18 世纪的铜政制度改革的立意，固然是要保障政府铸币铜材来源的稳定，但客观上也为滇铜市场急速成长提供了种种便利条件。对于铜厂商人而言，"官本收铜"尽管存在官府以低于市价的官价收铜的不利之处，可是，18 世纪民间融资条件有限，"官本"给予急需资本的厂民相当程度的经费融通。同时，政府以官铜店收铜，一方面使商民可以全力从事采炼而不必担心铜材销路；另一方面，铜材贮存在官铜店，不仅省去矿厂商人租赁存放场所、雇人保护铜材安全的花费，也降低发买双方接洽、协商、签订契约时的交易成本。乾隆年间，政府进而出面协调、管理各种运输工具，制定适宜的管理法规，不仅便利官员完成京运任务，也为铜厂商人提供了较好的运输条件销售余铜，降低铜厂商民与运输行业签订运输契约的交易成本。

第五章讨论重庆船运业。重庆船运业的发展是清代前期全国市场长期扩张的一环。长江、嘉陵江汇流带来丰厚水量的优越水文条件，清政府对长江上游水路的整治，以及 16～18 世纪长程贸易与全国市场的发展，为重庆航运业发展带来巨大发展契机。18 世纪，粮食、棉花、木材、药材、山货、铜铅、井盐等大宗商品输入、输出四川，主要都是以重庆作为最大的集散转运地。18、19 世纪重庆船运业的发展中，市场经济发展与行政法律规范之间的互动，形成一些有意义的制度变迁。从官府一面来看，船运业发展促使地方政府船运管理制度发生变化。随着民间船户运输能力越来越有保证，政府可以在船运市场雇到符合需要的船只，于是，逐步裁撤原设官船，进而取消管控民间船只的"船行、埠头"制度。此后，在越来越自由发展的船运业市场中，因船户携货潜逃、船只遭遇风浪暗礁致使船货损失、客商积欠船费、船工要求增加工资等风险，客商、船户、船工要面对更为多样、复杂的纠纷。在处理这些纠纷的司法实践中，因应商业习惯，形成一些司法判决趋向，甚至在乾隆晚年出现影响船运纠纷解决机制的判例与法令。从船户一面来看，重要的制度变迁是船帮组织的出现及其在形成商业习惯、调解纠纷中发挥的作用。19 世纪初，随着白莲教起事，政府对民间船户需求增加，要求各类船帮、船队设置"会首"，促成长程货运和短程货运业中分别出现"三河船帮""五门拨船帮"等船帮组织。这些船帮组织的首要目的是共同协商，如何公平有效地承接官府支付船价的"和雇"和提供无偿的"差役"。不过，除了分担政府和雇、差役的行政法律因素，重庆船运业"船帮"组织成立还受到其他多重因素的影响，其中包含船行路线、航运知识、船只大小、船工规模等技术因素，也受到船运业者籍贯、运载商品种类等社会、经济性因素的影响。同时，船帮组织并不同于之前的"船行""埠头"，基本上是基于民间协调而形成，并且就如何负担差役而言，他们是透过自行讨论、公同议决的，而不是被政府编入册籍、轮流充役。

与经济组织、法律规范变迁相适应，文化观念领域也出现了若干富有意义的变化。第三章透过苏州棉布字号商人与踹坊踹匠之间发生的工资纠纷、踹匠罢工事件，分析棉布加工生产过程中对棉布工人工作习惯的重塑（作者把这种对劳动习惯的塑造称之为"工作规训"）。随着苏州棉布业的发展，18 世纪苏州城的踹布、染布工人总数至少在 1 万人以上。众多工人集中苏州城，为苏州城罢工运动提供了基本条件。据作者统计，从康熙九年（1670）到道光二十五年（1845），苏州城工资纠纷事件至少有24件，从中可以看到一种新的工作规训正处于发展之中。在18世纪，向各级衙门控告棉布字号商人，已经成为苏州工人要求增加工资的重要手段。政府在介入工资纠纷时，实际上经历了一个长期的学习过程。康熙九年，苏州知府为布商和踹匠重申协议工资："照旧例，每匹纹银一分一厘。"政府此时的行政规定，并没有考虑物价和货币比价因素。进入18世纪后，政府在处理工资纠纷的行政命令中更加注重细节问题。在康熙四十年至五十四年间，政府同意提高踹匠工资的同时，又规定在米价上涨时布商发放的工资要有所加增。到乾隆六十年（1795），政府进一步把银钱比价纳入工资的行政规定中。除了协议工资外，为了应对工人罢工可能带来的治安问题，政府也开始制定约束工人行为的条规。康熙四十年《苏州府约束踹匠碑》将踹坊编为彼此带有连带责任的保甲，加强对踹匠的控制。康熙五十九年颁布《踹匠条约》，对工人赌博、行奸、斗殴等进行核查，并严格规定踹匠夜间必须在踹坊内，进一步针对踹匠日常作息进行更积极的管理。同时，商人在对付工人"齐行叫歇"的罢工运动中，发展出一套区隔"各安生业、良善"的好工人和"流棍"的坏工人的论述。政府这些行政规定和商人区隔工人的论述，共同构成了18世纪工人"工作规训"的外在机制，形塑着工人的工作习惯。

云南铜业的发展同样是观念变化的重要事例。乾隆三年下令"京局"铸币铜材全采滇铜，这意味着滇铜业事实上已经成为国家货币政策至关紧要的组成部分。对于如此重要的行业，政府始终没有把铜厂改回官营的方式，完全置于政府掌控之下。这里面一个重要因素，正是"利益观念"的转变把民间商人办矿利益纳入国家经济政策的考量之中。雍正初年针对"官铜店"存废问题的讨论中，李绂提出"公利之利，无往不利"的观念。透过"专利之弊"（政府专营矿厂会导致弊端）与"公利之利"（允许民间商人开采属于"天地自然之利"的矿产），把铜厂商人利益带入铜政制度利弊得失的讨论之中。正是由于出现"公利之利"的利益观念，使得政府在保障铜材供应的总目标下所实施的一系列改革，客观上向着有利于民营矿厂的方向发展。

16～18 世纪文化观念变化最为明显地体现在一系列涉及商品、货币、交通、度量衡等经商所需知识的商业书上，它们从侧面反映出明清时期商业之发达。第七章选取万历年间收录在日用类书《三台万用正宗》的《客商规鉴论》以及乾隆晚年江西商人吴中孚编撰的《商贾便览》两部商业书做个案研究，分析这两部相距约 200 年的商业书之间的异同。《客商规鉴论》全书分 27 节，采取总论与举证交错互见的行文方式，内容则主要是小心人身财货安全、审择牙行、各种产品的时节变动、买卖时机等与商业经营相关的务实信息，几乎不出现任何提倡家族伦理或义利之辨等的儒家道德语句。《商贾便览》承袭崇祯年间出现的商业书《客商一览醒迷》中《商贾醒迷》的行文风格，采取注释体。全书 8 卷，综合汇编商贾、算法、银谱、平秤、尺牍五种"便览"，形成比《客商规鉴论》更具体系性的商业书。内容上，除了选择牙行、店铺开设布置、店铺组织章程、学徒伙计训练等务实的商业知识外，还提及"生财有道""仁义礼智信"等带有"商业道德"色彩的内容。行文风格的差异究竟具有怎样的意义？在斯波义信"边走边读"的解释基础上，作者进一步提出，相较于整节长文不分段的行文方式，注释体一段正文、一段附注，具有散漫、不连贯性，"更适合商人在店铺作店办事以及在舟车旅程行进中阅读"（第 391 页）。

以上各章勾勒出的明清市场演化显示，明清中国的制度并不像过去认识的那样僵化陈腐，构成经济发展转型的重要障碍。相反，邱澎生教授为我们揭示出另外一个面相：明清时期因应市场经济的发展，各种制度确实发生了富有历史意义的变化。这样一种看法的形成，固然是由于作者摆脱"西欧中心论"的前提预设，同时也与作者采取的方法论有关。相较于"法律中心论"研究取向对法律条文、法学专论的注重，作者更强调"法律多元论"的研究志趣，即注重国家法之外的秩序与规范的来源。如此，研究的问题就从为何传统中国未能产生保障产权、债权的民法、商法，转变为市场秩序如何生成、商业规范如何产生这类较少前提预设的问题。

事实上，伴随 18、19 世纪全国市场的长期发展，包含商业契约、债务纠纷、劳雇争议在内的各种商业纠纷层出不穷，直接、间接地冲击司法体系。官员在既有法律体系下审理、调处商业纠纷的过程中，既有法律规范获得适应市场秩序变化趋势的微调，最终形成某种制度变迁。苏州棉布字号的放料制生产如果没有法律制度在商标"立案"等方面的调整，以及司法审判实务予以有效支撑，是很难实现的。对滇铜业而言，与矿洞出资股东之间的利润分配、矿山产权、矿坑归属、结算、运输风险等等问题相关的市场规范中，铜政法令固然是其中的一个部分，铜政官员支持下有效运作的不成文规约同样是其形成的重要途径。重庆船运业中，"五门拨船帮"透过应承差役而垄断码头营业权，其妥当性首先是船帮自身形成的帮规，进而透过多次判决，以司法运作的承认来保障这种垄断经营权。第六章透过"巴县档案"中留存的两件案子，讨论 19 世纪重庆的债务与合伙纠纷。重庆属于"河港移民型城市"，其经济发展与外来移民密切相关。移民占整个城市商业人口的主要部分，对于重庆社会结构有着显著影响。其中，湖广、江西、江南、浙江、福建、广东、山西、陕西八省移民不断介入重庆城的公共事务，出现所谓"八省会馆"。作者发现，在涉及商业的诉讼案件的审理过程中，官员常常委派"客长""八省客总"等商人团体领袖负责调查证据、出面调解。这表明在 19 世纪重庆商业讼案中，社会力量在司法审判中发挥着重要作用。

这样，尽管明清中国未能出现保护产权、债权的商法，可是，在司法实务层面上，政府官员实际执行着保障产权、债权的政策，由此出现适应市场经济发展的若干制度变迁。这些制度规范的形成，往往以商业习惯、商人团体自身规范为基础，通过司法判决而获得官方认可，其中体现着"国法"与"帮规"的相互作用与形塑。合伙经营、买卖契约、承揽等各种商业行为，也通过司法实务获得制度保障。

我们应当如何看待邱澎生教授新著所透过七个明清时期经济与制度变迁的片段，勾勒出的明清中国市场演化之路？在我看来，这部著作最大的贡献在于破除了有关上层建筑桎梏的种种迷思。如前所述，在有关明清中国何以未能发生工业革命的各种历史解释中，除了人口压力，最常被提及的因素就是呈现出了明清时期的政治制度、法律规范、文化观念等上层建筑限制了生产力的进一步发展。无论是苏州商人团体公产的立案保护制度、滇铜业中"官本收铜""运官运铜"，还是官府对苏州棉布业、重庆船运业中种种纠纷的处理，都反映出明清时期的上层建筑确实因应市场经济的发展而做出调整，尽管这些调整未能导向西欧近代的历史发展路径。

然而，明清时期的法律制度、文化观念发生了适应市场经济发展的重要变化，是否意味着明清中国并非处于停滞状态，传统中国有一条转向现代的独特演进路径？事实上，即便我们能够指出明清时期发生的种种变化，可是，如果我们无法看清变化可能导向的方向，这些历史研究成果恐怕难以撼动"停滞论"。比如，第七章对明清时期商业书行文风格进行一番分析之后，作者想到这样一个问题："如果十六世纪末出现的《客商规鉴论》行文格式继续发展，是否会出现更有'连贯性'的商业知识文本？如果不是流行使用《商贾便览》这类注释体的行文格式，则十八世纪以后的清代中国商业书籍书写格式会不会有另外更多的新风格？"（第 391 页）由此，作者自然而然地联想到 17 世纪英国出现的商业报纸，18 世纪德意志出现的强调客观、科学分析商业知识的商业书籍。这里面隐约透露出"萌芽中断论"的色彩：如果《客商规鉴论》的行文风格不被注释体所取代，传统中国或许也会发展出更为系统化、理论化的商业知识。

这个例子提示我们，要想实证研究不至于徒劳无功，迫切需要对于"现代"进行深刻的理论思考。是否存在不同于西欧的"现代"？我们应当如何想象亚洲的"现代"？如果"现代"仅只是由工业革命、民族国家、市民社会等西欧近代出现的事物构成，如果现代＝西欧、传统＝亚洲这组等式无法突破，我们的实证研究恐怕也只是为"停滞论"提供一个最新版本，只不过故事的主角从工业革命、民法商法，变成交易成本、工作规训等更具社会科学属性的分析范畴。我想，邱澎生教授在结论最后部分引述查尔斯·泰勒有关现代性的讨论，正是要提醒读者注意这个问题。这个问题也是明清史研究者无可回避的难题。

最后，我想引用《当经济遇上法律》结论中的一句话作为结束，它很好地体现出这部著作在方法论上的启示意义："与其斩钉截铁指称近代西方如何发展，何不保持更大的开放心态来面对世界不同地区的各自历史发展？"（第 410 页）

《中国古代法律文献研究》第十三辑
2019 年，第 520～533 页

一叶知秋：
明清契约文书究竟还能研究什么？[*]

——读《明月清风：明清时代的人、契约与国家》

吴才茂^{**}

十四年前，陈支平先生在《努力开拓民间文书研究的新局面》中谈到一个事实：近二十年来，我国学界对于民间文书的搜集取得了十分可喜的成绩，新发现的民间契约文书不下十万件。然而，有关利用民间契约文书进行史学研究的新成果，却屈指可数，二者不成比例。导致这种现象出现的原因主要有二：一是民间契约文书有着太多的雷同……一叶可以知秋，一张较为典型的契约文书的学术研究价值，也许可以等同于若干张甚至成千上万张的同类契约文书，民间契约文书数量的增多并不等于其学术运用价值的同步增长；二是观察视野和研究方法的单一化。[1] 这十多年来，中国各地新发现的民间契约文书数量更是以成倍、成数十倍的速度增长，收集、整理与出版呈井喷状[2]，"但是

---

* 本文为国家社科基金一般项目"明清清水江官文书整理与研究"（19BZS010）的阶段性成果之一。

** 凯里学院人文学院教授。

[1] 陈支平：《努力开拓民间文书研究的新局面》，《史学月刊》2005 年第 12 期，第 5 页。

[2] 笔者以后出的"清水江文书"来表现这种井喷状：张应强、王宗勋主编《清水江文书》第 1、2、3 辑（共 33 册），广西师范大学出版社，2007、2009、2011；张新民主编《天柱文书》第 1 辑（共 22 册），江苏人民出版社，2014；李斌主编《贵州清水江文书·黎平文书》第 1 辑（共 22 册），贵州民族出版社，2017；高聪、谭洪沛主编《贵州清水江流域土司契约文书·九南篇》，民族出版社，2013；高聪、谭洪沛主编《贵州清水江流域土司契约文书·亮寨篇》，民族出版社，2015；陈金全等编《贵州文斗寨苗族契约法律文书汇编：姜元泽家藏契约文书》，人民出版社，2008；《贵州文斗寨苗族契约法律文书汇

学界利用民间契约文书进行历史与文化的研究，好像遇到了一个严重的瓶颈，即新发掘的契约文书不断问世，但是有分量的研究新成果，却是相对少些，或者说是屈指可数，二者不成比例"。"一叶知秋"仍是重要原因。①契约文书这种雷同属性，似已成了明清契约文书研究的"紧箍咒"，难有解"咒"之法。

　　陈支平先生的这种担忧，确是目前明清契约文书研究界的实况。很多同行坦言，契约文书收集了一大堆，摆在面前却一篇文章也写不出来，其实亦非真不能写，而是能写的题域，前贤早已论述清楚，已无再写之必要，但要开创新领域，一时又英雄气短，只能顿足捶胸，望"契"兴叹。就此意义上而言，主要面对的还是明清契约文书研究成果的积累问题，即经过近一个世纪的积累，要想超越 20 世纪那些原创经典之作，确非易事。②后续的研究成果，基本上未能跳出前辈学者的研究范畴与解释框架。

编：姜启贵等家藏契约文书》，人民出版社，2015；《贵州文斗寨苗族契约法律文书汇编：易遵发、姜启成等家藏诉讼文书》，人民出版社，2017；龙泽江编《九寨侗族保甲团练文书》，贵州人民出版社，2016；贵州省档案馆等编《贵州清水江文书·黎平卷》第 1、2、3 辑（共 15 册），贵州人民出版社，2016、2017、2018；《贵州清水江文书·三穗卷》第 1、2、3 辑（共 15 册），贵州人民出版社，2016、2017、2018；《贵州清水江文书·剑河卷》第 1 辑（共 5 册），贵州人民出版社，2017；《贵州清水江文书·天柱卷》第 1 辑（共 5 册），贵州人民出版社，2018；《贵州清水江文书·岑巩卷》第 1 辑（共 5 册），贵州人民出版社，2018；《贵州清水江文书·锦屏卷》第 1 辑（共 5 册），贵州人民出版社，2017。截至 2019 年，清水江文书进入档案馆的数量已达 21 万件，亦将陆续进入出版程序，更大规模的出版即将到来。但是，原创性的学术产出，与这种出版规模，远远不相匹配，以致日本学者唐立曾指出："《贵州苗族林业契约汇编》和《清水江文书》第 1 辑 13 册将约 5000 件契约和诉讼词稿提供给学界，但利用它们撰写论文的成就积累并不多，非常遗憾。"参见唐立编《云南西部少数民族古文书集·编序》，东京外国语大学，2011。

① 陈支平、赵庆华：《中国历史与文化研究中民间文献使用问题反思》，《云南师范大学学报》（哲学社会科学版）2018 年第 4 期，第 137 页。

② 明清契约文书的研究，主要集中在三大领域：一是社会经济史；二是法制史；三是社会文化史。主要代表作有：傅衣凌《福建佃农经济史丛考》，协和大学"中国文化研究会"，1944；杨国桢《明清土地契约文书研究》，人民出版社，1988；陈支平《近五百年来福建的家族社会与文化》，上海三联书店，1991；郑振满《明清福建家族组织与社会变迁》，湖南教育出版社，1992；刘志伟《在国家与社会之间：明清广东里甲赋役制度研究》，中山大学出版社，1997；栾成显《明代黄册研究》，中国社会科学出版社，1998；〔日〕滋贺秀三等著，王亚新等编《明清时期的民事审判与民间契约》，法律出版社，1998；王振忠《徽州社会文化史探微：新发现的 16～20 世纪民间档案文书研究》，上海社会科学院出版社，2002。

当然，在前贤的基础上而向精深领域迈进者，近十多年来亦非少见，例如阿风先生对妇女权利地位和徽州诉讼文书的研究；又如曹树基先生等对最富争议的"田面权"之讨论；再如刘永华先生对"仪式下乡"的研究，均是著例。① 现在摆在笔者面前王帅一所著的《明月清风：明清时代的人、契约与国家》（简称《明月清风》），② 无疑也是视角新颖且富有创见的最新研究成果。

《明月清风》显然是在前述脉络下而进行的学术工作，据作者所言："如果没有这批层次丰富、涉猎广泛、扎实严谨的针对明清时代江南、华南地区契约文书的研究成果，我不会也不敢选择这样一个题目展开讨论。正是有了明清社会经济史领域的研究成果，法律制度与法律文化领域的明清时代契约与人的生活等相关研究才有向前推进的可能。"（第16页）。在这种学术脉络下，作者进一步结合法史学界的状况，回应岸本美绪先生的诘问，③ 指出法史领域中的契约研究，在契约的形制、分类、要件与契约的结构、功能意义以及不同阶段的契约文书所呈现出的时代差异等领域已经做出丰赡研究之后，法学领域的中国传统契约研究还可以有什么作为？并进一步指出了应该往哪里走的问题，即"如何理解传统中国语

---

① 阿风：《明清时代妇女的地位与权利：以明清契约文书、诉讼档案为中心》（社会科学文献出版社，2009）、《明清徽州诉讼文书研究》（上海古籍出版社，2016）；曹树基、刘诗古：《传统中国地权结构及其演变》，上海交通大学出版社，2014；刘永华：《礼仪下乡：明代以降闽西四保的礼仪变革与社会转型》，三联书店，2019。
② 王帅一：《明月清风：明清时代的人、契约与国家》，社会科学文献出版社，2018。
③ 岸本美绪先生的原话是："现在，在明清史的研究中，契约文书作为珍稀史料的时代已经结束，大量的文书史料开始为研究者所利用。不过，仅仅有丰富的资料，今后的明清法制史研究是否就能大有成就却是另一个问题。大部分契约文书都是以类似的样式制作的，'从法制史的观点来看，人只要知道一个，就可以大体明白其他的了'。在史料数量方面，法制史研究者的观察角度可能与要求多多益善的社会经济史研究者不一样。但是，对于我们社会经济史学者来讲，契约文书作为史料的魅力还不仅仅在于所记载的物价、租额等数据，纸质、字体、笔触以及其他通过文书可能察知的如登场人物、人和人之间的关系等等，都能折射出当时社会的气氛。这些文书在当时的日常生活中是很普通的事物，但正由于其普普通通、无意造作的性质，反而更能够给研究者带来关于当时生活现实的实在感受。令人感兴趣的是，研究法制史的学者对于契约文书的这种魅力或感受又有何想法呢？"〔日〕岸本美绪：《明清契约文书》，〔日〕滋贺秀三等著，王亚新等编《明清时期的民事审判与民间契约》，第314页。按，《明月清风》似乎就是在回应岸本美绪的这种诘问，并试图打通法制史与社会经济史之间的隔膜，架构起能出入两者之间的桥梁，通过契约文书来阐释中国传统文化在社会整合中的作用。

境下的契约及其文化，或者说在中国契约呈现出来的诸多特征的背后，中国人创造出此种契约文化背后的'人类生活的第二条路向态度'问题，皆应为已有著述基础上之推进"（第 5 页）。基于这样的认识，作者将法制史的研究视角转向以人为中心，关注人的行为与活动，做出与以往法史研究不同的成果。于是，作者阐释了他的真正想法与做法："试图通过讨论传统中国社会中人们订立契约的法律行为，以及影响契约运行的各种因素，把传统社会中普通人的行为作为研究对象，以人为中心来思考人与契约、人与社会、人与国家的关系。并且希望尽可能摆脱使用现在民法的框架看待传统契约，而是把中国契约及其文化当作一套相对独立的知识传统来看待。"（第 7 页）这是具有创新意义的尝试，因为中国传统史学的研究特别是制度、条例的研究，是很难见到"人"的，至于民间芸芸大众更如草芥一般，消散于历史烟云中而毫无痕迹。在这样的学术传统下，注重"人"的研究，显然可以达到该书的目的："本书意在表达一个有关人与契约的动态关系，也就是说通过对契约行为（意指人们订立契约的行为以及契约运行中人们维护其运行的行为及与契约紧密相关的人的行为）的研究，来阐释契约于人们生活中的作用。这种行为既受传统文化所影响而发生，亦形成了一种自成一体的契约文化，其导致了契约关系的产生、变化或者契约诉讼的提起与平息。因此，以行为之前的文化来解读传统契约关系的发生，以行为之后的文化来阐释传统契约关系的本质。"（第 9 页）为了达到这个目的，作者以个人与家族、个人与社会、个人与国家以及三者互动的思路，把主体内容分为五章，进行了环环相扣的论述。

基于这样的研究目的，作者首先要处理的是个人行为，个人行为如何借文书得以表达，最核心的莫过于个人的缔约行为，但如果仅仅是考察单个个人的缔约行为，其实很难把这一个体的行为阐释清楚，即什么才是个人的缔约行为？因此，作者另辟蹊径，以家族文书作为起点和核心来讨论这个问题，把个人置于家族社会里，不仅可以把个人行为更清楚地展现出来，而且也能与学界宗族史的研究展开对话并深化该项研究，这便是第一章的安排。众所周知，中国传统社会里，"同居共财"一直是人们追求的理想状态，为之衍生出各类不同形态的社会组织。汉人社会里，以家族组织为核心，具体到不同地域社会，还衍生出了继承式宗族、依附式宗族、合同式宗族等类型。① 这些不同类型的家族组织与"家长"一道，成为限制个人财产处分的枷锁，但个人的"私念"或生存需求，不管是国法还是家规，都很难挡住其生存欲望的膨胀，进而总是千方百计地打破这种理想，即便经由父祖和子孙共同创造的"共同财产"，也会随着"私念"的崛起，走向分崩离析的境地。民间遗存至今的家族文书，就很明显地体现出个人与家族之间存在一种离心力。因此，正如作者所指出的那样，在家产的处分上，似乎有一对紧张关系的存在，即家族对于个人的限制和个人寻求突破同时并存，并且往往个人寻求突破的一面会逐渐占据上风。因此，"无论是已经分家析产之后各独立家庭的'共财'关系，还是未分家时各房之间的'共财'关系，都不能阻止其成员个人处分此'共财'的可能。无论个人是以何种理由与目的，处分的家产是否属于自己的一份或是全部，他都以契约形式明白无误地向立约的相对方表明自己有权利处分家产"（第51页）。这样的分析，无疑也是对过往家族史和"同居共财"现象研究的一种推进。

当然，家族文书只是展现了个人在家族内部的情形，由家族而外的整个社会，个人的缔约行为又如何表达呢？作者在第二章以比较大的篇幅，抽取了三组明清时代最为常见的缔约关系，对个人的社会契约行为及其衍生的关系进行了充分论述。

第一组是土地买卖契约中缔约方之间的关系。明清时代的土地买卖极为频繁，遗存至今的土地买卖契约也最多，翻检这些文书，可谓千篇一律，"一叶知秋"，如何化腐朽为神奇，须抓住其核心问题。作者抓住了缔约各方之间的具体关系，并结合土地买卖是否为自由交易这两个核心环节，展示了明清时代人们订立土地买卖契约的动因及土地买卖契约在人们生活中的实际意义。具体关系有三种：一是缔约各方因为土地交易行为而结成某种较普通人更为亲密的联系，以后可能还会继续交往下去，这也是为什么很多土地契约文书会明确出现"亲人"的原因（第58页）。二是缔约发生前的"经账"文书与"草议"文书，这是一种具有"要约邀请"

---

① 郑振满：《明清福建家族组织与社会变迁》，中国人民大学出版社，2009，第47~90页。

意味的文书，被杨国桢先生称之为"觅卖文书"①，这个"觅"字就反映了缔约之前的具体操作情形以及买卖双方的一种具体关系。具体而言，就是出卖人为保证未来订立正式契约所做的前期准备，从中可看出承买人的优势地位，而且经过前期准备所付出的交易成本（如"信洋"），不仅对出卖人构成了约束，也巩固了承买人的优势地位。三是"一田二主"这个极富争议的关系，相关研究已汗牛充栋，想要杀出一条血路，极为不易。作者避开"田面"权的成因与性质，专门截取了契约文本，来讨论独立的"田面"权转让问题。这种"田面"权的转让契约被明清时代的人们理解为一种与"田底"同时存在的、关于土地的买卖契约，指出"田面"权的买卖与"田底"权的买卖，并无本质区别（第61页）。

第二组是土地租佃契约中缔约方之间的关系。过往讨论这一问题，大体是放在剥削与被剥削、压迫与被压迫的话语体系下进行的，但业佃之间的具体关系，可能并非这种你死我活的二元对立关系，其面相其实是复杂多变的。正是基于这种思路，作者对租佃契约缔结双方的关系进行展现，主要通过对"招佃"契约的分析，将业主与佃户的关系析分为三种：一是在普通租佃制下，承佃人似乎要承担更多义务，业主除了提供土地之外，没有其他附加义务；二是在分益租制下，业主与佃户的关系类似一种合作关系；三是在永佃制下，佃户在耕种田地的基础上取得了更多的权利，并受到乡俗与官府的保护。不过，值得注意的是，佃户承佃除了正常的立约纳租外，还有各类"鸡鸭送业""进山礼""顶首钱"等等付出，说明佃户的地位与业主并不在一个档位上，因为当时社会仍把两者的关系视为主奴关系或尊卑关系。因此，这三种关系在具体的实践中，更为复杂多变，业主虐佃与刁佃欺主的现象并存于社会之中。

第三组是土地典当契约、典当契约与涉及人身依附的契约中缔约双方的关系。就土地典契而言，出典人与典权人的关系处于一种博弈状态，出典人希望保留土地所有权，而典权人因为长时间占有土地和土地价格的不断攀升，对出典土地的产权意识强烈，甚至在出典人有能力偿还典价的情况下，典权人也不愿放弃典权。因此，若出典人因"无钱用度"而出典，

---

① 杨国桢：《明清土地契约文书研究》（修订版），中国人民大学出版社，2009，第189页。

系弱势一方。就典当契约而言，从当价的议定过程，就明显表现了出当人系弱势一方。至于雇佣契、卖身契和佃仆契约，则很难体现出一种平等的地位，基本是随着身份关系的变化而变化的。

透过这三组关系的讨论，作者最后指出，这些契约的缔结都是缔约方在具体生活中的具体所需的体现，但在经历漫长的社会变迁之后，表现复杂具体关系的契约最终会被类型化。这种具体关系的类型化，未能达到我们今天民法概念上的抽象化，但是它也可以让我们构建出一种权利转移过程中的指向性，或者说契约文书表达了一种权利自立契人向相对方转移的单向流动（第 96 页）。这无疑是具有原创性的新见解。

那么，这些关系是如何在社会网络中被承认的？或者说契约秩序是如何在明清时代被建立和维系的呢？作者在第三章很自然地安排了契约里的中人这一角色，但不同于以往从契约关系内部视角的研究，而是着眼于契约秩序这一外部视角，来进一步发掘中人在契约关系中之所以能够发挥作用的关键因素，分析中国文化对中国人性格及交易习惯的塑造，借此来厘清传统中国的契约秩序（第 99 页）。具体而言，在个人化的传统契约关系中，明清时代随着契约程式化的强化，不管是"原因条款"的形式化表达，还是民间对"信"的看重，明清契约习惯形成了一套对于可能发生的纠纷予以防范与协调的保障性措施，但只有中人的加入，把缔约双方串联起来，这些抽象化的个人信誉、契约关系，才能在具体的人际关系网络中，通过礼义廉耻等道德观念及其言说，得以有序运行。

值得注意的是，并非有中人加入，就可以完成契约秩序的建立，尚需要诸多外部因素，这就是作者所说的外部视角。具体而言，需要一个社会观念的形成，即在明清时代人们的观念中，契约与中人是什么样子？他们是怎么想的？作者通过中人的"引领人"作用与人们对中人的酬谢，说明了人们对中人在契约关系中发挥积极作用的看重。那么，中人又是如何工作的？首先将契约交易双方介绍到一起，促成契约关系的成立，起到类似中介的作用，并见证立契的全过程；其次，中人在契约关系中，负有某种义务，甚至具有担保的意味；最后，当契约发生纠纷时，中人可以从中进行调处，或者有责任直接作为契约关系见证人接受官方调查。中人这种贯穿于立契前、立契中和立契后的作用，无疑也给人们契约的观念以深刻的影响，所谓"无中不成事"。

当然，中人在契约关系中的作用也不是凭空而来的，明清时代的社会网络，具备中人能行使作用的厚实基础。首先是由中人促成的"熟人关系"，使契约运行处于具体的人际关系之中。在这种人际关系中，不管是中人，还是交易双方，甚至他们背后的不同个人或群体（如亲族、乡里等），都被绕进了契约关系中来，这个由契约关系而编织起来的社会网络，在维护乡里秩序中发挥着重要作用。更为重要的是，这种由中人促成的"熟人"评价系统，优于官方权力在私权领域发挥作用。众所周知，中国传统民间社会里，老百姓一般不迷信官方的力量，也不提倡告官，谚语所谓"衙门八字开、有理无钱莫进来"，就是人们形象生动的心声表达。人们更愿意把纠纷放在传统文化如人道观念特别是"忠恕"与"爱敬"中去解决。已有研究表明，通过在交易中引入第三方并由他们协助解决纠纷的安排，相当有效地减少了诉讼。① 这说明了传统中国人即使没有对神的恐惧，没有对国家权力的恐惧，却不能不恐惧良心与人道的规训。② 因此，正如作者所强调的一样："在传统中国社会中，被官方惩罚相比于被周遭人群的道德鄙夷更容易被人接受和理解，后者对于个人的慑力在人们日常生活的具体人际关系网络中远大于前者。出于对廉耻和道德观念的忌讳，非礼之事被中国人所不齿，而且一般的纠纷依据礼义廉耻就可以解决。这正是在熟人社会中，由彼此都熟悉的第三方协调解决纠纷的文化基础，也是近年来强调通过调解方式解决诉讼纠纷的文化基因所在。"（第119页）这显然是对中人之所以能够发挥作用的文化基础而做出的精准论述。

那么，是不是传统中国的乡村社会真能达到"皇权不下县，县下唯宗族，宗族皆自治，自治靠伦理，伦理造乡绅"③ 的理想状态，纠纷都能在乡族、邻里这种"温情脉脉"的面纱下得到解决？当然不全是。事实上，人类文明自诞生之日起，"温情"与"暴力"，或者说"常态"与"极端"一直是同时存在且向前演进的。明清时代亦不例外，当土地契约纠纷产生，中人与乡族、邻里没办法最终解决之时，必然走向官府。但是，明清

---

① 黄宗智：《清代的法律、社会与文化：民法的表达与实践》，上海书店，2007，第30页。
② 辜鸿铭：《中国人的精神》，人民出版社，2010，第141页。
③ 秦晖：《传统十论》，复旦大学出版社，2014，第3页。

时代的官方立法,除了户律、田宅部分以及刑律诉讼的极少条款与田土或契约相关外,别的部分基本不涉及契约的内容。那么,在民间自发形成的契约交易习惯中产生的纠纷如何被官方认识与处理,则成为需要探讨与解释的问题。这个问题的回答,在笔者看来,是可以为中国传统乡村社会的所谓"双轨制"① 架构桥梁的,因为官、民之间的互动,在土地契约词讼的处理中,展现得淋漓尽致。在官方看来,利用民间所立契约作为依据来调处民间田土纠纷,是有针对性和有效率的办法,官方调处田土纠纷,也势必依赖契约文书,因为诞生于民间的"私籍",② 是重要的呈堂证供,而官方对这些证供的判断与利用,是一个与民间来回互动的过程。这便是作者第四章要讨论的核心内容。

其一,官员要对作为审判依据的契约及其纠纷进行考量,其原则是"听讼者以券书决之"。③ 明清很多事例表明,契约的效力高于口供,特别是一份完全符合民间交易习惯、要素齐全的契约,其证明力为官府所接受。而在官方看来,利用民间所立契约作为依据来处理民间田土纠纷,是有针对性和有效率的办法。因此,官方认可契约作为调处纠纷的证据,也会使缔约人主动寻求官方对于自己所立契约关系进行管辖,在发生纠纷时也会积极引入官方因素进行处理。

其二,官员审断纠纷案件时掌握的经验与所做的准备。为了弄清楚土地纠纷的来龙去脉,官员不仅要依赖契约来分析案件,更重要的是需要对契约进行查验,判断契约的真伪,成为官员审断案件的重要事项。他们首先要观察契约是否有官方钤印;其次要考虑契约是否有中人等第三方为证;再次还可以根据所争土地的其他关系来从反面论证契约的真伪;另外可能还需要进行很多实地勘察工作。这个反复审查的过程,不仅可以点出纠纷双方争执的症结与心理,还可以顺便揭露两造争执的动机,使得两造

---

① 双轨政治,是由费孝通先生针对中国传统社会治理结构而提出并得到各界广泛讨论的一个经典概念。在他看来,在帝制时代,中国这个超大型中央集权国家得以长治久安的密码正在于双轨政治结构,一轨是以皇权为中心的官僚制机器,另一轨是以士绅为中心的村社自治,通过士绅这一上下之间的转换器,维系着国家规模之累与治理绩效有效性之间的均衡。参见费孝通《乡土中国》,上海人民出版社,2006,第145~160页。

② 阿风:《明清徽州诉讼文书研究》,第159~161页。

③ 许慎撰,段玉裁注《说文解字注》,上海古籍出版社,1988,第182页。

觉得惭愧或者无地自容，以便于后续调处。

其三，官方综合利用多种知识以化解土地纠纷之策略。官员们在受理田土争讼后，基本上是沿着平息讼端的思路而进行审案的，因此，除了前述准备之后，利用契约瑕疵或两造供词顺势息讼是其主要策略，抓住其中要害，就可以迅速息讼。从明清时代的案例中，可以看出其核心宗旨是："在一场官司中，传统中国的处理逻辑综合了个人、社会与国家三者利益的平衡。作为官方最重要的日常事务之一，解决这类纠纷更是教导普通百姓如何按照儒家思想做人的难得机会。这种寻找均衡点的处理方式，是传统中国官方站在国家治理秩序的立场，从更宏观的角度作出的选择。"（第140页）因此，也没有必要迎合西方的民法体系，传统中国自有其处理民间细故的法则。

行文至此，还有另外一个重要问题没有解决，即民间契约习惯与官方是如何互动的，也就是官方通过何种途径介入民间习惯中来，寻找符合官方调处土地契约纠纷的逻辑。在第五章中，作者以"契税"作为切入点，找到了民间习惯与官方互动的钥匙。首先，作者从赋役体系中"杂项"与"正课"的区分来认识"契税"，作者认为"杂项"征收事小，"正课"征收事大。"契税"与"推收"原本事关不同，分属"正""杂"两类赋税体系，但官方将此二者修在同一条律文之中，① 可以看到"契税"与"过割"之间存在着联系。也就是在官方的表达中，买卖土地时，订立契约文书不算完，要进行税粮义务的"过割"，这才算是土地交易行为的完成。而厘清业主纳税义务之所在，就要尽量对"立契"与"过割"两个环节有所掌控，因此，本条立法目的实为避免蠹弊，克服征敛科则的困难。"契税"实际上是为了取得交易信息来更新土地产权的官方记录，而立法规定民间立契之后与官方的接触行为，也就可以说是官方介入民间契约的一种方式。

官方除对"不契税""不过割"行为进行处罚外，还应对不监管土地交易、疏漏契税征收的官员加以处罚。这说明，通过"契税"方式的介入来对赋税来源的基础——土地产权的确认、清查，成为基层官员任内的一

---

① 律文是："不契税者，亏损其课程，亏官之罪小，故五十，追价一半入官。不过割者，遗存其粮税，累民之罪大，故罪止仗一百，追田入官。"雷梦麟：《读律琐言》，怀效锋、李俊点校，法律出版社，2000，第140页。

项重要任务。任期内能否将"钱粮"征收的任务圆满完成,也是考核州县官员的一个重要指标。因此,在州县的具体实践中,官员为了掌握土地所有权信息,会制作一些诸如"号单""由贴"之类的文书,借之确定每户占有土地的信息。但这些做法,被上级官员认为是多此一举,因"祖遗"产业有"分书","新置"产业有"文契",这些已经很好地完成确定土地所有权的任务。如果"文契"再经过官府钤印、粘连契尾而成为红契,就会成为最有效力的证明文书。因此,"契税"对于民间契约行为的介入,是在尊重民间契约习惯的基础上,借助已有法则来尽量掌握土地流传信息。当产业有凭、赋税无虞时,则不必过多介入民间。

那么,是不是由于这种原因,"白契"才会在民间社会里大行其道?过去认为"白契"的大量存在,不仅有"乡邻"作为坚实后盾,还有伦理道德作为强力支撑。事实上,"白契"之所以大行其道,除去上述原因外,最主要的还是在诉讼过程中被官方认可,不过值得注意的是,官方认可"白契","是为了用两造都能否接受的方式,及时有效地平息纠纷",因为"在诉讼中,官方行为的核心指导思想是如何尽快地消解积怨,以达到自己治下的和谐稳定"(第 155~156 页)。而且,以"契税"旨在协助田赋正课征收的角度来看"白契"问题,并结合明代后期至清代渐趋定额化的田赋征收形势,可以知道,官方征收的田赋只是一部分实际耕种土地产出而应该缴纳的赋税,由此对应到契税问题就是,官方只需要掌握一部分土(而非全部)的流转信息即可,进而在田土纠纷中的白契效力被官方默认成为可能。这可能就是"白契"最终能成为民间契约文书遗存最多的原因。

以上即是《明月清风》的主体内容,从中可清晰地看到作者以契约及其所蕴含的文化为主线,以"人"为中心,把个人而社会而国家最后至三者之间的互动,进行了一环扣一环的论述。借此揭示了个人、社会和国家这三个层面,如何共同构成了中国传统私法文化具体而真实的存在,并指出其核心要旨在于崇尚理性与尊重自治,对民间自发形成的私法文化给予承认。这样的研究成果,最终要告诉我们的是:既要跳出西方学术话语体系,跳出所谓"民法"框架来研究中国传统社会的"私法",并用明清契约文书的研究来诠释了这种学术追求。其实,纠结于中国传统社会里有无"民法",显然是一个伪命题,中国传统社会的演进自有其"内在理路"①。事实上，每个民族或人群，在人类文明发展的历史进程中，均衍生出了适合自身的行为方式，这是很自然的现象，何必一定要去迎合西方或现代意义上的"民法"呢？因此，作者同时告诫众人："按照西方标准来检测中国传统的研究方式，不仅不能揭示传统社会的本来面目，反而会使离传统越来越远的中国人对传统中国的认识变得模糊，甚至无知。浅显、盲目地代入与类比，既不能理解西方，也无法看清中国，甚至会为中国开错药方，好心办坏事。"（第163页）基于这种理念，作者明确主张："契约问题要放在生活明清时代的人们创造的文化以及文化回转而创造的人们的生活方式中去理解，要放在文化的'内在理想'及其力量使人随之发展的过程中去理解。"（第8~9页）从这个意义上而言，作者真正要告诉我们的，是在传统中国的社会关系网络中如何理解契约以及各种缔约行为对于人的重要意义，而非其简单的功用，这也是本书最大的贡献所在。

最后，笔者还想指出的是，过去清朝人认为契约文书这种"烂纸头"，无甚研究价值，现代学术意义上的契约文书研究，无非也是制度史的注脚。若仍然抱着这样的研究思路，"一叶知秋"确实已经足够，影印卷帙庞大契约文书出来，也不可能对真正的学术研究有多大推进，仅具有"在现代化背景之下'抢救'物质和非物质文化遗产的价值和学术积累意义"②罢了。但《明月清风》却给人一种不一样的感觉，仔细翻检作者在文中使用的契约文书，并没有使用新近出版的契约文书，利用更多者，还是那些可"一叶知秋"的契约，作者只是从社会科学研治法律史的路径出发，把契约文书放入一个中西文化比较的视野之中，研究的效果就完全不同，不仅为明清契约文书的研究提供了全新的视角，而且也为理解儒家传统中的"文化"提供了新的活力。③ 这让笔者想起多年前阅读《西方世界的兴起》④ 的情

---

① 余英时：《论戴震与章学诚》，三联书店，2000。

② 陈春声：《走向历史的现场》，《读书》2006年第9期，第23页。

③ 最近为我们思考在中国法律史和经济史研究中如何将"文化"作为一个有效的分析性概念的著作，还可以参见 Taisu Zhang, *The Laws and Economics of Confucianism：Kinship and Property in Pre-Industrial China and England*, *Cambridge University Press*, 2017. 若把它与《明月清风》放在一起阅读，可能会有更多的收获。

④ 道格拉斯·诺思等：《西方世界的兴起——新经济史》，厉以平等译，华夏出版社，1989。

景，经济学家道格拉斯·诺思只是用已有的研究成果和一些常见的经典史料，换了一种角度，用 18 万字的体量，就把西方世界如何兴起，讲得清清楚楚。因此，历史研究实际上不在于资料要如何繁多，① 而在于学者解读史料的能力和研究视角，用烂了的史料，即便"一叶知秋"，若能再进一步化腐朽为神奇而读出新意，可能才是历史研究的应有之义。就此意义上而言，作者虽说"（《明月清风》）始终未能达到我心中期许他应有的样子"（后记），但笔者认为他已经做到了。② 从事明清契约文书、明清法制史和

---

① 多固然好，但多对于过去的历史而言，也只是一个相对数，究竟多少才算多，谁也说不清楚。

② 当然，笔者在阅读过程中，也存在一些疑问，试举几例，不妥之处，恭请指正：首先是明与清的问题，明清作为一个时代放在一起，并无问题，但明与清其实差异性还是很大的，特别是作为"人"的大明臣子与大清臣子，性格迥异。即便是清承明制中的《大清律》，虽然被清人谈迁称为"《大明律》改名"（谈迁：《北游录·纪闻下》，中华书局，1981，第 378 页），但其中差别和变化，也是极为显见的（事例可参见阿风《明清徽州诉讼文书研究》，第 91 页）。笔者的意思是，明清放在一起讨论，可能还是需要注意其中的"变动"处，不然，明清时代似乎很容易成为"铁板一块"，研究成果也容易给人以一种"横切面"而无纵向变化感。从作者征引史料来看，以清代为主，明代相对较少，因而并未对明清之间的"变动"有所阐释，这似亦非本书之重点。但作者取书名为《明月清风》，似也不想把"明月"和"清风"对等，而是各有风情的吧？其次，"熟人社会"究竟能不能全面概述明清社会？因元末民初与明末清初的社会变乱，使很多地方荒无人烟，形成了很重要的人口移动潮流，如江西填湖广、湖广填四川等等。在移民地区，人们彼此交往，经历了一个由陌生到熟悉的过程，并且，明清人口移动也是一个持续性的过程，那么，人与人之间的交往，自然也是一个变动无常的过程，在此过程中，给人们的关系增添了很多新内容，如四川的客长制度等，这可能是讨论明清契约文书需要注意的背景。再次，书中的一些表述似待完善，如第 127~128 页，引证结束后，虽然只是例证，但似仍须有总结之言，毕竟第一节也写完了，况且，该案例的故事性和涉及面极为宽泛，其案所涉历史背景之勾勒，如所称"赡军"之产，就尤显重要，因卫所制度中，"军装"供应是民间的一大难题，也是诉讼极为频繁的领域，明末张肯堂所著《㕌辞》即多有其例。又次，书中一些表述似可斟酌，如第 133 页中有言："契纸的有效与无效可能仅在官员的一念之间，一切以能够解决纠纷为准。"虽然作者列有案例，但并非普遍性，且案例也是限定的，如所举例子，即系"白契一纸"，但若系"红契"呢？官员似不能在一念之间来判定契纸有效和无效。更何况，律法和习惯已经承认了契约的有效性，除非官员知法犯法，或契纸本系伪造，又或其他特殊原因（如前朝契纸或"老契"，并未在规定时间内办理"验契"手续；又如立契约之目的并非出于善意等）。此外，资料的征引，特别是契约文书的引用，最好尽量利用影印件，如《明清徽州社会经济资料丛编》其实还是有很多疏漏之处。最后，书中尚存有前后不一致之处或错字，如第 99、123、142 页出现的"本文"一词，似系疏忽所致，与第 9 页"本书"的说法似有打架之嫌疑，或应作"本章"，因第 21、54 页，就是"本章"的表述。又如第 55 页的"陈春生"之"生"应作"声"等。

中国传统文化研究的同行，应当从本书中汲取学术的养分，而本书倡导的方法与提出的见解，不管学界是否同意，仍应激发学界同仁的思考与讨论，从而将明清契约文书、明清法制史乃至中国传统文化的研究推向新的方向和新的高度。

《中国古代法律文献研究》第十三辑

2019 年，第 534~543 页

2018 年度台湾地区
中国法律史研究论著目录

刘欣宁[*]

一 通代

（一）专书

小川快之著，赵晶编译《传统中国的法与秩序：从地域社会的视角出发》，台北，元华文创，2018 年 9 月。

张晋藩、陈煜：《辉煌的中华法制文明》，台北，龙视界，2018 年 8 月。

（二）论文

李冬楠：《中国法史学教学之我见》，《植根杂志》34：12，2018 年 12 月。

二 先秦

（一）专书

刘芮方：《周代爵制研究》，新北，花木兰文化，2018 年 3 月。

---

[*] 本目录由陈品伶小姐协助编制。

（二）论文

黄铭崇：《从基于亲属的政府到官僚的政府——殷周变革的一个重要面向》，《中研院历史语言研究所集刊》89：2，2018 年 6 月。

罗志伟：《〈周礼〉诉讼制度初论》，《屏东大学学报》（人文社会类）3，2018 年 8 月。

谢博霖：《西周金文贵族副职说再探》，《东吴中文线上学术论文》44，2018 年 12 月。

三　秦汉魏晋南北朝

（一）专书

陈文豪：《汉代大司农研究》，新北，花木兰文化，2018 年 3 月。

王勇：《秦汉官制演变研究》，新北，花木兰文化，2018 年 3 月。

杨椀清：《〈岳麓书院藏秦简（三）〉"学为伪书案"相关问题研究》，台南，台湾周易养生协会，2018 年 9 月。

（二）论文

代国玺：《秦汉的粮食计量体系与居民口粮数量》，《中研院历史语言研究所集刊》89：1，2018 年 3 月。

甘怀真：《从册封体制看汉魏时期的国际关系》，收录于吴玉山编《中国再起：历史与国关的对话》，台北，台湾大学，2018 年 2 月。

高震寰：《试论秦简中的"作务"》，《法制史研究》33，2018 年 6 月。

刘欣宁：《汉代政务沟通中的文书与口头传达：以居延甲渠候官为例》，《中研院历史语言研究所集刊》89：3，2018 年 9 月。

罗仕杰：《从汉简看边塞斗殴与凶杀的三个案例》，《岭东通识教育研究学刊》7：4，2018 年 8 月。

田炜：《论秦始皇"书同文字"政策的内涵及影响——兼论判断出土秦文献文本年代的重要标尺》，《中研院历史语言研究所集刊》89：3，2018

年 9 月。

吴智雄：《争储、谋反、冒名、废黜：论西汉四种政权正当性事件与经典意义应用之互涉》，《清华中文学报》19，2018 年 6 月。

曾尧民：《北朝僧官制度的递嬗——以沙门大统为中心》，《早期中国史研究》10：1，2018 年 6 月。

赵立新：《汉魏两晋南朝官僚选用文书的演变及其意义——以状、行状、簿状和簿阀为主的考察》，《早期中国史研究》10：2，2018 年 12 月。

赵立新：《〈南齐书·百官志·序〉所见中古职官文献与官制史的意义》，《台大历史学报》62，2018 年 6 月。

四　隋唐五代

论文

陈登武：《柳宗元的礼法思想与地方治理》，《法制史研究》34，2018 年 12 月。

段知壮：《杜光庭的戒律观及犯罪思想探析》，《宗教哲学》83，2018 年 3 月。

桂齐逊：《〈唐律疏议·斗讼律〉沿革考》，《史学汇刊》37，2018 年 12 月。

刘怡君：《〈唐律疏议〉"援经入律"之实况及其功能》，《法制史研究》33，2018 年 6 月。

张雨：《使职独立审断权的行使与唐后期司法政务运行——以财政三司为中心》，《法制史研究》34，2018 年 12 月。

五　辽宋金元

（一）专书

廖峻：《宋代州级司法幕职研究（上、下）》，新北，花木兰文化，

2018 年 3 月。

綦保国:《元代官营工商业法律制度研究》,新北,花木兰文化,2018年 9 月。

沈宗宪:《身后:宋代礼法中的官民丧葬》,台北,五南,2018 年 2 月。

赵效宣:《宋代驿站制度》,新北,联经,2018 年 8 月。

(二)论文

洪丽珠:《元代各从本俗下的风俗议论与法律走向——以汉族婚姻法与婚俗为例》,《法制史研究》34,2018 年 12 月。

刘柏宏:《宋元明官箴书中的三〈礼〉、祭祀措施与礼教》,《经学研究集刊》24,2018 年 5 月。

王志浩:《北宋士人政治文化考察——以范仲淹庆历新政对科举的改革为例》,《新亚论丛》19,2018 年 12 月。

朱铭坚:《党争漩涡中的太学——以北宋哲宗朝太学的人事变动为中心作考察》,《新史学》29:2,2018 年 6 月。

六 明清

(一)专书

黄源盛:《晚清民国刑法春秋》,台北,犁斋社,2018 年 3 月。

路伟东:《清代西北回族人口与回族经济(上、中、下)》,新北,花木兰文化,2018 年 3 月。

邱澎生:《当经济遇上法律:明清中国的市场演化》,新北,联经,2018 年 9 月。

舒时光:《明清陕蒙交界地区土地利用的空间分布与变化过程(上、下)》,新北,花木兰文化,2018 年 3 月。

(二)论文

陈熙远:《清代中央系狱诸神考》,《法制史研究》33,2018 年 6 月。

陈殷宜：《清朝回部王公年班制度》，《台中科技大学通识教育学报》6，2018 年 12 月。

陈钰祥：《十九世纪清越边境海盗问题之研究》，《成大历史学报》55，2018 年 12 月。

池永歆：《清乾隆年间大甲溪谷地的番产交易及其衍生的族群互动：以"岸里大社文书"为文本的论述》，《嘉大应用历史学报》3，2018 年 2 月。

郭嘉辉：《天下通礼：明代宾礼的流传与域外实践的纷争》，《台湾师大历史学报》59，2018 年 6 月。

江存孝：《清代后期杀死奸夫条例的改正及其法理》，《法制史研究》34，2018 年 12 月。

李文良：《番语与手印：新港文书的清代历史学研究》，《师大台湾史学报》11，2018 年 12 月。

李新峰：《明代南北卷与南北解额》，《明代研究》30，2018 年 6 月。

连启元：《〈明律〉纵囚条文规范与社会现象——兼论"纵囚论"的议论与反思》，《法制史研究》33，2018 年 6 月。

梁廷毓：《地狱鬼卒：清代文献对"生番"的形象初探》，《历史台湾》16，2018 年 11 月。

廖敏淑：《中国是独特的吗：从清朝的外政及通商制度来看》，收录于吴玉山编《中国再起：历史与国关的对话》，台北，台湾大学，2018 年 2 月。

彭传华：《王阳明〈南赣乡约〉乡治思想探析》，《哲学与文化》45：4，2018 年 4 月。

邱荣裕：《新埔褒忠亭义民庙兴起与发展之探究——以两件清代古文书契为中心》，《新竹文献》68，2018 年 3 月。

谭家齐：《晚明〈律例临民宝镜〉所载〈新奇散体文法审语〉的史料价值及其所反映之闽中社会情况》，收录于李金强、郭嘉辉编《从明清到近代：史料与课题》，台北，万卷楼，2018 年 11 月。

谢忠志：《刑人于市：明代弃市刑探析》，《明代研究》30，2018 年 6 月。

于志嘉：《明代军户家族的户与役：以水澄刘氏为例》，《中研院历史语言研究所集刊》89：3，2018 年 9 月。

于志嘉：《再论明代的附籍军户：以浙江沿海卫所为例》，《明代研究》30，2018 年 6 月。

余俊峰：《情欲、身分与法律：十八世纪中国社会中的鸡奸犯罪》，《史辙：东吴大学历史学系研究生学报》14，2018 年 7 月。

曾春侨、邹浚智：《以现代执法者视角考察〈龙图公案〉中的侦查策略》，《人文社会科学研究》12：4，2018 年 12 月。

张华克：《〈寒字档〉中汉文敕谕资料解读》，《中国边政》214，2018 年 6 月。

张继莹：《水到渠成——明清山西的环境、制度与水利经营》，《汉学研究》36：1，2018 年 3 月。

张凯特：《论明代公案小说集恶僧故事的承衍与改写》，《汉学研究集刊》26，2018 年 6 月。

张凯特：《明代公案小说集中"割股疗亲"的践履历程与彰显的典范意义》，《台北大学中文学报》23，2018 年 3 月。

张宁：《鸡奸为何为奸？——清代鸡奸罪立法演变及其特殊性（1740～1911）》，《法制史研究》33，2018 年 6 月。

庄声：《吉林乌拉地区异常气候与灾后重建——以乾隆十六年宁古塔将军满文文书为中心》，《台湾师大历史学报》60，2018 年 12 月。

（三）书评

Evan Lampe：《评 Robert J. Antony *Unruly People*：*Crime*，*Community*，*and State in Late Imperial South China*》，《汉学研究》36：4，2018 年 12 月。

林欣宜：《评介邵式柏著，林伟盛等译，〈台湾边疆的治理与政治经济（1600～1800）〉（台北，台湾大学出版中心，2016 年）》，《"国史馆"馆刊》57，2018 年 9 月。

魏伯河（Wei Bo-he）：《一石激起千重浪——孔飞力〈叫魂〉在中国大陆学界反响综述》，《汉学研究通讯》37：1，2018 年 2 月。

张瑞宾：《邱澎生〈从经济到法律——明清中国市场演化的历史〉评介》，《法制史研究》34，2018 年 12 月。

七　近现代（1840～1949）

（一）专书

陈凯雯：《日治时期基隆筑港之政策、推行与开展（1895～1945）》，台北，"国史馆"，2018 年 11 月。

戴馥鸿：《宪政编查馆与晚清法制改革》，新北，花木兰文化，2018 年 3 月。

苟强诗：《民国时期上海的文学与法律（1927～1937）》，新北，花木兰文化，2018 年 9 月。

郭胜利：《民国政府西北民族政策研究（上、下）》，新北，花木兰文化，2018 年 9 月。

铃木哲造：《日治时期台湾医疗法制之研究》，台北，五南，2018 年 7 月。

曲相霏：《人权离我们有多远：人权的概念及其在近代中国的发展演变》，台北，崧烨文化，2018 年 8 月。

松冈格：《"蕃地"统治与"山地"行政：台湾原住民族社会的地方化》，台北，台湾大学出版中心，2018 年 3 月。

叶又菁：《生活与法律教育：从爱德华·萨依德"东方主义"窥视日本治台时期收养习惯之研究》，台北，康宁学校财团法人康宁大学通识教育中心，2018 年 8 月。

（二）论文

陈柏良：《进入中国法框架——论台湾战前与战后选举与政治资金管理法体系之移植与继受（一九三五至一九五九年）》，《中国法研究》6，2018 年 12 月。

陈凯雯：《从〈台北州档案〉看日治时期莺歌庄的水灾与水防》，《台北文献》205，2018 年 9 月。

陈韶琪：《日治时期法院副通译的群体研究》，《台湾风物》68：3，

2018 年 9 月。

陈韵如：《〈淡新档案〉中奸拐案件：法律传统的重新检视》，《台湾史研究》25：4，2018 年 12 月。

范广欣：《从三代之礼到万国公法——试析郭嵩焘接受国际法的心路历程》，收录于李金强、郭嘉辉编《从明清到近代：史料与课题》，台北，万卷楼，2018 年 11 月。

郭まいか（玫珂）：《1920 年代北京政府与上海租界之关系：以会审公廨为中心》，收录于刘维开主编《近代中国与东亚研究系列之一：1920 年代之中国》，台北，政大出版社，2018 年 12 月。

黄文德：《法务部调查局特种资料典藏概况》，《汉学研究通讯》37：3，2018 年 8 月。

江玉林：《人格理念与文化法治国家——洪逊欣的法理学思想》，《中正大学法学集刊》61，2018 年 10 月。

Li Chen, "Launching an Embryonic American Law School in China 1915 – 1918", *Soochow Law Journal*, 15：2, 2018.

李戡：《何世礼与"中日和约"的签订——"中华民国驻日代表团"的角色》，《政治大学历史学报》49，2018 年 5 月。

李玉玺：《雄心勃勃饶高节，总为人民辨不平——陈世荣大法官（1918～1992）的法曹生涯与他的时代》，《法制史研究》33，2018 年 6 月。

廖静雯：《日治时期台湾文明结婚论述中的聘金问题》，《近代中国妇女史研究》32，2018 年 12 月。

林文凯：《日本治台经验取鉴：战前福建官方的台湾调查与考察活动之分析（1911～1933)》，《中研院近代史研究所集刊》101，2018 年 9 月。

林文凯：《晚清台湾的财政——刘铭传财政改革的历史制度分析》，《台大历史学报》61，2018 年 6 月。

刘庭华：《蒋介石在抗战期间维护国家主权和领土完整的外交努力》，《湖北文献》207，2018 年 4 月。

刘晏齐：《儿不孤，必有邻：日治时期台湾孤儿保护的法律史》，收录于陈姃湲主编《日本殖民统治下的底层社会：台湾与朝鲜》，台北，中研院台湾史研究所，2018 年 11 月。

卢俊岚：《浅析董必武信访法治思想及其现实意义》，《湖北文献》2019，2018 年 10 月。

孙清海：《儒家是人治、法治还是孝治？——论徐复观的孟子思想研究》，《孔孟月刊》56：7/8（667/668），2018 年 4 月。

王刚：《从枢臣、全权大臣、东南督抚的三方互动看〈辛丑条约〉的形成》，收录于李金强、郭嘉辉编《从明清到近代：史料与课题》，台北，万卷楼，2018 年 11 月。

吴育臻：《嘉义沿山地区阿里山社番租（地）的流失：以晚清刘铭传清赋事业与政权交替之际为中心》，《台湾文献》69：3，2018 年 9 月。

萧李居：《国民政府对德日"防共协议"的因应》，《"国史馆"馆刊》58，2018 年 12 月。

许世融：《"台湾总督府档案抄存契约文书"中的客家土地开垦样貌》，《台湾古文书学会会刊》21/22，2018 年 4 月。

杨惟安：《从华文报纸探究新加坡的废娼运动（1919～1930）》，《近代中国妇女史研究》32，2018 年 12 月。

曾宣静：《承担抑或抗辩：医者医疗刑事责任在民初之转变》，《科技、医疗与社会》27，2018 年 10 月。

曾宣静、林昭庚、孙茂峰：《民初中医"医育法权"之建构（1912～1949）——以〈中医条例〉及〈医师法〉为论述核心》，《台湾师大历史学报》59，2018 年 6 月。

张世瑛：《蒋中正与战时军法体制的执行——以抗战中期的三起贪污案件为例》，《"国史馆"馆刊》55，2018 年 3 月。

赵晶：《论小早川欣吾的东洋法制史研究》，《法制史研究》34，2018 年 12 月。

赵逸凡：《晚清北部台湾"分家"诉讼之研究——以〈淡新档案〉之"争财"等类型为研究对象》，《史汇》21，2018 年 11 月。

周东怡：《清末〈奏定高等小学堂章程〉与〈奏定初等小学堂章程〉的修订》，《台湾师大历史学报》60，2018 年 12 月。

周东怡：《清末教育法制化历程的一个侧面——预备立宪时期的简易识字学塾》，《法制史研究》34，2018 年 12 月。

周维强：《维纪律而昭严整——院藏清末陆军警察史料》，《故宫文物月刊》421，2018 年 4 月。

庄谷中：《以制度变迁路径依赖视角，检视光复初期从"契据登记制"转换为"权利登记制"之过渡措施，兼论地籍清理个案："王番"与"王生番"之争议》，《土地经济年刊》29，2018 年 7 月。

（各部分依作者姓名拼音首字母排序）

《中国古代法律文献研究》第十三辑

2019 年，第 544～559 页

2018 年度国外中国法律史研究论著目录

〔加〕郭跃斌　　〔日〕吉永匡史　　〔韩〕金　珍

一　通代

（一）日文

【专著】

1. 谷中信一编，《中國出土資料の多角的研究》，汲古書院，2018 年。

2. 寺田浩明，《中国法制史》，東京大学出版会，2018 年。

【论文】

1. 大西広，《遊牧民族における牧畜革命と「牧奴制」》，《新しい歴史学のために》291，2018 年。

2. 霍燕霞，《寛城子事件に至る在華日本領事館警察の自国民保護の実像》，《北東アジア研究》29，2018 年。

3. 加藤次夫，《中川総督期の台湾総督府について—文官総督から武官総督への道》，《法政史論》45，2018 年。

4. 川村康，《律疏挙重明軽・挙軽明重箚記》，《法史学研究会会報》21，2018 年。

5. 小島浩之，《中国における記録媒体の変遷再考》，小島浩之編《東アジア古文書学の構築》，東京大学経済学部資料室，2018 年。

6. 豊田哲也，《19 世紀東アジアと近代国際法の国家中心主義の形

成》,《国際法外交雑誌》116－4，2018 年。

7. 細谷亨,《満蒙開拓団と食料問題・異民族支配》,《歴史と経済》239，2018 年。

8. 松村光庸,《軍事占領下天津における都市改造計画と租界社会の変容》,《神戸大学史学年報》33，2018 年。

9. 村井章介,《明代「冊封」の古文書学的検討—日中関係史の画期はいつか》,《史学雑誌》127－2，2018 年。

【书评】

1. 木村健二,《白木沢旭児編著『北東アジアにおける帝国と地域社会』》,《歴史と経済》240，2018 年。

2. 深町英夫,《渡辺信一郎・西村成雄編『中国の国家体制をどうみるか—伝統と近代』》,《史学雑誌》127－2，2018 年。

（二） 韩文

【论文】

전영섭（全永燮）,《唐・宋・元의 律典에 具顯된 謀大逆罪의 構成要件과 刑罰體系（唐、宋、元的律典所体现的谋大逆罪的构成要件及刑罚体系）》,《역사와 세계（历史与世界）》53，2018 年。

（三） 英文

【专著】

1. Anthony Carty and Janne Nijman ed. , *Morality and Responsibility of Rulers：European and Chinese Origins of a Rule of Law as Justice for World Order*, Oxford University Press, 2018.

2. Edmund Ryden, *The Constitution of Ancient China*, Princeton University Press, 2018.

【论文】

Melissa H. Loja, "A Critical Legal Approach to the South China Sea Territorial Dispute", *Journal of the History of International Law*, No. 2, August, 2018, pp. 198－216.

二　先秦

日文

【专著】

佐藤信弥，《中国古代史研究の最前線》，星海社，2018 年。

【论文】

1. 宗周太郎，《参国伍鄙再考—齊国の改革プラン》，《東洋史研究》77 - 1，2018 年。

2. 森和，《戦国簡牘研究の新展開》，《古代文化》70 - 3，2018 年。

3. 渡邉英幸，《戦国秦の「邦」と畿内》，《東洋史研究》77 - 3，2018 年。

三　秦汉魏晋南北朝

（一）日文

【专著】

1. 工藤元男編，《睡虎地秦簡訳注》，汲古書院，2018 年。

2. 柿沼陽平，《中国古代貨幣経済の持続と転換》，汲古書院，2018 年。

3. 永田英正，《漢代史研究》，汲古書院，2018 年。

4. 松島隆真，《漢帝国の成立》，京都大学学術出版会，2018 年。

【论文】

1. 青木俊介，《西北漢簡研究の沿革と新段階》，《古代文化》70 - 3，2018 年。

2. 安部聡一郎，《魏晋簡牘研究の現在—走馬楼呉簡を中心に》，《古代文化》70 - 3，2018 年。

3. 阿部幸信,《漢朝の「統治階級」について》,《中央大学文学部紀要》史学 63, 2018 年。

4. 飯田祥子,《近二十年の日本における後漢時代史研究の論点》,《中国史学》28, 2018 年。

5. 織田めぐみ,《東晋末期の権力構造—東府と西省を中心に》,《京都女子大学大学院文学研究科研究紀要（史学）》17, 2018 年。

6. 小野響,《石勒十八騎考—後趙政権の基礎的理解にむけて》,《立命館文学》657, 2018 年。

7. 小野響,《後趙建国前夜—匈奴漢国家体制試論》,《立命館東洋学》41, 2018 年。

8. 角山典幸,《北魏洛陽における治安維持官—六都尉をめぐって》,《人文研紀要》（中央大学）91, 2018 年。

9. 北原加織,《曹操政権及び曹魏における肉刑復活議論について》,《愛知学院大学大学院文学研究科文研会紀要》29, 2018 年。

10. 金秉駿（金玄耿訳）,《漢帝国の辺境支配と部都尉》,宮宅潔編《多民族社会の軍事統治》,京都大学学術出版会,2018 年。

11. 窪添慶文,《北魏前期の将軍号》,《立正史学》124, 2018 年。

12. 侯旭東（大原信正訳）,《前漢「君相委託制度」説贅義—刺史の奏事対象とあわせて》,《中央大学アジア史研究》42, 2018 年。

13. 小林文治,《岳麓書院蔵秦簡「秦律令（壹）」徭律訳注（1）》,《史滴》40, 2018 年。

14. 齋藤幸子,《後漢の太子二傅と諸侯王の傅》,《お茶の水史学》61, 2018 年。

15. 佐藤達郎,《漢代における周辺民族と軍事—とくに属国都尉と異民族統御官を中心に》,宮宅潔編《多民族社会の軍事統治》,京都大学学術出版会,2018 年。

16. 秦代出土文字史料の研究班,《嶽麓書院所蔵簡〈秦律令（壹）〉訳注稿（その2）》,《東方学報》（京都大学）93, 2018 年。

17. 陶安あんど,《嶽麓秦簡司法文書集成『為獄等状等四種』訳注稿 事案五・六》,《法史学研究会会報》21, 2018 年。

18. 杉村伸二，《漢初「郡国制」再論》，《中国史学》28，2018 年。

19. 孫聞博（野口優訳），《秦漢「内史—諸郡」武官変遷考—軍事体制より日常行政体制への転換を背景として》，宮宅潔編《多民族社会の軍事統治》，京都大学学術出版会，2018 年。

20. 鷹取祐司，《漢代長城警備体制の変容》，宮宅潔編《多民族社会の軍事統治》，京都大学学術出版会，2018 年。

21. 陳偉（野口優訳），《秦代遷陵県の「庫」に関する初歩的考察》，宮宅潔編《多民族社会の軍事統治》，京都大学学術出版会，2018 年。

22. 土口史記，《秦簡牘研究の新展開》，《古代文化》70 - 3，2018 年。

23. 野口優，《後漢後半期より後漢末曹操執政期までの使者と節—都督制成立の前提》，《東洋文化研究》20，2018 年。

24. 野口優，《漢魏時代における上奏文処理手続きと皇帝裁可》，《史林》101 - 6，2018 年。

25. 福永善隆，《前漢前半期、劉邦集団における人格的結合の形成》，《鹿大史学》64・65，2018 年。

26. 邉見統，《漢初の諸侯》，《日本秦漢史研究》19，2018 年。

27. 前島佳孝，《西魏の統治領域区分についての補論》，《人文研紀要》（中央大学）91，2018 年。

28. 峰雪幸人，《五胡十六国—北魏前期における胡族の華北支配と軍馬の供給》，《東洋学報》100 - 2，2018 年。

29. 宮宅潔，《征服から占領統治へ—里耶秦簡に見える穀物支給と駐屯軍》，宮宅潔編《多民族社会の軍事統治》，京都大学学術出版会，2018 年。

30. 宮澤知之，《前漢銭法の変遷》，《唐宋変革研究通訊》9，2018 年。

31. 安永知晃，《後漢時代の諸侯王》，《日本秦漢史研究》19，2018 年。

32. 山下洋平，《北魏文明太后崩御時における孝文帝の服喪儀礼》，《東方学》135，2018 年。

33. 楊振紅，《近代秦漢法律体系研究的奠基》，《中国史学》28，2018 年。

34. 李济滄，《南朝における貴族制と皇帝権力再考—「二品才堪」と「門地二品」をめぐって》，《東洋史研究》76 – 4，2018 年。

【书评】

1. 荊木美行，《大庭脩著／徐世虹等訳『秦漢法制史研究』》，《東方》（東方書店）449，2018 年。

2. 小野響，《岡部毅史『魏晋南北朝官人身分制研究』》，《立命館東洋学》41，2018 年。

3. 小野響，《田中一輝『西晋時代の都城と政治』》，《立命館東洋学》41，2018 年。

4. 下倉渉，《松崎つね子著『睡虎地秦簡と墓葬からみた楚・秦・漢』》，《東洋史研究》77 – 3，2018 年。

5. 鈴木直美，《下倉渉著「ある女性の告発をめぐって：岳麓書院蔵秦簡『識劫婉案』に現れたる奴隷および『舎人』『里単』」》，《法制史研究》67，2018 年。

（二）韩文

【论文】

1. 양진홍（杨振红），김종희（金锺希），《嶽麓秦簡을 통해 본 秦漢 시기 "奔命警備" 관련 법률（从岳麓秦简看秦汉时期的 "奔命警备" 相关法律）》，《東洋史學研究》142，2018 年。

2. 임병덕（林炳德），《秦漢 律令의 起源과 展開（秦汉律令的起源与展开）》，《法史學研究》58，2018 年。

3. 임중혁（任仲爀），《秦漢律에 보이는 庶人의 개념과 존재—陶安，呂利，椎名一雄의 견해와 관련하여（秦汉律中的庶人概念与其存在——关于陶安、吕利、椎名一雄的见解）》，《中國古中世史研究》50，2018 年。

四　隋唐五代

（一）日文

【专著】

1. 古畑徹，《渤海国とは何か》，吉川弘文館，2018 年。

2. 小松久男・荒川正晴・岡洋樹編，《中央ユーラシア史研究入門》，山川出版社，2018 年。

3. 渡邊信一郎編，《『旧唐書』食貨志訳注》，汲古書院，2018 年。

【论文】

1. 市大樹，《厩牧令からみた日本律令国家の馬牛政策》，古瀬奈津子編《律令国家の理想と現実》，竹林舎，2018 年。

2. 宇都宮美生，《隋唐洛陽城の穀倉―子羅倉、洛口倉、回洛倉および含嘉倉をめぐって》，《史学雑誌》127 - 3，2018 年。

3. 栄新江（白玉冬訳），《新発現の唐代コータン地域軍鎮関係官文書》,《内陸アジア言語の研究》33，2018 年。

4. 榎本淳一，《中国の法・制度の受容―律令法典の編纂と継受》，古瀬奈津子編《律令国家の理想と現実》，竹林舎，2018 年。

5. 大津透，《唐令復原と天聖令―賦役令を中心とする覚書》，佐藤信編《律令制と古代国家》，吉川弘文館，2018 年。

6. 岡野浩二，《中国と日本の国家仏教》，佐藤長門編《古代東アジアの仏教交流》，勉誠出版，2018 年。

7. 小野木聡，《唐における侍御史知雑事と御史台の変容》，《史林》101 - 4，2018 年。

8. 河野保博，《唐代・日本古代の馬と交通制度―日唐厩牧令の比較から》，鶴間和幸・村松弘一編《馬が語る古代東アジア世界史》，汲古書院，2018 年。

9. 神戸航介，《唐賦役令の受容》，古瀬奈津子編《律令国家の理想と現実》，竹林舎，2018 年。

10. 牛来穎（戸川貴行訳），《「営繕令」の解読と官司の職務について》，古瀬奈津子編《律令国家の理想と現実》，竹林舎，2018 年。

11. 小島浩之，《唐代公文書体系試論》，小島浩之編《東アジア古文書学の構築》，東京大学経済学部資料室，2018 年。

12. 小林宏，《令集解に見える唐律の律私記に関する覚書》，《法史学研究会会報》21，2018 年。

13. 斉会君，《唐のキルギス宛国書の発給順と撰文過程—ウイグル・キルギス交替期を中心に》，《東洋学報》100 - 1，2018 年。

14. 坂尻彰宏，《帰義軍節度使と公文書処理》，《内陸アジア言語の研究》33，2018 年。

15. 武井紀子，《日唐律令制における官物管理—監臨官の不正と官物補填をめぐって》，佐藤信編《律令制と古代国家》，吉川弘文館，2018 年。

16. 趙青山，《唐代宮廷抄経制度研究》，《名古屋大学中国哲学論集》17，2018 年。

17. 辻正博，《唐律における流刑の本質—恩赦との関係を中心に》，《東洋史研究》77 - 2，2018 年。

18. 田衛衛，《大谷探検隊将来唐戸令残巻に関する一考察—令文の復原と年代の比定を中心として》，《東京大学日本史学研究室紀要》22，2018 年。

19. 鳥居一康，《唐後期節度使の権力構造—唐宋時代の軍制と行政（Ⅲ）》，《唐宋変革研究通訊》9，2018 年。

20. 永井瑞枝，《「獄令」編纂と断罪制度》，古瀬奈津子編《律令国家の理想と現実》，竹林舎，2018 年。

21. 平田陽一郎，《唐・斉士員造像銘」の訳注と考察》，《沼津工業高等専門学校研究報告》52，2018 年。

22. 古瀬奈津子，《律令制は誰のためのものか—東アジア世界における律令秩序とは》，古瀬奈津子編《律令国家の理想と現実》，竹林舎，2018 年。

23. 丸橋充拓，《「闘争集団」と「普遍的軍事秩序」のあいだ—親衛軍研究の可能性》，宮宅潔編《多民族社会の軍事統治》，京都大学学術出版会，2018 年。

24. 丸山裕美子，《唐の祠令と日本の神祇令》，岡田荘司編《古代の信仰・祭祀》，竹林舎，2018 年。

25. 三谷芳幸，《日唐の供御米について》，佐藤信編《律令制と古代国家》，吉川弘文館，2018 年。

26. 森部豊，《唐前半期における羈縻州・蕃兵・軍制に関する覚書——営州を事例として》，宮宅潔編《多民族社会の軍事統治》，京都大学学術出版会，2018 年。

27. 山田兼一郎，《唐長安城の「闌入」をめぐって——禁苑と比較都城史研究の可能性》，《専修史学》64，2018 年。

28. 與座良一，《唐代後半期の募兵制に関する一試論——宋代募兵制との比較から》，《唐宋変革研究通訊》9，2018 年。

29. 吉田歓，《日本の都城制——上閤門と閤門を通して》，古瀬奈津子編《律令国家の理想と現実》，竹林舎，2018 年。

30. 吉永匡史，《日唐関市令の成立と特質——関にかかわる法規を中心として》，《金沢大学歴史言語文化学系論集》史学・考古学 10，2018 年。

【书评】

河内春人，《王勇主編『歴代正史日本伝考注』》，《唐代史研究》21，2018 年。

（二）韩文

【论文】

1. 이완석（李琬硕），《唐代 王言 문서의 생산과 유통——唐 公式 令을 중심으로（唐代王言文书的生产与流通——以唐公式令为中心）》，《中國古中世史研究》48，2018 年。

2. 정병준（郑炳俊），《唐代 赦書에 보이는 '五逆'의 意味（唐代赦书中的"五逆"含义）》，《中國史研究》117，2018 年。

五 辽宋金元

（一）日文

【专著】

1. 岩崎力，《西夏建国史研究》，汲古書院，2018 年。

2. 梅村尚樹，《宋代の学校》，山川出版社，2018 年。

【论文】

1. 赤木崇敏，《貞明七年四月僧道欽恵永等請免役状》，《史論》71，2018 年。

2. 伊藤一馬，《「宋西北辺境軍政文書」に見える宋代文書書式とその伝達—宋代文書体系の復元に向けて》，《大阪大学大学院文学研究科紀要》58，2018 年。

3. 佐藤貴保，《西夏の官文書の書式に関する基礎的研究—カラホト出土文書と法令規定との対応関係の考察を中心に》，《内陸アジア言語の研究》33，2018 年。

4. 七野敏光，《泰和捕亡律一条文の復元》，川村康編《唐代を中心とする中国刑事手続制度の基礎的研究》科学研究費報告書，2018 年。

5. 鄒笛，《北宋防衛体制の変遷—研究状況概要》，《史滴》40，2018 年。

6. 高井康典行，《「行国」と科挙—遼・金・元における科挙の期日と挙行地について》，《唐代史研究》21，2018 年。

7. 高橋弘臣，《南宋臨安への上供米漕運体制の成立》，《愛媛大学法文学部論集》人文学科 44，2018 年。

8. 服部一隆，《『天聖令』日本語研究文献目録（2010－2017)》，《法史学研究会会報》21，2018 年。

9. 藤本猛，《宦官官職としての宋代御薬院》，《清泉女子大学人文科学研究所紀要》39，2018 年。

10. 村田岳，《『癸辛雑識』「置士籍」考—南宋最末期の科挙改革》，

《集刊東洋学》118，2018 年。

11. 村田岳，《北宋前半の本貫取解について》、《早稲田大学大学院文学研究科紀要》63，2018 年。

12. 吉野正史，《巡幸と界壕—金世宗，章宗時代の北辺防衛体制》，《歴史学研究》972，2018 年。

13. 李雲龍，《宋代例冊考》，《歴史文化社会論講座紀要》15，2018 年。

【书评】

1. 工藤寿晴，《高井康典行『渤海と藩鎮—遼代地方政治の研究』》，《歴史学研究》975，2018 年。

2. 澤本光弘，《高井康典行『渤海と藩鎮—遼代地方政治の研究』》，《唐代史研究》21，2018 年。

3. 毛利英介，《高井康典行『渤海と藩鎮—遼代地方政治の研究』》，《史学雑誌》127－2，2018 年。

（二）韩文

【论文】

1. 최해별（崔碧茹），《송대 검시 지식의 사인（死因）분류 배경（宋代检尸知识的死因分类的背景）》，《의료사회사연구（医疗社会史研究）》1，2018 年。

2. 김단비（Kim，Dan Be），《南宋시기 誣告 소송과 그 특징：『名公書判清明集』을 중심으로（南宋时期诬告诉讼与其特点——以〈名公书判清明集〉为中心）》，석사학위 논문（硕士学位论文），이화여자대학교（梨花女子大学），2018 年。

（三）英文

【书评】

Jinping Wang，"Book Review on Marriage and the Law in the Age of Khubilai Khan：Cases from the Yuan dianzhang"，*Journal of Social History*，Volume 52，Issue 4，Feb. 2018，pp. 1380－1382.

六　明清

（一）日文

【专著】

1. 奥山憲夫，《明代武臣の犯罪と処罰》，汲古書院，2018 年。

2. 片山剛，《清代珠江デルタ図甲制の研究》，大阪大学出版会，2018 年。

3. 谷井俊仁・谷井陽子訳解，《大清律 刑律Ⅰ》，平凡社，2018 年。

4. 徳永洋介編，《皇明条法事類纂条名目録》，科学研究費報告書，2018 年。

【论文】

1. 赤城美恵子，《清朝順治期における滞獄解消問題—「蘇理沈獄」・「京詳之経制一復」の分析を通じて》，《帝京法学》31，2018 年。

2. 伊東貴之，《東アジアの「近世」から中国の「近代」へ—比較史と文化交流史/交渉史の視点による一考察》，小島毅編《中世日本の王権と禅・宋学》，汲古書院，2018 年。

3. 猪俣貴幸・豊嶋順揮，《明鈔本『皇明條法事類纂』原本調査記》，《立命館史学》39，2018 年。

4. 額定其労，《役所と「地方」の間—清代モンゴルのオトグ旗における社会構造と裁判実態》，《法制史研究》67，2018 年。

5. 小野達哉，《巴県檔案に見る訴願と官府の対応—同治時代の2つの事件から見た》，《東アジア研究》（大阪経済法科大学）69，2018 年。

6. 川越泰博，《土木の変における在華モンゴル人の衛所官軍について》，《人文研紀要》（中央大学）91，2018 年。

7. 魏敏，《清代官員の公罪と私罪に関して》，《東アジア研究》（大阪経済法科大学）69，2018 年。

8. キム・ハンバク，《清代充軍の「流刑化」と内地軍流犯の過剰問題》，《東洋史研究》76–4，2018 年。

9. 伍躍，《科挙の受験にかかわる行政訴訟の一考察— 1851 年順天府冒籍案を中心に》，《東アジア研究》（大阪経済法科大学）68，2018 年。

10. 五味知子，《婚姻と「貞節」の構造と変容》，小浜正子・下倉渉・佐々木愛・高嶋航・江上幸子編《中国ジェンダー史研究入門》，京都大学学術出版会，2018 年。

11. 佐々木史郎，《清朝のアムール支配の統治理念とその実像》，《北東アジア研究》別冊四，2018 年。

12. 時堅，《明天啓・崇禎期の考成法》，《歴史》131，2018 年。

13. 庄声，《東北南海流域における異常気象と救済措置—ダイチン・グルン時代の琿春河流域を中心に》，《北東アジア研究》別冊四，2018 年。

14. 城地孝，《日本における明代嘉靖時代史の研究の視角》，《文化学年報》68，2018 年。

15. 鈴木秀光，《清代刑事裁判における覆審制の再検討に関する一試論—軽度命案を例として》，《法学論叢》（京都大学），182 - 4・5・6，2018 年。

16. 高橋亨，《明代天順年間における皇太子教導制度の確立》，《東洋学報》100 - 1，2018 年。

17. 田子晃矢，《清代中期における書院の「官学化」と科道官》，《國學院雑誌》119 - 9，2018 年。

18. 寺田浩明，《清代中期の典規制にみえる期限の意味について・訂誤》，《法史学研究会会報》21，2018 年。

19. 寺田浩明，《中国法史から見た比較法史—法概念の再検討》，水林彪・青木人志・松園潤一朗編《法と国制の比較史—西欧・東アジア・日本》，日本評論社，2018 年。

20. 中村正人，《『贖罪処底檔』に関する基本情報の紹介》，《法史学研究会会報》21，2018 年。

21. 荷見守義，《明代中国の辺防官制における海と陸》，弘末雅士編《海と陸の織りなす世界史—港市と内陸社会》春風社，2018 年。

22. 堀地明，《清代嘉慶・道光年間における北京の回漕問題》，《九州大学東洋史論集》45，2018。

23. 真水康樹，《明代直隷州考》，《法政理論》50 - 2，2018 年。

24. 宮崎聖明，《明代後期遼東における吏員人事—遼東都指揮使司檔案を手がかりに》，《集刊東洋学》118，2018 年。

25. 宮崎聖明，《明末広東における「書辦」について—『盟水斎存牘』よりみる非正規胥吏》，《史朋》50，2018 年。

26. 村上正和，《嘉慶・道光期の北京における救貧体制と流民問題》，《東洋学報》100 - 3，2018 年。

27. 李冰逆，《清律の「老小廃疾収贖」条における司法上の展開—未成年者殺人事件を中心に》，《史林》101 - 3，2018 年。

【书评】

1. 喜多三佳，《山本英史著『赴任する知県—清代の地方行政官とその人間環境』》，《法制史研究》67，2018 年。

2. 鈴木秀光，《張本照「論清代“就地正法”之制的産生時間」》，《法史学研究会会報》21，2018 年。

3. 高遠拓児，《赤城美恵子著「清朝前期における熟審について」》，《法制史研究》67，2018 年。

4. 萩原守，《王長青著「清代初期のモンゴル法のあり方とその適用—バーリン旗の事例を手がかりに」》，《法制史研究》67，2018 年。

（二）韩文

【论文】

1. 이동욱（李东旭），《청말 국제법 번역과 '藩屬' 관련 개념의 의미 확장（清末国际法的翻译与 "藩属" 相关概念的意义延伸）》，《中國近現代史研究》80，2018 年。

2. 정동연（郑东然），《清末『萬國公法』의 도입과 세계관의 錯綜（清末〈万国公法〉的引进与世界观的错综）》，《東洋史學研究》144，2018 年。

（三）英文

【论文】

1. Tristan G. Brown, "The Deeds of the Dead in the Courts of the Living: Graves in Qing Law", *Late Imperial China* 39, No. 2, December, 2018, pp. 109 – 155.

2. Xiang Hongyan, "Building an Ecclesiastical Real Estate Empire in Late Imperial China", *The Catholic Historical Review* 104, No. 4, Sep, 2018, pp. 636 – 658.

3. Xiaoqun Xu, "Law, Custom, and Social Norms: Civil Adjudications in Qing and Republican China", *Law and History Review* 36, No. 1, Feb, 2018, pp. 77 – 104.

七　近代（1840 ~1949）

（一）日文

【专著】

西英昭，《近代中華民国法制の構造》，九州大学出版会，2018 年。

【论文】

1. 岡崎清宣，《国民政府の四川『中央化』と四川幣制改革—重慶金融市場を中心に》，《名古屋大学東洋史研究報告》42，2018 年。

2. 何娟娟，《清末上海における日本製紙幣の導入》，《東アジア文化交渉研究》11，2018 年。

3. 郭まいか，《上海租界における中華民国期二重国籍中国人問題—上海会審公廨を中心に》，《社会経済史学》84 – 1，2018 年。

4. 櫻井想，《近代天津における鬼市の変遷と都市管理》，《中国—社会と文化》33，2018 年。

5. 鈴木淳一，《「文明」からみた東アジアと国際法の出会い—清朝末期における複数の〈優勢な視点〉の衝突を例として》，《獨協法学》

106，2018 年。

6. 孫文，《中華民国時代の犯罪体系》，《立命館法学》377，2018 年。

7. 高橋孝治，《1920 年前後中国の公訴時効（訴追時効）完成件数に関する資料とその検討》，《東北アジア研究》22，2018 年。

8. 千葉正史，《清末行政綱目訳注補遺》，《東洋大学文学部紀要（史学科）》43，2018 年。

9. 箱田恵子，《清末中国における仲裁裁判観―1860，70 年代を中心に》，《京都女子大学大学院文学研究科研究紀要（史学）》17，2018 年。

【书评】

1. 甘利弘樹，《山本真著『近現代中国における社会と国家―福建省での革命，行政の制度化，戦時動員』》，《社会文化史学》61，2018 年。

2. 大坪慶之，《宮古文尋著『清末政治史の再構成―日清戦争から戊戌政変まで』》，《東洋史研究》77 - 2，2018 年。

3. 木村昌人，《陳来幸著『近代中国の総商会制度―繋がる華人の世界』》，《渋沢研究》30，2018 年。

4. 久保茉莉子，《西英昭著『近代中華民国法制の構築―習慣調査・法典編纂と中国法学』》，《中国研究月報》72 - 10，2018 年。

5. 久保茉莉子，《寺田浩明著『中国法制史』》，《史学雑誌》127 - 11，2018 年。

6. 丸田孝志，《山本真『近現代中国における社会と国家―福建省での革命，行政の制度化，戦時動員』》，《史学研究》301，2018 年。

（二）英文

【论文】

Chen Li，"Professor James Leslie Brierly and His First Chinese Pupil Li Shengwu at Oxford University Faculty of Law（1927 - 1930）"，*Journal of the History of International Law*，No. 3，2018，pp. 373 - 380.

《中国古代法律文献研究》第十三辑

2019 年，第 560~593 页

明代日用类书研究论文、著作目录稿

〔日〕大泽正昭　监修　杉浦广子　编[*]

凡　例

1. 本稿是科学研究费补助金"宋—明代日用类书的基础性研究"（基盘研究〔C〕15K02923）的一部分研究成果，是基于其宗旨而做成的以宋至明清为中心的日用类书研究的著作目录。

2. 日用类书这一概念并不明确，本稿从《中国日用类书集成》全 14 卷（汲古书院，1999~2004）和《明代通俗日用类书集刊》全 16 卷（西南师范大学出版社，2011）所收录的类书以及酒井忠夫《中国日用类书史的研究》（国书刊行会，2011）所举出的类书中，选取被认为直接作用于基层社会的部分。有关这些的详细讨论，请参见同为"宋—明代日用类书的基础性研究"的研究成果、并在东洋文库官方数据库（http://id.nii.ac.jp/1629/00006411/）中公开的《明刊本日用类书国内所藏机构目录稿》的凡例。

3. 调查方法如下：

3.1 关于杂志论文、学位论文的调查，以 CiNii 和 CNKI 等电子数据库调查为基本方式，在可能的范围内对本文内容进行确认。本稿选取了主

---

　*　大泽正昭，日本上智大学名誉教授；杉浦广子，公益财团东洋文库研究部临时职员。

题、摘要、关键词中含有各日用类书书名、编者名、类书所收书名等的论文，必要时也选取它们的参考文献。

3.2 关于书籍，基本上取自以尤陈俊的专著《法律知识的文字传播——明清日用类书与社会日常生活》（上海人民出版社，2013）为首的著作、论文等的参考文献。摘要、关键词的电子检索困难，所以调查较为有限，存在很大的改进余地。

4. 目录按照语种为标准，划分为"日文、中文、其他语种"三类。

5. "日文"部分，按照 CiNii 注册数据，根据作者姓名的读音假名顺序排列，一部分没有注册的作者，则在编辑时由编者自行决定其排列顺位。

6. "中文"部分，以作者姓名的拼音字母为顺序；"其他语种"部分，以作者姓名的字母为顺序。同一作者，则根据论著的出版、发表时间为顺序。

7. 本稿为尝试之作，内容上的错误与未采录的文献所在多有。以此为基础，今后将继续进行改订。敬请读者诸贤不吝批评指教。

8. 本稿的凡例与脚注说明原为日文，现由中国政法大学法律古籍整理研究所赵晶副教授译出；中文部分的条目原以作者姓名的笔划数、部首为序，现由中国政法大学法学院法律史专业硕士研究生孙烁将原来的日文汉字、繁体字统改为简体字，并重新排序。

2019 年 3 月初稿

2019 年 7 月增订

◆日文

石田幹之助：《〈至元訳語〉に就いて》，收入静安学社编《東洋学叢編》1 册，刀江書院，1934 年。

磯部彰：《越中国の関帝文献》，载《東北アジア研究》2，1998 年，第 282－312 頁。

磯部彰ほか：《中国小説・戯曲の発展史における遊民の役割に関する研究》，文部省科学研究費補助金研究成果報告書（基盤研究（B），研

究課題番号 10044002），1998 – 1999 年。

伊藤美重子：《類書について》，載《お茶の水女子大学中国文学会報》24 号，2005 年，第 1 – 19 頁。

井上徹：《"郷約"の理念について——郷官・士人層と郷里社會》，名古屋大学東洋史研究報告，1986 年，11 卷。

井上進：《中国出版文化史　書物世界と知の風景》，名古屋大学出版会，2002 年。

岩村忍：《〈居家必用事類全集〉に見えたる回回食品並に女直食品》，載《民族學研究》新 1 – 4，1943 年，第 468 – 472 頁。

上原究一：《金陵書坊周日校万巻楼仁寿堂と周氏大業堂の関係について》，載《斯道文庫論集》48，2014 年。

上原究一：《明末清初の出版文化と章回小説の発展史——覆刻・翻刻・後印の事例を中心に——》，文部省科学研究費補助金基盤研究成果報告書（特別研究員奨励費，研究課題番号 13J02313），2013 – 2015 年。

上原究一：《萃慶堂の歴代主人について——建陽余氏刻書活動研究（1）——附〈書林余氏重修宗譜〉"書坊文興公派下世系"第 37 世までの翻刻と校訂》，載《中国古典小説研究》19，2016 年。

上原究一：《自新齋系統について——建陽余氏刻書活動研究（2）》，載《山梨大学　国語・国文と国語教育》21，2016 年，第 110 – 122 頁。

上原究一：《明末の商業出版における異姓書坊間の広域的連携の存在について》，載《東方学》131，2016 年 1 月，第 52 – 70 頁。

上原究一：《明末清初における異姓書坊間の広域的連携の研究——覆刻・翻刻を手掛かりに——》，文部省科学研究費補助金基盤研究成果報告書（研究活動スタート支援，研究課題番号 15H06238），2015 – 2016 年。

海野一隆：《世界民族図譜としての明代日用類書（小特集　中国日用類書）》，載《汲古》47，2005 年，第 30 – 39 頁。

王嵐：《〈錦繡萬花谷〉別集の編輯出版とその中の宋代佚詩》，會谷佳光訳，載《橄欖》16，2009 年，第 183 – 208 頁。

大木康：《明末江南における出版文化の研究》，載《廣島大學文學部

紀要》第 50 巻特集号 1, 1991 年。

大木康:《明末江南の出版文化》, 研文出版, 2004 年。

大澤正昭:《〈居家必用事類全集〉所引唐・王旻撰〈山居録〉について》, 載《上智史学》55, 2010 年, 第 111 – 140 頁。

大澤正昭:《〈居家必用事類全集〉所収〈山居録〉の研究——訳注稿（1）》, 載《上智史学》59, 2014 年, 第 103 – 126 頁。

大澤正昭:《〈居家必用事類全集〉所収〈山居録〉の研究——訳注稿（2）》, 載《上智史学》60, 2015 年, 第 31 – 43 頁。

大澤正昭:《〈山居録〉の史料的活用について》, 載《唐宋変革研究通訊》6, 2015 年, 第 17 – 39 頁。

大澤正昭:《明代日用類書の告訴状指南——"土豪"を告訴する》, 載《唐宋変革研究通訊》7, 2016 年 3 月, 第 45 – 61 頁。

大澤正昭:《商人たちの告訴状——明代日用類書の事例から》, 載《上智史学》62, 2017 年, 第 39 – 55 頁。

大塚秀高:《宋代の通俗類書——〈青瑣高議〉の構成・内容よりみる》, 載《日本アジア研究》6, 2009 年, 第 107 – 120 頁。

大渕貴之:《避諱による唐代類書の部立て改変について——〈藝文類聚〉における"改字"を中心に》, 載《九州中国学会報》46, 2008 年, 第 1 – 15 頁。

小川剛生:《宗教・文化研究所公開講座講演録 洞院公定をめぐる書物——宇書・部類記・未来記》, 載《京都女子大学宗教文化研究所研究紀要》24, 2011 年 3 月, 第 87 – 95 頁。

小川陽一:《明清小説研究と日用類書》, 載《東北大学教養部紀要》54 号, 1990 年, 第 71 – 91 頁。

小川陽一:《日用類書の中の耕織図》, 載《東方》138, 1992 年, 第 2 – 5 頁。

小川陽一:《日用類書による明清小説の研究》, 東北大学博士論文, 1993 年。

小川陽一:《日用類書による明清小説の研究》, 研文出版, 1995 年。

小川陽一:《日用類書——〈万用正宗〉〈万宝全書〉〈不求人〉など

（特集　中国の百科全書——〈類書〉の歴史・その活用法）》，載《月刊しにか》9 - 3，1998 年，第 60 - 65 頁。

小川陽一：《中国における肖像画と文学》，載《大東文化大学漢学会誌》44，2005 年，第 1 - 29 頁。

小川陽一：《日用類書と明清文学——〈風月機関〉をめぐって（小特集　中国日用類書）》，載《汲古》47，2005 年，第 40 - 45 頁。

小川陽一：《最終授業講義録　日用類書と明清文學——〈風月機關〉をめぐって》，載《大東文化大學中國學論集》23，2005 年，第 1 - 20 頁。

尾崎勤：《〈怪奇鳥獣図巻〉と中国日用類書》，載《汲古》45，2004 年 6 月，第 68 - 75 頁。

尾崎貴久子：《元代の日用類書〈居家必用事類〉にみえる回回食品》，載《東洋学報》83 - 3，2006 年，第 336 - 364 頁。

小野さやか：《和製日用類書としての重宝記》，載《千葉大学日本文化論叢》6，2005 年 6 月。

加地信行：《類書の総合的研究》，文部省科学研究費補助金研究成果報告書［総合研究（A），研究課題番号 06301002］，1994 - 1995 年。

金文京：《制度としての古典——元代類書〈事林広記〉の法律記事》，文部省科学研究費補助金基盤研究成果報告書（特定領域研究，研究領域番号 10183101），収入《古典学の現在》2，2001 年，第 88 - 100 頁。

金文京：《規範としての古典とその日常的變容——元代類書〈事林廣記〉所引法令考》，収入《古典学の現在》4，2001 年。

金文京：《〈事林廣記〉刑法類・公理類譯注》，載《東方學報》74，2002 年，第 257 - 309 頁。

金文京：《〈事林広記〉の編者、陳元靚について》，載《汲古》47，2005 年，第 46 - 51 頁。

"元代の社會と文化" 研究班：《〈事林廣記〉刑法類・公理類訳注》，載《東方学報》74，2002 年，第 257 - 309 頁。

"元代の社會と文化" 研究班：《〈事林廣記〉人事類訳注》，載《東方学報》75，2003 年，第 273 - 393 頁。

"元代の社會と文化" 研究班：《〈事林廣記〉学校類訳注（1）》，載《東方学報》76，2004 年，第 85 – 108 頁。

"元代の社會と文化" 研究班：《〈事林廣記〉学校類（2）家礼類（1）訳注》，載《東方学報》77，2005 年，第 121 – 158 頁。

呉修喆：《明末の日用類書から見る燈謎》，載《社会と文化》30，2015 年，第 102 – 123 頁。

齊藤真麻理：《描かれた異境——明代日用類書と〈山海異物〉——》，收入人間文化研究機構国文学研究資料館編《絵が物語る日本　ニューヨーク　スペンサー・コレクションを訪ねて》，三弥井書店，2014 年。

齊藤真麻理：《渡海の絵巻——いけのや文庫蔵〈御曹子島渡り〉——》，載《国文学研究資料館紀要　文学研究編》44 号，2018 年，第 1 – 29 頁。

酒井忠夫：《元明時代の日用類書とその教育史的意義》，載《日本の教育史学》1 号，1958 年，第 67 – 94 頁。

酒井忠夫：《明代の日用類書と庶民教育》，收入林主春編《近世中國教育史研究》，国土社，1958 年，第 62 – 74 頁。

酒井忠夫：《中国善書の研究》，弘文堂，1960 年。

酒井忠夫：《序言——日用類書と仁井田陞博士》，收入坂出祥伸、小川陽一編《中國日用類書集成》1《五車拔錦（一）》，汲古書院，1999 年。

酒井忠夫：《〈中国日用類書集成〉（汲古書院出版）の完結に当って（小特集　中国日用類書）》，載《汲古》47，2005 年，第 23 – 29 頁。

酒井忠夫：《中國日用類書史の研究》，国書刊行会，2011 年。

酒井忠夫：《道家・道教史の研究》，国書刊行会，2011 年。

坂出祥伸：《明代"日用類書"醫學門について》，載《關西大學文學論集》47 巻 3 号，1998 年，第 1 – 16 頁。

坂出祥伸編《本邦公蔵明代日用類書目録初稿》，1998 年。

坂出祥伸：《中国日用類書解題の再補遺——大谷大学所蔵〈明代日用類書〉三種など（小特集　中国日用類書）》，載《汲古》47，2005 年，第 52 - 59 頁。

坂出祥伸：《書評・新刊紹介　酒井忠夫著〈中國日用類書史の研究〉》，載《東方宗教》121，2013 年，第 88 - 89 頁。

佐藤健一：《〈事林廣記〉における面積について——室町時代の日本に影響を与えた百科事典》，載《数学史研究》225，2016 年，第 49 - 60 頁。

佐藤健一：《〈事林廣記〉における体積について》，載《数学史研究》226，2017 年，第 1 - 13 頁。

篠田統、田中静一編著：《中国食経叢書》（中国古今食物料理資料集成），書籍文物流通会，1972 年。

住吉朋彦：《カリフォルニア大学バークレー校東アジア図書館蔵　日本伝来漢籍目録初編》，載《斯道文庫論集》46，2011 年，第399 - 426 頁。

住吉朋彦：《日本および周辺地域に波及した祝穆編書の版本研究——建陽坊刻類書の伝播に関する考察——》，文部省科学研究費補助金基盤研究成果報告書 [基盤研究（C），研究課題番号 20520175]，2008 - 2011 年。

住吉朋彦：《和刻本〈事文類聚〉考——その本文と、菊池耕斎の附訓について》，載《和漢比較文学》48，2012 年，第 91 - 109 頁。

住吉朋彦：《〈方輿勝覧〉版本考》，載《斯道文庫論集》49，2014 年，第 167 - 237 頁。

住吉朋彦ほか：《宮内庁書陵部収蔵漢籍の伝来に関する再検討——デジタルアーカイブの構築を目指して——》，文部省科学研究費補助金基盤研究成果報告書 [基盤研究（A），研究課題番号 24242009]，2012 - 2016 年。

高津孝：《書評　図書の府 "福建" の出版史——謝水順、李珽著〈福建古代刻書〉》，載《東方》250，2001 年 12 月，第 34 - 37 頁。

瀧本弘之：《中国古版画散策（第 30 回）コンパクトにまとまった〈事林広記〉——ベストセラーの巧みな人物図》，載《東方》437，2017 年，第 14 - 17 頁。

武田時昌ほか：《中国科学思想の構造的把握》，文科省科学研究費補助金研究成果報告書［基盤研究（C），課題番号 15K02032］，2015－2018年。

玉置奈保子：《〈金科一誠賦〉注に見る明代日用類書の構成方法について》，載《和漢語文研究》12，2014年，第143－167頁。

玉置奈保子：《明代後期日用類書律例・律法門収録歌訣の各日用類書間における関係について》，載《和漢語文研究》13，2015年，第79－117頁。

玉置奈保子：《明代後期日用類書武備門の構成》，載《和漢語文研究》14，2016年，第209－239頁。

玉置奈保子：《嘉興市図書館蔵周氏万巻楼刊〈萬寶全書〉について》，載《汲古》71，2017年，第24－29頁。

田村祐之：《〈朴通事〉と日用類書との関係について》，載《姫路独協大学外国語学部紀要》15，2002年，第223－241頁。

陳狲：《宋代私撰類書所収の白居易逸文考》，載《中国文学論集》36，2007年，第42－56頁。

寺田浩明：《明清時期秩序の中の"約"の性質》，收入滋賀秀三編著：《明清時期の民事審判と民間契約》，法律出版社，1998年。

鄧力：《〈太平記〉の表現と中国の類書——〈韻府群玉〉需要の可能性》，載《法政大学大学院紀要》81号，2018年3月，第155－162頁。

枥尾武：《類書の研究序説（2）——五代十国宋代類書略史（池田勉教授・栗山理一教授古稀慶賀）》，載《成城國文學論集》11，1979年，第251－292頁。

枥尾武：《類書の研究序説（3）——五代十国宋代類書略史承前》，載《成城國文學論集》12，1980年，第163－193頁。

中嶋敏：《新編事文類要啓箚青銭について》，載《大安》1963年10月号。

中村喬編訳《中国の食譜》，平凡社東洋文庫，1995年。

中村喬：《中國料理史に於ける"炙"再考——元代増補〈事林廣記〉に據って》，載《学林》43，2006年，第49－77頁。

仁井田陞:《元明時代の村の規約と小作証書など》,載《東洋文化研究所紀要》8 号,1956 年。

仁井田陞:《元明時代の村規約と小作証書など——日用百科全書の類二十種の中から——》,東京大学東洋文化研究所,1962 年。

西尾賢隆:《研究余録　速伝宗販の機山玄公奠茶法語と古今事文類聚》,載《日本歴史》737,2009 年,第 81 – 91 頁。

橋川時雄:《居家必用事類の解説》,收入田中ちた子、田中初夫编《家政学文献集成　続編第 7 冊:江戸期》,第 4 – 5 頁,渡辺書店,1969 年。

早川光三郎:《類書〈事文類聚〉と近世文学(ノート)》,載《滋賀大國文》7,1969 年,第 1 – 10 頁。

本田精一:《〈三台万用正宗〉算法門と商業算術》,載《九州大学東洋史論集》23,1995 年,第 87 – 125 頁。

松田孝一:《〈事林広記〉"皇元朝議之図"解説》,收入《13.14 世紀東アジア諸言語史料の総合的研究——元朝史料学の構築のために》,文部省科学研究費補助金研究成果報告書〔基盤研究(B),課題番号16320099〕,2007 年,第 35 – 62 頁。

松田孝一:《〈事林広記〉"皇元朝儀之図"解説補遺》,載《13、14世紀東アジア史料通信》9,2009 年,第 1 – 8 頁。

松村英哲:《鍾馗考》(一)~(六),載《近畿大学教養部紀要》28 – 3 至 31 – 3,1997 – 2000 年。

丸山浩明:《余象斗本考略》,載《二松学舍大学人文論叢》50,1993 年,第 121 – 144 頁。

三浦國雄:《沖縄に傳來した〈萬寶全書〉》,載《文芸論叢》62,2004 年,第 81 – 104 頁。①

三浦國雄:《〈萬寶全書〉諸夷門小論——明人の外國觀——》,載《大東文化大学漢学会誌》44,2005 年,第 227 – 248 頁。

水野正明:《〈新安原板士商類要〉について》,載《東方学》60,

① 《中國文學論叢》(2004 年)中有同名论文。

1980 年，第 96 – 117 頁。

三保忠夫：《明代日用類書における助数詞（量詞）——日本語助数詞研究のために》，載《神女大国文》21，2010 年，第 1 – 18 頁。

宮紀子：《〈混一疆理歴代国都之図〉への道》，收入藤井讓治、杉山正明、金田章裕編《絵図・地図からみた世界像——京都大学大学院文学研究科 21 世紀 COEプログラム〈グローバル化時代の多元的人文学の拠点形成〉〈15・16・17 世紀成立の絵図・地図と世界観〉中間報告書》，京都大学大学院文学研究科，2004 年。

宮紀子：《對馬宗家舊藏の元刊本〈事林廣記〉について》，載《東洋史研究》67 – 1，2006 年，第 35 – 67 頁。

宮紀子：《叡山文庫所蔵の〈事林広記〉写本について》，載《史林》91 – 3，2008 年，第 455 – 495 頁。

宮川真弥：《〈枕草子春曙抄〉における類書の利用とその隠匿：〈円機活法〉〈事文類聚〉を中心に》，載《詞林》51，2012 年，第 25 – 39 頁。

森田明：《〈商賈便覧〉〔呉中孚編 乾隆 57 年刊〕について——清代の商品流通に関する覚書（中国社会構造の研究)》，載《福岡大学研究所報》16，1972 年，第 1 – 28 頁。

森田憲司：《〈事林広記〉の諸版本について》，收入宋代史研究会編《宋代の知識人——思想・制度・地域社会——》，汲古書院，1993 年。

森田憲司：《〈事林広記〉——経書から生活の知恵まで》，載《月刊しにか》9 – 3，1998 年，第 50 – 53 頁。

森田憲司：《王朝交代と出版——和刻本事林広記から見たモンゴル支配下中国の出版》，載《奈良史学》20，2002 年，第 56 – 78 頁。

森田憲司：《元代類書における〈文公家禮〉の引用——至元 8 年婚姻礼制所引を中心に》，載《奈良史学》22，2004 年，第 7 – 17 頁。

森田憲司ほか：《中国近世の知識人社会と出版文化、とくに科挙関係資料と類書を中心に》，文部省科学研究費補助金基盤研究成果報告書（特定領域研究，研究領域番号 13021251），2001 – 2004 年。

矢島玄亮：《日本国見在書目録　集証と研究》，汲古書院，1994。

横山俊夫ほか：《久米島における東アジア諸文化の媒介事象に関する総合研究》，文部省科学研究費補助金基盤研究成果報告書［基盤研究（A），研究課題番号 08309006］。

芳村弘道：《本邦伝来の宋版〈錦繡万花谷〉》，載《学林》74，1996年，第 96 – 121 頁。

林桂如：《余象斗の小説と日用類書》，東京大学人文社会系研究科博士論文，2010 年。①

林桂如：《余象斗の日用類書〈三台萬用正宗〉と小説〈北遊記〉〈南遊記〉について——玄天上帝・五顯靈觀（華光）を中心として》，載《東方学》118，2009 年，第 80 – 90 頁。

和田久徳：《宋代南海史料としての島夷雑誌》，載《お茶の水女子大学人文科学紀要》5 号，1954 年，第 27 – 63 頁。

◆中文

白化文：《敦煌遗书中的类书简述》，《中国典籍与文化》1999 年第 4 期，第 50 ~ 59 页。

白谦慎、薛龙春：《尘事的史迹》，《读书》2007 年第 1 期，第 51 ~ 58 页。

本杰明・艾尔曼：《收集与分类——明代汇编与类书》，刘宗灵译，《学术月刊》2009 年第 5 期，第 126 ~ 138 页。

伯希和编，高田时雄校订补编《梵蒂冈图书馆所藏汉籍目录》，郭可译，中华书局，2006。

常建华：《明代日常生活史研究的回顾与展望》，《史学集刊》2014 年第 3 期，第 95 ~ 110 页。

常建华：《徽州文书的日常生活史价值》，《安徽史学》2015 年第 6 期，第 5 ~ 10 页。

陈宝良：《明代社会转型与文化变迁》，《中州学刊》2012 年第 2 期。

陈宝良：《游逸嬉玩——晚明的社会流动与文化的转向》，《浙江学刊》

---

① Contents Works 社出版 "on demand"（依需印制）版。

2014 年第 5 期，第 40 ~ 49 页。

陈东有：《〈金瓶梅词话〉相面断语考辨》，《金瓶梅研究》第 4 辑，江苏古籍出版社，1993，第 122 ~ 132 页。

陈锋：《"建安版画"无书不图的叙事——古代插图的文化特征与作用》，《文艺研究》2007 年第 11 期，第 160 ~ 161 页。

陈高华：《舍儿别与舍儿别赤的再探讨》，《历史研究》1989 年第 2 期，第 151 ~ 160 页。

陈高华：《元代饮茶习俗》，《历史研究》1994 年第 1 期，第 89 ~ 102 页。

陈平原、米列娜主编《近代中国的百科辞书》，北京大学出版社，2007。

陈其泰：《梁启超与中国史学的近代化》，《南开学报》1996 年第 5 期。

陈时龙：《明代中晚期讲学运动（1522 ~ 1626）》，复旦大学出版社，2007。

陈学文：《中国封建晚期的阶段商品经济》，湖南人民出版社，1989。

陈学文：《明代中叶以来弃农弃儒从商风气和重商思潮的出现》，《九州学刊》第 3 卷第 4 期，香港中华文化促进中心出版，1990 年 9 月，第 55 ~ 66 页。

陈学文：《从〈士商类要〉来看明代徽商经商之道》，《学术界》1994 年第 6 期，第 49 ~ 53 页。

陈学文：《明代日用类书中的商业用书研究》，《明史研究》第 5 辑，1995。

陈学文：《明清时期江南的商品流通与水运业的发展——从日用类书中商业书有关记载来研究明清江南的商品经济》，《浙江学刊》1995 年第 1 期，第 31 ~ 37 页。

陈学文：《明代一部商贾之教程、行旅之指南——陶承庆〈新刻京本华夷风物商程一览〉评述（明清商书系列研究之七）》，《中国社会经济史研究》1996 年第 1 期，第 86 ~ 93 页。

陈学文：《明清时期商业文化的代表作〈商贾便览〉——明清商书研

究系列之十》，《杭州师范学院学报》1996 年第 2 期，第 4 ~ 16 页。

陈学文：《明清时期商业书及商人书之研究》（国学精粹丛书之 46），台北，洪叶文化事业有限公司，1997。

陈学文：《论明清江南流动图书市场》，《浙江学刊》1998 年第 6 期，第 107 ~ 111 页。

陈学文：《明清徽州商人之成功——明清徽商经营之道与商业道德》，《浙江学刊》2001 年第 6 期，第 125 ~ 132 页。

陈学文：《陈学文集》，黄山书社，2011。

陈学文：《明代中叶以来农村的社会管理——以日用类书的记载来研究》，《中国农史》2013 年第 1 期，第 70 ~ 78 页。

陈学文：《明清时期维护生态的条令和民约》，《浙江学刊》2013 年第 4 期，第 38 ~ 43 页。

陈学文：《从日用类书记载来看明清时期的家庭与婚姻形态》，《江南大学学报》（人文社会科学版）12 - 5 卷，2013，第 33 ~ 38 页。

陈学文：《明代信牌、信票和路引的考释》，《中国典籍与文化》2014 年第 2 期，第 106 ~ 109 页。

陈学文：《明清时期的山林生态环境保护》，《中原文化研究》2014 年第 3 期，第 66 ~ 70 页。

陈学文：《明清时期社会治安的条令和乡规民约》，《江南大学学报》（人文社会科学版）2014 年第 4 期，第 48 ~ 53 页。

陈学文：《明清时期乡村的社会治安和社会秩序整治——以日用类书为中心》，《浙江社会科学》2015 年第 3 期，第 137 ~ 143 页。

陈毓飞：《身体、知识、叙事——〈金瓶梅词话〉研究》，博士学位论文，北京外国语大学，2014。

陈长宁：《滴水藏海：法律文字与社会的关联——〈法律知识的文字传播——明清日用类书与社会日常生活〉评介》，《云南大学学报》（法学版）2014 年第 2 期，第 137 ~ 142 页。

陈昭吟：《晚明日用类书所收道教养生术研究　以养生门、修真门为范围》，台南，汉家出版社丛书，2011。

陈昭珍：《明代书坊之研究》，台北，花木兰文化出版社（古典文献研究辑刊），2007。

陈正宏：《〈万宝全书〉杂考——兼与吴惠芳女士商榷》，《海峡两岸古典文献学学术研讨会论文集》，上海古籍出版社，2002。

成一农：《宋元日用类书〈事林广记〉〈翰墨全书〉中所收全国总图研究》，《中国史研究》2018 年第 2 期。

程丽红、焦宝：《清代传媒文化论》，《复旦学报》（社会科学版）2015 年第 2 期，第 117 ~ 124 页。

崔凯：《〈锦绣万花谷〉编者与卢襄关系考》，《古籍研究》2017 年第 1 期。

戴建国：《元〈至元杂令〉发覆》，《河北学刊》2012 年第 4 期，第 69 ~ 74 页。

戴健：《论明代公案小说与律治之关系》，《江海学刊》2007 年第 6 期，第 178 ~ 183 页。

戴健：《明代后期吴越城市娱乐文化与市民文学》，社会科学文献出版社，2012。

戴克瑜、常建华主编《类书的沿革》，四川省图书馆学会，1981。

戴文和：《〈锦绣万花谷〉介绍》，《侨光学报》19，2001 年，第 247 ~ 280 页。

戴云：《唐宋饮食文化要籍考述》，《农业考古》1994 年第 1 期，第 226 ~ 234 页。

邓建鹏：《宋代的版权问题——兼评郑成思与安守廉之争》，《环球法律评论》2005 年第 1 期，第 71 ~ 80 页。

丁纪元：《略论〈事林广记〉音谱类中的〈总叙诀〉》，《音乐研究》1997 年第 3 期。

丁中：《谈谈工具书的利用》，《山西大学学报》（哲学社会科学版）1978 年第 1 期，第 90 ~ 95 页。

杜金：《明清法律书籍的知识社会史——论尤陈俊著〈法律知识的文字传播：明清日用类书与社会日常生活〉》，《中国古代法律文献研究》第 9 辑，社会科学文献出版社，2015。

杜金、徐忠明：《索象于图——明代听审插图的文化解读》，《中山大学学报》（社会科学版）2012 年第 5 期，第 7～31 页。

杜金、徐忠明：《传播与阅读　明清法律知识史》，北京大学出版社，2012。

方波：《民间书法知识的建构与传播——以晚明日用类书中所载书法资料为中心》，《文艺研究》2012 年第 3 期。

方品光、陈爱清：《元代福建书院刻书》，《福建师范大学学报》（哲学社会科学版）1994 年第 3 期。

方师铎：《传统文学与类书之关系》，台中，东海大学研究丛书，1971。

方师铎：《传统文学与类书之关系》，天津古籍出版社，1986。

方彦寿：《明代建阳刻本广告刍议》，《文献》2001 年第 1 期，第 177～185 页。

方彦寿：《建阳刻书史》，中国社会出版社，2003。

方彦寿：《福建刻书论稿》，台北，花木兰文化出版社，2011。

方彦寿：《朱熹的道统论与建本类书中的先贤形象》，《孔子研究》2011 年第 5 期，第 42～49 页。

高莉芬：《穿梭他界与我界——鹿忆鹿的神话研究》，《长江大学学报》（社会科学版）2016 年第 10 期。

郭立诚：《郭立诚的学术论著——艺术·医学·人文》（文史哲学集成 286），台北，文史哲出版社，1993。

郭丽荣：《〈事林广记〉对汉语文化教学的启示》，《语文学刊》2015 年第 16 期，第 147、160 页。

郭玲丽：《〈事林广记〉中的"词状"初探》，《语文学刊》2013 年第 7 期，第 61～62 页。

郭孟良：《晚明商业出版》，中国书籍出版社，2012。

郭正宜：《晚明日用类书劝谕思想研究》，博士学位论文，成功大学中国文学系，2015 年 1 月。

韩翠花：《类书与丛书在文化传播上的不同作用》，《中国典籍与文化》1998 年第 3 期，第 58～62 页。

韩毅：《中国传统工匠技艺与民间文化——"中国传统工匠技艺与民

间文化"国际学术研讨会综述》,《中国科技史杂志》2008 年第 4 期,第 401 ~ 404 页。

郝婧、王俊:《从〈锦绣万花谷〉看宋版书再生性保护》,《传播与版权》2017 年第 2 期。

何斯琴:《试论晚明善书文献的流通》,《福建论坛》(社科教育版) 2011 年第 12 期,第 134 ~ 135 页。

侯外庐:《方以智——中国的百科全书派大哲学家》(上、下篇),《历史研究》1957 年第 6 ~ 7 期。

胡道静:《中国古代的类书》,中华书局,1982。

胡道静:《谈古籍的普查和情报》,《历史研究》1982 年第 4 期,第 3 ~ 20 页。

胡道静:《农书·农史论集》,农业出版社,1985。

胡晓真、王鸿泰主编《日常生活的论述与实践》,台北,台湾允晨文化实业股份有限公司,2011。

黄杰:《两首宋人茶词所记茶事考》,《农业考古》2008 年第 2 期,第 191 ~ 195 页、第 212 页。

Jacob Eyferth:《书写与口头文化之间的工艺知识——夹江造纸中的知识关系探讨》,胡冬雯译,《西南民族大学学报》(人文社科版)2010 年第 7 期,第 34 ~ 41 页。

贾慧如:《元代类书在元代社会史研究中的价值初探》,《内蒙古大学学报》(哲学社会科学版)2011 年第 4 期,第 105 ~ 110 页。

贾慧如:《元代类书的类型、特点与影响》,《内蒙古社会科学》(汉文版)2011 年第 6 期,第 86 ~ 90 页。

姜椿芳:《从类书到百科全书——百科全书文集》,中国书籍出版社,1990。

姜晓萍:《〈士商类要〉与明代商业社会》,《西南师范大学学报》(哲学社会科学版)1996 年第 1 期,第 67 ~ 70 页。

金良、满都呼、董杰:《〈居家必用事类全集〉中的肉食贮存技艺研究》,《内蒙古师范大学学报》(自然科学汉文版)2015 年第 5 期。

赖玉芹:《论汤斌的学术思想及成就》,《商丘师范学院学报》2006 年第 3 期，第 12 ~ 14 页。

劳汉生：《珠算与实用算术》（中国数学史体系），河北科学技术出版社，2000。

李伯重：《明清江南的出版印刷业》，《中国经济史研究》2001 年第 3 期，第 94 ~ 107 页。

李伯重：《八股之外——明清江南的教育及其对经济的影响》，《清史研究》2004 年第 1 期，第 1 ~ 14 页。

李成渝、林青、马彦：《四川省广元县罗家桥一、二号墓伎乐石雕的研究》，《音乐探索》（四川音乐学院学报）1985 年第 1 期，第 52 ~ 55、99 页。

李春光：《金毓黻赴日搜求东北史地文献考略》，《辽宁大学学报》（哲学社会科学版）2007 年第 6 期，第 79 ~ 82 页。

李更：《〈锦绣万花谷〉续书与〈初学记〉——南宋书坊"纂"书方式管窥》，《古典文献研究》第 15 辑，凤凰出版社，2012。

李更：《〈锦绣万花谷续集〉"别本"及其文献价值——以"拾遗"诸卷为中心》，《版本目录学研究》第 4 辑，北京大学出版社，2013。

李更：《〈古今合璧事类备要〉管窥——以"民事门"为例》，《版本目录学研究》第 6 辑，北京大学出版社，2015。

李更：《〈类说〉与南宋坊本类书——兼议〈类说〉的工具性》，《北京大学中国古文献研究中心集刊》2016 年第 1 期，第 145 ~ 173 页。

李豪：《〈古今合璧事类备要〉引〈唐大诏令集〉佚篇考辨》，《古籍整理研究学刊》2014 年第 6 期，第 27 ~ 31 页。

李合群、司丽霞、段培培：《北宋东京皇宫布局复原研究——兼对元代〈事林广记〉中的〈北宋东京宫城图〉予以勘误》，《中原文物》2012 年第 6 期。

李来璋：《乐星图谱〈总叙诀〉辨析》，《黄钟》（武汉音乐学院学报）1993 年第 3 期，第 39 ~ 49 页。

李茂增：《宋元明清的版画艺术》，大象出版社，2000。

李倩：《中国古代蒙养教材中的法律史料——兼论中国古代的普法教育》，《法律文献信息与研究》2010 年第 2 期，第 7 ~ 14 页。

李媛媛：《从〈士商类要〉看明代徽州商业教育》，《黑龙江史志》2014 年第 23 期，第 107～108 页。

李之檀：《福建建安派木刻版画》，《中国历史博物馆馆刊》1986 年号。

李致忠：《〈锦绣万花谷〉编者为谁再探讨》，《新世纪图书馆》2013 年第 5 期，第 74～76、42 页。

梁其姿：《明清中国的医学入门与普及化》，蒋竹山译，《法国汉学》第 8 辑，2003 年。

林刚：《明清英雄传奇小说生成的商业经济基础》，《湖南商学院学报》2006 年第 5 期，第 94～97 页。

林桂如：《书业与狱讼——从晚明出版文化论余象斗公案小说的编纂过程与创作意图》，《中国文哲研究集刊》第 39 期，2011 年 9 月，第 1～39 页。

林霞：《明清农书的创作特点及其影响情况研究》，《农业考古》2015 年第 3 期，第 294～299 页。

林应麟：《福建书业史》，鹭江出版社，2004。

林忠鹏：《〈倭名类聚抄〉与中国典籍》，《重庆师范学院学报》（哲学社会科学版）2000 年第 2 期，第 83～89 页。

刘秉果：《〈蹴鞠谱〉著作年代考》，《体育文史》1986 年第 6 期，第 32～38 页。

刘刚：《八十年类书研究之检讨》，《大学图书馆学报》2006 年第 4 期。

刘捷：《明末通俗类书与西方早期中国志的书写》，《民俗研究》2014 年第 3 期，第 35～42 页。

刘捷：《利玛窦世界地图中的"海外赢虫"——兼论市民文化与晚明世界观的塑造》，《民俗研究》2017 年第 1 期，第 80～86 页。

刘磊：《〈锦绣万花谷〉版本著录及传统时代文献利用述考》，《古籍研究》2017 年第 1 期。

刘全波：《论类书在东亚汉字文化圈的流传》，《敦煌学辑刊》2011 年第 4 期，第 118～125 页。

刘全波：《论明代日用类书的出版》，《山东图书馆学刊》2014 年第 5 期。

刘天振：《明代通俗类书研究》，齐鲁书社，2006。

刘天振：《试论明代民间类书中歌诀的编辑功能——以明刊日用类书

与通俗故事类书为考察中心》，《中国典籍与文化》2007 年第 3 期，第 89 ~ 94 页。

刘天振：《从家书活套透视明代后期家庭伦理危机——以万历间刊〈万用正宗不求人〉的"书启门"为考察中心》，《齐鲁学刊》2007 年第 6 期，第 22 ~ 26 页。

刘天振：《明刊日用类书所辑诗歌初探》，《齐鲁学刊》2010 年第 3 期。

刘天振：《明清江南城市商业出版与文化传播》，中国社会科学出版社，2011。

刘天振：《明代日用类书编辑艺术与民间知识传播》，《中国科技史杂志》2011 年 Z1 期，第 142 ~ 150 页。

刘同彪：《日用类书中所见的宋元明民间婚姻礼俗》，《民间文化论坛》2010 年第 4 期，第 51 ~ 58 页。

刘同彪：《南宋元明日用知识读物的生产与传播——以福建建阳坊刻日用类书为例》，博士学位论文，北京师范大学，2010 年 9 月。

刘纬毅：《中国方志史初探》，《文献》1980 年第 4 期，第 196 ~ 211 页。

刘兴亮：《〈事林广记〉载元代西南地区政区资料探析》，《三峡论坛》（三峡文学理论版）2015 年第 6 期。

刘修业：《敦煌本〈读史编年诗〉与明代小类书〈大千生鉴〉》，《敦煌语言文学研究》，北京大学出版社，1988。

刘叶秋：《类书简说》（中国古典文学基本知识丛书），上海古籍出版社，1980。

刘叶秋：《类书简说》，台北，万卷楼图书有限公司，1993。

刘迎胜：《马薛里吉思任职镇江原因考——一种外来饮品舍里八生产与消费的本土化过程》，《中华文史论丛》2015 年第 1 期，第 109 ~ 131 页。

刘长东：《论民间神灵信仰的传播与接受——以掠剩神信仰为例》，《四川大学学报》（哲学社会科学版）2007 年第 4 期，第 75 ~ 83 页。

刘兆祐：《中国类书中的文献资料及其运用》，台北，汉学研究中心，1988。

龙晓添：《日用类书丧礼知识书写的特点与变迁》，《四川民族学院学报》2015 年第 4 期，第 69 ~ 75 页。

鹿忆鹿：《明代日用类书"诸夷门"与山海经图》，《兴大中文学报》27 号增刊，2010 年 12 月，第 273 ~ 293 页。

罗丽馨：《十六、十七世纪的商业书》，《中兴大学历史学报》7，1997 年。

吕建强：《〈乐星图谱〉中的宫调理论》，《黄钟》（武汉音乐学院学报）1992 年第 2 期，第 24 ~ 30 页。

毛巧晖、刘莎莎：《民俗"镜像"——由日用类书看明代文化交流——基于〈鼎镌崇文阁汇纂士民万用正宗不求人全编〉"外夷门"的考察》，《百色学院学报》2016 年第 1 期，第 105 ~ 111 页。

米列娜、瓦格纳：《思维方式的转型与新知识的普及——清末民初中国百科全书的发展历程》，《复旦学报》（社会科学版）2015 年第 2 期，林盼译，第 37 ~ 47 页。

缪咏禾：《明代出版史稿》，江苏人民出版社，2000。

潘法连：《读〈中国农学书录〉札记八则》，《中国农史》1988 年第 1 期，第 116 ~ 120 页。

彭邦炯：《百川汇海 古代类书与丛书》，台北，万卷楼图书有限公司，2001。

平田昌司：《〈事林广记〉音语类"辨字差殊"条试释》，《汉语史学报》2005 年第 1 期。

钱玉林：《陈元龙的"格致镜原"——十八世纪初的科技史小型百科全书》，《辞书研究》1982 年第 5 期，第 156 ~ 161 页。

乔福锦：《历史文献学视域中的乡村社会文献整理》，《辽东学院学报》（社会科学版）2011 年第 3 期，第 103 ~ 112 页。

邱纪凤：《〈古今图书集成〉与陈梦雷——兼谈〈医部全录〉在祖国医学上的贡献》，《云南中医学院学报》1983 年第 4 期，第 22 ~ 27 页。

邱澎生：《有资用世或福祚子孙——晚明有关法律知识的两种价值观》，《清华学报》33 - 1，2003 年。

邱澎生：《由日用类书到商业手册——明清中国商业知识的建构》，近代中国的财经变迁与企业文化学术检讨会会议论文，2004 年 12 月。

邱澎生：《由〈商贾便览〉看十八世纪中国的商业伦理》，《汉学研究》33 - 3（82），2015，第 205～240 页。

邱澎生、陈熙远编《明清法律运作中的权力与文化》，新民说法律文化文丛，广西师范大学出版社，2017。

邱玉凡：《陈元靓生平与著作探讨》，《东吴中文线上学术论文》第 38 期，2017 年 6 月，第 53～73 页。

裘开明：《美国哈佛大学哈佛燕京学社图书馆藏明代类书概述》，《清华学报》新 2 - 2，1961 年 6 月，第 93～115 页。

裘开明：《四库失收明代类书考》，《香港中文大学中国文化研究所学报》2 - 1，1969，第 43～58 页。

森田宪司：《关于在日本的〈事林广记〉诸本》，收入《国际宋史研讨会论文选集》，河北大学出版社，1992，第 266～280 页。

商伟：《晚明的小说、日用类书与印刷文化》，美国哥伦比亚大学东亚系主办《世变与维新——晚明与晚清的文学艺术研讨会文集》，台北，中研院中国文哲研究所筹备处，1999 年 7 月。

商伟：《日常生活世界的形成与建构：〈金瓶梅词话〉与日用类书》，王翎译，《国际汉学》2011 年第 1 期。①

沈津主编《美国哈佛大学哈佛燕京图书馆藏中文善本书志》，广西师范大学出版社，2011。

沈克：《元刻本〈事林广记〉图像考辨》，《新美术》2010 年第 5 期。

沈乃文：《〈事文类聚〉的成书与版本》，《文献》2004 年第 3 期。

施懿超：《宋代类书类四六文叙录》，《古籍整理研究学刊》2007 年第 3 期，第 8～15 页。

石昌渝：《明代公案小说——类型与源流》，《文学遗产》2006 年第 3 期，第 110～117 页。

石雷：《近年日本元明清诗文研究》，《苏州大学学报》（哲学社会科学版），2008 年第 2 期，第 53～57 页。

孙超：《论侨易视域中的〈金瓶梅词话〉与晚明江南士风》，《求是学

---

① 这是商伟 2005 年论文 "The making of the everyday world：Jin Ping Mei Cihua and encyclopedias for daily use" 的中译本。

刊》2016 年第 4 期，第 124 ~ 131 页。

孙楷第编《日本东京所见中国小说书目》，上杂出版社，1953。

孙文杰：《明代畅销书述略》，《编辑之友》2016 年第 9 期。

孙永忠：《类书渊源与体例形成之研究》，台北，花木兰文化出版社，2007。

谭建川：《中日传统蒙学教材比较》，《西南师范大学学报》（人文社会科学版）2005 年第 4 期，第 71 ~ 77 页。

谭清华：《唐宋时期道门农书及其农学思想稽考》，《佳木斯大学社会科学学报》2017 年第 2 期。

仝建平：《〈翰墨全书〉编纂及其版本考略》，《图书情报工作》2010 年第 21 期。

仝建平：《〈新编事文类聚翰墨全书〉研究》，宁夏人民出版社，2011。

仝建平：《宋元民间日用类书文献价值述略》，《山西档案》2013 年第 1 期。

仝建平：《略谈〈翰墨全书〉利用的几个问题》，《史学集刊》2014 年第 2 期，第 58 ~ 65 页。

仝建平：《宋元民间交际应用类书探微》，中国社会科学出版社，2015。

涂丹、刁培俊：《东南亚香药与明代饮食风尚》，《古代文明》2016 年第 4 期，第 85 ~ 94 页。

汪超：《论明代日用类书与词的传播》，《图书与情报》2010 年第 2 期。

王崇峻：《明清时期民间的用药情况与医疗观念初探》，《花莲教育大学学报（综合类）》22 期，2006 年 5 月，第 19 ~ 38 页。

王尔敏：《明清社会文化生态》，台北，台湾商务印书馆，1997。

王尔敏：《明清时代庶民文化生活》，台北，中研院近代史研究所，2000。

王尔敏：《明清时代庶民文化生活》，岳麓书社，2002。

王桂平：《明代的学术流变与江苏私家刻书之关系》，《大学图书馆学报》2014 年第 6 期，第 113 ~ 119 页。

王建霞：《〈事林广记〉之婚俗浅谈》，《金田》2014 年第 12 期。

王建霞：《〈事林广记〉部分校勘浅谈》，《金田》2014 年第 12 期。

王珂：《宋元日用类书〈事林广记〉研究》，博士学位论文，上海师范大学，2010。

王珂：《〈事林广记〉源流考》，《古典文献研究》第 15 辑，凤凰出版社，2012。

王珂：《元刊〈事林广记〉插图考论》，《古典文献研究》2015 年第 2 期。

王珂：《〈事林广记〉版本考略》，《南京师范大学文学院学报》2016 年第 2 期，第 167 ~ 175 页。

王利伟：《宋代类书在中国古代类书编纂史上的地位》，《辞书研究》2010 年第 5 期，第 142 ~ 151 页。

王璐：《继承与创新——古籍中农事图绘制手法探析》，《西北农林科技大学学报》（社会科学版）2016 年第 2 期，第 153 ~ 157 页。

王日根：《明清时期失意举子的职业走向》，《考试研究》2008 年第 1 期，第 98 ~ 111 页。

王雅：《儒家伦理日常化与内在化的途径》，《辽宁大学学报》（哲学社会科学版）2007 年第 4 期，第 1 ~ 5 页。

王勇：《论明代日用类书中的指南性交通史料》，《宜宾学院学报》2018 年第 8 期。

王振忠：《徽州文书所见种痘及相关习俗》，《民俗研究》2000 年第 1 期，第 37 ~ 68 页。

王振忠：《清代徽州民间的灾害、信仰及相关习俗——以婺源县浙源乡孝悌里凰腾村文书〈应酬便览〉为中心》，《清史研究》2001 年第 2 期，第 105 ~ 119 页。

王振忠：《民间档案文书与徽州社会史研究的拓展》，《天津社会科学》2001 年第 5 期，第 140 ~ 144 页。

王振忠：《民间文献与历史地理研究》，《江汉论坛》2005 年第 1 期，第 97 ~ 99 页。

王振忠：《清代前期徽州民间的日常生活——以婺源民间日用类书

〈目录十六条〉为例》，收入陈锋主编《明清以来长江流域社会发展史论》（武汉大学人文社会科学文库），武汉大学出版社，2006。①

王振忠：《清代一个徽州小农家庭的生活状况——对〈天字号阄书〉的考察》，《上海师范大学学报》（哲学社会科学版）2006 年第 1 期，第 101～109 页。

王振忠：《明清以来徽州村落社会史研究——以新发现的民间珍稀文献为中心》（国家哲学社会科学成果文库），上海人民出版社，2011。

王振忠：《区域文化视野中的民间日用类书——从〈祭文精选〉看二十世纪河西走廊的社会生活》，《地方文化研究》2014 年第 1 期，第 19～32 页。

王振忠：《闽南贸易背景下的民间日用类书——〈指南尺牍生理要诀〉研究》，《安徽史学》2014 年第 5 期，第 5～12 页。

王振忠、陶明选：《晚清徽州民间社会生活管窥——〈新旧碎锦杂录〉抄本两种整理札记》，《安徽史学》2006 年第 5 期，第 98～103 页。

王正华：《生活、知识与文化商品——晚明福建版"日用类书"与其书画门》，《近代史研究所集刊》第 41 期，2003 年 9 月，第 1～85 页。

王重民：《中国善本书提要》，上海古籍出版社，1983。

魏代富：《宋前十家农书论考》，《山东农业大学学报》（社会科学版）2015 年第 3 期。

魏志远：《道德与实用——从日用类书看明朝中后期的民间伦理思想》，《广西大学学报》（哲学社会科学版）2012 年第 6 期，第 109～113 页。

魏志远：《礼秩与实用——从明代中后期的日用类书看儒家伦理民间化》，博士学位论文，南开大学，2013。

魏志远：《明代日用类书与儒家童蒙教育》，《安徽师范大学学报》（人文社会科学版）2015 年第 2 期。

温志拔：《宋代类书中的博物学世界》，《社会科学研究》2017 年第 1 期。

文超：《中国古代编辑事业发展概况述评》，《齐齐哈尔师范学院学报》（哲学社会科学版）1984 年 3、4 期（连载）。

---

① 也收于胡晓真、王鸿泰主编《日常生活的论述与实践》（台北，台湾允晨文化实业股份有限公司，2011）、王振忠《明清以来徽州村落社会史研究——以新发现的民间珍稀文献为中心》（国家哲学社会科学成果文库，上海人民出版社，2011）。

吴蕙芳：《评小川阳一著〈日用類書による明清小説の研究〉》，《近代史研究所集刊》第 28 期，1997 年 12 月，第 253～257 页。

吴蕙芳：《明清时期民间日用类书及其反映之生活内涵——以〈万宝全书〉为例》，博士学位论文，台湾政治大学历史学系，1999。

吴蕙芳：《新社会史研究——民间日用类书的应用与展望》，《政大史粹》第 2 期，2000 年 6 月，第 1～16 页。

吴蕙芳：《〈中国日用类书集成〉及其史料价值》，《近代中国史研究通讯》第 30 期，2000 年 9 月，第 109～117 页。

吴蕙芳：《民间日用类书的内容与运用——以明代〈三台万用正宗〉为例》，《明代研究通讯》第 3 期，2000 年 10 月，第 45～56 页。

吴蕙芳：《民间日用类书的渊源与发展》，《政治大学历史学报》第 18 期，2001 年 5 月，第 1～28 页。

吴蕙芳：《万宝全书——明清时期的民间生活实录》，台北，政治大学历史系，2001。

吴蕙芳：《口腹之欲——明版日用类书中的荤食》，《中国历史学会史学集刊》第 35 期，2003 年 1 月，第 101～130 页。

吴蕙芳：《上海图书馆所藏〈万宝全书〉诸本——兼论民间日用类书中的拼凑问题》，《书目季刊》第 36 卷第 4 期，2003 年 3 月，第 53～58 页。

吴蕙芳：《清代民间生活知识的掌握——从〈万宝元龙杂字〉到〈万宝全书〉》，《政治大学历史学报》第 20 期，2003 年 5 月，第 185～212 页。

吴蕙芳：《〈龙头一览学海不求人〉的版本与内容》，《明代史研究》34，2003，第 5～11 页。

吴蕙芳：《"日用"与"类书"的结合——从〈事林广记〉到〈万事不求人〉》，《辅仁历史学报》第 16 期，2005。

吴蕙芳：《万宝全书——明清时期的民间生活实录（修订版）》（古典文献研究辑刊初编第 37、38 册），台北，花木兰文化工作坊，2005。

吴蕙芳：《明清以来民间生活知识的建构与传递》，台北，台湾学生书局，2007。

吴蕙芳：《〈万宝全书〉所反映的清末民初社会变迁》，《史学与史识——王尔敏教授八秩嵩寿荣庆学术论文集》，台北，广文书局，2009，第 271～290 页。

吴蕙芳：《评酒井忠夫〈中國日用類書史の研究〉》，《近代史研究所集刊》第 74 期，2011 年 12 月，第 187～191 页。

吴蕙芳：《〈万书萃宝〉中的"杂字门"——兼论民间日用类书与杂字书的关系》，《书目季刊》52－4，2019 年 3 月，第 17～29 页。

吴蕙仪：《17、18 世纪之交欧洲在华传教士汉语知识的传承与流变——基于梵蒂冈图书馆一份手稿的个案探讨》，《国际汉学》2017 年第 4 期。

吴静芳：《明代男性求子的医疗文化史考察——以种子方为例》，《成大历史学报》第 49 期，2015 年 12 月，第 39～92 页。

吴佩林：《法律社会学视野下的清代官代书研究》，《法学研究》2008 年第 2 期，第 149～160 页。

吴钊：《宋元古谱"愿成双"初探》，《音乐艺术》1983 年第 2 期，第 5～14 页。

吴佐忻：《〈山居要术〉考》，《医古文知识》2003 年第 3 期。

夏南强：《类书通论——论类书的性质起源发展演变和影响》，博士学位论文，华中师范大学，2001。

夏南强：《类书通论》，湖北人民出版社，2001。

向志柱：《古代通俗类书与〈胡氏粹编〉》，《古典文学知识》2008 年第 4 期，第 70～77 页。

肖东发：《建阳余氏刻书考略》上、中、下，《文献》第 21 辑，1984，第 230～245 页；第 22 辑，1984，第 195～216 页；1985 年第 1 期，第 236～252 页。

小田：《构建整体社会史的学术使命》，《徐州师范大学学报》（哲学社会科学版）2011 年第 1 期，第 100～105 页。

谢国桢：《明清笔记稗乘所见录》，《文物》1961 年第 3 期，第 1～7 页。

谢水顺：《清代闽南刻书史述略》，《文献》1986 年第 3 期，第 256～263 页。

谢水顺、李珽：《福建古代刻书》，福建人民出版社，2001。

谢一峰：《拼贴与"杂拌儿"评〈家与天下——十六、十七世纪刻本书籍中所塑造的"盛世皇明"〉》，《读书》2016 年第 8 期。

徐海荣：《中国饮食史》，华夏出版社，1994。

徐嘉露：《明代民间契约习惯与民间社会秩序》，《中州学刊》2016 年第 5 期。

徐嘉露：《明代民间契约习惯研究》，博士学位论文，郑州大学，2018。

徐嘉露：《明代民间日用类书契约体式的史料价值》，《北方文物》2018 年第 2 期，第 97 ~ 105 页。

徐忠明：《娱乐与讽刺——明清时期民间法律意识的另类叙事——以〈笑林广记〉为中心的考察》，氏著《案例、故事与明清时期的司法文化》，法律出版社，2006。

徐忠明：《明清时期法律知识的生产、传播与接受——以法律书籍的"序跋"为中心》，《华南师范大学学报》（社会科学版）2015 年第 1 期，第 9 ~ 47 页。

徐忠明：《古代中国人的日常法律意识》，《决策探索》（下半月）2015 年第 2 期，第 90 ~ 92 页。

徐梓：《蒙学读物的历史透视》，湖北教育出版社，1996。

许晖林：《朝贡的想象——晚明日用类书"诸夷门"的异域论述》，《中国文哲研究通讯》2010 年第 2 期。

许三春：《略论清代的乡村医者》，《兰台世界》2015 年第 16 期，第 128 ~ 129 页。

阎艳、祝昊冉：《〈事林广记〉俗字探微》，《内蒙古师范大学学报》（哲学社会科学版）2014 年第 6 期。

杨宝霖：《〈古今合璧事类备要〉别集草木卷与〈全芳备祖〉》，《文献》1985 年第 1 期，第 160 ~ 173 页。

杨殿珣：《〈中国善本书提要〉后记》，《史学史研究》1981 年第 2 期，第 75 ~ 80 页。

杨军：《明代江南民间书坊兴盛的社会背景透析》，《图书与情报》2006 年第 5 期，第 132 ~ 136 页。

杨军、杨华林：《论明代江南民间书坊的勃兴及其社会意蕴》，《出版科学》2016 年第 5 期。

杨明璋：《从记物到叙人——敦煌文献、日用类书与徽州文书中的婚仪诗歌之比较》，《2012 通俗与武侠文学学术研讨会论文集》，2012 年第 9 期，第 57～74 页。

杨杨：《日用类书与法律知识的空间流动——尤陈俊著〈法律知识的文字传播——明清日用类书与社会日常生活〉评析》，收入朱勇主编《中华法系》第 10 卷，法律出版社，2017。

姚大勇：《〈事林广记〉医药资料探微》，《中医药文化》2007 年第 2 期。

姚政志：《宋代类书中草木花果类叙述的演变》，《政大史粹》15，2008，第 53～90 页。

叶树声、余敏辉：《明清江南私人刻书史略》，安徽大学出版社，2000。

尹韵公：《中国明代新闻传播史》，重庆出版社，1990。

尤陈俊：《明清日常生活中的讼学传播——以讼师秘本与日用类书为中心的考察》，《法学》2007 年第 3 期，第 71～80 页。

尤陈俊：《明清法律知识的另类空间——透过日用类书的展示》，《法史学刊》第 1 卷，社会科学文献出版社，2007。

尤陈俊：《明清日用类书中的律学知识及其变迁》，收入曾宪义主编《法律文化研究》第 3 辑，中国人民大学出版社，2007。

尤陈俊：《明清日用类书中的法律知识变迁》，收入苏力主编《法律和社会科学》第 2 卷，法律出版社，2007。

尤陈俊：《法律知识的文字传播——明清日用类书与社会日常生活》，上海人民出版社，2013。

于宝华：《简论古代图书市场对文献传存的影响》，《津图学刊》1995 年第 3 期，第 58～68 页。

于韵菲：《〈事林广记〉之〈愿成双·双胜子急〉译解》，《文化艺术研究》2009 年第 6 期。

余丽芬：《探赜索隐　治史用世——评〈明清时期商业书及商人书之研究〉》，《中国经济史研究》2001 年第 1 期，第 138～140 页。

俞昕雯：《元刻本〈事林广记〉版画考》，《中国典籍与文化》2016 年第 4 期。

袁逸：《明末私人出版业的伪盗之风》，收入叶再生主编《出版史研究第一辑》，中国书籍出版社，1993。

苑磊：《明代故事汇编类通俗日用类书的编辑艺术——以〈日记故事〉为例》，《山东图书馆学刊》2014 年第 1 期，第 90～94 页。

詹怡娜：《明代日用类书中的旅程指南》，《明史研究专刊》第 17 卷，2013 年 6 月，第 219～253 页。

詹怡娜：《明代中晚期旅游行程的安排与实践》，博士学位论文，中国文化大学史学系，2013 年 7 月。

张勃：《中国岁时民俗文献的书写传统及其成因分析——兼及这一传统对明代岁时民俗文献的影响》，《民族艺术》2011 年第 3 期，第 59～66 页。

张春辉：《类书的范围与发展》，《文献》1987 年第 1 期，第 179～190 页。

张春辉：《类书的类型与编排》，《文献》1987 年第 2 期，第 266～273 页。

张涤华：《类书流别》，台北，台湾商务印书馆，1958。①

张富春：《论瘟神赵公明是怎样成为财神的》，《宗教学研究》2006 年第 1 期，第 126～130 页。

张固也、李辉：《〈山居录〉——我国现存最早的种药专著》，《南京中医药大学学报》（社会科学版）2008 年第 4 期。

张固也：《王旻〈山居要术〉新考》，《中医药文化》2009 年第 1 期。

张海英：《明清江南商路的经济内涵》，《浙江学刊》2005 年第 1 期，第 99～108 页。

张海英：《日用类书中的"商书"——析〈新刻天下四民便览三台万用正宗·商旅门〉》，《明史研究》第 9 辑，黄山书社，2005。

张海英：《明清社会变迁与商人意识形态———以明清商书为中心》，《复旦史学集刊》第 1 辑，复旦大学出版社，2005。

张海英：《从商书看清代"坐贾"的经营理念》，《浙江学刊》2006 年第 4 期，第 94～101 页。

张海英：《从明清商书看商业知识的传授》，《浙江学刊》2007 年第 2

---

① 这是重印第 1 版修订本。该书初版于 1943 年，另有北京商务印书馆 1985 年版。

期，第 83～90 页。

张澜：《中国古代类书的文学观念——〈事文类聚翰墨全书〉与〈古今图书集成〉》，九州出版社，2013。

张丽娟：《关于过云楼旧藏〈锦绣万花谷〉》，《版本目录学研究》第 4 辑，北京大学出版社，2013。

张琏：《明代中央政府出版与文化政策之研究》（古典文献研究辑刊第二编），台北，花木兰文化出版社，2006。

张孟闻：《中国生物分类学史述论》，《中国科技史料》1987 年第 6 期，第 3～27 页。

张献忠：《明代南京商业出版述略》，《明史研究论丛》第 10 辑，故宫出版社，2012。

张献忠：《明中后期书商的市场意识和竞争策略》，《江汉论坛》2012 年第 8 期，第 112～121 页。

张献忠：《明中后期商业出版的大众传播属性与文化的下移》，《求是学刊》2013 年第 2 期，第 164～169 页。

张献忠：《日用类书的出版与晚明商业社会的呈现》，《江西社会科学》2013 年第 2 期，第 120～127 页。

张献忠：《文社、书坊与话语权力——晚明商业出版与公共空间的兴起》，《学术研究》2015 年第 9 期，第 101～115 页。

张晓红：《"宋代帖子词"四题》，《中国典籍与文化》2011 年第 4 期。

张秀民：《明代印书最多的建宁书坊》，《文物》1979 年第 6 期，第 76～80 页。

张哲嘉：《日用类书"医学门"与传统社会庶民医学教育》，梅家玲编《文化启蒙与知识生产——跨领域的视野》，台北，台湾麦田出版社，2006。

张仲民：《从书籍史到阅读史——关于晚清书籍史/阅读史研究的若干思考》，《史林》2007 年第 5 期，第 151～180 页。

张濯清：《宋元日用类书的类型、编纂特色及其价值》，《中国出版》2016 年第 16 期。

赵含坤编著《中国类书》，河北人民出版社，2005。

赵晶：《"新法律史"这般发生——评尤陈俊著〈法律知识的文字传

播——明清日用类书与社会日常生活〉》，《中国社会历史评论》第 16 卷，天津古籍出版社，2015。

赵益：《明代通俗日用类书与庶民社会生活关系的再探讨》，《古典文献研究》第 16 辑，凤凰出版社，2013。

郑炳林、刘全波：《类书与中国文化》，《北京理工大学学报》（社会科学版）2011 年第 5 期，第 122 ~ 126 页。

郑伟：《〈事林广记〉音谱类〈辨字差殊〉若干音韵条例再分析》，《汉语史学报》，2014，第 109 ~ 120 页。

郑振铎：《西谛书话》上、下册，三联书店，1983。

郑振铎编《中国古代版画丛刊——救荒本草、日记故事、忠义水浒传插图、便民图纂》，上海古籍出版社，1988。

郑祖襄：《〈事林广记〉唱赚乐谱的音阶宫调及相关问题》，《音乐研究》2003 年 2 期，第 34 ~ 38 页。

中岛乐章：《明代乡村纠纷与秩序》，江苏人民出版社，2010。

周安邦：《经典的通俗化与通俗的经典化——宋明庶民道德童蒙教材的通俗化倾向》，《兴大中文学报》第 33 期，2013 年 6 月，第 43 ~ 44、46 页。

周安邦：《明代日用类书"农桑门"中收录的农耕竹枝词初探》，《兴大中文学报》第 36 期，2014 年 12 月，第 103 ~ 153 页。

周安邦：《由明代日用类书"农桑门"中收录的蚕桑竹枝词探究吴中地区的蚕业活动》，《兴大人文学报》第 55 期，2015 年 9 月，第 33 ~ 75 页。

周立志：《二卷被忽视的宋金交聘图文研究》，《中国历史地理论丛》2012 年第 4 期，第 147 ~ 155 页。

周美华：《浅谈类书——以〈锦绣万花谷〉为例》，《中国语文》91 - 2（542），2002，第 54 ~ 57 页。

周启荣：《明清印刷书籍成本、价格及其商品价值的研究》，《浙江大学学报》2010 年第 1 期。

周清源：《中国古代饮食名著（上）》，《烘焙工业》102 - 173，2002，第 48 ~ 56 页。①

---

① 该文下篇不明。

周少川：《略论古代类书的起源与发展》，《殷都学刊》1996 年第 1 期，第 50～56 页。

周迅：《二十年来日本刊印中国史籍概说》，《文献》1982 年第 3 期，第 117～132 页。

周一良：《唐代的书仪与中日文化关系》1984 年第 1 期，第 43～54 页。

朱崇才：《新见〈嘲戏绮谈曲子词〉46 首考论》，《重庆工商大学学报》（社会科学版）2003 年第 2 期，第 13～17 页。

朱传誉：《明代出版家——余象斗传奇》，《中外文学》第 16 卷第 4 期，第 150～169 页。

祝昊冉：《〈事林广记〉俗字浅探》，《文教资料》2017 年第 7 期。

◆其他语种

· Anne E. Mclaren, *Chinese Popular Culture and Ming Chantefables*, Leiden：Brill Academic Publishers Press, 1998.

· Anne E. McLaren, "Constructing New Reading Publics in Late Ming China", in Cynthia J. Brokaw and Kai-wing Chow, eds., *Printing and Book Culture in Late Imperial China*, Berkeley：University of California Press, 2005.

· Benjamin A. Elman, "Changes in Confucian Civil Service Examination from the Ming to the Ch'ing Dynasty", in Benjamin A., Elman and Alexander Woodside, eds., *Education and Society in Late Imperial China*：1600 – 1900, Cali.：University of California Press, 1994.

· Benjamin Elman, "Collecting and Classifying：Ming Dynasty Compendia and Encyclopedias（Leishu）", *Extrême-Orient*, *Extrême-Occident*, France：Vincennes（Presses Universitaires de Vincennes）, 2007, pp131 – 157.

· Bret Hinsch, *Passions of the Cut Sleeve*：*The Male Homosexual Tradition in China*, Berkeley and Los Angeles；University of California Press, 1990.

· Brian McKnight, "Mandarins as Legal Experts：Professional Learning in Sung China", in Wm. Theodore de Bary and John W. Chaffee, eds., *Neo Confucian Education*：*The Formative Stage*, Cali.：University of California Press, 1989.

· Craig Clunas, *Superfluous Things*: *Material Culture and Social Status in Early Modern China*, Cambridge, England: Polity Press, 1991.

· Cynthia Brokaw, "Commercial Publishing In Late Imperial China: The Zou And Ma Family Business of Sibao", *Late Imperial China*, June 1996, pp. 49 – 92.

· Cynthia Joanne Brokaw, *Commerce in Culture*: *The Sibao Book Trade in the Qing and Republican Periods*, Cambridge, Mass. : Harvard University Asia Center, 2007.

· Dorothy Ko, *Teachers of the Inner Chambers*: *Women and Culture in Seventeenth-Century China*, Stanford: Stanford University Press, 1994.

· Eugen Ehrlich, *Fundamental Principles of the Sociological Theory of Law*, trans. by Walter L. Moll, New York: Harvard University Presss, 1936.

· Evelyn Sakakida Rawski, *Education and Popular Literacy in Ch'ing China*, Ann Arbor: University of Michigan Press, 1979.

· James Hayes, "Specialist and Written Materials in the Village World", in David Johnson, Andrew J. Nathan and Evelyn S. Rawski, eds. , *Popular Culture in Late Imperial China*, Berkeley Los Angeles & London: University of California Press, 1985.

· Joseph P. McDermott, *A Social History of the Chinese Book*: *Books and Literati Culture in Late Imperial China*, Hong Kong: Hong Kong University Press, 2006.

· Kai-wing Chow, *Publishing*, *Culture*, *and Power in Early Modern China*, Stanford: Stanford University Press, 2004.

· Kwang Tsing Wu, "*Ming Printing and Printers*", *Harvard Journal of Asiatic Studies*, 7:3 (Feb. , 1943) .

· Lucille Chia, *Printing for Profit*: *The Commercial Publishers of Jianyang*, *Fujian* (11*th*-17*th* Centuries), Cambridge, Mass. : Harvard University Asia Center, 2002.

· Melissa A. Macauley, "Civil and Uncivil Disputes in Southeast Coastal China, 1723 – 1820", in Kathryn Bernhardt and Philip C. C. Huang, eds. ,

Civil Law in Qing and Republican China, Calif. ：Stanford University Press, 1994.

· Melissa A. Macauley, *Social Power and Legal Culture：Litigation Masters in Late Imperial China*, Calif. ：Stanford University Press, 1998.

· Valerie Hansen, *Negotiating Daily Life in Traditional China：How Ordinary People Used Contracts* 600 – 1400, New Haven and London：Yale University Press, 1995.

· W. L. Idema, *Chinese Vernacular Fiction, The Formative Period*, Leiden：E. J. Rail, 1974。

· W. L. Idema, "Book Review：Evelyn Sakakida Rawski, *Education and Popular Literacy in Ch'ing China*", *T'oung Pao*, LXVL 4 – 5（1980）.

· Wu Cuncun, Homoerotic Sensibilities in Late Imperial China, London：Routledge Curzon, 2004.

· 商伟, "Jin Ping Mei Cihua and Late Ming Print Culture", in Judith Zeitlin and Lydia Liu, eds. , *Writing and Materiality in China：Essays in Honor of Patrick Hanan*, Cambridge, Mass. ：Harverd University Asian Center, 2003.

· 商伟, "The making of the everyday world：Jin Ping Mei Cihua and encyclopedias for daily use", in David D. W. Wang and 商伟 eds. , *Dynastic Crisis and Cultural Innovation：from the Late Ming to the Late Qing and Beyond*, Cambridge, Mass：Harvard University Press, 2005, pp. 63 – 92. [1]

---

① 《国际汉学》2011 年 1 期刊出中译本（标题为"日常生活世界的形成与建构——《金瓶梅词话》与日用类书"）。

《中国古代法律文献研究》稿约

　　《中国古代法律文献研究》为中国政法大学法律古籍整理研究所所刊，于1999年创刊，自2010年始改版为年刊，欢迎海内外同仁不吝赐稿。

　　《中国古代法律文献研究》以中国古代法律文献为主要研究对象，刊发原创性的学术论文、书评和研究综述。本刊以中文简体出版，来稿以2万字以下为宜，同时请附300字以内的中文摘要、关键词与英文标题；如是外文稿件，请作者授予本刊中文版的首发权利。已经公开发表（包括网络发表）过的中文稿件，请勿投稿。本刊采取同行专家匿名评审制度，将在收到稿件后两个月内回复作者有关采用与否的信息。

　　有关投稿中的版权问题，请作者自行妥善解决。

　　本刊投稿截止时间为6月30日。

　　来稿一经刊发，本刊将向作者寄赠该辑图书1册。

　　来稿请附作者简历、详细通讯地址、邮编、电子邮件等联系方式，以纸版或电子版形式，分别寄至：

　　（100088）北京海淀区西土城路25号中国政法大学法律古籍整理研究所

　　电子邮箱：gdflwxyj@ outlook. com

　　　　　　　gdflwxyj@ 163. com

《中国古代法律文献研究》编辑部

Journal of Chinese Ancient Legal Literature Studies

The Journal of Chinese Ancient Legal Literature Studies is edited by the Institute for Chinese Ancient Legal Documents, China University of Political Science and Law. It was published for four times during the period of 1999 – 2007. The Institute starts to publish it annually from 2010. Submission of papers both from domestic and overseas is welcomed.

The Journal mainly focuses on the research of the legal literature in ancient China, publishing original academic papers and book reviews, each of which should be no more than 20, 000 words. The journal will be published in simplified Chinese, please submit your paper with a Chinese abstract no more than 300 words, keywords and an English title. If it is a paper in other language, the authorization for publication of its Chinese version in this journal for the very first time will be appreciated. If the paper in Chinese was published in any form including on Internet, please don't submit again. All the papers submitted will be reviewed and examined by the scholars in an anonymous manner. Whether it is accepted or not, the author will be informed within two months upon the receipt of the paper.

For copyright related matters, please properly address on your own in advance.

The deadline of submission is June, 30th annually.

Once the paper is published, the contributors will receive one copy of the Journal.

The paper for contribution, prepared in soft or hard copy, and supplied with a brief resume of the author and his/her detailed information for contact, such as the address, post code, and email etc, shall be sent to the following address:

Institute for the Research of Legal Literature in Ancient China, China University of Political Science and Law, Beijing (100088), China.

E – mail: gdflwxyj@ outlook. com

gdflwxyj@ 163. com

Institute for the Research of Legal Literature in Ancient China

China University of Political Science and Law

《中国古代法律文献研究》撰稿凡例

一　论文缮打格式

字体：中文请使用宋体简体字，英文请使用 Times New Roman。字号：正文五号字，注解小五号字。

二　标题层级

请依次使用 一、　（一）　1.　（1）　A.　a.

三　标点

请使用新式标点，除破折号、省略号各占两格外，其他标点均占一格。书刊及论文名均请使用《　》。

四　数字表示

公元纪年使用阿拉伯数字，中国年号、古籍卷数使用中文数字（年号例如建武二十五年、贞观八年、乾隆三十五年，卷数例如卷一〇、卷二三、卷一五四）。第一次涉及年号者，请用（　）配加公元纪年。

五　注释体例

请采取当页脚注、每页连续编码的方式。

注释号码采用阿拉伯数字表示，作①、②、③……，每页重新编号。

再次征引，不需出现来源书刊或论文的全部信息，采用"作者，书名/论文名，页码"的形式。

引用古籍，应依次标明作者、书名、版本、卷数，如（清）顾炎武著，黄汝成集释：《日知录集释》卷一五，清道光十四年嘉定黄氏刻本。

引用专著（包括译者）或新印古籍或古籍之点校整理本，应依次标明作者（包括译者）/整理者、书名、章/卷数、出版者、出版年代、版次（初版无需标明）、页码，如瞿同祖：《瞿同祖法学论著集》，中国政法大学出版社，1998，第50页；（清）黄宗羲著，全祖望补修《宋元学案》第1册，陈金生、梁运华点校，中华书局，1986，第150页。

引用论文，应依次标明作者、论文名称、来源期刊/论文集名称、年代、卷次、页码，如徐世虹：《对两件简牍法律文书的补考》，载中国政法大学法律古籍整理研究所编《中国古代法律文献研究》第2辑，中国政法大学出版社，2004，第90页；张小也：《明清时期区域社会中的民事法秩序——以湖北汉川汈汊黄氏的〈湖案〉为心》，《中国社会科学》2005年第6期，第190页。

引用外文文献，依常规体例，如 Brian E. McKnight, *Law and Order in Sung China*, Cambridge University Press, 1992, pp. 50 – 52.

图书在版编目（CIP）数据

中国古代法律文献研究. 第十三辑／赵晶主编. – –
北京：社会科学文献出版社，2019.12
ISBN 978 – 7 – 5201 – 5840 – 4

Ⅰ. ①中… Ⅱ. ①赵… Ⅲ. ①法律 – 古籍研究 – 中国
– 文集 Ⅳ. ①D929 – 53

中国版本图书馆 CIP 数据核字（2019）第 272757 号

中国古代法律文献研究【第十三辑】

编　　者／中国政法大学法律古籍整理研究所
主　　编／赵　晶

出 版 人／谢寿光
组稿编辑／宋荣欣
责任编辑／宋　超

出　　版／社会科学文献出版社·历史学分社（010）59367256
　　　　　　地址：北京市北三环中路甲 29 号院华龙大厦　邮编：100029
　　　　　　网址：www. ssap. com. cn
发　　行／市场营销中心（010）59367081　　59367083
印　　装／三河市东方印刷有限公司

规　　格／开本：787mm × 1092mm　1/16
　　　　　　印 张：38　字 数：601 千字
版　　次／2019 年 12 月第 1 版　2019 年 12 月第 1 次印刷
书　　号／ISBN 978 – 7 – 5201 – 5840 – 4
定　　价／138.00 元

本书如有印装质量问题，请与读者服务中心（010 – 59367028）联系